MÉMOIRES

DU DUC

DE SAINT-SIMON

XX

TYPOGRAPHIE DE CH. LAHURE ET Cie
IMPRIMEURS DU SÉNAT ET DE LA COUR DE CASSATION
RUE DE VAUGIRARD, 9, A PARIS

MÉMOIRES

COMPLETS ET AUTHENTIQUES

DU DUC

DE SAINT-SIMON

SUR LE SIÈCLE DE LOUIS XIV ET LA RÉGENCE

COLLATIONNÉS SUR LE MANUSCRIT ORIGINAL PAR M. CHÉRUEL

ET PRÉCÉDÉS D'UNE NOTICE

PAR M. SAINTE-BEUVE DE L'ACADÉMIE FRANÇAISE

TOME VINGTIÈME

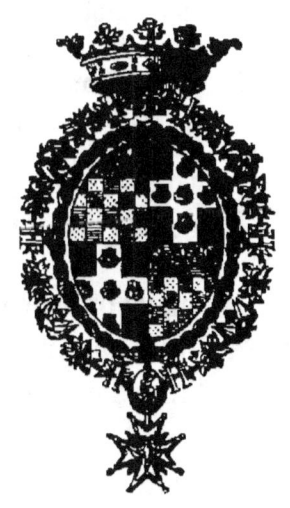

PARIS

LIBRAIRIE DE L. HACHETTE ET Cie

RUE PIERRE-SARRAZIN, N° 14

1858

MÉMOIRES
DE
SAINT-SIMON

CHAPITRE PREMIER.

Mort de la duchesse d'Aumont (Guiscard). — Mort et caractère de l'abbé Fleury. — Mort du duc d'Estrées; du comte de Saillant. — Marquis d'Alègre gouverneur des Trois-Évêchés. — Mort de la comtesse de Châtillon (Voysin); de l'abbé de Camps; du P. Daubenton à Madrid. — Le P. Bermudez confesseur du roi d'Espagne; son caractère. — Mort du cardinal Dubois. — Ses richesses. — Ses obsèques. — Son esquisse. — Sa conduite à s'emparer de M. le duc d'Orléans. — Ses négociations à Hanovre et en Angleterre, et son énorme grandeur. — Sa négociation en Espagne; causes de sa facilité. — Son gouvernement. — Ses folles incartades. — M. le duc d'Orléans, fort soulagé par la mort du cardinal Dubois, est fait premier ministre. — Le roi l'aimoit, et point du tout le cardinal Dubois.

Plusieurs personnes moururent en ce même temps :

La duchesse d'Aumont, fille unique et héritière de Guiscard, à trente-cinq ans, d'une longue maladie de poitrine, le 9 juillet;

L'abbé Fleury, sous-précepteur des enfants de France, qui avoit été premier confesseur du roi, célèbre par son *Caté-*

chisme historique, par d'autres ouvrages, surtout par son *Histoire de l'Église*, qu'il n'a pu conduire au delà du concile de Constance, et par les excellents discours qu'il a mis à la tête de chaque volume, en manière de préfaces, respectable par sa modestie, par sa retraite au milieu de la cour, par une piété sincère, éclairée, toujours soutenue, une douceur et une conversation charmante, et un désintéressement peu commun. Il n'avoit que le prieuré d'Argenteuil, près de Paris, et n'avoit jamais voulu plus d'un bénéfice, quoiqu'il eût fort peu d'ailleurs. Il avoit quatre-vingt-trois ans, avec la tête entière, et vivoit depuis longtemps dans la plus parfaite retraite;

Le duc d'Estrées à quarante ans. Il étoit fils unique du dernier duc d'Estrées et petit-fils du duc d'Estrées, mort ambassadeur à Rome. C'étoit un homme qui avoit passé sa vie dans la plus basse et la plus honteuse crapule, et qui n'étoit pas sans esprit, mais sans aucun sentiment, et qui s'étoit ruiné. Il ne laissa point d'enfants de la fille du duc de Nevers qu'il avoit épousée, et sa dignité de duc et pair passa au maréchal d'Estrées, cousin germain de son père, fils des deux frères;

Le comte de Saillant, lieutenant général et lieutenant-colonel du régiment des gardes françoises, gouverneur et commandant des Trois-Évêchés[1]. C'étoit un homme de qualité fort brave et fort honnête homme, mais court à l'excès, que Harlay, intendant de Metz, avoit désolé tant qu'il y fut, et qui, pour s'en divertir, l'avoit fait tomber dans les panneaux les plus ridicules. Le marquis d'Alègre eut le gouvernement des Trois-Évêchés sans y aller commander;

La comtesse de Châtillon, dont le mari est depuis devenu duc et pair et tant d'autres choses. Elle n'avoit que trente-un ans. Elle étoit fille du feu chancelier Voysin, et ne laissa qu'une fille qui [a] été depuis duchesse de Rohan-Chabot;

---

1. Toul, Metz et Verdun formaient, dans l'ancienne monarchie, un gouvernement particulier.

L'abbé de Camps, à quatre-vingt-trois ans, si connu par sa fortune et par sa littérature, dont il a été parlé ailleurs amplement ici;

Le P. Daubenton, confesseur du roi d'Espagne, au noviciat des jésuites de Madrid, où il fut enterré en grande pompe, et fort peu regretté. Il mourut le 7 août, à soixante-seize ans. L'incartade que lui fit le cardinal Dubois, qui a été racontée ici il n'y a pas longtemps, et sa cause coûta cher à la France. Daubenton, jésuite françois, avoit toujours gardé de grandes mesures avec notre cour; mais outré contre le cardinal Dubois, il voulut le faire repentir de l'insulte qu'il en avoit si mal à propos reçue, et ne sut faire pis, se voyant mourir, que de persuader au roi d'Espagne de prendre pour confesseur le P. Bermudez, jésuite espagnol, qui fut nommé le lendemain de sa mort. Bermudez, Espagnol jusque dans les moelles, haïssoit la France et les François, étoit secrètement attaché à la maison d'Autriche et lié avec toute la cabale italienne; maître jésuite d'ailleurs, qui avoit été provincial de la province de Tolède où est Madrid, de sorte qu'il ne se pouvoit faire un plus pernicieux choix pour les intérêts de la France, ainsi qu'il y parut depuis en toutes occasions. Il étoit un des plus ordinaires prédicateurs de la chapelle, où j'ai ouï très-souvent ses sermons sans en rien entendre, parce qu'ils étoient en espagnol; mais le ton, le geste, le débit me parurent d'un grand prédicateur. On prétendoit assez publiquement qu'il prêchoit de mot à mot les sermons du P. Bourdaloue traduits en espagnol. Il ne pouvoit mieux choisir; mais les siens étoient plus courts. Il y a eu tant d'occasions de parler ici du P. Daubenton que je ne crois pas avoir rien à y ajouter.

Le cardinal Dubois n'eut pas le plaisir d'apprendre sa mort. Il le suivit trois jours après à Versailles. Il avoit caché son mal tant qu'il avoit pu, mais sa cavalcade à la revue du roi l'avoit aigri au point qu'il ne put plus le dissimuler à ceux de qui il pouvoit espérer du secours. Il n'oublia rien cependant pour le dissimuler au monde; il alloit tant qu'il pouvoit au conseil, faisoit avertir les ambassadeurs qu'il iroit à Paris, et n'y alloit point, et chez lui se rendoit invisible, et faisoit des sorties épouvantables à quiconque s'avisoit de lui vouloir dire quelque chose dans sa chaise à porteur entre le vieux château et le château neuf où il logeoit, ou en entrant ou sortant de sa chaise. Le samedi 7 août, il se trouva si mal que les chirurgiens et les médecins lui déclarèrent qu'il lui falloit faire une opération qui étoit très-urgente, sans laquelle il ne pouvoit espérer de vivre que fort peu de jours, parce que l'abcès, ayant crevé dans la vessie le jour qu'il avoit monté à cheval, y mettroit la gangrène, si elle n'y étoit déjà, par l'épanchement du pus, et lui dirent qu'il falloit le transporter sur-le-champ à Versailles pour lui faire cette opération. Le trouble de cette terrible annonce l'abattit si fort qu'il ne put être transporté en litière de tout le lendemain dimanche 8; mais le lundi 9, il le fut à cinq heures du matin.

Après l'avoir laissé un peu reposer, les médecins et les chirurgiens lui proposèrent de recevoir les sacrements et de lui faire l'opération aussitôt après. Cela ne fut pas reçu paisiblement; il n'étoit presque point sorti de furie depuis le jour de la revue; elle avoit encore augmenté le samedi sur l'annonce de l'opération. Néanmoins, quelque temps après, il envoya chercher un récolet de Versailles avec qui il fut seul environ un quart d'heure. Un aussi grand homme de bien, et si préparé, n'en avoit pas besoin de davantage. C'est d'ailleurs le privilége des dernières confessions des premiers ministres. Comme on rentra dans sa chambre, on lui proposa de recevoir le viatique; il s'écria que cela étoit bientôt dit, mais qu'il y avoit un cérémonial pour les cardinaux qu'il ne savoit pas et qu'il falloit envoyer le demander au cardinal de Bissy à Paris. Chacun se regarda et comprit qu'il vouloit tirer de longue; mais comme l'opération pressoit, ils la lui proposèrent sans attendre davantage. Il les envoya promener avec fureur et n'en voulut plus ouïr parler.

La faculté, qui voyoit le danger imminent du moindre retardement, le manda à M. le duc d'Orléans, à Meudon, qui sur-le-champ vint à Versailles dans la première voiture qu'il trouva sous sa main. Il exhorta le cardinal à l'opération, puis demanda à la faculté s'il y avoit de la sûreté en la faisant. Les chirurgiens et les médecins répondirent qu'ils ne pouvoient rien assurer là-dessus, mais bien que le cardinal n'avoit pas deux heures à vivre si on [ne] la lui faisoit tout à l'heure. M. le duc d'Orléans retourna au lit du malade et le pria tant et si bien qu'il y consentit. L'opération se fit donc sur les cinq heures, en cinq minutes, par La Peyronie, premier chirurgien du roi en survivance de Maréchal, qui étoit présent avec Chirac et quelques autres médecins et chirurgiens des plus célèbres. Le cardinal cria et tempêta étrangement; M. le duc d'Orléans rentra dans la chambre aussitôt après, où la faculté ne lui dissimula pas qu'à la nature de la plaie et de ce qui en étoit sorti le malade n'en avoit pas pour longtemps. En [effet], il mourut précisément vingt-quatre heures après, le mardi 10 août, à cinq heures du soir, grinçant les dents contre ses chirurgiens et contre Chirac, auxquels il n'avoit cessé de chanter pouille.

On lui apporta pourtant l'extrême-onction. De communion il ne s'en parla plus, ni d'aucun prêtre auprès de lui, et [il] finit ainsi sa vie dans le plus grand désespoir et dans la rage de la quitter. Aussi la fortune s'étoit-elle bien jouée de lui, se fit acheter chèrement et longuement par toutes sortes de peines, de soins, de projets, de menées, d'inquiétudes, de travaux et de tourments d'esprit, et se déploya enfin sur lui par des torrents précipités de grandeurs, de puissance, de richesses démesurées, pour ne l'en laisser jouir que quatre ans, dont je mets l'époque à sa charge de secrétaire d'État, et deux seulement si on la met à son cardinalat et à son premier ministère, pour lui tout arracher au plus riant et au plus complet de sa jouissance, à soixante-six ans. Il mourut donc maître absolu de son maître, et moins premier ministre qu'exerçant toute la plénitude et toute l'indépendance de toute la puissance et de toute l'autorité royale; surintendant des postes, cardinal, archevêque de Cambrai, avec sept abbayes, dont il fut insatiable jusqu'à la fin, et avoit commencé des ouvertures pour s'emparer de celles de Cîteaux, de Prémontré et des autres chefs d'ordre, et il fut avéré après qu'il recevoit une pension d'Angleterre de quarante mille livres sterling. J'ai eu la curiosité de rechercher son revenu, et j'ai cru curieux de mettre ici ce que j'en ai trouvé, en diminuant même celui des bénéfices, peur éviter toute enflure.

Cambrai.	120 000 liv.
Nogent sous Coucy.	10 000
Saint-Just.	10 000
Airvaux.	12 000
Bourgueil.	12 000
Bergues-Saint-Vinox.	60 000
Saint-Bertin.	80 000
Cercamp	20 000
	324 000
Premier ministre	150 000
Les postes.	100 000
	250 000
La pension d'Angleterre, à 24 liv. la livre sterling.	960 000
Ainsi en	
Bénéfices.	324 000
Premier ministre.	150 000
Postes.	100 000
Pension d'Angleterre.	960 000
	1 534 000

J'ai mis pareillement au rabais ce qu'il tiroit de ses appointements de premier ministre et des postes : je crois aussi qu'il avoit vingt mille livres du clergé comme cardinal, mais je n'ai pu le savoir avec certitude. Ce qu'il avoit eu et réalisé de Law étoit immense. Il s'en étoit fort servi à Rome pour son cardinalat; mais il lui en étoit resté un prodigieux argent comptant. Il avoit une extrême quantité de la plus belle vaisselle d'argent et de vermeil, et la plus admirablement travaillée; des plus riches meubles, des plus rares bijoux de toute sorte, des plus beaux et des plus rares attelages de tous pays, et des plus somptueux équipages. Sa table étoit exquise et superbe en tout, et il en faisoit fort bien les honneurs, quoique extrêmement sobre et par nature et par régime.

Sa place de précepteur de M. le duc d'Orléans lui avoit procuré l'abbaye de Nogent-sous-Coucy; le mariage de ce prince celle de Saint-Just; ses premiers voyages d'Hanovre et d'Angleterre celle d'Airvaux et de Bourgueil; les trois autres, sa toute-puissance. Quel monstre de fortune et d'où parti! et comment et si rapidement précipité! C'est bien littéralement à lui qu'on peut appliquer ce passage du psaume :

« J'ai passé, il n'étoit déjà plus, il n'en est rien resté; jusqu'à ses traces étoient effacées. »

Vidi impium super exaltatum et elevatum sicut cedros Libani;
Et transivi, et ecce non erat, et non est inventus locus ejus.

(Ps. XXXVI, v. 35 et 36.)

Le mercredi au soir, lendemain de sa mort, il fut porté de Versailles à Paris dans l'église du chapitre de Saint-Honoré, où il fut enterré quelques jours après. Les académies dont il étoit lui firent faire chacune un service où elles assistèrent, l'assemblée du clergé un autre comme à leur président; et en qualité de premier ministre, il y en eut un à Notre-Dame, où le cardinal de Noailles officia, et où les cours supérieures assistèrent. Il n'y eut point d'oraison funèbre à aucun, on n'osa le hasarder. Son frère, plus vieux que lui et honnête homme, qu'il avoit fait venir lorsqu'il fut secrétaire d'État, demeura avec la charge de secrétaire du cabinet qu'il avoit, et qu'il lui avoit donnée, et les ponts et chaussées qu'il lui procura à la mort de Beringhen, premier écuyer, qui les avoit, et qui s'en étoit très-dignement acquitté. Ce Dubois, qui étoit fort modeste, trouva un immense héritage. Il n'avoit qu'un fils, chanoine de Saint-Honoré qui n'avoit jamais voulu ni places ni bénéfices et qui vivoit très-saintement. Il ne voulut presque rien toucher de cette riche succession. Il en employa une partie à faire à son oncle une espèce de mausolée beau, mais modeste, plaqué contre la muraille, au bas de l'église, où le cardinal est enterré avec une inscription fort chrétienne, et distribua l'autre partie aux pauvres, dans la crainte qu'elle ne lui portât malédiction.

On a bien des exemples de prodigieuse fortune, plusieurs même de gens de peu, mais il n'y en a aucun de personne si destituée de tout talent qui y porte et qui la soutienne que l'étoit le cardinal Dubois, si on en excepte la basse et obscure intrigue. Son esprit étoit fort ordinaire, son savoir des plus communs, sa capacité nulle, son extérieur d'un furet, mais de cuistre, son débit désagréable, par articles, toujours incertain, sa fausseté écrite sur son front, ses mœurs trop sans aucune mesure pour pouvoir être cachées : des fougues qui pouvoient passer pour des accès de folie, sa tête incapable de contenir plus d'une affaire à la fois, et lui d'y en mettre ni d'en suivre aucune que pour son intérêt personnel : rien de sacré, nulle sorte de liaison respectée; mépris déclaré de foi, de parole, d'honneur, de probité, de vérité : grande estime et pratique continuelle de se faire un jeu de toutes ces choses; voluptueux autant qu'ambitieux; voulant tout en tout genre, se comptant lui seul pour tout, et tout ce qui n'étoit point lui pour rien, et regardant comme la dernière démence de penser et d'agir autrement.

Avec cela, doux, bas, souple, louangeur, admirateur, prenant toutes sortes de formes, avec la plus grande facilité, et revêtant toutes sortes de personnages, et souvent contradictoires, pour arriver aux différents buts qu'il se proposoit, et néanmoins très-peu capable de séduire. Son raisonnement par élans, par bouffées, entortillé même involontairement, peu de sens et de justesse; le désagrément le suivoit partout. Néanmoins des pointes de vivacité plaisantes quand il vouloit qu'elles ne fussent que cela, et des narrations amusantes, mais déparées par l'élocution qui auroit été bonne sans ce bégaiement dont sa fausseté lui avoit fait une habitude, par l'incertitude qu'il avoit toujours à répondre et à parler. Avec de tels défauts, il est peu concevable que le seul homme qu'il ait su séduire ait été M. le duc d'Orléans qui avoit tant d'esprit, tant de justesse dans l'esprit, et qui saisissoit si promptement tout ce qui se pouvoit connoître des hommes. Il le gagna enfant, dans ses fonctions de précepteur; il s'en empara jeune homme en favorisant son penchant pour la liberté, le faux bel air, l'entraînement à la débauche, le mépris de toute règle; en lui gâtant par les beaux principes des libertius savants le cœur, l'esprit et la conduite, dont ce pauvre prince ne put jamais se délivrer, non plus que des sentiments contraires de la raison, de la vérité, de la conscience, qu'il prit toujours soin d'étouffer.

Dubois, insinué de la sorte, n'eut d'étude plus chère que de se conserver bien par tous moyens avec son maître à la faveur duquel tous ses avantages étoient attachés, qui n'alloient pas loin alors, mais tels qu'ils fussent, étoient bien considérables pour le valet du curé de Saint-Eustache, puis de Saint-Laurent. Il ne perdit donc jamais de vue son prince dont il connoissoit tous les grands talents et tous les grands défauts qu'il avoit su mettre à profit, et qu'il y mettoit tous les jours, dont l'extrême foiblesse étoit le principal, et l'es-

soutint dans les divers délaissements qu'il éprouva, et dans le plus fâcheux de tous, à l'entrée de la régence, dont on a vu avec quel art il avoit su se rapprocher. C'étoit le seul talent où il fût maître, que celui de l'intrigue obscure avec toutes ses dépendances. Il séduisit son maître comme on l'a vu ici, par ces prestiges d'Angleterre qui firent tant de mal à l'État, et dont les suites lui en causent encore de si fâcheux. Il le força et tout de suite le lia à cet intérêt personnel, au cas de mort du roi, de deux usurpateurs intéressés à se soutenir l'un l'autre, et M. le duc d'Orléans s'y laissa entraîner par le babil de Canillac, les profonds *sproposito* du duc de Noailles, les insolences, les grands airs de Stairs, qui lui imposoient, et cela sans aucun désir de la couronne : c'est une vérité étrange que je ne puis trop répéter, parce que je l'ai parfaitement et continuellement reconnue; et je dis étrange, parce qu'il n'est pas moins vrai que si la couronne lui fût échue et sans aucun embarras, même pour la recueillir et la conserver, il s'en seroit trouvé chargé, empêtré, embarrassé, sans comparaison aucune, plus qu'il n'en auroit été satisfait.

De là, ce lien devenu nécessaire et intime entre lui et Dubois, quand celui-ci fut parvenu à aller la première fois en Hollande, ce qui ne fut pas sans peine, et qui le conduisit après à Hanovre, puis à Londres, et à devenir seul maître de toute la négociation, partie l'arrachant à la foiblesse de son maître, partie en l'infatuant qu'il ne s'y pouvoit servir de nul autre, parce que nul autre ne pouvoit être comme lui dépositaire du vrai nœud qui faisoit le fondement secret de la négociation, qui étoit, en cas de mort du roi, ce soutien réciproque des deux usurpateurs, trop dangereux pour M. le duc d'Orléans à confier à qui que ce soit qu'à lui, qui toutefois devoit uniquement gouverner toute la négociation, sans égard à tout autre intérêt de l'État le plus marqué et le plus visible. Par là Dubois se mit en toute liberté de traiter à Londres pour lui-même en accordant tout ce qu'il plut aux Anglois, pour quoi il ne falloit pas grande habileté en négociations. Aussi a-t-on vu plus d'une fois dans ce qui a été donné ici d'après Torcy sur les affaires étrangères, que M. le duc d'Orléans ne s'accommodoit pas toujours de ce que Dubois vouloit passer aux Anglois, que ceux-ci lui reprochoient que son maître étoit plus difficile que lui, et tacitement son peu de crédit, et lui faisoient sentir la conséquence pour ce qu'il désiroit personnellement d'eux, de pouvoir davantage sur M. le duc d'Orléans et de l'amener à ce qui leur convenoit. De là ces lettres véhémentes dont M. le duc d'Orléans me parloit quelquefois, et auxquelles il ne pouvoit résister; de là son brusque retour d'Angleterre, sans ordre ni préparatif, pour emporter par sa présence ce que, pour cette fois, ses lettres n'avoient pu faire, et son prompt passage à Londres, dès qu'il eut réussi à ce qu'il s'étoit proposé, pour en aller triompher chez les ministres anglois, et leur montrer par l'essai d'un court voyage ce qu'ils pouvoient attendre de son ascendant sur le régent lorsqu'il seroit à demeure à ses côtés, par conséquent combien il leur seroit nécessaire, et leur intérêt sensible de le satisfaire personnellement, de façon qu'ils pussent compter sur lui.

Voilà ce qui sans capacité aucune a conclu les traités que Dubois a faits avec les Anglois, si opposés à l'intérêt de la France et au bien de toute l'Europe, en particulier si préjudiciables à l'Espagne, et qui d'un même tour de main a fondé et précipité la monstrueuse grandeur de Dubois, qui, en revenant tout à fait d'Angleterre, culbuta les conseils pour culbuter le maréchal d'Huxelles et le conseil des affaires étrangères, et les mettre uniquement dans sa main, sous le titre de secrétaire d'État. Outre la prétention d'une telle récompense de sa négociation dont il sut faire valoir à son maître toute la délicatesse, l'habileté et le fruit qu'il en tiroit, tout nul qu'il fût, il lui persuada encore la nécessité de ne confier qu'à lui seul les affaires étrangères, pour

entretenir et consolider l'intime confiance si nécessaire à
conserver avec les Anglois, et leur ôter les entraves du maréchal d'Huxelles, de Canillac, de ce même conseil que
Dubois vouloit déjà écarter, et que toutes les affaires ne
passassent plus que par un seul canal agréable au ministère
anglois, dont il ne pût prendre aucune défiance. De secrétaire d'État à tout le reste, le chemin fut rapide et aisé; la
guerre qu'il fit entreprendre contre l'Espagne sans la cause
la plus légère, pour ruiner leur marine au désir des Anglois,
et contre le plus sensible intérêt de la France, et le plus
personnel de M. le duc d'Orléans, fut le prix du chapeau,
qui bientôt après le mena au premier ministère.

Que si après avoir développé comment, sans capacité aucune, Dubois s'est fait si grand par l'Angleterre, en lui
sacrifiant la France, mais beaucoup plus l'Espagne, on
s'étonne comment si promptement après il est venu à bout
du double mariage, surtout avec les impressions personnelles prises en Espagne contre M. le duc d'Orléans, dès
avant sa régence et depuis, ce point sera facile à démêler.
Le roi d'Espagne, quelque prévenu qu'il fût contre M. le duc
d'Orléans par ce [que] la princesse des Ursins lui imputa
avant la mort du roi, quelques blessures qu'il en eût reçues
depuis la régence par le ministère de Dubois pour plaire
aux Anglois, jamais homme ne fut attaché à sa maison et à
sa nation originelle si intrinsèquement ni si indissoluble-
ment que Philippe V. Cette passion, si vive en lui et toujours active, le rendoit infatigable à tout souffrir de la France
sans cesser de désirer avec la plus violente ardeur de se
pouvoir lier et réunir indissolublement avec elle. C'est ce
qui lui fit recevoir l'espérance qui lui fut montrée, puis
aussitôt proposée du mariage du roi, comme le comble de
ses vœux, à quelque condition que ce pût être, en sorte que
celle du mariage actuel du prince des Asturies ne fut pas
capable seulement de le refroidir. D'un autre côté, la reine
qui avoit la même passion pour un établissement sûr et

solide de son fils aîné en Italie, et par affection, et par vanité, et pour se retirer auprès de lui et éviter le sort des reines veuves d'Espagne, qui avoit toujours été le point de son horreur, sentirent tous deux qu'ils n'y pouvoient parvenir malgré l'empereur; qu'il n'y avoit que le roi d'Angleterre, si parfaitement bien alors avec la cour de Vienne, qui pût parvenir à lui faire donner les mains à cet établissement, et que l'Espagne ne pouvoit espérer là-dessus aucun secours de l'Angleterre que par M. le duc d'Orléans, même par l'abbé Dubois, au point où ils étoient avec Georges et avec ses ministres. Ce ne fut donc pas merveilles si le double mariage fut conclu si facilement et si promptement, en quoi toute l'habileté de l'abbé Dubois ne fut que de l'imaginer et d'avoir la hardiesse de le proposer. C'est ce que je vis très-clairement en Espagne, et que l'esprit du roi d'Espagne n'avoit jamais été guéri sur M. le duc d'Orléans, ni sur son ministre, ni celui de la reine non plus, à travers toutes les mesures et les plus exactes réserves que, quelque soin qu'ils prissent, ils ne me purent épaissir ce voile plus que la consistance d'une gaze, et je sentis le même dans le marquis de Grimaldo. Telles furent les merveilles de la prétendue capacité de Dubois.

Il n'en montra pas davantage dans sa manière de gouverner quand il fut devenu le véritable maître. Toute son application tournée à ce que son maître, dont il connoissoit tout le glissant, ne lui échappât pas, s'épuisa à épier tous les moments de ce prince, ce qu'il faisoit, qui il voyoit, les temps qu'il donnoit à chacun, son humeur, son visage, ses propos à l'issue de chaque audience ou de chaque partie de plaisir; qui en étoit, quels propos et par qui tenus, et à combiner toutes ces choses; surtout à effrayer et à effaroucher pour empêcher qui que ce fût d'être assez hardi pour aller droit au prince, et à rompre toutes mesures à qui en avoit la témérité sans en avoir obtenu son congé et son aveu. Ce sont les espionnages qui occupoient toutes ses journées, sur lesquels il régloit toutes ses démarches, et à tenir le monde, sans exception, de si court, que tout ne fût que dans sa main, affaires, grâces, jusqu'aux plus petites bagatelles, et à faire échouer tout ce qui osoit essayer de lui passer entre les doigts, et de ne le pas pardonner aux essayeurs, qu'il poursuivoit partout d'une façon implacable. Cette application et quelque écorce indispensable d'ordres à donner, ravissoient tout son temps, en sorte qu'il étoit devenu inabordable, hors quelques audiences publiques ou quelques autres aux ministres étrangers. Encore la plupart d'eux ne le pouvoient joindre, et se trouvoient réduits à l'attendre aux passages sur des escaliers, et en d'autres endroits par lesquels il déroboit son passage, où il ne s'attendoit pas à les rencontrer. Il jeta une fois dans le feu une quantité prodigieuse de paquets de lettres toutes fermées, et de toutes parts, puis s'écria d'aise qu'il se trouvoit alors à son courant. A sa mort il s'en trouva par milliers, tout cachetées.

Ainsi tout demeuroit en arrière, en tout genre, sans que personne, même des ministres étrangers, osât s'en plaindre à M. le duc d'Orléans, et sans que ce prince, tout livré à ses plaisirs, et toujours sur le chemin de Versailles à Paris, prît la peine d'y penser, bien satisfait de se trouver dans cette liberté, et ayant toujours suffisamment de bagatelles dans son portefeuille pour remplir son travail avec le roi, qui n'étoit que de bons à lui faire mettre aux dépenses arrêtées, ou aux demandes des emplois ou des bénéfices vacants. Ainsi aucune affaire n'étoit presque décidée, et tout demeuroit et tomboit en chaos. Pour gouverner de la sorte il n'est pas besoin de capacité. Deux mots à chaque ministre chargé d'un département, et quelque légère attention à garnir les conseils devant le roi des dépêches les moins importantes, brochant les autres seul avec M. le duc d'Orléans, puis les laissant presque toutes en arrière, faisoient tout le travail du premier ministère, et l'espionnage, les avis de l'intérieur de M. le duc d'Orléans, les combinaisons de ces choses, les parades, les adresses, les batteries, faisoient et emportoient tout celui du premier ministre; ses emportements pleins d'injures et d'ordures, dont ni hommes ni femmes, de quelque rang et de quelque considération qu'ils fussent, [n'étoient] à couvert, le délivroient d'une infinité d'audiences, parce qu'on aimoit mieux aller par des bricoles subalternes, ou laisser périr ses affaires, que s'exposer à essuyer ces fureurs et ces affronts. On en a vu un échantillon vague par ce qui a été raconté ici de ce qui arriva en pleine et nombreuse audience d'ambassadeurs, prélats, dames et de toutes sortes de gens considérables, à l'officier que j'avois dépêché de Madrid avec le contrat de mariage du roi.

Les folies publiques du cardinal Dubois, depuis surtout que devenu le maître il ne les contint plus, feroient un livre. Je n'en rapporterai que quelques-unes pour échantillon. La fougue lui faisoit faire quelquefois le tour entier et redoublé d'une chambre courant sur les tables et les chaises sans toucher du pied la terre, et M. le duc d'Orléans m'a dit plusieurs fois en avoir été souvent témoin en bien des occasions.

Le cardinal de Gesvres se vint plaindre à M. le duc d'Orléans de ce que le cardinal Dubois venoit de l'envoyer promener dans les termes les plus sales. On a vu ailleurs qu'il en avoit usé de même avec la princesse de Montauban, et la réponse que M. le duc d'Orléans avoit faite à ses plaintes. La vérité est qu'elle ne méritoit pas mieux. L'étonnant fut qu'il dit de même à un homme des mœurs, de la gravité et de la dignité du cardinal de Gesvres, qu'il avoit toujours trouvé le cardinal Dubois de bon conseil, et qu'il croyoit qu'il feroit bien de suivre celui qu'il lui venoit de donner. C'étoit apparemment pour se défaire de pareilles plaintes après un tel exemple; et en effet on ne lui en porta plus depuis.

Mme de Cheverny, devenue veuve, s'étoit retirée quelque

temps après aux Incurables. Sa place de gouvernante des filles de M. le duc d'Orléans avoit été donnée à Mme de Conflans. Un peu après le sacre, Mme la duchesse d'Orléans lui demanda si elle avoit été chez le cardinal Dubois, là-dessus Mme de Conflans répondit que non, et qu'elle ne voyoit pas pourquoi elle iroit, la place que Leurs Altesses Royales lui avoient donnée étant si éloignée d'avoir trait à aucune affaire. Mme la duchesse d'Orléans insista sur ce que le cardinal étoit à l'égard de M. le duc d'Orléans. Mme de Conflans se défendit, et finalement dit que c'étoit un fou qui insultoit tout le monde, et qu'elle ne vouloit pas s'y exposer. Elle avoit de l'esprit et du bec, et souverainement glorieuse, quoique fort polie. Mme la duchesse d'Orléans se mit à rire de sa frayeur, et lui dit que n'ayant rien à lui demander ni à lui représenter, mais seulement à lui rendre compte de l'emploi que M. le duc d'Orléans lui avoit donné, c'étoit une politesse qui ne pouvoit que plaire au cardinal, et lui en attirer de sa part, bien loin d'avoir rien de désagréable à en craindre, et finit par lui dire que cela convenoit et qu'elle vouloit qu'elle y allât.

La voilà donc partie, car c'étoit à Versailles, au sortir de dîner, et arrivée dans un grand cabinet, où il y avoit huit ou dix personnes qui attendoient à parler au cardinal, qui étoit auprès de sa cheminée avec une femme qu'il galvaudoit[1]. La peur en prit à Mme de Conflans, qui étoit petite et qui en rapetissa encore. Toutefois, elle s'approcha comme cette femme se retiroit. Le cardinal la voyant s'avancer lui demanda vivement ce qu'elle lui vouloit. « Monseigneur, dit-elle. — Ho, monseigneur! monseigneur! interrompit le cardinal; cela ne se peut pas. — Mais, monseigneur, reprit-elle. — De par tous les diables, je vous le dis encore, interrompit de nouveau le cardinal, quand je vous dis que cela

---

1. *Galvauder* se disait familièrement pour *maltraiter de paroles, gourmander.*

ne se peut pas. — Monseigneur, » voulut encore dire Mme de Conflans pour expliquer qu'elle ne demandoit rien ; mais à ce mot le cardinal lui saisit les deux pointes des épaules, la revire, la pousse du poing par le dos, et : « Allez à tous les diables, dit-il, et me laissez en repos. » Elle pensa tomber toute plate ; et s'enfuit en furie, pleurant à chaudes larmes, et arrive en cet état chez Mme la duchesse d'Orléans, à qui, à travers ses sanglots, elle conte son aventure.

On étoit si accoutumé aux incartades du cardinal, et celle-là fut trouvée si singulière et si plaisante que le récit en causa des éclats de rire qui achevèrent d'outrer la pauvre Conflans, qui jura bien que de sa vie elle ne remettroit le pied chez cet extravagant.

Le jour de Pâques d'après qu'il fut cardinal, il s'éveille sur les huit heures et sonne à rompre ses sonnettes, et le voilà à blasphémer horriblement après ses gens, à vomir mille ordures et mille injures, et à crier à pleine tête de ce qu'ils ne l'avoient pas éveillé, qu'il vouloit dire la messe, qu'il ne savoit plus où en prendre le temps avec toutes les affaires qu'il avoit. Ce qu'il fit de mieux après une si belle préparation, ce fut de ne la dire pas, et je ne sais s'il l'a jamais dite depuis son sacre.

Il avoit pris pour secrétaire particulier un nommé Venier qu'il avoit défroqué de l'abbaye de Saint-Germain des Prés, où il étoit frère convers, et en faisoit les affaires depuis vingt ans avec beaucoup d'esprit et d'intelligence. Il s'étoit fait promptement aux façons du cardinal, et s'étoit mis sur le pied de lui dire tout ce qu'il lui plaisoit. Un matin qu'il étoit avec le cardinal, il demanda quelque chose qui ne se trouva pas sous la main. Le voilà à jurer, à blasphémer, à crier à pleine tête contre ses commis, et que s'il n'en avoit pas assez, il en prendroit vingt, trente, cinquante, cent, et à faire un vacarme épouvantable. Venier l'écoutoit tranquillement. le cardinal l'interpella, si cela n'étoit pas une chose horrible, d'être si mal servi, à la dépense qu'il y faisoit, et à s'emporter tout de nouveau, et à le presser de répondre. « Monseigneur, lui dit Venier, prenez un seul commis de plus, et lui donnez pour emploi unique de jurer et de tempêter pour vous, et tout ira bien, vous aurez beaucoup de temps de reste, et vous vous trouverez bien servi. » Le cardinal se mit à rire et s'apaisa.

Il mangeoit tous les soirs un poulet pour tout souper et seul. Je ne sais par quelle méprise ce poulet fut oublié un soir par ses gens. Comme il fut près de se coucher, il s'avisa de son poulet, sonna, cria, tempêta après ses gens, qui accoururent et qui l'écoutèrent froidement. Le voilà à crier de plus belle après son poulet et après ses gens de le servir si tard. Il fut bien étonné qu'ils lui répondirent tranquillement qu'il avoit mangé son poulet, mais que, s'il lui plaisoit, ils en alloient faire mettre un autre à la broche. « Comment, dit-il, j'ai mangé mon poulet ! » L'assertion hardie et froide de ses gens le persuada, et ils se moquèrent de lui. Je n'en dirai pas davantage, parce que, encore une fois, on en feroit un vrai volume. C'en est assez pour montrer quel étoit ce **monstrueux** personnage dont la mort soulagea grands et petits, et en vérité, toute l'Europe, enfin jusqu'à son frère même qu'il traitoit comme un nègre. Il voulut une fois chasser son écuyer pour lui avoir prêté un de ses carrosses pour aller quelque part dans Paris.

Le plus soulagé de tous fut M. le duc d'Orléans. Il gémissoit en secret depuis assez longtemps sous le poids d'une domination si dure, et sous les chaînes qu'il s'étoit forgées. Non-seulement il ne pouvoit plus disposer ni décider de rien, mais il exposoit inutilement au cardinal ce qu'il désiroit qui fût sur grandes et petites choses. Il lui en falloit passer sur toutes par la volonté du cardinal qui entroit en furie, en reproches, et le pouilloit comme un particulier, quand il lui arrivoit de le trop contredire. Le pauvre prince sentoit aussi l'abandon où il s'étoit livré, et par cet abandon, la puissance du cardinal et l'éclipse de la sienne. Il le craignoit, il lui étoit devenu insupportable, il mouroit d'envie de s'en débarrasser; cela se montroit en mille choses, mais il n'osoit, il ne savoit comment s'y prendre, et isolé et sans cesse épié comme il l'étoit, il n'avoit personne avec qui s'en ouvrir tout à fait, et le cardinal bien averti, en redoubloit ses frasques pour retenir par la frayeur ce que ses artifices avoient usurpé, et qu'il n'espéroit plus de se conserver par une autre voie.

Dès qu'il fut mort, M. le duc d'Orléans retourna à Meudon apprendre au roi cette nouvelle, qui le pria aussitôt de se charger de toute la conduite des affaires, le déclara premier ministre, et en reçut son serment le lendemain, dont la patente tôt expédiée fut vérifiée au parlement. Cette déclaration si prompte sur laquelle M. le duc d'Orléans n'avoit rien préparé, fut l'effet de la crainte qu'eut l'évêque de Fréjus de voir un particulier premier ministre. Le roi aimoit M. le duc d'Orléans, comme on l'a déjà dit, par le respect qu'il en recevoit, et par sa manière de travailler avec lui, qui sans danger d'être pris au mot, le laissoit toujours le maître des grâces sur le choix des personnes qu'il lui proposoit, et d'ailleurs de ne l'ennuyer jamais, ni de contraindre ses amusements par les heures de ce travail. Quelques soins, quelques souplesses que le cardinal Dubois eût employées pour gagner l'esprit du roi et l'apprivoiser avec lui, jamais il n'en avoit pu venir à bout, et on remarquoit, même sans avoir de trop bons yeux, une répugnance du roi pour lui plus que très-sensible. Le cardinal en étoit désolé, mais redoubloit de jambes dans l'espérance de réussir à la fin. Mais, outre l'air peu naturel et le désagrément inséparable de ses manières les plus occupées à plaire, il avoit deux ennemis auprès du roi, bien attentifs à l'éloigner de prendre avec ce jeune prince, le maréchal de Villeroy, tant qu'il y fut, mais bien plus dangereusement le Fréjus, qui ne pouvoit haïr le cardinal que d'ambition, [et qui] bien résolu de le culbuter si M. le duc d'Orléans venoit à manquer, pour n'être ni primé, encore moins dominé par un particulier, n'avoit garde de ne pas le ruiner journellement dans l'esprit du roi, en s'y établissant lui-même de plus en plus.

CHAPITRE II.

Mort du premier président de Mesmes. — Je retrouve et revois M. le duc d'Orléans comme auparavant. — Compagnie d'Ostende. — Mort de La Houssaye; sa place de chancelier de M. le duc d'Orléans donnée à Argenson, et les postes à Morville. — Le mariage du prince et de la princesse des Asturies consommé. — Mariage des deux fils du duc de Bouillon avec la seconde fille du prince Jacques Sobieski, par la mort de l'aîné. — Succès de ce mariage. — Inondation funeste à Madrid, et incendie en même moment. — Nocé, Canillac et le duc de Noailles rappelés. — Le premier bien dédommagé. — Translation de l'évêque-duc de Laon à Cambrai; sa cause. — Laon donné à La Fare, évêque de Viviers, au pieux refus de Belsunce, évêque de Marseille. — Quel étoit ce nouvel évêque de Laon. — Mort et caractère de Besons, archevêque de Rouen. — Rouen donné à Tressan, évêque de Nantes; Besançon à l'abbé de Monaco; Luçon à l'abbé de Bussy, etc. — Mme de Chelles écrit fortement à M. le duc d'Orléans sur ses choix aux prélatures. — Mort du prince de Croï. — Absurdité de cette nouvelle chimère de princerie. — Mort de la duchesse d'Aumont (Brouilly). — Mort du jeune duc d'Aumont; sa dépouille. — Triste et volontaire état de la santé de M. le duc d'Orléans. — J'avertis l'évêque de Fréjus de l'état de M. le duc d'Orléans, et l'exhorte à prendre ses mesures en conséquence. — Fausseté et politique de ce prélat, qui veut se rendre le maître de tout à l'ombre d'un prince du sang, premier ministre de nom et d'écorce. — Mort de La Chaise, capitaine de la porte. — Torcy obtient cette charge pour son fils. — Secondes charges de la cour, proie des enfants des ministres. — Mort de Livry. — Mort du grand-duc de Toscane; sa famille, son caractère. — Mort de l'électeur de Cologne. — Mort et caractère de la maréchale de Chamilly. — Mort de Mme de Montsoreau, femme du grand prévôt.

Un plus corrompu, s'il se peut, que le cardinal Dubois le suivit douze ou treize jours après : ce fut le premier président de Mesmes, qui, déjà fort appesanti par quelques légères apoplexies, en eut une qui l'emporta en moins de vingt-quatre heures, à soixante et un ans, sans que pendant ce peu de temps on en eût pu tirer le moindre signe de vie. Je dis plus corrompu que Dubois par ses profondes et insignes noirceurs, et parce que, né dans un état honorable et riche, il n'avoit pas eu besoin de se bâtir une fortune comme Dubois, qui étoit de la lie du peuple, non que ce pût être une excuse à celui-ci, mais une tentation de moins à l'autre, qui n'avoit qu'à jouir de ce qu'il étoit, avec honneur. J'ai eu tant d'occasions de parler et de faire connoître ce magistrat également détestable et méprisable, que je crois pouvoir me dispenser d'en salir davantage ce papier. On a vu ailleurs pourquoi et comment on m'avoit enfin forcé à me raccommoder avec lui, après ce beau mariage du duc de Lorge avec sa fille, dont il eut tout lieu de se bien repentir, comme il l'avoua souvent lui-même. J'étois paisiblement à la Ferté en bonne compagnie depuis près de deux mois, sans en avoir voulu partir sur les courriers que Belle-Ile et d'autres encore m'avoient dépêchés sur la mort du cardinal Dubois, pour me presser de revenir. La vanité et l'avidité d'avoir une pension m'en fit dépêcher un autre à la mort du premier président par ses filles, pour me conjurer de revenir et de la demander à M. le duc d'Orléans.

Je cédai encore en cette occasion à la vertu et à la piété de Mme de Saint-Simon, qui voulut si absolument que je ne leur refusasse pas cet office, et je partis. Elle revint à Paris quelques jours après moi. La cour étoit retournée de Meudon à Versailles le 13 août, il y avoit dix ou douze jours, et j'y trouvai M. le duc d'Orléans.

Dès qu'il me vit entrer dans son cabinet, il courut à moi, et me demanda avec empressement si je voulois l'abandonner. Je lui répondis que tant que son cardinal avoit vécu, je m'étois cru fort inutile auprès de lui ; et que j'en avois profité pour ma liberté et pour mon repos ; mais qu'à présent que cet obstacle à tout bien n'étoit plus, je serois toujours à son très-humble service. Il me fit promettre de vivre avec lui comme auparavant, et, sans entrer en rien sur le cardinal, se mit sur les affaires présentes, domestiques et étrangères, m'expliqua où il en étoit, et me conta l'émoi que prenoient l'Angleterre et la Hollande de la nouvelle compagnie d'Ostende, que l'empereur formoit, qu'il vouloit maintenir et que ces deux puissances vouloient empêcher de s'établir par leur grand intérêt du commerce, enfin celui que la France y pouvoit trouver pour et contre, et ses vues de conduite dans cette affaire. Je le trouvai content, gai, et reprenant le travail avec plaisir. Quand nous eûmes bien causé du dehors, du dedans et du roi, dont il étoit fort content, je lui parlai de la pension que les filles du premier président lui demandoient. Il se mit à rire et à se moquer d'elles, après l'argent immense qu'il avoit si souvent prodigué à leur père, ou qu'il lui avoit su escroquer, et à se moquer de moi d'être leur avocat en chose si absurde après tout ce qu'il y avoit eu entre moi et leur père, duquel il fit fort bien et en peu de mots l'oraison funèbre. J'avouerai franchement que je n'insistai pas beaucoup pour une chose que je trouvois aussi déplacée, et dont je ne me souciois point du tout. Je vécus donc de là en avant avec M. le duc d'Orléans comme j'avois toujours fait avant que le cardinal Dubois fût premier ministre, et lui avec toute son ancienne confiance. Il faut pourtant que je convienne que je ne cherchai pas à en faire beaucoup d'usage. Il fit alors la très-légère perte de La Houssaye, son chancelier, qui avoit montré son ignorance dans la place de contrôleur général des finances qu'il avoit été obligé de quitter. Il avoit soixante et un ans. M. le duc d'Orléans prit à sa place le lieutenant de police, second fils du feu garde des sceaux d'Argenson. J'oubliois de marquer que les postes avoient été données à Morville, secrétaire d'État des affaires étrangères, avec une grande et juste diminution d'appointements.

On apprit en ce même temps que Leurs Majestés Catholiques avoient mis le prince et la princesse des Asturies ensemble, et que leur mariage avoit été consommé.

Le duc de Bouillon, fort occupé d'étayer de plus en plus sa princerie par des alliances étrangères, dont les siens s'étoient si bien trouvés, avisa d'en éblouir, ainsi que de ses grands établissements, le prince Jacques Sobieski, fils aîné du célèbre roi de Pologne, qui vivoit retiré dans ses terres en Silésie; répandit beaucoup d'argent autour de lui, et fit si bien que le mariage de sa seconde fille fut conclu avec le prince de Turenne, fils aîné du duc de Bouillon et de la fille du feu duc de La Trémoille, sa première femme.

Ce mariage flattoit extrêmement le duc de Bouillon. Le grand-père de sa future belle-fille avoit occupé longtemps le trône de Pologne, et en avoit illustré la couronne par ses grandes actions; sa femme étoit sœur de l'impératrice, épouse de l'empereur Léopold, et mère des empereurs Joseph et Charles, et sœur aussi de la reine douairière d'Espagne, de la feue reine de Portugal, des électeurs de Mayence et Palatin, et de la duchesse de Parme, mère de la reine, seconde femme du roi d'Espagne. Enfin, la fille aînée du prince Jacques Sobieski avoit épousé le roi d'Angleterre, retiré à Rome. Le mariage fut célébré par procureur, à Neuss, en Silésie, et en personne à Strasbourg, un mois après. Mais le prince de Turenne tomba malade presque aussitôt, et mourut douze jours après son mariage. Personne de la famille n'étoit allé à Strasbourg que son frère; la mariée y étoit arrivée en fort léger équipage. On comptoit l'amener tout de suite à Paris, quand la maladie de son mari les arrêta. Dès que la nouvelle en vint, le duc de Bouillon pensa aussitôt au mariage de son second fils, si elle devenoit veuve, et à tout événement dépêcha le comte d'Évreux à Strasbourg pour lui persuader de continuer son voyage, dans l'espérance de gagner son consentement. Ils y réussirent, et la gardèrent tantôt chez eux à Pontoise, tantôt dans un couvent du lieu, et n'en laissèrent approcher personne qui la pût imprudemment détromper des grandeurs qu'elle croyoit aller épouser. Ils négocièrent en Silésie pour avoir le consentement, puis à Rome pour la dispense, où il n'est question que du plus ou du moins d'argent qu'on n'avoit pas dessein d'épargner. Enfin, le mariage se fit en avril 1724, fort en particulier, à cause du récent veuvage.

Quand elle commença à voir le monde et à être présentée à la cour, elle fut étrangement surprise de s'y trouver comme toutes les autres duchesses et princesses assises, et de ne primer nulle part avec toute la distinction dont on l'avoit persuadée, en sorte qu'il lui échappa plus d'une fois qu'elle avoit compté épouser un souverain, et qu'il se trouvoit que son mari et son beau-père n'étoient que deux bourgeois du quai Malaquais. Ce fut bien pis quand elle vit le roi marié. Je n'en dirai pas davantage. Ces regrets, qu'elle ne cachoit pas, joints à d'autres mécontentements, en donnèrent beaucoup aux Bouillon. Le mariage ne fut pas heureux. La princesse, qui ne put s'accoutumer à l'unisson avec nos duchesses et princesses, encore moins à vivre avec les autres, comme il falloit qu'elle s'y assujettît, se rendit solitaire et obscure. Elle eut des enfants, et, après plusieurs années, ne pouvant plus tenir dans une situation si forcée, elle obtint aisément d'aller faire un voyage en Silésie pour ménager son père et ses intérêts auprès de lui. Son mari ne demandoit pas mieux que d'en être honnêtement défait. Il ne la pressa point de revenir, et au bout de peu d'années elle mourut en Silésie, au grand soulagement de M. de Bouillon, qui ne laissa pas d'en recueillir assez gros pour ses enfants.

Ce fut en ce temps-ci qu'arriva cette subite inondation à Madrid, proche du Buen-Retiro, où la duchesse de la Mirandole fut noyée dans son oratoire, où le prince Pio et quelques autres périrent, et dont le duc de La Mirandole, le duc de Liria, l'abbé Grimaldo et l'ambassadeur de Venise se sauvèrent avec des peines infinies, tandis que la superbe maison du duc et de la duchesse d'Ossone, magnifiquement meublée, brûloit dans le haut de la ville, sans qu'on pût en arrêter l'incendie faute d'eau. Je me suis étendu ailleurs ici par avance sur cet étrange et funeste événement, ce qui m'empêchera d'en rien répéter ici.

Nocé, qui avoit été rapproché dans son exil, fut rappelé. M. le duc d'Orléans, qui l'avoit toujours aimé et qui ne l'avoit éloigné que malgré lui, l'en dédommagea par un présent de cinquante mille livres en argent, et deux mille écus de pension. Canillac revint bientôt après, et enfin le duc de Noailles. On fit beaucoup de contes de ses amusements pendant qu'il fut dans ses terres, et de l'édification qu'il avoit voulu donner à ses peuples, en chantant avec eux au lutrin et en y portant chape, et aux processions. On voit ainsi que ce n'est pas sans raison qu'on l'appeloit : *Omnis homo*.

M. le duc d'Orléans donna plusieurs grands bénéfices. L'évêque duc de Laon, et qui en avoit fait la fonction au sacre, n'avoit pu se faire recevoir pair de France au parlement. Sa mère étoit la comédienne Florence, et M. le duc d'Orléans ne l'avoit point reconnu. Ce fut l'obstacle qu'on ne put vaincre, parce qu'il faut dire qui on est, et le prouver. Dans cet embarras, il fut transféré, avec conservation du rang et honneurs d'évêque, duc de Laon. Il ne perdit pas au change, puisqu'il eut l'archevêché de Cambrai. Son successeur à Laon surprit et scandalisa étrangement : ce fut le frère de La Fare, qui ne lui ressembloit en rien. C'étoit un misérable déshonoré par ses débauches et par son escroquerie, que personne ne vouloit voir ni regarder, et que M. le duc d'Orléans, qui me l'a dit lui-même, chassa du Palais-Royal pour avoir volé cinquante pistoles qu'il envoyoit, par lui, à Mme de Polignac. Je la nomme, parce que sa vie a été si publique que je ne crois pas manquer à la charité, à la discrétion, à la considération de son nom.

Ce bon ecclésiastique fut une fois chassé des Tuileries à coups de pied, depuis le milieu de la grande allée jusque hors la porte du Pont-Royal, par les mousquetaires et d'autres jeunes gens qui s'y attroupèrent, avec des [clameurs] épouvantables, répétées par la foule des laquais amassés à la porte. Enfin, et c'est un fait qui fut très-public, les deux capitaines des mousquetaires leur défendirent à l'ordre de le voir. Pour sortir d'un état si pitoyable, ce rebut du monde fit le converti, frappa à plusieurs portes pour être ordonné prêtre sans y pouvoir réussir, à ce que me conta lors Rochebonne, évêque-comte de Noyon, qui fut un de ceux qui le refusèrent, malgré une prétendue retraite qu'il fit dans un bénéfice qu'il avoit dans Noyon. Enfin il trouva un prélat plus traitable par la conformité de conduite. J'aurois horreur de le nommer et de dire avec quel scandale il l'ordonna contre toutes les règles de l'Église. Incontinent après, il se jeta au cardinal de Bissy et à Languet, évêque de Soissons, à qui tout étoit bon moyennant le fanatisme de la constitution, qui le rendit digne d'être grand vicaire de Soissons, où il se signala en ce genre à mériter toute leur protection. Avec ce secours et celui des jésuites, il trafiqua l'évêché de Viviers avec Ratabon, qui y avoit passé du siége d'Ypres, et que l'épiscopat ennuyoit, malgré la non-résidence. Il lui donna deux abbayes qu'il avoit, avec un bon retour, et fut sacré évêque de Viviers, au scandale universel.

L'évêque de Marseille, Belsunce, qui s'étoit fait un si grand nom pendant la peste, étoit venu à Paris sur la maladie du duc de Lauzun, frère de sa mère, qui avoit toujours pris soin de lui et de ses frères. Il fut nommé à l'évêché de Laon avec un grand applaudissement. Allant un jour voir M. de Lauzun, qui s'étoit retiré dans le couvent des Petits-Augustins, j'arrivai par un côté du cloître à la porte de sa chambre, et ce prélat, par un autre côté, en même temps qu'on appeloit déjà M. de Laon. Je me rangeai pour le laisser passer devant moi. Il sourit en me regardant, et me poussant de la main : « Allez, monsieur, me dit-il, ce n'est pas la peine; » et malgré moi me fit passer devant lui. A ce mot je compris qu'il n'accepteroit point Laon et qu'il demeureroit à Marseille; mais qu'il n'osoit refuser du vivant de son oncle qui l'auroit dévoré, et qui n'avoit que peu de semaines à vivre. En effet, dès qu'il fut mort, il refusa Laon avec un attachement pour son siége qui n'étoit plus connu, mais qui lui fit un grand honneur. La Fare, évêque de Viviers, qui n'étoit pas pour être si délicat, fut mis à Laon, à son refus, où on a vu depuis ce qu'il savoit faire. Il y est mort abhorré et banqueroutier, après avoir de gré ou de force escroqué tout son diocèse qu'il avoit d'ailleurs dévasté.

Rouen vaquoit par la mort de Besons, frère du maréchal qui y avoit été transféré de Bordeaux, duquel j'ai eu occasion de parler ici plus d'une fois. C'étoit un homme fort sage, doux, mesuré, avec un air et une mine brutale et grossière, délié, qui savoit le monde et ses devoirs; fort instruit, fort décent, et le premier homme du clergé; en capacité sur ses affaires temporelles, de l'esprit fait exprès pour le gouvernement des diocèses; aimé, respecté et amèrement regretté dans les trois qu'il avoit eus. Tressan, évêque de Nantes, premier aumônier de M. le duc d'Orléans, eut Rouen, et fut chargé des économats[1] qu'avoit Besons; et l'abbé de Monaco, déjà vieux, eut Besançon, dont l'abbé de Mornay n'avoit pas eu le temps de jouir ni d'être sacré.

---

1. On appelait *économat* l'administration des revenus d'un bénéfice ecclésiastique pendant la vacance de ce bénéfice.

L'abbé de Bussy-Rabutin eut Luçon, et plusieurs autres évêchés furent donnés et beaucoup d'abbayes. Celles de Bergues-Saint-Vinox et de Saint-Bertin à Saint-Omer furent rendues à des moines; Dubois ne les avoit eues que comme cardinal. M. le duc d'Orléans reçut une lettre de Mme de Chelles, sa fille, sur cette distribution, qui l'effraya, et qu'il lut et relut pourtant deux fois. Elle étoit admirable sur le choix des sujets et sur l'abus qu'il en faisoit, et le menaçoit de la colère de Dieu qui l'en châtieroit promptement. Il en fut assez ému pour en parler, et même pour la laisser voir, mais je ne sais s'il en eût profité. Il n'en eut pas le temps.

Le fils aîné du feu comte de Solre mourut dans ses terres, en Flandre, où il s'étoit retiré depuis la mort de son père, et que sa femme l'avoit avisé de faire le prince. Il étoit lieutenant général et n'avoit que quarante-sept ans. J'ai parlé ailleurs de cette folie qui a passé à ses enfants, que le comte de Solre n'avoit jamais imaginée, qui ne prétendit jamais aucun rang, qui fut chevalier de l'ordre en 1688, parmi les gentilshommes, et dont j'ai vu toute ma vie la femme et la fille debout au souper et à la toilette, jusqu'à ce qu'elles s'en allèrent en Espagne, comme je l'ai raconté. Croï est une terre en Boulonnois qui a donné son nom à cette maison, que ses établissements en Flandre ont si fort illustrée. J'en ai parlé ici ailleurs.

La duchesse d'Aumont mourut à Passy, près Paris, 23 octobre, près de sept mois après son mari, quatre mois après sa belle-fille, huit jours avant son fils. Elle étoit fille d'Antoine de Brouilly, marquis de Piennes, chevalier des ordres du roi, et sœur de l'épouse du marquis de Châtillon, premier gentilhomme de la chambre de Monsieur et chevalier des ordres du roi. Elle fut aussi dame d'atours de Madame. C'étoient deux beautés fort différentes : toutes deux grandes et parfaitement bien faites; intimement liées ensemble; qui n'avoient point de frères, et toutes deux épousées par amour. La duchesse d'Aumont s'étoit retirée et barricadée à Passy contre la petite vérole dont Paris étoit plein. Elle ne l'évita pas et en mourut.

Le duc d'Aumont, son fils, en mourut aussi huit jours après elle, à trente-deux ans. Il étoit aimé et estimé dans le monde, très-bien fait, avec un beau visage, et fort bien avec les dames. Il ne laissa que deux fils enfants, dont le cadet mourut bientôt après. Je m'intéressai fort au partage de sa dépouille, pour le duc d'Humières qui eut le gouvernement de Boulogne et Boulonnois, et son petit-neveu eut la charge de son père de premier gentilhomme de la chambre du roi.

On m'avoit rendu tout le château neuf de Meudon, tout meublé, depuis le retour de la cour à Versailles, comme je l'avois avant qu'elle vînt à Meudon. Le duc et la duchesse d'Humières y étoient avec nous, et bonne compagnie. Le duc d'Humières voulut que je le menasse à Versailles remercier M. le duc d'Orléans le matin. Nous le trouvâmes qu'il alloit s'habiller, et qu'il étoit encore dans son caveau dont il avoit fait sa garde-robe. Il y étoit sur sa chaise percée parmi ses valets et deux ou trois de ses premiers officiers. J'en fus effrayé. Je vis un homme la tête basse, d'un rouge pourpre, avec un air hébété, qui ne me vit seulement pas approcher. Ses gens le lui dirent. Il tourna la tête lentement vers moi sans presque la lever, et me demanda d'une langue épaisse ce qui m'amenoit. Je le lui dis. J'étois entré là pour le presser de venir dans le lieu où il s'habilloit, pour ne pas faire attendre le duc d'Humières; mais je demeurai si étonné que je restai court. Je pris Simiane, premier gentilhomme de sa chambre, dans une fenêtre, à qui je témoignai ma surprise et ma crainte de l'état où je voyois M. le duc d'Orléans. Simiane me répondit qu'il étoit depuis fort longtemps ainsi les matins, qu'il n'y avoit ce jour-là rien d'extraordinaire en lui, et que je n'en étois surpris que parce que je ne le voyois jamais à ces heures-là; qu'il n'y paraîtroit plus tant, quand il se seroit secoué en s'habillant. Il ne laissa pas d'y paroître encore beaucoup lorsqu'il vint s'habiller. Il reçut le remercîment du duc d'Humières d'un air étonné et pesant; et lui qui étoit toujours gracieux et poli à tout le monde, et qui savoit si bien dire à propos et à point, à peine lui répondit-il; un moment après, nous nous retirâmes M. d'Humières et moi. Nous dînâmes chez le duc de Gesvres, qui le mena faire son remercîment au roi.

Cet état de M. le duc d'Orléans me fit faire beaucoup de réflexions. Il y avoit fort longtemps que les secrétaires d'État m'avoient dit que, dans les premières heures des matinées, ils lui auroient fait passer tout ce qu'ils auroient voulu, et signé tout ce qui lui eût été de plus préjudiciable. C'étoit le fruit de ses soupers. Lui-même m'avoit dit plus d'une fois depuis un an, à l'occasion de ce qu'il me quittoit quelquefois, quand j'étois seul avec lui, que Chirac le purgeottoit sans cesse sans qu'il y parût, parce qu'il étoit si plein qu'il se mettoit à table tous les soirs sans faim et sans aucune envie de manger, quoiqu'il ne prît rien les matins, et seulement une tasse de chocolat entre une et deux heures après midi, devant tout le monde, qui étoit le temps public de le voir. Je n'étois pas demeuré muet avec lui là-dessus; mais toute représentation étoit parfaitement inutile. Je savois de plus que Chirac lui avoit nettement déclaré que la continuation habituelle de ses soupers le conduiroit à une prompte apoplexie ou à une hydropisie de poitrine, parce que sa respiration s'engageoit dans des temps, sur quoi il s'étoit récrié contre ce dernier mal qui étoit lent, suffoquant, contraignant tout, montrant la mort; qu'il aimoit bien mieux l'apoplexie qui surprenoit et qui tuoit tout d'un coup sans avoir le temps d'y penser.

Un autre homme, au lieu de se récrier sur le genre de mort dont il étoit promptement menacé, et d'en préférer un si terrible à un autre qui donne le temps de se reconnoître, eût songé à vivre et faire ce qu'il falloit pour cela par une vie sobre, saine et décente, qui, du tempérament qu'il étoit, lui auroit pu procurer une fort longue vie, et bien agréable dans la situation, très-vraisemblablement durable, dans laquelle il se trouvoit; mais tel fut le double aveuglement de ce malheureux prince. Je vivois fort en liaison avec l'évêque de Fréjus, et puisque, avenant faute de M. le duc d'Orléans, il falloit avoir un maître autre que le roi, en attendant qu'il pût ou voulût l'être, j'aimois mieux que ce fût ce prélat qu'aucun autre. J'allai donc le trouver, je lui dis ce que j'avois vu le matin de l'état de M. le duc d'Orléans; je lui prédis que sa perte ne pouvoit être longtemps différée et qu'elle arriveroit subitement, sans aucun préalable qui l'annonçât; que je conseillai donc au prélat de prendre ses arrangements et ses mesures avec le roi, sans y perdre un moment, pour en remplir la place, et que cela lui étoit d'autant plus aisé qu'il ne doutoit pas de l'affection du roi pour lui; qu'il n'en avoit pour personne qui en approchât, et qu'il avoit journellement de longs tête-à-tête avec lui, qui lui offroient tous les moyens et toutes les facilités de s'assurer de la succession subite à la place de premier ministre dans l'instant même qu'elle deviendroit vacante. Je trouvai un homme très-reconnoissant en apparence de cet avis et de ce désir, mais modeste, mesuré, qui trouvoit la place au-dessus de son état et de sa portée.

Ce n'étoit pas la première fois que nos conversations avoient roulé là-dessus en général, mais c'étoit la première fois que je lui en parlois comme d'une chose instante. Il me dit qu'il y avoit bien pensé, et qu'il ne voyoit qu'un prince du sang qui pût être déclaré premier ministre sans envie, sans jalousie et sans faire crier le public; qu'il ne voyoit que M. le Duc à l'être. Je me récriai sur le danger d'un prince du sang, qui fouleroit tout aux pieds, à qui personne ne pourroit résister, et dont les entours mettroient tout au pillage; que le feu roi, si maître, si absolu, n'en avoit jamais voulu mettre aucun dans le conseil pour ne les pas trop autoriser et accroître. Et quelle comparaison d'être simplement dans le conseil d'un homme qui gouvernoit, et qui étoit si jaloux de gouverner et d'être le maître, ou d'être premier ministre sous un roi enfant, sans expérience, qui n'avoit encore de sa majorité que le nom, sous lequel un premier ministre prince du sang seroit pleinement roi ! J'ajoutai qu'il avoit eu loisir depuis la mort du roi de voir avec quelle avidité les princes du sang avoient pillé les finances, avec quelle opiniâtreté ils avoient protégé Law et tout ce qui favorisoit leur pillage; avec quelle audace ils s'étoient en toutes manières accrus; que de là il pouvoit juger de ce que seroit la gestion d'un prince du sang premier ministre, et de M. le Duc en particulier, qui joignoit à ce que je venois de lui représenter une bêtise presque stupide, une opiniâtreté indomptable, une fermeté inflexible, un intérêt insatiable, et des entours aussi intéressés que lui, et nombreux et éclairés, avec lesquels toute la France et lui-même auroient à compter, ou plutôt à subir toutes les volontés uniquement personnelles. Fréjus écouta ces réflexions avec une paix profonde, et les paya de l'aménité d'un sourire tranquille et doux. Il ne me répondit à pas une des objections que je venois de lui faire, que par me dire qu'il y avoit du vrai dans ce que je venois de lui exposer, mais que M. le Duc avait du bon, de la probité, de l'honneur, de l'amitié pour lui; qu'il devoit le préférer par reconnoissance de l'estime et de l'amitié que feu M. le Duc lui avoit toujours témoignée, et de l'entière confiance qu'il avoit eue en lui à Dijon où il tenoit les états, et où il l'avoit retenu comme il y passoit pour le voir en revenant de Languedoc; qu'au fond, de M. le duc d'Orléans à un particulier, la chute étoit trop grande; qu'elle écraseroit les épaules de tout particulier qui lui succéderoit, qui ne résisteroit jamais à l'envie générale et à tout ce que lui susciteroit la jalousie de chacun; qu'un prince du sang, si fort hors de parité

avec qui que ce fût, n'avoit rien de tout cela à démêler ;
que dans la conjoncture dont je lui parlois comme prochaine, il n'étoit pas possible de jeter les yeux que sur un
prince du sang, et parmi eux sur M. le Duc, qui étoit le seul
d'âge et d'état à pouvoir remplir cette importante place;
qu'au fond il n'étoit point connu du roi et n'avoit nulle
familiarité avec lui, quoique la place de surintendant de son
éducation, qu'il avoit emblée à M. le duc du Maine, eût dû
et pu lui procurer l'un et l'autre; qu'il auroit donc besoin de
ceux qui étoient autour du roi, et dans son goût et sa privance; qu'avec ce secours et les mesures que M. le Duc seroit obligé d'avoir avec eux, tout iroit bien; qu'enfin, plus il
y pensoit et y avoit pensé, plus il se trouvoit convaincu qu'il
n'y avoit rien que cela de praticable.

Ces derniers mots m'arrêtèrent tout court. Je lui dis qu'il
étoit plus à portée de voir les choses de près et avec plus de
lumière que personne; que je me contentois de l'avoir averti
et de lui avoir représenté ce que je croyois mériter de l'être;
que je ne pouvois sans regret lui voir laisser échapper la
place de premier ministre pour lui-même; mais qu'après
tout je me rendois, quoique malgré mon sentiment et mon
désir, à plus clairvoyant que moi. Il est aisé de juger de
combien de propos de reconnoissance, d'amitié, de confiance cette conversation fut assaisonnée de sa part. Je m'en
retournai à Meudon avec le duc d'Humières, bien persuadé
que Fréjus n'étoit arrêté que par sa timidité; qu'il n'en étoit
pas moins avide du souverain pouvoir; que pour allier son
ambition avec sa crainte de l'envie et de la jalousie, capables de le culbuter, ses réflexions l'avoient porté à les faire
taire en mettant un prince du sang dans cette place, dans
la satisfaction de trouver inepte de tous points le seul des
princes du sang par son âge et par son aînesse de MM. ses
frères et de M. le prince de Conti, qui pût y être mis, qui
ne seroit que le représentant et le plastron de premier ministre, tandis que lui-même, Fréjus, deviendroit le véritable

premier ministre par sa situation avec le roi, du cœur et de l'esprit duquel il se trouvoit le plein et l'unique possesseur, ce qui le rendroit si considérable et si nécessaire à M. le Duc qu'il n'oseroit faire la moindre chose sans son attache, en sorte que sans envie, sans jalousie, conservant tout l'extérieur de modestie, tout en effet seroit entre ses mains. Heurter un projet si pourpensé, et un projet de cette nature, eût été se casser le nez contre un mur. Aussi enrayai-je tout court dès ce que je le sentis, et je me gardai bien de lui dire que Mme de Prie et les autres entours de M. le Duc le feroient sûrement se mécompter, parce qu'ils voudroient bien sûrement gouverner et profiter, et qu'ils ne pourroient l'espérer qu'en faisant que M. le Duc voulût gouverner avec indépendance, et par conséquent secouât très-promptement le joug que Fréjus s'attendoit de lui imposer. Je le dis dès le soir à Mme de Saint-Simon, pour qui je n'eus jamais de secret, et du grand sens de qui je me trouvai si bien toute ma vie : elle en jugea tout comme moi.

La Chaise, fils du frère du feu P. de La Chaise confesseur du feu roi, et capitaine des gardes de la porte du roi, mourut chez lui en Lyonnois. Il ne laissa point de fils et avoit un brevet de retenue. Torcy obtint la charge pour son fils. Il y avoit déjà longtemps que toutes les secondes charges de la cour étoient devenues le préciput des fils de ministres. Celle-ci est une des moindres, mais on tient par elle; et on suit le roi partout.

Le vieux Livry mourut aussi, mais il avoit obtenu de M. le duc d'Orléans la survivance de sa charge de premier maître d'hôtel du roi pour son fils. Livry père étoit un très-bon homme, familier avec le feu roi, chez qui on jouoit toute la journée à des jeux de commerce. Il faisoit assez mauvaise chère et très-mal propre, et s'y enivroit souvent les soirs. Il est pourtant vrai qu'il ne buvoit jamais de vin pur, mais une carafe d'eau lui auroit bien duré une année. Il buvoit sa bouteille en se levant avec une croûte de pain, et a vécu quatre-vingts ans dans la santé la plus égale et la plus parfaite, et la tête comme il l'avoit eue toute sa vie. Il eût été bien étonné de voir son fils chevalier de l'ordre.

Le grand-duc [de Toscane] mourut en trois ou quatre jours, le dernier octobre, à près de quatre-vingt-deux ans, et cinquante-quatre ans de règne, regretté dans ses États comme le père de son peuple, et dans toute l'Italie et à Rome, comme le plus habile politique, le plus honnête homme et le plus sensé souverain qui eût paru depuis longtemps en Europe, où il étoit généralement estimé, surtout en Italie et à Rome où il avoit beaucoup de crédit et de considération, et passa toujours pour un prince très-sage et très-politique. Il avoit épousé en 1661 une fille de Gaston, frère de Louis XIII, partie d'ici avec l'esprit de retour, qui vécut fort mal avec lui, et fort mal à propos, et qui après lui avoir donné deux fils et une fille, revint en France passer une vie méprisée et fort contrainte dans un couvent hors de Paris, suivant la stipulation du grand-duc, et de laquelle il a été parlé suffisamment ici. Son fils aîné étoit mort à quarante ans, en 1713 sans enfants, de la sœur de Mme la Dauphine, de Bavière, une fille veuve sans enfants de l'électeur palatin en 1716 et retirée à Florence, et J. Gaston qui lui succéda, qui avoit épousé la dernière princesse de l'ancien Saxe-Lauenbourg, brouillée avec lui, sans enfants, et retirée en Allemagne : prince dernier grand-duc de Toscane de la maison de Médicis, qui eut de l'esprit et des lettres, régna voyant à peine ses ministres, dans son lit ou dans sa robe de chambre, seul entre deux Turcs qui le servoient, toujours la nappe mise dans sa chambre, d'où il ne sortoit presque jamais, presque toujours ivre, et se souciant peu de ce qui arriveroit après lui.

L'électeur de Cologne, frère de l'électeur de Bavière, mourut à Bonn à cinquante-deux ans, le 12 novembre, quinze jours après le grand-duc. Il étoit archevêque de Cologne, évêque de Hildesheim et de Liége. Il en a été souvent parlé ici. Il étoit frère de Mme la Dauphine, de Bavière. Son neveu, fils de l'électeur de Bavière, évêque de Munster et de Paderborn lui succéda à Liége et à Cologne, dont il étoit coadjuteur.

La maréchale de Chamilly mourut à Paris à soixante-sept ans, le 18 novembre. C'étoit une femme d'esprit, de grand sens, de grande piété, de vertu constante, extrêmement aimable, et faite pour le grand monde et pour la représentation, qui avoit eu la plus grande part à la fortune de son mari dont elle n'eut point d'enfants. Elle étoit fort de nos amies, et nous la regrettâmes fort. Elle en avoit beaucoup, et avoit toujours conservé beaucoup d'estime et de considération. Elle s'appeloit du Bouchet, étoit riche héritière et de naissance fort commune. Le grand prévôt perdit aussi sa femme qu'il n'avoit pas rendue heureuse, et qui méritoit un meilleur sort.

CHAPITRE III.

Mort du duc de Lauzun; sa maison; sa famille. — Raisons de m'étendre sur lui. — Son caractère. — Sa rapide fortune. — Il manque l'artillerie par sa faute. — Son inconcevable hardiesse pour voir clair à son affaire. — Il insulte Mme de Montespan, puis le roi même. — Belle action du roi. — Lauzun, conduit à la Bastille, en sort peu de jours après avec la charge de capitaine des gardes du corps, qu'avoit le duc de Gesvres, qui est premier gentilhomme de la chambre en la place du comte du Lude, fait grand maître de l'artillerie à la place du duc Mazarin. — Aventures de Lauzun avec Mademoiselle, dont il manque follement le mariage public. — Il fait un cruel tour à Mme de Monaco, et un plus hardi au roi et à elle. — Patente de général d'armée au comte de Lauzun, qui commande un fort gros corps de troupes en Flandre à la suite du roi — Le comte de Lauzun conduit à Pignerol. — Sa charge donnée à

M. de Luxembourg, et son gouvernement à M. de La Rochefoucauld. — Sa précaution pour se confesser, fort malade. — Il fait secrètement connoissance avec d'autres prisonniers; ils trouvent moyen de se voir. — Lauzun entretient de sa fortune et de ses malheurs le surintendant Fouquet, prisonnier, qui lui croit la tête entièrement tournée. — Fouquet a grand'peine à l'en croire sur tous les témoignages d'autrui, et à la fin ils se brouillent pour toujours. — Sœurs du comte de Lauzun. — Caractère et deuil extrême de Mme de Nogent, toute sa vie, de son mari; imitée de deux autres veuves. — Mademoiselle achète bien cher la liberté de Lauzun, à leurs communs dépens, en enrichissant forcément le duc du Maine, qui, à son grand dépit, prend ses livrées et les transmet aux siens et à son frère. — Lauzun en liberté en Anjou et en Touraine. — Lauzun à Paris, sans approcher la cour de deux lieues; se jette dans le gros jeu; y gagne gros; passe avec permission à Londres, où il est bien reçu, et n'est pas moins heureux. — Lauzun sauve la reine d'Angleterre et le prince de Galles. — Rappelé à la cour avec ses anciennes distinctions, il obtient la Jarretière, est général des armées en Irlande, enfin duc vérifié en 1692. — Splendeur de la vie du duc de Lauzun, toujours outré de l'inutilité de tout ce qu'il emploie pour rentrer dans la confiance du roi. — Ses bassesses sous un extérieur de dignité. — Son fol anniversaire de sa disgrâce. — Son étrange singularité. — Il est craint, ménagé, nullement aimé, quoique fort noble et généreux. — Étrange désespoir du duc de Lauzun, inconsolable, à son âge, de n'être plus capitaine des gardes, et son terrible aveu. — Réflexion. — Combien il étoit dangereux. — Il étoit reconnoissant et généreux. — Quelques-uns de ses bons mots à M. le duc d'Orléans. — Il ne peut s'empêcher de lâcher sur moi un dangereux trait. — Il tombe fort malade et se moque plaisamment de son curé, de son cousin de La Force et de sa nièce de Biron. — Sa grande santé. — Ses brouilleries avec Mademoiselle. — Leur étrange raccommodement à Eu. — Ils se battent dans la suite et se brouillent pour toujours. — Son humeur solitaire. — Son incapacité d'écrire ce qu'il avoit vu, même de le raconter. — Sa dernière maladie. — Sa mort courageuse et chrétienne. — Causes de prolixité sur le duc de Lauzun.

Le duc de Lauzun mourut le 19 novembre à quatre-vingt-dix ans et six mois. L'union intime des deux sœurs que lui et moi avions épousées, et l'habitation continuelle de la cour, où même nous avions un pavillon fixé pour nous quatre à Marly tous les voyages, m'a fait vivre continuellement avec lui, et depuis la mort du roi nous nous voyions presque tous les jours à Paris, et nous mangions continuellement ensemble chez moi et chez lui. Il a été un personnage si extraordinaire et si unique en tout genre, que c'est avec beaucoup de raison que La Bruyère a dit de lui dans ses *Caractères*[1] qu'il n'étoit pas permis de rêver comme il a vécu. A qui l'a vu de près même dans sa vieillesse, ce mot semble avoir encore plus de justesse. C'est ce qui m'engage à m'étendre ici sur lui. Il étoit de la maison de Caumont dont la branche des ducs de La Force a toujours passé pour l'aînée, quoique celle de Lauzun le lui ait voulu disputer.

La mère de M. de Lauzun étoit fille du duc de La Force, fils du second maréchal duc de La Force, et frère de la maréchale de Turenne, mais d'un autre lit; la maréchale étoit du premier lit d'une La Roche-Faton, le duc de La Force étoit fils d'une Belsunce dont le duc de La Force étoit devenu amoureux, qu'il avoit épousée en secondes noces, et dont le frère avoit été son page.

Le comte de Lauzun, leur gendre, père du duc de Lauzun dont le père et le grand-père furent chevaliers de l'ordre en 1585 et en 1619, et avoient la compagnie des cent gentilshommes de la maison du roi au bec de corbin, étoit cousin germain du premier maréchal duc de Grammont, et du vieux comte de Grammont (duquel et de sa femme morts, peu d'années avant le feu roi, il a été souvent parlé ici), parce que sa mère étoit leur tante paternelle. Le comte de Lauzun, père du duc, fut aussi capitaine des cent gentilshommes de la maison du roi au bec de corbin, mourut en 1660, et avoit eu cinq fils et quatre filles. L'aîné mourut fort jeune, le second vécut obscur dans sa province jusqu'en 1677, sans alliance; le troisième fut Puyguilhem, depuis duc de Lauzun, cause de tout ce détail; le quatrième languit obscur capitaine des galères, sans alliance, jusqu'en 1692;

---

1. Chap. *de la cour.* Lauzun y figure sous le nom de Straton.

le dernier fut chevalier de Lauzun qui servit fort peu dans la gendarmerie, passa en Hongrie avec MM. les princes de Conti, s'y attacha quelque temps au service de l'empereur en qualité d'officier général, s'en dégoûta bientôt, revint à Paris après un exil assez long; manière de philosophe bizarre, solitaire, obscur, difficile à vivre, avec de l'esprit et des connoissances, souvent mal avec son frère, qui lui donnoit de quoi vivre, souvent à la sollicitation de la duchesse de Lauzun. Il mourut à Paris sans alliance, en 1707, à soixante ans.

Le duc de Lauzun étoit un petit homme, blondasse, bien fait dans sa taille, de physionomie haute, pleine d'esprit, qui imposoit, mais sans agrément dans le visage, à ce que j'ai ouï dire aux gens de son temps; plein d'ambition, de caprices, de fantaisies, jaloux de tout, voulant toujours passer le but, jamais content de rien, sans lettres, sans aucun ornement ni agrément dans l'esprit, naturellement chagrin, solitaire, sauvage; fort noble dans toutes ses façons, méchant et malin par nature, encore plus par jalousie et par ambition, toutefois bon ami quand il l'étoit, ce qui étoit rare, et bon parent, volontiers ennemi même des indifférents, et cruel aux défauts et à trouver et donner des ridicules, extrêmement brave et aussi dangereusement hardi. Courtisan également insolent, moqueur et bas jusqu'au valetage, et plein de recherches d'industrie, d'intrigues, de bassesse pour arriver à ses fins, avec cela dangereux aux ministres, à la cour redouté de tous, et plein de traits cruels et pleins de sel qui n'épargnoient personne. Il vint à la cour sans aucun bien, cadet de Gascogne fort jeune, débarquer de sa province sous le nom de marquis de Puyguilhem. Le maréchal de Grammont, cousin germain de son père, le retira chez lui. Il étoit lors dans la première considération à la cour, dans la confidence de la reine mère et du cardinal Mazarin, et avoit le régiment des gardes et la survivance pour le comte de Guiche son fils aîné, qui, de son côté, étoit la fleur des braves et des dames, et des plus avant dans les bonnes grâces du roi et de la comtesse de Soissons, nièce du cardinal, de chez laquelle le roi ne bougeoit, et qui étoit la reine de la cour. Le comte de Guiche y introduisit le marquis de Puyguilhem, qui en fort peu de temps devint favori du roi, qui lui donna son régiment de dragons en le créant, et bientôt après le fit maréchal de camp, et créa pour lui la charge de colonel général des dragons.

Le duc Mazarin, déjà retiré de la cour, en 1669 voulut se défaire de sa charge de grand maître de l'artillerie; Puyguilhem en eut le vent des premiers, il la demanda au roi qui la lui promit, mais sous le secret pour quelques jours. Le jour venu que le roi lui avoit dit qu'il le déclareroit, Puyguilhem qui avoit les entrées des premiers gentilshommes de la chambre, qu'on nomme aussi les grandes entrées, alla attendre la sortie du roi du conseil des finances, dans une pièce où personne n'entroit pendant le conseil, entre celle où toute la cour attendoit et celle où le conseil se tenoit. Il y trouva Nyert, premier valet de chambre en quartier, qui lui demanda par quel hasard il y venoit; Puyguilhem sûr de son affaire crut se dévouer ce premier valet de chambre en lui faisant confidence de ce qui alloit se déclarer en sa faveur; Nyert lui en témoigna sa joie, puis tira sa montre, et vit qu'il auroit encore le temps d'aller exécuter, disoit-il, quelque chose de court et de pressé que le roi lui avoit ordonné : il monte quatre à quatre un petit degré au haut duquel étoit le bureau où Louvois travailloit toute la journée, car à Saint-Germain les logements étoient fort petits et fort rares, et les ministres et presque toute la cour logeoient chacun chez soi, à la ville. Nyert entre dans le bureau de Louvois, et l'avertit qu'au sortir du conseil des finances, dont Louvois n'étoit point, Puyguilhem alloit être déclaré grand maître de l'artillerie, et lui conte ce qu'il venoit d'apprendre de lui-même, et où il l'avoit laissé.

Louvois haïssoit Puyguilhem, ami de Colbert, son émule,

et il en craignoit la faveur et les hauteurs dans une charge qui avoit tant de rapports nécessaires avec son département de la guerre, et de laquelle il envahissoit les fonctions et l'autorité tant qu'il pouvoit, ce qu'il sentoit que Puyguilhem ne seroit ni d'humeur ni de faveur à souffrir. Il embrasse Nyert, le remercie, le renvoie au plus vite, prend quelque papier pour lui servir d'introduction, descend, et trouve Puyguilhem et Nyert dans cette pièce ci-devant dite. Nyert fait le surpris de voir arriver Louvois, et lui dit que le conseil n'est pas levé. « N'importe, répondit Louvois, je veux entrer; j'ai quelque chose de pressé à dire au roi; » et tout de suite entre; le roi surpris de le voir lui demande ce qui l'amène, se lève et va à lui. Louvois le tire dans l'embrasure d'une fenêtre, et lui dit qu'il sait qu'il va déclarer Puyguilhem grand maître de l'artillerie, qu'il l'attend à la sortie du conseil dans la pièce voisine, que Sa Majesté est pleinement maîtresse de ses grâces et de ses choix, mais qu'il a cru de son service de lui représenter l'incompatibilité qui est entre Puyguilhem et lui, ses caprices, ses hauteurs; qu'il voudra tout faire et tout changer dans l'artillerie; que cette charge a une si nécessaire connexion avec le département de la guerre, qu'il est impossible que le service s'y fasse parmi des entreprises et des fantaisies continuelles, et la mésintelligence déclarée entre le grand maître et le secrétaire d'État, dont le moindre inconvénient sera d'importuner Sa Majesté tous les jours de leurs querelles et de leurs réciproques prétentions, dont il faudra qu'elle soit juge à tous moments.

Le roi se sentit extrêmement piqué de voir son secret su de celui à qui principalement il le vouloit cacher; répond à Louvois d'un air fort sérieux que cela n'est pas fait encore, le congédie et va se rasseoir au conseil. Un moment après qu'il fut levé, le roi sort pour aller à la messe, voit Puyguilhem et passe sans lui rien dire. Puyguilhem fort étonné attend le reste de la journée, et voyant que la déclaration promise ne venoit point, en parle au roi à son petit coucher. Le roi lui répond que cela ne se peut encore, et qu'il verra : l'ambiguïté de la réponse et son ton sec alarment Puyguilhem ; il avoit le vol des dames et le jargon de la galanterie ; il va trouver Mme de Montespan, à qui il conte son inquiétude, et qu'il conjure de la faire cesser. Elle lui promet merveilles et l'amuse ainsi plusieurs jours.

Las de tout ce manége et ne pouvant deviner d'où lui vient son mal, il prend une résolution incroyable si elle n'étoit attestée de toute la cour d'alors. Il couchoit avec une femme de chambre favorite de Mme de Montespan, car tout lui étoit bon pour être averti et protégé, et vient à bout de la plus hasardeuse hardiesse dont on ait jamais ouï parler. Parmi tous ses amours le roi ne découcha jamais d'avec la reine, souvent tard, mais sans y manquer, tellement que pour être plus à son aise, il se mettoit les après-dînées entre deux draps chez ses maîtresses. Puyguilhem se fit cacher par cette femme de chambre sous le lit dans lequel le roi s'alloit mettre avec Mme de Montespan, et par leur conversation, y apprit l'obstacle que Louvois avoit mis à sa charge, la colère du roi de ce que son secret avoit été éventé, sa résolution de ne lui point donner l'artillerie par ce dépit, et pour éviter les querelles et l'importunité continuelle d'avoir à les décider entre Puyguilhem et Louvois. Il y entendit tous les propos qui se tinrent de lui entre le roi et sa maîtresse, et que celle-ci qui lui avoit tant promis tous ses bons offices, lui en rendit tous les mauvais qu'elle put. Une toux, le moindre mouvement, le plus léger hasard pouvoit déceler ce téméraire, et alors que seroit-il devenu ? Ce sont de ces choses dont le récit étouffe et épouvante tout à la fois.

Il fut plus heureux que sage, et ne fut point découvert. Le roi et sa maîtresse sortirent enfin de ce lit ; le roi se rhabilla et s'en alla chez lui, Mme de Montespan se mit à sa toilette pour aller à la répétition d'un ballet où le roi, la reine et toute la cour devoit aller. La femme de chambre tira

Puyguilhem de dessous ce lit, qui apparemment n'eut pas un moindre besoin d'aller se rajuster chez lui. De là il s'en vint se coller à la porte de la chambre de Mme de Montespan.

Lorsqu'elle en sortit pour aller à la répétition du ballet, il lui présenta la main, et lui demanda avec un air plein de douceur et de respect, s'il pouvoit se flatter qu'elle eût daigné se souvenir de lui auprès du roi. Elle l'assura qu'elle n'y avoit pas manqué, et lui composa comme il lui plut tous les services qu'elle venoit de lui rendre. Par-ci, par-là il l'interrompit crédulement de questions pour la mieux enferrer, puis s'approchant de son oreille, il lui dit qu'elle étoit une menteuse, une friponne, une coquine, une p.... à chien, et lui répéta mot pour mot toute la conversation du roi et d'elle. Mme de Montespan en fut si troublée qu'elle n'eut pas la force de lui répondre un seul mot, et à peine de gagner le lieu où elle alloit, avec grande difficulté à surmonter et à cacher le tremblement de ses jambes et de tout son corps, en sorte qu'en arrivant dans le lieu de la répétition du ballet, elle s'évanouit. Toute la cour y étoit déjà. Le roi tout effrayé vint à elle, on eut de la peine à la faire revenir. Le soir elle conta au roi ce qui lui étoit arrivé, et ne doutoit pas que ce ne fût le diable qui eût sitôt et si précisément informé Puyguilhem de tout ce qu'ils avoient dit de lui dans ce lit. Le roi fut extrêmement irrité de toutes les injures que Mme de Montespan en avoit essuyées, et fort en peine comment Puyguilhem avoit [pu] être si exactement et si subitement instruit.

Puyguilhem, de son côté, étoit furieux de manquer l'artillerie, de sorte que le roi et lui se trouvoient dans une étrange contrainte ensemble. Cela ne put durer que quelques jours. Puyguilhem, avec ses grandes entrées, épia un tête-à-tête avec le roi et le saisit. Il lui parla de l'artillerie et le somma audacieusement de sa parole. Le roi lui répondit qu'il n'en étoit plus tenu, puisqu'il ne la lui avoit donnée que sous le secret, et qu'il y avoit manqué. Là-dessus Puyguilhem s'éloigne de quelques pas, tourne le dos au roi, tire son épée, en casse la lame avec son pied, et s'écrie en fureur qu'il ne servira de sa vie un prince qui lui manque si vilainement de parole. Le roi, transporté de colère, fit peut-être dans ce moment la plus belle action de sa vie. Il se tourne à l'instant, ouvre la fenêtre, jette sa canne dehors, dit qu'il seroit fâché d'avoir frappé un homme de qualité, et sort.

Le lendemain matin, Puyguilhem, qui n'avoit osé se montrer depuis, fut arrêté dans sa chambre et conduit à la Bastille. Il étoit ami intime de Guitry, favori du roi, pour lequel il avoit créé la charge de grand maître de la garde-robe. Il osa parler au roi en sa faveur, et tâcher de rappeler ce goût infini qu'il avoit pris pour lui. Il réussit à toucher le roi d'avoir fait tourner la tête à Puyguilhem par le refus d'une aussi grande charge, sur laquelle il avoit cru devoir compter sur sa parole, tellement que le roi voulut réparer ce refus. Il donna l'artillerie au comte du Lude, chevalier de l'ordre en 1661, qu'il aimoit fort par habitude et par la conformité du goût de la galanterie et de la chasse. Il étoit capitaine et gouverneur de Saint-Germain, et premier gentilhomme de la chambre. Il le fit duc non vérifié ou à brevet en 1675. La duchesse du Lude, dame d'honneur de Mme la Dauphine-Savoie, étoit sa seconde femme et sa veuve sans enfants. Il vendit sa charge de premier gentilhomme de la chambre, pour payer l'artillerie, au duc de Gesvres, qui étoit capitaine des gardes du corps, et le roi fit offrir cette dernière charge en dédommagement à Puyguilhem, dans la Bastille. Puyguilhem, voyant cet incroyable et prompt retour du roi pour lui, reprit assez d'audace pour se flatter d'en tirer un plus grand parti, et refusa. Le roi ne s'en rebuta point. Guitry alla prêcher son ami dans la Bastille, et obtint à grand'peine qu'il auroit la bonté d'accepter l'offre du roi. Dès qu'il eut accepté, il sortit de la Bastille, alla saluer le roi, et prêter serment de sa nouvelle charge, et vendit les dragons.

Il avoit eu, dès 1665, le gouvernement de Berry, à la mort du maréchal de Clerembault. Je ne parle point ici de ses aventures avec Mademoiselle, qu'elle raconte elle-même si naïvement dans ses mémoires, et l'extrême folie qu'il fit de différer son mariage avec elle, auquel le roi avoit consenti, pour avoir de belles livrées et pour obtenir que le mariage fût célébré à la messe du roi, ce qui donna le temps à Monsieur, poussé par M. le Prince, d'aller tous deux faire des représentations au roi, qui l'engagèrent à rétracter son consentement; ce qui rompit le mariage. Mademoiselle jeta feu et flammes; mais Puyguilhem, qui, depuis la mort de son père, avoit pris le nom de comte de Lauzun, en fit au roi le grand sacrifice de bonne grâce, et plus sagement qu'il ne lui appartenoit. Il avoit eu la compagnie des cent gentilshommes de la maison du roi au bec de corbin, qu'avoit son père, et venoit d'être fait lieutenant général.

Il étoit amoureux de Mme de Monaco, sœur du comte de Guiche, intime amie de Madame et dans toutes ses intrigues, tellement que, quoique ce fût chose sans exemple et qui n'en a pas eu depuis, elle obtint du roi, avec qui elle étoit extrêmement bien, d'avoir, comme fille d'Angleterre, une surintendante comme la reine, et que ce fût Mme de Monaco. Lauzun étoit fort jaloux et n'étoit pas content d'elle. Une après-dînée d'été qu'il étoit allé à Saint-Cloud, il trouva Madame et sa cour assises à terre sur le parquet, pour se rafraîchir, et Mme de Monaco à demi couchée, une main renversée par terre. Lauzun se met en galanterie avec les dames, et tourne si bien qu'il appuie son talon dans le creux de la main de Mme de Monaco, y fait la pirouette et s'en va. Mme de Monaco eut la force de ne point crier et de s'en taire. Peu après il fit bien pis. Il écuma que le roi avoit des passades avec elle, et l'heure où Bontems la conduisoit enveloppée d'une cape, par un degré dérobé, sur le palier duquel étoit une porte de derrière des cabinets du roi et vis-à-vis, sur le même palier, un privé. Lauzun prévient l'heure et s'embusque dans le privé, le ferme en dedans d'un crochet, voit par le trou de la serrure le roi qui ouvre sa porte et met la clef en dehors et la referme. Lauzun attend un peu, écoute à la porte, la ferme à double tour avec la clef, la tire et la jette dans le privé, où il s'enferme de nouveau. Quelque temps après arrive Bontems et la dame, qui sont bien étonnés de ne point trouver la clef à la porte du cabinet. Bontems frappe doucement plusieurs fois inutilement, enfin si fort que le roi arrive. Bontems lui dit qu'elle est là et d'ouvrir, parce que la clef n'y est pas. Le roi répond qu'il l'y a mise; Bontems la cherche à terre pendant que le roi veut ouvrir avec le pêne, et il trouve la porte fermée à double tour. Les voilà tous trois bien étonnés et bien empêchés; la conversation se fait à travers la porte comment ce contre-temps peut être arrivé; le roi s'épuise à vouloir forcer le pêne, et ouvrir malgré le double tour. À la fin il fallut se donner le bonsoir à travers la porte, et Lauzun, qui les entendoit, à n'en pas perdre un mot, et qui les voyoit de son privé par le trou de la serrure, bien enfermé au crochet comme quelqu'un qui seroit sur le privé, rioit bas de tout son cœur, et se moquoit d'eux avec délices.

En 1670, le roi voulut faire un voyage triomphant avec les dames, sous prétexte d'aller visiter ses places de Flandre, accompagné d'un corps d'armée et de toutes les troupes de sa maison, tellement que l'alarme en fut grande dans les Pays-Bas, que le roi prit soin de rassurer. Il donna le commandement du total au comte de Lauzun, avec la patente de général d'armée. Il en fit les fonctions avec beaucoup d'intelligence, une galanterie et une magnificence extrême. Cet éclat et cette marque si distinguée de la faveur de Lauzun donna fort à penser à Louvois que Lauzun ne ménageoit en aucune sorte. Ce ministre se joignit à Mme de Montespan, qui ne lui avoit pas pardonné la découverte qu'il avoit faite et les injures atroces qu'il lui avoit dites, et [ils] firent si bien tous les deux qu'ils réveillèrent dans le roi le souvenir de l'épée brisée, l'insolence d'avoir si peu après et encore dans la Bastille, refusé plusieurs jours la charge de capitaine des gardes du corps, le firent regarder comme un homme qui ne se connoissoit plus, qui avoit suborné Mademoiselle jusqu'à s'être vu si près de l'épouser, et s'en être fait assurer des biens immenses; enfin comme un homme très-dangereux par son audace, et qui s'étoit mis en tête de se dévouer les troupes par sa magnificence, ses services aux officiers, et par la manière dont il avoit vécu avec elles au voyage de Flandre, et s'en étoit fait adorer. Ils lui firent un crime d'être demeuré ami et en grande liaison avec la comtesse de Soissons, chassée de la cour et soupçonnée de crimes. Il faut bien qu'ils en aient donné quelqu'un à Lauzun que je n'ai pu apprendre, par le traitement barbare qu'ils vinrent à bout de lui faire.

Ces menées durèrent toute l'année 1671, sans que Lauzun pût s'apercevoir de rien au visage du roi ni à celui de Mme de Montespan, qui le traitoient avec la distinction et la familiarité ordinaire. Il se connoissoit fort en pierreries et à les faire bien monter, et Mme de Montespan l'y employoit souvent. Un soir du milieu de novembre 1671, qu'il arrivoit de Paris, où Mme de Montespan l'avoit envoyé le matin pour des pierreries, comme le comte de Lauzun ne faisoit que mettre pied à terre, et entrer dans sa chambre, le maréchal de Rochefort, capitaine des gardes en quartier, y entra presque au même moment et l'arrêta. Lauzun, dans la dernière surprise, voulut savoir pourquoi, voir le roi ou Mme de Montespan, au moins leur écrire : tout lui fut refusé. Il fut conduit à la Bastille, et peu après à Pignerol, où il fut enfermé sous une basse voûte. Sa charge de capitaine des gardes du corps fut donnée à M. de Luxembourg, et le gouvernement de Berry au duc de La Rochefoucauld, qui, à la mort de Guitry, au passage du Rhin, 12 juin 1672, fut grand maître de la garde-robe.

On peut juger de l'état d'un homme tel qu'étoit Lauzun, précipité en un clin d'œil de si haut dans un cachot du château de Pignerol, sans voir personne et sans imaginer pourquoi. Il s'y soutint pourtant assez longtemps, mais à la fin il y tomba si malade qu'il fallut songer à se confesser. Je lui ai ouï conter qu'il craignit un prêtre supposé ; qu'à cause de cela, il voulut opiniâtrément un capucin, et que dès qu'il fut venu, il lui sauta à la barbe, et la tira tant qu'il put de tous côtés pour voir si elle n'étoit point postiche. Il fut quatre ou cinq ans dans ce cachot. Les prisonniers trouvent des industries que la nécessité apprend. Il y en avoit au-dessus de lui et à côté, aussi plus haut : ils trouvèrent moyen de lui parler. Ce commerce les conduisit à faire un trou bien caché pour s'entendre plus aisément, puis de l'accroître et de se visiter.

Le surintendant Fouquet étoit enfermé dans leur voisinage depuis décembre 1664, qu'il y avoit été conduit de la Bastille, où on l'avoit amené de Nantes où le roi étoit, et où il l'avoit fait arrêter le 5 septembre 1661, et mener à la Bastille. Il sut par ses voisins, qui avoient trouvé aussi moyen de le voir, que Lauzun étoit sous eux. Fouquet, qui ne recevoit aucune nouvelle, en espéra par lui, et eut grande envie de le voir. Il l'avoit laissé jeune homme, pointant à la cour par le maréchal de Grammont, bien reçu chez la comtesse de Soissons d'où le roi ne bougeoit, et le voyoit déjà de bon œil. Les prisonniers qui avoient lié commerce avec lui firent tant qu'ils le persuadèrent de se laisser hisser par leur trou pour voir Fouquet chez eux, que Lauzun aussi étoit bien aise de voir. Les voilà donc ensemble, et Lauzun à conter sa fortune et ses malheurs à Fouquet. Le malheureux surintendant ouvroit les oreilles et de grands yeux quand il entendit dire à ce cadet de Gascogne, trop heureux d'être recueilli et hébergé chez le maréchal de

Grammont, qu'il avoit été général des dragons, capitaine des gardes, et eu la patente et la fonction de général d'armée. Fouquet ne savoit plus où il en étoit, le crut fou, et qu'il lui racontoit ses visions, quand il lui expliqua comment il avoit manqué l'artillerie, et ce qui s'étoit passé après là-dessus; mais il ne douta plus de la folie arrivée à son comble, jusqu'à avoir peur de se trouver avec lui, quand il lui raconta son mariage consenti par le roi avec Mademoiselle, comment rompu, et tous les biens qu'elle lui avoit assurés. Cela refroidit fort leur commerce, du côté de Fouquet, qui, lui croyant la cervelle totalement renversée, ne prenoit que pour des contes en l'air toutes les nouvelles que Lauzun lui disoit de tout ce qui s'étoit passé dans le monde depuis la prison de l'un jusqu'à la prison de l'autre.

Celle du malheureux surintendant fut un peu adoucie avant celle de Lauzun. Sa femme, et quelques officiers du château de Pignerol, eurent permission de le voir et de lui apprendre des nouvelles du monde. Une des premières choses qu'il leur dit fut de plaindre ce pauvre Puyguilhem, qu'il avoit laissé jeune et sur un assez bon pied à la cour pour son âge, à qui la cervelle avoit tourné, et dont on cachoit la folie dans cette même prison; mais quel fut son étonnement quand tous lui dirent et lui assurèrent la vérité des mêmes choses qu'il avoit sues de lui! Il n'en revenoit pas, et fut tenté de leur croire à tous la cervelle dérangée: il fallut du temps pour le persuader. A son tour Lauzun fut tiré du cachot, et eut une chambre, et bientôt après la même liberté qu'on avoit donnée à Fouquet, afin de se voir tous deux tant qu'ils voulurent. Je n'ai jamais su ce qui en déplut à Lauzun; mais il sortit de Pignerol son ennemi, et a fait depuis tout du pis qu'il a pu à Fouquet, et après sa mort, jusqu'à la sienne, à sa famille.

Le comte de Lauzun avoit quatre sœurs, qui toutes n'avoient rien. L'aînée fut fille d'honneur de la reine mère, qui la fit épouser, en 1663, à Nogent, qui étoit Bautru, et capitaine de la porte, et maître de la garde-robe, tué au passage du Rhin, laissant un fils et des filles. La seconde épousa Belsunce, et passa sa vie avec lui dans leur province; la troisième fut abbesse de Notre-Dame de Saintes, et la quatrième, du Ronceray[1] à Angers.

Mme de Nogent n'avoit ni moins d'esprit, ni guère moins d'intrigue que son frère, mais bien plus suivie et bien moins d'extraordinaire que lui, quoiqu'elle en eût aussi sa part. Mais elle fut fort arrêtée par l'extrême douleur de la perte de son mari, dont elle porta tout le reste de sa vie le premier grand deuil de veuve, et en garda toutes les contraignantes bienséances. Ce fut la première qui s'en avisa. Mme de Vaubrun, sa belle-sœur, suivit son exemple. Elles avoient épousé les deux frères, et dans ces derniers temps Mme de Cavoye, de qui j'ai assez parlé ici. Malgré ce deuil, Mme de Nogent plaça l'argent des brevets de retenue de la dépouille de son frère, et des dragons qu'il avoit eus pour rien, régiment et charge de colonel général qu'il avoit vendus; elle prit soin du reste de son bien, et en accumula si bien les revenus, et le fit si bien valoir pendant sa longue prison, qu'il en sortit extrêmement riche. Elle eut enfin la permission de le voir, et fit plusieurs voyages à Pignerol.

Mademoiselle étoit inconsolable de cette longue et dure prison, et faisoit toutes les démarches possibles pour délivrer le comte de Lauzun. Le roi résolut enfin d'en profiter pour le duc du Maine et de la lui faire acheter bien cher. Il lui en fit faire la proposition, qui n'alla pas à moins qu'à assurer, après elle, au duc du Maine et à sa postérité le comté d'Eu, le duché d'Aumale et la principauté de Dombes. Le don étoit énorme, tant par le prix que par la dignité et l'étendue de ces trois morceaux. Elle avoit de plus assuré les

---

1. Il faut lire *Ronceray* et non *Romeray*, comme le portent les anciennes éditions. Cette abbaye, de l'ordre de Saint-Benoît, avait été fondée, au xie siècle, par Foulques-Nera, comte d'Anjou.

deux premiers à Lauzun, avec le duché de Saint-Fargeau et la belle terre de Thiers en Auvergne, lorsque leur mariage fut rompu, et il falloit le faire renoncer à Eu et à Aumale, pour que Mademoiselle en pût disposer en faveur du duc du Maine. Mademoiselle ne se pouvoit résoudre à passer sous ce joug et à dépouiller Lauzun de bienfaits si considérables. Elle fut priée jusqu'à la dernière importunité, enfin menacée par les ministres, tantôt Louvois, tantôt Colbert, duquel elle étoit plus contente, parce qu'il étoit bien de tout temps avec Lauzun, et qu'il la manioit plus doucement que Louvois, son ennemi, qui étoit toujours réservé à porter les plus dures paroles, et qui s'en acquittoit encore plus durement. Elle sentoit sans cesse que le roi ne l'aimoit point, et qu'il ne lui avoit jamais pardonné le voyage d'Orléans[1], qu'elle rassura dans sa révolte, moins encore le canon de la Bastille, qu'elle fit tirer en sa présence sur les troupes du roi, et qui sauva M. le Prince et les siennes au combat du faubourg Saint-Antoine. Elle comprit donc enfin que le roi, éloigné d'elle sans retour, et qui ne consentoit à la liberté de Lauzun que par sa passion d'élever et d'enrichir ses bâtards, ne cesseroit de la persécuter jusqu'à ce qu'elle eût consenti, sans aucune espérance de rien rabattre; [elle] y donna enfin les mains avec les plaintes et les larmes les plus amères. Mais pour la validité de la chose, on trouva qu'il falloit que Lauzun fût en liberté pour renoncer au don de Mademoiselle, tellement qu'on prit le biais qu'il avoit besoin des eaux de Bourbon, et Mme de Montespan aussi, pour qu'ils y pussent conférer ensemble sur cette affaire.

Lauzun y fut amené et gardé à Bourbon par un détachement de mousquetaires commandé par Maupertuis. Lauzun vit donc plusieurs fois Mme de Montespan chez elle à Bourbon. Mais il fut si indigné du grand dépouillement qu'elle

---

1. Voy. les *Mémoires de Mademoiselle*, à l'année 1652. Elle entra dans Orléans par escalade le 27 mars 1652, et ferma cette ville aux troupes royales.

lui donna pour condition de sa liberté, qu'après de longues disputes, il n'en voulut plus ouïr parler, et fut reconduit à Pignerol comme il en avoit été ramené.

Cette fermeté n'étoit pas le compte du roi pour son bâtard bien-aimé. Il envoya Mme de Nogent à Pignerol; après, Barin, ami de Lauzun, et qui se méloit de toutes ses affaires, avec des menaces et des promesses, qui, avec grande peine, obtinrent le consentement de Lauzun, qui firent résoudre à un second voyage de Bourbon de lui et de Mme de Montespan, sous le même prétexte des eaux. Il y fut conduit comme la première fois, et n'a jamais pardonné à Maupertuis la sévère pédanterie de son exactitude. Ce dernier voyage se fit dans l'automne de 1680. Lauzun y consentit à tout, Mme de Montespan revint triomphante. Maupertuis et ses mousquetaires prirent congé du comte de Lauzun à Bourbon, d'où il eut permission d'aller demeurer à Angers, et incontinent après cet exil fut élargi, en sorte qu'il eut la liberté de tout l'Anjou et la Touraine. La consommation de l'affaire fut différée au commencement de février 1681, pour lui donner un plus grand air de pleine liberté. Ainsi Lauzun n'eut de Mademoiselle que Saint-Fargeau et Thiers, après n'avoir tenu qu'à lui de l'épouser en se hâtant de le faire, et de succéder à la totalité de ses immenses biens. Le duc du Maine fut instruit à faire sa cour à Mademoiselle, qui le reçut toujours très-fraîchement, et qui lui vit prendre ses livrées avec grand dépit, comme une marque de sa reconnoissance, en effet pour s'en relever et honorer, car c'étoit celles de Gaston, que dans la suite le comte de Toulouse prit aussi, non par la même raison, mais sous prétexte de conformité avec son frère, et [ils] l'ont fait passer à leurs enfants.

Lauzun, à qui on avoit fait espérer un traitement plus doux, demeura quatre ans à se promener dans ces deux provinces, où il ne s'ennuyoit guère moins que Mademoiselle faisoit de son absence. Elle cria, se fâcha contre Mme de Montespan et contre son fils, se plaignit hautement qu'après l'avoir impitoyablement rançonnée on la trompoit encore en tenant Lauzun éloigné, et fit tant de bruit qu'enfin elle obtint son retour à Paris, et liberté entière, à condition de n'approcher pas plus près de deux lieues de tout le lieu où le roi seroit. Il vint donc à Paris où il vit assidûment sa bienfaitrice. L'ennui de cette sorte d'exil, pourtant si adouci, le jeta dans le gros jeu et il y fut extrêmement heureux; toujours beau et sûr joueur, et net en tout au possible, et il gagna fort gros. Monsieur, qui faisoit quelquefois de petits séjours à Paris, et qui y jouoit gros jeu, lui permit de venir jouer avec lui au Palais-Royal, puis à Saint-Cloud, où il faisoit l'été de plus longs séjours. Lauzun passa ainsi plusieurs années, gagnant et prêtant beaucoup d'argent fort noblement; mais plus il se trouvoit près de la cour et parmi le grand monde, plus la défense d'en approcher lui étoit insupportable. Enfin, n'y pouvant plus tenir, il fit demander au roi la permission d'aller se promener en Angleterre, où on jouoit beaucoup et fort gros. Il l'obtint, et il y porta beaucoup d'argent qui le fit recevoir à bras ouverts à Londres, où il ne fut pas moins heureux qu'à Paris.

Jacques II y régnoit, qui le reçut avec distinction. La révolution s'y brassoit déjà. Elle éclata au bout de huit ou dix mois que Lauzun fut en Angleterre. [Elle] sembla faite exprès pour lui par le succès qui lui en revint et qui n'est ignoré de personne. Jacques II, ne sachant plus ce qu'il alloit devenir, trahi par ses favoris et ses ministres, abandonné de toute sa nation, le prince d'Orange maître des cœurs, des troupes et des flottes, et près d'entrer dans Londres, le malheureux monarque confia à Lauzun ce qu'il avoit de plus cher, la reine et le prince de Galles qu'il passa heureusement à Calais. Cette princesse dépêcha aussitôt un courrier à Versailles qui suivit de près celui que le duc de Charost, qui prit depuis le nom de duc de Béthune, gouverneur de Calais, et qui y étoit alors, avoit envoyé à l'instant de l'arrivée de la reine. Cette princesse, après les compliments, insinua dans sa lettre que, parmi la joie de se voir en sûreté sous la protection du roi, avec son fils, elle avoit la douleur de n'oser mener à ses pieds celui à qui elle devoit de l'avoir sauvée avec le prince de Galles. La réponse du roi, après tout ce qu'il y mit de généreux et de galant, fut qu'il partageoit cette obligation avec elle, et qu'il avoit hâte de lui témoigner en revoyant le comte de Lauzun et lui rendant ses bonnes grâces. En effet, lorsqu'elle le présenta au roi dans la plaine de Saint-Germain, où le roi avec la famille royale et toute sa cour vint au devant d'elle, il traita Lauzun parfaitement bien, lui rendit là même les grandes entrées et lui promit un logement au château de Versailles qu'il lui donna incontinent après; et de ce jour-là il en eut un à Marly tous les voyages et à Fontainebleau, en sorte que jusqu'à la mort du roi il ne quitta plus la cour. On peut juger quel fut le ravissement d'un courtisan aussi ambitieux, qu'un retour si éclatant et si unique ramenoit des abîmes et remettoit subitement à flot. Il eut aussi un logement dans le château de Saint-Germain choisi pour le séjour de cette cour fugitive, où le roi Jacques II arriva bientôt après.

Lauzun y fit tout l'usage qu'un habile courtisan sait faire de l'une et l'autre cour, et de se procurer par celle d'Angleterre les occasions de parler souvent au roi, et d'en recevoir des commissions. Enfin, il sut si bien s'en aider que le roi lui permit de recevoir dans Notre-Dame, à Paris, l'ordre de la Jarretière des mains du roi d'Angleterre, le lui accorda à son second passage en Irlande pour général de son armée auxiliaire, et permît qu'il le fût en même temps de celle du roi d'Angleterre, qui la même campagne perdit l'Irlande avec la bataille de la Boyne, et revint en France avec le comte de Lauzun, pour lequel enfin il obtint des lettres de duc, qui furent vérifiées au parlement, en mai 1692. Quel miraculeux retour de fortune! Mais quelle fortune en comparaison du mariage public avec Mademoiselle, avec la donation de tous ses biens prodigieux, et le titre et la dignité actuelle de duc et pair de Montpensier! Quel monstrueux piédestal, et avec des enfants de ce mariage, quel vol n'eût pas pris Lauzun, et qui peut dire jusqu'où il seroit arrivé?

J'ai raconté ailleurs ses humeurs, ses insignes malices et ses rares singularités. Il jouit le reste de sa longue vie de ses privances avec le roi, de ses distinctions à la cour, d'une grande considération, d'une abondance extrême, de la vie et du maintien d'un très-grand seigneur et de l'agrément de tenir une des plus magnifiques maisons de la cour, et de la meilleure table, soir et matin, la plus honorablement fréquentée, et à Paris de même après la mort du roi. Tout cela ne le contentoit point. Il n'approchoit familièrement du roi que par les dehors; il sentoit l'esprit et le cœur de ce monarque en garde contre lui, et dans un éloignement que tout son art son application ne purent jamais rapprocher. C'est ce qui lui fit épouser ma belle-sœur dans le projet de se remettre en commerce sérieux avec le roi, à l'occasion que l'armée de M. le maréchal de Lorge commandoit en Allemagne, et ce qui le brouilla avec lui sitôt après avec éclat, quand il vit ses desseins échoués de ce côté-là. C'est ce qui lui fit faire le mariage du duc de Lorge avec la fille de Chamillart pour se raccrocher par le crédit de ce ministre, sans y avoir pu réussir. C'est ce qui lui fit faire le voyage d'Aix-la-Chapelle, sous prétexte des eaux, pour y lier et y prendre des connoissances qui le portassent à des particuliers avec le roi sur la paix, ce qui lui fut encore inutile; c'est enfin ce qui le porta aux extravagances qu'il fit de prétendue jalousie du fils presque enfant de Chamillart pour faire peur au père, et l'engager à l'éloigner par l'ambassade pour traiter de la paix. Tout lui manquant dans ses divers projets, il s'affligeoit sans cesse, et se croyoit et se disoit dans une profonde disgrâce. Rien ne lui échappoit pour faire sa cour avec un fond de bassesse et un extérieur de dignité; et il faisoit tous les ans une sorte d'anniversaire de sa disgrâce par quelque chose d'extraordinaire, dont l'humeur et la solitude étoit le fond, et souvent quelque extravagance le fruit. Il en parloit lui-même, et disoit qu'il n'étoit pas raisonnable au retour annuel de cette époque, plus forte que lui. Il croyoit plaire au roi par ce raffinement de courtisan, sans s'apercevoir qu'il s'en faisoit moquer.

Il étoit extraordinaire en tout par nature, et se plaisoit encore à l'affecter, jusque dans le plus intérieur de son domestique et de ses valets. Il contrefaisoit le sourd et l'aveugle pour mieux voir et entendre sans qu'on s'en défiât, et se divertissoit à se moquer des sots, même des plus élevés, en leur tenant des langages qui n'avoient aucun sens. Ses manières étoient toutes mesurées, réservées, doucereuses, même respectueuses ; et de ce ton bas et emmiellé il sortoit des traits perçants et accablants par leur justesse, leur force ou leur ridicule, et cela en deux ou trois mots, quelquefois d'un air de naïveté ou de distraction, comme s'il n'y eût pas songé. Aussi étoit-il redouté sans exception de tout le monde, et avec force connoissances, il n'avoit que peu ou point d'amis, quoiqu'il en méritât par son ardeur à servir tant qu'il pouvoit, et sa facilité à ouvrir sa bourse. Il aimoit à recueillir les étrangers de quelque distinction, et faisoit parfaitement les honneurs de la cour ; mais ce ver rongeur d'ambition enpoisonnoit sa vie. Il étoit très-bon et très-secourable parent.

Nous avions fait le mariage de Mlle de Malause, petite-fille d'une sœur de M. le maréchal de Lorge, un an avant la mort du roi, avec le comte de Poitiers, dernier de cette grande et illustre maison, fort riche en grandes terres en Franche-Comté, tous deux sans père ni mère. Il en fit la noce chez lui et les logea. Le comte de Poitiers mourut presque en même temps que le roi, dont ce fut grand dommage, car il promettoit fort, et laissa sa femme grosse d'une fille, grande héritière, qui a depuis épousé le duc de Randan, fils aîné du duc de Lorge, et dont la conduite a fait honneur à la naissance. Dans l'été qui suivit la mort de Louis XIV, il eut une revue de la maison du roi que M. le duc d'Orléans fit dans la plaine qui longe le bois de Boulogne. Passy y tient de l'autre côté, où M. de Lauzun avoit une jolie maison. Mme de Lauzun y étoit avec bonne compagnie, et j'y étois allé coucher la veille de cette revue. Mme de Poitiers mouroit d'envie de la voir, comme une jeune personne qui n'a rien vu encore, mais qui n'osoit se montrer dans ce premier deuil de veuve. Le comment fut agité dans la compagnie, et on trouva que Mme de Lauzun l'y pouvoit mener un peu enfoncée dans son carrosse, et cela fut conclu ainsi. Parmi la gaieté de cette partie, M. de Lauzun arriva de Paris, où il étoit allé le matin. On tourna un peu pour la lui dire. Dès qu'il l'apprit, le voilà en furie jusqu'à ne se posséder plus, à la rompre presque en écumant, et à dire à sa femme les choses les plus désobligeantes avec les termes non-seulement les plus durs, mais les plus forts, les plus injurieux et les plus fous. Elle s'en prit doucement à ses yeux, Mme de Poitiers à pleurer aux sanglots, et toute la compagnie dans le plus grand embarras. La soirée parut une année, et le plus triste réfectoire un repas de gaieté en comparaison du souper. Il fut farouche au milieu du plus profond silence, chacun à peine et rarement disoit un mot à son voisin. Il quitta la table au fruit, à son ordinaire, et s'alla coucher. On voulut après se soulager et en dire quelque chose, mais Mme de Lauzun arrêta tout poliment et sagement, et fit promptement donner des cartes pour détourner tout retour de propos.

Le lendemain, dès le matin, j'allai chez M. de Lauzun pour lui dire très-fortement mon avis de la scène qu'il avoit faite la veille. Je n'en eus pas le temps; dès qu'il me vit entrer il étendit les bras, et s'écria que je voyois un fou qui ne méritoit pas ma visite, mais les petites-maisons, fit le plus grand éloge de sa femme, qu'elle méritoit assurément ; dit qu'il n'étoit pas digne de l'avoir, et qu'il devoit baiser tous les pas par où elle passoit ; s'accabla de pouilles ; puis, les larmes aux yeux, me dit qu'il étoit plus digne de pitié que de colère ; qu'il falloit m'avouer toute sa honte et sa misère : qu'il avoit plus de quatre-vingts ans ; qu'il n'avoit ni enfants ni suivants ; qu'il avoit été capitaine des gardes ; que, quand il le seroit encore, il seroit incapable d'en faire les fonctions ; qu'il se le disoit sans cesse, et qu'avec tout cela il ne pouvoit se consoler de ne l'être plus, depuis tant d'années qu'il avoit perdu sa charge ; qu'il n'en avoit jamais pu arracher le poignard de son cœur ; que tout ce qui lui en rappeloit le souvenir le mettoit hors de lui-même, et que d'entendre dire que sa femme alloit mener Mme de Poitiers voir une revue des gardes du corps, où il n'étoit plus rien, lui avoit renversé la tête, et [l'avoit] rendu extravagant au point où je l'avois vu ; qu'il n'osoit plus se montrer devant personne après ce trait de folie ; qu'il s'alloit enfermer dans sa chambre, et qu'il se jetoit à mes pieds pour me conjurer d'aller trouver sa femme, et de tâcher d'obtenir qu'elle voulût avoir pitié d'un vieillard insensé, qui mouroit de douleur et de honte, et qu'elle daignât lui pardonner. Cet aveu si sincère et si douloureux à faire, me pénétra. Je ne cherchai plus qu'à le remettre et à le consoler. Le raccommodement ne fut pas difficile ; nous le tirâmes de sa chambre, non sans peine, et il lui en parut visiblement une fort grande pendant plusieurs jours à se montrer, à ce qu'on m'a dit, car je m'en allai le soir, mes occupations, dans ce temps-là, me tenant de fort court.

J'ai réfléchi souvent, à cette occasion, sur l'extrême malheur de se laisser entraîner à l'ivresse du monde, et au formidable état d'un ambitieux que ni les richesses, ni le domestique le plus agréable, ni la dignité acquise, ni l'âge, ni l'impuissance corporelle, n'en peuvent déprendre, et qui, au lieu de jouir tranquillement de ce qu'il possède, et d'en sentir le bonheur, s'épuise en regrets et en amertumes inutiles et continuelles, et qui ne peut se représenter que, sans enfants et dans un âge qui l'approche si fort de sa fin, posséder ce qu'il regrette, quand même il pourroit l'exercer, seroit des liens trompeurs qui l'attacheroient à la vie, si prête à lui échapper, qui ne lui seroient bons qu'à lui augmenter les regrets cuisants de la quitter. Mais on meurt comme on a vécu, et il est rare que cela arrive autrement. De quelle importance n'est-il donc pas de n'oublier rien pour tâcher de vivre pour savoir mourir au monde et à la fortune avant que l'un et l'autre et que la vie nous quittent, pour savoir vivre sans eux, et tâcher et espérer de bien mourir! Cette folie de capitaine des gardes dominoit si cruellement le duc de Lauzun, qu'il s'habilloit souvent d'un habit bleu à galons d'argent, qui, sans oser être semblable à l'uniforme des capitaines des gardes du corps aux jours de revue, ou de changement du guet, en approchoit tant qu'il pouvoit, mais bien plus de celui des capitaines des chasses des capitaineries royales, et l'auroit rendu ridicule si, à force de singularités et de ridicules, il n'y eût accoutumé le monde, qui le craignoit, et ne se fût rendu supérieur à tous les ridicules.

Avec toute sa politique et sa bassesse, il tomboit sur tout le monde; toujours par un mot asséné le plus perçant, toujours en toute douceur. Les ministres, les généraux d'armée, les gens heureux et leurs familles étoient les plus maltraités. Il avoit comme usurpé un droit de tout dire et de tout faire sans que qui que ce fût osât s'en fâcher. Les seuls Grammont étoient exceptés. Il se souvenoit toujours de l'hospitalité et de la protection qu'il avoit trouvées chez eux au commencement de sa vie. Il les aimoit, il s'y intéressoit; il étoit en respect devant eux. Le vieux comte de Grammont en abusoit et vengeoit la cour par les brocards qu'il lui lâchoit à tout propos, sans que le duc de Lauzun lui en rendît jamais aucun, ni s'en fâchât, mais il l'évitoit doucement volontiers. Il fit toujours beaucoup pour les enfants de ses sœurs. On a vu ici en son temps combien l'évêque de Marseille s'étoit signalé à la peste, et de ses biens et de sa personne. Quand elle fut tout à fait passée, M. de Lauzun demanda une abbaye pour lui à M. le duc d'Orléans. Il donna les bénéfices peu après et oublia M. de Marseille. M. de Lauzun voulut l'ignorer, et demanda à M. le duc d'Orléans s'il avoit eu la bonté de se souvenir de lui. Le régent fut embarrassé. Le duc de Lauzun, comme pour lever l'embarras, lui dit d'un ton doux et respectueux : « Monsieur, il fera mieux une autre fois, » et avec ce sarcasme rendit le régent muet, et s'en alla en souriant. Le mot courut fort, et M. le duc d'Orléans, honteux, répara son oubli par l'évêché de Laon, et sur le refus de M. de Marseille de changer d'épouse, il lui donna une grosse abbaye, quoique M. de Lauzun fût mort.

Il empêcha une promotion de maréchaux de France par le ridicule qu'il y donna aux candidats qui la pressoient. Il dit au régent, avec ce même ton respectueux et doux, qu'au cas qu'il fît, comme on le disoit, des maréchaux de France inutiles, il le supplioit de se souvenir qu'il étoit le plus ancien lieutenant général du royaume, et qu'il avoit eu l'honneur de commander des armées avec la patente de général. J'en ai rapporté ailleurs de fort salées. Il ne se pouvoit tenir là-dessus; l'envie et la jalousie y avoient la plus grande part, et comme ses bons mots étoient toujours fort justes et fort pointus, ils étoient fort répétés.

Nous vivions ensemble en commerce le plus continuel, il m'avoit même rendu de vrais services, solides et d'amitié, de lui-même, et j'avois pour lui toutes sortes d'attentions et d'égards, et lui pour moi. Néanmoins je ne pus échapper à sa langue par un trait qui devoit me perdre, et je ne sais comment ni pourquoi il ne fit que glisser. Le roi baissoit, il le sentoit; il commençoit à songer pour après lui. Les rieurs n'étoient pas pour M. le duc d'Orléans : on voyoit pourtant sa grandeur s'approcher. Tous les yeux étoient sur lui et l'éclairoient avec malignité, par conséquent sur moi, qui depuis longtemps étois le seul homme de la cour qui lui fût demeuré attaché publiquement, et qu'on voyoit le seul dans toute sa confiance. M. de Lauzun vint pour dîner chez moi, et nous trouva à table. La compagnie qui s'y trouva lui déplut apparemment, il s'en alla chez Torcy, avec qui alors je n'étois en nul commerce, qui étoit aussi à table avec beaucoup de gens opposés à M. le duc d'Orléans, Tallard entre autres et Tessé. « Monsieur, dit-il à Torcy avec cet air doux et timide qui lui étoit si familier, prenez pitié de moi, je viens de chercher à dîner avec M. de Saint-Simon; je l'ai trouvé à table avec compagnie; je me suis gardé de m'y mettre; je n'ai pas voulu être le reste de la cabale, je m'en suis venu ici en chercher. » Les voilà tous à rire. Ce mot courut tout Versailles à l'instant; Mme de Maintenon et M. du Maine le surent aussitôt, et, toutefois, on ne m'en fit pas le moindre semblant; m'en fâcher n'eût fait qu'y donner plus de cours; je pris la chose comme l'égratignure au sang d'un mauvais chat, et je ne laissai pas apercevoir à Lauzun que je le susse.

Trois ou quatre ans avant sa mort, il eut une maladie qui le mit à l'extrémité. Nous y étions tous fort assidus, il ne voulut voir pas un de nous que Mme de Saint-Simon une seule fois. Languet, curé de Saint-Sulpice, y venoit souvent, et perçoit quelquefois jusqu'à lui, qui tenoit des discours admirables. Un jour qu'il y étoit, le duc de La Force se glissa dans sa chambre; M. de Lauzun ne l'aimoit point du tout, et s'en moquoit souvent. Il le reçut assez bien, et continua d'entretenir tout haut le curé. Tout d'un coup il se tourne à lui, lui fait des compliments et des remercîments, lui dit qu'il n'a rien à lui donner de plus cher que sa bénédiction, tire son bras du lit, la prononce et la lui donne; tout de suite se tourne au duc de La Force, lui dit qu'il l'a toujours aimé et respecté comme l'aîné et le chef de sa maison, et qu'en cette qualité il lui demande sa bénédiction. Ces deux hommes demeurent confondus, et d'étonnement, sans proférer un mot. Le malade redouble ses instances; M. de La Force, revenu à soi, trouve la chose si plaisante qu'il lui donne sa bénédiction; et, dans la crainte d'éclater, sort à l'instant et nous revient trouver dans la pièce joignante, mourant de rire et pouvant à peine nous raconter ce qui venoit de lui arriver. Un moment après le curé sortit aussi, l'air fort consterné, souriant tant qu'il pouvoit pour faire bonne mine. Le malade, qui le savoit ardent et adroit à tirer des gens pour le bâtiment de son église, avoit dit souvent qu'il ne seroit jamais de ses grues; il soupçonna ses assiduités d'intérêt, et se moqua de lui en ne lui donnant que sa bénédiction qu'il devoit recevoir de lui, et du duc de La Force, en même temps, en lui demandant persévéramment la sienne. Le curé, qui le sentit, en fut très-mortifié, et, en homme d'esprit, il ne le revit pas moins, mais M. de Lauzun abrégeoit les visites, et ne voulut point entendre le françois.

Un autre jour qu'on le tenoit fort mal, Biron et sa femme, fille de Mme de Nogent, se hasardèrent d'entrer sur la pointe du pied, et se tinrent derrière ses rideaux, hors de sa vue; mais il les aperçut par la glace de la cheminée lorsqu'ils se persuadoient n'en pouvoir être ni vus ni entendus. Le malade aimoit assez Biron, mais point du tout sa femme qui étoit pourtant sa nièce et sa principale héritière, il la croyoit fort intéressée, et toutes ses manières lui étoient insupportables. En cela il étoit comme tout le monde. Il fut choqué de cette entrée subreptice dans sa chambre, et comprit qu'impatiente de l'héritage, elle venoit pour tâcher de s'assurer par elle-même s'il mourroit bientôt. Il voulut l'en faire repentir, et s'en divertir d'autant. Le voilà donc qu'il se prend tout d'un coup à faire tout haut, comme se croyant tout seul, une oraison éjaculatoire, à demander pardon à

Dieu de sa vie passée, à s'exprimer comme un homme bien persuadé de sa mort très-prochaine, et qui dit que dans la douleur où son impuissance le met de faire pénitence, il veut au moins se servir de tous les biens que Dieu lui a donnés pour en racheter ses péchés, et les léguer tous aux hôpitaux sans aucune réserve; que c'est l'unique voie que Dieu lui laisse ouverte pour faire son salut après une si longue vie passée sans y avoir jamais pensé comme il faut, et à remercier Dieu de cette unique ressource qu'il lui laisse et qu'il embrasse de tout son cœur. Il accompagna cette prière et cette résolution d'un ton si touché, si persuadé, si déterminé, que Biron et sa femme ne doutèrent pas un moment qu'il n'allât exécuter ce dessein, et qu'ils ne fussent privés de toute la succession. Ils n'eurent pas envie d'épier là davantage, et vinrent, confondus, conter à la duchesse de Lauzun l'arrêt cruel qu'ils venoient d'entendre, et la conjurer d'y apporter quelque modération. Là-dessus, le malade envoie chercher des notaires, et voilà Mme de Biron éperdue. C'étoit bien le dessein du testateur de la rendre telle. Il fit attendre les notaires, puis les fit entrer, et dicta son testament qui fut un coup de mort pour Mme de Biron. Néanmoins il différa de le signer, et, se trouvant de mieux en mieux, ne le signa point. Il se divertit beaucoup de cette comédie, et ne put s'empêcher d'en rire avec quelques-uns quand il fut rétabli. Malgré son âge et une si grande maladie, il revint promptement en son premier état sans qu'il y parût en aucune sorte.

C'étoit une santé de fer avec les dehors trompeurs de la délicatesse. Il dînoit et soupoit à fond tous les jours, faisoit très-grande chère et très-délicate, toujours avec bonne compagnie soir et matin, mangeoit de tout, gras et maigre, sans nulle sorte de choix que son goût, ni de ménagement; prenoit du chocolat le matin, et avoit toujours sur quelque table des fruits dans leur saison, des pièces de four dans d'autres temps, de la bière, du cidre, de la limonade, d'autres liqueurs pareilles à la glace, et allant et venant, en mangeoit et en buvoit toutes les après-dînées, et exhortoit les autres à en faire autant; il sortoit de table le soir au fruit, et s'alloit coucher tout de suite. Je me souviens qu'une fois entre bien d'autres, il mangea chez moi, après cette maladie, tant de poisson, de légumes et de toutes sortes de choses sans pouvoir l'en empêcher, que nous envoyâmes le soir chez lui savoir doucement s'il ne s'en étoit point fortement senti : on le trouva à table qui mangeoit de bon appétit. La galanterie lui dura fort longtemps. Mademoiselle en fut jalouse, cela les brouilla à plusieurs reprises. J'ai ouï dire à Mme de Fontenilles, femme très-aimable, de beaucoup d'esprit, très-vraie et d'une singulière vertu, depuis un très-grand nombre d'années, qu'étant à Eu avec Mademoiselle, M. de Lauzun y vint passer quelque temps, et ne put s'empêcher d'y courir des filles; Mademoiselle le sut, s'emporta, l'égratigna, le chassa de sa présence. La comtesse de Fiesque fit le raccommodement : Mademoiselle parut au bout d'une galerie; il était à l'autre bout, et il en fit toute la longueur sur ses genoux jusqu'aux pieds de Mademoiselle. Ces scènes, plus ou moins fortes, recommencèrent souvent dans les suites. Il se lassa d'être battu, et à son tour battit bel et bien Mademoiselle, et cela arriva plusieurs fois, tant qu'à la fin, lassés l'un de l'autre, ils se brouillèrent une bonne fois pour toutes, et [ne] se revirent jamais depuis; il en avoit pourtant plusieurs portraits chez lui, et n'en parloit qu'avec beaucoup de respect. On ne doutoit pas qu'ils ne se fussent mariés en secret. A sa mort, il prit une livrée presque noire, avec des galons d'argent, qu'il changea en blancs, avec un peu de bleu quand l'or et l'argent furent défendus aux livrées.

Son humeur naturelle triste et difficile, augmentée par la prison et l'habitude de la solitude, l'avoit rendu solitaire et rêveur, en sorte qu'ayant chez lui la meilleure compagnie, il la laissoit avec Mme de Lauzun, et se retiroit tout seul des après-dînées entières, mais toujours plusieurs heures de suite, sans livre, le plus souvent, car il ne lisoit que des choses de fantaisie, sans suite, et fort peu ; en sorte qu'il ne savoit rien que ce qu'il avoit vu, et jusqu'à la fin tout occupé de la cour et des nouvelles du monde. J'ai regretté mille fois son incapacité radicale d'écrire ce qu'il avoit vu et fait. C'eût été un trésor des plus curieuses anecdotes, mais il n'avoit nulle suite ni application. J'ai souvent essayé de tirer de lui quelques bribes. Autre misère. Il commençoit à raconter ; dans le récit, il se trouvoit d'abord des noms de gens qui avoient eu part à ce qu'il vouloit raconter. Il quittoit aussitôt l'objet principal du récit pour s'attacher à quelqu'une de ces personnes, et tôt après à une autre personne qui avoit rapport à cette première, puis à une troisième, et à la manière des romans ; il enfiloit ainsi une douzaine d'histoires à la fois qui faisoient perdre terre, et se chassoient l'une l'autre, sans jamais en finir pas une, et avec cela le discours fort confus, de sorte qu'il n'étoit pas possible de rien apprendre de lui, ni d'en rien retenir. Du reste, sa conversation étoit toujours contrainte par l'humeur ou par la politique, et n'étoit plaisante que par sauts et par les traits malins qui en sortoient souvent. Peu de mois avant sa dernière maladie, c'est-à-dire à plus de quatre-vingt-dix ans, il dressoit encore des chevaux, et il fit cent passades au bois de Boulogne, devant le roi qui alloit à la Muette, sur un poulain qu'il venoit de dresser, et qui à peine l'étoit encore, où il surprit les spectateurs par son adresse, sa fermeté et sa bonne grâce. On ne finiroit point à raconter de lui.

Sa dernière maladie se déclara sans prélude, presque en un moment, par le plus horrible de tous les maux, un cancer dans la bouche. Il le supporta jusqu'à la fin avec une fermeté et une patience incroyable, sans plainte, sans humeur, sans le moindre contre-temps, lui qui en étoit insupportable à lui-même. Quand il se vit un peu avancé dans son mal, il se retira dans un petit appartement qu'il avoit d'abord loué dans cette vue dans l'intérieur du couvent des Petits-Augustins, dans lequel on entroit de sa maison, pour y mourir en repos, inaccessible à Mme de Biron et à toute autre femme, excepté à la sienne, qui eut permission d'y entrer à toutes heures, suivie d'une de ses femmes.

Dans cette dernière retraite, le duc de Lauzun n'y donna accès qu'à ses neveux et à ses beaux-frères, et encore le moins et le plus courtement qu'il put. Il ne songea qu'à mettre à profit son état horrible, et à donner tout son temps aux pieux entretiens de son confesseur et de quelques religieux de la maison, à de bonnes lectures, et à tout ce qui pouvoit le mieux préparer à la mort. Quand nous le voyions, rien de malpropre, rien de lugubre, rien de souffrant; politesse, tranquillité, conversation peu animée, fort indifférente à ce qui se passoit dans le monde, en parlant peu et difficilement; toutefois, pour parler de quelque chose, peu ou point de morale, encore moins de son état, et cette uniformité si courageuse et si paisible se soutint égale quatre mois durant, jusqu'à la fin; mais, les dix ou douze derniers jours, il ne voulut plus voir ni beaux-frères ni neveux; et sa femme, il la renvoyoit promptement. Il reçut tous les sacrements avec beaucoup d'édification, et conserva sa tête entière jusqu'au dernier moment.

Le matin du jour, dont il mourut la nuit suivante, il envoya chercher Biron, lui dit qu'il avoit fait pour lui tout ce que Mme de Lauzun avoit voulu; que, par son testament, il lui donnoit tous ses biens, excepté un legs assez médiocre à Castelmoron, fils de son autre sœur, et des récompenses à ses domestiques; que tout ce qu'il avoit fait pour lui depuis son mariage, et ce qu'il faisoit en mourant, Biron le devoit en entier à Mme de Lauzun; qu'il n'en devoit jamais oublier la reconnoissance; qu'il lui défendoit, par l'autorité d'oncle et de testateur, de lui faire jamais ni peine, ni trouble, ni obstacle, et d'avoir jamais aucun procès contre elle sur quoi que ce pût être. C'est Biron lui-même qui me le dit le lendemain, dans les mêmes termes que je les rapporte. [M. de Lauzun] lui dit adieu d'un ton ferme, et le congédia. Il défendit, avec raison, toute cérémonie; il fut enterré aux Petits-Augustins; il n'avoit rien du roi que cette ancienne compagnie des becs de corbin, qui fut supprimée deux jours après. Un mois avant sa mort il avoit envoyé chercher Dillon, chargé ici des affaires du roi Jacques, et officier général très-distingué, à qui il remit son collier de l'ordre de la Jarretière, et un Georges d'onyx entouré de parfaitement beaux et gros diamants, pour les renvoyer à ce prince. Je m'aperçois enfin que j'ai été bien prolixe sur un homme, dont la singularité extraordinaire de sa vie et le commerce continuel que la proximité m'a donné avec lui m'a paru mériter de le faire connoître, d'autant qu'il n'a pas assez figuré dans les affaires générales pour en attendre rien des histoires qui paroîtront.

Un autre sentiment a allongé mon récit. Je touche à un but que je crains d'atteindre, parce que mes désirs n'y peuvent s'accorder avec la vérité; ils sont ardents, par conséquent cuisants, parce que l'autre est terrible et ne laisse pas le moindre lieu à oser chercher à se la pallier; cette horreur d'y venir enfin m'a arrêté, m'a accroché où j'ai pu, m'a glacé. On entend bien qu'il s'agit de venir à la mort et au genre de mort de M. le duc d'Orléans, et quel récit épouvantable, surtout après un tel et si long attachement, puisqu'il a duré en moi pendant toute sa vie, et qu'il durera toute la mienne pour me pénétrer d'effroi et de douleur sur lui. On frémit jusque dans les moelles, par l'horreur du soupçon que Dieu l'exauça dans sa colère.

CHAPITRE IV.

Mort subite de M. le duc d'Orléans. — Diligence de La Vrillière à se capter M. le Duc. — Le roi affligé. — M. le Duc premier ministre. — Lourdise de M. le duc de Chartres. — Je vais au lever du roi et j'y prends un rendez-vous avec M. le Duc. — Je vais parler à la duchesse Sforze, puis chez Mme la duchesse d'Orléans et chez M. le duc de Chartres. — Leur réception. — Conversation entre M. le Duc et moi dans son cabinet tête à tête. — Je m'en retourne à Meudon. — Mme de Saint-Simon à Versailles pour voir le roi, etc., sans y coucher; y reçoit la visite de l'évêque de Fréjus et de La Vrillière; entrevoit que le premier ne me désire pas à la cour, et que le dernier m'y craint. — Je me confirme dans la résolution de longtemps prise : nous allons à Paris nous y fixer. — Monseigneur et M. le duc d'Orléans morts au même âge. — Effet de la mort de M. le duc d'Orléans chez les étrangers, dans la cour, dans l'Église, dans le parlement et toute la magistrature, dans les troupes, dans les marchands et le peuple. — Obsèques de M. le duc d'Orléans. — Visites du roi. — Maréchal de Villars entre dans le conseil. — Indépendance [à l'égard] du grand écuyer confirmée au premier écuyer. — Faute du grand écuyer par dépit, dont le grand maître de France profite. — Mécanique des comptes des diverses dépenses domestiques du roi à passer à la chambre des comptes. — Mort de Beringhen, premier écuyer. — Fortune de son frère, qui obtient sa charge. — Nangis chevalier d'honneur de la future reine. — Le maréchal de Tessé premier écuyer de la future reine, avec la survivance pour son fils, et va ambassadeur en Espagne. — Mort de la maréchale d'Humières. — Comte de Toulouse déclare son mariage. — Novion fait premier président avec force grâces. — Sa famille, son caractère, sa démission, sa mort. — Crozat et Montargis vendent à regret leurs charges de l'ordre à Dodun et à Maurepas, dont le râpé est donné à d'Armenonville, garde des sceaux, et à Novion, premier président. — Conclusion : vérité; désappropriation; impartialité.

On a vu, il y a peu, qu'il [le duc d'Orléans] redoutoit une mort lente qui s'annonçoit de loin, qui devient une grâce bien précieuse quand celle d'en savoir bien profiter y est ajoutée, et que la mort la plus subite fut celle qu'il préféroit; hélas! il l'obtint, et plus rapide encore que ne fut celle de feu Monsieur, dont la machine disputa plus longtemps. J'allai, le 21 décembre, de Meudon à Versailles, au sortir de table, chez M. le duc d'Orléans; je fus trois quarts d'heure seul avec lui dans son cabinet, où je l'avois trouvé seul. Nous nous y promenâmes toujours parlant d'affaires, dont il alloit rendre compte au roi ce jour-là même. Je ne trouvai nulle différence à son état ordinaire, épaissi et appesanti depuis quelque temps, mais l'esprit net et le raisonnement tel qu'il l'eut toujours. Je revins tout de suite à Meudon; j'y causai en arrivant avec Mme de Saint-Simon quelque temps. La saison faisoit que nous y avions peu de monde, je la laissai dans son cabinet et je m'en allai dans le mien.

Au bout d'une heure au plus, j'entends des cris et un vacarme subit; je sors, et je trouve Mme de Saint-Simon tout effrayée qui m'amenoit un palefrenier du marquis de Ruffec, qui de Versailles me mandoit que M. le duc d'Orléans étoit en apoplexie. J'en fus vivement touché, mais nullement surpris; je m'y attendois, comme on a vu, depuis longtemps. Je petille après ma voiture qui me fit attendre par l'éloignement du château neuf aux écuries, je me jette dedans et m'en vais tant que je puis. A la porte du parc, autre courrier du marquis de Ruffec qui m'arrête, et qui m'apprend que c'en est fait. Je demeurai là plus d'une demi-heure absorbé en douleur et en réflexions. A la fin je pris mon parti d'aller à Versailles, où j'allai tout droit m'enfermer dans mon appartement. Nangis, qui vouloit être premier écuyer, aventure dont je parlerai après, m'avoit succédé chez M. le duc d'Orléans, et expédié en bref, le fut par Mme Falari, aventurière fort jolie, qui avoit épousé un autre aventurier, frère de la duchesse de Béthune. C'étoit une des maîtresses de ce malheureux prince. Son sac étoit fait pour aller travailler chez le roi, et il causa près d'une heure avec elle en attendant celle du roi. Comme elle étoit tout proche, assis près d'elle chacun dans un fauteuil, il se laissa tomber de côté sur elle, et oncques depuis n'eut pas le moindre rayon de connoissance, pas la plus légère apparence.

La Falari, effrayée au point qu'on peut imaginer, cria au secours de toute sa force, et redoubla ses cris. Voyant que personne ne répondoit, elle appuya comme elle put ce pauvre prince sur les deux bras contigus des deux fauteuils, courut dans le grand cabinet, dans la chambre, dans les antichambres sans trouver qui que ce soit, enfin dans la cour et dans la galerie basse. C'étoit sur l'heure du travail avec le roi, que les gens de M. le duc d'Orléans étoient sûrs que personne ne venoit chez lui, et qu'il n'avoit que faire d'eux parce qu'il montoit seul chez le roi par le petit escalier de son caveau, c'est-à-dire de sa garde-robe, qui donnoit dans la dernière antichambre du roi, où celui qui portoit son sac l'attendoit, et s'étoit à l'ordinaire rendu par le grand escalier et par la salle des gardes. Enfin la Falari amena du monde, mais point de secours qu'elle envoya chercher par qui elle trouva sous sa main. Le hasard, ou pour mieux dire, la Providence avoit arrangé ce funeste événement à une heure où chacun étoit d'ordinaire allé à ses affaires ou en visite, de sorte qu'il s'écoula une bonne demi-heure avant qu'il vînt ni médecin ni chirurgien, et peu moins pour avoir des domestiques de M. le duc d'Orléans.

Sitôt que les gens du métier l'eurent envisagé, ils le jugèrent sans espérance. On l'étendit à la hâte sur le parquet, on l'y saigna; il ne donna pas le moindre signe de vie pour tout ce qu'on put lui faire. En un instant que les premiers furent avertis, chacun de toute espèce accourut; le grand et le petit cabinet étoient pleins de monde. En moins de deux heures tout fut fini, et peu à peu la solitude y fut aussi grande qu'avoit été la foule. Dès que le secours fut arrivé, la Falari se sauva et gagna Paris au plus vite.

La Vrillière fut des premiers averti de l'apoplexie. Il courut aussitôt l'apprendre au roi et à l'évêque de Fréjus, puis à M. le Duc, en courtisan qui sait profiter de tous les instants critiques; et dans la pensée que ce prince pourroit bien être premier ministre, comme il l'y avoit exhorté en l'avertissant, il se hâte de retourner chez lui et d'en dresser à tout hasard la patente sur celle de M. le duc d'Orléans. Averti de sa mort au moment même qu'elle arriva, il envoya le dire à M. le Duc, et s'en alla chez le roi où le danger imminemment certain avoit amassé les gens de la cour les plus considérables.

Fréjus, dès la première nouvelle de l'apoplexie, avoit fait l'affaire de M. le Duc avec le roi qu'il y avoit, sans doute, préparé d'avance sur l'état où on voyoit M. le duc d'Orléans, surtout depuis ce que je lui en avois dit, de sorte que M. le Duc arrivant chez le roi, au moment qu'il sut la mort, on fit entrer ce qu'il y avoit de plus distingué en petit nombre amassé à la porte du cabinet, où on remarqua le roi fort triste et les yeux rouges et mouillés. A peine fut-on entré et la porte fermée que Fréjus dit tout haut au roi que dans la grande perte qu'il faisoit de M. le duc d'Orléans, dont l'éloge ne fut que de deux mots, Sa Majesté ne pouvoit mieux faire que prier M. le Duc là présent de vouloir bien se charger du poids de toutes les affaires, et d'accepter la place de premier ministre comme l'avoit M. le duc d'Orléans. Le roi, sans dire un mot, regarda Fréjus, et consentit d'un signe de tête, et tout aussitôt M. le Duc fit son remercîment. La Vrillière, transporté d'aise de sa prompte politique, avoit en poche le serment de premier ministre copié sur celui de M. le duc d'Orléans, et proposa tout haut à Fréjus de le faire prêter sur-le-champ. Fréjus le dit au roi comme chose convenable, et à l'instant M. le Duc le prêta. Peu après M. le Duc sortit; tout ce qui étoit dans le cabinet le suivit; la foule des pièces voisines augmenta sa suite, et dans un moment il ne fut plus parlé que de M. le Duc.

M. le duc de Chartres étoit à Paris, débauché alors fort gauche, chez une fille de l'Opéra qu'il entretenoit. Il y reçut le courrier qui lui apprit l'apoplexie, et en chemin un autre qui lui apprit la mort. Il ne trouva à la descente de son carrosse nulle foule, mais les seuls ducs de Noailles et de Guiche, qui lui offrirent très-apertement leurs services et tout ce qui pouvoit dépendre d'eux. Il les reçut comme des importuns dont il avoit hâte de se défaire, se pressa de monter chez Mme sa mère où il dit qu'il avoit rencontré deux hommes qui lui avoient voulu tendre un bon panneau, mais qu'il n'avoit pas donné dedans, et qu'il avoit bien su s'en défaire. Ce grand trait d'esprit, de jugement et de politique promit d'abord tout ce que ce prince a tenu depuis. On eut grand'peine à lui faire comprendre qu'il avoit fait une lourde sottise, il ne continua pas moins d'y retomber.

Pour moi, après avoir passé une cruelle nuit, j'allai au lever du roi, non pour m'y montrer, mais pour y dire un mot à M. le Duc plus sûrement et plus commodément, avec lequel j'étois en liaison continuelle depuis le lit de justice des Tuileries, quoique fort mécontent du consentement qu'il s'étoit laissé arracher pour le rétablissement des bâtards. Il se mettoit toujours au lever dans l'embrasure de la fenêtre du milieu, vis-à-vis de laquelle le roi s'habilloit; et, comme il étoit fort grand, on l'apercevoit aisément de derrière l'épaisse haie qui environnoit le lever. Elle étoit ce jour-là prodigieuse. Je fis signe à M. le Duc de me venir parler, et à l'instant il perça la foule et vint à moi : je le menai dans l'autre embrasure de la fenêtre la plus proche du cabinet, et là je lui dis que je ne lui dissimulois point que j'étois mortellement affligé; qu'en même temps j'espérois sans peine qu'il étoit bien persuadé que si le choix d'un premier ministre avoit pu m'être déféré, je n'en eusse pas fait un autre que celui qui avoit été fait, sur quoi il me fit mille amitiés.

Je lui dis ensuite qu'il y avoit dans le sac que M. le duc d'Orléans devoit porter à son travail avec le roi, lors du malheur de cette cruelle apoplexie, chose sur quoi il étoit nécessaire que je l'entretinsse présentement qu'il lui succédoit; que je n'étois pas en état de supporter le monde; que je le suppliois de m'envoyer avertir d'aller chez lui sitôt qu'il auroit un moment de libre, et de me faire entrer par la petite porte de son cabinet qui donnoit dans la galerie, pour m'éviter tout ce monde qui rempliroit son appartement. Il me le promit, et dans la journée, le plus gracieusement, et ajouta des excuses sur l'embarras du premier jour de son nouvel état, s'il ne me donnoit pas une heure certaine, et celle que je voudrois. Je connoissois ce cabinet et cette porte, parce que cet appartement avoit été celui de Mme la duchesse de Berry, à son mariage, dans la galerie haute de l'aile neuve, et que le mien étoit tout proche, de plain-pied, vis-à-vis de l'escalier.

J'allai de là chez la duchesse Sforze, qui étoit demeurée toujours fort de mes amies, et fort en commerce avec moi, quoique je ne visse plus Mme la duchesse d'Orléans depuis longtemps, comme il a été marqué ici en son lieu. Je lui dis que, dans le malheur qui venoit d'arriver, je me croyois obligé, par respect et attachement pour feu M. le duc d'Orléans, d'aller mêler ma douleur avec tout ce qui tenoit particulièrement à lui, officiers les plus principaux, même ses bâtards, quoique je ne connusse aucun d'eux; qu'il me paraîtroit fort indécent d'en excepter Mme la duchesse d'Orléans; qu'elle savoit la situation où j'étois avec cette princesse, que je n'avois nulle volonté d'en changer; mais qu'en cette occasion si triste je croyois devoir rendre à la veuve de M. le duc d'Orléans le respect d'aller chez elle : qu'au demeurant, il m'étoit entièrement indifférent de la voir ou non, content d'avoir fait à cet égard ce que je croyois devoir faire; qu'ainsi, je la suppliois d'aller savoir d'elle si elle vouloit me recevoir ou non, et, au premier cas, d'une façon convenable, également content du oui ou du non, parce que je le serois également de moi-même en l'un et l'autre cas. Elle m'assura que Mme la duchesse d'Orléans seroit fort satisfaite de me voir et de me bien recevoir, et qu'elle alloit sur-le-champ s'acquitter de ma commission. Comme Mme Sforze logeoit fort près de Mme la duchesse d'Orléans, j'attendis chez elle son retour. Elle me dit que Mme la duchesse d'Orléans seroit fort aise de me voir, et me recevroit de façon que j'en serois content. J'y allai donc sur-le-champ.

Je la trouvai au lit avec peu de ses dames et de ses premiers officiers, et M. le duc de Chartres, avec toute la décence qui pouvoit suppléer à la douleur. Sitôt que j'approchai d'elle, elle me parla du malheur commun ; pas un mot de ce qui étoit entre elle et moi ; je l'avois stipulé ainsi. M. le duc de Chartres s'en alla chez lui ; la conversation traînante dura tout le moins que je pus. Je m'en allai chez M. [le duc] de Chartres, logé dans l'appartement qu'occupoit monsieur son père, avant qu'il fût régent. On me dit qu'il étoit enfermé. J'y retournai trois autres fois dans la même matinée. A la dernière, son premier valet de chambre en fut honteux, et l'alla avertir malgré moi. Il vint sur le pas de la porte de son cabinet, où il étoit avec je ne sais plus qui de fort commun : c'étoit la sorte de gens qu'il lui falloit. Je vis un homme tout empêtré, tout hérissé, point affligé, mais embarrassé à ne savoir où il en étoit. Je lui fis le compliment le plus fort, le plus net, le plus clair, le plus énergique, et à haute voix. Il me prit apparemment pour quelque tiercelet des ducs de Guiche et de Noailles, et ne me fit pas l'honneur de me répondre un mot. J'attendis quelques moments, et voyant qu'il ne sortoit rien de ce simulacre, je fis la révérence et me retirai sans qu'il fît un seul pas pour me conduire, comme il le devoit faire tout du long de son appartement, et se rembucha dans son cabinet. Il est vrai qu'en me retirant, je jetai les yeux sur la compagnie, à droite et à gauche, qui me parut fort surprise. Je m'en allai chez moi, fort ennuyé de courir le château.

Comme je sortois de table, un valet de chambre de M. le Duc me vint dire qu'il m'attendoit, et me conduisit par la petite porte droit dans son cabinet. Il me reçut à la porte, la ferma, me tira un fauteuil et en prit un autre. Je l'instruisis de l'affaire dont je lui avois parlé le matin, et après l'avoir discutée, nous nous mîmes sur celle du jour. Il me dit qu'au sortir du lever du roi, il avoit été chez M. le duc de Chartres, auquel, après les compliments de condoléance, il avoit offert tout ce qui pourroit dépendre de lui pour mériter son amitié, et lui témoigner son véritable attachement pour la mémoire de M. le duc d'Orléans : qu'à cela, M. [le duc] de Chartres étant demeuré muet, il avoit redoublé de protestations et de désirs de lui complaire en toutes choses; qu'à la fin il étoit venu un monosyllabe sec de remercîment, et un air d'éconduite qui avoit fait prendre à M. le Duc le parti de s'en aller. Je lui rendis ce qui m'étoit arrivé ce même matin avec le même prince, duquel nous nous fîmes nos complaintes l'un à l'autre. M. le Duc me fit beaucoup d'amitiés et de politesses, et me demanda, en m'en conviant, si je ne viendrois pas le voir un peu souvent. Je lui répondis qu'accablé d'affaires et de monde comme il alloit être, je me ferois un scrupule de l'importuner, et ceux qui auroient affaire à lui; que je me contenterois de m'y présenter quand j'aurois quelque chose à lui dire, et que, comme je n'étois pas accoutumé aux antichambres, je le suppliois d'ordonner à ses gens de l'avertir quand je paroîtrois chez lui, et lui de me faire entrer dans son cabinet au premier moment qu'il le pourroit, où je tâcherois de n'être ni long ni importun. Force amitiés, compliments, convis[1], etc.; tout cela dura près de trois quarts d'heure; et je m'enfuis à Meudon.

1. Invitations.

Mme de Saint-Simon alla le lendemain à Versailles faire sa cour au roi sur cet événement, et voir Mme la duchesse d'Orléans et Monsieur son fils. M. de Fréjus alla chez Mme de Saint-Simon dès qu'il la sut à Versailles, où elle ne coucha point. A travers toutes les belles choses qu'il lui dit de moi et sur moi, elle crut comprendre qu'il me sauroit plus volontiers à Paris qu'à Versailles. La Vrillière qui la vint voir aussi, et qui avoit plus de peur de moi encore que le Fréjus, se cacha moins par moins d'esprit et de tour, et scandalisa davantage Mme de Saint-Simon par son ingratitude après tout ce que j'avois fait pour lui. Ce petit compagnon comptoit avoir tonnelé M. le Duc par sa diligence à l'avertir et à le servir, et brusquer son duché tout de suite. Lorsqu'il m'en avoit parlé du temps de M. le duc d'Orléans, la généralité de mes réponses ne l'avoit pas mis à son aise à mon égard. Il vouloit jeter de la poudre aux yeux et tromper M. le Duc par de faux exemples, dont il craignoit l'éclaircissement de ma part. Il ne m'en falloit pas tant pour me confirmer dans le parti que de longue main j'avois résolu de prendre sur l'inspection de l'état menaçant de M. le duc d'Orléans. Je m'en allai à Paris, bien résolu de ne paroître devant les nouveaux maîtres du royaume que dans les rares nécessités ou de bienséances indispensables, et pour des moments, avec la dignité d'un homme de ma sorte, et de celle de tout ce que j'avois personnellement été. Heureusement pour moi je n'avois, dans aucun temps, perdu de vue le changement total de ma situation, et pour dire la vérité, la perte de Mgr le duc de Bourgogne, et tout ce que je voyois dans le gouvernement m'avoit émoussé sur toute autre de même nature. Je m'étois vu enlever ce cher prince au même âge que mon père avoit perdu Louis XIII, c'est-à-dire, mon père à trente-six ans, son roi de quarante et un; moi, à trente-sept, un prince qui n'avoit pas encore trente ans, prêt à monter sur le trône, et à ramener dans le monde la justice, l'ordre, la vérité; et depuis, un maître du royaume constitué à vivre un siècle, tel que nous étions lui et moi l'un à l'autre, et qui n'avoit pas six mois plus que moi. Tout m'avoit préparé à me survivre à moi-même, et j'avois tâché d'en profiter.

Monseigneur étoit mort à quarante-neuf ans et demi, et M. le duc d'Orléans vécut deux mois moins. Je compare cette durée de vie si égale, à cause de la situation où on a vu ces deux princes à l'égard l'un de l'autre, jusqu'à la mort de Monseigneur. Tel est ce monde et son néant.

La mort de M. le duc d'Orléans fit un grand bruit au dedans et au dehors; mais les pays étrangers lui rendirent incomparablement plus de justice et le regrettèrent beaucoup plus que les François. Quoique les étrangers connussent sa foiblesse, et que les Anglois en eussent étrangement abusé, ils n'en étoient pas moins persuadés, par leur expérience, de l'étendue et de la justesse de son esprit, de la grandeur de son génie et de ses vues, de sa singulière pénétration, de la sagesse et de l'adresse de sa politique, de la fertilité de ses expédients et de ses ressources, de la dextérité de sa conduite dans tous les changements de circonstances et d'événements, de sa netteté à considérer les objets et à combiner toutes choses, de sa supériorité sur ses ministres et sur ceux que les diverses puissances lui envoyoient, du discernement exquis à démêler, à tourner les affaires, de sa savante aisance à répondre sur-le-champ à tout, quand il le vouloit. Tant de grandes et rares parties pour le gouvernement le leur faisoient redouter et ménager, et le gracieux qu'il mettoit à tout, et qui savoit charmer jusqu'aux refus, le leur rendoit encore aimable. Ils estimoient de plus sa grande et naïve valeur. La courte lacune de l'enchantement par lequel ce malheureux Dubois avoit comme anéanti ce prince, n'avoit fait que le relever à leurs yeux par la comparaison de sa conduite, quand elle étoit sienne, d'avec sa conduite quand elle n'en portoit que le nom et qu'elle n'étoit que celle de son ministre. Ils avoient vu, ce ministre mort, le prince reprendre le timon des affaires avec les mêmes talents qu'ils avoient admirés en lui auparavant; et cette foiblesse, qui étoit son grand défaut, se laissoit beaucoup moins sentir au dehors qu'au dedans.

Le roi, touché de son inaltérable respect, de ses attentions à lui plaire, de sa manière de lui parler, et de celle de son travail avec lui, le pleura et fut véritablement touché de sa perte, en sorte qu'il n'en a jamais parlé depuis, et cela est revenu souvent, qu'avec estime, affection et regret, tant la vérité perce d'elle-même malgré tout l'art et toute l'assiduité des mensonges et de la plus atroce calomnie, dont j'aurai occasion de parler dans les additions que je me propose de faire à ces Mémoires, si Dieu m'en permet le loisir. M. le Duc, qui montoit si haut par cette perte, eut sur elle une contenance honnête et bienséante. Mme la Duchesse se contint fort convenablement; les bâtards, qui ne gagnoient pas au change, ne purent se réjouir. Fréjus se tint à quatre. On le voyoit suer sous cette gêne, sa joie, ses espérances muettes lui échapper à tous propos, toute sa contenance étinceler malgré lui.

La cour fut peu partagée, parce que le sens y est corrompu par les passions. Il s'y trouva des gens à yeux sains, qui le voyoient comme faisoient les étrangers, et qui continuellement témoins de l'agrément de son esprit, de la facilité de son accès, de cette patience et de cette douceur à écouter qui ne s'altéroit jamais, de cette bonté dont il savoit se parer d'une façon si naturelle, quoique quelquefois ce n'en fût que le masque, de ses traits plaisants à écarter et à éconduire sans jamais blesser, sentirent tout le poids de sa perte. D'autres, en plus grand nombre, en furent fâchés aussi, mais bien moins par regret que par la connoissance du caractère du successeur et de celui encore de ses entours. Mais le gros de la cour ne le regretta point du tout : les uns de cabales opposées, les autres indignés de l'indécence de sa vie et du jeu qu'il s'étoit fait de promettre sans tenir, force mécontents, quoique presque tous bien mal à propos, une foule d'ingrats dont le monde est plein, et qui dans les cours font de bien loin le plus grand nombre, ceux qui se croyoient en passe d'espérer plus du successeur pour leur fortune et leurs vues, enfin un monde d'amateurs stupides de nouveautés.

Dans l'Église, les béats et même les dévots se réjouirent de la délivrance du scandale de sa vie, et de la force que son exemple donnoit aux libertins, et les jansénistes et les constitutionnaires, d'ambition ou de sottise, s'accordèrent à s'en trouver tous consolés. Les premiers, séduits par des commencements pleins d'espérance, en avoient depuis éprouvé pis que du feu roi; les autres, pleins de rage qu'il ne leur eût pas tout permis, parce qu'ils vouloient tout exterminer, et anéantir une bonne fois et solidement les maximes et les libertés de l'Église gallicane, surtout les appels comme d'abus[1], établir la domination des évêques sans bornes, et revenir à leur ancien état de rendre la puissance épiscopale redoutable à tous, jusques aux rois, exultoient de se voir délivrés d'un génie supérieur, qui se contentoit de leur sacrifier les personnes, mais qui les arrêtoit trop ferme sur le grand but qu'ils se proposoient, vers lequel tous leurs artifices n'avoient cessé de tendre, et ils espéroient tout d'un successeur qui ne les apercevroit pas, qu'ils étourdiroient aisément, et avec qui ils seroient plus librement hardis.

Le parlement, et comme lui tous les autres parlements, et toute la magistrature, qui, par être toujours assemblée, est si aisément animée du même esprit, n'avoit pu pardonner à M. le duc d'Orléans les coups d'autorité auxquels le parlement lui-même l'avoit enfin forcé plus d'une fois d'avoir recours, par les démarches les plus hardies, que ses longs délais et sa trop lente patience avoit laissé porter à le dépouiller

---

1. L'appel comme d'abus était, dans l'ancienne monarchie, l'appel devant un tribunal laïque contre un jugement ecclésiastique, qu'on prétendait avoir été mal et abusivement rendu.

de toute autorité pour s'en revêtir lui-même. Quoique d'adresse, puis de hardiesse, le parlement se fût soustrait à la plupart de l'effet de ces coups d'autorité, il n'étoit plus en état de suivre sa pointe, et par ce qui restoit nécessairement des bornes que le régent y avoit mises, ce but si cher du parlement lui étoit échappé. Sa joie obscure et ténébreuse ne se contraignit pas d'être délivré d'un gouvernement duquel, après avoir arraché tant de choses, il ne se consoloit point de n'avoir pas tout emporté, de n'avoir pu changer son état de simple cour de justice en celui de parlement d'Angleterre, mais en tenant la chambre haute sous le joug.

Le militaire, étouffé sans choix par des commissions de tous grades et par la prodigalité des croix de Saint-Louis, jetées à toutes mains, et trop souvent achetées des bureaux et des femmes, ainsi que les avancements en grades, étoit outré de l'économie extrême qui le réduisoit à la dernière misère, et de l'exacte sévérité d'une pédanterie qui le tenoit en un véritable esclavage. L'augmentation de la solde n'avoit pas fait la moindre impression sur le soldat ni sur le cavalier, par l'extrême cherté des choses les plus communes et les plus indispensables à la vie, de manière que cette partie de l'État, si importante, si répandue, si nombreuse, plus que jamais tourmentée et réduite sous la servitude des bureaux et de tant d'autres gens ou méprisables ou peu estimables, ne put que se trouver soulagée par l'espérance du changement qui pourroit alléger son joug et donner plus de lien à l'ordre du service et plus d'égards au mérite et aux services. Le corps de la marine, tombé comme en désuétude et dans l'oubli, ne pouvoit qu'être outré de cet anéantissement et se réjouir de tout changement, quel qu'il pût être ; et tout ce qui s'appeloit gens de commerce, arrêtés tout court partout pour complaire aux Anglois, et gênés en tout par la compagnie des Indes, ne pouvoient être en de meilleures dispositions.

Enfin, le gros de Paris et des provinces, désespéré des

cruelles opérations des finances et d'un perpétuel jeu de gobelets pour tirer tout l'argent, qui mettoit d'ailleurs toutes les fortunes en l'air et la confusion dans toutes les familles, outré de plus de la prodigieuse cherté où ces opérations avoient fait monter toutes choses, sans exception de pas une, tant de luxe que de première nécessité pour la vie, gémissoit depuis longtemps après une délivrance et un soulagement qu'il se figuroit aussi vainement que certainement par l'excès du besoin et l'excès du désir. Enfin, il n'est personne qui n'aime à pouvoir compter sur quelque chose, qui ne soit désolé des tours d'adresse et de passe-passe, et de tomber sans cesse, malgré toute prévoyance, dans des torquets[1] et dans d'inévitables panneaux; de voir fondre son patrimoine ou sa fortune entre ses mains, sans trouver de protection dans son droit ni dans les lois, et de ne savoir plus comment vivre et soutenir sa famille.

Une situation si forcée et si générale, nécessairement émanée de tant de faces contradictoires successivement données aux finances, dans la fausse idée de réparer la ruine et le chaos où elles s'étoient trouvées à la mort de Louis XIV, ne pouvoit faire regretter au public celui qu'il en regardoit comme l'auteur, comme ces enfants qui se prennent en pleurant au morceau de bois qu'un imprudent leur a fait tomber en passant sur le pied, qui jettent, de colère, ce bois de toute leur force, comme la cause du mal qu'ils sentent, et qui ne font pas la moindre attention à ce passant qui en est la seule et véritable cause. C'est ce que j'avois bien prévu qui arriveroit sur l'arrangement, ou plutôt le dérangement de plus en plus des finances, et que je voulois ôter de dessus le compte de M. le duc d'Orléans par les états généraux que je lui avois proposés, qu'il avoit agréés, et dont le duc de Noailles rompit l'exécution à la mort du roi, pour son intérêt personnel, comme on l'a vu en son lieu

1. Ce mot du style familier est synonyme de *ruses*, *tromperies*.

dans ces Mémoires, à la mort du roi. La suite des années a peu à peu fait tomber les écailles de tant d'yeux, et a fait regretter M. le duc d'Orléans à tous avec les plus cuisants regrets, et [ils] lui ont à la fin rendu la justice qui lui avoit toujours été due.

Le lendemain de la mort de M. le duc d'Orléans, son corps fut porté de Versailles à Saint-Cloud, et le lendemain qu'il y fut les cérémonies y commencèrent. M. le comte de Charolois avec le duc de Gesvres et le marquis de Beauvau, qui devoient porter la queue de son manteau, allèrent, dans un carrosse du roi, entouré de ses gardes, à Saint-Cloud. M. le comte de Charolois donna l'eau bénite, représentant le roi, et fut reçu à la descente du carrosse et reconduit de même par M. le duc de Chartres, qui s'étoit fait accompagner par les deux fils du duc du Maine. Le cœur fut porté de Saint-Cloud au Val-de-Grâce par l'archevêque de Rouen, premier aumônier du prince défunt, à la gauche duquel étoit M. le comte de Clermont, prince du sang, et le duc de Montmorency, fils du duc de Luxembourg, sur le devant, avec tous les accompagnements ordinaires. M. le prince de Conti accompagna le convoi avec le duc de Retz, fils du duc de Villeroy, qui se fit de Saint-Cloud à Saint-Denis, passant dans Paris avec la plus grande pompe. Le chevalier de Biron, à qui son père avoit donné sa charge de premier écuyer de M. le duc d'Orléans, lorsqu'il fut fait duc et pair, y étoit à cheval, ainsi que le comte d'Étampes, capitaine des gardes; tous les autres officiers principaux de la maison dans des carrosses. Les obsèques furent différées jusqu'au 12 février. M. le duc de Chartres, devenu duc d'Orléans, M. le comte de Clermont et M. le prince de Conti firent le grand deuil; l'archevêque de Rouen officia en présence des cours supérieures, et Poncet, évêque d'Angers, fit l'oraison funèbre qui ne répondit pas à la grandeur du sujet. Le roi visita à Versailles Mme la duchesse d'Orléans, Mme la Duchesse, et fit le même honneur à M. le duc de Chartres.

C'est le seul prince du sang qu'il ait visité. Il alla voir aussi Mme la princesse de Conti, Mlle de Chartres et Mme du Maine.

Deux jours après la mort de M. le duc d'Orléans, le maréchal de Villars entra dans le conseil d'État, et eut le gouvernement des forts et citadelle de Marseille qu'avoit le feu premier écuyer.

Il me fait souvenir que j'ai dit plus haut que j'aurois à dire encore quelque chose sur cette charge. Nonobstant l'arrêt du conseil de régence, dont il a été parlé ici en son temps, qui l'avoit contradictoirement et nettement confirmé dans toutes les fonctions de sa charge, et dans l'indépendance entière de celle de grand écuyer, ce dernier n'avoit cessé de le tracasser tant qu'il avoit pu. Son fils, à sa mort, ayant succédé à sa charge, voulut se délivrer de cette continuelle importunité : le père étoit des amis de l'évêque de Fréjus qui se piqua de le servir dans une affaire si juste. Beringhen présenta un mémoire au roi, et un autre à M. le duc d'Orléans. Il fut communiqué au grand écuyer qui y répondit et qui fut de nouveau tondu en plein par un arrêt du conseil d'en haut[1], en présence du roi et de M. le duc d'Orléans. Le prince Charles de Lorraine, grand écuyer, en fut si piqué que Beringhen lui ayant envoyé, comme de coutume, les comptes de la petite écurie à signer sur son arrêté, il dit qu'il ne savoit point signer ce qu'il ne voyoit point. On fit ce qu'on put pour lui faire entendre raison : l'opiniâtreté fut invincible; enfin il falloit bien que ces comptes fussent signés, j'expliquerai cela tout à l'heure. Au

---

1. On ne doit pas confondre le *conseil d'en haut* avec le conseil d'État, ni avec le *conseil des parties*, qui n'était qu'une section du conseil d'État (voy. t. I*er*, p. 445). On pourrait le comparer plus exactement au conseil des ministres. Il se composait, en effet, du souverain, des princes du sang que le roi y appelait, du chancelier, du surintendant ou du contrôleur général des finances, des secrétaires d'État et de quelques seigneurs désignés par le roi. Les ducs de Beauvilliers et de Chevreuse furent membres du conseil d'en haut, pendant la dernière partie du règne de Louis XIV, quoiqu'ils ne fussent pas secrétaires d'État.

bout de cinq ou six mois de délai, M. le Duc lui déclara que s'il persistoit dans son refus, lui les signeroit comme grand maître de la maison du roi, et en effet les signa. Ainsi, le grand écuyer perdit, par humeur, une des plus belles prérogatives de sa charge, ou se mit du moins en grand hasard de ne la recouvrer jamais. Voici donc en quoi consistoit la prétendue délicatesse du grand écuyer, inconnue jusqu'alors à tout autre et à lui-même, et la mécanique de ces signatures. Le grand maître de la maison du roi, celui de l'artillerie, le grand écuyer et les premiers gentilshommes de la chambre, chacun dans son année, sont ordonnateurs des dépenses qui se font sous leurs charges, c'est-à-dire que sur leur signature qu'ils mettent aux arrêtés des comptes de ces dépenses, ils passent sans autre examen à la chambre des comptes, et les dépenses y sont allouées. Le grand maître de la garde-robe, le premier écuyer et le premier maître d'hôtel, pour la bouche du roi seulement, qui, du temps des Guise, fut rendue indépendante du grand maître de la maison du roi, dont ils possédoient la charge, ces trois officiers règlent et arrêtent les comptes des dépenses qui se font sous leur charge, et les signent; mais comme la chambre des comptes ne reconnoît point leur signature, parce qu'ils ne sont pas ordonnateurs, il est d'usage que le grand maître de la garde-robe envoie les comptes de la garde-robe au premier gentilhomme de la chambre en année, qui est obligé de les signer sans examen aucun, et sans les voir, à la seule inspection de la signature du grand maître de la garde-robe, et il en est de même des comptes de la bouche entre le premier maître d'hôtel du roi et le grand maître de sa maison, et entre le grand et le premier écuyer pour les comptes de la petite écurie.

Beringhen, premier écuyer, qui venoit d'achever de faire confirmer l'indépendance de sa charge, ne survécut pas de sept mois son père à qui il y avoit succédé. Il mourut le 1er décembre à quarante-trois ans, homme obscur au dernier point, timide, solitaire, embarrassé du monde, avec de l'esprit et de la lecture. Il ne laissa qu'une fille de la fille du feu marquis de Lavardin, ambassadeur à Rome autrefois. Il n'avoit qu'un frère fort mal alors avec M. le duc d'Orléans, qui l'avoit même éloigné assez longtemps de Paris, à qui il avoit été assez fou pour disputer avantageusement une maîtresse, de sorte qu'il étoit entièrement hors d'espérance de la charge de son frère ; la mort si prompte de ce prince la lui rendit. L'évêque de Fréjus lui fit donner la charge, et M. le Duc, qui, par je ne sais quelle intrigue, y auroit voulu Nangis, lui donna prématurément la charge de chevalier d'honneur de la future reine, et au maréchal de Tessé, qui s'ennuyoit beaucoup dans sa prétendue retraite, la charge de premier écuyer de la future reine, qu'il avoit eue de la dernière Dauphine, lors de son mariage qu'il avoit traité, et en même temps la survivance pour son fils, en envoyant le père en ambassade en Espagne.

La maréchale d'Humières, fille de M. de La Châtre qui a laissé des mémoires [1], mourut le même jour que M. le duc d'Orléans. Elle avoit été dame du palais de la reine, et, à près de quatre-vingt-huit ans qu'elle avoit, ayant pendant cette longue vie joui toujours d'une santé parfaite de corps et d'esprit, on voyoit encore qu'elle avoit été fort belle. Elle mourut uniquement de vieillesse, s'étant couchée la veille en parfaite santé, allant et venant et sortant à son ordinaire. Elle se retira, peu après la mort du maréchal d'Humières, dans le dehors du couvent des Carmélites de la rue Saint-Jacques. C'est la première duchesse qui, par une dévotion mal entendue dans sa retraite, quitta la housse [2], et,

---

1. Les mémoires de La Châtre font partie de toutes les collections de mémoires relatifs à l'histoire de France. Ils concernent spécialement la minorité de Louis XIV et surtout la faction des *Importants*, qui menaça Mazarin en 1643. La Châtre faisait partie de cette cabale.

2. La housse était une draperie dont certaines personnes, et, entre autres, les ducs et duchesses avaient droit d'orner leurs carrosses.

comme les sottises sont plus volontiers imitées en France qu'ailleurs, celle-là l'a été depuis par plusieurs autres, qui, à son exemple, ont en même temps conservé leurs armes à leurs carrosses avec les marques de leur dignité.

Le lendemain de la mort de M. le duc d'Orléans, le comte de Toulouse déclara son mariage avec la sœur du duc de Noailles, veuve avec deux fils du marquis de Gondrin, fils aîné du duc d'Antin. Elle avoit été dame du palais de la dernière Dauphine. Le monde, qui abonde en sots et en jaloux, ne lui vit pas prendre le rang de son nouvel état sans envie et sans murmure. Je n'ai pas lieu, comme on a vu ici plus d'une fois, d'aimer le duc de Noailles, et que je ne m'en suis jamais contraint à son égard ; mais la vérité veut que je dise que, de la naissance que sont les Noailles il n'y auroit pas à se récrier quand une Noailles auroit épousé un prince du sang. Au moins ne niera-t-on pas l'extrême différence d'une Noailles à une Séguier que nous avons vue duchesse de Verneuil au mariage de Mgr le duc de Bourgogne, conviée à la noce par le roi, y dîner à sa table au festin de la noce, et en possession de tout ce dont a joui la comtesse de Toulouse. Le bas emploi de capitaine des gardes du cardinal Mazarin, d'où le père du premier maréchal-duc de Noailles passa si étrangement à la charge de premier capitaine des gardes du corps, ce qui le fit duc et pair dans la suite, a trompé bien des gens qui ignorent que ce même Noailles, capitaine des gardes du cardinal Mazarin, étoit fils de la fille du vieux maréchal de Roquelaure, et que la sœur de son père avoit épousé le fils et frère des deux maréchaux de Biron, duquel mariage vient le maréchal duc de Biron d'aujourd'hui ; qu'en remontant jusqu'au delà de 1250, on leur trouve les meilleures alliances de leur province et des voisines, et que la terre et le château de Noailles dont ils tirent leur nom, ils les possèdent de temps immémorial.

Un fou succéda à un scélérat dans la place de premier président du parlement de Paris, par la faveur de M. le

Duc, qui aimoit fort les Gesvres, et qui crut se bien mettre avec le parlement en choisissant Novion, le plus ancien des présidents à mortier, mais le plus contradictoire à la remplir. Il n'étoit ni injuste ni malhonnête homme, comme l'autre premier président de Novion, son grand-père, mais il ne savoit rien de son métier que la basse procédure, en laquelle, à la vérité, il excelloit comme le plus habile procureur. Mais par delà cette ténébreuse science, il ne falloit rien attendre de lui. C'étoit un homme obscur, solitaire, sauvage, plein d'humeurs et de caprices jusqu'à l'extravagance; incompatible avec qui que ce fût, désespéré lorsqu'il lui falloit voir quelqu'un, le fléau de sa famille et de quiconque avoit affaire à lui, enfin insupportable aux autres, et, de son aveu, très-souvent à lui-même. Il se montra tel dans une place où il avoit affaire avec la cour, avec sa compagnie, avec le public, contre lequel il se barricadoit, en sorte qu'on n'en pouvoit approcher; et tandis qu'il s'enfermoit de la sorte, et que les plaideurs en gémissoient, souvent encore de ses brusqueries et de ses *sproposito* quand ils pouvoient pénétrer jusqu'à lui, il s'en alloit prendre l'air, disoit-il, dans la maison qu'il occupoit avant d'être premier président, et causer avec un charron, son voisin, sur le pas de sa boutique, qui étoit, disoit-il, l'homme du meilleur sens du monde.

Un pauvre plaideur, d'assez bas aloi, se désespérant un jour de [ne le] pouvoir aborder pour lui demander une audience, tournoit de tous côtés dans sa maison du palais, ne sachant à qui adresser ni où donner de la tête. Il entra dans la basse-cour [1] et vit un homme en veste, qui regardoit panser les chevaux, qui lui demanda brusquement ce qu'il venoit faire là et ce qu'il demandoit. Le pauvre plaideur lui répondit bien humblement qu'il avoit un procès qui le dé-

---

1. On entendait alors par basse-cour la partie d'un hôtel, qui était réservée aux remises, écuries, etc.

soloit, qu'il avoit grand intérêt de faire juger, mais que, quelque peine qu'il prît, et quelque souvent qu'il se présentât, il ne pouvoit approcher de M. le premier président, qui étoit d'une humeur si farouche et si fantasque, qu'il ne vouloit voir personne, et ne se laissoit point aborder. Cet homme en veste lui demanda s'il avoit un placet pour sa cause, et de le lui donner, et qu'il verroit s'il le pourroit faire arriver jusqu'au premier président. Le pauvre plaideur lui tira son placet de sa poche, et le remercia bien de sa charité, mais en lui marquant son doute qu'il pût venir à bout de lui procurer audience d'un homme aussi étrange et aussi capricieux que ce premier président, et se retira. Quatre jours après il fut averti par son procureur que sa cause seroit appelée à deux jours de là, dont il fut bien agréablement surpris. Il alla donc à l'audience de la grand'-chambre avec son avocat, prêt à plaider. Mais quel fut son étonnement quand il reconnut son homme en veste assis en place et en robe de premier président ! Il en pensa tomber à la renverse, et de frayeur de ce qu'il lui avoit [dit] de lui-même, pensant parler à quelque quidam. La fin de l'aventure fut qu'il gagna son procès tout de suite. Tel étoit Novion.

Il avoit épousé une Berthelot, tante de Mme de Prie, qui avoit bien eu autant de part que MM. de Gesvres à le faire premier président. Il sentoit toute sa répugnance à se montrer dans les fonctions de cette charge; mais, étant le doyen des présidents à mortier, il ne put souffrir qu'un autre que lui y montât. Lorsque M. le Duc déclara, à la Chandeleur 1724, la grande promotion de l'ordre à faire à la Pentecôte suivante, Dodun, contrôleur général, et Maurepas, secrétaire d'État, qui tous deux avoient grande envie de porter l'ordre, renouvelèrent la difficulté qu'on avoit faite à l'occasion de la promotion du lendemain du sacre à Crozat et à Montargis, de leur y laisser exercer leurs charges de grand trésorier et de greffier de l'ordre; mais M. le duc d'Orléans, qui leur avoit permis de les acheter, passa par-dessus, et leur y fit faire leurs fonctions. M. le Duc fut plus accessible aux désirs de deux hommes dont il s'accommodoit. Crozat et Montargis eurent ordre de vendre, le premier à Dodun, l'autre à Maurepas, et ce ne fut pas sans de grands combats que les deux vendeurs obtinrent la permission ordinaire de continuer à porter l'ordre. En même temps M. le Duc donna le râpé de grand trésorier à d'Armenonville, garde des sceaux, et celui de greffier au premier président de Novion, qui, tout aise qu'il fût de porter l'ordre, se trouva fort mécontent de payer le serment et d'avoir des croix et des rubans bleus à acheter, et le marqua avec beaucoup d'indécence.

Enfin, ne pouvant plus tenir à exercer ses fonctions de premier président, encore moins le public, qui avoit affaire à lui sans cesse, il s'en démit en septembre 1724, après l'avoir seulement gardée un an, et s'en retourna ravi, et le public aussi d'en être délivré, à sa vie chérie de ne plus voir personne, n'ayant plus aucune charge, enfermé seul dans sa maison, et causant à son plaisir avec son voisin le charron, sur le pas de la porte de sa boutique, et mourut en sa terre de Grignon, en septembre 1731, à soixante-onze ans, regretté de personne.

Il avoit perdu son fils unique dès 1720, qui avoit laissé un fils. M. le Duc fit la grâce entière, et donna à cet enfant de quinze ans, la charge de président à mortier de son grand-père, en faisant celui-ci premier président, et la donna à exercer à Lamoignon de Blancménil, lors avocat général, jusqu'à ce que ce petit Novion fût en âge de la faire : abus fort étrange de ces *custodi-nos*[1] de charges de président à mortier, qui s'est introduit dans le parlement, pour les conserver dans les familles.

Me voici enfin parvenu au terme jusqu'auquel je m'étois proposé de conduire ces Mémoires. Il n'y en peut avoir de

---

1. Le *custodi-nos* était celui qui gardait un bénéfice ecclésiastique pour le rendre à un autre au bout d'un certain temps.

bons que de parfaitement vrais, ni de vrais qu'écrits par qui
a vu et manié lui-même les choses qu'il écrit, ou qui les
tient de gens dignes de la plus grande foi, qui les ont vues
et maniées; et de plus, il faut que celui qui écrit aime la vérité jusqu'à lui sacrifier toutes choses. De ce dernier point,
j'ose m'en rendre témoignage à moi-même, et me persuader
qu'aucun de tout ce qui m'a connu n'en disconviendroit.
C'est même cet amour de la vérité qui a le plus nui à ma
fortune; je l'ai senti souvent, mais j'ai préféré la vérité à
tout, et je n'ai pu me ployer à aucun déguisement; je puis
dire encore que je l'ai chérie jusque contre moi-même. On
s'apercevra aisément des duperies où je suis tombé, et quelquefois grossières, séduit par l'amitié ou par le bien de
l'État, que j'ai sans cesse préféré à toute autre considération,
sans réserve, et toujours à tout intérêt personnel, comme
encore [en] bien d'autres occasions que j'ai négligé d'écrire,
parce qu'elles ne regardoient que moi, sans connexion d'é-
claircissements ou de curiosité sur les affaires ou le cours du
monde. On peut voir que je persévérai à faire donner les
finances au duc de Noailles, parce que je l'en crus, bien mal
à propos, le plus capable, et le plus riche et le plus revêtu
d'entre les seigneurs à qui on les pût donner, dans les premiers jours même de l'éclat de la profonde scélératesse qu'il
venoit de commettre à mon égard. On le voit encore dans
tout ce que je fis pour sauver le duc du Maine contre mes
deux plus chers et plus vifs intérêts, parce que je croyois
dangereux d'attaquer lui et le parlement à la fois, et que le
parlement étoit lors l'affaire la plus pressée, qui ne se pouvoit différer. Je me contente de ces deux faits, sans m'arrêter
à bien d'autres qui se trouvent répandus dans ces Mémoires,
à mesure qu'ils sont arrivés, lorsqu'ils ont trait à la curiosité
du cours des affaires ou des choses de la cour et du monde.

Reste à toucher l'impartialité, ce point si essentiel et tenu
pour si difficile, je ne crains point de le dire, impossible à
qui écrit ce qu'il a vu et manié. On est charmé des gens

droits et vrais ; on est irrité contre les fripons dont les cours fourmillent; on l'est encore plus contre ceux dont on a reçu du mal. Le stoïque est une belle et noble chimère. Je ne me pique donc pas d'impartialité, je le ferois vainement. On trouvera trop, dans ces Mémoires, que la louange et le blâme coulent de source à l'égard de ceux dont je suis affecté, et que l'un et l'autre est plus froid sur ceux qui me sont plus indifférents; mais néanmoins vif toujours pour la vertu, et contre les malhonnêtes gens, selon leur degré de vices ou de vertu. Toutefois, je me rendrai encore ce témoignage, et je me flatte que le tissu de ces Mémoires ne me le rendra pas moins, que j'ai été infiniment en garde contre mes affections et mes aversions, et encore plus contre celles-ci, pour ne parler des uns et des autres que la balance à la main, non-seulement ne rien outrer, mais ne rien grossir, m'oublier, me défier de moi comme d'un ennemi, rendre une exacte justice, et faire surnager à tout la vérité la plus pure. C'est en cette manière que je puis assurer que j'ai été entièrement impartial, et je crois qu'il n'y a point d'autre manière de l'être.

Pour ce qui est de l'exactitude et de la vérité de ce que je raconte, on voit par les Mémoires mêmes que presque tout est puisé de ce qui a passé par mes mains, et le reste, de ce que j'ai su par ceux qui avoient traité les choses que je rapporte. Je les nomme; et leur nom ainsi que ma liaison intime avec eux est hors de tout soupçon. Ce que j'ai appris de moins sûr, je le marque; et ce que j'ai ignoré, je n'ai pas honte de l'avouer. De cette façon les Mémoires sont de source, de la première main. Leur vérité, leur authenticité ne peut être révoquée en doute; et je crois pouvoir dire qu'il n'y en a point eu jusqu'ici qui aient compris plus de différentes matières, plus approfondies, plus détaillées, ni qui forment un groupe plus instructif ni plus curieux.

Comme je n'en verrai rien, peu m'importe. Mais si ces Mémoires voient jamais le jour, je ne doute pas qu'ils n'excitent une prodigieuse révolte. Chacun est attaché aux siens, à ses intérêts, à ses prétentions, à ses chimères, et rien de tout cela ne peut souffrir la moindre contradiction. On n'est ami de la vérité qu'autant qu'elle favorise, et elle favorise peu de toutes ces choses-là. Ceux dont on dit du bien n'en savent nul gré, la vérité l'exigeoit. Ceux, en bien plus grand nombre, dont on ne parle pas de même entrent d'autant plus en furie que ce mal est prouvé par les faits; et comme au temps où j'ai écrit, surtout vers la fin, tout tournoit à la décadence, à la confusion, au chaos, qui depuis n'a fait que croître, et que ces Mémoires ne respirent qu'ordre, règle, vérité, principes certains, et montrent à découvert tout ce qui y est contraire, qui règnent de plus en plus avec le plus ignorant, mais le plus entier empire, la convulsion doit donc être générale contre ce miroir de vérité. Aussi ne sont-ils pas faits pour ces pestes des États qui les empoisonnent, et qui les font périr par leur démence, par leur intérêt, par toutes les voies qui en accélèrent la perte, mais pour ceux qui veulent être éclairés pour la prévenir, mais qui malheureusement sont soigneusement écartés par les accrédités et les puissants qui ne redoutent rien plus que la lumière, et pour des gens qui ne sont susceptibles d'aucun intérêt que de ceux de la justice, de la vérité, de la raison, de la règle, de la sage politique, uniquement tendus au bien public.

Il me reste une observation à faire sur les conversations que j'ai eues avec bien des gens, surtout avec Mgr le duc de Bourgogne, M. le duc d'Orléans, M. de Beauvilliers, les ministres, le duc du Maine une fois, trois ou quatre avec le feu roi, enfin avec M. le Duc et beaucoup de gens considérables, et sur ce que j'ai opiné, et les avis que j'ai pris, donnés ou disputés. Il y en a de tels, et en nombre, que je comprends qu'un lecteur qui ne m'aura point connu sera tenté de mettre au rang de ces discours factices que des historiens ont souvent prêtés du leur à des généraux d'armées, à des ambassadeurs, à des sénateurs, à des conjurés, pour orner leurs livres. Mais je puis protester, avec la même vérité qui jusqu'à présent a conduit ma plume, qu'il n'y a aucun de tous ces discours, que j'ai tenus et que je rapporte, qui ne soit exposé dans ces Mémoires avec la plus scrupuleuse vérité, ainsi que ceux qui m'ont été tenus; et que s'il y avoit quelque chose que je pusse me reprocher, [ce] seroit d'avoir plutôt affoibli que fortifié les miens dans le rapport que j'en ai fait ici, parce que la mémoire en peut oublier des traits, et qu'animé par les objets et par les choses, on parle plus vivement et avec plus de force qu'on ne rapporte après ce qu'on a dit. J'ajouterai, avec la même confiance que j'ai témoignée ci-dessus, que personne, de tout ce qui m'a connu et a vécu avec moi, ne concevroit aucun soupçon sur la fidélité du récit que je fais de ces conversations, pour fortes qu'elles puissent être trouvées, et qu'il n'y en auroit aucun qui m'y reconnût trait pour trait.

Un défaut qui m'a toujours déplu, entre autres, dans les Mémoires, c'est qu'en les finissant le lecteur perd de vue les personnages principaux dont il y a été le plus parlé, dont la curiosité du reste de leur vie demeure altérée. On voudroit voir tout de suite ce qu'ils sont devenus, sans aller chercher ailleurs avec une peine que la paresse arrête aux dépens de ce qu'on désireroit savoir. C'est ce que j'ai envie de prévenir ici, si Dieu m'en donne le temps. Ce ne sera pas avec la même exactitude que lorsque j'étois de tout. Quoique le cardinal Fleury ne m'ait rien caché de ce que j'avois envie de savoir des affaires étrangères, dont presque toujours il me parloit le premier, et aussi de quelques affaires de la cour, tout cela étoit si peu suivi de ma part et avec tant d'indifférence, et encore plus de moi avec les ministres ou d'autres gens instruits, interrompu encore de si vastes lacunes, que j'ai tout lieu de craindre que ce supplément ou suite de mes Mémoires ne soit fort languissant, mal éclairé et fort différent de ce que j'ai écrit jusqu'ici; mais au moins y verra-t-on ce que sont devenus les personnages qui ont paru dans les Mémoires, qui est tout ce que je me propose, jusqu'à la mort du cardinal Fleury[1].

Dirai-je enfin un mot du style, de sa négligence, de répétitions trop prochaines des mêmes mots, quelquefois de synonymes trop multipliés, surtout de l'obscurité qui naît souvent de la longueur des phrases, peut-être de quelques répétitions? J'ai senti ces défauts; je n'ai pu les éviter, emporté toujours par la matière, et peu attentif à la manière de la rendre, sinon pour la bien expliquer. Je ne fus jamais un sujet académique, je n'ai pu me défaire d'écrire rapidement. De rendre mon style plus correct et plus agréable en le corrigeant, ce seroit refondre tout l'ouvrage, et ce travail passeroit mes forces, il courroit risque d'être ingrat. Pour bien corriger ce qu'on a écrit il faut savoir bien écrire; on verra aisément ici que je n'ai pas dû m'en piquer. Je n'ai songé qu'à l'exactitude et à la vérité. J'ose dire que l'une et l'autre se trouvent étroitement dans mes Mémoires, qu'ils en sont la loi et l'âme, et que le style mérite en leur faveur une bénigne indulgence. Il en a d'autant plus besoin, que je ne puis le promettre meilleur pour la suite que je me propose[2].

---

1. Ce paragraphe depuis *un défaut* jusqu'à *la mort du cardinal Fleury* a été omis dans les anciennes éditions. Saint-Simon a-t-il réellement écrit la suite de ces Mémoires jusqu'en 1743, époque de la mort de Fleury? On ne pourrait éclaircir ce doute que s'il était permis d'étudier les papiers du duc conservés au ministère des affaires étrangères. Nous l'avons vainement tenté; nous ne pouvons que recommander cette recherche à d'autres qui seront plus heureux que nous.
2. Cette dernière phrase a été supprimée par les précédents éditeurs.

FIN DES MÉMOIRES DE SAINT-SIMON.

TESTAMENT OLOGRAPHE

DU DUC

DE SAINT-SIMON

TESTAMENT OLOGRAPHE

DU DUC

DE SAINT-SIMON[1].

Au nom du Pere, du Fils et du S. Esprit, un seul Dieu en trois Personnes.

Estant presentement dans la ville de Paris, dans la maison que je loüe rüe Grenelle, fauxbourg S. Germain, Parroisse de S. Sulpice, le vingt sixieme juin mil sept cent cinquante quatre, moy Loüis duc de S. Simon, par la grace de Dieu sain de corps et d'esprit, apres avoir serieusement réflechi sur l'instabilité de la vie humaine, mon age si avancé, la servitude de la mort, l'incertitude de son heure : de peur d'estre prévenu par elle, j'ay ecrit de ma main et signé aussy de ma main le present testament olographe et la disposition de ma derniere volonté.

Premierement, comme Enfant de Dieu quoyque tres indigne, et de sa sainte Eglise Catholique, Apostolique et Romaine dans laquelle je suis né, et dans laquelle je veux vivre et mourir, moyennant la grace de Dieu qui m'y a fait naistre et vivre, je me recomande en toutte humilité, Foy et Espérance mon ame a Dieu le Pere, le Fils et le S. Esprit qui est la tres sainte et adorable Trinité, pour en obtenir tout indigne que j'en suis, misericorde et le salut éternel, par le prix infini de l'Incarnation, des souffrances

---

1. L'orthographe de ce testament est scrupuleusement reproduite avec toutes ses irrégularités et ses fautes.

et du sang de Nostre Seigneur et Redempteur Jesus Christ. Et encore je me recomande à la tres sainte Vierge sa Mere, a S. Loüis mon patron, et a tous les Saints de la Cour céléste, les priant d'interceder pour moy aupres de Dieu.

Secondement, je veux que mes debtes soyent payées le plus promptement que faire se pourra.

Troisiemement, je veux que tous les legs faits par ma tres chere éspouse, soyent acquités avec toutte l'exactitude et la promptitude possible, singuliérement la fondation de trois sœurs de charité dans le bourg de la Ferté Arnauld dit le Vidame, gage et maison d'icelles, bouillons, nourriture, medicaments, meubles, ustenciles pour elles et pour les pauvres malades; et celle aussy d'un Vicaire audit lieu et Parroisse, si de mon vivant elles nestoient pas faittes. Ce que j'ordonne d'autant plus expressément que j'en suis l'Executeur testamentaire, que j'ay eu toujours ces fondations a cœur, que j'y ay inutilement travaillé jusqu'a présent, et que je desire par dessus toutes les choses de ce monde que ses volontés soyent pleinement exécutées et accomplies, soit qu'elles soyent éxprimées ou non en ce mien testament.

Quatriémement, lorsqu'il aura plu a Dieu me retirer de ce monde, je veux que mon corps soit laissé au moins trente heures sans y toucher ny le deplacer, sinon pour s'assurer qu'il n'y a plus de vie, qu'au bout de ce temps il soit ouvert en deux endroits, scavoir au haut du nés, et a la gorge au haut de la poitrine, pour reconnoistre a l'utilité publique, les causes de cet enchiffrement[1] qui m'a esté une vraye maladie, et de ces estouffements estranges dont je me suis depuis toujours ressenti.

Cinquiémement, je veux que de quelque lieu que je meure, mon corps mon corps[2] soit aporté et inhumé dans le caveau de l'Eglise paroissiale dudit lieu de la Ferté aupres de celuy

---

1. Pour *enchifrènement*. — 2. Les mots *mon corps* se trouvent ainsi deux fois dans le testament olographe.

de ma tres chere espouse, et qui soit fait et mis anneaux, crochets et liens de fer qui attachent nos deux cercueils si étroittement ensemble et si bien rivés, qu'il soit impossible de les separer l'un de l'autre sans les briser tous deux. Je veux aussy et ordonne tres expressement qu'il soit mis et rivé sur nos deux cercueils une plaque de cuivre, sur chacune desquelles soyent respectivement gravés nos noms et ages, je[1] jour trop heureux pour moy de nostre mariage et celuy de nostre mort : que sur la sienne, autant que l'espace le pourra permettre, soyent gravées ses incomparables vertus : sa piété inaltérable de toutte sa vie si vraye, si simple, si constante, si uniforme, si solide, si admirable, si singulierement aimable qui la rendüe les delices et l'admiration de tout ce qui l'a connüe, et sur touttes les deux plaques, la tendresse extreme et reciproque, la confience sans reserve, l'union intime parfaitte sans lacune, et si pleinement reciproque dont il a plu a Dieu benir singulierement tout le cours de nostre mariage, qui a fait de moy tant qu'il a duré, l'homme le plus heureux, goustant sans cesse l'inestimable prix de cette Perle unique, qui réunissant tout ce qu'il est possible d'aimable et d'estimable avec le don du plus excellent censeil, sans jamais la plus legere complaisance en elle mesme, ressembla si bien a la femme forte decritte par le S. Esprit, de laquelle aussy la perte m'a rendu la vie a charge, et le plus malheureux de tous les hommes par l'amertume et les pointes que j'en ressens jour et nuit en presque tous les moments de ma vie. Je veux et j'ordonne tres expressement aussy, que le témoignage de tant de si grandes et de si aimables vertus de nostre si parfaitte union, et de l'extreme et continuelle douleur ou m'a plongé une séparation si affreuse, soit écrit et gravé bien au long de la maniere la plus durable sur un marbre, que pour cela je veux qui soit fort long et large, appliqué pour estre vu de tout le monde

---

1. Il faut lire *le jour* : *je* est un lapsus évident.

dans l'Eglise dudit la Ferté a l'endroit du mur le plus immediat au caveau de notre sepulture avec nos armes et qualités, sans nulle magnificence ny rien qui ne soit modeste. Je conjure tres instamment l'Executeur de ce present testament, d'avoir un soin et une attention particuliere à l'éxécution éxacte de tout le contenu de ce present article, pour laquelle je me raporte et legue pour la dépense ce que ledit Executeur jugera a propos, dont je le constitue Ordonateur.

Sixiémement, je veux que le jour de l'inhumation de mon corps, il soit fait, dit et célébré un service solemnel et des Messes basses autant qu'il sera possible dans ladite Eglise de la Ferté pour le repos de mon ame, avec les collectes pour le repos de celle de ma tres chere éspouse, et qu'il soit donné le mesme jour audit lieu cinq cent francs aux pauvres, et dit au plustost qu'il se pourra, en diverses Eglises, deux mil Messes pour le repos de mon ame, et quinze cent francs aux pauvres.

Septiesmement, je donne et légue a la fabrique a l'Eglise parroissiale dudit la Ferté la somme de mil livres une fois payée, laquelle sera mise en fond acquis pour cela, qui produira cinquante livres de rente, ou mis de mesme en rente fonciére, moyennant quoy laditte fabrique sera tenüe de faire dire et célébrer tous les ans a perpétuité dans lad. Eglise deux services, l'un le jour annuel de mon décéds, l'autre le vingt un janvier, jour du decéds de ma tres chere éspouse pour le repos de nos ames avec les colléctes comme cy dessus, pour celuy ou celle dont ce ne sera pas le jour du décéds. En outre douze Messes basses avec les collectes cy dessus pour celuy ou celle dont ce ne sera pas le jour du decéds pour le repos de nos ames, qui seront dittes en la mesme Eglise le mesme jour de chaque service. Et de plus douze Messes basses a mesme fin qui seront dittes en la mesme Eglise, à l'Autel la plus proche de notre sépulture, alternativement par mois le jour de la datte de mon décéds, et de celuy de ma tres chere espouse, avec comme dessus les collectes pour celuy ou celle dont ce ne sera pas le jour du décéds : lesquelles Messes basses et deux services seront annoncés au prosne de laditte Paroisse le dimanche precedant imédiatement le jour desdits deux services, et douze Messes basses, une chaque mois, et sera chanté un Libera pour le repos de nos ames a la fin de la grand Messe Parroissiale pour le repos de nos ames, en laquelle laditte annonce aura esté faitte. Et la veille desdits deux services ou grandes Messes par an, seront chantées les vespres, matines et laudes des morts pour le repos de nos ames. Et si lesdits jours marqués pour celebrer lesdits deux services et douze Messes basses, et autres douze Messes basses une par chacun mois se trouveroient empeschés par dimanches ou festes, seront lesdits services et Messes basses avancées au jour le plus comode et le plus prochain du jour naturel empesché.

Huitiesmement, je défends tres éxpressément touttes tentures, armoiries et ceremonies quelconques, tant dans le lieu ou je mourray, qu'au transport de mon corps, en toutte Eglise et en l'Eglise dudit la Ferté, et partout ailleurs, ainsy que touttes littres[1] aux Eglises de mes seigneuries.

Neuviémement, je prie M⁰ la Mareschale de Montmorency de vouloir bien recevoir comme une marque de ma vraye amitié la croix de bois bordée de metal avec laquelle le saint abbé Réformateur de la Trappe a esté beni, que depuis sa mort j'ay toujours portée, les choses qui luy ont servi qui me restent de luy, quelques reliques que j'ay toujours portées, un portrait de poche de ma tres chere espouse qui n'est jamais sorti de la mienne depuis nostre mariage quoyque beaucoup moins bien qu'elle nestoit alors, et ses tablettes que j'ay toujours portées depuis que j'ay eu l'affreux malheur de la perdre.

Dixiémement, je laisse a ma fille, la P⁰⁰ de Chimay, la bague d'un rubis ou est gravé le portrait de Louis treize,

---

1. La *litre* est une grande bande noire qu'on tend autour de l'église et sur laquelle sont appliqués les écussons des armes du défunt.

que je porte a mon doigt depuis plus de cinquante ans, un autre bague de composition ou est le mesme portrait, les pieces de monnoyes de Varin et les medailles que j'ay de ce grand et juste Prince qui a jamais nous doit estre si cher et une bourse de cent jettons d'argent ou il est representé, et ce que j'ay de mignatures peintes par ma mere et les portraits de sa chambre.

Onsiemement, je donne et substitue a ma petite fille et unique heritiére, la Comtesse de Valentinois, tous les portraits que j'ay a la Ferté et chés moy a Paris qui sont tous de famille, de reconnoissance, ou d'intime amitié. Je la prie de les tendre et de les pas laisser dans un gardemeuble.

Dousiemement, je donne à mon cousin M. de S. Simon, Evesque de Metz, tous mes manuscrits tant de ma main qu'autres et les lettres que j'ay gardées pour diverses raisons desquelles je proteste qu'aucune ne regarde les affaires de mes biens et Maison.

Treisiemement, je donne et legue à M° de la Lande de present retirée aux Hospitalieres de Pontoise, quinze cent livres par an sa vie durant.

Quatorsiémement, je lègue quatre cent francs par an leur vie durant chacun a Lodier, qui a soin de mes livres et qui a deja un legs de ma chere espouse, a Piat, mon officier, qui me sert aussy de maistre d'hostel, a Raimbault, mon valet de chambre, et a Talbot qui a soin de mes chasses a la Ferté. Deux cent francs par an au dernier vivant a Tocart et a sa femme chaque année depuis le jour de mon deceds, soit qu'ils restent concierges du chasteau de la Ferté ou non, et deux cent francs a Gabrielle Bertaut, sa vie durant, filleule de ma chere espouse, et actuellement femme de chambre de M° de S. Germain-Beaupré.

Quinsiemement, je legue a Raimbault, mon valet de chambre, outre ce que je luy ay legué cy dessus, ma garderobe, ma montre d'or, mes tabatieres, mes croix d'or du S. Esprit et de S. Loüis, excepté le reste de l'argenterie de ma garderobe, avertissant qu'il faut rendre mon collier du S. Esprit et la croix qui y pend au grand Tresorier de l'ordre, et la croix de S. Loüis que le Roy m'a donnée, au bureau de la guerre.

Seisiesmement, je legue une fois payé, trois mil livres au S^r. Bertrand que je ne puis trop louer depuis qu'il prend soin de mes affaires, mil livres au S^r. du Nesme, qui a esté mon tres bon et tres fidele maistre d'hostel et qui l'est a present de M. de Maurepas, mil livres au S^r. Foucault, mon chirurgien, cinq cent francs a Monfort, mon cuisinier, six cent francs a Broëller mon suisse, autres six cent francs a Contois, mon laquais, que son asthme rendra difficile a placer, deux cent francs a chacun de mes deux autres laquais, deux cent francs a mon postillon, autant au frotteur, trois cent francs a Laurent, deux cent francs a Marie qui fait bien des choses de service dans la Maison, cent francs au garçon de cuisine et quatre cent francs a mon cocher Fribourg, si on ne lit pas bien parce que j'ay recrit la somme, c'est quatre cent francs que je luy donne. Declarant bien expressement que je révoque tous les legs faits a ceux de mes domestiques actuels qui ne seroient plus a moy au jour de mon deceds. Je suis si content de tous, principalement des principaux, et j'en ay toujours esté si fidelement et si honnestement servi, que j'ay grand regret de ne pouvoir le reconnoistre mieux.

Je donne à l'Abbaye de la Trappe le portrait original de leur saint abbé et Reformateur, et je demande tres instamment a tous les Abbés, Religieux et Solitaires de cette S^{te}. maison leurs prieres et sacrifices pour le repos de mon ame, de celle de ma tres chere espouse et de tous les miens.

Je prie Monsieur Daguesseau de Fresne, Conseiller d'Estat ordinaire, duquel ainsy que de sa famille j'ay toujours receu beaucoup de marques d'amitié, de vouloir bien m'en donner cette derniere, d'estre l'Executeur de ce mien testament olographe, et de le faire executer et accomplir de point en point selon sa forme et teneur, me démettant entre ses mains de tous mes biens et de tout ce que j'ay en ce monde pour cet effet. Je le suplie en mesme temps de vouloir bien accepter un de mes plus beaux et plus agreables tableaux de Raphael qui represente la S^{te}. Vierge assise tenant Nostre Seigneur Jesus Christ son divin Fils sur ses genoux, que je luy legue.

Lequel present testament, écrit de ma main, j'ay pour marque et témoignage de ma derniere volonté signé de ma main audit lieu, an, mois et jour que dessus.

Signé : Loüis Duc de Sr Simon.

(Suivent ces mentions.)

Controlé à Paris le 6 mars 1755, reçu soixante livres. *Signé* illisiblement.

Vu au greffe des insinuations du Chatelet de Paris, sans prejudice des droits. Ce 6 mars 1755.

Signé : Levacher, pour M. Thiers.

« Il est ainsi en l'original du testament ci-dessus littéralement trans-
« crit, de M. le Duc de Saint-Simon, décédé à Paris, le deux mars
« dix-sept cent cinquante-cinq, déposé pour minute à Me Delaleu,
« notaire, aux termes de l'acte d'ouverture dudit testament, dressé
« par Messire Dargouger, Conseiller du Roy et Lieutenant civil de la
« Prévôté de Paris, le 2 mars 1755. Le tout étant en la possession
« de Me Louis Édouard Dreux, notaire à Paris soussigné, comme suc-
« cesseur médiat dud. Me Delaleu, ancien notaire à Paris.

« Paris, ce dix-neuf avril mil huit cent cinquante-six.

« *Signé :* Dreux. »

TABLE DES CHAPITRES

DU VINGTIÈME VOLUME.

Chapitre premier. — Mort de la duchesse d'Aumont (Guiscard). — Mort et caractère de l'abbé Fleury. — Mort du duc d'Estrées; du comte de Saillant. — Marquis d'Alègre gouverneur des Trois-Évêchés. — Mort de la comtesse de Châtillon (Voysin); de l'abbé de Camps; du P. Daubenton à Madrid. — Le P. Bermudez confesseur du roi d'Espagne; son caractère. — Mort du cardinal Dubois. — Ses richesses. — Ses obsèques. — Son esquisse. — Sa conduite à s'emparer de M. le duc d'Orléans. — Ses négociations à Hanovre et en Angleterre, et son énorme grandeur. — Sa négociation en Espagne; causes de sa facilité. — Son gouvernement. — Ses folles incartades. — M. le duc d'Orléans, fort soulagé par la mort du cardinal Dubois, est fait premier ministre. — Le roi l'aimoit, et point du tout le cardinal Dubois................................. Page 1

Chapitre ii. — Mort du premier président de Mesmes. — Je retrouve et revois M. le duc d'Orléans comme auparavant. — Compagnie d'Ostende. — Mort de La Houssaye; sa place de chancelier de M. le duc d'Orléans donnée à Argenson, et les postes à Morville. — Le mariage du prince et de la princesse des Asturies consommé. — Mariage des deux fils du duc de Bouillon avec la seconde fille du prince Jacques Sobieski, par la mort de l'aîné. — Succès de ce mariage. — Inondation funeste à Madrid, et incendie en même moment. — Nocé, Canillac et le duc de Noailles rappelés. — Le premier bien dédommagé. — Translation de l'évêque-duc de Laon à Cambrai; sa cause. — Laon donné à La Fare, évêque de Viviers, au pieux refus de Belsunce, évêque de Marseille. — Quel étoit ce nouvel évêque de Laon. — Mort et caractère de Besons, archevêque de Rouen. — Rouen donné à Tressan, évêque de Nantes; Besançon à l'abbé de Monaco; Luçon à l'abbé de Bussy, etc. — Mme de Chelles écrit fortement à M. le duc d'Orléans sur ses choix aux prélatures. — Mort du prince de Croï. — Absurdité de cette nouvelle chimère de princerie. — Mort de la duchesse d'Aumont (Brouilly). — Mort du jeune duc d'Aumont; sa dépouille. — Triste et volontaire état de la santé de M. le duc d'Orléans. — J'avertis l'évêque de Fréjus de l'état de M. le duc d'Orléans, et l'exhorte à prendre ses mesures en conséquence. — Fausseté et politique de ce prélat, qui veut se rendre le maître de tout à l'ombre d'un prince du sang, premier ministre de nom et d'écorce. — Mort de La Chaise, capitaine de la porte

— Torcy obtient cette charge pour son fils. — Secondes charges de la cour, proie des enfants des ministres. — Mort de Livry. — Mort du grand-duc de Toscane; sa famille, son caractère. — Mort de l'électeur de Cologne. — Mort et caractère de la maréchale de Chamilly. — Mort de Mme de Montsoreau, femme du grand prévôt.................... 20

Chapitre III. — Mort du duc de Lauzun; sa maison; sa famille. — Raisons de m'étendre sur lui. — Son caractère. — Sa rapide fortune. — Il manque l'artillerie par sa faute. — Son inconcevable hardiesse pour voir clair à son affaire. — Il insulte Mme de Montespan, puis le roi même. — Belle action du roi. — Lauzun, conduit à la Bastille, en sort peu de jours après avec la charge de capitaine des gardes du corps, qu'avoit le duc de Gesvres, qui est premier gentilhomme de la chambre en la place du comte du Lude, fait grand maître de l'artillerie à la place du duc Mazarin. — Aventures de Lauzun avec Mademoiselle, dont il manque follement le mariage public. — Il fait un cruel tour à Mme de Monaco, et un plus hardi au roi et à elle. — Patente de général d'armée au comte de Lauzun, qui commande un fort gros corps de troupes en Flandre à la suite du roi — Le comte de Lauzun conduit à Pignerol. — Sa charge donnée à M. de Luxembourg, et son gouvernement à M. de La Rochefoucauld. — Sa précaution pour se confesser, fort malade. — Il fait secrètement connoissance avec d'autres prisonniers; ils trouvent moyen de se voir. — Lauzun entretient de sa fortune et de ses malheurs le surintendant Fouquet, prisonnier, qui lui croit la tête entièrement tournée. — Fouquet a grand'peine à l'en croire sur tous les témoignages d'autrui, et à la fin ils se brouillent pour toujours. — Sœurs du comte de Lauzun. — Caractère et deuil extrême de Mme de Nogent, toute sa vie, de son mari; imitée de deux autres veuves. — Mademoiselle achète bien cher la liberté de Lauzun, à leurs communs dépens, en enrichissant forcément le duc du Maine, qui, à son grand dépit, prend ses livrées et les transmet aux siens et à son frère. — Lauzun en liberté en Anjou et en Touraine. — — Lauzun à Paris, sans approcher la cour de deux lieues; se jette dans le gros jeu; y gagne gros; passe avec permission à Londres, où il est bien reçu, et n'est pas moins heureux. — Lauzun sauve la reine d'Angleterre et le prince de Galles. — Rappelé à la cour avec ses anciennes distinctions, il obtient la Jarretière, est général des armées en Irlande, enfin duc vérifié en 1692. — Splendeur de la vie du duc de Lauzun, toujours outré de l'inutilité de tout ce qu'il emploie pour rentrer dans la confiance du roi. — Ses bassesses sous un extérieur de dignité. — Son fol anniversaire de sa disgrâce. — Son étrange singularité. — Il est craint, ménagé, nullement aimé, quoique fort noble et généreux. — Étrange désespoir du duc de Lauzun, inconsolable, à son âge, de n'être plus capitaine des gardes, et son terrible aveu. — Réflexion. — Combien il étoit dangereux. — Il étoit reconnoissant et généreux. — Quelques-uns de ses bons mots à M. le duc d'Orléans. — Il ne peut s'empêcher de lâcher sur moi un dangereux trait. — Il tombe fort malade et se moque plaisamment de son curé, de son cousin de La Force et de sa nièce de Biron. — Sa grande santé. — Ses brouilleries avec Mademoiselle. — Leur étrange raccommodement à Eu. — Ils se battent dans la suite et se brouillent pour toujours. — Son humeur solitaire. — Son incapacité d'écrire ce qu'il avait vu, même de le raconter. — Sa dernière maladie. — Sa mort courageuse et chrétienne. — Causes de prolixité sur le duc de Lauzun.... 36

Chapitre IV. — Mort subite de M. le duc d'Orléans. — Diligence de La Vrillière à se capter M. le Duc. — Le roi affligé. — M. le Duc premier ministre. — Lourdise de M. le duc de Chartres. — Je vais au lever du roi et j'y prends un rendez-vous avec M. le Duc. — Je vais parler à la duchesse Sforze, puis chez Mme la duchesse d'Orléans et chez M. le duc de Chartres. — Leur réception. — Conversation entre M. le Duc et moi dans son cabinet tête à tête. — Je m'en retourne à Meudon. — Mme de Saint-Simon à Versailles pour voir le roi, etc., sans y coucher; y reçoit la visite de l'évêque de Fréjus et de La Vrillière; entrevoit que le premier ne me désire pas à la cour, et que le dernier m'y craint. — Je me confirme dans la résolution de longtemps prise : nous allons à Paris nous y fixer. — Monseigneur et M. le duc d'Orléans morts au même âge. — Effet de la mort de M. le duc d'Orléans chez les étrangers, dans la cour, dans l'Église, dans le parlement et toute la magistrature, dans les troupes, dans les marchands et le peuple. — Obsèques de M. le duc d'Orléans. — Visites du roi. — Maréchal de Villars entre dans le conseil. — Indépendance [à l'égard] du grand écuyer confirmée au premier écuyer. — Faute du grand écuyer par dépit, dont le grand maître de France profite. — Mécanique des comptes des diverses dépenses domestiques du roi à passer à la chambre des comptes. — Mort de Beringhen, premier écuyer. — Fortune de son frère, qui obtient sa charge. — Nangis chevalier d'honneur de la future reine. — Le maréchal de Tessé premier écuyer de la future reine, avec la survivance pour son fils, et va ambassadeur en Espagne. — Mort de la maréchale d'Humières. — Comte de Toulouse déclare son mariage. — Novion fait premier président avec force grâces. — Sa famille, son caractère, sa démission, sa mort. — Crozat et Montargis vendent à regret leurs charges de l'ordre à Dodun et à Maurepas, dont le râpé est donné à d'Armenonville, garde des sceaux, et à Novion, premier président. — Conclusion; vérité; désapprobation; impartialité... 38

Testament olographe du duc de Saint-Simon.................. 95

FIN DE LA TABLE DES CHAPITRES.

TABLE ANALYTIQUE

DES MATIÈRES CONTENUES

DANS LES MÉMOIRES

DU DUC

DE SAINT-SIMON.

ACH

ABBESSE DE FONTEVRAULT (Mlle de de Mortemart), meurt dans un âge peu avancé; son éloge; sa grande facilité pour le gouvernement des affaires, IV, 299; ses fréquents voyages à la cour; son intimité avec Mmes de Montespan et de Thianges, ses sœurs; estime et goût que le roi conserve toujours pour elle, 300.

ABEILLE (l'abbé), de l'Académie française, console M. de Luxembourg sur la mort de sa femme en lui apprenant le scandale de sa conduite passée, VII, 409; meurt chez M. de Luxembourg où il demeurait; son éloge, XV, 452.

ABOLITIONS, terme de chancellerie, ce que c'était, VIII, 379, note.

ABRANTÈS (le duc d'), trompe d'une manière cruelle le comte d'Harrac, ambassadeur de l'empereur à Madrid, à l'occasion de l'ouverture du testament du roi Charles II, III, 20.

ACADÉMIE. Saint-Simon mis à l'académie des sieurs Mémon et de Rochefort, I, 3.

ACADÉMIE FRANÇAISE. Morceau inédit de Saint-Simon sur l'Académie française et sur sa complaisance à admettre de grands seigneurs, XI, 458.

ACADÉMIES de Paris et celle de Rome. Ce qu'elles ont coûté à Louis XIV, jusqu'en 1680.

ACCLAMATION. Acclamation du peuple au sacre des rois, XIX, 412.

ACHMET, empereur des Turcs, envoie à Paris un ambassadeur, XVIII, 281.

AGR

ACIER (le marquis d') succède aux gouvernements de son frère le duc d'Uzès et prend son nom, I, 100. Voy. le second article Uzès.

ACIGNÉ (la comtesse d'); la dernière de cette ancienne maison de Bretagne, meurt fort âgée à Paris, XII, 151.

ACIGNÉ (Mlle d'), meurt et délivre le duc de Richelieu, fils de sa sœur, d'un retour de partage de 100 000 écus qu'elle lui demandait, XIII, 339.

ACQUAVIVA (le cardinal). Voy. *Aquaviva*.

ADHÉMAR (le comte d'), frère du comte de Grignan, meurt à Marseille; son esprit, son caractère, ses infirmités; XI, 21.

ADONCOURT, commandant de la ville de Bayonne, loge chez lui M. de Saint-Simon et ses enfants, à leur passage en Espagne, XVIII, 255; instruit M. de Saint-Simon de plusieurs détails touchant les efforts tentés à Paris et à la cour pour faire différer les mariages de France et d'Espagne, 259.

AGÉNOIS (le comte d'), fils du marquis de Richelieu, épouse Mlle de Florensac; les mariés ont fait depuis du bruit dans le monde; comment, XV, 341.

AGIOTEURS; ce qu'on entend par les agioteurs; taxe imposée sur eux, IX, 27.

AGREDA (Marie d'), béate espagnole, son livre condamné en Sorbonne, II, 336.

AGUESSEAU (D'), conseiller d'État, père de l'avocat général, prie le roi de le dispenser d'opiner sur le projet de l'impôt de la dîme présenté au conseil des finances par Desmarets; pourquoi, IX, 11; il meurt à quatre-vingt-deux ans membre du conseil des finances; son extérieur, son intégrité, sa vertu, sa piété, sa modestie, son esprit juste et précis, XIV, 110.

AGUESSEAU (D'), avocat général, s'instruit avec une grande application du procès de préséance intenté par M. de Luxembourg contre seize ducs et pairs, I, 328; dans un plaidoyer fort de raisons et d'éloquence, il donne des conclusions favorables aux opposants, 330; ceux-ci lui portent leurs remercîments, 335; il représente au parlement la nécessité de réprimer l'audace de la justice de Bar qui dans ses sentences s'est avisée de nommer le roi *le roi très-chrétien*; le parlement rend un arrêt qui enjoint au tribunal de Bar de ne jamais nommer le roi que *le roi*, à peine de suspension, interdiction et même privation d'offices, II, 221; éloge de M. d'Aguesseau; lui et sa femme soupçonnés de jansénisme, ce qui l'empêche d'être nommé chancelier, 299; son opinion dans le conseil du roi sur le procès entre M. de Guéméné et le duc de Rohan y fait une profonde impression, il conclut pour le dernier, V, 288 et suiv.; son amitié pour le duc d'Albret le rend infidèle et prévaricateur dans l'affaire du duc de Bouillon, VIII, 401 et suiv.; se trouve au moment de perdre sa charge de procureur général, parce qu'il s'oppose trop vivement à l'enregistrement de la constitution que le roi veut faire faire au parlement, XII, 82, 83; est nommé membre du conseil de conscience ou des affaires ecclésiastiques, XII, 146; son mémoire sur la constitution, il y conclut à renvoyer au pape la bulle *Unigenitus* comme contraire à toutes les lois de l'Église et aux maximes et usages du royaume, 168; est nommé chancelier de France, sa modestie dans cette occasion, compliment que lui en fait son frère; 174; sa naissance, sa famille, son portrait, son caractère, 177; ses défauts comme chancelier, 178 et suiv.; sa lenteur, son irrésolution, 181; son goût pour les sciences, 183; sa réponse singulière à une question du duc de Grammont, 184; anecdote qui prouve son extrême indécision, XV, 145 et suiv.; sa servitude pour le duc de Noailles et ses manières déplaisent à tout le monde, Law et l'abbé Dubois travaillent à sa perte, 237; La Vrillière va lui demander les sceaux de la part du régent et lui dit de s'en aller jusqu'à nouvel ordre à sa maison de Fresnes; il écrit une lettre au régent et un billet au duc de Noailles pour lui donner avis de sa disgrâce, 259; nouveaux détails sur son caractère, 261 et suiv.; est rappelé pour le garde des sceaux, XVIII, 18; ce retour fait une première brèche à sa réputation, 225; est exilé de nouveau à Fresnes, XIX, 312.

AGUILAR (comte d'), grand d'Espagne, est nommé par le testament du roi membre de la junte qui doit gouverner en attendant le successeur, III, 30; sa laideur, son esprit, sa capacité, son caractère, 30; est nommé colonel d'un régiment des gardes espagnoles, IV, 290; est envoyé en France de la part du roi d'Espagne pour persuader au roi le siège de Barcelone et lui faire trouver bon que Philippe V le fasse en personne; prétentions de d'Aguilar; son caractère ambitieux, faux et méchant; il passe rapidement par toutes les places sans en garder aucune; sa disgrâce et son exil, V, 73; il quitte la Toison pour la place de chancelier, 74; va trouver le maréchal Besons pour excuser ce qu'il vient de faire exécuter sans sa participation dans son armée contre le nommé Flotte; lui montre l'ordre du roi d'Espagne à cet égard, VII, 304, 309; est fait capitaine général, VIII, 430; sa liaison avec le duc de Noailles; ils imaginent tous deux de donner une maîtresse au roi d'Espagne; dans quel but, X, 28; comment ils s'y prennent; la piété du roi en est effarouchée; il les écarte doucement; parle de leur projet à la reine et à Mme des Ursins, 29; Aguilar reçoit ordre de donner sur l'heure la démission de sa charge et de partir pour sa commanderie, 31; revenu d'exil pour servir sous Vendôme, il est accusé de l'avoir empoisonné; se met peu en peine de s'en défendre, 207; grand d'Espagne; historique sur sa maison, XVIII, 443; Nouveaux détails sur ses actions, sur son caractère et sur ses liaisons avec le duc de Noailles, 445; il revient de son exil, mais non à la cour, 446.

AIGLE (L'), voy. *L'Aigle*.

AIGUILLON (le marquis d'), après la mort de la duchesse d'Aiguillon prétend à la dignité de duc et pair qui lui est refusée par le roi; pourquoi, IV, 385 et suiv.

AIGUILLON (la duchesse d'), sœur du duc de Richelieu, meurt à soixante-dix ans, aux filles du Saint-Sacrement; son caractère extraordinaire, IV, 384.

ALARI (l'abbé), fils d'un apothicaire, obtient 2000 livres de pension; son esprit, son érudition; il se fait chasser de la cour par ses intrigues, XVII, 289.

ALBANE ou ALBANI (le cardinal), neveu du pape, est secrètement vendu à l'empereur et touche des sommes considérables sur Naples; il informe avec soin le cabinet de Vienne de tout ce qui se passe dans l'intérieur du palais du pape; son crédit sur l'esprit de son oncle, XV, 196 et suiv.; il sert mieux l'empereur auprès de lui que les ministres mêmes de ce prince; son caractère, 313; est nommé camerlingue, XVII, 184.

ALBANO (le cardinal) est élu pape; son origine; les cardinaux français ont beaucoup de part à son élection, III, 45; il prend le nom de Clément XI. Voy. *Clément XI.*

ALBE (le duc d'), ambassadeur d'Espagne en France, arrive à Paris avec sa femme et son fils unique; historique sur les ducs d'Albe, IV, 211; folie amoureuse du père de l'ambassadeur, 211; portrait et caractère de ce dernier; comment lui et sa femme sont reçus à Versailles; il va fort loin en cortège hors de Paris recevoir la princesse des Ursins, lui donne une fête, la loge quelque temps chez lui, 411; est admis par elle à un bal de Marly avec la duchesse d'Albe; comment ils y sont traités, 428, 429; le duc sollicite la charge de majordome-major; le roi de France s'intéresse pour lui; la princesse des Ursins promet ses bons offices, V, 23; il est indigné de la considération dont M. de Vaudemont jouit auprès du roi de France, VI, 24; est fait sommelier du corps par le roi d'Espagne, VII, 60; va trouver le roi à Marly et lui parle avec force et adresse de la résolution prise de rappeler les troupes d'Espagne, 285; il perd son fils unique âgé de sept ou huit ans; vœux et dévotions singulières que fit la duchesse pour obtenir sa guérison, 339; mort du duc d'Albe; ses qualités; noms et généalogie de sa maison, IX, 311 et suiv.

ALBE (la duchesse d') part de France après la mort de son mari; emmène avec elle un abbé castillan; l'épouse en Espagne; sa mort; fortune de ce second mari, X, 255.

ALBE (le duc d'), oncle paternel du précédent, succède à la grandesse de son neveu; historique sur les ducs d'Albe, XVIII, 365 et suiv.

ALBEMARLE (le duc d'), bâtard du roi d'Angleterre et d'une comédienne, est marié par Mme du Maine à Mlle de Lussan, qui est traitée comme duchesse du roi d'Angleterre; stupidité du duc d'Albemarle, II, 462; sa mort, IV, 68.

ALBEMARLE, lieutenant général et fils du favori du roi Guillaume, prisonnier à Denain, obtient par le crédit du cardinal de Rohan la liberté de s'en aller chez lui sur parole, X, 219; il meurt gouverneur de Bois-le-Duc; comment il avait succédé auprès du roi Guillaume à la faveur du duc de Portland, XV, 336.

ALBERGOTTI, commandant quinze cents grenadiers français, culbute dans l'Orba une partie de l'arrière-garde du comte de Staremberg, IV, 245; à la mort de Magalotti, son oncle, il obtient le régiment Royal-Italien; son caractère dangereux et méchant, 435; il gagne la confiance de M. de Luxembourg, celle du prince de Conti et de M. le Duc; est accusé d'avoir toujours tenu un peu à M. de Vendôme dont il devient pour la suite un favori, 436; protège l'arrière-garde de l'armée en retraite sur Pignerol, après la bataille de Turin, V, 240; part avec un gros détachement pour aller surprendre Ath; arrive trop tard et revient au camp, VI, 417; reprend Saint-Guillain avec 600 hommes qui étaient prisonniers de guerre, VII, 9; livre Douai aux ennemis par une capitulation honorable; est fait chevalier de l'ordre, VIII, 357; commande au siège de Douai qui capitule; y fait entrer 8 bataillons, X, 216; sa mort, son caractère, XIV, 212 et suiv.

ALBERGOTTI, brigadier, est chargé d'aller surprendre Menin; ses longs apprêts donnent le temps aux ennemis d'être avertis; Albergotti se présente et ne voit d'autre parti à prendre que de revenir, VI, 416; se laisse engager dans un colloque inutile et dangereux avec un officier ennemi, avant la bataille de Malplaquet, VII, 374; comment il s'en excusa, 376; est blessé et mis hors de combat, 378; à la mort de son oncle, il obtient son régiment Royal-Italien, XIV, 214.

ALBÉRONI, fils d'un jardinier, paraît à la cour de Parme sous la figure d'un abbé; plaît au duc par son esprit et ses bouffonneries, V, 135; est chargé d'aller finir auprès du duc de Vendôme ce que l'évêque de Parme a laissé à achever; égaye ce duc par ses plaisanteries; le *culo di angelo* avance ses affaires plus que tout; il cherche à plaire aux principaux valets; fait au duc des soupes au fromage et d'autres ragoûts que le prince trouve excellents; change de maître pour s'attacher à lui; devient son principal secrétaire, 135; est poursuivi un jour à coups de bâton; est de toutes les parties du duc; paraît un ami de confiance à qui on fait la cour, 136; obtient, par le crédit de M. de Vendôme, une pension de 3000 livres, VI, 155; sa lettre écrite pour justifier la conduite du duc de Vendôme au combat d'Audenarde, est répandue par la cabale formée contre le duc de Bourgogne; texte de cette lettre, 324; réfutation des mensonges qu'elle renferme, 326 et suiv.; reçoit de Chamillart une lettre forte et ordre du roi de demeurer en silence, 351; vient à Fontainebleau et descend chez Chamillart, 380; vrai motif de son voyage, 380; il est chargé par la princesse des Ursins de négocier le mariage de la princesse de Parme avec le roi d'Espagne, XI, 67; après le mariage de cette princesse, il revient avec elle en Espagne, 224; commence à gouverner cette monarchie; suit les traces de la princesse des Ursins; se tient en grande mesure avec l'Angleterre et surtout avec la Hollande, XIII, 287; se met dans la tête de chasser par le moyen des Hollandais tous les étrangers, surtout les Français, des Indes occidentales; pourquoi son projet était chimérique, 287; son peu d'inclination pour le régent de France et son gouvernement; sa correspondance avec Effiat, 289; il fait exiler Tabarada, gouverneur du conseil de Castille, 289; aspire au cardinalat; fait de grandes réformes; 298; veut rétablir une puissante marine, travaille à perdre del Giudice, 299; éloigne de la reine le duc de La Mirandole; pourquoi, 300; fait signer à Madrid un traité dont les conditions sont si avantageuses aux Anglais que Riperda, ambassadeur de Hollande à Madrid, s'en réjouit comme de la ruine du commerce en France; se vante des secours que la Hollande offre à l'Espagne pour lui assurer la navigation des Indes, 303; ses réformes militaires, 303, 384; il persuade à la reine d'Espagne de tenir le roi son mari renfermé comme avait fait la princesse des Ursins, 386; comment il les tient tous deux sous clef, 387; se décide à perdre le cardinal del Giudice et à subjuguer le jésuite Daubenton, 388; il aspire au cardinalat; obstacles qu'il trouve à ses désirs de la part de la reine et du nonce Aldovrandi, 388; se fait donner la commission secrète de conférer et de travailler sur les différends entre Rome avec le confesseur qui jusqu'alors en était chargé seul; obtient un appartement au palais, près de celui de la reine, 389; on l'appelle publiquement par dérision le comte abbé, 389; ses réformes militaires soulèvent non-seulement les intéressés, mais leurs parents et leurs amis, 391; il s'aigrit contre le duc de Saint-Aignan qui s'est mêlé de faire au roi des représentations sur ces réformes; fait exiler le duc d'Havré et arrêter le cadet des fils d'Hersent, 393; arrête les secours d'argent qu'il avait commencé à faire payer au prétendant, 394; déclare au nonce que le roi d'Espagne secourra le pape contre les Turcs; comment, 397; il exhorte sans cesse le roi d'Espagne à n'abandonner pas le trône de ses pères, si le roi son neveu vient à manquer; inspire le même désir à la reine, 399; fait écrire au régent que Sa Majesté Catholique est contente de ses sentiments et que lui-même n'oublie rien pour maintenir une parfaite intelligence entre les deux couronnes, 400; est accusé en Espagne d'avoir tiré de grandes sommes des Anglais pour l'*asiento* des nègres et pour le traité de commerce, et de suspendre les différends avec la cour de Rome pour forcer le pape à lui donner le chapeau de cardinal, 441; il veut retrancher sur les dépenses de la garde-robe et n'y peut réussir; négocie seul avec les ministres de Hollande et d'Angleterre, fait toucher quelque argent au prétendant, 442; répond aux puissances maritimes qui ont offert des vaisseaux à l'Espagne que si elle en manque elle en achètera, et faute d'argent, donnera des hypothèques sur les Indes; comment il se moque du nonce Aldovrandi, 443; l'Angleterre se plaint de lui et le joue, 444; il se charge de faire finir les difficultés concernant l'*asiento* des nègres; comment il se débarrasse de l'envoyé du duc de Parme, 449; il exhorte le régent à une liaison parfaite avec le roi d'Espagne, 450; comment il est dupé par le lord Stanhope concernant la neutralité d'Italie et une ligue défensive, 450; et par les Hollandais; il ne s'occupe que de plaire au roi et à la reine, et de son chapeau, 451; sa chaleur pour l'Angleterre se refroidit, 453; il fait partir subitement le nonce Aldovrandi pour Rome avec un projet pour donner l'année suivante un plus grand secours au pape, 453; il prend beaucoup d'ombrage du crédit du P. Daubenton, et conçoit des craintes du caractère de la reine, 457; ses fausses combinaisons politiques, 459; il reproche à la reine sa mollesse et sa complaisance pour le roi, et l'exhorte vivement à ne pas souffrir qu'on les exclue elle et lui du gouvernement des affaires, XIV, 59; pourquoi il ménage le cardinal del Giudice dans l'affaire de Macanas; dégoût qu'il lui donne en chargeant le cardinal Acquaviva du soin des affaires d'Espagne à Rome; pourquoi il se rallie au P. Daubenton, 60; il fait donner l'ordre au cardinal del Giudice de se retirer d'auprès du prince des Asturies, puis de s'abstenir de se trouver au conseil, 61; comment il cherche à se rendre cher aux Anglais et à traiter avec les Hollandais; il joue la comédie avec le secrétaire du roi d'Angleterre, à Madrid, 64; se montre ensuite tout disposé à signer une alliance défensive avec la Grande-Bretagne, 64, 65; écrit à Stanhope pour lui témoigner la reconnaissance que le roi d'Espagne conservera toujours de la confiance du roi d'Angleterre; condamne l'alliance que l'ambassadeur Montéléon a proposée avec la France, 67; se vante à ses amis particuliers qu'il ne veut qu'amuser les Anglais et se donner le temps de voir le parti que prendront les Hollandais sur le traité signé entre l'empereur et l'Angleterre; empêche par le duc de Parme que le mari de la nourrice de la reine d'Espagne et le capucin, leur fils, ne viennent en Espagne, 67; informé de l'arrivée de Louville, il lui fait envoyer l'ordre de retourner sur-le-champ en France; va lui-même le trouver chez l'ambassadeur français et lui renouvelle cet ordre, 68; empêche que Louville n'approche du roi et n'en soit aperçu, 69; après son départ, répand en Espagne et en France des mensonges sur l'aversion prétendue du roi d'Espagne contre Louville, 70; signe le traité de l'*asiento*, 73; éclate de nouveau contre le cardinal del Giudice; comment il irrite le roi contre lui, 77; ses alarmes sur des Français qui sont à Madrid et principalement sur des Parmesans que la reine veut y faire venir, 78; il engage le roi à consulter un médecin sarde sur sa santé; bruits étranges répandus à cette occasion; mensonge insigne d'Albéroni concernant le rappel de Louville; sa frayeur de voir à Madrid un envoyé français, 78; sa défiance pour ses plus intimes amis; il cherche à inspirer au roi d'Espagne les sentiments les plus sinistres contre M. le duc d'Orléans, 79; fait de grands projets de marine, ne songe qu'à se rendre nécessaire, 80; ses mesures pour conserver son crédit sans partage; ses manéges auprès du pape pour en obtenir le chapeau, 83; il s'applique à faire tomber le bruit répandu d'une brouillerie entre lui, Daubenton et Aldovrandi, 84; fait donner à Molinez la charge de grand inquisiteur, 85; s'applique à bien persuader le pape de sa toute-puissance en Espagne et lui fait entendre que, s'il est assisté, c'est-à-dire élevé à la pourpre, le pape aura à ses ordres une forte escadre, 90; écrit avec emportement contre le cardinal del Giudice, 91; sa frayeur à l'arrivée en Espagne du mari de la nourrice de la reine et de leur fils; il se plaint aigrement au duc de Parme de ce qu'il les a laissés partir, et met tout en œuvre auprès de lui pour arrêter en Italie le musicien Sabadini, 92; il compte sur l'appui de l'Angleterre; est averti par Stanhope d'envoyer quelqu'un de confiance à la Haye, 93; sa haine pour le régent; il essaye de l'inspirer au roi et à la reine d'Espagne, 96; mande à Aldovrandi que s'il n'est pas promu cardinal, la reine d'Espagne ne consentira jamais à rien de ce que le pape peut désirer; offre même à ce prix une renonciation perpétuelle du roi d'Espagne au droit de nomination de couronne; flatte le P. Daubenton, 123, 124; lui fait cependant donner une défense sévère et précise de ne se plus mêler d'aucune affaire de Rome; à quelle occasion, 125; accable le pape de protestations de n'avoir jamais d'autres volontés que les siennes, 125; lui fait tout craindre de la reine d'Espagne si elle se voit amusée et moquée; obtient de la main de cette princesse une lettre au cardinal Acquaviva par laquelle elle lui ordonne de presser le pape de donner le chapeau à Albéroni, 126; ses plaintes amères de la lettre que M. le duc d'Orléans a écrite au roi d'Espagne; son audace envers le régent, 127 et suiv.; son embarras sur les alliances que forme la France et sur les moyens de les traverser, 129; dicte au roi d'Espagne une réponse aux plaintes du régent concernant Louville; ses impostures, 131; ses menées auprès du pape, 132 et suiv.; ce qu'il pense des négociations de la Haye; il consulte néanmoins l'ambassadeur Cellamare sur la conduite que le roi d'Espagne doit tenir dans la situation présente, 134, 135; manéges de défiance réciproque entre lui et le pape, 148 et suiv.; abhorré en Espagne, il veut y appeler des troupes étrangères, 153; ses accusations à Rome contre le cardinal del Giudice, 153; sur de nouvelles instances que fait le pape pour avoir la dépouille des évêques qui viendront à mourir, Albéroni jette les hauts cris sur l'ingratitude de Rome pour la reine qui a tout fait pour cette cour, 154 et suiv.; il veut traiter à Madrid avec la Hollande; ses projets sur le commerce et les Indes, 157; nouveaux ressorts et manéges employés à Rome pour vaincre la lenteur du pape, 159; il se vante d'avoir l'estime du régent, 159; par quels artifices il espère persuader au pape qu'il ne désire sa prompte promotion que pour l'intérêt de Sa Sainteté, 160; nouveaux artifices employés de sa part pour obtenir sa promotion, 225 et suiv.; sa faveur auprès du roi est au plus haut point, 226; changements qu'il opère dans l'administration du gouvernement, et dans ceux qui la composent, 227 et suiv.; il instruit le duc de Parme de toutes les affaires d'Espagne; dans quel but, 228; est le confident de la reine à l'égard de sa maison, 229; travaille avec ardeur à empêcher les Hollandais de faire avec l'empereur une alliance défensive et de les amener à en conclure une avec le roi d'Espagne qu'il veut traiter lui-même à Madrid; ses instructions à l'ambassadeur Beretti à ce sujet, 229 et suiv.; ses nouveaux artifices pour hâter sa promotion, 244; traverse qu'il éprouve de la part du pape, 246; il emploie auprès du duc de Parme de nouveaux moyens pour faire avancer sa promotion, 247 et suiv.; fait fortifier Pampelune et travailler en même temps aux ports de Cadix et du Ferrol, 250; se loue et se fait louer de la sagesse et de la vigueur de son gouvernement, 251; fait demander trois régiments aux Hollandais, 252; paraît fort ralenti dans son désir de traiter avec la Hollande et l'Angleterre; pourquoi, 254; ses lettres à l'ambassadeur Beretti concernant les ouvertures de paix avec l'empereur; ses ordres à cet égard, 257; ses vues pour le commerce intérieur de l'Espagne, 258; il reçoit la nouvelle de la promotion de Borromée avec fermeté; affecte de se montrer comme l'arbitre des affaires et de la cour d'Espagne, 441; son projet chimérique d'expulser les Allemands de l'Italie; comment il y travaille, 442 et suiv.; sa conduite au milieu des intérêts des puissances de l'Europe; son éloignement pour le traité de l'Espagne avec l'empereur, 443 et suiv.; ses artifices à l'égard de la cour de Rome, 453; pour obtenir la promotion qui l'occupe uniquement il change de système, 455; il presse le départ de la flotte promise au pape et le nonce Aldovrandi de se rendre à Ségovie; pourquoi il avait aussi changé de système sur les affaires générales de l'Europe, 456; fruit qu'il se propose de sa conduite, 457, 458; il devient l'avocat du pape en France; pourquoi; ses instructions à Cellamare, ambassadeur dans ce pays, XV, 9; raisons de son changement subit après tant d'éclat et de menaces, 10; il obtient une lettre du régent au cardinal de La Trémoille par laquelle ce prince lui mande de suspendre toute demande capable de traverser la promotion d'Albéroni; son indifférence sur la détention du grand inquisiteur Molinez à Milan; il vante ce qu'il a fait et prétend faire pour le service du roi d'Espagne, 15; comment il reçoit le nonce Aldovrandi qui arrive à l'Escurial, 16; il fait enfin partir la flotte de Cadix; sa lettre au duc de Parme à ce sujet, 23; il signe avec Aldovrandi l'accommodement entre les cours de Rome et de Madrid, et l'envoie au duc de Parme; ses nouveaux projets politiques, 67; son homme de confiance Beretti, ambassadeur à la Haye, lui devient insupportable, 68; il commence à se plaindre hautement de la détention du grand inquisiteur Molinez; dans quelle vue, 80; il est enfin nommé cardinal, 82; il n'oublie rien pour faire peur à toutes les puissances de celle de l'empereur, 92; sa négociation avec Ragotzi,

93 ; il éloigne toute proposition de traité et de négociation, parce qu'il se croit sûr de son entreprise ; sa confiance dans la Hollande, 109 ; sa colère contre Venise ; il cherche à se faire en France et surtout à Rome un mérite de sa modération forcée ; il persévère à vouloir faire croire que l'entreprise de la flotte d'Espagne se fait contre son avis et sa volonté, 111 ; pourquoi il désire ménager le pape ; sa réponse à l'envoyé d'Angleterre qui lui a demandé une explication sur les desseins du roi d'Espagne, 111, 112 ; ses instructions à Beretti, ambassadeur en Hollande, sur le plan qu'il s'est proposé de suivre, 112 et suiv. ; il s'avoue partout l'auteur de la guerre, excepté à Rome ; ses artifices et ses impostures à l'égard du pape, 114 ; pourquoi il s'affranchit de toute reconnaissance envers le duc de Parme, 116 ; il travaille avec grand soin à la marine d'Espagne ; frais immenses pour son entreprise, 117 ; il fait espérer au duc de Parme que des négociations pourront le mettre à couvert des dangers qu'il craint, 118 ; comment il essaye de rassurer le roi de Sicile, 118 ; ses promesses et ses plaintes au régent et au roi d'Angleterre ; il cherche à s'assurer de plus en plus de la Hollande qui est toute sa resource, 119 ; ses projets ; ses précautions, 158 ; il fait donner au prétendant le conseil de se marier comme chose qui serait agréable à toute l'Angleterre, 159 ; pourquoi l'abbé del Maro, ambassadeur de Sicile, lui est odieux ; il prend un soin particulier de le décrier dans sa cour et dans les autres, 159 ; ses manéges auprès du pape, 159 ; il déclame contre le cardinal Albani, neveu du pape, 160 ; sa conférence avec le colonel Stanhope et le secrétaire Bubb ; son emportement sur les plaintes qu'ils lui font de l'infraction de la neutralité d'Italie, et sur les moyens qu'ils lui proposent de prévenir la guerre en Europe, 162 et suiv. ; il déclare que le roi d'Espagne ne consentira à aucun accommodement si l'empereur n'est auparavant dépouillé d'une partie des États qu'il possède en Italie, 164 ; se plaint en forme par un mémoire qu'il remet au secrétaire d'Angleterre des propos que Stairs a tenus sur l'entreprise de Sardaigne ; comment il se laisse apaiser par une équivoque, 175 ; il resserre de plus en plus le roi qui tombe dangereusement malade, 176 ; reçoit des coups de bâton du marquis de Villena dans la chambre même du roi ; à quelle occasion, 178 ; lui envoie le lendemain un ordre de se retirer dans une de ses terres à trente lieues de Madrid ; le fait revenir au bout de cinq ou six mois ; cherche inutilement à se raccommoder avec lui ; dicte au roi un testament concerté avec la reine, 179 ; son opiniâtreté à rejeter la paix ; il écrit au pape avec hauteur, 182 ; ses grands préparatifs de guerre ; il fait part aux cours étrangères de ce qui s'est passé entre le colonel Stanhope et lui sur les propositions de paix ; son but, 186 ; le triste état du roi ne paraît pas avoir abattu son courage, 187 ; il publie ses préparatifs ; assure la Sardaigne par des garnisons ; refuse de traiter en donnant à la France et à l'Angleterre différents prétextes, 188 ; sa réponse au duc de Saint-Aignan ; chimères dont il se repaît, 189 ; il est nommé évêque de Malaga, puis archevêque de Séville ; autres faveurs que lui fait le roi ; il envoie chercher à Gênes un nommé Zanchizzi qui avait prédit son cardinalat, 191 ; s'emporte contre les demandes que l'empereur a faites au pape ; s'exhale en injures contre ce dernier ; déclare que le roi d'Espagne est prêt à intervenir dans la négociation ; à quelles conditions, 212 ; fait acheter en Hollande des vaisseaux de guerre, de la poudre, des boulets, etc., 213 ; son autorité absolue ; son accès très-difficile, 214 ; son mépris pour le souverain pontife, 215 ; il affecte de douter de l'augmentation des troupes de l'empereur, et n'en presse pas moins ses préparatifs, 223 ; il reçoit secrètement une gratification considérable du roi d'Angleterre par les mains de Riperda, 224 ; se plaint audacieusement de son sort, 225 ; s'épuise en soins inutiles pour s'attirer l'union des Hollandais, 225 ; ses instructions aux ministres d'Espagne au dehors, 226 ; mesures qu'il prend pour faire la guerre ; louanges qu'il se donne, 227 ; les Anglais le ménagent : il fait venir de Rome le médecin Servi pour traiter le roi, 227 ; fait faire au colonel Stanhope par le P. Daubenton la proposition du mariage du prince des Asturies avec une fille du prince de Galles, 228 ; son intelligence avec M. et Mme du Maine contre le régent, 246 ; il menace les Anglais et les Hollandais de la ruine de leur commerce s'ils donnent le moindre sujet de plainte à l'Espagne par leurs liaisons avec l'empereur ; se plaint de la conduite et de la mauvaise foi des Alle-

mands; exhorte le duc de Parme à la patience; espère gagner le roi de Sicile, 355; ce qu'il dit aux médiateurs pour les piquer du point d'honneur, 356; sa conversation avec le ministre anglais, 357; sa lettre au régent pour l'engager à s'unir au roi d'Espagne, 358; il calme les inquiétudes du Portugal et fait connaître en France, en Angleterre et en Hollande les sentiments pacifiques des cours de Madrid et de Lisbonne, 367; préliminaires qu'il fait demander à l'empereur, 368; sa conduite folle envers la Hollande, 369; la santé du roi le rend plus absolu que jamais, 370; sa réponse aux plaintes du pape, concernant le bref auquel le roi d'Espagne n'a pas répondu, 381; il traite de verbiage et d'illusoire le plan proposé à Londres; s'étonne de la politique du régent, 382; veut intimider le roi d'Angleterre; sa fausse modestie, 383, 390, 391; peu de cas qu'il fait d'un billet qui lui est envoyé par l'abbé Dubois, 391; ses efforts pour détourner le régent de la négociation, 397; ses ordres à Montéléon et à Beretti, 398, 399; ses sentiments sur le traité d'Utrecht, 399; il réussit à cacher son véritable projet, 400; donne ordre à Monti de déclarer au régent que la résolution est prise de ne faire aucun accommodement avec l'empereur, 401; il continue à poursuivre del Giudice; lui fait renouveler d'ôter les armes d'Espagne de dessus la porte de son palais, 404; ses manéges avec le pape au sujet des bulles de Séville, 405; il cherche à gagner le cardinal Ottobon, 407; se défie également des cardinaux Acquaviva et del Giudice, 413; ses desseins sur l'Italie; il est résolu à la guerre; il s'ouvre à Cellamare, 414; ses exhortations au duc de Parme à qui il fait passer vingt-cinq mille pistoles, 415; ses plaintes à l'abbé Dubois, 415; il essaye de mettre la nation anglaise en opposition avec son roi, 425; ses efforts auprès du régent, 427; il fait faire des protestations en Angleterre et en France, 440; il essaye de faire prendre parti à la Suède contre l'empereur, 442; il rejette le projet apporté par Nancré, 442; sa réponse au colonel Stanhope sur l'envoi de troupes en Italie, 443; ses grands préparatifs de guerre, 444; ses menaces à Rome au sujet de ses bulles de Séville, 445; ses motifs pour faire la guerre, 448; son emportement en apprenant que l'empereur a consenti au traité de Londres, 453 et suiv.; sa fureur contre la France; il traite cependant Nancré avec distinction, et met plus de diligence dans ses préparatifs de guerre, 454; irrité du refus des bulles de Séville, il fait renvoyer l'affaire au conseil de Castille avec ordre d'en dire son sentiment, XVI, 17; fait intimer au pape un terme fatal pour l'expédition des bulles, 18; son entretien avec Corderi, secrétaire d'ambassade de Sicile, 20, et avec Lascaris, nouvel envoyé du même roi, 22; il déplore avec ses amis la situation où il se trouve, 22; il déclame contre le traité et cherche à circonvenir le maréchal d'Huxelles, 23; essaye de s'assurer de l'appui de la Hollande qui recule à entrer dans le traité, 24; sa conférence avec Nancré dans laquelle il lui fait connaître ses sentiments sur la cour de Vienne et sur le roi de Sicile et son opiniâtreté dans ses projets, 43 et suiv.; ses instructions aux ministres d'Espagne en France, en Angleterre et en Hollande, 44; sa réponse à une lettre du lord Stanhope, 45; vanité qu'il tire des grands préparatifs de guerre qu'il a faits, 45; ses menaces contre l'empereur et contre le pape, 48; il donne ordre à Beretti d'étaler à la Hollande les forces de l'Espagne, 56; ses reproches à Montéléon; il se déchaîne contre l'Angleterre et contre le régent, 58; se défie des protestations du roi de Sicile, 60; bruits divers sur l'intelligence entre les cours de France et d'Espagne, 61; Albéroni dit clairement au colonel Stanhope que le roi acceptera le projet de traité s'il obtient de conserver la Sardaigne; réponse des ministres anglais, 62; fausseté d'Albéroni au sujet de la Sardaigne, 64; il ne cesse de décrier la conduite de Montéléon; pourquoi, 72; ses chimères, 73; il traite l'abbé Dubois de visionnaire, 74; fait l'étalage des forces de l'Espagne; nomme le marquis de Lede général de l'armée; cherche à consoler le prince Pio de ne lui avoir pas donné le commandement, 74, 75; inquiétudes que lui cause la santé du roi, 77; comment il trompe le roi de Sicile sur la destination de la flotte d'Espagne, 82; ses discours en apprenant le départ de l'escadre anglaise; il réitère la description qu'il a déjà faite de l'état de la flotte espagnole, 108; donne ordre aux ambassadeurs d'Espagne de déclarer que leur maître n'acceptera pas le traité, 110; comment il traite le régent et le roi d'Angleterre, 111; se loue de la conduite de Nancré; accuse l'abbé Dubois; conséquence de ses discours, 112; sa réponse hautaine au colonel Stanhope relativement à la Sardaigne, 113; il lui fait une description pompeuse des forces d'Espagne; lui déclare que le roi d'Espagne ne permettra pas à la compagnie anglaise du Sud d'envoyer dans le cours de l'année le vaisseau qu'elle a droit de faire passer tous les ans dans les Indes espagnoles, que l'Espagne n'aura plus d'égards aux traités faits avec l'Angleterre, 113, 114; que sitôt que l'escadre anglaise paraîtrait dans la Méditerranée, les Anglais seraient maltraités dans toutes les circonstances imaginables, 115; il parvient à persuader au nonce Aldovrandi que c'est contre son avis que le roi d'Espagne s'engage dans la guerre; qu'il avait même disposé ce prince à un accommodement, mais que toutes ses mesures ont été rompues par l'opiniâtreté de la reine, 115, 116; fait savoir aux ministres d'Espagne au dehors qu'il n'est plus question de parler d'un traité si contraire à l'honneur du roi d'Espagne, 116; n'oublie rien pour augmenter les frayeurs du nonce et celles du pape, 117, 118; cherche à tromper le roi de Sicile par une négociation; quel en est le fondement, 135; il confie à ce prince ses projets sur le nord et ses intrigues en France contre le régent; ses plans et ses espérances, 137 et suiv.; envoie à Cellamare en France copie des deux lettres qu'il a écrites au roi de Sicile; propose au colonel Stanhope quelques changements au traité; ces changements étant refusés, il déclare que le roi d'Espagne rejette entièrement le traité, 141, 142; confie au duc de Parme ses alarmes au sujet de l'offre faite au roi d'Espagne des États de Parme et de Toscane; s'applaudit de l'avoir fait refuser, 143; lui apprend que la Sicile est le but où tend la flotte espagnole et lui dit les raisons qui engagent le roi à s'en rendre maitre; ses promesses au duc; ses espérances, 143; ses artifices avec la cour de Rome sur le refus des bulles de Séville, 144; il menace de chasser le nonce Aldovrandi, 145; le fait garder à vue, 148; l'accuse de s'être réconcilié avec la cour de Vienne, 148; fait tomber sur la cour de Rome toute la haine de la rupture entre les deux cours; fait arrêter Aldovrandi, 150; sa présomption dans son projet; hautes idées qu'il se forme de la puissance où il a mis l'Espagne; ses instructions à Cellamare, à Montéléon, à Beretti pour qu'ils agissent utilement auprès des États généraux, 161; il déclame contre Montéléon et Cadogan, 162, 163; s'ouvre enfin à Cellamare; lui confie les propositions que le roi de Sicile a faites au roi d'Espagne; lui apprend que Sa Majesté n'en veut plus entendre parler, 174; il est désabusé des projets et des entreprises du czar et du roi de Suède, et ne compte plus sur le crédit du prince Ragotzi à la Porte, 176; ses démentis au colonel Stanhope sur le fait de Commock et sur celui de la Sardaigne, 178 et suiv.; il fait décider par le conseil de Castille que le nonce ne peut plus être souffert en Espagne; que la suspension des grâces accordées par le saint-siège est insuffisante; fait nommer une junte chargée d'examiner l'origine de plusieurs pratiques abusives introduites dans le royaume, 181; d'après la déclaration de l'amiral Bing, à Cadix, il écrit à Montéléon que tout engagement pris par le roi d'Espagne avec le roi d'Angleterre est rompu et que les négociants anglais cessent de jouir des avantages que Sa Majesté Catholique lui a accordées, 187; ses autres instructions à Montéléon; sa défiance contre cet ambassadeur; son goût pour Beretti, 188; dégoûté des princes du Nord, il fonde ses espérances sur les divisions qu'il fomente en France, 189; ses menaces contre le pape en apprenant que Sa Sainteté a fait déclarer qu'il a encouru les censures, 195; il fait part de ses plaintes à Alexandre Albani, neveu du pape, 195; annonce une division prochaine qui ne sera pas honorable pour le pape, 196; ordonne à Cellamare de cultiver le ministre du czar à Paris, 197; il essaye de négocier secrètement avec l'empereur, 205; il s'applaudit du succès de ses mesures et de ses ordres pour la conquête de la Sicile; comment il colore cette entreprise; ses vues pour l'avenir, 207; ses plaintes contre le régent dans les conférences qu'il a avec Nancré, 209; ses menaces de vengeance contre la maison Albani; il brave les censures de Rome; invective les grands d'Espagne, 209; sa déclaration à Nancré et aux ministres d'Angleterre, 211; il écrit par ordre du roi à son ambassadeur en Hollande d'assurer les négociants hollandais, anglais et autres que jamais Sa Majesté n'altérera les lois établies et ne manquera aux traités, 215; son inquiétude au sujet de l'escadre anglaise; il se déchaîne contre l'empereur;

215, 216; s'élève sans ménagement contre le régent, 216, 217 ; se plaint des fautes que le marquis de Lede a faites dans son expédition, 217 ; reproche au duc de Savoie de n'avoir songé qu'à tromper le roi d'Espagne, 218 ; consulte Cellamare sur les mesures à prendre pour avoir sur pied en Espagne huit ou dix mille hommes de troupes étrangères ; change de conduite à l'égard de Rome lorsqu'il craint que la suite de l'expédition de Sicile ne réponde pas à ses espérances ; ses ordres au cardinal Acquaviva, 219 ; ses instances pour les bulles de Séville, 221 ; sa conduite et ses discours au comte Stanhope, 234 ; sa dispute avec Riperda sur un présent du roi d'Angleterre, 235 ; A quelles conditions il offre l'accession du roi d'Espagne au traité de la quadruple alliance, 238 ; ses motifs pour empêcher l'ambassadeur de France de quitter Madrid, XVII, 102 ; son emportement lorsqu'il apprend qu'il est hors d'Espagne, 102, 103 ; entreprend de fortifier le port du Passage ; en fait le dépôt principal de construction pour l'Océan, 195 ; son plan politique, 351 ; il reçoit un billet du roi qui lui ordonne de se retirer à l'instant et de sortir d'Espagne en deux fois vingt-quatre heures ; il est arrêté en chemin et rend avec beaucoup de peine le testament de Charles II et des papiers importants, 354 ; joie universelle en Espagne, en Italie, à Vienne et à Londres, 354, 355 ; comment il traverse le midi de la France ; il débarque sur les côtes de Gênes ; est longtemps errant et caché, 356 ; sa rage, son désespoir ; ses deux lettres au régent, 356 ; motif de sa rage et de son désespoir, 357, 358 ; il est appelé à Rome pour assister au conclave, XVIII, 144 ; loue un palais magnifique dans cette ville, après l'élection du pape ; devient ensuite légat à Ferrare, 145.

ALBERT (le duc d'), colonel de dragons-Dauphin, se déguise en batelier et entre dans Namur en passant la Meuse à la nage, I, 273 ; accusé de duel et n'ayant pas voulu se constituer prisonnier à la Conciergerie, il est cassé de sa charge ; malgré le crédit de Mme de Chevreuse il ne peut être rétabli, II, 424 ; quelle est la cause de son duel, 424 ; il s'attache au service de Bavière ; est présenté au roi en allant servir en Espagne, IV, 299 ; envoie à M. de Bouillon, son père, son blanc-signé pour terminer leur procès comme il lui plaira ;

cet envoi remet la paix dans la famille, V, 146.

ALBERT (le comte d') est envoyé par l'électeur de Bavière faire ses remercîments au roi d'Espagne et prendre soin de ses affaires dans ce pays, IX, 314.

ALBRET (le maréchal d') ; par quoi il s'attire une grande considération ; grand état qu'il mène partout ; ses filles ; il reçoit Mme Scarron qui lui plaît beaucoup, I, 367 ; devient son meilleur ami et son conseil quand elle est maîtresse du roi ; marie Mlle Pons à M. Sublet et obtient pour son mari la charge de grand louvetier, 368.

ALBRET (le duc d'), fils aîné de M. de Bouillon, épouse la fille de M. de La Trémoille, I, 305 ; sa dispute avec son père au sujet d'un testament du maréchal de Bouillon ; éclat qu'elle fait à la cour où tout le monde lui tourne le dos, II, 175 ; il obtient le gouvernement d'Auvergne sur la démission de M. de Bouillon et un brevet de retenue de 100 000 écus, XV, 40 ; obtient une augmentation d'appointements et une de brevet de retenue de 100 000 livres, 266 ; épouse en secondes noces Mlle de Culant, malgré la famille Louvois et par la protection du prince de Conti, soutenu des ordres du régent, 339 ; refait son mariage suivant l'arrêt du conseil de régence ; le mariage se célèbre chez Caumartin, conseiller d'État, XVII, 184 ; sa nouvelle épouse meurt en couches, 218 ; il se marie une troisième fois à Mlle de Gordes de la maison de Simiane ; perd cette troisième femme au bout de deux ans, XVIII, 2 ; épouse en quatrièmes noces une fille du comte d'Harcourt-Lorraine ; prend lui-même le nom de prince de Guise, 2 ; marie son fils aîné, le prince de Turenne, à la seconde fille du prince Jacques Sobieski ; le prince de Turenne étant mort douze jours après son mariage, le duc d'Albret marie son second fils à la veuve, XX, 23 ; ce mariage n'est pas heureux, 24.

ALBRET (la duchesse d') obtient, peu de temps avant sa mort, de M. le duc d'Orléans, la survivance de grand chambellan pour son fils aîné et celle de premier gentilhomme de la chambre pour son neveu ; caractère de cette dame, XIV, 194.

ALBRET (bâtards d'), leur généalogie, XI, 50 et suiv.; en qui finit cette bâtardise, 50 ; fils légitimes de Henri dit d'Albret baron de Miossens ; Alexandre d'Albret comte de Marennes, 52 ; le maréchal d'Albret, 52; M. de Miossens, 53.

ALBUQUERQUE (le duc d'), vice-roi du Mexique, envoie un vaisseau chargé d'argent pour le roi d'Espagne et pour les Espagnols ; ce vaisseau arrive à Brest, V, 341 ; grand d'Espagne ; son extérieur grossier ; son caractère ; sa richesse ; historique sur les ducs d'Albuquerque, *Bertrand La Cueva*, XVIII, 367 et suiv.

ALDOBRANDINI, nonce à Madrid ; son extérieur ; son caractère ; il devient cardinal et meurt bientôt après, XIX, 52.

ALDOVRANDI, nonce du pape en Espagne, profite de l'ambition du ministre Albéroni et du confesseur Daubenton pour avancer peu à peu les affaires de son maître, XIII, 388 ; comment il est trompé par Albéroni, 444 ; malgré cette tromperie, il s'offre d'aller lui-même à Rome aplanir les difficultés qui arrêtent l'accommodement des deux cours; il part subitement avec un projet d'Albéroni pour donner l'année suivante un plus grand secours au pape, 453 ; il ne trouve pas à Rome ce qu'il espérait ; pourquoi, 456 ; contenu du mémoire dont il est porteur, 458 ; Aldovrandi, par son adresse et ses amis, parvient à se faire écouter du pape et se le rend favorable ; mais ne peut obtenir d'être renvoyé promptement en Espagne, XIV, 77 ; fait valoir au pape le caractère d'Albéroni ; dans quel but, 84 ; obtient de Sa Sainteté l'assurance du chapeau pour ce ministre, 86 ; est renvoyé en Espagne avec une instruction fort singulière et des brefs qui accordent au roi d'Espagne une imposition annuelle sur les biens ecclésiastiques, 224, 225 ; il fait part au duc de Parme des instructions dont il est chargé ; ce qu'ils conviennent ensemble à ce sujet, 233 ; il propose à ce prince de commettre quelques personnes d'autorité à Rome pour y solliciter la promotion d'Albéroni, 234 ; il arrive à l'Escurial ; comment il y est reçu, XV, 16 ; signe avec Albéroni l'accommodement entre les cours de Rome et de Madrid, 67 ; colère du pape contre lui, 76 ; ses inquiétudes à cet égard ; ses craintes au sujet de la flotte d'Espagne, 77 ; il sert Albéroni à Rome en tâchant d'y persuader que l'entreprise regarde Oran, 80 ; sa docilité aux volontés d'Albéroni, 161 ; il tâche de persuader au pape que la conquête de la Sardaigne peut devenir un moyen de paix par les offices de la France et de l'Angleterre, 161 ; il cherche à faire sa cour au pape en engageant les évêques d'Espagne d'accepter la constitution, 182 ; est blâmé à Rome de cette démarche ; reçoit ordre de détruire son propre ouvrage ; griefs du pape contre lui, 192 ; il travaille à rapprocher les cours de Rome et d'Espagne. 215 ; cherche à excuser sa conduite pour l'acceptation de la Constitution, 215 ; pourquoi il continue et même redouble ses instances pour la faire approuver, 370 ; son adresse pour servir Albéroni auprès du pape, 411 ; il ne cesse d'exalter ses bonnes intentions, 446 ; motifs qu'il fait valoir pour l'obtention des bulles de Séville, 446 ; effrayé ou feignant de l'être de la décision du conseil de Castille à ce sujet, il tente de nouveaux efforts auprès du pape, XVI, 18 ; l'avertit de prendre ses précautions contre les troupes d'Espagne, 77 ; et que le roi vient de mettre en séquestre les revenus des églises de Séville et de Malaga, 78 ; avant le départ de la flotte d'Espagne il s'efforce de persuader au pape que les intentions d'Albéroni sont bonnes ; mais lorsque la flotte est partie il change de sentiments et de discours, 117 ; sa situation difficile ; il écrit à Albéroni pour lui représenter les raisons qu'a eues le pape de refuser les bulles de Séville, 146 ; ses plaintes à la cour de Rome ; malgré la sagesse de ses conseils, Rome et Madrid font tomber sur lui la haine de la rupture entre les deux cours, 146 ; il est gardé à vue, 148 ; est accusé par Albéroni de s'être réconcilié avec la cour de Vienne, 149 ; est arrêté, 150 ; avertit les évêques d'Espagne que le pape suspend toutes les grâces qu'il a accordées au roi, 179 ; représente vivement au pape les inconvénients d'une rupture et l'embarras où il se jette par les engagements qu'il vient de prendre, 182.

ALÈGRE (le marquis d'), maréchal de camp, force dans le bois d'Hagenbach un grand retranchement d'où il chasse le général Soyer, I, 202 ; rend Bonn, après trois semaines de siége, IV, 131 ; est fait prisonnier à l'attaque des lignes entre Lave et Heylesem, V, 35 ; obtient une des trois lieutenances générales du Languedoc, 328 ; donne sa fille à Maillebois avec sa lieutenance générale du Languedoc ; le roi accorde 200 000 livres, X, 305 ; est nommé à l'amassade d'Angleterre, XI, 248 ; est gouverneur des trois évêchés, XX, 391.

ALÈGRE (Mme d'), marie sa fille avec M. Rupelmonde, colonel flamand au service d'Espagne ; elle fait arborer à son gendre le manteau ducal ; caractère de sa fille, IV, 419 ; Mme d'Alègre va faire à M. de Saint-Simon des demi-confidences touchant le régent ; détails curieux à ce sujet, XV, 154 et suiv. ; va lui donner de nouveaux avis, après la tenue du lit de justice, XVII, 31 ; elle meurt à 65 ans ; son caractère, XIX, 449.

ALENÇON (Mlle d'), épouse du dernier duc de Guise, et fille du frère de Louis XIII, a beaucoup à souffrir de Mlle de Montpensier ; Mlle de Guise la marie avec son neveu, I, 317 ; tous les honneurs dus à une petite-fille de France lui sont conservés ; M. de Guise n'a qu'un pliant devant sa femme ; piété et bonnes œuvres de cette princesse ; elle tient fort à son rang, 318 ; sa mort, ses dernières dispositions concernant sa sépulture, 319.

ALEXANDRE (don), frère du cardinal Albani, neveu du pape, passe pour l'espion secret des Espagnols dans l'intérieur de son oncle et pour avoir reçu d'eux 25.000 pistoles, XV, 222.

ALINCOURT, second fils du duc de Villeroy, épouse la fille de la maréchale de Boufflers, XVIII, 48.

ALLEMAND (D'), gentilhomme de Périgord ; son caractère ; son mérite, son projet de taille proportionnelle ; sa mort, XVII, 399. Voy. *Taille proportionnelle*.

ALLEURS (Des), est nommé ambassadeur à Berlin, II, 49 ; de capitaine aux gardes il devient lieutenant général et grand'croix de Saint-Louis ; sa valeur, son esprit, sa finesse ; son mariage avec Mlle de Lutzembourg, 50 ; est envoyé secrètement auprès de Ragotzi, chef des mécontents de Hongrie, IV, 373.

ALLIANCE (Traité de la quadruple), négocié à Londres ; il est signé d'abord dans cette ville ; puis à Vienne et à la Haye ; quel en est l'objet apparent, XVI, 226 ; quel intérêt particulier en était le ressort, 227 ; réflexions sur l'état politique de l'Europe quand il fut négocié ou conclu, et sur les véritables intérêts qui devaient diriger la conduite de la France, 243-252.

ALLUYE (la marquise d'), Bénigne de Meaux du Fouilloux, meurt au Palais-Royal à l'âge de plus de 80 ans sa famille ; son amitié pour Mme la comtesse de Soissons ; ses intrigues de galanterie, XVII, 471 ; son caractère ; son genre de vie ; sa discrétion, 472.

ALTAMIRE *Osorio y Moscoso* (le comte), grand d'Espagne ; historique sur sa maison ; son caractère, XVIII, 448 ; sous le court règne du roi Louis, il gouverne presque tout et rétablit les étiquettes espagnoles ; sa mort, 448, 449.

ALTAMIRE (la comtesse), est nommée camerera-mayor de la reine d'Espagne à la place de la princesse des Ursins, XII, 11 ; son caractère, son extérieur, XIX, 26 et suiv.

ALTESSE (le titre d'), abandonné par les rois pour celui de Majesté, fut donné aux fils et aux frères de rois ; à quelle époque, VII, 173 ; quels autres princes l'ont pris et y ont ajouté l'épithète *Royale*, 174 ; à quelle époque les cadets des maisons souveraines ont pris l'Altesse simple, 175 ; quels princes y ajoutèrent l'épithète *Sérénissime*, et pourquoi, 176.

ALTHAN (le cardinal d'), est nommé protecteur des affaires de l'empereur à Rome, XVIII, 69.

ALTHAN (le comte d'), grand écuyer et favori de l'empereur, meurt à 43 ans entre les bras de ce prince ; ses obsèques magnifiques ; l'empereur se déclare tuteur de ses enfants, XIX, 310.

AMBOISE (Georges d'), premier ministre de Louis XII ; quel, et fut cependant le meilleur premier ministre et le plus applaudi qu'aient eu nos rois, XIX, 376.

AMBRES (le marquis d'), lieutenant général de Guyenne, meurt à l'âge de 82 ans ; son extérieur ; son caractère, XVIII, 135.

AMELOT, conseiller d'État, est nommé ambassadeur d'Espagne ; son caractère ; ses ambassades précédentes ; il a plusieurs entretiens avec la princesse des Ursins ; reçoit des ordres particuliers du roi et de Mme de Maintenon, IV, 432 ; arrive à Madrid ; est admis à la junte avec toutes les grâces de la reine et l'autorité dans les affaires, V, 22 ; il empêche qu'Orry ne revienne une troisième fois en Espagne ; est en vénération dans ce pays et ménagé par la princesse des Ursins, 202 ; il est rappelé en France, VII, 280 ; sa belle administration en Espagne ; son arrivée menace un moment tous les ministres de France, 323; sa réception à Paris et à la cour est brillante; il voit les ministres; paroles que lui adresse le chancelier; il parle au roi du mariage de sa fille avec Chalais, fils du frère du premier mari de la princesse des Ursins, et de la grandesse pour son gendre futur; est civilement éconduit deux fois; témoigne son mécontentement, 335; tombe en disgrâce parce qu'il passe pour janséniste, 336; est redemandé en Espagne, VIII, 442; il obtient pour son fils la charge de président à mortier, IX, 413; marie sa fille à l'aîné des Tavannes, X, 27; est nommé ambassadeur à Rome pour demander au pape la tenue d'un concile national, XI, 241; reçoit 10 000 écus pour son voyage, 250; revient à Paris sans avoir rien obtenu de la cour de Rome; sa conversation avec le pape sur la constitution; aveu remarquable de Sa Sainteté, XIII, 190; il est nommé président d'un conseil de commerce, 192.

AMENZAGA, lieutenant des gardes du corps du roi d'Espagne, commandant le détachement qui accompagne la princesse de Parme se rendant à Guadalajara, reçoit l'ordre de cette princesse d'arrêter Mme des Ursins, XII, 5; il veut lui représenter qu'il n'y a que le roi d'Espagne qui ait le droit qu'elle veut prendre; la nouvelle reine lui demande fièrement s'il n'a pas un ordre du roi de lui obéir en tout, et il obéit, 5.

AMIENS (le vidame d'), second fils du duc de Chevreuse, est marié avec l'aînée des filles du marquis de Lavardin et de la sœur du duc et du cardinal de Noailles; pourquoi les Noailles se pressent de faire ce mariage, IV, 237 et suiv.; par son courage et sa présence d'esprit, il sauve seul une partie considérable de l'armée à la bataille d'Audenarde, VI, 316; est déclaré duc et pair de Chaulnes, X, 14; sa réception plaisante au parlement, 15.

AMIRANTE DE CASTILLE, est nommé ambassadeur en France, III, 402; ses grands et longs préparatifs; en approchant de la Navarre, il disparaît et passe en Portugal, 435; tombe dans un discrédit total; pourquoi, IV, 257; meurt délaissé et méprisé, V, 22.

AMPOULE (Sainte-). Barons otages de la Sainte-Ampoule, XIX, 410, 411.

ANCENIS (le marquis d'), est blessé au combat d'Audenarde, VI, 318.

ANCENIS (le duc d'), fils du duc de Charost, arrête Mme du Maine dans sa maison, rue Saint-Honoré, et la conduit jusqu'à Essonne, XVII, 98.

ANCÉZUNE, fils de Caderousse et de Mlle d'Oraison, épouse une des filles de Torcy; sa paresse et celle de son père, XII, 13; après avoir servi, il se jette à Sceaux où il est un des tenants de Mme du Maine; son impuissance; extérieur et caractère de sa femme, 14.

ANGENNES (D') meurt de la petite vérole, fort regretté des dames et des gens du bel air, XIV, 51.

ANGERVILLIERS, intendant d'Alsace, puis de Paris, est fait conseiller d'État en expectative, XVII, 380.

ANGLETERRE. L'expérience de plusieurs siècles doit avoir appris que cette puissance est ennemie de la France en tout, XVI, 271; comment et par qui elle est parvenue à détruire la marine de cette dernière, 273.

ANGOULÊME (la duchesse d'), veuve du duc d'Angoulême, bâtard de Charles IX, et sœur d'un page de ce duc, mariée en 1644, meurt en 1713 dans la misère; son extérieur; sa vertu, XI, 425 et suiv.

ANHALT (le prince d'), est tué au combat de Cassano, V, 45.

ANJOU (le duc d'), second fils de Monseigneur, est déclaré, par le roi son grand-père, roi d'Espagne, III, 4; est traité comme le roi d'Angleterre; va voir ce roi à Versailles et à Saint-Germain, 37; le nonce, les ambassadeurs de Venise et de Savoie, les ministres des princes d'Italie viennent le saluer, 38; il prend le grand deuil, 39; le parlement en corps et les autres cours viennent le saluer, 40; il fait grand d'Espagne de première classe le marquis de Casteldos-Rios, ambassadeur, et prend la Toison d'or, 41; détails sur son départ et sur sa séparation de la famille royale, 41 et suiv.; il est proclamé à Madrid, aux acclamations de joie universelles, ainsi qu'à Naples, en Sicile et en Sardaigne, 44; il arrive à Bayonne où il reçoit les hommages de plusieurs seigneurs espagnols; se sépare à Saint-Jean de Luz des princes ses frères; s'embarque sur la Bidassoa; va coucher à Irun, 71. Voy. *Philippe V*.

ANLEZY (D'), maréchal de camp, est envoyé par le comte du Bourg au maréchal d'Harcourt avec la nouvelle de la défaite du général Mercy; est ensuite envoyé au roi, VII, 368 ; reçoit le cordon *annulis*-rouge, 369.

ANNE D'AUTRICHE, femme de Louis XIII. Note sur l'aventure de Jarzé avec elle, VI, 458 ; note sur ses relations et sa correspondance avec Mazarin, XII, 450 et suiv.

ANNE (la princesse), belle-sœur du roi Guillaume et épouse du prince Georges de Danemark, est proclamée reine d'Angleterre ; elle proclame son mari grand amiral et généralissime, III, 397 ; sa conduite sage et modérée après que l'expédition du roi Jacques III a avorté, lui attache tous les cœurs, VI, 200 ; elle meurt à 53 ans ; son dessein présumé de faire en sorte que son frère lui succédât ; son amitié pour le roi de France, XI, 159.

ANTIN (D'), fils légitime de Mme de Montespan, pour obtenir une augmentation de 12 000 livres par an, promet à sa mère et fait dire au roi par M. le comte de Toulouse qu'il ne jouera de sa vie ; ne peut tenir sa promesse et se remet à jouer, III, 6 ; à la mort de son père, M. de Montespan, il écrit au roi pour lui demander de faire examiner ses prétentions à la dignité de duc d'Epernon, III, 338 ; aspire à l'ambassade de Rome, V, 103 ; jaloux de la préférence donnée à Saint-Simon, il travaille à lui nuire auprès du roi et de Monseigneur, 112, 113 ; arrive à Bourbon au moment où Mme de Montespan sa mère est près de mourir ; paroles qu'elle lui adresse ; ordres qu'il donne pour les funérailles de sa mère, VI, 47 ; sentiments qu'il éprouve dans cette circonstance ; son caractère ; sa beauté ; ses agréments ; il sacrifie tout à son ambition ; son habileté dans l'art du courtisan, 49 ; son mariage ; son état de maison ; son bonheur au jeu ; sa servitude pour les enfants naturels de sa mère, 50 ; sa poltronnerie ; comment il supporte les railleries qu'on lui fait sur ce défaut, 51 ; ses talents pour la guerre ; sa capacité pour toutes sortes d'affaires, 53 ; son deuil à la mort de sa mère, 54 ; il est vivement soupçonné d'avoir supprimé son testament, 55 ; reçoit le roi et Mme de Maintenon à Petit-Bourg ; détails sur la délicatesse et la profusion qu'il met dans cette réception, 118 ; il fait abattre en une nuit une allée de marronniers sans qu'on s'en aperçoive et sans qu'il en reste aucune trace, 119 ; obtient le gouvernement de l'Orléanais ; sa joie et celle de sa femme, 120 ; il brigue la charge de surintendant des bâtiments, 248 ; l'obtient par le crédit de Mme la Duchesse et de Monseigneur, quoique ce dernier eût rendu témoignage contre sa probité, 249 ; comment il en témoigne sa joie, 250 ; par sa nouvelle charge et par son assiduité il est instruit de toutes les affaires de la guerre et de la cour ; se rend important aux deux partis qui divisent cette dernière, 359 ; est recherché par la duchesse de Bourgogne, lui rend compte de tout ce qu'elle désire, entre dans sa confidence, 360 ; essaye par elle de pénétrer jusque chez Mme de Maintenon, 360 ; aspire à remplacer Chamillart, ou plutôt à entrer dans le conseil, 361 ; comment il répond aux reproches que lui fait Mme la Duchesse de sa liaison avec la duchesse de Bourgogne ; son embarras entre ces deux princesses, 368 ; scène entre lui et le fils de Chamillart dans laquelle il traite fort mal le père et le fils ; il en fait ensuite des excuses, VII, 216 ; il est inscrit un des premiers sur la liste de l'orfèvre Launay pour le don de la vaisselle d'argent ; achète à grand marché force porcelaine admirable, enlève deux boutiques de faïence qu'il fait porter pompeusement à Versailles, 227 ; il met Mme la duchesse de Bourgogne au fait de tout ce qui se passe à Meudon contre Chamillart, 234 ; est chargé de toutes les confidences qui tendent à sa perte, 235 ; ses espérances pour le ministère, 244 ; il saisit tout le ridicule de la lettre du maréchal de Boufflers sur la bataille de Malplaquet pour l'obscurcir auprès du roi, 386 ; reçoit l'ordre du roi de faire les honneurs à l'électeur de Bavière ; mène ce prince dîner chez Torcy, 397 ; lui donne à souper et à jouer à Paris et à Versailles, 398 ; il est chargé par le roi du détail des charges et des biens du jeune M. le Duc, VIII, 121, et d'avoir l'œil sur sa conduite ; travaille plusieurs fois avec le roi à la réforme de beaucoup d'abus et de pillages que feu M. le Duc avait projetée dans la maison du roi, 141 ; ayant deviné ou appris par Monseigneur la résolution du roi de marier le duc de Berry avec Mademoiselle, il veut se faire un mérite d'en hâter la déclaration, 283 et suiv ; il envoie un laquais à Saint-Cloud avertir M. le duc et Mme la duchesse d'Orléans que le roi, Monseigneur et Mgr le duc de Bourgogne ont fait la demande à Madame, 284 ; il prétend à la dignité de duc et pair d'Épernon; ruse et artifice de son discours au roi à ce sujet; il obtient la permission d'intenter un procès, IX, 46 et suiv.; en informe les maréchaux de Boufflers et d'Harcourt; ses respects envers eux, 49; réponse qu'ils lui font, 50; dans quels termes il est avec d'autres ducs, 53; comment il apprend qu'il y a une opposition dressée et signée contre lui, 55 et suiv.; il essaye de ralentir les mesures qu'il voit prises en employant l'autorité du roi; honnêteté excessive qu'il témoigne à Saint-Simon, 57; la déclaration de neutralité du roi le déconcerte et fait changer de face à l'affaire; ses fausses prétentions; son manège pour les faire prévaloir découvert, 65; rôle de courtisan qu'il joue dans le procès de la succession de M. le Prince; il fait savoir au roi, le premier, le jugement qui intervient, 80; ses prétentions à la pairie en font naître une foule d'autres semblables, 184; il est effrayé de la tournure que prend son affaire, 186; trait hardi de courtisan raffiné de sa part; il demande au roi qu'il veuille bien lui accorder comme grâce ce qu'il peut espérer d'obtenir de la justice du parlement, 205; il est déclaré et reçu duc et pair, 262; ose prier le maréchal de Boufflers d'être un de ses témoins, 262; changements de sa position à la cour depuis la mort de Monseigneur; il recherche le Dauphin et la Dauphine; songe à entrer dans le conseil, 227 et suiv.; lit à M. du Maine et au roi un mémoire des ducs sur l'affaire du bonnet; l'envoie au premier président, en le priant de le corriger s'il y trouve quelque chose qui paraisse le mériter, XI, 387; écrit au premier président pour se plaindre de sa conduite et pour justifier le mémoire des ducs, 392 et suiv.; va lui faire visite avec le duc de Noailles; comment ils reçoivent des propositions nouvelles du premier président, 393 et suiv.; d'Antin et les autres ducs commencent à être détrompés sur ses bonnes intentions, 398; grand dîner donné chez d'Antin à plusieurs ducs et où le premier président et le président Maisons sont invités, 399; ce qui s'y passe; le premier président ne s'y rend point sous prétexte d'incommodité, 400 et suiv.; d'Antin se plaint au roi des lenteurs et des délais du premier président, 405; il repousse avec force l'atroce délation que le premier président vient de faire au roi contre les ducs; établit un parallèle frappant entre eux et le parlement sur la fidélité, l'obéissance et l'attachement au roi, 413; rend compte aux ducs de ce que le roi l'a autorisé à les informer; union des ducs contre le premier président, 418; d'Antin dit aux ducs que le roi après avoir écouté Mme la Princesse lui a déclaré qu'il ne veut plus entendre parler du bonnet, 426; est nommé chef du conseil des affaires du dedans, XIII, 154; est nommé surintendant des bâtiments, 319; il marie son second fils à la fille unique de Vertamont, premier président du grand conseil, riche à plusieurs millions et encore plus avare, 336; obtient pour son fils aîné la survivance de son gouvernement d'Orléanais, et pour le second, celle de sa lieutenance générale d'Alsace, XV, 345.

APANAGE. Tout apanage n'est pas pairie, mais toute pairie est essentiellement apanage; preuves historiques; lettres de Philippe le Bel au pape sur l'évêché de Laon; déclaration de Louis XI sur l'érection d'Angoulême; érection du duché-pairie d'Uzès, XI, 296 et suiv.; en quoi consiste l'apanage, 300; quel éclat il répand sur celui qui le possède, 301.

APPARTEMENT chez le roi. Ce qu'on appelait ainsi, I, 22.

APRÈS-SOUPÉE DU ROI. Comment elle était composée et se passait, VIII, 132 et suiv.

AQUAVIVA (le cardinal), chargé des affaires du roi d'Espagne à Rome, a ordre d'aller faire la demande de la princesse de Parme et de la voir épouser, XI, 223; est reçu avec de grands honneurs et une grande magnificence, 223; s'abandonne aux volontés d'Albéroni, XIII, 129; est chargé à Rome du soin des affaires d'Espagne, XIV, 80; obtient du pape la promesse du chapeau pour Albéroni, 242; une aventure de sbires à Rome manque de faire rétracter la promesse du pape, 87; comment l'affaire s'arrange, 88; Acquaviva s'en sert pour lui-même et pour Albéroni, 89; pourquoi il rompt tout commerce avec le cardinal de Noailles, 90; exhorte Albéroni à presser l'envoi du secours promis pour avancer son chapeau, 125; il propose à Albéroni pour hâter sa proposition de demander Alexandre Albani, neveu du pape, pour venir à Madrid terminer les différends des deux cours; assure que le cardinal del Giudice traite secrètement avec la princesse des Ursins, sans doute pour prendre la reine d'Espagne, etc, 149; conseille au roi d'Espagne de se faire remettre les brefs que lui porte Aldovrandi, avant de l'admettre comme nonce, 225; ne cesse de l'exhorter de former une liaison étroite avec le pape pour le bien de la religion, 232; il défend auprès du pape le nonce Aldovrandi; le presse de faire Albéroni cardinal, XV, 77 et suiv.; lui assure que l'Espagne bornera ses conquêtes à la Sardaigne s'il peut promettre que l'empereur observera exactement la neutralité d'Italie, 116; sollicite le roi d'Espagne de profiter du désordre et de la consternation où sont les Allemands du royaume de Naples, d'envoyer une forte escadre en Italie et une puissante armée; lui conseille, s'il n'est pas en état de secourir les princes d'Italie et qu'il veuille faire la paix avec l'empereur, de recourir à la médiation de la France et de l'Angleterre, mais de ne point compter sur les offices du pape, 185; il presse le souverain pontife de répondre enfin au roi d'Espagne sur la médiation qu'il lui a offerte; son entretien avec Alamani, secrétaire des chiffres, à ce sujet; reproches qu'il lui fait, 194; il est instruit des mouvements inutiles qui se font dans le royaume de Naples, 195; adresse au pape un mémoire pour réfuter les prétextes du refus de Sa Sainteté de délivrer les bulles de l'archevêché de Séville, 408; fait à cet égard une protestation, 409; sa querelle avec le gouverneur de Rome; à quelle occasion, 410; ses accusations contre del Giudice, 412; il insiste auprès du pape sur l'envoi des bulles de Séville au cardinal Albéroni, 447; comment il se voit obligé d'exécuter les ordres qu'il a reçus de Madrid, de rompre ouvertement avec la cour de Rome, XVI, 118; comment il suscite et fait retomber toute la vengeance de l'empereur sur la famille des Giudice, 121.

ARAGON (gouvernement d'). En quoi il diffère de celui de Castille; autorité des cortès ou des états généraux, V, 417; attributions du chef du tribunal suprême d'Aragon, 417; Philippe V supprime tous les droits et prérogatives de ce royaume et le met sur le même pied que la Castille, 418.

ARANDA *Rocafull* (le comte), grand d'Espagne; histoire de sa maison, XVIII, 449.

ARANJUEZ; avenues, château, jardin, XIX, 209; parc rempli de cerfs, de daims et de sangliers, 220; la *montagne* et la *mer*, petite hauteur remarquable; vaste ménagerie, 221; Aranjuez dangereux à habiter pendant l'été, 221; lait de buffle excellent, 222.

ARCHE (le baron d'), commandant de Fribourg, défend cette place avec vigueur; la rend et se retire au château, XI, 19; capitule, 19.

ARCHIDUC (l') est déclaré roi d'Espagne par l'empereur, IV, 186; vient en Hollande où il est reconnu par la république et par plusieurs autres puissances de l'Europe, 199; essuie une terrible tempête qui le jette deux fois en Angleterre; vient en Portugal où il ne trouve aucun secours, 257; se rembarque pour la Catalogne; fait le siége de Barcelone, V, 51; emporte le mont Joui, 70; se rend maître de la place, 70; se tient à Saragosse pendant que les armées marchent vers Madrid, 190; les rejoint; perd Ségovie et Cuença; est poursuivi par Berwick, 190; son mariage avec une princesse de Wolfenbüttel est arrêté, 264; cette princesse est reconduite à Barcelone, VI, 299; l'archiduc joint le comte de Staremberg après la bataille de Saragosse, VIII, 424; il entre à Madrid en triomphe; est proclamé roi par ses troupes; consternation de la ville; 428; il quitte Madrid et va à Barcelone, 431; quitte cette ville pour aller régner en Allemagne; laisse aux Catalans le comte de Staremberg pour vice-roi et l'archiduchesse pour gage de son retour, X, 21; arrive à Gênes; comment il y est accueilli, 23; voit le duc de Savoie à la chartreuse de Pavie; apprend son élection comme empereur à Milan où il est reçu avec magnificence; y donne audience au cardinal Imperiali, légat *a latere*, 24; aux ambassadeurs de Savoie, Venise et Gênes; se rend à Inspruck où le prince Eugène vient le saluer; froid accueil qu'il lui fait; causes de son éloignement pour lui, 24; il est couronné à Francfort; il écrit aux États généraux une lettre violente et pressante pour les détourner de la paix, 60; est couronné roi de Hongrie à Presbourg, 205. Voy. *Charles VI.*

ARCHIVES des ministères. Elles furent établies par Louvois, VIII, 369.

ARCO (le comte d'), a la tête coupée pour avoir mal défendu Brisach, IV, 247.

ARCO (le comte d'), maréchal des troupes de Bavière, se retranche dans Donawerth; y est attaqué; après une vive résistance se retire à Rhein ; ses talents militaires ; son origine ; quel rang il occupe dans les troupes de France et de Bavière réunies, IV, 292.

ARCO (Mme d'), ancienne maîtresse déclarée de l'électeur de Bavière, meurt à Paris où elle donnait à jouer tant qu'elle pouvait ; sa famille, XIV, 171.

ARCO (le duc del), grand d'Espagne ; son extérieur ; son attachement pour le roi, XVIII, 369, il devient premier écuyer ; sauve la vie du roi et une autre fois celle de la reine ; devient grand écuyer ; son caractère magnifique ; son esprit sage et juste ; son assiduité auprès du roi, 370 ; va au-devant de Mlle de Montpensier à Cogollos, lui présente une dame et deux cavaliers que la princesse soupçonne avec raison être la reine, le roi et le prince des Asturies, XIX, 119.

ARCOS et BANOS frères, reçoivent ordre du roi d'Espagne d'aller servir en Flandre, pour punition d'un mémoire qu'ils ont présenté, III, 224 ; sont bien traités par le roi de France et admis à baiser Mme la duchesse de Bourgogne, 224 ; savoir et mérite du duc d'Arcos ; il veut faire la guerre en Aragon, n'y entend rien, est rappelé à Madrid et fait conseiller d'État, V, 101. — Arcos *Ponce de Léon*, grand d'Espagne ; historique sur cette maison, XVIII, 371 ; caractère du duc d'Arcos ; son instruction ; caractère et richesse de la duchesse, 372.

ARCOS, *Figuerroa y laso de La Vega* (le comte los), grand d'Espagne, XVIII, 449.

ARCY (le marquis d'), gouverneur de M. le duc de Chartres ; sa conduite à la guerre et dans le monde ; il est fait chevalier de l'ordre et conseiller d'État d'épée, I, 31 ; montre un grand sang-froid à la bataille de Neerwinden, 95 ; sa mort ; il est fort regretté de M. le duc de Chartres ; sa vertu, sa capacité, sa valeur, 219.

ARCY (D'), capitaine, puis commandant du château d'Eberbourg, après une très-belle défense, est obligé de rendre cette place au prince Louis de Bade, II, 31.

AREMBERG (le duc) *Ligne*, grand d'Espagne, XVIII, 372.

ARGENSON, lieutenant de police, brigue la place de premier président du parlement de Paris ; pourquoi le roi ne veut pas la lui donner, V, 385 ; est fait conseiller d'État sans quitter la police ; pendant l'hiver de 1709, il ne laisse entrer de blé dans Paris que sur des billets signés de lui ; les intendants font de même dans leurs généralités, VII, 123 ; il entre dans l'abbaye de Port-Royal des Champs avec des escouades du guet et d'archers, et enlève les religieuses, 421 ; interroge le cordelier arrêté par Chalais en Poitou ; instruit M. le duc d'Orléans qu'il n'a rien trouvé dans ses interrogatoires qui le regarde, et lui fait part des services qu'il lui rend là-dessus auprès du roi, X, 197 ; est indiqué au régent pour les finances et les sceaux ; son caractère ; sa capacité ; son habileté dans la police, XV, 255 ; sa conduite dans les affaires de la constitution, 256 ; sa conférence chez Saint-Simon qui le décide à accepter les deux places, 258 et suiv. ; est déclaré garde des sceaux et président des finances ; prête serment, 260 ; en informe Saint-Simon par une lettre, 261 ; sa conférence chez ce dernier avec le cardinal de Noailles ; ce qui s'y passe, 297 ; son genre de vie ; il travaille à toutes les heures de nuit et de jour, donne des audiences de même, 308 et suiv. ; il dirige les finances seul avec Law, 309 ; obtient le tabouret pour sa femme, 310 ; sa réponse ferme aux remontrances du parlement sur l'édit des monnaies, XVI, 285 ; il se lie avec l'abbé Dubois, Law et M. le Duc pour culbuter M. du Maine et réprimer les entreprises du parlement, 431 ; sa conduite au lit de justice, 417 (voy. *Lit de justice*) ; il marie son second fils à la fille du président Larcher ; perd sa femme de la petite vérole ; fait ses deux fils conseillers d'État malgré leur jeunesse, XVII, 219 ; sa lutte avec Law ; il lui cède les finances et reste garde des sceaux, 379, 380 ; il fait passer sur la tête de son fils aîné sa charge de chancelier de l'ordre du Saint-Esprit et lui fait donner l'intendance de Maubeuge ; fait son fils cadet lieutenant de police, 380 ; sa conduite adroite contre Law, XVIII, 6, 7 ; le régent lui envoie redemander les sceaux ; il se retire dans un couvent de filles au faubourg Saint-Antoine, 19, 20 ; son amitié pour Mme de Veni qui en était la supérieure, 20 ; sa mort ; son caractère ; son esprit, 157.

ARGENSON (D'), frère du lieutenant de police, passe de l'évêché de Dol à l'archevêché d'Embrun, XII, 453 ; puis à celui de Bordeaux, XVII, 190.

ARGENSON (D'), fils du lieutenant de

police. Extraits des mémoires inédits du marquis d'Argenson, XIX, 476; XV, 461 et ailleurs.

ARGENTON (Mme d') présente au duc d'Orléans les frères Eustache Conflans, surnommés d'Armentières et devient la cause de leur fortune, VI, 446; Mlle Chausseraye lui annonce que M. le duc d'Orléans la quitte; elle demande à se retirer à l'abbaye de Gomerfontaine; elle écrit à M. le duc d'Orléans et à Mme de Ventadour à ce sujet; sa demande est refusée par Mme de Maintenon, VIII, 68; s'en va demeurer chez son père à Pont-Saint-Maxence; discours divers sur cette retraite, 70; elle épouse secrètement le chevalier d'Oppède qui la traite avec beaucoup de rudesse, XV, 139.

ARGOUGES (D'), petit-fils de Pelletier, est nommé lieutenant civil à l'âge de 26 ans, à la prière de son grand-père, VIII, 415.

ARGYLE (le duc d'), général des troupes d'Angleterre en Catalogne, reçoit ordre de les ramener dans l'île, X, 60.

ARIAS (don Manuel), gouverneur du conseil de Castille, est nommé par le testament du roi membre de la junte qui doit gouverner en attendant le successeur, III, 30; quitte les affaires et se dispose à se retirer dans son archevêché de Séville, IV, 179; est retenu par l'autorité du roi pour être membre d'une nouvelle junte; sa capacité et son crédit embarrassent la princesse des Ursins, 209; est nommé cardinal, X, 306; meurt assez vieux dans son archevêché; son éloge, XV, 151.

ARION (le duc) *Sotomayor y Zuniga*, grand d'Espagne; ses emplois à la cour; il fut vice-roi du Mexique, XVIII, 372. Voy. *Valero* (le marquis de).

ARIZZA *Palasos* (le marquis d') grand d'Espagne, XVIII, 421.

ARLING, colonel d'infanterie, est fait brigadier pour avoir bien secondé le commandant Peri dans son projet de sortir d'Haguenau avec la garnison saine et sauve, V, 40; est nommé capitaine des gardes de Madame, XIII, 255.

ARMAGNAC (le duc d'), grand écuyer, sur la proposition que lui fait le roi de marier sa fille au cardinal de Médicis, supplie Sa Majesté de trouver bon qu'il la consulte; dit ensuite au roi que Mlle d'Armagnac préfère l'honneur de rester sa sujette aux plus grandes fortunes étrangères, V, 164; trait de brutalité de sa part envers la grande-duchesse, VI, 2; il représente avec force au roi l'injustice que le duc de Lorraine lui fait, à lui et à son fils, en déclarant M. de Vaudemont souverain de Commercy et l'aîné après ses enfants, 22; ne peut pardonner à M. de Vaudemont, surtout à cause de son fils Camille, dont la situation en Lorraine n'est plus la même, 24; à la mort de sa femme, il reçoit ordre du roi d'aller avec ses enfants en manteau chez les princes et princesses du sang, et d'y faire aller ses filles en mante; nouvelle usurpation des princes du sang; comment elle est amenée, 148 et suiv.; M. d'Armagnac recherche inutilement Mme de Châteauthiers, dame d'atours de Madame; les motifs qui le font refuser par cette dame lui inspirent une plus grande estime pour elle, 150; ses procédés généreux en faveur de ses nièces, VII, 198; comment il obtient du roi une pension de 30 000 livres pour Mlle d'Armagnac sa sœur, X, 304; obtient pour son fils un brevet de retenue de 1 000 000 livres sur sa charge et la survivance du gouvernement de Picardie du duc d'Elbeuf, XIII, 184; sa contestation avec le premier écuyer Beringhen, au sujet de la dépouille de la petite écurie, 207; son caractère, 208; raisons qu'il fait valoir dans un mémoire, 210; le conseil de régence décide contre lui, 221; son dépit; il obtient du régent l'autorisation de faire ses protestations, 226; suite de cette affaire sous le ministère de M. le Duc, 226; M. d'Armagnac importune le régent de ses tentatives et de ses entreprises de fait, XV, 129; il meurt à l'abbaye de Royaumont; sa longue faveur auprès du feu roi; à quoi il la dut, 337; son caractère; sa brutalité; sa gourmandise; son bonheur; sa générosité, 338.

ARMAGNAC (Mme d'), prétend le pas sur Mme de Saint-Simon; détails à ce sujet, II, 239; meurt peu regrettée; son extérieur; sa mise habituelle; son caractère impérieux et altier; le roi ne la souffrait qu'avec peine; son despotisme domestique, VI, 146; elle fait enfermer son fils, l'abbé de Lorraine, à Saint-Lazare, 147.

ARMAGNAC (Mlle d'), fille de M. le Grand, refuse d'épouser le cardinal de Médicis, V, 164.

ARMAGNAC (l'abbé d') meurt à 30 ans de la petite vérole, à Monaco; ses mœurs; ses abbayes, X, 266.

ARMENDARIZ, lieutenant général espagnol; son esprit; son caractère; il est nommé vice-roi du Pérou, XIX, 21.

ARMENONVILLE, intendant des finances, en est nommé un des directeurs; son caractère; par qui il est protégé, III, 189; donne un souper magnifique à Mme la duchesse de Bourgogne à sa maison de la Muette; Mme Armenonville sert la duchesse debout derrière elle; les dames de robe les plus distinguées ne se mettent jamais à table avec les princesses du sang, VI, 114; son mari perd sa place de directeur des finances qui est supprimée; obtient une pension de 12 000 livres et la charge nouvelle de capitaine du bois de Boulogne; est réduit à la fonction de simple conseiller d'État en semestre; comment il supporte ce changement de fortune, 175; par le crédit de Saint-Simon, il obtient du régent la charge de secrétaire d'État des affaires étrangères, mais sans fonctions, XIV, 23; gagne au conseil de régence son procès contre les conseillers d'État, vend la Muette à la duchesse de Berry; quels avantages lui sont faits, 111; est nommé président d'une chambre établie aux Grands-Augustins pour juger en dernier ressort quantité de procès restés en arrière; s'acquiert beaucoup d'honneur ainsi que la chambre qu'il préside, XVIII, 76; obtient pour son fils la survivance de sa charge de secrétaire d'État, 185; est nommé garde des sceaux, XIX, 312.

ARMENONVILLE (Mme d'), meurt de la petite vérole, XIV, 107.

ARMENTIÈRES (D'), maître de la garderobe de M. le duc d'Orléans, épouse la fille cadette de Mme de Jussac; sa généalogie; sa fortune et celle de ses frères, VI, 445 et suiv.; il devient premier gentilhomme de la chambre de M. le duc d'Orléans, et son frère Conflans maître de la garde-robe 446; voir aussi X, 182 et suiv.; il meurt assez jeune d'une longue maladie; son frère Conflans lui succède dans sa charge, 450.

ARMENTIÈRES (le marquis d') épouse la fille unique d'Aubigny, écuyer de la princesse des Ursins, X, 6, 184.

ARMENTIÈRES (Mlle d') meurt à 80 ans; son mérite; son esprit; sa fortune diverse: elle laisse l'usufruit de son bien à la duchesse du Lude et une pension de 4000 livres à la duchesse d'Orval, son amie; sa famille, X, 180 et suiv.

ARNAUD, chirurgien domestique du duc Claude de Saint-Simon, se rend célèbre et riche par l'opération des descentes; il fait une double opération à un jeune abbé débauché et le guérit malgré lui, I, 60.

ARNAUD (l'abbé), frère de Pomponne et neveu du fameux Arnaud, meurt dans la retraite, II, 223.

ARNOULD (Mme), sa vie romanesque: sa laideur; comment elle se fait épouser par M. Arnould, intendant de marine à Marseille; son intimité et son commerce secret avec Mme de Maintenon, II, 291; ce qu'on débite d'elle dans le public sur le voyage du maréchal de Salon à Versailles, 291.

AROUET (depuis Voltaire), fils du notaire de MM. de Saint-Simon, est exilé et envoyé à Tulle pour des vers satiriques et impudents, XIII, 436; est mis à la Bastille pour des vers très-effrontés, XIV, 69.

ARPAJON (le marquis d'), lieutenant général en Espagne, est honoré de l'ordre de la Toison d'or, X, 7; obtient 1000 écus de pension, XII, 591; épouse une fille de Montargis, garde du trésor royal, 4.

ARPAJON (la duchesse d'), sa vertu, sa bonne conduite; pourquoi elle est amenée à Paris; est nommée tout à coup dame d'honneur de Mme la Dauphine; par qui, I, 357; pourquoi elle n'est pas ensuite nommée dame d'honneur de Mme la duchesse de Bourgogne; son dépit, malgré ce que le roi et Mme de Maintenon font pour la consoler; sa mort, 358.

ARPAJON (Mme d'), est choisie par Mme la duchesse de Berry pour une de ses dames; son extérieur; sa richesse; sa naissance; son caractère, XV, 150.

ARQUIEN (le marquis d'), père de la reine de Pologne, est fait chevalier de l'ordre du Saint-Esprit, I, 117; son nom, sa naissance; par qui il est soutenu dans le monde; son premier mariage avec Mlle de La Châtre; il établit trois de ses filles en Pologne, VI, 68; comment à l'âge de 22 ans il devient cardinal, 72; il se retire à Rome avec sa fille, veuve du roi de Pologne; sa mort, 73.

ARQUIEN (Mlle d'), comment elle devient reine de Pologne, VI, 68, 69; après la mort du roi Jean III, elle veut revenir en France 71; pourquoi elle renonce à ce projet; elle se lie avec la cour de Vienne et avec tous les ennemis de la France, 72; se retire à Rome avec son père; mortifications qu'elle y éprouve, 73; voir aussi XI, 119 et suiv.; elle obtient enfin la permission de revenir en France; à quelle condition; elle se retire à Blois, 120; y meurt dans l'obscurité, XIII, 330; sa petite-fille épouse à Rome le roi Jacques d'Angleterre, 330.

ARROUY (D'), voy. *Harouis* (D').

ARTAGNAN, major des gardes françaises, porte au roi la nouvelle de la victoire de Neerwinden et est fait gouverneur d'Arras, I, 99; est fait directeur général des troupes en Flandre, 225; est nommé pour être Mentor du duc de Bourgogne à l'armée, III, 413; prend Diest, V, 36; enlève Warneton aux ennemis, VII, 356; est fait maréchal de France, 386; sa famille, 387; par quelles voies il parvient; il prend le nom de maréchal de Montesquiou, 389; se rit de la colère de M. le Duc que ce nouveau nom rend furieux; retourne en Flandre, 389. Voy. *Montesquiou*.

ARTAGNAN, achète de Maupertuis la charge de capitaine des mousquetaires gris, XIII, 343.

ASFELD, commandant sur la frontière d'Espagne, pourvoit heureusement, mais avec beaucoup de peine, à la subsistance des troupes, V, 3; informe le duc de Berwick de l'arrivée des ennemis et fait des dispositions pour l'attaquer, 330; sa bonne conduite au siége de Lérida, 335; il rend les plus grands services au siége de Tortose, VI, 304; emporte la ville et le château de Denia; prend Alicante, 433; est nommé pour commander à Fribourg et dans le Brisgau, XI, 19; fait la conquête de l'île Majorque, XII, 76; reçoit la Toison d'or, 76; est nommé membre du conseil de guerre, XIII, 151; et surintendant des fortifications, 152; refuse de servir contre l'Espagne, XVII, 211; s'engage seulement de faire voiturer à l'armée tout ce qui sera nécessaire, sans sortir de Bordeaux, 212.

ASSAFETA, première femme de chambre de la reine d'Espagne, son rang, ses fonctions, III, 115.

ASSEMBLÉE de la noblesse en 1649, V, 438; quel en fut le but; à quelle occasion elle eut lieu, XIV, 304 et suiv.; copie du traité d'union et d'association faite par les seigneurs de la plus haute noblesse du royaume tenue à Paris en 1649, 306 et suiv.; notes historiques sur plusieurs des signataires de cette pièce, 310 et suiv.; examen de ce traité, 313; conduite des signataires comparée à celle de l'assemblée de la noblesse tenue en 1717; différence dans le but et dans les moyens, 314; comment se termine celle de 1649, 315; arrêt du conseil de régence qui défend celle de 1717, 321; notes sur l'assemblée de 1649, 482.

ASSEMBLÉES des Francs, XI, 276 et 458.

ASTORGA y *Cespedez* (Diego d'), archevêque de Tolède, auparavant évêque de Barcelone; son extérieur; son mérite, sa modestie, XV, 216; ses grands revenus; sa dépense; sa conversation avec M. de Saint-Simon sur l'état d'avilissement où l'épiscopat est réduit en Espagne et sur l'acceptation de la constitution, 217 et suiv.; il est le premier et l'unique prélat d'Espagne à qui le titre d'Excellence ait été accordé, 414.

ASTURIES (prince des). La naissance de ce prince est annoncée au roi de France; superbe fête donnée à cette occasion par le duc d'Albe à Paris, VI, 102; les cortès lui rendent hommage et lui prêtent serment de fidélité lorsqu'il n'a encore que vingt mois, VI, 210.

ATAREZ *Villalpando* (le comte), grand d'Espagne, XVIII, 449.

ATHLONE (le comte d'), commandant en chef les Hollandais, meurt de maladie, IV, 131.

ATHLONE (le fils du comte d') est fait prisonnier près du village de Vive-Saint-Éloi, VIII, 362.

ATOCHA (Notre-Dame d'), église de Madrid, en grande dévotion dans le pays; dans quelles occasions les rois d'Espagne y vont, et comment ils y vont, XVIII, 319 et suiv., XIX, 90 et suiv.; orgueil et arrogance des moines, 91 et suiv.

ATRI (le duc d'), *Acquaviva*, capitaine des gardes du corps, grand d'Espagne, XVIII, 372.

ATRISCO (le duc) *Sarmiento*, grand d'Espagne, XVIII, 373.

AUBENTON (le P.), jésuite, est choisi par le roi pour confesseur de son petit-fils le roi d'Espagne; caractère de ce personnage; son habileté dans l'art du manége, III, 133 et suiv.; congédié d'Espagne il passe en Italie où il est assistant français du général des jésuites, IX; il fait avec Fabroni la constitution *Unigenitus*, 9 (voy. *Unigenitus*); est rappelé au confessionnal du roi d'Espagne, XII, 37; son commerce de lettres secret et immédiat avec le pape, XIII, 388; il fait donner au prince des Asturies un précepteur de sa compagnie, 388; pourquoi il se rallie à Albéroni, XIV, 60; il écrit au pape que le secours qu'il attend d'Espagne dépend absolument de ce ministre dont il exalte le pouvoir, 90; montre au roi, sans l'avoir communiquée à Albéroni, une lettre du cardinal Paulucci qui se presse de faire en sorte qu'en attendant l'accommodement des deux cours, le roi d'Espagne ait la complaisance de laisser jouir le pape de la dépouille des évêques qui viendraient à mourir, 125; reçoit une défense sévère et précise de ne se plus mêler d'aucune affaire de Rome; mande à Rome que sans Albéroni il ne peut rien, 126; fait part à ce premier ministre d'une lettre qui lui a été remise de la part de M. le duc d'Orléans pour être donnée au roi d'Espagne; objet de cette lettre, 127; sa correspondance avec le pape pour le presser d'élever promptement Albéroni à la pourpre, 306; il lui fait savoir qu'il n'obtiendra pas l'entière exemption de toute imposition sur les biens patrimoniaux des ecclésiastiques de l'Espagne, pas même avec équivalent; insiste encore sur le chapeau pour ne pas irriter la reine qui le demande avec tant d'instance, 159 et suiv.; il apporte tous ses soins à trouver en Espagne des défenseurs à la constitution, XVI, 370; il reçoit la visite de M. de Saint-Simon; accueil qu'il lui fait; sa demande touchant le choix d'un confesseur du roi de France; réponse qu'il en reçoit, XVIII, 341 et suiv.; il perd la mémoire en vieillissant et dévoile lui-même ses friponneries, XIX, 46; sa jalousie du P. Aubrusselle, 46, 47; il meurt à 76 ans; pour se venger de l'affront qu'il a reçu du cardinal Dubois, il persuade au roi d'Espagne avant de mourir de prendre pour confesseur le P. Bermudez, XX, 3.

AUBÉPINE (Charlotte de L'), seconde femme du duc Claude de Saint-Simon, et mère de Saint-Simon, auteur des Mémoires, I, 1; ses soins pour l'éducation de son fils, 2; elle fait faire pour lui un équipage de campagne, 5.

AUBERCOURT, jésuite, sorti de la compagnie de Jésus, demande sa portion héréditaire à sa famille; procès à ce sujet rapporté au conseil du roi, III, 419; arrêt du conseil contre lui et contre tous les jésuites; Aubercourt leur reste attaché, et par leur crédit obtient des bénéfices et des abbayes, 420.

AUBETERRE (le chevalier d'), meurt à 92 ans, après avoir remis à son neveu le gouvernement de Collioure; son vrai nom, V, 371.

AUBETERRE (D'), bat l'arrière-garde du duc de Savoie, prend un fils du comte de Soissons, un capitaine des gardes et une vingtaine d'officiers, V, 214; son caractère complaisant et courtisan fait son principal mérite, 371.

AUBIGNÉ (l'abbé d') est présenté par M. l'évêque de Chartres à Mme de Maintenon comme son parent; puis nommé évêque de Noyon, son origine, sa bêtise, son ignorance, son extérieur, sa bonté, sa piété, III, 76 et suiv.; est transféré à l'archevêché de Rouen, avec un brevet qui lui conserve les honneurs de comte et pair de France, VI, 145; poursuit à son officialité des curés fort estimés et les fait interdire, XVII, 53; vient à Paris pour faire casser l'arrêt du parlement de Rouen qui a cassé l'interdiction, 53; cette affaire est portée au conseil de régence; quelle décision y est prise d'après l'avis de M. de Saint-Simon, 54 et suiv.; Aubigné meurt peu après Mme de Maintenon, 190.

AUBIGNÉ (le comte d'), frère de Mme de Maintenon, donne de grands soucis à cette dame par ses incartades continuelles; sa fortune; ses prétentions, II, 53; ses gouvernements; son genre de vie; ses saillies; son esprit divertissant; ses propos libres sur sa sœur, 54; il est forcé de se retirer dans une petite communauté de Saint-Sulpice, 55; d'où il sort pour retourner à ses anciennes habitudes; on le rattrape et on lui donne un gardien qui le suit comme une ombre, 55; il se trouve au mariage de sa fille qui épouse le comte d'Ayen, 115; meurt aux eaux de Vichy toujours gardé à vue, IV, 125.

AUBIGNÉ (Mme d'), fille d'un médecin et belle-sœur de Mme de Maintenon, désole cette dame par la bassesse de sa mine et de ses manières, II, 54; se trouve au mariage de sa fille qui épouse le comte d'Ayen, 115.

AUBIGNÉ (Mlle d'), nièce de Mme de Maintenon, est mariée au comte d'Ayen; détails sur ce mariage, II, 113 et suiv.

AUBIGNY (D'), colonel de dragons, est tué à la bataille de Ramillies, V, 176.

AUBIGNY, fils d'un procureur au Châtelet, attaché à la princesse des Ursins, sous le nom d'écuyer, est admis au conseil secret du roi d'Espagne; comment il traite un jour Mme des Ursins; est logé au palais dans l'appartement qu'occupait auparavant l'infante Marie-Thérèse, IV, 177; après la retraite de la princesse des Ursins, il reste à Madrid et obtient du roi une maison et une pension de 2000 ducats, 332; est renvoyé par la princesse pour lui préparer une belle demeure en France; achète un champ près de Tours, y bâtit un vaste et superbe château, X, 4; ce château lui demeure dans la suite en propre : il s'y fait aimer et estimer, 6.

AUBIGNY, prétendu cousin de Mme de Maintenon, gouverneur de Saumur, brigadier et colonel du régiment royal, est envoyé au roi pour lui annoncer la prise de Douai, X, 216; il reçoit 12 000 liv.

AUBRUSSELLE (le P.), jésuite français, précepteur des infants d'Espagne; son mérite; jalousie qu'il inspire au P. Daubenton, XIX, 46, 47.

AUBUSSON (Georges d'), évêque de Metz; sa famille, son esprit, son savoir; est d'abord évêque de Gap, puis d'Embrun; son ambassade à Venise, en Espagne, I, 435; sa fermeté et sa dextérité dans cette dernière mission; est reçu chevalier de l'ordre, puis évêque de Metz; comment il vit à la cour; son grand crédit; il meurt à 85 ans, 436.

AUGICOURT, gentilhomme de Picardie, meurt avec plusieurs pensions secrètes du roi; est employé par M. de Louvois dans des affaires importantes et secrètes; est chassé par lui; pourquoi, IV, 295; le roi continue de se servir de lui en plusieurs choses; lui donne beaucoup d'argent et lui accorde toutes sortes de petites grâces; Augicourt voit souvent Mme de Maintenon; est craint et méprisé pour sa conduite envers Louvois, 296 : joue chez Monsieur et chez Monseigneur, 297.

AUGUSTE (électeur de Saxe), compétiteur du prince de Conti au royaume de Pologne, fait abjuration entre les mains de l'évêque de Javarin, II, 18; ses promesses aux Polonais; quels sont ceux qu'il gagne ou dont il s'assure, 19; il est élu contre toutes les formes, les lois et le droit du primat, 19; s'avance près de Cracovie avec 6000 hommes de ses troupes et grand nombre de Polonais, 21; reçoit l'hommage des principaux de son parti, jure les *pacta conventa* et se fait couronner avec les cérémonies d'usage, 25; il se concilie tous les grands qui lui étaient opposés et est reconnu par toutes les puissances de l'Europe, 90; malgré la paix signée en secret avec le roi de Suède, attaque un corps suédois et le défait; conditions humiliantes qui lui sont imposées, V, 262; a une entrevue avec le roi Stanislas, 331; vient incognito à l'armée des ennemis en Flandre, VI, 380; pour assurer la couronne à son fils, essaye de lui faire embrasser la religion catholique; moyens qu'il emploie à cet effet, XI, 229 et suiv.; son habileté lors de sa conversion au catholicisme, XVIII, 323 et suiv.; comment il parvint aussi à convertir son fils sans se brouiller avec les protestants, 324.

AUMONIER (grand). Sur les droits du grand aumônier, VIII, 375, 376.

AUMONT (la duchesse d'); son procès avec le duc de Saint-Simon, V, 84, 85; M. de Brissac y intervient pour elle, 85; quelle en est l'issue, 86 et suiv; elle meurt à 61 ans, peu regrettée de sa famille; son extérieur, IX, 99; son caractère impérieux et difficile, sa richesse, 99.

AUMONT (la duchesse d'), fille du marquis de Pienne, meurt sept mois après son mari, quatre mois après sa belle-fille et huit jours avant son fils; elle était sœur de la marquise de Châtillon; leur liaison; leur beauté, XX, 28.

AUMONT (le duc d') marie son fils unique Villequier à la fille unique de Guiscard, VI, 299; est nommé ambassadeur en Angleterre, X, 255; est fait chevalier de l'ordre, 255; son hôtel à Londres est entièrement brûlé, 317; le bruit court qu'il a été lui-même incendiaire; pourquoi; son goût pour la dépense; son mariage fait contre le gré de son père; son extérieur; son caractère, 317; il fait de son écurie un cabinet de luxe; ce qu'il reçoit du roi pour l'incendie de son hôtel, 318; revient de son ambassade; entretient longtemps le roi; affecte toutes les manières anglaises; rapporte beaucoup d'argent, XI, 25; s'offre pour aller seul, au nom des ducs, à la conférence que M. du Maine leur a proposée à Sceaux, touchant l'affaire du bonnet, 416; sa conduite à la conférence, 417 et suiv.; il obtient du régent, pour son fils unique le marquis de Villequier, la survivance de ses charges, XIII, 184; meurt d'apoplexie à 56 ans, XIX, 449.

AUMONT (la duchesse d'), fille unique de Guiscard, meurt à 34 ans, XX, 1.

AUMONT (le duc d'), mari de la précédente, voy. *Villequier*.

AUNEUIL, maître des requêtes, frère

de la maréchale de Lorges, lève à ses dépens la difficulté qui arrête la conclusion du mariage du duc de Saint-Simon, I, 252.

AUVERGNE (le prince d') passe aux ennemis; va à Munich, puis en Hollande où il est fait major général, IV, 3; se montre plus cruel qu'aucun des ennemis, 5; son procès lui est fait au parlement; il est condamné à être pendu en effigie, 5; par sa maladresse, l'avant-garde des ennemis qu'il commande en Flandre ne peut détruire l'arrière-garde de l'armée française, VI, 88; il fortifie la Bassée d'où il est forcé de se retirer, VII, 2; est chargé de conduire à Douai le maréchal de Boufflers et les principaux officiers de la garnison de la citadelle de Lille, 19, 20; il reçoit son oncle le cardinal de Bouillon et l'emmène avec lui à l'armée des ennemis, VIII, 369; meurt de la petite vérole, laissant une fille qui épousa le prince palatin de Sultzbach, 404.

AUVERGNE (le comte d') vient aussitôt après la mort de sa femme demander au roi la permission d'épouser et d'emmener en France Mlle de Wassenaër, Hollandaise; l'obtient et se marie; caractère doux et aimable de cette demoiselle, II, 260; le comte meurt à Paris d'une longue et singulière maladie; il voit avant de mourir son fils, l'abbé d'Auvergne, avec lequel il était horriblement brouillé; son extérieur; son caractère, VI, 130.

AUVERGNE (la comtesse d'), meurt d'une hydropisie de vents; Mme Chadon, femme d'un fameux avocat, l'avait convertie à la religion catholique, IV, 347; tous les Bouillon qui l'avaient reçue froidement s'étaient à la fin laissé gagner par sa vertu et ses manières, 348.

AUVERGNE (le fils aîné du comte d'), se bat en duel avec le chevalier de Caylus; pourquoi; il est pendu en effigie, I, 412; meurt dans l'ordre de Malte, III, 388.

AUVERGNE (l'abbé d'), chanoine de Strasbourg et prêtre coadjuteur de Cluni, se trouve concurrent avec l'abbé de Soubise pour la coadjutorerie de Strasbourg; ses mœurs; son ignorance; sa dissipation, II, 389; il dit la messe du Saint-Esprit avant l'élection de l'abbé de Soubise, 398; gagne son procès contre les moines de Cluni, IV, 111; sollicite les juges de de Bar, et, pour les toucher, leur dit à

peu près ce que M. de Bouillon dit au roi, V, 325; est nommé à l'archevêché de Tours; réponse du régent au sujet de cette nomination, XVII, 292; friponnerie de l'abbé d'Auvergne pour avoir l'archevêché de Cambrai; comment elle est découverte, 389 et suiv.; de l'archevêché de Tours il passe à celui de Vienne, 401.

AVARAY (D'), lieutenant général; son extraction; il est fait chevalier de l'ordre, VII, 204; son ambassade en Suisse, 204; est renvoyé ambassadeur dans ce pays, XI, 247; XIII, 343.

AVAUGAUR (Mme d'), bâtarde non reconnue de Monseigneur, meurt sans laisser d'enfants, XIV, 17.

AVAUX (D'), est envoyé ambassadeur en Hollande, III, 68; propositions que lui font à la Haye les Hollandais et les Anglais; les conférences sont rompues; d'Avaux revient, 140; vend au président de Mesme, son neveu, sa charge de prévôt et grand maître des cérémonies de l'ordre, avec permission de continuer à porter le cordon bleu; de qui il tenait cette charge, IV, 146; sa mort; sa famille; son extérieur; son caractère, VII, 72; ses talents comme négociateur; il avertit inutilement la cour de France du projet de la révolution d'Angleterre, 73; son ambassade en Irlande avec le roi d'Angleterre; conduite qu'il y tient; pourquoi il encourt la disgrâce de Louvois, 76; son ambassade en Suède; pourquoi il demande à revenir, 77; sa nouvelle ambassade en Hollande; genre de vanité qui le rend ridicule, 78; il meurt de l'opération de la pierre, 79.

AVEIRO (la duchesse d'), mère des ducs d'Arcos et de Baños, meurt à Madrid, XII, 12.

AVERNE (le comte d'), Sicilien, brigadier de dragons, attaque un poste près du village de Weisloch, l'emporte, poursuit les ennemis et est tué; est fort regretté du maréchal de Lorges, I, 193.

AVERSBERG (le comte d'), envoyé ambassadeur d'Allemagne en Espagne, est prié par la junte de ne pas attendre l'arrivée du roi à Madrid, III, 135; il s'en retourne et passe par Paris, 135.

AVRINCOURT (D'), colonel de dragons, est marié à une demoiselle de Saint-Cyr, Mlle d'Osmond; est fait gouverneur d'Hesdin; autres avantages qu'il retire de son mariage, IV, 422.

AYDIE (D'), veuf de la sœur de Riou, disparaît au moment où la conspiration de Cellamare est découverte, XVII, 86.

AYÉTONE (le marquis d') ouvre la tranchée devant Barcelone assiégée par Philippe V, V, 166; il se distingue à la tête de l'infanterie d'Espagne dans un combat où l'armée portugaise est défaite, VII, 211; est fait capitaine général, IX, 430; est grand d'Espagne; historique sur sa maison, XVIII, 421; son caractère, 423.

AZAFATA, voy. *Assafeta*.

B

BACHELIER, premier valet de garderobe du roi, autrefois laquais de M. de La Rochefoucauld, doit sa fortune à ce seigneur; son honnêteté; sa droiture; son attachement pour cette famille, IV, 109; voir aussi XI, 34.

BACHELIER, fils, achète de Bloin sa charge de premier valet de chambre, XIII, 184.

BACQUEVILLE, fils d'un premier président de la chambre des comptes de Rouen, épouse une des filles du marquis de Châtillon; quel était le grand-père de Bacqueville, XI, 110.

BACQUEVILLE (Mme de) est nommée pour accompagner Mlle de Valois à Modène, XVII, 409; quel était son père; son mari, 412.

BADIE (La), commandant de Quesnoy, est fait prisonnier de guerre avec sa garnison; il obtient du prince Eugène la permission de venir se justifier à la cour; est mis à la Bastille, X, 212.

BAGLIANI (le comte de), envoyé du duc de Mantoue, meurt à Paris où il était depuis 40 ans; sa haute taille, sa grosseur, son esprit délicat et orné; son caractère, III, 399.

BAGNOLS, intendant de Lille et conseiller d'État, se brouille avec le ministre Chamillart; à quelle occasion; il a le dessous, VI, 258; veut se retirer; on fait des avances pour le retenir; ses prétentions; il quitte l'intendance de Lille et vient à Paris cabaler contre le ministre; quels personnages entrent dans la cabale, 258 et suiv.

BAILLEUL (Le), ancien président à mortier, meurt dans sa retraite à Saint-Victor, dans une grande piété; son caractère, regrets publics de sa perte, III, 188.

BAILLEUL (Le), président à mortier, meurt après s'être ruiné et avoir vendu sa charge: quel était son père, XI, 78.

BALBAZÈS (le marquis de Los), grand d'Espagne, se fait prêtre; sa famille, X, 175; histoire sur sa maison, XIX, 423; son caractère, 425.

BALUE (cardinal), premier ministre de Louis XI, qu'il livre au duc de Bourgogne, justement enfermé et jamais remplacé, XIX, 376.

BALUZE, attaché au cardinal de Bouillon par des pensions et des bénéfices, fait une généalogie de la maison d'Auvergne par laquelle il fait descendre de mâles en mâles la maison de La Tour des anciens comtes d'Auvergne, cadets des ducs de Guyenne, V, 322; cette généalogie paraît à tout le monde avoir pour unique fondement le cartulaire de l'église de Brioude reconnu par la chambre des faussaires comme l'ouvrage de de Bar condamné par cette chambre; Baluze déshonoré est abandonné par plusieurs savants de ses amis, 326; l'ouvrage reparaît en 1708 et excite un nouveau soulèvement, VI, 284; par arrêt du conseil cet ouvrage est mis au pilon, VIII, 389; Baluze est privé de sa chaire de professeur au Collège royal et exilé, 390.

BAÑOS, *Ponce de León*, frère du duc d'Arcos, grand d'Espagne, établi en Portugal, XVIII, 373.

BAÑOS, *Moncade* (le comte), grand d'Espagne, XVIII, 449; historique sur sa maison, 449.

BANQUE de Law, voy. *Law*.

BAR, brigadier de cavalerie, est tué à la bataille de Ramillies, V, 176.

BAR (De), est mis en prison pour faux par ordre de la chambre des faussaires; subit plusieurs interrogatoires sur le cartulaire de l'église de Brioude; ses réponses le font resserrer et presser de nouveau, V, 324; atteint et convaincu d'avoir fabriqué ce cartulaire, il est condamné à une prison perpétuelle, 315 et suiv.; il avoue que les Bouillon lui ont fait faire le cartulaire, VI, 284; de désespoir il se casse la tête contre les murailles de sa prison, 285.

BARAIL (Du), colonel du régiment du roi, est fait maréchal de camp et obtient le gouvernement de Landrecies, IX, 43.

BARBANÇON (le prince de), gouverneur du château de Namur, assiégé par les Français, bat la chamade, I, 11; obtient une capitulation honorable, 11; est tué à la bataille de Neerwinden, 11.

BARBANÇON, premier maître d'hôtel de Monsieur, célèbre par ses chansons et par l'agrément et le naturel de son esprit, meurt en 1695, I, 257.

BARBARIGO, Vénitien, évêque de Brescia, est fait cardinal, XVIII, 69.

BARBERIN (Charles), cardinal, est nommé légat *a latere* à Naples, III, 404; comment il y est reçu par Philippe V, 405.

BARBEZIÈRES, maréchal de camp, est chargé d'aller visiter les ruines de Manheim et de faire construire un pont de bateaux derrière pour le passage de l'armée, I, 265; est pris déguisé en paysan, près du lac de Constance et jeté dans un cachot; trouve le moyen d'écrire à M. de Vendôme et obtient par son moyen, après une longue et dure prison, d'être mis en liberté, IV, 108; est conduit de Gratz à l'armée du comte de Staremberg, puis à celle de M. de Vendôme, 186; comment il était parvenu à être traité plus honnêtement dans la prison, 284.

BARBEZIEUX, ministre de la guerre, trompé par son courrier, donne une fausse nouvelle au roi qui l'en réprimande ensuite, I, 15; reçoit un coup de caveçon du roi qui est mécontent de lui; à quelle occasion, 39; comment il fait avorter le projet de M. de Noailles en gagnant M. de Genlis, envoyé au roi par ce duc et en lui prescrivant de dire le contraire de ce qu'il était chargé d'expliquer à Sa Majesté, 227; se marie à la fille aînée de d'Alègre, maréchal de camp; fête somptueuse à cette occasion, 301; devient jaloux de sa femme; fait tout pour paraître ce qu'il n'est pas; le roi, importuné du bruit du beau-père et du gendre, décide que Mme de Barbezieux s'en ira chez son père, puis dans un couvent en Auvergne, II, 228 et suiv.; la nomination de Chamillart au ministère est pour M. de Barbezieux un coup de foudre; il essaye en vain de noyer son chagrin dans les plaisirs, III, 53; tombe malade et meurt au milieu de sa famille; son extérieur; ses talents; ses manières polies, 54; ses défauts; le roi ne l'aimait point, mais Mme de Maintenon le protégeait, 55; note sur la conduite du roi à son égard, XII, 505.

BARBEZIEUX (Mme de), meurt fort jeune après une longue infirmité; ses enfants, V, 259.

BARGETTON, avocat, est conduit à la Bastille; pourquoi, XVII, 99; est remis en liberté, 196.

BARILLON, évêque de Luçon, meurt de l'opération de la pierre; sa vie tout apostolique, II, 274.

BARIN, premier maître d'hôtel de Monsieur, fort avant dans les affaires de Mademoiselle et de M. de Lauzun et de Mme de Montespan, est fort estimé des ministres; son caractère, son esprit, son adresse, sa fidélité; sa mort, II, 363.

BARONS (hauts) du duché de France, puis hauts barons de France, ce qu'ils étaient; ils furent mandés aux assemblées comme adjoints et non comme nécessaires; ce qui les distinguait des pairs ou grands feudataires, qui avaient besoin d'une excuse légitime pour se dispenser d'assister à ces assemblées, XI, 279; ils assistent au parlement quand le roi les appelle et en tel nombre qu'il veut, 283; à quelle époque les hauts barons quittèrent la fonction d'adjoints dans ces assemblées; ceux qui la conservèrent firent les familles les plus distinguées du parlement de Paris, 284.

BARONS de la Sainte-Ampoule. Voy. *Ampoule*.

BARRE (La), lieutenant de la compagnie colonelle du régiment des gardes, est cruellement maltraité de paroles par Surville, colonel du régiment d'infanterie du roi; suite de cette affaire, dont le roi se mêle; caractère de La Barre, V, 52 et suiv.; est présenté au roi par le duc de Guiche; le roi l'entretient dans son cabinet et lui demande comme à un ami qu'il sacrifie son ressentiment et se raccommode avec Surville; les maréchaux de France font ensuite le raccommodement, 266; sa mort, 335.

BARROIS, envoyé du duc de Lorraine à Paris, loge avec M. de Vaudemont, à l'hôtel de Mayenne, et entre dans toutes les intrigues des Lorrains, VI, 25.

BARTET, ancien secrétaire du cabinet du roi, meurt à cent cinq ans; son audace; ses impertinences lui attirent une rude bâtonnade de la part de M. de Candale; depuis ce moment son crédit tombe, VI, 120, 449; le vieux maréchal de Villeroy se retire chez lui, à Neuville, près de Lyon, 121; note sur son aventure avec M. de Candale, VI, 448.

BARTILLAT, garde du trésor royal, meurt à 90 ans, fort aimé du roi, pour sa fidélité, son exactitude, son désintéressement, III, 188.

BASLEROY, colonel de dragons, épouse la seconde fille du maréchal de Matignon, XVII, 452.

BÁVILLE, intendant de Languedoc, invente et propose l'impôt de la capitation, I, 228 ; il fait donner le commandement des armes dans toute la province à son beau-frère Broglio ; s'attire par là tonte l'autorité ; son génie supérieur ; son activité ; son esprit de domination, IV, 112 ; comment il supplante l'autorité du cardinal Bonzi, archevêque de Narbonne, 135 ; écrit à la cour sur ses déprédations, dont Mme de Gange est accusée de profiter, 136 ; son autorité croît de jour en jour aux dépens du cardinal, 137 ; il se démet de sa charge de conseiller d'État en faveur de son fils Courson, XIV, 110 ; il quitte son intendance et obtient une pension de retraite de 12 000 livres ; son caractère, XV, 239.

BAUDRY, remplace le jeune d'Argenson, dans la place de lieutenant de police, XVIII, 31.

BAUFREMONT (Mlle de) plaît à M. et à Mme de Duras, qui la prennent chez eux ; par sa malice et sa noirceur elle trouble leur bonheur domestique ; est à la fin congédiée, IV, 364 ; sa mort, 436.

BAVIÈRE (l'électeur de) se déclare pour la France, et offre d'amener 25 000 hommes sur le Rhin, IV, 7 ; prend Memmingen et plusieurs petites places, 28 ; fait plusieurs petites conquêtes, 107 ; est joint par le maréchal de Villars ; sa joie en l'embrassant, 116 ; il dîne chez lui ; est reçu par les bataillons français aux cris de *vive le roi et M. l'électeur*, 116 ; ne pouvant demeurer avec Villars, il conçoit le dessein de s'emparer du Tyrol ; est appuyé par Villars, 140 ; folie de ce projet, 141 ; il est approuvé par le roi et Chamillart, 142 ; l'électeur, maître d'Inspruck, y fait chanter un *Te Deum* ; mais ne pouvant avancer plus loin et craignant de manquer de tout, il revient joindre Villars, 144 ; gagne avec le maréchal la bataille d'Hochstædt, 187 ; désunion entre eux causées par les hauteurs de Villars ; explication, 191 ; il assiège et prend Augsbourg avec le maréchal Marsin, 194 ; pressé par le duc de Marlborough, il appelle les Français à son secours, 293 ; faute capitale de ce prince, 303 ; marche aux ennemis, arrive à la plaine d'Hochstedt ; se dispose à livrer bataille ; fautes qu'il commet, 304 et 305 ; fait des prodiges de valeur, mais ne peut remédier à rien, 307 ; sa fermeté après la perte de la bataille, 311 ; se rend à Bruxelles comme il peut ; voit l'électrice et ses enfants en passant à Ulm, et leur donne ses instructions, 312 ; arrive de Bruxelles au grand galop pour assister à la bataille de Ramillies, V, 173 ; y montre beaucoup de valeur, 175 ; fait des plaintes amères contre le maréchal de Villeroy, qui s'est opposé à ce que l'armée gardât le grand Escaut, 177 ; va éveiller le duc de Vendôme et l'avertit inutilement du péril qui le menace, VI, 88 ; quitte avec peine la Flandre pour aller sur le Rhin ; à quelles conditions, 220 ; vient passer quelques jours à Metz, amenant des troupes en Flandre, 308 ; vient à Compiègne où le roi lui fait trouver toutes sortes d'équipages de chasse ; s'en va subitement en poste à Mons ; s'approche de Bruxelles avec 3000 chevaux et 24 bataillons, 412 ; se voit en péril d'être battu et pris par ses derrières ; abandonne le siège et rentre dans Mons, 413 ; sort de cette ville menacée par les ennemis, vient à Compiègne, VII, 364 ; obtient avec peine la permission de venir saluer le roi à Versailles incognito ; vient à Paris ; va dîner chez Torcy à Marly ; y voit le roi ; est présenté aux princes et princesses ; sa promenade avec le roi, 396 ; dîne chez d'Antin à Versailles ; va à Meudon voir Monseigneur ; la prétention d'y avoir la main l'empêche d'entrer dans sa maison, 398 ; retourne à Compiègne ; comment s'introduit l'usage de dire *l'électeur* au lieu de *monsieur l'électeur*, 399 ; après la mort de l'empereur, l'électeur de Bavière vient voir le roi à Marly ; détails sur son séjour, IX, 310 ; le roi d'Espagne lui donne en toute souveraineté tout ce qui lui reste aux Pays-Bas ; il revient à Marly, part ensuite pour Namur et envoie le comte d'Albert faire ses remercîments en Espagne, et y prendre soin de ses affaires, 314 ; va à Fontainebleau et retourne chez d'Antin à Petit-Bourg, X, 256 ; vient à Paris ; est reçu en audience du roi, 321 ; ses voyages à Versailles et à Marly, 371 ; revient de Suresne voir le roi et soupe chez d'Antin, 431 ; voit encore le roi à Fontainebleau ; y est traité par d'Antin, 431 ; vient à Paris chez son envoyé Monasterol ; va voir le roi à Versailles ; est fort triste de n'espérer plus le titre de roi de Sardaigne, XI, 26 ; vient courre le cerf à Marly ; joue au lansquenet avec M. le duc de Berry, 83, 94, 118, 248 ; vient à

Versailles; tire dans le petit parc, XI, 435; il va voir à Blois la reine de Pologne, sa belle-mère; revient à Compiègne faire le mariage du comte d'Albert avec Mlle de Montigny, sa maîtresse publique; fait le comte d'Albert son grand écuyer, XII, 20; s'en retourne dans ses États, 20.

BAVIÈRE (le prince électeur de) est marié avec la sœur cadette de la reine de Pologne; ce mariage achève l'apparente réconciliation de la Bavière avec l'Autriche, XIX, 401.

BAY, maréchal de camp, prend Alcantara par escalade, V, 265; son origine; son esprit et sa valeur; il parvient au grade de capitaine général et à l'ordre de la Toison d'or, 340; prend Ciudad-Rodrigo et autres places vers le Portugal, 409, VI, 130; défait l'armée portugaise, VII 195; est appelé pour commander l'armée du roi en Aragon, VIII, 420; arrive après la défaite de Saragosse; rassemble 18000 hommes; se retire à Tudela, 423.

BEAUCAIRE, capitaine de frégate, avec 120 soldats pille et brûle les magasins des impériaux dans Aquilée, IV, 145.

BEAUFREMONT, frère de Listenois, est nommé gouverneur d'Aire, IX, 70; il est mis à la Bastille pour une réponse fort étrange qu'il fait à une lettre du maréchal de Villars, président du conseil de guerre; est aussitôt remis en liberté et accable les maréchaux de France de brocards; son caractère, XV, 314 et suiv.; comment le régent met fin à cette racasserie, 316; menées de Beaufremont en Bourgogne contre le service du roi, et le rang, le crédit et l'autorité de M. le Duc, 316.

BEAUJOLAIS (Mlle de), cinquième fille de M. le duc d'Orléans; son mariage avec l'infant don Carlos, aîné du second lit du roi d'Espagne, est déclaré, XIX, 400; elle part de Paris pour se rendre à Madrid; sa suite, 423; est remise à la frontière au duc d'Ossone par le duc de Duras, commandant en Guyenne; est reçue par Leurs Majestés Catholiques qui lui présentent don Carlos; fêtes à Madrid, 439.

BEAULIEU (Mme), femme de chambre de Mme de Saint-Simon, prophétise l'élévation et le pouvoir de M. de Fleury, évêque de Fréjus, XVIII, 201.

BEAUMANOIR (le marquis de), se marie avec une fille du duc de Noailles, contre les dernières volontés de son père. Lavardin, qui lui avait défendu de s'allier avec les Noailles, IV, 104; obtient par ce mariage la charge de son père; est tué à la bataille de Spire, 105, 201.

BEAUMONT (l'abbé de), est nommé évêque de Saintes, XIII, 9.

BEAUVAIS (Mme de), première femme de chambre de la reine mère, en est la plus intime confidente; sa liaison non moins intime avec le roi, I, 111; elle entretient Fromenteau, depuis comte de La Vauguyon et le fait entrer chez le roi, 112.

BEAUVAIS (le fils du baron de), achète la charge de capitaine de la porte de M. le duc de Berry, IX, 31; comment il avait été maltraité par Benoît, contrôleur de la bouche.

BEAUVAIS (l'évêque de), éclat que fait dans le monde le dérangement de cet évêque; il donne la démission de son évêché et est mis en retraite avec une grosse abbaye et des gens sûrs auprès de lui pour en prendre soin, XV, 342.

BEAUVAU, ancien capitaine des gardes de Monsieur, marie ses deux filles, l'une au comte de Beauvau qui devint lieutenant général, l'autre au marquis de Choiseul, IX, 183.

BEAUVAU, évêque de Tournai, pendant le siège de cette ville paye de sa personne et de sa bourse; refuse aux ennemis de chanter le Te Deum et de prêter serment, VI, 359; est bien reçu du roi, 366; est nommé archevêque de Toulouse, XI, 422; puis de Narbonne, XVII, 292.

BEAUVILLIERS (le duc de), son amitié pour le père du duc de Saint-Simon, 118; ses qualités, 118; ses entrevues avec le duc au sujet de la demande qu'il lui fait de sa fille, 119 et suiv.; présente au roi le livre des *Maximes des saints*; ce qui déplaît au roi et à Mme de Maintenon, 426; avec quelle grandeur d'âme il reçoit les avis que lui donne M. de Saint-Simon de ce qui se trame contre lui, II, 123; belle réponse qu'il fait au roi qui lui annonce la condamnation du livre des *Maximes des saints*, 256; est nommé pour accompagner le duc d'Anjou et les princes ses frères jusqu'aux frontières de l'Espagne avec toute autorité sur eux, sur les courtisans et les troupes de l'escorte, III, 36; le roi l'entretient longtemps la veille du départ, 43; le duc va rejoindre le roi d'Espagne à Orléans, 43; le quitte à Saint-Jean de

Luz, 72 ; revient avec les deux princes ses frères ; quitte ceux-ci et retourne à la cour, 73 ; tombe malade à Saint-Aignan où il est à l'extrémité, 82; est guéri par le médecin Helvétius et revient à Versailles ; comment il y est reçu, 83 ; est nommé grand d'Espagne de première classe pour lui et pour les siens mâles et femelles, 155 ; sa conduite honorable envers la seconde femme du duc de Saint-Aignan et de ses enfants, IV, 77 ; marie sa fille au duc de Mortemart; pourquoi ce mariage fait l'étonnement du public, 214 ; il perd ses deux fils par la petite vérole ; affliction de M. et de Mme de Beauvilliers ; leur résignation, V, 75 ; adopte comme fils unique son frère cadet du second lit ; lui cède son duché, lui fait prendre le nom de duc de Saint-Aignan ; le marie à Mlle de Besmaux; famille de cette demoiselle, 268 ; amitié de M. et de Mme de Beauvilliers pour ces deux époux, 269 ; comment ils travaillent tous deux au mariage du fils du ministre Chamillart avec la fille de la duchesse de Mortemart, VI, 162 ; raisons qui auraient dû les empêcher de songer à cette alliance, 165 ; cris qui s'élèvent contre lui à la cour, contre ce mariage et sur la nomination de Desmarets à la place de contrôleur général ; sa tranquillité, 177 ; sa conversation avec le duc de Saint-Simon sur la destination de Mgr le duc de Bourgogne nommé pour aller commander l'armée de Flandre ayant M. de Vendôme sous ses ordres, 221 et suiv.; est chargé par le roi de lui chercher avec le duc de Chevreuse un confesseur parmi les Jésuites; accorde à Mme de Maintenon que l'évêque de Chartres et le curé de Saint-Sulpice seront admis pour conférer avec eux sur ce choix, VII, 50 ; le choix s'arrête sur le P. Tellier, 51 ; averti par M. de Saint-Simon que le duc d'Harcourt est sur le point d'entrer au conseil, et que, si ce projet a lieu, sa disgrâce en sera la suite, M. de Beauvilliers suit l'avis que lui donne M. de Saint-Simon, parle au roi et fait avorter le projet, 103 et suiv. ; est chargé par le roi d'aller demander à Chamillart la démission de sa charge, 245 ; veut vainement s'en décharger ; prie le roi de trouver bon qu'il s'associe dans cette triste commission le duc de Chevreuse : tous deux vont trouver Chamillart ; détail à ce sujet, 246 et suiv. ; est d'avis dans un conseil tenu à Marly que le roi rappelle ses troupes d'Espagne, 284 ; son entretien avec M. de Saint-Simon sur ce sujet et sur les cabales qui divisent la cour, 288 ; conseils qu'il en reçoit sur la conduite qu'il doit tenir, 289 et suiv.; confidence qu'il fait au même sur l'abbé de Polignac, VIII, 103 et suiv.; avec l'agrément du roi, il donne sa charge de premier gentilhomme de la chambre au duc de Mortemart son gendre, 113 ; représente à M. de Saint-Simon combien il importe au succès du mariage de Mademoiselle avec le duc de Berry que la duchesse d'Orléans la fasse paraître à la cour ; il le presse de le faire sentir à la duchesse, 139 ; sa fermeté préserve Livry, son beau-frère, de la perte de sa charge, 141 ; son entretien à Vaucresson avec M. de Saint-Simon sur Mgr le duc de Bourgogne ; il presse instamment son ami de mettre par écrit ce qui lui semble de la conduite du prince et ce qu'il estime y devoir corriger et ajouter, 173 ; texte du dicours de M. de Saint-Simon sur Mgr le duc de Bourgogne adressé à M. le duc de Beauvilliers, 175-205 ; il est approuvé en tout, 211 ; M. de Beauvilliers veut le montrer au prince ; M. de Saint-Simon n'y peut consentir ; M. de Chevreuse choisi pour juge, 211 ; M. de Beauvilliers opine dans le conseil des finances pour l'adoption du projet de dîme présenté par Desmarets, IX, 11 ; il fait deux charges de sa charge de premier gentilhomme de la chambre de M. le duc de Berry ; fait présent de l'une au duc de Saint-Aignan, son frère, vend l'autre à M. de Béthune, gendre de Desmarets, 30 ; son inquiétude le jour de la réception de M. de Saint-Aignan son frère en qualité de duc est dissipée par M. de Saint-Simon, 66 et suiv.; son air tranquille et froid à la mort de Monseigneur, 124 ; changement opéré dans sa situation, 287; il conserve toujours son caractère de sagesse, de douceur et de modération, 288 ; sa conduite envers les courtisans qui s'empressent autour de lui, il cherche à s'attacher davantage le Dauphin, et à s'approcher de la Dauphine, 297 ; se sert souvent de son beau-frère le duc de Chevreuse pour faire agréer au Dauphin des choses qu'il n'ose présenter lui-même, 299 ; son crédit auprès du prince ; quel changement il opère dans toute sa conduite, 300 ; situation brillante de M. de Beauvilliers ; dans quels termes il est avec les ministres, 331 ; ce qu'il pense de Torcy, 333 ; de Desmarets, de La

Vrillière, de Voysin, 337; de l'ancien ministre Chamillart; de Pontchartrain fils, 338; de Pontchartrain père, 339; il permet à M. de Saint-Simon d'avertir Pontchartrain fils de dominer son humeur dans ses audiences et avec tout le monde, et de montrer moins de penchant au mal et à la sévérité, 346; haute considération qu'il acquiert à la cour; son travail avec M. le Dauphin, X, 21; il soutient contre l'avis de M. de Saint-Simon que M. le Dauphin doit garder Meudon et toute sa part de la succession de Monseigneur, 24; comment se fait sa réconciliation avec le chancelier, 46 et suiv.; il tombe malade; sa douleur à la mort du Dauphin, 130; comment il dérobe à la vue du roi des mémoires de M. de Saint-Simon renfermés dans la cassette de ce prince, 131 et suiv.; il lui ordonne en quelque sorte d'aller passer un mois à la Ferté; pourquoi, 194 et suiv.; fait donner au duc de Mortemart, son gendre, la survivance de son gouvernement du Havre de Grâce et celle de Loches au duc de Saint-Aignan, son frère, XI, 98; dernière marque de confiance que lui donne le roi et qu'il donne lui-même à M. de Saint-Simon, 183 et suiv.; sa vie languissante; quelles en étaient les causes, 185; sa maladie et sa mort à Vaucresson; son père, M. de Saint-Aignan, 186; première éducation de M. de Beauvilliers, 188; il sert avec distinction; son extérieur; son caractère; ses qualités de l'esprit; ses manières; sa piété, 188; sa crainte du roi; sa liberté dans le particulier, 189; sympathie parfaite entre les ducs de Chevreuse et de Beauvilliers et leurs femmes, 190; le roi fait un jour l'apologie de la piété de M. de Beauvilliers, 191; son ambassade à Londres après la mort de Madame, 191; comment et à quelle époque il est déclaré par le roi chef du conseil des finances, 192; puis gouverneur du duc de Bourgogne; ensuite des deux autres fils de France, 194; entre au conseil d'État; sa fermeté et son éloquence dans les délibérations, 195; sa ponctualité dans ses fonctions, 196; sa faiblesse pour M. de Cambrai et Mme Guyon lui fait oublier ce qu'il doit au cardinal de Noailles, 196; il fut toujours le défenseur des entreprises de la cour de Rome, 197; son éloignement pour Monseigneur et Mme de Maintenon, 200; combien il imposait à la cour, 201; sa vie retirée depuis la mort du Dauphin, 202; son dépérissement depuis celle du duc de Chevreuse, 203; comparaison entre M. de Beauvilliers et M. de Chevreuse; mot plaisant et vrai du chancelier Pontchartrain à leur sujet, 204 et suiv.

BEAUVILLIERS (Mme de) essaye de cacher dans le plus grand secret les plus grands désordres de l'évêque de Beauvais; caractère de cette dame, XI, 205; sa laideur; ses manières grandes, nobles et aisées; sa conversation; son esprit; sa piété; ses aumônes, 206; sa douleur à la mort de son mari; elle assiste à son enterrement au monastère de Montargis; sa vie retirée, 207; trait de vertu héroïque à l'égard de Poyfonds, cadet de Saumery, 211 et suiv.; elle meurt d'une longue paralysie, 20 ans après son mari, 212.

BECHAMEIL, financier, surintendant de la maison de Monsieur, meurt fort vieux; son esprit; son goût exquis pour les tableaux, les pierreries, les meubles, les bâtiments, les jardins; il est bien traité et consulté par le roi; ses dépenses prodigieuses dans sa terre en Beauvoisis, IV, 117; le comte de Grammont lui donne, aux Tuileries, un coup de pied dans le derrière dont Bechameil lui sait le meilleur gré, comme le comte l'avait prédit, 118.

BEDMAR (le marquis de) est nommé par l'électeur de Bavière pour venir de sa part reconnaître le duc d'Anjou roi d'Espagne, III, 39; est nommé capitaine général et gouverneur général des Pays-Bas par intérim; agit sous les ordres du maréchal de Boufflers, 414; sa naissance illustre, sa probité, sa magnificence, ses manières aimables le font estimer et adorer des Français, 415; attaque les Hollandais au village d'Eckeren et contribue à la victoire que le maréchal de Boufflers y remporte, IV, 131; est nommé ministre d'État d'Espagne, 123; son caractère; ses qualités; il est fait grand d'Espagne de première classe, et chevalier de l'ordre du Saint-Esprit; est nommé vice-roi de Sicile, 400; puis membre du conseil du cabinet, VII, 335; est fait chef du conseil de guerre, XII, 36; détails sur ses actions militaires, XVIII, 425; son caractère; son attachement pour les Français, 426; il marie sa fille unique au marquis de Moya qui lui succède dans la grandesse, 426.

BEDMAR (la marquise de) vient à

Versailles; accueil distingué qu'elle y reçoit, IV, 246.

BEDOYÈRE (LA), procureur général au parlement de Rennes, a ordre de se défaire de sa charge; pourquoi, XVII, 450.

BEGON (l'abbé) est nommé évêque de Toul, XIX, 313.

BEJAR (le duc de), *Sotomayor y Zuniga*, grand d'Espagne; son caractère; historique sur sa maison, XVIII, 373 et suiv.

BELESBAT (Hurault), sa famille; comment il vit à la cour et dans le monde; son caractère; il meurt vieux, sans avoir été marié, V, 143.

BELLEFONDS (le marquis de), petit-fils du maréchal de Bellefonds et gouverneur de Vincennes, meurt fort jeune, VIII, 416.

BELLEFONDS-FOUQUET (la maréchale de) meurt fort âgée et fort retirée à Vincennes, XIII, 437.

BELLEFONTAINE, lieutenant général, remplace du Casse dans le commandement de la flotte qui doit aller à Barcelone, XI, 192.

BELLEGARDE, officier général et commandeur du Saint-Esprit, meurt à quatre-vingt-dix ans; il fut longtemps entretenu par la femme d'un des premiers magistrats du parlement, V, 102; anecdote curieuse à ce sujet, 102.

BELLEGARDE (le marquis de), second fils de d'Antin, obtient du régent la survivance de la charge de surintendant des bâtiments qu'a son père, XIV, 117.

BELLEGARDE (Mme de), femme du second fils de d'Antin, meurt de la petite vérole; son mari meurt quatre ou cinq mois après, XVII, 281.

BELLE-ILE, chef d'escadre, est tué au combat de Malaga, IV, 329.

BELLE-ILE (Mme de), célèbre par quantité de bonnes œuvres, conçoit et enfante le nouvel ordre du Calvaire où elle meurt en 1628, VI, 60.

BELLE-ILE (Ile) en Bretagne, à qui elle appartenait anciennement; comment elle vint dans la maison de Retz, puis dans celle du surintendant Fouquet, XVII, 104.

BELLE-ILE, qui s'est distingué au siége de Lille, est fait brigadier, VII, 2; commencement de sa grande fortune; il était petit-fils du surintendant Fouquet, 204; comment il devient mestre de camp général et obtient 120 000 livres de brevet de retenue sur cette charge, 205; épouse Mlle de Sivrac, de la maison de Durfort, riche, laide et folle, IX, 310; gagne au conseil de régence une somme de 400 000 écus, qui doivent lui être payés par les états de Bretagne, XIII, 193; généalogie de Belle-Ile, 193; caractère des deux frères, 193; leur parenté; leur liaison avec M. et Mme de Saint-Simon, 198; commencement de leur fortune, 199; leurs alliances, XVII, 106; comment ils sont poussés et protégés par Mme de Lévi, 107; caractère des deux frères, 108 et suiv; leur union inaltérable et tendant toujours au même but, 110; leur liaison avec M. et Mme de Saint-Simon; autres amis puissants qu'ils se font, 111; difficultés qu'ils surmontent pour obtenir du roi l'échange de Belle-Ile; ce qu'ils obtiennent en retour, 112; comment cette affaire passe au conseil de régence, 113; au parlement et à la chambre des comptes, 114; Belle-Ile achète de la famille de Puysieux le gouvernement d'Huningue; par quels protecteurs il obtient du régent la confirmation de ce marché, 152; bruit que fait cette grâce singulière, 153; il est chargé par l'abbé Dubois de proposer à M. de Saint-Simon un raccommodement entre eux; à quelles conditions, XVIII, 177; sa lettre à M. de Saint-Simon, explicative de celle du cardinal Dubois au même; quel en est l'objet, XIX, 259; est chargé par le cardinal Dubois de prier M. de Saint-Simon de le servir auprès du régent pour être déclaré premier ministre; comment il s'acquitte de cette commission, 358; il lui recommande vivement cette affaire, 361, 371; son impatience à ce sujet, 389; pourquoi il encourt la haine de Mme de Prie qui veut le perdre, 396; son union avec Le Blanc, 396; il va à la Ferté voir M. de Saint-Simon avec La Fare, pour lui faire part de ses inquiétudes sur les suites de l'affaire de la Jonchère, 421; conseils qu'il en reçoit et qu'il ne veut pas suivre, 422 et suiv,; il comparaît devant la chambre de l'Arsenal; déposition qu'il y fait, 463.

BELLUGA, évêque de Murcie, est nommé cardinal; sa rare piété; sa fidélité et son attachement à Philippe V, XVII, 320; son désintéressement; sa résistance aux ordres réitérés du roi; à quelle occasion, 321; il refuse la dignité de cardinal s'il ne l'obtient du roi, 322; reçoit ordre enfin de l'accepter; remet son évêché de Murcie et se retire à Rome, 322.

BELSUNCE (l'abbé de), neveu de M. de Lauzun, est nommé évêque de Marseille ; son ignorance ; son attachement aux jésuites ; pureté de ses mœurs; son zèle pastoral ; son fanatisme pour la constitution *Unigenitus* ; prodiges d'humanité qu'il fait pendant la peste, VII, 136 ; il est nommé à l'évêché de Laon, XX, 26 ; refuse cet évêché pour rester à Marseille, 27.

BENAVENTE (le comte de), grand d'Espagne, est nommé par le testament du roi membre de la junte qui doit gouverner en attendant le successeur, III, 34 ; meurt à Madrid dans une grande considération, VII, 60 ; historique sur sa maison, XVIII, 450 ; détails sur son genre de vie et sur son caractère, 450.

BÉNÉFICES. Terres accordées par les rois francs, XI, 456.

BENTIVOGLIO, nonce du pape en France ; son caractère ; il entretient une fille de l'Opéra et en a deux filles qu'on appelle *la Constitution* et *la Légende*, XIII, 410 ; avertit le pape que les huguenots reçoivent toutes sortes de faveurs de France, que le régent est près de conclure un traité de garantie mutuelle des successions de France et d'Angleterre ; excite à ce sujet l'ambassadeur d'Espagne, 448 ; souffle le feu tant qu'il peut ; tâche d'irriter le pape de toutes les chimères dont il peut s'aviser, 454 ; pour avancer sa promotion au cardinalat et l'autorité romaine, ne cesse d'exciter Rome aux plus violents partis ; cherche à susciter de tous côtés des ennemis à la France ; ses conférences avec Hohendorff sur le traité de France avec l'Angleterre, XIV, 146 ; rend compte à Rome de la proposition que ce ministre allemand lui a faite de la part de son maître, concernant le prétendant ; représente au pape la ligue de la France avec les protestants comme l'ouvrage des ministres jansénistes, 148 ; l'exhorte à s'unir plus étroitement que jamais à l'empereur dont l'intérêt devient celui de la religion; entretient souvent le baron d'Hohendorff, 224 ; d'après les ordres qu'il reçoit du pape, il a une audience du czar qui est à Paris ; ses conférences avec le prince Kourakin et le vice-chancelier Schaffiroff, XV, 11 ; l'étroite intelligence du régent avec l'Angleterre est un des moyens dont il se sert le plus pour décrier ce prince à Rome, 20 ; il presse

de nouveau le pape de se rendre le maître en France en faisant avec l'empereur la ligue dont le baron d'Hohendorff lui a communiqué le projet, 126 ; ses nouveaux conseils au pape contre l'empereur, 221 ; ses mensonges au pape sur les intentions du régent ; il empoisonne tout ce qui se passe en France, 379 et suiv.; ses nouvelles méchancetés, XVI, 11, 12, 131 ; il détruit le bon effet que doivent produire en France les bulles nouvellement accordées par le pape, 123 ; il prend congé du roi et du régent, après avoir travaillé à tout le mal qu'il pouvait faire, XVII, 283 ; les bulles qu'il avait fait refuser aux abbés de Lorraine et de Castries arrivent enfin, et ils sont sacrés évêques, 284 ; il est fait cardinal ; meurt dans un emportement de colère, 317.

BÉRANGER, colonel de Bugey, est tué au siège de Saint-Venant, VIII, 362.

BERETTI, ambassadeur d'Espagne en Hollande, essaye de persuader les Hollandais de ne pas accorder à l'empereur des garanties qu'il leur demandera, et que, s'ils les accordent, le roi d'Espagne s'en offensera, XIV, 129 ; caractère de Beretti, 130 ; quelles espérances il donne aux ministres espagnols par rapport aux Hollandais, 294 ; d'après l'ordre d'Albéroni, il déclare au pensionnaire Heinsius que le roi d'Espagne est prêt à traiter avec la république, et demande que des pouvoirs soient envoyés à Riperda, ambassadeur à Madrid, 136 ; réponse froide du pensionnaire, 137 ; après avoir sollicité un traité de ligue particulière avec la Hollande, il change d'avis ; pourquoi, 216 ; ses entretiens avec le baron Duywenworde et le comte de Sunderland, 217 ; il est pressé par Stanhope de faire entrer l'Espagne dans une alliance avec la France et l'Angleterre, 218 ; travaille à empêcher les États généraux de presser l'empereur d'entrer dans la triple alliance, 219 ; son embarras relativement à la proposition que lui fait lord Stanhope de négocier à Vienne la paix entre l'empereur et le roi d'Espagne ; ses lettres à Albéroni à ce sujet, 256 ; reproches que lui adresse ce ministre ; il lui vante le service qu'il a rendu en ouvrant les yeux aux principaux de la république sur le danger des desseins et de la grandeur de l'empereur, XV, 68 ; ses craintes de se voir enlever la négociation entre l'Espagne et l'empereur, 69 ; il soutient qu'il faut la traiter à la Haye pourquoi, 119; il se flatte à tort de trouver dans les États généraux beaucoup de penchant pour l'Espagne, 165 et suiv.; ses manéges, 198; comment il est trompé par de faux avis, 206; assurances qu'il donne à l'Espagne des bonnes dispositions de la Hollande, 206; son aveuglement sur les dispositions de cette puissance et de la France, 365; malgré sa sécurité, il craint de ne pouvoir empêcher la Hollande de se soumettre aux idées de l'Angleterre, si elle est d'accord avec la France, 434; il se vante d'avoir surmonté, par son habileté, l'opposition des Provinces-Unies, 439; dans l'intention de faire passer le prétendant en Angleterre, il cherche à lier l'Espagne à la Suède; ses propositions avec un officier polonais, XVI, 6, 7; bonnes dispositions qu'il trouve dans l'ambassadeur de Moscovie, 8; il essaye d'empêcher les États généraux de prendre aucun engagement dans le traité de Londres; son embarras; 24, 25; sa jalousie contre Montéléon, 26; ses plaintes contre la France, 33; ses efforts pour détourner la Hollande du traité de Londres; il propose de nommer un ambassadeur hollandais pour Madrid, 33; fait un voyage à Amsterdam, pour empêcher la régence de cette ville d'accéder au traité, 42; ses efforts pour traverser la négociation de Cadogan, 65, 66; il cherche à décrier Montéléon en toute occasion, 66; déclaration qu'il fait en Hollande de la part du roi d'Espagne, 81; il attribue à sa dextérité la longue incertitude des Hollandais; ses invectives contre la France; ses fausses idées; ses conseils, 86; il vante l'utilité du mémoire qu'il a fait remettre aux États généraux, 89; ses relations diverses à la cour de Madrid, 89; ses conseils à Albéroni touchant les négociants espagnols, 90; il inspire à l'agent du duc de Savoie des soupçons sur les desseins des alliés, 91; continue à décrier Montéléon, 92; prévoyant que les États généraux vont souscrire au traité, il en attribue la cause aux sollicitations impétueuses de la France, 99; nouveau moyen qu'il emploie pour prévenir l'événement qu'il craint, 99; ses plaintes contre l'ambassadeur français à la Haye, et contre l'abbé Dubois, 100; il continue à se vanter de ses pratiques secrètes; cherche à gagner le baron de Welderen, 127; se plaint du premier ministre d'Espagne; se vante d'avoir retardé la résolution de la province de Hollande, 128; malgré sa vivacité, il cède à la nécessité des circonstances; conseille au roi de dissimuler et de suspendre tout ressentiment, 163; la signature du traité d'alliance dément les éloges qu'il donnait à tant de démarches qu'il supposait avoir faites pour l'empêcher, 228; il déplaît à Albéroni par l'exagération continuelle de son crédit en Hollande, 232.

BERGER DE MALISSOLES, évêque de Gap, publie un mandement contre le cardinal de Noailles, IX, 95. Voy. *Unigenitus*.

BERGHES (le prince de), épouse une fille du duc de Rohan; obtient par le crédit de l'électeur de Bavière une compagnie des gardes du corps du roi d'Espagne, à Bruxelles, l'ordre de la Toison d'or, puis la grandesse, VIII, 405; meurt en Flandre, XVII, 450.

BERGHEYCK, baron, puis comte flamand, est présenté au roi par le ministre Chamillart; sa capacité; sa droiture, V, 269; il est mis à la tête des affaires des Pays-Bas pour l'Espagne; son caractère; il est universellement aimé et honoré en Flandre, 269; est chargé par le ministre Chamillart de faire révolter les Pays-Bas dans le même temps qu'on exécuterait en Écosse le projet conçu par l'Anglais Hough, VI, 188; ses conférences à ce sujet avec M. de Vendôme devant le roi et le ministre Chamillart; sa contenance ferme et modeste, 189 et suiv.; il va à Marly où le roi lui fait les honneurs de ses jardins, est envoyé à Clichy avec Puységur et Chamlay, pour conférer avec M. de Vendôme sur les opérations de l'armée de Flandre, 238; comment ils sont accueillis par le duc, 238; Bergheyck part pour Mons, 239; cherche les moyens de tirer quelque parti du soulèvement qu'il a concerté, 306; vient à Paris où il trouve le ministère changé; va visiter Chamillart; paroles que lui adresse le roi à son sujet, VII, 265; appelé en Espagne, est renvoyé par la princesse des Ursins, IX, 72; voit le roi à Versailles et les ministres séparément, 313; est nommé par l'Espagne pour aller négocier la paix à Utrecht, X, 16; il obtient de se retirer des affaires et d'aller achever tranquillement sa vie dans une terre en Flandre; son caractère modeste, affable et véridique, XI, 82; il vient à Versailles; le roi lui permet de venir à Marly toutes les fois qu'il voudra; loge à Versailles; est toujours accueilli à la cour, 111; prend congé du roi et se retire en Flandre, 270.

BERINGHEN, premier valet de chambre du roi, se sauve à Bruxelles lors de la visite faite chez la reine au Val-de-Grâce, I, 70; revient auprès d'elle dans les premiers jours de sa puissance; ce qu'était son père qui devint premier valet de chambre de Henri IV, 70; son fils qui lui succède achète la charge de premier écuyer du duc de Saint-Simon, 71.

BERINGHEN, fils du précédent, premier écuyer du roi, est enlevé dans la plaine de Bissancourt, V, 373; est délivré au delà du château de Ham; arrive à Versailles et va chez Mme de Maintenon où le roi le reçoit à merveille, 375; traite celui qui l'a enlevé et qui est devenu son prisonnier avec toutes sortes d'égards; lui donne de l'argent et lui fait des présents considérables, 375; son désespoir à la mort de Monseigneur, IX, 278; son caractère, 350; sa réponse à M. de Saint-Simon qui le prie de travailler à réconcilier le chancelier avec M. de Beauvilliers, 354; est nommé du conseil des affaires du dedans, XIII, 155; est chargé des grands chemins, ponts et chaussées, 157; sa contestation avec M. le Grand au sujet de la dépouille de la petite écurie, 207; son caractère, 208; raisons qu'il fait valoir dans un mémoire, 211; le conseil de régence décide en sa faveur, 221; sa reconnaissance envers M. de Saint-Simon, 223; il meurt à 71 ans, XIX, 449.

BERINGHEN, fils du précédent, sa contestation avec le grand écuyer est décidée en sa faveur par M. le Duc, XX, 83; il meurt à 43 ans sept mois après son père auquel il a succédé; son caractère; son frère obtient la charge de premier écuyer 84, 85.

BERLIPS (Mme), Allemande, acquiert une grande fortune en Espagne où elle gouverne entièrement la reine, épouse de Charles II; contribue aux dispositions que fait ce prince en faveur du prince électoral de Bavière, II, 251; emporte en Allemagne les trésors qu'elle a acquis, III, 12.

BERMUDEZ, jésuite espagnol, est nommé confesseur du roi d'Espagne aussitôt après la mort du P. Aubenton; sa haine pour la France; ses talents pour la prédication; il prêche les sermons de Bourdaloue traduits en espagnol, 33.

BERNARD (Samuel), fameux banquier est mandé chez le contrôleur général Desmarets, pour dîner et travailler avec lui; le roi lui fait voir ses jardins et le comble de caresses, VI, 240; à quel but; Bernard enthousiasmé accorde à Desmarets ce qu'il lui avait refusé et au delà de ce qu'il avait demandé, 241; sa prodigieuse banqueroute; le ministre Desmarets le secourt autant qu'il peut; son crédit ne peut se rétablir à Lyon ni dans la partie de l'Italie qui en est voisine, VII, 129.

BERNIÈRE, major du régiment des gardes, est tué à la bataille de Ramillies, V, 176.

BERNSTORFF, ministre anglais, est seul auteur de la violence exercée contre Gyllembourg, ambassadeur de Suède à Londres; les Anglais désapprouvent cette violence, XIV, 241.

BERRY (le duc de), est nommé chevalier de l'ordre, II, 230; est nommé chevalier de l'ordre de la Toison d'or par le roi d'Espagne Philippe V; reçoit le collier des mains du roi de France, III, 192; est délivré de ses gouverneurs; sa joie, V, 79; est nommé pour accompagner son frère Mgr le duc de Bourgogne, VI, 95; pourquoi son voyage est rompu, 100; est nommé pour aller servir sur le Rhin comme volontaire sous les ordres de son frère, 233; part pour l'armée; rejoint son frère à Valenciennes, 286; est admis aux conseils de guerre et y montre beaucoup de sens, 396; il revient à la cour; comment il y est accueilli par le roi, VII, 16; sa réponse au roi qui lui demande s'il serait bien aise de se marier et si Mademoiselle lui plairait, VIII, 283; est présenté par le roi à Madame sur le pied de gendre, 284; célébration de son mariage, 333 et suiv.; sa douleur à la mort de Monseigneur, IX, 129; combien il est sensible aux procédés de M. le Dauphin et de Mme la Dauphine, 161; plaisir qu'il ressent de la réconciliation qui a lieu entre les deux princesses, 167; il fait des efforts inutiles pour engager la duchesse de Berry à aller donner la chemise à Mme la Dauphine, 168; lui-même la donne à M. le Dauphin, 169; sa dispute avec Mme la Dauphine pour du tabac provenant de la succession de Monseigneur, X, 23; il vend beaucoup de diamants de son héritage pour faire face à ses affaires, 26; son caractère; sa faiblesse pour Mme la duchesse de Berry, 35; il crève un œil à

M. le Duc en chassant; son affliction, 78; sa douleur extrême de la maladie et de la mort de M. le Dauphin son frère, 92; le roi supplée à la modicité de son apanage par une pension de 400 000 livres; le fait entrer au conseil des dépêches, 264; M. de Saint-Simon conseille à ce prince de conserver comme pièce importante la lettre que le roi d'Espagne lui a écrite touchant sa renonciation au trône de France, 266; ce prince voulant répondre au premier président du parlement reste court, 347; son désespoir augmenté par la flatterie de la princesse de Monaco, 355 et suiv. (voy. l'art. *renonciations*); il entre au conseil des finances, XI, 28; tombe malade, détails sur sa maladie qu'on attribue au poison, 82 et suiv.; il reçoit les sacrements; sa mort; son extérieur, 85; son caractère; son esprit médiocre; sa gaieté; sa timidité, 86; il fut le fils favori de Monseigneur; son amitié pour son frère et sa belle-sœur; sa crainte excessive du roi, 87; son amour pour la duchesse de Berry se change peu à peu en aversion, 88; ce prince fort aimé et généralement regretté; ses obsèques, 89; son corps est déposé à Paris, aux Tuileries, 89; ses funérailles à Saint-Denis, 92.

BERRY (la duchesse de), dans un souper à Saint-Cloud, s'enivre avec M. le duc d'Orléans; on la remmène dans cet état à Versailles, VIII, 417; son désespoir à la mort de Monseigneur; sentiment qui le produit, IX, 123; esquisse du portrait de cette princesse, 148; ses projets odieux pour l'avenir, 149; sa conduite envers Mme d'Orléans sa mère et envers Mme la duchesse de Bourgogne, 150; la mort de Monseigneur détruit tous ses projets et cause ainsi son désespoir, 150; comment elle reçoit les avances de pure générosité de M. le Dauphin et de Mme la Dauphine; sa conduite avec Madame, 161; et envers la duchesse d'Orléans, 162 et suiv.; scène et éclat qu'elle fait à Marly; ses reproches à Mme de Saint-Simon; ferme réponse de cette dame, 163 et suiv.; réprimande que lui font le roi et Mme de Maintenon; solitude chez elle; dégoûts qu'on lui fait essuyer, 165; elle avoue à Mme de Saint-Simon après la mort de Monseigneur quels étaient ses desseins, 166; cette dame l'exhorte à se rapprocher de sa belle-sœur; elle promet de lui demander une audience, 166; elle se réconcilie avec elle, 167; elle refuse avec emportement d'aller donner la chemise à Mme la Dauphine; y consent à la fin, mais en demandant un délai, 168; au bout de quelques jours elle va la donner, 169; sa hauteur; son emportement; dérangement de ses affaires, 382; sa galanterie; son aversion pour sa mère, Mme la duchesse d'Orléans; son ascendant sur son mari et sur son père. M. le duc d'Orléans, 391 et suiv.; danger qu'elle court au pont de Melun; elle fait une fausse couche, 409; double humiliation qu'elle éprouve à l'occasion d'un collier de perles et d'une femme de chambre, 61; son embarras et son dépit à l'occasion de la charge de premier écuyer du duc de Berry; avec quelle hauteur elle est traitée par la comtesse de Roucy et Mme de Lévi, 76; elle accouche d'un prince qui meurt au bout de huit jours, X, 371; sa liaison avec Mlle de Conti; comment elle s'est formée, 411; elle la sonde sur le mariage d'une de ses sœurs avec M. le prince de Conti son frère, et la prie de servir ce projet auprès de sa mère, et du reste de garder le secret, 412; appelée à Saint-Cloud par Mlle de Conti, elle apprend d'elle la résolution qu'a prise Mme la Princesse de demander au roi le double mariage entre ses petits-fils et qu'elle s'est confiée à cette princesse; avec quelle hauteur et quelle indignité la duchesse de Berry traite Mlle de Conti, 415; fait demander au roi la permission de venir à Marly voir son mari malade; ce qui lui est refusé à cause de sa grossesse, XI, 84; sa conduite débordée cause entre ces deux époux des scènes très-violentes; trait entre plusieurs; elle veut se faire enlever au milieu de la cour par son chambellan; lettres à ce sujet, 88, 89; ses sentiments à la mort de son mari, 89; scènes ridicules dans sa chambre à l'occasion des visites qu'elle reçoit, 92; elle se blesse et accouche d'une fille qui ne vit que douze heures, 102; elle obtient du roi d'avoir quatre dames pour l'accompagner, mais sans titre de dames du palais; leurs noms; leurs appointements, XII, 53; portrait de cette princesse, 126; elle fit tout ce qu'elle put pour ôter toute religion à M. le duc de Berry; son ivresse fréquente à table; sa conduite avec son père, sa mère et son mari, 128; ses galanteries; sa passion pour La Haye par qui elle veut se faire enlever, 129; elle fut la dépositaire des secrets de M. son père tant qu'il vécut, 130; son aversion et son mépris pour sa mère, 130; sa crainte du roi et de Mme de Maintenon desquels elle est méprisée, 131; sa confiance entière pour Mme de Mouchy, 131; après la mort du roi elle va loger au Luxembourg; Mme de Saint-Simon en prend occasion de vivre séparée d'elle le plus qu'il lui est possible, XII, 183 et suiv.; elle veut avoir un capitaine des gardes et en obtient un du régent, 256; obtient une compagnie des gardes, 256; marche dans Paris avec des timbales sonnantes; va à la comédie où elle a un dais dans sa loge et quatre de ses gardes sur le théâtre; le régent fait cesser ces usurpations, 350; elle fait arrêter le carrosse de M. le prince de Conti et maltraiter son cocher; quelles excuses elle fait à ce prince, 351; son amour effréné pour Rion; comment elle en est traitée, 351; s'avilit à faire des repas avec lui et des gens obscurs, 353; elle va coucher aux Carmélites les jours de bonnes fêtes, y assiste à tous les offices; mange avec les religieuses; remontrances que lui font les deux carmélites chargées de la recevoir, 354; elle rend à M. d'Orléans son père les rudesses qu'elle éprouve de son amant, 355; fait murer les portes du jardin du Luxembourg; obtient du régent qu'il abrège les deuils, 422; fuit avoir à La Haye une place de gentilhomme de la manche; achète la Muette au bois de Boulogne, 423; double en faveur de Mme de Mouchy et de Rion les charges de dame d'atour et de premier écuyer, XV, 63; changements faits dans sa maison à cette occasion, 64; elle fait donner à Rion le gouvernement de Cognac, 139; sa conduite inconvenante envers le maréchal de Villars, 326, autre faute de même genre envers Mme de Clermont, 327; comment elle la répare par le conseil de Mme de Saint-Simon, 328 et suiv.; est fêtée pendant plusieurs jours à Chantilly par M. le Duc, XVII, 47; affecte une hauteur dédaigneuse à l'égard de Mme la Duchesse, 47, 48; obtient Meudon en échange du château d'Amboise; en donne le gouvernement à Rion, 58; ses deux entreprises étranges, l'une à l'Opéra, l'autre chez elle, envers l'ambassadeur de Venise, 61; elle devient enceinte de Rion qui se moque d'elle ainsi que Mme de Mouchy, 176; tombe malade au terme de sa grossesse; son état dangereux, 177; ses emportements contre le curé de Saint-Sulpice et le cardinal de Noailles qui lui refusent les sacrements si Rion et Mme de Mouchy ne sont renvoyés du Luxembourg, 180; éclat que fait dans le monde cette affaire; son mariage secret avec Rion, 180, 181; elle accouche d'une fille, 181, rouvre au public son jardin du Luxembourg; se voue au blanc pour six mois; donne au comte d'Uzès la place de capitaine de ses gardes, 183; retombe malade; va s'établir à Meudon; veut déclarer son mariage, 204; scènes avec M. le duc d'Orléans à ce sujet, 205; elle veut faire avec son père sur la terrasse de Meudon un souper qui lui devient fatal, 206; elle se fait transporter à la Muette, 206; sa maladie empire et donne de justes craintes, 222; elle se confesse à un cordelier, 223; portrait de cette princesse; ses qualités; ses vices; son orgueil; ses débauches; elle s'indigne qu'on ose parler de ses débordements, 223 et suiv.; elle se soumet aux remèdes; reçoit une première fois les sacrements, 225; donne à Mme de Mouchy son baguier estimé plus de 200 000 écus, 226; reçoit une seconde fois les sacrements, mais avec plus de piété que la première, 227; éprouve beaucoup de soulagement de l'élixir de Garus; mais les bons effets en sont détruits par une médecine que lui donne Chirac; sa mort, 231; à l'ouverture de son corps on trouve qu'elle était enceinte et que son cerveau était dérangé; détails sur ses funérailles, 232; son cœur est porté au Val-de-Grâce et son corps à Saint-Denis, 232, 233; deuil porté à la cour et au Palais-Royal, 235.

BERWICK (de) est fait prisonnier au village de Neerwinden, I, 93; va secrètement en Angleterre pour le roi Jacques II; manque y être arrêté; son retour fait concevoir de grandes espérances pour ce prince, 316; il perd son épouse à la fleur de l'âge, belle, touchante et faite à peindre, II, 84; devient amoureux de la fille de Mme Bockley, une des dames de la reine d'Angleterre de Saint-Germain, 400; est choisi par le roi pour aller commander en Espagne, IV, 207, 260; Puységur lui est donné pour adjoint et chargé du détail de toutes les troupes, 260; remporte plusieurs avantages qui découragent les ennemis, 289; prend Castelbranco; bat et poursuit le général Fagel; s'empare de Portalègre, de Salvatierra, etc., 290; est rappelé aux instances de la reine d'Espagne, 332; son sang-froid en recevant l'ordre, 382 ; est nommé pour aller commander en Languedoc, 389 ; achève d'y anéantir les fanatiques, V, 21 ; fait le siège du château de Nice et s'en rend maître, 101 ; est fait maréchal de France avant l'âge de 36 ans et reçoit ordre de retourner en Espagne, 141 ; arrive en Estrémadure; état de ses forces et de celles des ennemis, 167 ; malgré son art et ses manœuvres, il ne peut empêcher l'armée portugaise de s'approcher de Madrid, 189 ; marche vers Burgos avec le roi d'Espagne, 189 ; change la face de la guerre ; fait reculer l'armée ennemie, 190 ; poursuit l'archiduc ; prend Cuença, 191 ; et Carthagène, 264 ; se voit dans la nécessité de reculer un peu devant les ennemis ; les attire dans les plaines de Valence, 403 ; attend avec impatience l'arrivée du duc d'Orléans pour leur livrer bataille ; informé par Asfeld de leur approche, il approuve les dispositions qu'il a faites et se prépare à combattre ; bat et met en fuite les ennemis à Almanza, 404 ; va au-devant de M. le duc d'Orléans ; comment il en est accueilli, 406 ; est fait grand d'Espagne de première classe ; reçoit en présent les villes et territoires de Liria et de Xérica, 411 ; est fait chevalier de la Toison d'or, 412 ; est mandé pour venir commander en Provence sous Mgr le duc de Bourgogne, VI, 95; pourquoi il reçoit contre-ordre, 100 ; est nommé pour aller commander sur le Rhin sous l'électeur de Bavière, 221 ; il mène en Flandre 34 bataillons et 65 escadrons, 308 : sa présence en Artois sert à en faire retirer les ennemis qui y ont fait des courses et levé des contributions, 374 ; il joint le duc de Bourgogne à Ninove, 382 ; prend l'ordre du duc de Vendôme avec une indignation dont il ne se cache pas ; déclare publiquement qu'il remet son armée à Mgr le duc de Bourgogne et qu'il ne se mêlera de quoi que ce soit, 382 ; uniquement attaché à suivre le duc de Bourgogne, il se borne à lui dire ce qu'il pense et à témoigner son mécontentement et son inutilité, 383 ; il est aigrement repris par M. de Vendôme et maltraité par sa cabale, 384 ; s'oppose aux entreprises vaines et ruineuses du prince, 407 ; va à Bruges prendre le commandement de 4 bataillons et de 50 escadrons ; pressé par les principaux officiers d'attaquer un convoi des ennemis, il leur ferme la bouche en leur montrant l'ordre de la cour qui commet cette expédition au comte de La Mothe, 413 ; combat l'avis de M. de Vendôme concernant la garde de l'Escaut ; nouvelles altercations entre eux, VII, 3 ; reçoit ordre d'aller prendre le commandement des troupes restées sur le Rhin, et peu après celui de prendre les quartiers d'hiver, 4 ; il revient à la cour et ne se contraint ni en public ni en particulier sur M. de Vendôme et sur ce qui s'est passé en Flandre, 26 ; est nommé pour aller commander en Dauphiné, 111 ; bat le général Reybender auprès de Briançon, 355 ; est envoyé en Flandre comme modérateur des conseils, VIII, 346; sa fortune rapide ; il se fait nommer duc et pair, 347 ; obtient l'exclusion formelle de son fils aîné dans ses lettres de duc et pair et y appelle tous ceux de son second lit ; ses projets de fortune pour ses enfants ; 378 ; il achète en Beauvoisis une terre qu'il fait ériger sous le nom de *Fitz-James* ; raison de ce nom donnée au roi par Berwick lui-même, 348 ; il se rend en Flandre ; recueille les avis des officiers généraux ; vient en rendre compte au roi ; est reçu duc et pair au parlement ; aventure plaisante au festin qui suit cette réception, 349 et suiv.; il fait lever le siège de Girone dont il relève la garnison ; revient à la cour où il est bien reçu, X, 304 ; est nommé pour aller faire au roi d'Espagne les compliments de condoléance et faire le siège de Barcelone, XI, 62 ; ouvre la tranchée devant cette ville, 121 ; emporte le chemin couvert de la place, 158 ; se couvre de gloire par la prise de Barcelone et par le bon ordre qu'il y rétablit, 226 et suiv. ; vient à Marly où il a une longue audience du roi, 249 ; est nommé pour aller commander en Guyenne, XIII; il renvoie sa patente ne voulant pas être soumis au comte d'Eu ; malgré le mouvement que se donnent les bâtards et les princes du sang il tient bon, et sa patente est réformée, 125 ; il établit en Espagne son fils aîné Tinmouth et lui cède sa grandesse, 192 ; il obtient pour son second fils la survivance de son gouvernement du Limousin, XVII, 37 ; s'engage d'accepter le commandement de l'armée qui doit agir contre l'Espagne en cas de rupture ; étonnement que cause cet engagement, 59 ; fait le siège de Fontarabie, qui capitule ; assiège Saint-Sébastien, qui capitule aussi, 213 ; prend la Seu d'Urgel et finit la campagne, 285 ; revient à Paris, 302; entre au conseil de régence, 419; grand d'Espagne; tué au siége de Philippsbourg, XVIII, 374; averti des premiers que La Vrillière prétend au duché-pairie, il en parle à M. le duc d'Orléans avec beaucoup de force et l'embarrasse étrangement, XIX, 467.

BESONS, brigadier de cavalerie, est nommé directeur général des troupes en Flandre, I, 225; est envoyé auprès de M. le duc d'Orléans; le joint à Briançon, V, 246; retourne rendre compte au roi des moyens et des difficultés pour le retour de l'armée en Italie, 253; est fait maréchal de France, VII, 221; reçoit ordre de passer de Catalogne en Espagne pour en ramener les troupes, 282; reçoit un autre ordre pour suspendre le retour des troupes, 283; mande à M. le duc d'Orléans l'aventure qui est arrivée à son aide de camp Flotte envoyé en Espagne, 309; contrarié par différents contre-ordres, il manque l'occasion de défaire les ennemis au passage de la Sègre, 354; met ordre à la subsistance et aux quartiers qu'il doit laisser en Espagne et repasse les Pyrénées avec le reste de ses troupes, 354; le duc de Saint-Simon lui propose de travailler avec lui à séparer M. le duc d'Orléans de sa maîtresse, 539 et suiv. Il se rend à l'invitation que lui fait Saint-Simon; son entrevue avec lui, VIII, 9; leur entretien avec M. le duc d'Orléans, 9 et suiv.; comment ils combattent la passion du prince et parviennent à l'ébranler et à le faire revenir sur le compte de sa femme, 20 et suiv.; dans quel état ils le laissent; résolution qu'ils prennent de ne le pas quitter, 24; leur nouvel entretien avec M. le duc d'Orléans; Besons appuie le conseil que M. de Saint-Simon donne au prince; vive sortie qu'il fait contre son projet de voir damne d'Argenton avant de s'en séparer, 25 et suiv.; son tête-à-tête avec Saint-Simon sur le duc d'Orléans, 38 et suiv.; Besons accompagne le prince jusqu'à la porte de Mme de Maintenon, 40; revoit Saint-Simon, et apprend de lui ce que le duc d'Orléans vient de lui dire de sa visite à Mme de Maintenon, 44; sur la confidence que lui fait Saint-Simon de l'audience qu'il a demandée pour lui-même au roi, il lui conseille de faire la même confidence au duc d'Orléans, 43; dans un autre entretien, le prince lui apprend qu'elle a vu le roi, et ce que Mme de Maintenon lui a dit le matin; sa surprise et sa joie, 44 et suiv.;
autres détails sur cet entretien, 47 et suiv.; résolution que prennent entre eux Saint-Simon et Besons pour leur conduite relativement à la rupture qu'ils viennent d'opérer, 49 et suiv.; Besons insiste auprès du prince pour qu'il aille voir la duchesse d'Orléans dans la journée et lui dise sa rupture; le prince le lui promet, 51; il consulte le chancelier et le duc de Saint-Simon pour avoir leur avis sur la place de gouverneur du duc de Chartres que M. le duc d'Orléans lui propose; leurs avis divers, 80; demande au roi son agrément, 83; sur sa réponse il juge qu'il ne peut accepter la place, 84; vit aux dépens de l'ennemi au delà du Rhin; rejoint l'armée du duc d'Harcourt, X, 86; comment il est joué par la duchesse de Berry, 284 et suiv.; se plaint à elle-même, 285; fait le siége de Landau qui capitule, 429; se rend maître de Kirn, XI, 20; est nommé du conseil de régence; son caractère, XIII; son extraction, 159; il échoue dans le projet de se faire un département des placets du commun, 189; il marie une de ses filles à Maubourg, brigadier de cavalerie, 336.

BESONS, évêque d'Aire, est nommé archevêque de Bordeaux, II, 88; puis membre du conseil de conscience ou des affaires ecclésiastiques; XIII, 146; son caractère, sa capacité, 146; il passe à l'archevêché de Rouen, XVII, 190; entre au conseil de régence, 265; accorde à l'abbé Dubois un démissoire pour son ordination, 423; sa mort; ses qualités, XVIII, 208, XX, 27.

BÉTHOULAT ou BÉTHOULOT, premier nom de La Vauguyon. Voy. ce mot.

BÉTHUNE (le duc de), dit chez M. de Saint-Simon qu'il avait toujours cru le pape infaillible, mais que depuis la condamnation de M. de Cambrai il ne le croyait plus, II, 285; il meurt à 76 ans, XIV, 284.

BÉTHUNE (le marquis de), épouse une demoiselle d'Arquien; est envoyé en Pologne pour complimenter le nouveau roi, mari de sa belle-sœur; est fait chevalier de l'ordre; repart pour Varsovie avec sa femme; ses enfants; il meurt en Suède où il est envoyé ambassadeur extraordinaire; son caractère; ses services, VI, 69.

BÉTHUNE (Mme de), dame d'atours de la reine de Pologne, revient en France; son esprit entreprenant; elle prétend avoir le droit de baiser les filles de

France; trompe Madame à cet égard : le roi le trouve mauvais ; elle est présentée à la princesse et n'ose la baiser, I, 450 ; son amitié pour Mme Guyon, II, 133 ; tient des assemblées à l'abbaye de Montmartre ; elle devient l'amie la plus intime des trois filles de Colbert et de ses gendres, IX, 294 ; sa mort ; son caractère ; son zèle constant pour le quiétisme, XIII, 420.

BÉTHUNE (le marquis de), gendre du ministre Desmarets, reporte en Espagne la Toison du duc de Berry ; Mme des Ursins la lui fait donner, XI, 233.

BÉTHUNE, neveu de la reine de Pologne, épouse une sœur du duc d'Harcourt ; ce mariage devient le germe d'une grande révolution, VI, 307 ; il se remarie à la fille du duc de Tresmes, XIII, 182.

BEUVRON (le comte de), capitaine des gardes de Monsieur, est complice de l'empoisonnement de Madame, première femme de ce prince, III, 181.

BEUVRON, lieutenant général de Normandie, meurt à l'âge de quatre-vingts ans, à la Meilleraye, IV, 437.

BEUVRON (le comte de), lieutenant général en Normandie, meurt fort jeune en rendant le sang par les pores, XIV, 50.

BEUVRON (la comtesse de), est attachée à Madame, sans avoir ni titre ni nom, avec une pension de 4000 livres ; sa famille ; ses intrigues l'avaient fait chasser par Monsieur, III, 385 ; sa correspondance journalière avec Madame ; son caractère, 386 ; sa mort ; ses qualités, VI, 429 et suiv.

BIENAISE, chirurgien domestique du duc Claude de Saint-Simon, se rend célèbre et riche par l'invention de l'opération de l'anévrisme ou de l'artère piquée, I, 60.

BIGNON, conseiller d'État, magistrat d'une grande intégrité et ancien avocat général, meurt à l'âge de 80 ans, I, 409.

BIGNON (l'abbé), très-bel esprit, très-savant, mais de mœurs répréhensibles ; est nommé conseiller d'État d'Église par le crédit du chancelier son oncle, III, 75 ; est mis à la tête de toutes les académies ; amasse plus de cinquante mille volumes ; devient doyen du conseil et bibliothécaire du roi ; son île enchantée près de Meulan, 76 ; il obtient la place de la bibliothèque du roi qu'avait l'abbé de Louvois avec le même brevet de retenue, XVII, 59.

BILLARDERIE (La), lieutenant des gardes du corps, arrête à Sceaux M. du Maine ; détails à ce sujet, XVII, 96.

BING (l'amiral), commandant la flotte anglaise, arrivé à Cadix, déclare de la part du roi d'Angleterre que ses ordres sont d'insister auprès du roi d'Espagne pour en obtenir une suspension d'armes, et d'employer pour la défense des États d'Italie les forces qu'il a sous son commandement, XVI, 186 et suiv. ; il arrive à Naples, 221 ; détruit la flotte espagnole devant le cap Passaro, 237.

BIRAN, fils de M. de Roquelaure, est marié par le roi à Mlle de Laval, fille d'honneur de Mme la Dauphine, V, 438.

BIRKENFELD (le prince de), est nommé brigadier par le roi, en récompense de sa conduite au siège de Barcelone, II, 7.

BIRON, lieutenant général, passe l'Escaut comme il peut et gagne les hauteurs au delà, VI, 310 ; dépêche un aide de camp aux princes et à M. de Vendôme pour les informer des positions de l'ennemi et leur demander leurs ordres, 310 ; soutient de son mieux un combat d'infanterie ; suites de ce combat, 312 et suiv. ; Biron est fait prisonnier, 318 ; est relâché quelque temps après sur parole ; il vient à Fontainebleau ; voit plusieurs fois le roi en particulier, 320 ; entretient souvent Mme la duchesse de Bourgogne, 321 ; croit sa fortune perdue à la mort de Monseigneur ; mais trouve de quoi espérer auprès de la Dauphine, IX, 278 ; perd un bras dans une grande sortie au siège de Kaiserlautern, X, 430 ; est nommé membre du conseil de guerre, XIII, 156 ; marie sa fille aînée à Bonac et son fils Gontaut avec la fille aînée du duc de Guiche, 307 ; marie une autre fille au chevalier de Bonneval, qui obtient de la régence des lettres d'abolition, XIV, 118 ; est chargé de l'écurie et des équipages de M. le duc d'Orléans, XVII, 210 ; est fait duc et pair à la majorité du roi, XIX, 457.

BISIGNANO, Saint-Séverin (le prince de), d'une des premières maisons de Naples ; grand d'Espagne, XVIII, 411.

BISSY, ancien lieutenant général et commandant en chef en Lorraine et dans les trois évêchés ; meurt fort regretté pour son équité ; son origine ; ses deux fils ; ses paroles prophétiques sur l'abbé de Bissy, III, 338.

BISSY, fils du lieutenant général,

épouse la fille de Chauvelin, conseiller d'État, X, 200.

BISSY, évêque de Toul, refuse l'archevêché de Bordeaux; pourquoi, II, 88; accepte celui de Meaux, IV, 256; il succède à toute la confiance qu'avait Mme de Maintenon dans l'évêque Godet pour les affaires de l'Église, VII, 405; sa conduite dans l'affaire qui produit la constitution *Unigenitus*, IX, 89 (voy. l'art. *Unigenitus*); il est nommé cardinal, X, 378; puis abbé de Saint-Germain des Prés, XI, 270; sa promotion au cardinalat est avancée de quatre ans, XII, 71; il reçoit la barrette des mains du roi, 73; famille de Bissy, 73; le cardinal est chargé par Dubois d'opérer un rapprochement entre lui et le maréchal de Villeroy, XIX, 327; il mène le maréchal chez Dubois, 328; scène violente qu'y fait le maréchal; efforts inutiles de Bissy pour le calmer, 329; il l'entraîne hors du cabinet du ministre, 330.

BLAINVILLE (De), chevalier de l'ordre, ambassadeur, premier gentilhomme de la chambre sous Louis XIII; sa famille, I, 50.

BLAMONT, président aux enquêtes et les conseillers Feydeau de Calendes et Saint-Martin, sont enlevés de chez eux et conduits, le premier aux îles d'Hyères, le second à Oléron et le troisième à Belle-Ile; menées et imprudence de Blamont, XVII, 26; le régent lui permet de revenir du lieu de son exil dans une de ses terres, 133; obtient de revenir à Paris et d'y faire sa charge; devient l'espion du régent; se fait haïr et mépriser de sa compagnie, 199.

BLANSAC, maréchal de camp, harangue inutilement ses troupes, à la bataille d'Hochstedt, pour les empêcher de se rendre prisonnières de guerre, comme le leur a conseillé le jeune Denonville, IV, 308; comment lui-même se voit ensuite obligé de signer une honteuse capitulation, 309 et 310.

BLANSAC (Mme de), mange plus de 2 millions à elle ou à Nangis son fils du premier lit, demeure vingt ans sans en sortir dans la petite maison de Saint-Maur, qu'elle a empruntée à M. le Duc; devient riche par la succession de M. l'évêque de Metz; ses fils furent plus heureux qu'elle et leur père, VIII, 288.

BLANVILLE, commandant de Kaiserswerth, défend vaillamment cette place contre l'électeur de Brandebourg et le landgrave de Hesse, III, 416; la rend; est fait lieutenant général, 419; emporte le château d'Haslach, IV, 115; est tué à la bataille d'Hochstedt, 312.

BLÉCOURT, remplace à Madrid en qualité d'envoyé du roi, l'ambassadeur d'Harcourt son parent; sa capacité, II, 404; déclare au roi d'Espagne que, s'il prend dans aucun de ses États des troupes de l'empereur, le roi de France le regardera comme une infraction à la paix, 435; va faire à l'Escurial la déclaration du traité de partage au roi d'Espagne, III, 2; son étonnement à l'ouverture du testament du roi d'Espagne, 31; part pour l'Espagne avec le simple caractère d'envoyé pour remplacer Amelot, VII, 280, 453; meurt fort vieux, XVII, 302.

BLINIÈRE (La), voy. *La Blinière*.

BLOIN, premier valet de chambre du roi, succède à Bontems dans l'intendance de Versailles et de Marly; son caractère, ses compagnies; vrai personnage qui se fait valoir et courtiser par les grands seigneurs et par les ministres, III, 66; comment il sert par son esprit, par son assiduité auprès du roi, la cabale formée contre le duc de Bourgogne, VI, 322; obtient du roi 12 000 livres d'appointements sur la province de Normandie, pour son gouvernement de Coutances, XI, 444.

BLOIS (Mlle de), seconde fille du roi et de Mme de Montespan; son mariage avec le duc de Chartres, fils de Monsieur, frère du roi, détails sur ce sujet, I, 23. Voy. *Chartres et Orléans* (duchesse d').

BOCKLEY, frère de la duchesse de Berwick, vient apporter au roi le détail de la bataille d'Almanza; il est fait brigadier, V, 406; apporte au roi la nouvelle de la retraite de Staremberg qui a levé le siége de Girone, X, 304; apporte la nouvelle de la prise de Saint-Sébastien, XVIII, 213.

BOILE, capitaine de cavalerie, attaque et blesse de deux coups le lieutenant général du Bourg qui l'a fait casser; est arrêté et condamné à un bannissement perpétuel que le roi commue en une prison de dix ans, V, 148.

BOILEAU (l'abbé), prédicateur, protégé par Bontems, ne peut parvenir à l'épiscopat; sa mort, IV, 280.

BOILEAU (le docteur), publie sous le voile de l'anonyme un livre intitulé: *Problème*, contre M. l'archevêque de Paris, chez lequel il loge; bruit que fait ce livre qui, par arrêt du parlement, est condamné et brûlé; l'auteur est découvert, chassé de l'archevêché et nommé par M. de Paris chanoine de Saint-Honoré; talents et caractère de Boileau, II, 248, 249.

BOILEAU-DESPRÉAUX, poête, meurt en 1711; son esprit, ses ouvrages; son caractère, IX, 83.

BOISDAUPHIN (Mme de), meurt à 80 ans; ses deux mariages; M. de Louvois eut toujours beaucoup de considération pour elle, IV, 243.

BOISGUILBERT, lieutenant général au siége de Rouen, travaille à un nouveau système d'impôt; le propose à M. de Pontchartrain, V, 364; le développe au ministre Chamillart, 364; comparaison de son système avec celui de M. de Vauban, 365; malgré le triste accueil qu'obtient ce dernier, il publie le sien; est exilé en Auvergne, 368; au bout de deux mois, il est renvoyé à Rouen, mais suspendu de ses fonctions; y est reçu au milieu des acclamations du peuple, 369; son extrême affliction de paraître l'auteur du projet de l'impôt du dixième présenté par Desmarets et adopté par le roi; il prédit que cet impôt ne produira rien, IX, 12 et 13.

BOISSELOT, est nommé gouverneur de Charleroy, I, 105; meurt dans une terre où il s'est retiré; est célèbre par sa longue défense à Limerick, en Irlande, II, 222.

BOISSEUIL, gentilhomme, excellent homme de cheval, très-goûté du roi pour son talent à dresser les chevaux; obtient toute la confiance de M. Le Grand et de Mme d'Armagnac; son empire sur eux, VII, 80; son caractère brutal; son amour pour le jeu; son duel avec un joueur dont il a fait connaître la friponnerie, 81; son extérieur; sa mort, 81.

BOLINGBROKE (le vicomte de), quitte l'Angleterre et vient demeurer à Paris; pourquoi, XII, 48; il est reçu secrètement en grâce auprès du roi Georges, XV, 109.

BONAC, neveu de Bonrepos; est nommé ambassadeur à Cologne, II, 329; chargé d'affaires en Pologne, il a ordre du roi d'aller reconnaître et complimenter le nouveau roi Stanislas, V, 263; il va relever Blécourt en Espagne, IX, 309; est envoyé à Constantinople, X, 374, XIII, 343.

BONAMOUR, gentilhomme de Bretagne, exilé, puis rappelé est exilé de nouveau avec sept membres du parlement de la même province; pourquoi, XVII, 50.

BONELLES, fils de Bullion, colonel d'infanterie est tué à la bataille de Turin, V, 248.

BONEU, envoyé du roi de Suède, est enlevé par les Polonais, IV, 61.

BONIVET, est choisi par Mme la duchesse de Berry pour son maître de la garde-robe; sa naissance; son caractère, XV, 151.

BONNET DE MA TANTE, voy. *Saint-Simon* (Mlle de).

BONNET (Affaire du). Le premier président demeure couvert en appelant les noms des pairs et en leur demandant leurs avis, XI, 337, 339.

BONNEVAL (le chevalier de), passe au service de l'empereur; pourquoi; son caractère; ses talents; le roi lui fait faire son procès; il est pendu en effigie, V, 157; il devient favori du prince Eugène et lieutenant général dans les troupes de l'empereur; demande en France des lettres d'abolition; les obtient de la régence et se marie à une des filles de M. de Biron; s'en retourne à Vienne, XIV, 118.

BONOEIL (l'abbé de), grand joueur, est tué et volé chez lui par un soldat aux gardes, XV, 153.

BONREPOS, ambassadeur en Danemark, est nommé à l'ambassade de Hollande, II, 49; comment des bureaux de la marine il parvient à de plus hauts emplois; son extérieur; ses talents; sa bonne conduite, 50; il reçoit 100 000 livres que le roi lui avait promis depuis longtemps, XII, 19; est nommé membre du conseil de marine, XIII, 153; meurt subitement d'une heureuse vieillesse; ses services; ses talents; sa capacité, XVII, 220.

BONTEMS, premier des quatre valets de chambre du roi et gouverneur de Versailles et Marly, meurt à 80 ans; son extérieur; sa fidélité, sa discrétion, III, 64; il dispose et sert la messe nocturne où le roi fut marié à Mme de Maintenon; lui-même était aussi marié en secret avec Mlle de La Roche; son caractère; services secrets qu'il rendit au roi, 65; son obligeance, son désintéressement; il est regretté à la cour, à Paris, dans les provinces; ses enfants, 66.

BONZI (le cardinal de), se distingue en diverses ambassades, passe par plusieurs siéges épiscopaux; gouverne longtemps en Languedoc par l'autorité de sa place; l'intendant Bâville abaisse cette autorité; le cardinal fait des efforts inutiles pour la relever, I, 404; dans sa douleur, il cherche un appui auprès de M. du Maine, gouverneur de Languedoc, 405; meurt, à Montpellier, à soixante-treize ans; détails sur la famille des Bonzi de Florence, IV, 133 et suiv.; missions et places que remplit le cardinal Bonzi; son portrait; ses qualités, 134; il se fait adorer dans le Languedoc; prend soin de l'abbé de Fleury; est jalousé par Bâville, intendant, qui écrit contre lui à la cour, 135; son amour pour Mme du Gange; il vient à la cour où il est mal reçu du roi; retourne à Montpellier pour les états; découvre que Bâville est son ennemi; se brouille avec lui, 136; son cœur et sa réputation souffrent de l'exil de Mme du Gange; il essaye de se relever par le mariage de M. de Castries, fils de sa sœur et gouverneur de Montpellier, avec une fille de M. le maréchal duc de Vivonne, est un peu soutenu par M. du Maine, tombe bientôt accablé de tristesse; ses attaques d'épilepsie, 137.

BORDAGE (Du), gentilhomme de Bretagne et huguenot, se convertit; est tué devant Philippsbourg; son fils et sa fille abjurent; le premier obtient de bonne heure un régiment; son amour pour le jeu; la seconde se marie à M. de Coigny, mestre de camp royal étranger, II, 361.

BORDAGE (Du), fils du précédent, sa passion pour le jeu lui fait quitter promptement le service, sa liaison avec Mme de Polignac; témoin de la triste mort de cette dame, il s'empoisonne; ses domestiques le rappellent à la vie avec beaucoup de peine; il reprend son jeu et sa vie accoutumée, V, 197.

BORDEAUX (Mme de), sa beauté, sa galanterie; son esprit de manége; elle marie sa fille à M. de Fontaine-Martel, I, 30.

BORGIA (le cardinal), patriarche des Indes, fait manger le vendredi saint de la viande aux personnes qu'il a invitées à dîner, s'appuyant sur une bulle du pape Alexandre VI qui donne cette permission à sa maison, III, 402; il est fait cardinal, XVIII, 69; son adieu singulier au frère du pape nouvellement élu; son caractère, XIX, 20 et suiv.; il fait la cérémonie du mariage du prince des Asturies avec Mlle de Montpensier; scène plaisante qu'il y donne par son ignorance, 121 et suiv.; baptise l'infant don Philippe; donne la même scène, 244 et suiv.

BOSSU, archevêque de Malines, est promu cardinal; son éducation à Rome, XVII, 318; son dévouement aux jésuites; l'empereur fait saisir ses revenus; pourquoi, 318; il va au conclave à Rome; revient à Vienne où il éprouve mille dégoûts, 319.

BOSSUET, évêque de Meaux, est nommé aumônier de Mme la duchesse de Bourgogne, I, 352; ne peut faire changer de sentiments à Mme Guyon, 423; publie sous le titre d'*Instruction sur les états d'oraison* un ouvrage où il expose la doctrine, la conduite et les procédés des partisans et des adversaires du quiétisme, 432; présente au roi cet ouvrage, 432; comparaison de ce livre avec celui des *Maximes des saints*, 433; envoie à M. de la Trappe ses premiers écrits contre la doctrine de Mme Guyon, et les *Maximes des saints* de M. de Fénelon; montre à Mme de Maintenon la réponse de M. de la Trappe, II, 131; reçoit de celui-ci une lettre de reproches de cette communication, 132; sa mort, IV, 255.

BOUCHER, beau-frère de M. Le Blanc, obtient l'intendance d'Auvergne; les maîtres des requêtes font un grand bruit de cette nomination; pourquoi, XIV, 170.

BOUCHERAT (le chancelier), ferme sa porte aux carrosses des évêques; reçoit les députés de l'assemblée du clergé dans la pièce du château où il tient conseil des parties, I, 288; sa mort, sa famille, II, 296; l'attachement que M. de Turenne prit pour lui fit sa fortune; ses talents très-médiocres; ses deux mariages, ses enfants, 297.

BOUCHEVILLIERS (De), brûle par ordre du roi la belle maison de la Verrerie du duc de Savoie, I, 106.

BOUCHU, conseiller d'État et intendant du Dauphiné, meurt dans une maison qu'il s'était bâtie près de l'abbaye de Cluni; anecdote singulière à ce sujet, caractère de Bouchu; sa fortune, IV, 438.

BOUCHU (Mme), veuve du conseiller d'État, se fait faire secrètement l'opération d'un cancer au sein, guérit parfaitement, épouse le duc de Châtillon, cul-de-jatte, meurt d'une fluxion de poitrine, X, 186.

BOUDIN, premier médecin de Monseigneur, se laisse tromper par un alchimiste escroc; son extraction, IX, 35;

son savoir, son genre d'esprit; il subjugue Fagon auquel il dédie une thèse contre le tabac; est recherché par la meilleure compagnie; son caractère, 35; comment il traita un jour le maréchal de Villeroy en présence de Monseigneur qui en rit, sa curiosité pour toutes sortes de remèdes et de secrets, 36; il avertit la Dauphine de prendre garde à elle, en la prévenant qu'on veut l'empoisonner ainsi que le Dauphin, X, 64; il dit nettement au roi en présence de Mme de Maintenon que la cause de la mort de Mme la Dauphine est le poison, 135; le répète en public, 136; attribue la même cause à la mort du Dauphin, 139; ose dire au roi que le coup part de M. le duc d'Orléans, 144.

BOUFFLERS (le marquis de), est fait maréchal de France, I, 39; est nommé gouverneur de Lille et de la Flandre, 206; se jette dans Namur menacé par le prince d'Orange, 272; il capitule avec l'électeur de Bavière, 278; rend aussi le château où il s'est retiré; comment il en sort, 279; il est arrêté après sa sortie et conduit à Namur; pourquoi, 280; est fait duc vérifié au parlement, 281; est reçu à Fontainebleau avec des applaudissements extraordinaires; fait avancer en grade tout ce qui était avec lui dans Namur, 281; a plusieurs conférences avec le comte de Portland, II, 35; ces conférences hâtent la conclusion de la paix de Ryswick, 36; le maréchal commande le camp à Compiègne où il étonne par sa dépense et par l'ordre qu'il y fait régner, 183; les enfants de France, les princes et les princesses dînent chez lui, 189; il est choisi pour commander l'armée de Flandre sous Mgr le duc de Bourgogne, III, 390; est accusé d'avoir manqué l'occasion de battre le duc de Marlborough, 417; bat les Hollandais près du village d'Eckeren, IV, 131; reçoit la Toison d'or, 132; revient à la cour, 195; reçoit une augmentation de 200 000 livres de brevet de retenue sur sa charge pour le conseiler du défunt de commandement, 249; est nommé par le roi capitaine des gardes à la place du maréchal de Duras, 369; apprend du roi que sa charge de colonel du régiment des gardes est donnée au duc de Guiche; sa surprise et sa douleur; il dissimule et demande même au roi pour le duc le brevet de 500 000 livres qu'il avait sur le régiment des gardes, 369; demande à aller défendre Lille; l'obtient après un premier refus, VI, 377; il demande au roi et obtient avec peine que Surville et La Freselière aillent servir sous lui; la cour applaudit à sa conduite généreuse en cette occasion, 377; ce qu'il fait pour la défense de Lille, 378; sa conduite pendant le siège et les soins qu'il se donne lui gagnent les cœurs des troupes et des bourgeois, 409; il est blessé et renversé; est forcé par ses soldats à se faire saigner et à se reposer huit jours; joie de la garnison quand il reparaît; abondance à sa table sans aucune délicatesse, 410; défense merveilleuse des assiégés, 410; Boufflers capitule après deux mois de tranchée ouverte; condition de la capitulation; il obtient la liberté de l'envoyer à Mgr le duc de Bourgogne pour être tenue s'il l'approuve, sinon de demeurer nulle et non avenue, 418; il se renferme dans la citadelle avec tous les soldats qui veulent le suivre, 419; est blessé en visitant le chemin couvert, VII, 9, 10; mange lui-même de la chair de cheval comme les soldats; garde secret autant qu'il peut l'ordre qu'il reçoit du roi de se rendre, 10; il capitule et obtient tout ce qu'il veut, 19; honneurs que lui rend et lui fait rendre le prince Eugène, 19; il vient à Versailles; le roi l'embrasse tendrement; le comble d'éloges, 22; modestie du maréchal qui refuse de demander des faveurs; le roi lui fait duc; donne à son fils la survivance du gouvernement de Flandre et les appointements de gouverneur particulier de Lille, 22; le maréchal est destiné à faire le siège de Lille sous le roi et envoyé en Flandre sous prétexte d'y donner divers ordres, 28; arrivé à Douai, il rassemble une armée; songe à délivrer Gand, 30; reçoit ordre de tout cesser et de renvoyer tous les officiers, 38; fait la visite de son gouvernement, 111; tombe dangereusement malade; revient à la cour, 111; prie M. de Saint-Simon de dresser ses lettres d'érection de duc et pair, et d'être un de ses témoins le jour de sa réception, 131; l'enregistrement des lettres et la réception ont lieu le même jour; grande foule au parlement, 132; détails sur cette cérémonie, 132, 133; texte du témoignage de M. de Saint-Simon, tel qu'il fut lu après le serment de M. Boufflers, 133, 134; réponse du maréchal au discours du premier président, 135; ses paroles aux guerriers qui ont assisté à sa réception, 135, 136; encouragé par

Mme de Maintenon, il se plaint amèrement et publiquement du ministre Chamillart, 215 ; va sur les pas de son beau-père le duc de Grammont offrir au roi sa vaisselle d'argent et a le mérite de l'invention de cette offre qui appartenait à la duchesse de Grammont, 222, 223 ; attaque sans cesse Chamillart auprès du roi, 236 ; il presse vivement le maréchal Tessé de raconter à Mme de Maintenon, puis au roi le propos du nonce Cusani concernant la femme de Chamillart ; exagère lui-même le crime dont il est question, 242, 243 ; grande faveur dont il jouit auprès du roi ; son autorité dans les affaires de la guerre, 264 ; sa sortie violente contre Chamillart, 265 ; service qu'il devait à ce dernier, sans s'en douter, 266 ; instruit qu'on va rappeler les troupes d'Espagne, il en parle au roi ; va trouver Mme de Maintenon et combat cette résolution de toute sa force, 294 ; s'éloigne à cette occasion du duc de Chevreuse et par suite de M. de Beauvilliers, 295 ; comment il apaise deux émeutes dans Paris causées par la disette du pain, 350 et suiv. ; il va à Versailles rendre compte au roi de ce qu'il a vu et fait ; le roi lui offre le commandement de Paris qu'il refuse ; il fait rendre au gouverneur les fonctions qu'il avait, 351 ; le gouverneur, le lieutenant de police et le prévôt des marchands sont soumis aux ordres du maréchal ; conduite modeste et prévoyante de Boufflers, 352 ; il offre au roi d'aller servir en Flandre sous Villars, et de le remplacer s'il lui arrive quelque malheur ; grandeur de ce trait de générosité, 361 ; le roi le remercie ; puis accepte son offre, 362 ; le maréchal part ayant la goutte ; comment il est reçu à l'armée et par le maréchal de Villars ; union parfaite entre ces deux généraux, 363 ; il est un moment victorieux à la droite de l'armée le jour de la bataille de Malplaquet, 373 ; comment il se voit arracher la victoire ; ses efforts désespérés pour la retenir, 374 ; belle retraite, 380 ; ses deux lettres au roi sur la bataille ; éloge qu'il y fait de Villars, 385 et suiv. ; effet que produisent ces lettres, 386 ; il s'aigrit des procédés secrets de Villars contre lui, sans changer les siens, 390 ; il éprouve une marque de mépris qu'aucun général d'armée n'avait encore éprouvée, 391 ; causes qui le perdent, 392 et suiv. ; il revient à la cour ; accueil indifférent et froid que lui fait le roi ; Mme de Maintenon, Monseigneur, Mgr le duc de Bourgogne essayent en vain de le consoler, 394 ; il devient furieux en apprenant comment sont conçues les lettres d'érection du duché-pairie de Villars ; il crie publiquement contre lui ; biffe tout ce qu'il veut dans ces lettres que Villars lui envoie, VIII, 98 ; il va le voir, 99 ; conçoit pour lui une haine qui s'exhale quelquefois peu décemment, 99 ; perd son fils aîné ; par quelle aventure, IX, 83 ; le roi donne à son cadet la survivance de son frère, 84 ; le maréchal regrette Monseigneur par amitié ; dans quels termes il se trouve avec le Dauphin, 278 ; sa mort ; son éloge, IX, 422 ; causes de sa maladie, 424 ; les médecins l'empoisonnent ; le roi accorde une pension de 12000 livres à sa veuve, 424, 425.

BOUFFLERS (la maréchale de), marie sa seconde fille au fils unique du duc de Popoli, XIV, 239.

BOUFFLERS (le duc de), épouse une fille du duc de Villeroy, XVIII, 173.

BOUILLON (le duc de), qui s'était désisté de faire cause commune avec les ducs et pairs opposants aux prétentions de M. de Luxembourg, est mal payé de sa désertion par le premier président et par M. de Luxembourg lui-même ; il finit par avouer son tort et son repentir à MM. de La Trémoille et de La Rochefoucauld, I, 166 ; feint d'être malade pour ne point assister à la cérémonie de l'hommage-lige de M. de Lorraine ; son motif, II, 345 ; supplie le roi d'arrêter l'affaire du cartulaire de Brioude par bonté pour ceux qui ne sont coupables que d'une crédulité trop confiante et pour les sauver de la flétrissure, V, 325 ; gagne à Dijon son procès contre son fils, 377 ; instruit par sa femme de tout ce qu'elle a fait pour arrêter la lettre de leur fils, le comte d'Evreux, écrite en faveur de M. de Vendôme et contre le duc de Bourgogne, il porte au roi la seconde lettre que Mme de Bouillon lui a fait écrire et prétend la faire passer pour la première et unique ; comment elle est reçue, VI, 151 ; ses étranges inquiétudes sur les suites de la félonie du cardinal son frère ; peu d'appui qu'il a dans sa famille, VIII, 392 ; son discours au roi, 393 ; il obtient du roi la permission de s'adresser au chancelier, 394 ; celui-ci lui prouve la nécessité où il est de se reconnaître et de s'avouer sujet du roi ; M. de Bouillon y résiste, 395 ; il reste neutre dans l'affaire de d'Antin, IX, 42 ; obtient 100 000 écus de brevet de retenue sur son gouvernement d'Auvergne, XII, 435; se démet de sa charge de grand chambellan en faveur de son fils le duc d'Albret, XIII, 197; meurt à 82 ans, XVII, 184.

BOUILLON (le duc de), fils du précédent, voy. *Albret* (le duc d').

BOUILLON (la duchesse de), frémit des suites de la lettre que son fils le comte d'Évreux a écrite à son beau-père Crozat pour justifier la conduite de M. de Vendôme au combat d'Audenarde et blâmer celle du duc de Bourgogne; va trouver Crozat, lui reproche d'avoir compromis son fils en faisant lire cette lettre et en en laissant tirer des copies; dépêche au comte d'Évreux pour lui faire honte et peur de sa folie et lui demander une autre lettre à Crozat qu'on puisse faire passer pour la première, VI, 347; en obtient une telle qu'elle l'a demandée, 347; meurt d'apoplexie à 68 ans, en entrant dans la chambre de son mari; sa conduite déréglée, son avarice; digression sur la famille des Mancini, XI, 104 et suiv.; caractère de Mme de Bouillon; son orgueil, son audace, son air libre, 109; elle fût souvent exilée; comment elle traitait ses enfants, ses amis et ses compagnies, 109; sa beauté; sa parure; son extérieur; sa maison, 110.

BOUILLON (le cardinal de), marie le duc de Chartres avec Mlle de Blois; leur donne la bénédiction du lit, I, 32; conclut avec Monsieur un gros marché pour la terre de Dauphiné d'Auvergne; le roi se doutant du motif de vanité qui porte le cardinal à en faire l'achat, refuse de ratifier la vente, 218; dépit de M. de Bouillon; il va cacher sa honte dans sa maison de Saint-Martin de Pontoise, 219; par le crédit des jésuites il obtient d'aller à Rome remplacer le cardinal Janson; sa liaison avec Fénelon; il lui promet son appui à la cour de Rome dans l'affaire du livre des *Maximes des saints*; leurs vues secrètes, 427; motifs particuliers du cardinal puisés dans l'inimitié de Bouillon pour celle des Noailles et dans sa jalousie personnelle contre MM. de Meaux et de Chartres, 428, 429; il fait obtenir le collier de l'ordre à un gentilhomme romain qui lui a donné le titre d'*Altesse Éminentissime*, II, 88; marie à Rome Mme de Chalais au duc de Bracciano, 107; empêche, par l'autorité du pape, qu'à la mort de ce duc ses nombreux créanciers ne mettent les scellés chez lui, 108; se brouille ensuite pour toujours avec sa veuve; à quelle occasion; il commence à perdre son crédit à la cour; sa conduite dans l'affaire de M. de Cambrai, 109; son mensonge audacieux auprès du roi et du pape pour faire nommer cardinal son neveu l'abbé d'Auvergne, 110; comment ce mensonge est découvert; honte et dépit du cardinal, 111; comment il avait été promu au cardinalat par le crédit de M. de Turenne, son oncle, 164, 165; traitement distingué qu'il obtient en Sorbonne, 165; il met à Rome tout son crédit pour éviter que M. de Cambrai soit condamné; contre les ordres directs du roi il sollicite en sa faveur, 254; le jour du jugement il essaye d'intimider les consulteurs; invective et s'emporte; mot du pape à cette occasion, 264; en sa qualité de sous-doyen du sacré collège, il ouvre en l'absence du doyen la porte sainte du grand jubilé; fait frapper à cette occasion des médailles et faire des estampes et des tableaux, 365; reçoit un ordre du roi de demander au pape une bulle pour assembler le chapitre de Strasbourg, afin d'élire un coadjuteur et un bref d'éligibilité pour l'abbé de Soubise; son dépit à cette occasion; ses lettres au roi et au chapitre de Strasbourg pour empêcher cette élection; bruit qu'elles causent, 395; met tous les obstacles qu'il peut aux bulles que le roi demande; écrit une nouvelle lettre plus folle que les premières; reçoit ordre de partir de Rome et de se rendre à Cluny ou à Tournus; ne peut se résoudre à obéir, reste à Rome; sous quel prétexte et dans quelle vue, 398; il écrit au P. La Chaise pour le prier de rendre au roi une lettre par laquelle il demande la permission de demeurer à Rome jusqu'à la mort du cardinal Cibo, doyen du sacré collège; reçoit un nouvel ordre de partir sur-le-champ; retourne à Rome à la mort du cardinal Cibo pour opter le décanat, 414; reçoit ordre de donner sa démission de grand aumônier; et de quitter le cordon bleu, 415; son désespoir en apprenant que ses biens laïques et ecclésiastiques sont confisqués par un arrêt du conseil, 428; il quitte les marques de l'ordre, mais porte sous sa soutane un cordon bleu étroit au bout duquel est la croix d'or, 429; assiste au conclave, veut persuader aux cardinaux français de quitter le collier de l'ordre, 430 ; sa conduite toute française au conclave ; il contribue de tout son pouvoir à l'élection du cardinal Albano ; le sacre évêque comme doyen du sacré collège, III, 45 ; part de Rome et se rend à son exil de Cluny ; il obtient mainlevée de la saisie de ses biens et de ses bénéfices, 84 ; sa conduite dans l'affaire du cartulaire de Brioude, voy. *La Tour* (maison de) ; il rapatrie M. de Bouillon avec son fils et fait en sorte que tous deux plaident honnêtement, V, 377 ; il perd au grand conseil son procès avec les moines de Cluny, et ensuite au conseil du roi ; dépit qu'il en ressent, VI, 206 ; obtient la permission de passer quelque temps à Rouen ; à quelle condition ; fait quelque séjour à la Ferté chez M. de Saint-Simon ; sa vanité le fait mépriser à Rouen, 277 ; il se fait peindre avec le cordon de l'ordre qu'il porte toujours sous ses habits, 278 ; reçoit ordre de s'en retourner en Bourgogne, revient à la Ferté, 280 ; comment il s'y conduit ; va à la Trappe ; sa conversation avec M. de Saint-Louis, 280 ; il essaye de gagner l'évêque de Chartres ; son désespoir de ne pouvoir réussir auprès de lui, 281 ; il quitte la Ferté et se rend à Auny près de Pontoise ; sa bassesse l'y fait mépriser, 283 ; obtient la permission de s'en aller auprès de Lyon, 284 ; le roi adoucit la rigueur de son exil, VII, 227 ; son procès avec les moines de Cluny, VIII, 364 ; il le perd à la grande chambre, 365 ; ses projets en faveur du comte d'Auvergne ; ses préparatifs de fuite, 367 et suiv. ; il vient à Montrouge où il apprend la perte de son procès ; sa fureur ; son désespoir, 368 ; il va à Ormesson, puis à Arras ; s'enfuit chez les ennemis ; comment il est reçu par le prince Eugène et le duc de Marlborough, 368 ; sa lettre insolente au roi, 370 et suiv. ; analyse de cette lettre, 372 et suiv. ; le cardinal écrit sur les procédures dont on le menace au président de Maisons une lettre plus violente encore ; le parlement rend un arrêt de prise de corps contre lui, contre son domestique Certes et contre un jésuite mêlé dans ses intrigues ; pourquoi la procédure est arrêtée, 387 ; le parlement rend un arrêt portant commission au lieutenant général de Lyon de visiter l'abbaye de Cluny et d'y faire biffer et effacer tout ce qui, en monuments ou en écritures, pourrait indiquer des titres faux en faveur de la maison de Bouillon, 390 (voy. le texte de cet arrêt, IX, 449) ; le cardinal officie pontificalement dans l'église de Tournai, au *Te Deum* chanté pour la prise de Douai ; sa lettre à l'évêque de Tournai, 391 ; il perd son neveu le prince d'Auvergne, 404 ; se fait élire abbé de Saint-Amand par une partie des moines de cette abbaye, 404 ; il marie la veuve du prince d'Auvergne à Mésy, ancien page des Bouillon ; dans quel but, X, 66 et suiv. ; les nouveaux mariés sont chassés de l'hôtel d'Aremberg, 67 ; le cardinal prétend à la tutelle de sa petite nièce ; sa conduite le couvre de honte et de mépris ; sa vie errante et misérable, 67 ; se retire chez l'évêque de Ruremonde ; s'achemine vers Rome, X, 430 ; y arrive et y paraît fort délaissé ; tous les Français reçoivent défense de le voir, XI, 95 ; sa mort ; précis de sa vie, XII, 21 et suiv. ; il imagine comme une grande distinction pour les cardinaux de conserver seuls leur calotte sur la tête en parlant au pape, 26 ; l'affront qu'il reçoit à cette occasion devient la cause de sa mort, 27 ; son extérieur ; son luxe prodigieux, 27 ; ses mœurs infâmes ; son orgueil, 28 ; extrait d'une apologie du cardinal écrite par l'abbé d'Aufreville, 473.

BOUILLON (le chevalier de), propose au régent qu'il y ait trois fois la semaine un bal public dans la salle de l'Opéra, etc. ; obtient 6000 livres de pension pour cet avis qui est mis à exécution, XIII, 305 ; a une violente prise au bal avec d'Entragues, cousin germain de la princesse de Conti, pour Mme de Barbezieux, le duc d'Orléans les accommode sur-le-champ, V, 144 ; prend le nom de prince d'Auvergne ; se marie avec une aventurière anglaise ; ses dissipations, XVII, 303.

BOUILLON (le maréchal de) et son fils le duc de Bouillon, voy. *La Tour* (maison de).

BOUILLON (ancienne seigneurie), ne fut jamais une souveraineté ; preuves historiques, V, 304 et suiv.

BOUILLON-SIMIANE (la duchesse de), meurt à 39 ans à Paris, XIX, 325.

BOULAINVILLIERS, ses connaissances dans l'histoire, surtout dans celle de France, son caractère ; sa réputation en astrologie, XII, 80. Ses prédictions vraies et fausses, 81 ; il meurt l'année, le mois, le jour et l'heure qu'il a prédits ; son savoir ; sa modestie ; son défaut fut de travailler à trop de choses à la fois, XIX, 306.

BOULAYE (La), gouverneur d'Exilles, qui s'était rendu prisonnier de guerre avec sa garnison, est échangé et se constitue prisonnier à la Bastille pour y être condamné ou justifié, VII, 32.

BOULDUC, apothicaire du roi ; son savoir, son esprit, sa discrétion ; il ne cache point à M. et à Mme de Saint-Simon ce qu'il pense de la maladie de Mme la Dauphine et de M. le Dauphin, X, 95 ; il confirme au roi que la cause de leur mort est le poison, 125 ; confie à M. de Saint-Simon que la maladie du duc de Berry a la même cause, XI, 83.

BOULIGNEUX, lieutenant général, et Wartigny, maréchal de camp, sont tués devant Verue ; singularité concernant leurs masques de cire, IV, 393.

BOURBON (Mme de), religieuse à Fontevrault, obtient une pension de 10000 livres, XVII, 127 ; devient abbesse de Saint-Antoine ; son esprit ; son caractère méchant ; elle est enlevée de ce couvent et conduite dans une petite abbaye où elle demeure prisonnière, 313.

BOURDALOUE (le P.), jésuite, prêche contre la doctrine des quiétistes, I, 421.

BOURDONNAYE (La), voy. La Bourdonnaye.

BOURG (Du), voy. Du Bourg.

BOURG (le chevalier), gentilhomme irlandais, est envoyé, par le crédit de la princesse des Ursins, en Espagne avec caractère public d'envoyé du roi d'Angleterre ; son caractère ; ses services auprès du cardinal de Bouillon, IV, 422 ; son mariage en France ; son état à la cour de Madrid ; il y est consulté, estimé, mais craint ; son fils et sa fille ; son retour à Rome, 423 ; son esprit de manége et d'intrigues ; comment il parvient à se faire pensionner par le sacré collège, XIX, 48 et suiv. ; comment il s'établit à la cour d'Espagne par le crédit de la princesse des Ursins, 50 ; et se soutient sous Albéroni, ses liaisons à Madrid ; son caractère, 52 ; il vise à l'ambassade de Paris ; pourquoi il échoue, 54 ; vient à Paris et va mourir à Rome, 56.

BOURGOGNE (Mgr le duc de), son mariage avec la princesse de Savoie, II, 61 ; fêtes qui le suivent, 62 ; le roi le fait entrer au conseil des dépêches, 235 ; revient de son voyage du midi ; est embrassé par le roi, III, 147 ; est nommé pour aller commander l'armée en Flandre, 390 ; il lui est sévèrement défendu de coucher à Cambrai, ni même de s'y arrêter pour manger ; sa courte et touchante entrevue avec l'archevêque de cette ville, 413 ; il s'arrête à Bruxelles où les sujets d'Espagne s'empressent à lui faire la cour ; va se mettre à la tête de l'armée ; loge chez le maréchal de Boufflers et à ses dépens, 414 ; montre beaucoup d'affabilité, d'application et de valeur ; est rappelé à Versailles, 417 ; le roi lui donne l'entrée du conseil des finances et même du conseil d'État ; le prince est fort touché de cet honneur, IV, 62 ; va prendre le commandement de l'armée du maréchal Tallard, sur le Rhin, 120 ; passe ce fleuve, assiége Brisach ; prend la place par capitulation, 165 ; sa conduite pendant le siège lui gagne les cœurs ; il est rappelé à la cour, 165 ; vend ses pierreries et en donne l'argent aux pauvres, V, 261 ; il lit avec application tous les mémoires publiés pendant l'instruction du procès entre M. de Guémené et le duc de Rohan, 283 ; son opinion au conseil sur cette affaire, 287 ; il annonce lui-même au duc de Rohan qu'il a gagné son procès, 290 ; est nommé par le roi pour aller en Provence en chasser le duc de Savoie, VI, 95 ; pourquoi son voyage est rompu, 100 ; après la mort de Moreau son premier valet de chambre, il exécute ce que ce serviteur lui a demandé avant de mourir, 144 ; est nommé pour aller commander l'armée de Flandre, ayant M. de Vendôme sous ses ordres, 219 ; part pour l'armée ; passe à Cambrai ; embrasse tendrement son ancien précepteur, 285 ; composition de son armée, 288 ; il entre avec pompe dans la ville de Gand, 300 ; représente vainement au duc de Vendôme la nécessité de passer promptement l'Escaut, 309 ; le presse une seconde fois aussi inutilement de se mettre en marche pour prévenir l'ennemi qui approche, 309, 310 ; combat d'Audenarde, 310 et suiv. ; modération du prince aux paroles insultantes de M. de Vendôme, 314, 315 ; il traverse Gand après la retraite de l'armée et va établir son quartier général derrière le canal de Bruges, 317 ; ses dépêches au roi et à la duchesse de Bourgogne sur ce combat, 319 ; cabale formée contre ce prince ; de quels personnages elle se compose ; par qui elle est servie, 322 et suiv. ; elle hasarde d'abord des louanges de M. de Vendôme et ose blâmer le duc de Bourgogne touchant le combat d'Audenarde, 324 ; lettre d'Albéroni ; premier manifeste publié par elle, 324 ;

lettre de Campistron écrite et répandue dans le même but, 344; lettre du comte d'Évreux renfermant les mêmes éloges et les mêmes critiques, 346; les émissaires de la cabale répandent partout des extraits de ces pièces; les vaudevilles, les chansons faites, dans le même esprit courent tout Paris et le royaume; on n'ose plus à la cour parler pour le duc de Bourgogne, 347; il est ou veut bien être dupe des protestations du comte d'Évreux et lui marquer des bontés qui refroidissent pour lui l'armée et ceux qui tiennent à lui à la cour, 352; il reçoit une lettre de Chamillart qui lui conseille de bien vivre avec M. de Vendôme; effet que cette lettre produit sur lui, 353; il se renferme dans son cabinet; se rend peu visible à l'armée; se rapproche de Vendôme; mauvais effet que produit cette conduite, 354; il s'en excuse à Mme la duchesse de Bourgogne sur le conseil de Chamillart, 355; à la prière de M. de Vendôme, il a la faiblesse de présenter à la duchesse de Bourgogne sa soumission pleine de modestie apparente; comment cette lettre est reçue par la duchesse, 357; il s'oppose à l'attaque du convoi conduit par le prince Eugène à Marlborough; en écrit ses raisons au roi et à son épouse, 375; il écrit au roi qu'il ne tient pas à lui ni aux généraux que Lille ne soit pas secouru, mais à M. de Vendôme, 381; il assiste à Douai à une procession générale, ce que la cabale et les libertins ne lui pardonnent pas, 383; il arrive avec toute l'armée à Mons-en-Puelle, 384; est d'avis comme M. de Vendôme qu'il faut attaquer les ennemis, 391; la cabale recommence ses éloges de M. de Vendôme lesquels retombent à plomb contre le duc de Bourgogne; les uns lui reprochent les choses précédentes qui lui font le plus d'honneur; les autres accusent sa dévotion, 402; d'autres lui reprochent des amusements puérils et surtout ses longs et fréquents entretiens avec son confesseur le P. Martineau; fable qu'ils débitent à l'occasion de ce dernier, 403; malgré l'évidence des mensonges inventés contre ce prince, la cabale n'en poursuit pas moins ses attaques et répand partout ses émissaires, 404; comment le prince vit à l'armée, 406; il envoie au duc de Marlborough le passe-port qu'il lui a demandé pour ses équipages, 416; il joue au volant lorsque Coetquen lui apporte la capitulation de Lille qu'il connaissait déjà; il achève sa partie et approuve ensuite la capitulation; cette conduite scandalise l'armée, et la cabale en tire de nouvelles armes contre le prince, 418; appuie autant qu'il peut l'avis de Berwick concernant la garde de l'Escaut, VII, 3; fautes du prince à l'occasion du passage de l'Escaut par les ennemis, 6 et suiv.; parti que la cabale en tire contre lui, 7; il reçoit ordre de revenir; il demande à rester à cause de Gand qui paraît menacé, 10; il arrive à Versailles, 12; embrasse le duc de Saint-Simon et lui dit tout bas qu'il sait comment il s'est conduit à son égard; va dans l'appartement de Mme de Maintenon; description de cet appartement 12; détails sur la réception que lui font le roi et Mme de Maintenon 15, son tête-à-tête avec Mme la duchesse de Bourgogne, 15; accueil que lui fait Monseigneur, 16; il assiste au souper du roi qui lui adresse souvent la parole, 16; dans une longue conversation avec le roi et Mme de Maintenon, il s'explique sans ménagement sur M. de Vendôme, 17; rend un compte entier de la campagne; demande à commander la campagne suivante et en obtient la parole du roi; autre conversation à Meudon avec Monseigneur et Mlle Choin qui est favorable au duc, 17; discours sur Mgr le duc de Bourgogne du 25 mai 1710 adressé à M. le duc de Beauvilliers qui avait prié M. le duc de Saint-Simon de mettre par écrit ce qu'il lui semblait de la conduite de ce prince et ce qu'il estimait y devoir corriger et ajouter, VIII, 175; esquisse du caractère de ce prince; fougue de son enfance, 175; son penchant à la raillerie; son amour pour le plaisir, sa vivacité d'esprit; changement qui s'opère en lui, son goût et sa facilité pour toutes les sciences abstraites; sa charité pour le prochain portée à l'excès; son besoin d'être seul, 206; sa dévotion le rend austère et censeur; éloigne de lui Monseigneur et dépite le roi; exemple entre mille, 207; sa timidité, sa gêne devant le monde; ses amusements avec les jeunes dames; ses deux premières campagnes font concevoir de lui de hautes espérances, 208; la troisième lui devient funeste, 206; sa gaieté chez Monseigneur, à l'occasion du mariage de M. le duc de Berry avec Mademoiselle, 286; dans un dîner à la Ménagerie, il s'élève contre les partisans; déclame contre le dixième denier et contre la multitude d'impôts; son père, Monseigneur, suit son exemple, IX, 13; soins que le duc de Bourgogne donne à son père malade à Meudon, 104; aspect de Versailles pendant que le roi est allé à Meudon et que Mgr le duc et Mme la duchesse de Bourgogne tiennent la cour, 109; douleur du duc à la mort de Monseigneur, 123; d'après une décision du roi il reçoit le nom, le rang et les honneurs de Dauphin, 156. Voy. l'article *Dauphin*.

BOURGOGNE (la duchesse de) Lettre de Louis XIV à Mme de Maintenon relative à l'arrivée de cette princesse, I, 447; témoigne un grand éloignement pour MM. et Mmes de Chevreuse et de Beauvilliers; pourquoi, II, 128; rend un compte fidèle au roi du traitement fait en sa présence par la princesse d'Harcourt à la duchesse de Rohan; détails sur cette affaire, 238 et 244; pleure de joie en apprenant la naissance d'un prince de Piémont, 276; autre sujet de joie en apprenant que son mari à l'entrée du conseil des finances et même du conseil d'État, 407; paraît fort affligée de la mort de Monsieur qu'elle aimait beaucoup, III, 168; tombe malade; alarmes du roi, de Mme de Maintenon et de M. le duc de Bourgogne, 204; sa convalescence; spectacle singulier chez elle, 206; elle est aimée à la cour par ses qualités, IV, 352; jette des regards sur Nangis, 353; toute la cour s'en aperçoit et se tait, 355; la duchesse reçoit des billets de Maulevrier et y répond, 355; écoute ses discours, 356; ce qui lui arrive un jour avec lui; son embarras; comment elle en est tirée par Fagon et le maréchal Tessé, 357; elle reçoit pour confesseur le P. La Rue, V, 5; revoit Maulevrier, qu'elle introduit chez Mme de Maintenon, 151; l'entretient d'espérances; en est cruellement traitée, 152; pleure sa mort; envoie chez lui le lendemain Mme Cantin, sa femme de confiance, 153; on la voit souvent à Marly sortir de chez Mme de Maintenon les larmes aux yeux, 154; sa tristesse commence à inquiéter le duc de Bourgogne, 155; ses adieux à l'abbé de Polignac; vers insolents trouvés sur une balustrade dans les jardins de Versailles, 156; elle accouche d'un duc de Bretagne, 332; va à plusieurs bals chez Mme la Duchesse, chez la maréchale de Noailles, chez Mme du Maine, 348; trouve chez Mme de Maintenon une lettre de Mme d'Espinoy qui la couvre de confusion, 427 et suiv.; elle suit le conseil que Mme de Nogaret lui donne dans cette occasion, 429;

devient grosse et se blesse, VI, 213, 214; son accouchement, 219; avertie par M. de Saint-Simon de toutes les menées de la cabale de M. de Vendôme contre M. le duc de Bourgogne, elle gagne et touche Mme de Maintenon et l'engage à parler au roi, 349; elle redouble auprès du roi ses plaintes, à mesure que la cabale redouble ses coups; elle est rebutée et grondée par Sa Majesté 353; est outrée contre Chamillart et ne peut lui pardonner la lettre qu'il a écrite au duc de Bourgogne, 355; comment elle reçoit la lettre que le duc de Bourgogne lui écrit pour lui présenter les soumissions apparentes de M. de Vendôme, 357; elle recherche d'Antin; le met dans sa confidence, 360; sa douleur et ses larmes en voyant le triomphe de la cabale; sa fermeté et ses bons conseils, 406; sa colère contre Chamillart après son retour de Flandre, VII, 3; son inquiétude sur la réception que recevra son mari à son retour; conseil que lui fait donner le duc de Saint-Simon, 12; elle paraît tremblante dans l'appartement de Mme de Maintenon où le duc de Bourgogne vient d'entrer, 15; son tête-à-tête avec lui, 15; elle fait un affront à M. de Vendôme, 182; en instruit Mme de Maintenon, afin que cette dame prévienne le roi et le dispose favorablement, 183; fait un nouvel affront à M. de Vendôme et obtient du roi qu'il ne paraisse plus à Meudon, 187; elle charge Mme de Saint-Simon de faire mille amitiés pour elle aux filles de Chamillart disgracié, et de les assurer de sa protection, 251; elle accouche d'un prince qui reçoit le nom de duc d'Anjou et qui depuis fut Louis XV, VIII, 111; avec quelle adresse elle sonde les dispositions de Monseigneur sur le projet de mariage du duc de Berry avec Mademoiselle; réponse vive de Monseigneur, 231; paroles du roi dans cette occasion, 232; gaieté de la duchesse chez Monseigneur à l'occasion du mariage projeté, 286; ses soins pour son beau-père pendant sa maladie, IX, 104; aspect de son appartement à Versailles lorsqu'on y apprend la mort de Monseigneur; état de la princesse, 116 et suiv.; d'après une décision du roi elle reçoit le nom, le rang et les honneurs de Dauphine, 156. Voy. *Dauphine*.

BOURLEMONT-D'ANGLURE, lieutenant général, meurt fort vieux; son mérite, V, 192.

BOURLIE (La), volé chez lui, soupçonne un de ses domestiques et lui fait donner lui-même une cruelle question; il sort du royaume, II, 384.

BOURLIE (l'abbé La) sort du royaume sans motif; s'arrête longtemps à Genève, va trouver M. de Savoie; fait répandre en Languedoc des libelles très-insolents et très-séditieux; sa correspondance avec son frère est interceptée; conduite et mœurs de ces deux frères, IV, 294; ce qu'était leur père; leur frère aîné Guiscard, 295; l'abbé est fait lieutenant général dans les troupes anglaises avec 6000 livres de pension, et 24 000 livres pour son équipage, V, 200; il est arrêté à Londres, donne deux coups de canif au duc d'Ormond; meurt à Newgate des blessures qu'il s'est faites, IX, 97.

BOURNONVILLE (le prince de), sous-lieutenant des gendarmes, meurt à Bruxelles; son fils et ses deux filles, V, 54.

BOURNONVILLE (Mme de), meurt fort jeune; sa famille, III, 153.

BOURNONVILLE (Mlle de), sœur de la duchesse de Duras, épouse l'aîné de la maison de Mailly, XVII, 451.

BOURNONVILLE, petit-fils du duc de Luynes, épouse la seconde fille du duc de Guiche, XVII, 149.

BOURNONVILLE (le duc de), grand d'Espagne; historique sur sa maison; il veut absolument aller en ambassade en France, où l'on ne veut point de lui; obtient plus tard l'ambassade de Vienne; puis est nommé plénipotentiaire à Soissons; son caractère; il est peu estimé, 257. Voy. *Caprès* (le comte de); est nommé ambassadeur à Paris; puis révoqué; son chagrin, XIX, 179 et suiv.

BOURNONVILLE (Mlle de), épouse le duc de Duras, V, 78.

BOUTEVILLE (Mme de), mère du maréchal de Luxembourg, meurt à 91 ans, à la campagne où elle avait passé toute sa vie, I, 347.

BOUTHILIER (Le), abbé de Rancé, voy. *Rancé*.

BOUZOLS, gentilhomme d'Auvergne, épouse la fille aînée de Croissy, fort laide, mais pleine d'esprit et de grâces, et qui passait sa vie chez Mme la Duchesse, I, 307.

BOYSSEULH. Voy. *Boisseuil*.

BOZELLI (le comte), a la tête tranchée par ordre de M. de Vaudemont; pourquoi, V, 101.

BRACCIANO (le duc de), renvoie au roi le collier de son ordre et prend la Toison d'or du roi d'Espagne, II, 89; sa mort; ses grands biens; comment il épousa Mme de Chalais, 107.

BRACCIANO (Mme de), voy. *Ursins* (la princesse des).

BRAGELOGNE, ancien capitaine au régiment des gardes, tombe mort en jouant à l'hombre, XI, 42.

BRANCAS (le duc de), est marié à sa cousine par le comte de Brancas, son oncle; son genre d'esprit; il se jette dans la débauche et se ruine; se sépare de sa femme; moyen qu'il emploie pour obtenir cette séparation, IV, 120, 121; il marie son fils aîné à Mlle de Moras; à quelle condition, VIII, 95; nouveaux traits de son caractère, XIV, 40; il s'adresse à Canillac pour obtenir du régent une nouvelle érection de son duché-pairie; explication historique à ce sujet, 43; mal servi par Canillac, il lance des brocards contre lui devant M. le duc d'Orléans, 45; il a recours à M. de Saint-Simon par l'entremise de la maréchale de Chamilly, 46; parole que le duc de Brancas, et son fils le duc de Villars, donnent à M. de Saint-Simon pour l'érection qu'ils sollicitent, 47; il obtient la lieutenance générale de Provence, XV, 268; se convertit et se retire tout à coup à l'abbaye du Bec en Normandie; sa lettre édifiante au régent, XVIII, 205.

BRANCAS (la duchesse de) est placée auprès de Madame, dont elle se fait aimer et considérer, IV, 121.

BRANCAS (le marquis de), à la tête du régiment d'Orléans, se bat vaillamment à Kaiserswerth; est fait brigadier, III, 419; est dépêché au roi par le roi d'Espagne, pour lui rendre compte du triste état des affaires de ce prince, V, 187; est destiné à servir en Castille, 340; est nommé gouverneur de Girone, IX, 70; obtient l'ordre de la Toison; est nommé ambassadeur en Espagne, X, 305; instruit des desseins de la princesse des Ursins, il mande au roi de France qu'il a des affaires importantes à lui communiquer, et le prie de lui permettre d'aller passer quinze jours à Versailles, XI, 68; se met en route; comment il parvient à devancer à Versailles le cardinal del Giudice, dépêché par Mme des Ursins, 69; ses conférences avec le roi et le ministre Torcy, 70; il est nommé membre du conseil des affaires du dedans; son caractère, XIII, 155; son extérieur; son ambition, 156; il est chargé des haras qu'il laisse perdre, 157; obtient, en attendant la place de conseiller d'État, d'en faire les fonctions avec les appointements, XVII, 183; obtient pour son fils la survivance de la lieutenance générale de Provence, XVII, 289, 290.

BRANCAS (l'abbé de) se jette dans la rivière et meurt quelques heures après en avoir été retiré, XIV, 49.

BRANDEBOURG (l'électrice de), zélée protestante, traverse tant qu'elle peut les démarches que fait l'électeur de Saxe pour être élu roi de Pologne; à la nouvelle qu'il s'était fait catholique, elle se blesse et accouche de colère, II, 31; n'approuve point que son mari prenne le titre de roi de Prusse; sa mort, IV, 421.

BRASSAC épouse la fille du feu maréchal de Tourville, que la petite vérole change à un point extraordinaire, XI, 118.

BRASSAC (Mme de) est nommée dame d'honneur de la reine, I, 70; puis congédiée, 70.

BRÉAUTÉ, petit-neveu de Bréauté, célèbre par son combat de 22 Français contre 22 Espagnols, meurt presque subitement; pourquoi; sa généalogie, sa dévotion; sa misère; il fait réhabiliter la mémoire de Langlade, condamné pour vol aux galères, et marie avantageusement sa fille unique, IV, 440.

BRÉAUTÉ, maître de la garde-robe de M. le duc d'Orléans, meurt jeune et sans alliance; en lui finit une des meilleures maisons de Normandie, XIV, 2.

BRENNE (Mlle de), fille d'une sœur de la duchesse de Noirmoutiers, épouse le second fils du maréchal de Matignon, XVII, 452.

BRENNER (le comte de), est pris par les Turcs dans une reconnaissance et a la tête tranchée par ordre du grand vizir, XIV, 30.

BRESSÉ (le baron de), lieutenant général, meurt fort vieux et cassé, IV, 243.

BRETAGNE (le duc de), fils de Mgr le duc de Bourgogne; sa naissance est célébrée par des réjouissances et des fêtes; fête donnée par la ville de Paris; fête donnée à Marly par le roi, IV, 323; sa mort; ses funérailles, 437.

BRETAGNE (le duc de), autre fils de Mgr le duc de Bourgogne; à la mort de son père, reçoit le nom et le rang de Dauphin, X, 123; tombe malade de la rougeole; est baptisé sans cérémonie et reçoit le nom de Louis, 125; meurt à 5 ans passés; son caractère, 126.

BRETAGNE (États de); ils refusent le don gratuit, ne parlent que de leurs privilèges du temps de leurs ducs et veulent changer une infinité de choses, IV, 152; troupes envoyées dans la province; les états sont congédiés; commencement de troubles, 154; la noblesse écrit au régent une lettre soumise et respectueuse en apparence, mais plus que forte en effet; le parlement en écrit une dans le même sens, 242; quatre gentilshommes mandés par lettre de cachet pour venir rendre compte de leur conduite sont exilés séparément, 242; les états accordent le don gratuit par acclamation; la noblesse insiste pour le rappel de ses commissaires exilés, XVI, 422; le régent l'accorde, 423.

BRETANCHE (La), voy. La Bretanche.

BRETESCHE (La), lieutenant général; ce qui lui arrive dans une reconnaissance qu'il est chargé de faire vers Rhinfelz; comment il est abandonné de ses dragons; avec son infanterie il chasse les ennemis trois fois plus forts que lui, est blessé, se retire en bon ordre, I, 203; demande grâce pour ses dragons, 204.

BRETEUIL, conseiller d'État, auparavant intendant des finances; sa mort; IV, 438.

BRETEUIL, fils de M. de Breteuil, intendant à Montpellier, obtient la charge d'introducteur des ambassadeurs; son caractère; sa suffisance, il se fait appeler baron; son embarras à la demande que lui fait Mme de Pontchartrain sur l'auteur du Pater; sa réponse le couvre de ridicule, II, 222; vend sa charge d'introducteur des ambassadeurs à Magni, ancien intendant de Caen, XIII, 184.

BRETEUIL, fils du conseiller d'État et neveu de l'introducteur des ambassadeurs, est envoyé intendant à Limoges, XV, 297; est nommé secrétaire d'État de la guerre; cette nomination étonne tout le monde XIX, 450; le service qu'il a rendu au cardinal Dubois est la cause de sa fortune, 451; quel est ce service et comment il s'en acquitta, 452.

BRETEUIL (l'abbé de), paraît le jour de la Toussaint sur un tabouret, en rochet et en camail, joignant le prie-Dieu du roi, comme maître de la chapelle; les aumôniers du roi se plaignent de cette comparution et le régent condamne l'abbé de Breteuil, XIV, 105.

BRETEUIL, officier aux gardes, se bat en duel avec Gravelle, autre officier aux gardes; est tué, XVIII, 162.

BRETONNERIE (La), voy. La Bretonnerie.

BRETONS (seigneurs) exécutés pour conspiration; leurs noms; autres exécutés en effigie, XVII, 448, 449; quel était le but de cette conspiration; amnistie pour les autres complices, 449.

BREVET (ducs à), I, 129.

BREVET de retenue, II, 171.

BREVET (habit à), XII, 466.

BRIAS (le comte de), est tué au combat livré près d'Eckeren, IV, 132.

BRIAS (de), archevêque de Cambrai, est fidèle à l'Espagne pendant que cette ville est assiégée par Louis XIV; est fidèle à ce prince depuis qu'elle est soumise à la France; considération qu'il s'acquiert par sa conduite, sa libéralité; sa bonne table; son zèle apostolique; il meurt regretté du roi et de son diocèse, I, 283.

BRIENNE (M. de), secrétaire d'État du département des affaires étrangères en survivance, meurt enfermé dans l'abbaye de Château-Landon; son grand savoir; ses voyages; ses poésies latines; sa retraite aux PP. de l'Oratoire; sa folie; ses enfants, II, 105.

BRIGAULT (l'abbé), est arrêté à Nemours et conduit à la Bastille, comme complice de la conspiration de Cellamare, XVII, 86.

BRILLAC, capitaine aux gardes, se bat en duel avec Contade, major; suites de ce duel, 415; il est envoyé dans l'île d'Oléron comme gouverneur, 416.

BRILLAC, conseiller au parlement, est fait premier président du parlement de Bretagne, IV, 68; est exilé; pourquoi, XV, 296; son caractère; beauté et intrigue de sa femme, 296, 297.

BRIONNE (le comte de); chevalier de l'ordre, est nommé par le roi pour aller recevoir la princesse de Savoie destinée en mariage au duc de Bourgogne, I, 350; comment il en usa avec la femme de du Mont, IV, 149; sa mort; son talent pour la danse; sa nullité, X, 174, 175.

BRIORD, premier écuyer de M. le Prince, est choisi pour l'ambassade de Turin; ce choix étonne le public, I, 416; est envoyé à la Haye, II, 329; est fait conseiller d'État d'épée, III, 187; meurt après avoir été taillé de la pierre; son caractère; son attachement pour M. le Prince, IV, 217.

BRISSAC (maison de), depuis quelle époque elle est devenue célèbre, VIII, 169.

BRISSAC, major des gardes, se retire de la cour et meurt bientôt d'ennui à plus de 80 ans; son caractère; sur quel pied militaire il met les gardes; son exactitude; sa probité, VI, 204; sa valeur; son humeur serviable; ses manières dures et désagréables; tour qu'il joue aux dames dévotes, 205. Voir aussi X, 311 et suiv.

BRISSAC (le duc de), frère de la maréchale de Villeroy, meurt après avoir mené une vie obscure et honteuse; son portrait physique et moral, II, 230.

BRISSAC (le duc de) épouse Mlle de Pécoil, fille d'un maître des requêtes, XVIII, 31.

BRISSAC (la duchesse de), sœur de Verthamont, premier président du grand conseil, meurt à 63 ans; son caractère, XVIII, 186.

BROGLIO, beau-frère de Bâville, intendant de Languedoc, est envoyé pour commander dans toute cette province; son peu de capacité, IV, 112; il inquiète fort les mauvais convertis et ceux qui ne le sont pas, 112; est rappelé, 113; retourne en Languedoc, il est suspendu de ses fonctions pour avoir manqué de respect au prince royal de Danemark; lui demande pardon; est rétabli par l'entremise du prince, VII, 36; il s'avise, sur les bruits de guerre et après 13 ans d'inactivité dans le service, de demander le bâton de maréchal; une plaisanterie de M. de Lauzun le lui fait obtenir 5 ans après, XVII, 124 et suiv.

BROGLIO, fils aîné du précédent et gendre du chancelier Voysin, inspecteur d'infanterie, s'initie aux soupers de M. le duc d'Orléans; son caractère; son impiété; sa débauche, XIV, 115; il fait adopter par le régent un travail d'où résulte une augmentation de paye de six deniers par soldat, avec un profit sur cette augmentation pour chaque capitaine d'infanterie; cette surcharge pour le trésor devient sans profit pour le gros des troupes et perd Broglio; le cardinal de Fleury lui ôte la direction de l'infanterie; pourquoi; il vit obscur et délaissé; son audacieuse folie en mariant son fils, 116; autres détails sur ce qu'il fait adopter au régent et qui le perd sans retour, XV, 303 et suiv.; il est exilé, XIX, 312.

BROGLIO, frère du précédent, force les ennemis à se retirer dans le château de l'Écluse; leur tue 800 hommes et 300 chevaux, X, 173; défait 18 000 chevaux, 212; enlève 500 chariots avant l'attaque de Denain, 214; reçoit ordre de marcher avec 12 bataillons sur Marchiennes, 215; épouse une très-riche Malouine, XIII, 335.

BROGLIO (le chevalier de), lieutenant général, meurt fort vieux ; son extérieur; sa pauvreté; comment il s'éleva tout à coup, XVIII, 48.

BROGLIO (Mme de), fille du feu chancelier Voysin; sa mort, XIX, 306.

BROU (l'abbé), aumônier du roi, puis évêque d'Amiens, fait part au P. La Chaise du scrupule qu'il a d'avoir acheté la charge d'aumônier pour devenir évêque et le prie de porter sa démission au roi ; le P. La Chaise refuse; l'abbé insiste une autre fois , I , 434; le roi accepte la démission et nomme de nouveau l'abbé Brou évêque d'Amiens, 434; sa mort ; son éloge, V, 193.

BRUE (La), évêque de Mirepoix, un des quatre évêques appelant contre la constitution *Unigenitus*, meurt en 1720; son éloge, XVIII, 51.

BRULART, évêque de Soissons, aspire à l'archevêché de Reims; son dépit de n'avoir pu l'obtenir ; il se livre tout entier aux jésuites ; son esprit et son savoir deviennent désagréables par son ton de hauteur , de pédanterie , de domination, XI, 243; il travaille avec ardeur à l'affaire de la constitution ; tombe malade; meurt en poussant des cris et en protestant hautement contre cette constitution, 244; malgré les soins de sa famille, son repentir devient public, 245.

BRUNER (le comte de), est tué dans le combat d'Alsace où le général Mercy est défait, VII, 368.

BRUYÈRE (La), auteur des *Caractères*, meurt d'apoplexie à Versailles en 1696; ses bonnes qualités, I, 323.

BUBB, secrétaire du roi d'Angleterre à Madrid, reçoit ordre de rendre compte au roi d'Espagne de tous les articles du traité conclu entre l'empereur et le roi d'Angleterre, et de communiquer les offres que la France fait à ce dernier pour un traité de ligue défensive , XIV, 63; sa situation embarrassante, 65; il obtient le règlement et la signature du traité de l'*asiento*, 66, 73.

BUDOS (Diane de), première femme du duc Claude de Saint-Simon, I, 1.

BUEN-RETIRO (palais du), description de ce palais ; sa ressemblance à celui du Luxembourg à Paris, XIX, 204.

BULLION (de) offre au roi 200 000 livres pour le gouvernement du Maine et du Perche vacant par la mort de M. de Fervaques, son frère cadet, II , 117 ; sa profession antérieure; caractère de sa femme; son ambition, 118 ; ils attaquent le testament de Fervaques et font un procès à Mme de Ventadour, leur cousine et leur protectrice ; le perdent à la satisfaction de tout le monde; Mme de Ventadour leur pardonne ensuite , 119; M. de Bullion obtient un brevet de retenue de 200 000 livres sur son gouvernement, V, 199; mort de Mme de Bullion, XI, 233; M. de Bullion meurt enfermé depuis quelques années dans une de ses maisons en Beauce, XVIII, 160.

BURLET , médecin du roi d'Espagne; ses pronostics funestes et impertinents sur la santé de tous les enfants de la feue reine font horreur et se trouvent faux, XIII, 451; il est chassé d'Espagne pour s'être trop librement expliqué sur les accidents de la santé du roi, 244.

BURNET (le docteur), évêque de Salisbury, précepteur du duc de Glocester, a laissé une histoire très-frauduleuse de la révolution d'Angleterre en 1668, II, 433; sa mort, XII, 151.

BUSENVAL, lieutenant général, meurt vieux et pauvre, XV, 27.

BUSSY-RABUTIN (l'abbé de) est nommé évêque de Luçon, XX, 28.

BUTERA *Branciforte* (le prince de), de Naples, grand d'Espagne, XVIII, 413.

BUYS et GOSLINGA , ambassadeurs de Hollande, viennent à Paris et saluent le roi dans son cabinet particulier; Buys reste en France comme ambassadeur extraordinaire, et devient tout Français, XI, 42.

C

CABALE italienne à la cour d'Espagne; quel en est le chef; quelles en sont les ruses, XIX, 65.

CABALES à la cour après la disgrâce de Vendôme et la chute de Chamillart; cabale des seigneurs; cabale des ministres; cabale de Meudon ; leurs intérêts divers ; leurs rapports ou leur éloignement ; noms de ceux qui les mènent et les composent; les subalternes ; détails sur la face intérieure de la cour dans ces temps orageux, VII , 270 à 379.

CADEROUSSE (Mme de) meurt sans enfants, la dernière de la maison de Hambures; son état à Paris; son mari le duc de Caderousse; son origine; son caractère; son esprit; sa guérison par Caretti; ses liaisons à Paris; ses pertes au jeu, VIII, 8.

CADOGAN, brigadier de cavalerie et favori du duc de Marlborough, est fait prisonnier par le chevalier du Rosel et renvoyé sur sa parole au duc par M. de Vendôme, V, 226; sort de Winendal sur le comte de La Mothe, le bat et dissipe sa troupe, VI, 414; est envoyé à la Haye où il se plaint aigrement de n'avoir point eu connaissance du traité fait depuis peu entre le régent, le czar et le roi de Prusse; s'élève avec fureur contre l'entreprise d'Espagne, XV, 120; fait connaître à Beretti les conditions de paix que l'Angleterre travaille à établir entre l'empereur et l'Espagne, 173; lui et les ministres anglais disent que la restitution de la Sardaigne est la condition que l'empereur pose pour base du traité à faire avec l'Espagne, 198; ces propos déplaisent en Hollande, 198; confidences de Cadogan à l'ambassadeur d'Espagne sur les dispositions du régent et du roi d'Angleterre, relativement à la Sardaigne et au roi de Sicile, et sur les vues personnelles de l'abbé Dubois, XVI, 40 et suiv.; il va à Amsterdam pour détruire les impressions que Beretti y a faites sur les esprits, 42; ses efforts pour entraîner la Hollande dans le traité de Londres; il a recours aux offices de la France, 65; écrit à Londres que par sa dextérité et par le crédit de ses amis, il a réussi à persuader plusieurs villes de Hollande, 87; se moque de la vanité de Beretti, 127; annonce que les états de Hollande ont pris unanimement la résolution d'entrer dans le traité, 129; il n'épargne ni présents ni promesses pour entraîner les États généraux, 163; sa conférence avec le bourgmestre régent et le pensionnaire de la ville d'Amsterdam; il cède à la proposition de ces deux magistrats, 163; les intentions, la conduite de Châteauneuf lui sont suspectes, 164; il l'accuse d'avoir prévariqué; pourquoi, 165; demande son rappel, 166; presse le roi d'Angleterre de solliciter du régent la déclaration que demandent les États généraux, 167.

CALLIÈRES, est nommé plénipotentiaire en Hollande; son esprit d'affaires et de ressources, sa sobriété; son honnêteté; il est secrètement en Pologne; s'y lie avec le grand trésorier; revient avec lui en France; négocie le mariage de son fils avec la fille de M. de Chevreuse, I, 395; plaît à ce duc par ses lettres et par son esprit d'affaires; est présenté par lui au duc de Beauvilliers et M. de Croissy; est envoyé deux fois secrètement en Hollande, 397; son extérieur, sa modestie; son désintéressement, 398; succède à Rose dans la charge de la plume, III, 59; sa mort, XIV, 196.

CALVO, colonel et brigadier, est tué au combat livré en avant de Landau, IV, 96.

CAMARAÇA, Los Cobos (le marquis de), grand d'Espagne; historique sur sa maison, XVIII, 427.

CAMARERA-MAYOR; ses fonctions chez la reine d'Espagne, III, 114.

CAMARGO (don François), ancien évêque de Pampelune; grand inquisiteur; son extérieur; son caractère, XIX, 30.

CAMBOUT (le marquis du), est nommé inspecteur général des troupes en Catalogne, I, 225.

CAMBOUT (Du), brigadier de dragons, est tué à la bataille de Carpi, III, 202.

CAMBRAI (congrès de), quel en est l'objet, XVIII, 82; quel en est le résultat, 82.

CAMILLE (le prince), fils de M. d'Armagnac, grand écuyer, meurt à Nancy; son extérieur; son caractère, XIII, 311.

CAMILLE (le P.), va se fixer en Lorraine, comme grand maître de la maison de M. le Duc; son caractère, III, 387.

CAMILLY, grand vicaire de Strasbourg, et Labatie, lieutenant de roi de cette ville, secondent Mme la comtesse de Fürstemberg et Mme de Soubise, pour faire recevoir les preuves de noblesse de l'abbé de Soubise au chapitre de Strasbourg, II, 388; ils le servent encore pour le faire nommer coadjuteur, 397; de l'évêché de Toul, Camilly passe à l'archevêché de Tours, XIX, 313.

CAMMOCK, officier anglais, propose au prétendant d'aller par son ordre à Madrid communiquer au cardinal Albéroni un projet dont le succès serait également avantageux au roi d'Espagne et au prétendant; quel est ce projet, XVI, 54.

CAMP de Compiègne composé de

60 000 hommes. Description de ce camp, où la magnificence, la profusion, l'ordre, la diligence et l'exactitude se firent remarquer; les dames et les hommes s'y rendent en foule et tous y sont traités avec abondance, II, 182 et suiv.; siége de la ville, 190; bataille, 193.

CAMPISTRON, poète, publie une lettre justificative de la conduite de M. de Vendôme au combat d'Audenarde, et injurieuse pour le duc de Bourgogne; mensonges et artifices de cette lettre; elle est répandue partout, mais avec précaution par la cabale formée contre le duc de Bourgogne, VI, 344.

CAMPOFLORIDO (le comte de), président du conseil des finances, meurt à la suite d'une longue maladie, XIX, 30, 31.

CAMPOFLORIDO (le marquis de), capitaine général du royaume de Valence, Sicilien d'origine; il marie son fils avec la fille aînée de la nourrice de la reine; est fait grand d'Espagne et nommé ambassadeur en France; sa sagesse, XIX, 31.

CAMPS (l'abbé de), meurt à 82 ans à Paris; son origine; il est fait coadjuteur de Glandève, puis nommé à l'évêché de Pamiers, XVIII, 205; pourquoi il ne peut obtenir ses bulles; est nommé à l'abbaye de Signy en Champagne; sa controverse avec le P. Daniel sur l'histoire de France; ses grandes connaissances; son esprit; son caractère, 206; sa mort, XX, 3.

CAMUS (Le), obtient, étant encore fort jeune, la place et l'exercice de premier président de la cour des aides; achète de Pontchartrain la charge de prévôt et grand maître de l'ordre, XII, 51; obtient la permission de vendre ces charges à Breteuil, maître des requêtes, XVIII, 181.

CANAL du Languedoc. Mémoires des dépenses qu'y a faites Louis XIV jusqu'en 1683, XII, 527.

CANALES (le marquis de), est chargé du département de la guerre et des affaires étrangères en Espagne, par le crédit de la princesse des Ursins, IV, 180.

CANAPLES, frère du maréchal de Créqui, et oncle du marquis de Créqui tué à Luzzara, veut se marier pour continuer sa race; ses bénédictions pendant qu'il est gouverneur de Lyon; ses sottises le font ôter de ce gouvernement, IV, 9; il épouse Mlle de Vivonne; sa réponse au cardinal de Coislin, sur ce mariage; repartie ingénue du cardinal, 10; il devient duc de Lesdiguières, 148; il meurt à 85 ans; en lui s'éteint son duché-pairie, on se moque de sa femme qui le pleure, IX, 418, 419.

CANDALE (M. de); son aventure avec Bartet, VI, 120, 449.

CANI, voy. Chamillart fils.

CANI (Mme de), veuve avec beaucoup d'enfants, épouse le prince de Chalais, grand d'Espagne et de retour en France avec sa famille, XIX, 429.

CANILLAC, colonel de Rouergue, envoyé auprès du roi au camp de Compiègne, s'étonne et se trouble en voyant Mme de Maintenon dans sa chaise à porteurs et le roi debout devant elle; il ne peut s'expliquer, II, 192; son extérieur; son esprit; ses talents, XII, 160; son caractère; sa méchanceté; sa haine contre le roi, Mme de Maintenon et les ministres, 161; sa faiblesse pour les louanges et les déférences; son aversion pour les Noailles; il est bien vu de M. le duc d'Orléans, 162; le président de Maisons le rapproche avec le duc de Noailles, 163; est nommé membre du conseil des affaires étrangères, XIII, 159; plaide avec chaleur devant M. le régent la cause des conseillers d'État contre les gens de qualité non titrés, 171; obtient un don considérable de marais en Flandre, 192; ses intrigues contre les ducs dans l'affaire du bonnet, 247 et suiv.; comment il parvient à réconcilier La Feuillade avec le régent, 313 et suiv.; son refroidissement avec l'abbé Dubois; à quelle occasion, XIV, 197; comment il parvient à entrer dans le conseil de régence, XVII, 47; obtient, en attendant la place de conseiller d'État, d'en faire les fonctions avec les appointements, 183; puis une lieutenance générale du Languedoc, 470; revient à la cour après la mort du cardinal Dubois, XX, 25.

CANILLAC, cousin du précédent, achète de M. de Vins la charge de capitaine des mousquetaires noirs, XIII, 343; est nommé gouverneur d'Amiens, XVIII, 159.

CANOUVILLE, mari de Mme de Ravetot; sa naissance; son caractère; il meurt lieutenant général, IX, 3.

CANTELMI (le cardinal), archevêque de Naples, frère du duc de Popoli; sa mort, IV, 68.

CANTIN (Mme), belle-sœur de Lavienne, premier valet de chambre du roi, est nommée première femme de chambre de la duchesse de Bourgogne; ses qualités, II, 74; sert d'intermédiaire au commerce de lettres de la princesse avec Maulevrier; en écrit elle-même de la part de la duchesse, V, 152; fait divers voyages chez Maulevrier à Paris, notamment le lendemain de sa mort, 153.

CAPITAINES GÉNÉRAUX des armées d'Espagne en 1722; en quoi ils diffèrent des maréchaux de France; XIX, 3 et suiv.

CAPITATION, note sur cet impôt, I, 227, 228.

CAPRES (le comte de), lieutenant général des troupes espagnoles et gouverneur de Gand, refuse de signer la capitulation de cette ville consentie par le comte de La Mothe, VII, 31; est envoyé par la princesse des Ursins à Utrecht pour y négocier l'affaire de sa souveraineté; mauvais succès de sa commission, X, 359; la princesse le dédommage de ce qu'il a essuyé pour elle par la Toison d'or, la grandesse et la compagnie wallone des gardes du corps qu'elle lui fait avoir, 359.

CARACCIOLI DE SANTO-BUONO (le prince), grand d'Espagne; est nommé vice-roi du Pérou, X, 6, 7.

CARAMAN, avec onze bataillons, arrête les ennemis qui attaquent les lignes françaises entre Lawe et Heylesem, et sauve la cavalerie, V, 35; obtient du roi la permission de porter la grand'croix de Saint-Louis, en attendant qu'il y en ait une vacante, 35; commandant dans Menin, après trois semaines de tranchée ouverte, il obtient une capitulation honorable, V, 225.

CARAVAS, meurt fort vieux; son caractère; il avait été le mari de la tante paternelle du ministre Riperda, IX, 183.

CARDINAUX, réflexions contre l'usage d'avoir en France des cardinaux; avantages qu'il y aurait que le roi eût à sa nomination des cardinaux italiens, II, 429 et suiv.; dangers de les admettre dans les affaires du gouvernement, XVII, 357, 358.

CARETTI, empirique italien, acquiert à Paris beaucoup de richesses et d'honneur par ses cures, en dépit des médecins, II, 135; se fait reconnaître à Florence pour héritier de la maison Savoli et depuis vit longtemps en grand seigneur, 137.

CARIATI, Spinelli (le prince), de Naples, grand d'Espagne, XVIII, 413.

CARIGNAN (le prince de), est fait prisonnier dans Mondovi avec toute sa famille, V, 214.

CARIGNAN (le prince de), fils du prince Thomas, meurt à 79 ans; il était né sourd et muet; l'éducation qu'on lui donna le mit en état d'entendre tout à l'aide du mouvement des lèvres et de quelques gestes, VII, 206; il posséda plusieurs langues, devint bon politique; sa petite cour, 207; son épouse; son fils le prince de Carignan est marié à la fille du duc de Savoie et de la comtesse de Verue; vie que mènent ces deux époux venus à Paris, 207.

CARIGNAN (le prince de), fils du précédent, pour avoir servi dans l'armée de M. de Savoie, perd tous ses biens en France, X, 9; il vient en France incognito; pourquoi; sa femme se sauve de Turin et vient l'y trouver, XV, 341; vie que tous deux mènent à Paris, 342; ils tirent de l'argent à toutes mains et de toutes parts des agioteurs qui viennent s'établir dans le vaste jardin de l'hôtel de Soissons qu'ils occupent, XVIII, 46.

CARLOS (l'infant don), aîné du second lit du roi d'Espagne; son mariage avec Mlle de Beaujolois, cinquième fille de M. le duc d'Orléans, est déclaré, XIX, 400; ses droits éventuels à la succession de Parme et de Plaisance et de Toscane; intérêt politique de l'Espagne à cette succession; intérêt personnel de la reine à un établissement indépendant pour son fils, 400.

CARPENTER (le lord), lieutenant général, est tué en Espagne en combattant contre l'armée du roi Philippe, VIII, 421.

CARPIO (le marquis del), frère du père du duc d'Albe, mort ambassadeur à Paris; succède à ses biens et à ses dignités; il suit le parti de l'archiduc; revient longtemps après à Madrid, IX, 312.

CARROSSES du roi; à qui appartient le droit d'y monter; deux exemples cités à ce sujet, I, 345.

CARTE (La), voy. La Carte.

CASADO, dit le marquis de Montéléon, Milanais, créature de M. de Vaudemont, est envoyé auprès de M. de Mantoue, dont il gagne les bonnes grâces, IV, 339; son caractère; de concert avec un Italien nommé Primi, il vient à bout de vaincre la répugnance que le prince témoigne pour Mlle d'Elbeuf, 339; est emmené à Rome avec le maréchal Tessé nommé ambassadeur, VI, 373. Voy. *Monteléon* (le marquis de).

CASANATA (le cardinal), lègue en mourant à la Minerve à Rome sa belle bibliothèque; sa piété, sa doctrine; le bien qu'il fit aux lettres, II, 376.

CASAU, après la mort de Monseigneur, obtient la charge de premier maréchal des logis de M. le duc de Berry, IX, 159.

CASONI, savant profond, est promu cardinal, V, 113.

CASSART, avec une escadre, prend le fort et la ville de Santiago aux Portugais; la pille et la brûle, IX, 217.

CASSINI, célèbre astronome, meurt à l'observatoire de Paris, à l'âge de 86 ans; son fils lui succède avec la même réputation; leur modestie et leur probité, X, 222.

CASTANAGA (le marquis de), gouverneur des Pays-Bas sous Charles II, obtient le régiment des gardes espagnoles, IV, 63; est nommé grand écuyer de la reine d'Espagne, XI, 256.

CASTEL-BLANCO (le marquis de), mari d'une fille du duc de Melfort et dévoué au prétendant, est fait duc par lui, XIV, 239.

CASTEL DOS RIOS (le marquis), gentilhomme catalan, ambassadeur d'Espagne, fait au roi, de la part de son maître, deux demandes dont on se moque, II, 335; obtient souvent des audiences du roi, une entre autres fort longue et en tête à tête, 436; salue le duc d'Anjou comme roi d'Espagne, III, 34; est fait grand d'Espagne de première classe par ce prince, 41; le roi de France lui envoie beaucoup d'argent à différentes reprises; lui procure la vice-royauté du Pérou, 50; grand d'Espagne, XVIII, 427.

CASTELLAR (le marquis de), secrétaire d'État de la guerre en Espagne; son extérieur, XIX, 43; son caractère; pourquoi il déplaît au roi; sa jalousie contre Grimaldo, 44; une attaque d'apoplexie change son caractère; il meurt ambassadeur à Paris, 45; fortune de son fils, 46.

CASTELMORON, neveu de M. de Lauzun, épouse la fille de Fontanier, qui de laquais était devenu garde-meuble de la couronne, XII, 52.

CASTEL-RODRIGO (le marquis), est envoyé par Philippe V ambassadeur extraordinaire à Turin pour signer le contrat de mariage de ce prince avec Mlle de Savoie et pour amener la nouvelle reine en Espagne; il en est nommé grand écuyer, III, 216; grand d'Espagne; historique sur sa maison; XVIII, 427; il se retire de la cour, 428.

CASTIGLIONE, *Aquino* (le prince de), de Naples; grand d'Espagne; historique sur sa maison, XVIII, 415.

CASTIGLIONE (l'abbé), qui a épousé la duchesse d'Albe, obtient du pape la permission de conserver des pensions considérables qu'il avait sur ses bénéfices; le roi d'Espagne le fait grand de première classe et lui donne une place de gentilhomme de sa chambre; il prend le nom de duc de Solferino, XIV, 54. Voy. *Solferino* (le duc de).

CASTILLE (le gouvernement de), est despotique; comparaison de ce gouvernement avec l'autorité des rois de France, V, 413 et suiv.; ce que devient l'autorité du conseil de Castille devant le roi, 415; en quoi le gouvernement de Castille diffère de celui d'Aragon, 417.

CASTILLE (le connétable de), voy. *Frias* (le duc de).

CASTILLE, gouverneur espagnol de Charleroy, rend cette place et s'en retourne en Espagne, I, 105.

CASTRIES (De), est nommé chevalier d'honneur de Mme la duchesse de Chartres à la place du vieux Villars, II, 105; il obtient que le port de Cette soit mis en gouvernement pour lui, XVII, 202; épouse la fille du duc de Lévi; obtient en faveur de ce mariage 150 000 livres de brevet de retenue sur son gouvernement de Montpellier, XIX, 311.

CASTRIES (Mme de), est nommée dame d'atours de Mme la duchesse de Chartres, I, 352; M. du Maine, qui avait fait son mariage, lui obtient cette place, 405; portrait de cette dame, ses connaissances diverses; ses qualités; son amabilité; ses grâces; son talent de raconter, 406; sa mort subite, son éloge, XV, 331.

CASTRIES (De), fils du lieutenant général de Languedoc, se marie avec la fille de Nolent, conseiller au parlement; détails sur ce mariage et sur M. et Mme de Castriès, XIII, 18 et suiv.

CASTRIES (Mme de), meurt fort jeune sa beauté; sa sagesse; son mari et son fils unique la suivent de près, XIV, 17.

CASTRIES (l'abbé de), neveu du cardinal Bonzi, est nommé aumônier ordinaire de la duchesse de Bourgogne, II, 73; puis premier aumônier de M. le duc de Berry, IX, 33; son caractère, X, 320;

est nommé archevêque de Tours et sacré par le cardinal de Noailles, XIV, 169; passe bientôt à l'archevêché d'Alby et se fait adorer dans son diocèse, 170; XVII, 292.

CASTRILLO *Crespi* (le comte), grand d'Espagne, XVIII, 451.

CASTROMONTE *Baëssa* (le marquis de), grand d'Espagne; sa famille, XVIII, 430.

CATINAT, est fait maréchal de France, I, 39; gagne la bataille de la Marsaille, 105; reçoit du roi d'amples pouvoirs pour traiter avec le duc de Savoie; sa marche en passant les monts, 341; traité qu'il signe avec le duc, 343; il commande une armée en France; assiége et prend Ath; II, 6; est choisi pour commander en Italie, III, 143; démêle bientôt la conduite de M. de Vaudemont; s'en plaint à la cour, 200; est accusé par lui et par M. de Tessé de la défaite de Carpi, 202; est remplacé par M. de Villeroy, 202; fait admirer sa modération et sa vertu, 211; est reçu du roi honnêtement, mais non en particulier, 215; est nommé pour commander l'armée du Rhin; son entretien avec Chamillart, 391; son audience chez le roi; explication sur les affaires d'Italie, 391 et suiv.; à quoi se réduit sa campagne sur le Rhin, IV, 3; il cherche avec Villars tous les moyens possibles de pénétrer jusqu'à Landau, 6; refuse de tenter le passage du Rhin, 23; demande son congé; vient saluer le roi; se retire en sa maison de Saint-Gratien, 28; a une audience du roi dans son cabinet, après laquelle on sait qu'il ne servira plus, 61; est nommé chevalier de l'ordre, 391; refuse cet honneur ne pouvant faire ses preuves, 393; secrètement consulté par le roi sur les affaires de Provence, il rédige un mémoire qu'il envoie à Sa Majesté; est mandé à Versailles, VI, 129; son entretien avec le roi; il se raccommode en sa présence avec le ministre Chamillart; va rendre visite à ce dernier; paroles qu'il lui adresse en le quittant; il est résolu qu'il ne servira plus; prétexte qu'on en donne, 129; sa mort; son éloge; son extérieur, X, 76 et suiv.

CAUDELET (l'abbé), est nommé à l'évêché de Poitiers; de noires calomnies font révoquer aussitôt sa nomination; l'abbé se retire dans la chartreuse de Rouen, puis en Bretagne, II, 101.

CAUMARTIN, intendant des finances, est fait conseiller d'État; son savoir, sa mémoire, ses grands airs, I, 409; il prétend à sa préséance sur les conseillers d'État postérieurs à sa nomination d'intendant; Pontchartrain lui fait gagner son procès, 410; il fournit une scène plaisante au festin qui suit la réception de Berwick au parlement comme duc et pair, VIII, 349; il meurt à 66 ans; son extérieur, XVIII, 74; son caractère; sa grande instruction; ses bonnes qualités, 75; il est le premier homme de robe qui ait porté du velours, en quoi il a été imité depuis par les magistrats, les avocats et autres bourgeois, 75.

CAUMARTIN (l'abbé de), directeur de l'Académie, répond au discours de réception de l'évêque de Noyon par un discours qui rend le récipiendaire ridicule au public; détails plaisants à ce sujet, I, 214; le roi ordonne à Pontchartrain de laver la tête à Caumartin, et d'expédier une lettre de cachet pour qu'il aille en Bretagne; Pontchartrain par son adresse obtient grâce pour l'abbé qui se propose d'aller demander pardon à M. l'évêque de Noyon, 216; longtemps après l'évêque malade pardonne à l'abbé Caumartin, lui fait un cadeau et n'oublie rien ensuite pour le faire évêque, 217; il est nommé évêque de Vannes, XV, 186.

CAUVISSON, ancien capitaine aux gardes, obtient de M. du Maine la charge de lieutenant général en Languedoc, vacante par la mort de son frère, II, 412; meurt à Versailles en sortant de dîner chez M. Le Grand, V, 828.

CAVACHUELA des ministres espagnols; lieu où ils travaillent eux et leurs commis; description de la cavachuela du marquis de Grimaldo, XIX, 97.

CAVALIER, chef des fanatiques du Languedoc, demande amnistie pour lui et pour 400 hommes qui le suivent, IV, 283; traite d'égal à égal avec le maréchal de Villars; obtient une pension et une commission de lieutenant-colonel; vient à Paris; concours de monde pour le voir, meurt au service des Anglais dans l'île de Whigt, 284.

CAVOYE, grand maréchal des logis de la maison du roi; son vrai nom; son amitié avec M. de Seignelay; il se flatte d'être chevalier de l'ordre; rebuté de n'être jamais nommé dans les promotions, il écrit au roi pour demander la permission de se défaire de sa charge,

I, 313; le roi le retient en lui donnant quelques espérances, 313; comment il est amené à la cour; par quoi il s'y distingue; est aimé jusqu'à la folie par Mlle Coetlogon qu'il rebute, 314; est mis à la Bastille pour duel; en sort et épouse par ordre du roi Mlle de Coetlogon; est fait aussitôt grand maréchal des logis, 315; il parle au roi contre son ami Charmel pour faire sa cour; écrit à Charmel pour l'inviter à venir voir le roi, V, 123; lui écrit une seconde fois pour le même sujet, 124; ses bons mots contre Chamillart, VII, 238; lui et sa femme prennent soin du duc de Richelieu, XI, 29; mort de Cavoye; amour et deuil extraordinaires de sa femme, XIII, 333.

CAYEU, brigadier de cavalerie, est nommé gouverneur de M. le duc de Chartres; son caractère, I, 220; le duc se moque de lui, 220.

CAYEUX, fils de Gamaches, épouse la petite-fille de M. de Pompoune, ministre d'État, 52.

CAYLUS (Mme de), fille de Vilette, lieutenant général des armées navales; agréments de sa figure; sa fraîcheur, son esprit, ses grâces; combien elle est aimée par Mme de Maintenon, IV, 380; son amour pour le jeu, la table; son talent à contrefaire; est chassée de la cour et réduite à vivre à Paris, 380; son genre de vie depuis qu'elle a pour confesseur le P. de Latour, 416; le roi lui accorde une pension à condition qu'elle le quittera; change de directeur et revient à son premier genre de vie, 417; Mme de Maintenon la fait revenir à la cour; elle est des voyages de Marly; sa chambre devient un rendez-vous important; elle reçoit Mme la Duchesse et ses anciennes connaissances; reste toujours attachée au duc de Villeroy, 417; réserve tout son crédit pour M. d'Harcourt, V, 339; elle est demandée par Monseigneur à Mme de Maintenon pour dame d'atours de Mme la duchesse de Berry; est nettement refusée, en tombe malade de dépit, VIII, 317.

CAYLUS (le chevalier de), se bat en duel avec le fils aîné du comte d'Auvergne; pourquoi; il se sauve hors du royaume, I, 412; maréchal de camp dans les troupes d'Espagne, il se distingue dans un combat où l'armée de Portugal est défaite, VII, 211; obtient du régent la permission de venir purger son duel et retourne ensuite en Espagne prendre le commandement de l'Estramadure, XIII, 312; il devient capitaine général, grand d'Espagne et vice-roi du Pérou, XIX, 63.

CAYLUS, frère de M. l'évêque d'Auxerre, meurt au grand plaisir des siens; son ivrognerie, IV, 380.

CAYLUS (l'abbé de), est nommé évêque d'Auxerre, IV, 298.

CELLAMARE (le prince de), prisonnier de guerre, est échangé contre le général Carpenter, X, 217; obtient la liberté de venir à Marly faire sa cour, XI, 112; est nommé grand écuyer de la nouvelle reine d'Espagne, XII, 11; est nommé ambassadeur en France, X, 118; arrive à Paris, vient à Marly, 162; comment il repousse les prétextes de défiance que l'ambassadeur d'Angleterre veut lui inspirer contre la France, XIII, 447; il avertit sa cour que la principale condition du traité qui se négocie entre la France et l'Angleterre est la garantie réciproque des successions aux couronnes de France et d'Angleterre, etc., 454; presse le régent d'agir de concert avec lui; alarmé des éclats qu'Albéroni fait contre son oncle, le cardinal del Giudice, il ne songe qu'à conserver les bonnes grâces de la reine et celles du ministre tout-puissant, XIV, 79; presse le régent d'agir de concert avec l'Angleterre, pour mettre un frein à l'ambition des impériaux; comment il découvre les vraies dispositions de ce prince sur les affaires présentes, XV, 210 et suiv.; tout occupé de sa fortune, il ne songe qu'à plaire à l'ennemi de son oncle dans ce qui l'intéresse le plus, en quoi il est éclairé par M. et Mme du Maine, 247; il obtient une audience du régent d'où il sort peu satisfait, XVI, 360; il attribue à ce prince un changement dans ses résolutions qui n'est dû qu'à l'abbé Dubois, 362; sages avis qu'il donne au roi d'Espagne, 363; il s'inquiète du prétendu mariage du prince de Piémont avec une fille du régent, 364; ne cesse de presser ce prince de se préparer à la guerre pour arrêter les violences des Impériaux et leurs desseins en Italie, 365; ses efforts pour entraîner le régent dans la guerre de l'Espagne contre l'empereur, 384; son union avec Provane, ambassadeur de Sicile; tous deux découvrent qu'il s'agit d'échanger la Sicile avec la Sardaigne; tous deux se plaignent de la liberté que se donnent les médiateurs de disposer d'États dont ils ne sont pas les maîtres, 384 et suiv.; Cellamare essaye de détourner le régent de suivre la négociation, 397; ses avis à Albéroni sur les intentions du régent, 402; ses propos publics, 404; il résiste aux représentations et aux menaces de l'ambassadeur Stairs, 404; sa conduite et ses discours entièrement conformes à l'esprit et au goût d'Albéroni; il décrie toutes les conditions du traité qui se négocie à Londres, 426; ses sourdes menées; il cherche à remuer le nord contre l'empereur, 428; suivant les ordres du roi son maître il ne cesse de parler contre le traité de Londres; blâme la politique du régent, 449; ses manéges avec les ministres étrangers, 450; il déclare que jamais le roi son maître n'acceptera le traité que l'empereur vient de consentir, 451; avec quelle adresse il donne de bons avis à son gouvernement, XVI, 8 et suiv.; d'après l'ordre de sa cour il se plaint hautement des propositions contenues dans le projet de traité présenté au roi par Nancré, 35; conseille au ministre d'Espagne de ne pas se relâcher sur les préparatifs de guerre, 36; il donne une attention particulière à ce qui se passe en Bretagne, 37; il fait voir à Provane et à beaucoup d'autres les ordres qu'il a reçus de faire connaître la répugnance du roi son maître à souscrire au traité de Londres, 41; essaye de consoler et d'adoucir son oncle le cardinal del Giudice en l'assurant que la cour de France est très-satisfaite de la conduite qu'il tient à l'égard de la constitution, 50; il répond à un libelle publié par les Allemands, 51; reçoit ordre du roi de répandre dans Paris que Sa Majesté Catholique ne recevra la loi de personne, et qu'elle veut demander compte aux états généraux de France de la conduite du régent, 59; il fait valoir à sa cour les démarches qu'il fait auprès des principaux membres de la régence de France; pense qu'il faut ménager le roi de Sicile, 71; s'émancipe dans ses discours contre le régent; veut réparer auprès de lui ce qu'il a dit, mais n'abandonne pas ses pratiques secrètes, 81; se plaint à sa cour de la conduite du régent; se vante des protestations qu'il a faites, 100; avis qu'il donne au roi son maître en croyant le servir fidèlement; il exhorte son oncle qui est à Rome à demeurer dans une espèce de neutralité, 101; avoue à sa cour que rien ne pourra changer les dispositions du régent, 104; comment il attire la vengeance de l'empereur sur lui et sur sa famille, 120; il anime et fortifie les intrigues et les cabales secrètes qu'il entretient depuis quelque temps à la cour de France, 121; ses vues et ses projets; dans le but apparent d'empêcher la conclusion de la quadruple alliance, il se croit tout permis; ses intrigues; faux bruit qu'il répand contre le duc d'Orléans, 153; il excite Provane, envoyé du roi de Sicile, contre le projet de traité; essaye en vain d'en faire voir l'injustice; fait agir l'envoyé de Russie, 154; il fait passer par ordre de son maître un émissaire secret à Stockholm; dans quel but, 155; se voit réduit à fonder ses espérances sur les dispositions qu'il croit apercevoir en France en faveur du roi d'Espagne, et sur la division prochaine entre la cour et le parlement, 284; communique au régent et aux maréchaux d'Huxelles et de Villeroy un mémoire qu'il a fait contre les propositions du ministre d'Angleterre, 160; excite Beretti à continuer de représenter aux États généraux qu'il est de leur intérêt d'observer une neutralité parfaite, 174; est mécontent des Anglais et surtout de Stairs; fait de vains efforts pour découvrir quelques circonstances de ce qui se passe, 174; sur quoi il fonde ses espérances en France; comment il est tenu dans l'incertitude par le régent, 198; ses précautions, 200; il presse le ministre du czar de représenter au régent de quelle utilité serait pour son maître une ligue des princes du nord, 213; cherche à faire entrer le czar et le roi de Suède dans une ligue avec l'Espagne en faveur du prétendant, et à les exciter à traverser les desseins du régent, 214; il continue ses conférences secrètes avec le duc d'Ormond, 223; envoie à Madrid le rapport des conférences qu'il a avec les ennemis du régent; persuade au roi d'Espagne qu'il est de son intérêt d'avoir à son service un corps de troupes françaises, 224; est effrayé des obstacles que le gouvernement de France apporterait à de telles levées; recueille tous les bruits de la ville et rend compte à sa cour de tout ce qu'on suppose contre le gouvernement du régent, 225; ses espérances, 226; il continue ses menées secrètes contre le régent, 237, 238; son projet concerté avec Albéroni pour soulever tout le royaume contre le gouvernement de M. le duc d'Orléans; sur quels appuis il compte, XVII, 72; il demande que le courrier chargé de son paquet soit choisi à Madrid, 73; va redemander à M. Le Blanc un paquet de lettres qu'il a envoyé en Espagne; est reconduit chez lui par Le Blanc et par l'abbé Dubois; son sang-froid, 81; ses bureaux et ses cassettes sont visités et scellés; sa politesse pour Le Blanc; son mépris pour l'abbé Dubois, 81, 82; est gardé à vue avec ses domestiques, 82; est conduit à Blois sous escorte, 87; il écrit aux ambassadeurs et ministres étrangers pour les intéresser dans sa détention; aucun ne lui répond, 90; est conduit à la frontière et passe en Espagne; est déclaré vice-roi de Navarre; prend le nom de duc de Giovenazzo, 193. Voy. *Giovenazzo*.

CHABOT (Henri), épouse la fille unique du duc Henri de Rohan et prend son nom et ses armes, II, 146.

CHALAIS (Mme de), voy. *Ursins* (la princesse des).

CHALAIS, neveu de la princesse des Ursins, va en Espagne prendre un bâton d'exempt des gardes du corps, X, 3; il est envoyé secrètement en Poitou par la princesse des Ursins pour y arrêter un cordelier; vient à la cour après l'avoir arrêté; voit le ministre Torcy; entretient le roi, 196; emmène le prisonnier de Paris à Ségovie où il est renfermé; mystère sur cette affaire, 198; est mandé de Barcelone, où il est avec les troupes qui en font le siége, pour une commission secrète, XI, 82; est dépêché à Paris par la princesse des Ursins avec des lettres pour le cardinal del Giudice, 100; s'en retourne sans voir le roi, 101; revient à Marly où le roi l'entretient quelques moments, 102; sur un courrier qu'il reçoit d'Espagne, il vient à Marly faire part au roi du mariage du roi d'Espagne avec la princesse de Parme; prend congé pour retourner en Espagne, 111; est fait grand de première classe; à quelle condition le roi de France lui permet d'accepter ce titre, 236; obtient la permission du roi d'Espagne d'accompagner la princesse des Ursins dans sa disgrâce, XII, 7; reçoit défense de retourner en Espagne, 36; obtient du régent la permission de revenir en France, XIII, 413; épouse la sœur du duc de Mortemart, veuve de Cani, 414.

CHALMAZEL, lieutenant général, meurt commandant de Toulon; son éloge, XIV, 8.

CHALMAZEL, fille d'une sœur de Chamarande veuf et goutteux, épouse Mlle de Bonneval, nièce de Bonneval qui passa en Turquie, XVII, 452.

CHALMET, élève de Saint-Sulpice et instruit par Fénelon, IX, 90. Voy. *Unigenitus*.

CHAMARANDE; sa probité à toute épreuve, sa modestie; est fait premier maître d'hôtel de Mme la Dauphine; demeure à la cour après la mort de cette princesse; est perclus de goutte; est fort estimé du roi, I, 223; sa mort; quoique laïque, il possédait une bonne abbaye, II, 248.

CHAMARANDE fils, d'abord premier valet de chambre du roi, obtient le régiment de la reine, se distingue à la guerre; est fort aimé à la cour; est nommé directeur général des troupes, I, 223; est blessé à la bataille de Friedlingen, IV, 26; après la perte de la bataille d'Hochstedt, il ramène à Doneschingen tout ce qu'il a ramassé de troupes à Augsbourg, Ulm, etc., 311; commande le siége de Turin, V, 214; fait au duc de La Feuillade des représentations qui sont mal reçues et le brouillent avec lui, 215; se distingue à Toulon où il commande; les habitants contents de sa conduite demandent qu'il soit continué dans son commandement et l'obtiennent, VII, 211.

CHAMARANDE (Mme de), fille du comte de Bourlemont, lieutenant général et gouverneur de Stenay, meurt en 1717; les Bourlemont qui portaient le nom et les armes d'Anglure n'étaient point de cette famille; leur nom était Savigny; histoire de Chrétien de Savigny, seigneur de Rosne, XIV, 288.

CHAMBONAS, évêque de Viviers, meurt à Paris dans un hôtel garni où il vivait depuis dix ans écrivant toute la nuit des mémoires et instructions sur les nouvelles du Languedoc; il laisse 600 000 livres, X, 314.

CHAMBONAS (Mme de), femme du capitaine des gardes de M. du Maine, devient dame d'honneur de Mme du Maine, III, 383.

CHAMBORD (château de). Mémoire des dépenses qu'y a faites Louis XIV jusqu'en 1690, XII, 519.

CHAMBRE (grand'). Voy. *Parlement*.

CHAMBRE de justice établie contre les financiers par le conseil de régence; Lamoignon et Portail, présidents à mortier, y sont mis à la tête; Fourqueux, procureur général de la chambre des comptes, est nommé procureur général de ce tribunal; leur conduite, XIII, 347; procédures de cette chambre, XIV, 214; pourquoi elle fit plus de mal que de bien, 215.

CHAMBRE de la Ligue dans l'hôtel de Mayenne; pourquoi elle est ainsi nommée, V, 424.

CHAMELIN, brigadier, est tué à l'attaque des lignes entre Lave et Heylesem, V, 35.

CHAMILLART est nommé contrôleur général des finances; son extérieur; sa famille; son adresse au jeu de billard fait sa fortune, II, 309; il plaît au roi et à Mme de Maintenon; sa modestie; il est nommé intendant de Rouen, puis intendant des finances, 311; il administre les revenus et toutes les affaires temporelles de Saint-Cyr; se fait aimer de MM. de Chevreuse et de Beauvilliers; sa conduite dans la place de contrôleur général lui concilie l'estime générale, 311; il est malheureux en famille, n'ayant autour de lui que des gens incapables, 312; trait d'amitié et de désintéressement de sa part; son gendre et sa fille; ce qu'il fait pour eux; son frère et sa belle-sœur; caractère de l'un et de l'autre, 313; belle action de Chamillart envers un plaideur qui a perdu son procès par sa faute, 315; il est fait ministre, III, 46; puis secrétaire d'État de la guerre; il veut remettre au roi la charge de contrôleur général; le roi veut qu'il réunisse les deux ministères, 57; ses qualités; son insuffisance; son opiniâtreté, 57; son incapacité est ce qui plaît en lui au roi; son style net, coulant et précis le fait aimer du roi et de Mme de Maintenon, 58; comment il se décharge du travail des finances, 189; sa position au ministère; il s'abandonne à ses anciens amis, 194; sa liaison avec la duchesse de Ventadour, Mlle de Lislebonne et Mme d'Espinoy, 195; donne sa fille en mariage au duc de La Feuillade dont il raffole toute sa vie, 336; il ouvre les yeux sur les projets du duc d'Harcourt, et cherche à l'éloigner de la cour, 356; est appelé par le roi pour être confronté avec Catinat; avoue tout ce que celui-ci a dit au roi concernant les affaires d'Italie; s'excuse sur Mme de Maintenon de ce qu'il a gardé le silence sur beaucoup de choses, 391 et suiv.; est approuvé par Mme de Maintenon d'avoir tout avoué et n'est que mieux traité par elle et par le roi, 393; marie son frère, capitaine de vaisseau, qu'il a fait tout d'un coup maréchal de camp, à la fille unique de Guyot, maître des requêtes, et lui fait prendre le titre de comte, 398; son union avec les Matignon; il fait la fortune de cette famille, IV, 192; obtient pour La Feuillade le commandement du Dauphiné, 205; est effrayé pour son gendre du siège de Turin qui lui est confié; consulte Vauban, V, 169; est envoyé en Flandre après la bataille de Ramillies, 176; voit l'électeur de Bavière, entretient beaucoup d'officiers généraux; refroidissement avec le maréchal de Villeroy, 177; il revient à Versailles faire son rapport au roi, 177; propose au roi de renvoyer M. le duc d'Orléans commander en Italie, 182; mande à son gendre le duc de La Feuillade le mauvais effet de ses courses après M. de Savoie, 205; lui renvoie la démission que La Feuillade a donnée de son gouvernement après la bataille de Turin; le caresse et l'encourage, 245; écrit de la part du roi à M. le duc d'Orléans pour lui conseiller de renvoyer Mmes d'Argenton et de Nancré, 253; est nommé grand trésorier de l'ordre, 259; au moment de juger le procès entre M. de Guéméné et le duc de Rohan, il dit tout bas à l'oreille au roi qu'il opinera pour Mme de Soubise, 285; entraîné par les raisonnements de d'Aguesseau, il conclut pour M. le duc de Rohan, 287; obtient pour son fils âgé de dix-huit ans la survivance de secrétaire d'État; motif de cette faveur; Monseigneur, M. le duc de Berry et Mme la duchesse d'Orléans vont voir Mme de Chamillart et faire compliment à toute la famille, 328; instruit par M. de Saint-Simon des discours injurieux du maréchal de Villeroy à son égard, il lui fait voir des lettres qui prouvent l'injustice et les torts du maréchal, 351 et suiv.; sa santé s'altère; il écrit au roi pour le prier de le décharger du poids des affaires; apostille du roi, 358; il soutient Matignon dans ses prétentions à la principauté de Neuchâtel et fait déclarer le roi neutre dans cette affaire, VI, 64; éclat scandaleux entre lui et M. de Pontchartrain, ministre de la marine; à quelle occasion; quoique le tort soit de son côté, il est approuvé de toute la cour, VI, 98, 99; son raccommodement avec Catinat, 129; il obtient sur sa charge de l'ordre un brevet de retenue de 150 000 livres, 155; l'affaiblissement de sa santé le fait songer à se décharger du soin des finances et à consolider son fils par une alliance; il rejette l'alliance des Noailles, 161 et suiv.; recherche celle de la duchesse de Mortemart, 162; se fait remplacer dans les finances par Desmarets, 164; obtient avec quelque peine le consentement du roi et de Mme de Maintenon pour le mariage de son fils avec Mlle de Mortemart, 167; il veut abandonner les affaires; pourquoi, 168; ses mesures pour faire donner les finances à Desmarets, 168, 171; son voyage en Flandre; quel en est le but, 219; ses démêlés avec Bagnols, intendant de Lille; à quelle occasion, 258; Chamillart a le dessus; il se prête néanmoins à faire en sorte que Bagnols reste à sa place, et l'emporte encore sur lui; cabale formée contre Chamillart; par qui, 258; il suit le conseil que lui donne le duc de Saint-Simon, 260; parle au roi et triomphe de la cabale, 261; comment il sert sans le vouloir la cabale formée contre le duc de Bourgogne, 323; écrit de la part du roi à M. de Vendôme, à Albéroni et à Crosat des lettres fortes et leur ordonne de demeurer en silence sur le duc de Bourgogne, 351; il se laisse induire par la cabale à écrire à M. le duc de Bourgogne pour lui conseiller de bien vivre avec M. de Vendôme, 353; il part précipitamment pour l'armée de Flandre; la cabale triomphe avec audace de ce voyage, 395; il travaille sur-le-champ à raccommoder le duc de Berwick avec Vendôme et à rapprocher de lui Mgr le duc de Bourgogne; passe les défilés avec les princes et les ducs de Vendôme et de Berwick et va reconnaître les retranchements des ennemis, 396; mande au roi l'état des choses et qu'on a eu raison de lui demander de nouveaux ordres, 397; il revient à Versailles; fait espérer au roi que les ennemis seront réduits à lever le siége de Lille, 399; il retourne en Flandre; y porte les grâces répandues sur ceux qui viennent de sortir glorieusement de Lille, VII, 2; il écoute les généraux qui plaident devant lui chacun son avis; discute toutes leurs raisons; prend un parti mitoyen qui après son départ n'est suivi par personne; vient rendre compte au roi chez Mme de Maintenon; loue Vendôme, ménage peu Mgr le duc de Bourgogne, 3; conçoit un grand projet pour la reprise de Lille; le communique à Chamlay qui s'efforce en vain de l'y faire renoncer, 27; en fait part au roi qui l'approuve et lui promet le secret, 28; reçoit de Mme de Maintenon des compliments peu sincères à ce sujet, 28; vient, sans être mandé, trouver le roi au sortir de son souper pour lui communiquer une dépêche du maréchal de Boufflers, 29; est très-touché, mais peu surpris de voir son projet avorté par le crédit de Mme de Maintenon, VII, 39; anecdote curieuse concernant un traité signé entre ce ministre et M. de Torcy; à quelle occasion, 115 et suiv.; querelle entre lui et Desmarets; à quel sujet; comment elle se termine, 117 et suiv.; pressé par sa fille Mme de Dreux, il parle au roi des bruits qui circulent que M. d'Antin doit le remplacer au ministère; le roi touché le rassure et fait son éloge, 214; sa fausse sécurité, 216; audiences du roi procurées par de Maintenon pour le perdre, 220; fautes qu'il commet à l'égard de Monseigneur, 229; sa réponse à Mlle de Lislebonne qui le presse de se lier avec Mlle Choin, 231; il refuse de l'avancement au frère de celle-ci, 233; une voix confuse s'élève à la cour contre lui, 237; présages de sa chute, 239; sa réponse admirable à M. de Saint-Simon qui le presse de parler au roi, 239; durs propos que lui tient Monseigneur, au sujet de l'état de la frontière et de l'armée de Flandre, 240; dernière faute qu'il commet en se trouvant avec le roi, 243; MM. de Beauvilliers et de Chevreuse viennent de la part du roi lui demander sa démission; sa fermeté en apprenant cette nouvelle; il écrit tranquillement une lettre au roi, puis une autre à Mme de Maintenon, 247; fait ses dispositions et s'en va à l'Etang avec ses fils; annonce sa disgrâce à sa famille, 248; caractère de Chamillart, 251; peu de ressources qu'il trouve dans les siens, 252; sa sérénité à l'Etang, 259; grand nombre de visites qu'il y reçoit; par crainte de Mme de Maintenon, il va aux Bruyères près de Ménilmontant, 260; revient à Paris, est visité par Bergheyck, 265; se retire à Mont-l'Évêque, maison de campagne de l'évêché de Senlis; prend le parti forcé d'aller visiter les terres qu'on lui propose pour s'éloigner de Mme de Maintenon, 267; revient à la Ferté chez M. de Saint-Simon; y reste longtemps; achète la terre de Courcelles dans le pays du Maine, 270; va à la Flèche avec M. de Saint-Simon; ce qu'il y rencontre, 425; assiste à l'abbaye de Fontaine-Saint-Martin à un sermon qui paraît avoir été fait pour lui, 426; il revoit le roi pour la première fois depuis sa disgrâce et en reçoit mille marques d'amitié et la permission de le voir de temps en temps, X, 283; vend sa charge de grand trésorier de l'ordre à Chauvelin, XI, 17; il demande au roi le logement que son frère avait conservé à Versailles et l'obtient, 76; sa mort; sa vie depuis sa chute du ministère, XVIII, 156.

CHAMILLART, fils du ministre, obtient la survivance de secrétaire d'État à l'âge de 18 ans; il va visiter les places frontières de Flandre et d'Allemagne, accompagné du comte du Bourg; se fait aimer partout, V, 328; est marié avec Mlle de Mortemart; la noce se fait à l'Etang, VI, 167; il prend le nom de Cani, 178; il est moins sensible à la disgrâce de son père qu'à la délivrance d'un travail dont il n'a ni l'aptitude, VII, 260; il va saluer le roi; accueil touchant qu'il en reçoit, 261; on le détermine à entrer dans le service, 264; il reçoit de Le Guerchois le commandement de la vieille marine; se fait aimer et estimer de tous les militaires par sa valeur et son application, 261, 262; meurt à Paris de la petite vérole; est regretté de tout le monde par sa modestie; M. le duc d'Orléans donne à son fils aîné, âgé de 7 ans, la charge de grand maréchal des logis du roi qu'il venait d'acheter à la mort de Cavoye, XIV, 16.

CHAMILLART, évêque de Senlis, frère du ministre Chamillart; sa bonté simple et confiante; comment il fut dupe des caresses de M. le Prince; on se moque de lui à la cour et on l'aime; sa mort, XI, 75.

CHAMILLY (la maréchale de) connaît à la Rochelle les deux frères cadets Eustache Conflans, les prend en amitié et les attire chez elle à Paris, VI, 446; meurt à 67 ans; son esprit; ses belles qualités; son nom de famille, XX, 36.

CHAMILLY (le comte de) est nommé inspecteur général des troupes en Italie, I, 225; reçoit le commandement de la Rochelle, Aunis, Poitou, etc., III, 187, 391; est fait maréchal de France; sa naissance, IV, 79; ses parents; il sert avec réputation en Portugal et en Candie; s'illustre par la belle défense de Grave; sert en divers gouvernements, malgré la haine de Louvois, 79; sa femme, amie de celle de Chamillart, le remet à flot; vertus et qualités de cette dame; portrait et caractère de Chamilly, 80; à 78 ans il obtient du roi de faire passer au comte de Chamilly son neveu, ancien lieutenant général, le commandement de la Rochelle et des pays voisins, XI, 57; sa mort; son extérieur; son caractère, XI, 436; c'est à lui que furent adressées les fameuses Lettres portugaises par une religieuse devenue folle de lui, 436.

CHAMILLY (le comte de), neveu du lieutenant général, est nommé ambassadeur en Danemarck, II, 49; en revenant de son ambassade, il est mal reçu du roi; son caractère; ses grands airs et ses hauteurs l'ont rendu odieux aux Danois; pourquoi il s'est perdu dans l'esprit du roi, IV, 67; sa mort; son esprit et son savoir, XIX, 307.

CHAMILLY (De) est envoyé à Catinat en Savoie et fait grand'croix de Saint-Louis, I, 106; approuve le projet conçu par Chamillart pour reprendre Lille, mais l'avertit en ami qu'il jouer à se perdre, VII, 27 et suiv.; refuse la charge de secrétaire d'État de Louvois; sa générosité; son extérieur; son caractère, XII, 420 et suiv.; il meurt à Bourbon d'apoplexie; son mérite, XVII, 217.

CHAMORN (Mme de) est nommée première femme de chambre de Mme la duchesse de Bourgogne, I, 352.

CHAMP DE MARS, puis de mai, assemblée convoquée par le roi, se composait de deux espèces de chambres en plein champ, l'une pour les prélats, l'autre pour les grands seigneurs, XI, 276; la foule militaire occupait l'espace découvert; comment s'y formaient les délibérations, 276; cette assemblée se nommait aussi Placita, 277; elle devient plus fréquente et hors du temps accoutumé: pourquoi, 280; la foule militaire disparaît des champs de mai; à quelle époque, 281; les assemblées purement civiles n'étaient pas inconnues du temps des champs de mai; de qui elles se composaient, 281; lettre d'Hincmar, archevêque de Reims, au IXe siècle, sur le temps et la manière dont ces assemblées étaient tenues, 458.

CHAMPFLOUR est nommé à l'évêché de la Rochelle, IV, 62; son mandement, IX, 132. Voy. Unigenitus.

CHAMPIGNELLE (De), est nommé premier maître d'hôtel de M. le duc de Berry, IX, 31.

CHANCELIERS. Des chanceliers et gardes des sceaux pendant la moitié du XVIIIe siècle, X, 447; règlement fait par Louis XIV, à la mort du chancelier Séguier pour la tenue des sceaux, X,

451 ; les chanceliers pendant le règne de Louis XIV, XV, 469.

CHANCENAY, fils de Lavienne, a la survivance de son père, VIII, 416.

CHANDENIER (le marquis de), ancien premier capitaine des gardes du corps, meurt en 1696 ; quelques détails sur sa disgrâce et sur la fermeté et la grandeur d'âme qu'il montra pendant tout le temps qu'elle dura, I, 347 ; dans la dernière année de sa vie, il donne la démission de sa charge, en reçoit le prix de M. de Noailles, pour payer ses créanciers, et se soumet à recevoir sa visite, 348.

CHANVIER (le frère), de la Trappe, sert avec beaucoup d'intelligence le P. La Chaise et M. de Pontchartrain dans l'affaire de l'abbé régulier de la Trappe, II, 207 et suiv.

CHAPEAU. Époque où il fut permis aux princes et aux ducs de se couvrir devant le roi ; dans quelles occasions ; détails historiques sur cet usage et sur celui du *chaperon*, II, 355 et suiv.

CHAPELLE (LA), secrétaire de M. le prince de Conti et membre de l'Académie française, est exilé à Bourges, puis rappelé ; sa mort, XVII, 289.

CHAPELLE (LA), voy. *La Chapelle*.

CHARDON, fameux avocat, huguenot ainsi que sa femme, fait semblant d'abjurer, mais ne fait aucun acte de catholique, IV, 347 ; comment Mme Chardon est ramenée à la religion et y ramène son mari ; tous deux font une abjuration nouvelle ; Mme Chardon convertit beaucoup de huguenots, entre autres la comtesse d'Auvergne, 347, 348.

CHARGES. Leur origine et leur vénalité dans l'ancienne France, XVII, 490.

CHARLES XI, roi de Suède, gagne plusieurs victoires sur les Danois ; affranchit l'autorité royale ; ruine la noblesse ; établit la tyrannie ; sa maladie longue, cruelle et secrète ; après sa mort, le feu prend au palais où il est exposé en parade, II, 1, 2, 3.

CHARLES XII, roi de Suède, bat les Moscovites à Narva ; les chasse de la Livonie ; s'irrite contre le roi de Pologne, III, 51 ; impose au roi Auguste les conditions les plus humiliantes ; pourquoi, V, 262 ; fait couper la tête au général Patkul, 263 ; est entraîné, par son ministre Piper, dans la guerre des Moscovites, 263 ; a une entrevue avec le roi Auguste qu'il a forcé d'abdiquer, 331 ;

demande hautement à l'empereur satisfaction de l'insulte faite à son envoyé, et la restitution des Moscovites et des églises de Silésie déjà accordées ; fait enfermer le comte Zabor dans une rude prison ; pourquoi ; le remet en liberté ; part pour son expédition de Moscovie, VI, 83 ; ses succès et ses revers dans ce pays, 432 ; après avoir perdu toute son armée, il se sauve fort blessé à Bender chez les Turcs, VII, 395 ; de cet asile, il sait si bien remuer la Porte en sa faveur qu'elle déclare la guerre à la Russie, IX, 42 ; reçoit beaucoup d'argent de Constantinople et y fait faire dans le ministère tous les changements qu'il désire, X, 295 ; arrive à Stralsund, XI, 255 ; projets qu'il avait formés dans les derniers temps de son règne ; ses relations avec le régent, XIV, 475 ; à quelles conditions il consent à traiter de la paix avec le roi de Prusse ; il sollicite vivement en France le payement de ses subsides, XV, 122 ; est tué au siége de Fredericshald ; les Suédois se remettent en possession du droit d'élire leur roi, XVII, 121 ; ils élisent pour reine Ulrique, sœur du feu roi et mariée au prince de Hesse ; comment ils limitent son pouvoir ; par la suite, ils lui associent son époux, 122, 123.

CHARLES II, roi d'Espagne, fait un testament par lequel il appelle à la succession de tous ses États le prince électoral de Bavière, II, 252 ; déclare au roi de France qu'il a assez de troupes et en assez bon état pour n'en pas prendre d'étrangères dont il n'a aucun besoin, 435 ; ses irrésolutions, lorsque le cardinal Portocarrero lui a conseillé de choisir pour successeur un prince de la maison de France, III, 14 ; il se détermine enfin à consulter le pape, 14 ; réponse qu'il en reçoit, 15 ; fait brûler le testament qu'il a fait en faveur de l'archiduc et signe celui que lui présente le ministre Ubilla en faveur du duc d'Anjou, 16 ; sa mort, 18.

CHARLES VI, empereur d'Allemagne, fait couronner à Presbourg l'impératrice, sa femme, reine de Hongrie, et tâche d'obtenir des états qu'ils déclarent les filles capables de succéder à leur couronne, XI, 248 ; prend le ton haut avec toutes les puissances qu'il menace toutes, XIII, 446 ; ne répond point à l'empressement du pensionnaire Heinsius, et ne fait aucune réponse aux propositions que les États généraux lui ont faites, XIV, 161; il souffre avec impatience le séjour des troupes russes dans le Mecklembourg, XV, 3; il forme le projet de les forcer à se retirer, 5; ses alliés dans ce projet, 5; il fait avec les Turcs une paix avantageuse, 63; fait arrêter à Hambourg les officiers de Ragotzi; prend des mesures pour le faire enlever ou tuer, 100; se défie des desseins du régent, 103 et suiv.; demandes exorbitantes qu'il fait faire au pape par son ambassadeur, 192; comment il en reçoit les grâces qu'il a sollicitées, 193; la restitution de la Sardaigne est la condition qu'il pose pour base du traité à faire avec l'Espagne; ses ministres le disent partout, 198; sa répugnance à renoncer pour toujours à la monarchie d'Espagne; à quelles conditions il consent à traiter, 200; il envoie ordre au vice-roi de Naples de faire sortir du pays le collecteur apostolique qui usurpe la qualité de nonce, 220; sa réponse aux demandes que lui fait le roi d'Espagne concernant l'Italie, 352; ses menaces au pape, 372; il prétend qu'avant tout ce roi retire ses troupes de la Sardaigne et le remette en dépôt entre les mains d'un prince neutre; il désigne pour cela le roi d'Angleterre, 367 et suiv.; ses autres propositions, 367; ses nouvelles réponses aux demandes du roi d'Espagne, 388; il s'oppose ouvertement à ce que le pape envoie à Albéroni ses bulles pour l'archevêché de Séville, 446, 447; il accuse ce ministre de traiter avec les Turcs; prétendues preuves de ce fait, 447; il admet tous les articles du traité de Londres, 451; sa politique à l'égard des rois de Sicile et d'Angleterre, 28; il demande, par un nouvel article qu'il ajoute au traité, que les alliés consentent à ce qu'il mette des garnisons impériales dans les places des Etats de Toscane et de Parme, 83; il communique au roi d'Angleterre les propositions secrètes qu'Albéroni lui a fait faire, 206; sa réponse à Albéroni, 206; ôte au prince Jacques Sobieski la pension qu'il lui donnait, et lui envoie ordre de sortir de ses Etats; pourquoi, XVII, 49; prend possession de la Sicile, XVIII, 2; obtient l'érection de l'évêché de Vienne en archevêché, 141; fait une promotion de grands d'Espagne; déclare ensuite qu'il n'a point prétendu en faire une, mais seulement accorder des distinctions et des honneurs, 235.

CHARLES DE LORRAINE (le prince), grand écuyer, fils de M. d'Armagnac, se brouille avec sa femme et la renvoie chez le duc de Noailles son père; se brouille avec les Noailles, XVIII, 161; son caractère, 161.

CHARLES-EMMANUEL, duc de Savoie, fortifie Suse par de prodigieux retranchements, I, 61; éperdu de la victoire de Louis XIII, il vient lui demander grâce en suppliant; abuse du pardon qu'il obtient; en est puni; son humiliation et son dépit causent sa mort, 63.

CHARLUS (la marquise de), mère du marquis de Lévi, meurt riche et vieille; sa mise grotesque lui attira souvent des avanies, XVII, 132; aventure plaisante qu'il lui arriva un jour chez Mme la princesse de Conti, 132.

CHARMAREL, fait construire des ponts de bateaux sur le ruisseau de Schweitzingen pour le passage de l'armée française, I, 266.

CHARMEL (Du), gentilhomme de Champagne, après avoir été très-bien à la cour, se retire dans une maison joignant l'institution de l'Oratoire; va passer tous les ans le carnaval à la Trappe; son caractère, II, 198; son austérité excessive; ses longues prières, V, 120; il continue de voir Boileau, l'auteur du *Problème*, malgré les prières que le cardinal de Noailles lui fait de rompre avec lui, 122; il refuse d'aller voir le roi, malgré les lettres de Cavoye et les instances de Saint-Simon, 124; est exilé; pourquoi, 127 et suiv.; comment il reçoit l'ordre d'exil et refuse qu'on s'intéresse pour lui, 130; attaqué de la pierre il fait demander la permission de venir se faire tailler à Paris, ce qui lui est impitoyablement refusé, XI, 54; est opéré et meurt trois jours après dans de grands sentiments de piété et de pénitence, 54, 55.

CHARMOIS, envoyé du roi à Ratisbonne, en est chassé brusquement, IV, 81.

CHARMONT, des Hennequin de Paris, se défait de sa charge de procureur général du grand conseil et achète celle de secrétaire du cabinet, III, 58; obtient l'ambassade de Venise; abuse de son droit de franchise; sur les plaintes qu'en font les Vénitiens, il est rappelé, mais avec de grands ménagements; à son retour, le roi lui donne la plume de Mgr le duc de Bourgogne, IV, 276.

CHARNACÉ, est arrêté en province, par ordre du roi, pour fausse monnaie;

fait enlever la maison d'un paysan et la fait transporter plus loin, telle qu'elle était au dedans et au dehors, II, 169 et suiv.

CHAROLAIS (le comte de), fils de Mme la Duchesse et frère de M. le Duc, sort de France incognito avec Silly, gentilhomme de M. le Duc; se rend à Mons et de là à Munich, XIV, 291; comment il est reçu par l'électeur de Bavière; il ne peut voir à Vienne ni l'empereur ni l'impératrice, 292; il se distingue à la bataille de Belgrade, XV, 63; revient de ses voyages, XVII, 463; apophthegme de M. de Turmenies à son occasion, 184; il est admis au conseil de régence, 201.

CHAROLAIS (Mlle de), obtient une augmentation de pension de 12,000 livres, XVII, 127.

CHAROST (le duc de), se laisse tromper par Mme Martel, vieille bourgeoise de Paris, et marie le marquis d'Ancenis à la fille d'Entragues autrefois petit commis, VII, 149; il donne sa démission du gouvernement de Dourlens que le roi accorde à son fils en faveur de ce mariage, 149; son caractère; son dévouement pour M. de Cambrai; son ambition; son esprit du grand monde; sa nullité pour les affaires, IX, 294; il sait allier une profession publique de dévotion avec le commerce étroit des libertins de son temps; en quoi consiste sa liaison avec les ducs de Chevreuse et de Beauvilliers, 295; il obtient la charge de capitaine des gardes vacante par la mort du maréchal de Boufflers, à la demande de M. le Dauphin, 426; histoire et fortune de l'aïeul et du père de Charost; comment on fait remettre au père la charge de capitaine des gardes; comment il est fait duc et pair, 428 et suiv.; la charge de capitaine des gardes revient au fils par le crédit de M. de Beauvilliers, 436; il obtient 12 000 livres de pension, 361; est nommé gouverneur du roi à la place du maréchal de Villeroy, XIX, 352.

CHAROST (la duchesse de), meurt à 51 ans après une maladie singulière de 10 ans; soins et attentions également louables et inconcevables de son mari, X, 282.

CHAROST (le marquis de), épouse Mlle de Brûlart, depuis duchesse de Luynes, IX, 294; est tué à la bataille de Malplaquet, VII, 179.

CHAROST (l'abbé de), fils aîné du duc de Béthune et frère aîné du duc de Charost; meurt chez son père; son infirmité; son mérite, II, 326.

CHARTOGNE, lieutenant général, est blessé et fait prisonnier devant Verne, IV, 315.

CHARTRES (le duc de), depuis duc d'Orléans, promet à sa mère, Madame, qu'il ne consentira point à épouser Mlle de Blois, I, 20; est mandé chez le roi où par timidité il donne son consentement à ce mariage, 21; est chassé de chez Madame, 22; sa désolation après la déclaration du mariage, 24; il reçoit un soufflet de Madame, 25; charge plusieurs fois l'ennemi à la bataille de Neerwinden, où il manque rester prisonnier, 95; sa douleur à la mort de son père, III, 168; le roi lui donne toutes les pensions qu'avait Monsieur, des gardes et des Suisses, et outre ses régiments, ceux qu'avait Monsieur: il prend le nom de duc d'Orléans, 177; ce prodigieux traitement mortifie les princes du sang, 177. Voy. Orléans (le duc d').

CHARTRES (la duchesse de), tracasseries entre elle et la princesse de Conti et Mme la Duchesse; à quelle occasion le roi y met fin, I, 207; ces trois princesses, soit malice, soit imprudence tirent pendant une nuit des pétards sous les fenêtres de Monsieur; le roi a grand peine à apaiser ce prince, 208; mot piquant de la duchesse de Chartres à la princesse de Conti; chansons de Mme la Duchesse à cette occasion; brouilleries, 298; comment le roi les fait cesser, 299; ses sentiments à la mort de Monsieur, III, 168.

CHARTRES (le duc de), fils du régent a voix au conseil de régence, XVII, 124; est fait grand-maître des ordres de Saint-Lazare et de Notre-Dame-du Mont-Carmel, XVIII, 64; est nommé colonel général de l'infanterie, 146; il apprend la mort de son père chez une fille de l'Opéra qu'il entretenait; sa lourde sottise envers les ducs de Noailles et de Guiche, XX, 463.

CHARTRES (le vidame de), nom que portait dans son enfance le duc de Saint-Simon, auteur des Mémoires, I, 2; et que porta aussi son fils aîné; le vidame est reçu chevalier de l'ordre de la Toison d'or; détails sur cette cérémonie, XIX, 329 et suiv.; après sa réception il prend congé de Leurs Majestés Catholiques et part pour Paris, 240.

CHARTRES (Mlle de) prend l'habit de religieuse à Chelles, XIV, 264.

CHASEAUX, président au parlement de Metz et neveu du célèbre Bossuet, est nommé premier président; le duc d'Orléans lui donne ensuite une bonne abbaye, XIV, 9.

CHASSE de Sainte-Geneviève. Note sur la procession de cette châsse dans les plus pressantes nécessités, VII, 460.

CHASTELUX (le marquis de), gentilhomme de Bourgogne, épouse la fille du chancelier d'Aguesseau, XIX, 312; il subit l'exil de son beau-père d'une façon fort honorable, 312.

CHATEAUNEUF, secrétaire d'Etat, meurt presque subitement en revenant des eaux de Bourbon; son talent; son caractère, II, 410.

CHATEAUNEUF (l'abbé de), est envoyé en Pologne avec des ordres très-précis à l'abbé de Polignac de ne rien faire que de concert avec lui, II, 4; va saluer le prince de Conti à Dantzick, 25; à son retour en France, il reçoit un ordre d'exil, 28; sa mort, VI, 441.

CHATEAUNEUF, frère de l'abbé de ce nom, ambassadeur en Portugal, revenant à Paris a ordre de s'arrêter à Madrid; son origine; places qu'il remplit; son ambassade à Constantinople, IV, 331; son esprit; il gagne la confiance de la princesse des Ursins, 334.

CHATEAUNEUF-CASTAIGNÈRES, conseiller au parlement, est envoyé en ambassade en Hollande, donne à Beretti, ambassadeur d'Espagne, un conseil concernant les menaces et les raisons de l'Angleterre pour engager l'Espagne à se désister de son entreprise contre l'empereur, XV, 97; haine des Anglais contre lui; quelle en est la cause, 162; il communique aux Etats généraux le traité qu'il a conclu entre le régent, le czar et le roi de Prusse; à quoi se réduit ce traité, 121; il demande et obtient son rappel, 241; obtient une augmentation de pension et une place de conseiller honoraire au parlement, 266; sa conduite à la Haye après la conclusion du traité de Londres; ses efforts pour y faire entrer les Hollandais, XVI, 27; les ministres anglais qui s'étaient plaints de lui au régent commencent à louer son zèle, son industrie et la vigueur de ses discours, 98; il leur devient suspect; pourquoi, 164; est accusé par eux d'avoir prévariqué, 165; est accusé d'intelligence avec le secrétaire du duc de Savoie et avec le baron de Norwick, partisan d'Espagne, 201; est nommé président d'une commission d'enquête envoyée en Bretagne, XVII, 284; cette commission condamne à mort plusieurs seigneurs bretons pour conspiration, 448, 449; elle revient à Paris et s'assemble à l'arsenal pour achever de juger les autres complices, 452; Châteauneuf est nommé prévôt des marchands, XVIII, 26; il continue à brûler publiquement à l'hôtel de ville les actions et les billets de banque jusqu'à la réduction qu'on a résolue, 32.

CHATEAUNEUF (Mme de), veuve du secrétaire d'Etat, meurt à 55 ans; sa prodigieuse grosseur; de qui elle était fille, IX, 109.

CHATEAURENAUD (Mme de), sœur du duc de Noailles, meurt à 34 ans, XIX, 449.

CHATEAURENAULD, est nommé vice-amiral à la place de Tourville, III, 154; va chercher les galions d'Espagne; les amène avec son escadre et les conduit au port de Vigo, 435; y est attaqué; fait mettre le feu à plusieurs de ses vaisseaux; se sauve dans les défilés entre Vigo et Lugo, 436; est nommé maréchal de France; son origine; ses combats sur mer; ses belles actions, IV, 85; son extérieur; son caractère; il suit le conseil que lui donne M. de Lauzun et désole par ses assiduités la société de Lucienne, 85, 86; est nommé lieutenant général de la Bretagne, 202; puis chevalier de l'ordre; son extraction, 392; il meurt à 80 ans; son éloge, XIV, 107.

CHATEAURENAULD, capitaine de vaisseau, neveu du maréchal de ce nom, a une cuisse emportée au combat de Malaga et meurt peu de jours après, IV, 330.

CHATEAUTHIERS (Mme de), dame d'atours de Madame, est recherchée en mariage par M. le Grand; ses belles qualités; sa famille; les motifs qui lui font refuser cette alliance, la font estimer davantage, VI, 150; après la mort de Madame elle vit dans la retraite; meurt à 78 ans, 151.

CHATELET (le marquis du), commandant une brigade, chasse les ennemis des hauteurs du village de Weisloch, I, 193; est nommé gouverneur de Vincennes; ses qualités et celles de la marquise, dame du palais de la duchesse de Bourgogne, VIII, 446.

CHATELET (la marquise du), est nommée dame du palais de Mme la duchesse de Bourgogne, I, 351; sa famille; sa vertu et sa piété; sa douceur et sa bonté; son mari; à quoi elle doit sa nomination, 366.

CHATILLON (le duc de), acquiert du bien chez Monsieur dont il devient le favori; son peu d'esprit et de fortune, III, 171; il reste neutre dans l'affaire de d'Antin, IX, 63; se démet de son duché en faveur de son fils unique, le fait appeler duc d'Olonne et le marie à la fille unique de Barbezieux et de la sœur du duc d'Uzès, X, 422.

CHATILLON (Mme de), Elisabeth-Angélique de Montmorency-Bouteville, sœur du maréchal de Luxembourg, I, 81.

CHATILLON (Mme la duchesse de), prétend disputer le rang à Mme de Saint-Simon la mère, III, 4; dame d'atours de Madame, elle demande à se retirer; avantages qui lui sont faits; sa famille; son amitié constante avec sa sœur la duchesse d'Aumont; son mari; leur brouillerie; caractère de Mme de Châtillon, V, 266 et suiv.; son embonpoint; un tic qu'elle avait contracté l'empêche par ordre du roi de venir à la cour quand la duchesse de Bourgogne est grosse; sa mort, VI, 299.

CHATILLON (le comte de), est marié à la seconde fille du ministre Voysin, IX, 40; à l'aide du crédit de son beau-père il obtient la permission de draper pour deuil, 172; apporte au roi la nouvelle de la prise du Quesnoy; est fait brigadier, X, 374; il vient au Palais-Royal avec MM. de Rieux, de Pons, de Bauffremont et de Clermont présenter au régent un mémoire de la noblesse contre les ducs; le régent leur témoigne son mécontentement et refuse le mémoire; caractère particulier de chacun de ces messieurs, XIV, 299 et suiv.; les mêmes et de plus MM. de Polignac et de Vieux-Pont vont présenter au parlement une requête sur l'affaire des princes du sang et des bâtards, 340; ils sont arrêtés et conduits à la Bastille ou à Vincennes, 341; comment ils sortent de prison; indulgence du régent, 344; M. de Châtillon perd une pension de 12 000 livres et son logement au Palais-Royal, 345.

CHATILLON (la comtesse de), fille du feu chancelier Voysin, meurt à 31 ans, XX, 2.

CHATRE (La), fils du frère de la maréchale d'Humières; son caractère; ses manières impétueuses; accès auxquels il est sujet; effroi qu'il cause un jour au prince de Conti, VII, 40 et suiv.

CHATRE (La), voy. La Châtre.

CHATRES ou Chaetres aujourd'hui Arpajon, XIX, 296.

CHAULIEU (l'abbé de), persuade à M. de Vendôme de prétendre l'ancienneté de la première érection de Vendôme en duché-pairie et d'attaquer les ducs d'Uzès, d'Elbœuf, etc., ses anciens, I, 169; reçoit une pension de 6000 livres de M. de Vendôme, II, 277; meurt en 1720; son caractère; ses poésies; son attachement à MM. de Vendôme; comment il fut chassé de leur maison, XVIII, 5; reste étroitement lié avec le grand prieur; se prétend gentilhomme; fait entrer son neveu dans la gendarmerie, 5.

CHAULNES (le duc de), dans le procès des seize pairs contre M. de Luxembourg, il se charge pour les opposants d'une négociation auprès du premier président Harlay qui leur est contraire; portrait physique et moral de ce duc; il demande au président une assemblée de toutes les chambres pour juger les opposants, I, 177; en obtient enfin la promesse, 179; dans une seconde visite, il lui reproche d'avoir retiré sa parole, 180; est mandé dans le cabinet du roi qui lui annonce qu'il a donné son gouvernement de Bretagne au comte de Toulouse et qu'en échange il recevra le gouvernement de Guyenne; sa douleur en apprenant cette nouvelle, 244; les Bretons lui témoignent leurs vifs regrets; les princes et la cour vont le visiter; il quitte Paris, 245; meurt de douleur, II, 181; deuil général en Bretagne; son testament, 181.

CHAULNES (la duchesse de), meurt peu de temps après son mari; son portrait; son caractère; elle était comme le duc adorée en Bretagne, II, 247.

CHAULNES (M. de), obtient pour son fils la survivance des chevau-légers avec une augmentation de 180 000 livres à son brevet de retenue, XIV, 194.

CHAULNES (Mme de), sœur de l'ambassadeur de ce nom, est nommée par le roi abbesse de Poissy; réclamations, protestations de la part des religieuses; pourquoi, V, 344; les ruses de Mme de Chaulnes pour se faire craindre et respecter sont découvertes, 344; son gouvernement dur et long la venge de ces résistances; le roi profite d'un accident arrivé au monastère pour ôter aux religieuses leur droit d'élection, 345.

CHAUMONT, colonel de Soissonnais, est tué au combat de Cassano, V, 43.

CHAUSSERAYE (Mlle), fille d'honneur de Madame, est chargée par la duchesse de Ventadour d'annoncer à Mme d'Argenton que M. le duc d'Orléans a résolu de rompre avec elle; extérieur et caractère de cette demoiselle; sa naissance, VIII, 57; comment et par qui elle est produite à la cour; crédit qu'elle y acquiert, 58; elle devient dévote comme Mme de Ventadour et n'en intrigue pas moins, 58; comment elle s'acquitte de sa commission auprès de Mme d'Argenton, 68; raccroche une pension de 1000 écus qu'elle avait perdue, X, 304; reçoit la visite de Louis XV dans sa petite maison du bois de Boulogne, et l'amuse de mille choses charmantes qu'elle y a assemblées; détails curieux sur sa liaison particulière avec Louis XIV, et sur son esprit et son caractère, XIV, 9 et suiv.; comment elle sauve le cardinal de Noailles d'un enlèvement projeté contre lui par le P. Tellier et les Rohan, 11 et suiv.; et s'assure ensuite que cet enlèvement ne sera plus tenté, 13; elle se jette dans la dévotion; se lie avec l'abbé d'Andigné qui lui laisse brûler des Mémoires très-curieux qu'elle avait faits, 15; ses macérations, ses aumônes, ses prières; elle donne tout par testament à l'hôpital général, 16; après la détention de M. et Mme du Maine, elle est pressée par le premier président de Mesmes de lui obtenir une audience du régent qu'elle obtient en effet, 405; son étonnement à cette audience où elle est présente; elle reproche au président la folle hardiesse qu'il a eue de la commettre, se sentant aussi coupable; comment elle parvient à suspendre la résolution du régent de faire faire le procès au premier président, 406.

CHAUVELIN, conseiller d'Etat, autrefois intendant de Picardie et père de l'avocat général, meurt en 1719; son caractère, XVII, 219.

CHAUVELIN, avocat général, achète de Chamillart la charge de grand trésorier de l'ordre; ses longues et fréquentes audiences avec le roi, XI, 18; il meurt de la petite vérole; son extérieur; son ambition, XII, 84.

CHAUVELIN, frère du précédent et avocat général, épouse la fille et nièce des plus riches marchands d'Orléans; particularités sur ce mariage, XV, 241; achète la charge de président à mortier de Le Bailleul, et vend la sienne à Gilbert Voisins, XVII, 58; note et extraits de Mémoires contemporains relatifs à ce personnage, 475.

CHAVAGNAC, avec quatre vaisseaux du roi, ravage l'île de Saint-Christophe, prend la petite île de Nièves, trente vaisseaux marchands; emmène 7000 nègres, V, 168.

CHAVANNE, brigadier d'infanterie, est tué à la bataille de Friedlingen, IV, 26.

CHAVIGNARD (les frères), fils d'un petit procureur de Beaune en Bourgogne, sont produits par les jésuites comme descendants de la maison de Chavigny-le-Roi; M. de Soubise trompé procure à l'un d'eux une charge de guidon et une petite lieutenance de roi en Touraine; l'autre obtient une abbaye de 18 à 20 000 livres de rente, VIII, 109; on publie contre eux des preuves qui détrompent tout le monde; le roi fait arrêter les bulles de l'un à Rome, et ordonne à l'autre de se défaire de ses charges; caractère de ces deux frères; ce qu'ils deviennent par la suite, 110; ils se font nouvellistes, XIX, 154; l'un sert de correspondant à M. de Torcy en Hollande et à Utrecht; après la mort du roi, ils reviennent en France; continuent à faire leur cour à M. de Torcy, 155; comment ils parviennent à se faire connaître de l'abbé Dubois, 155. Voy. *Chavigny*.

CHAVIGNY (M. de) fils de Bouthillier, trompe tous les personnages auxquels il s'attache; M. le Prince découvre sa perfidie et s'en venge par les termes les plus outrageants; Chavigny en meurt de rage et de désespoir, I, 64, 65; ses mauvais offices contre MM. de Saint-Simon, 65.

CHAVIGNY, évêque de Troyes), fils de Chavigny, secrétaire d'État; son savoir; il brille dans toutes les assemblées du clergé et encore plus dans le monde, au jeu et au milieu des dames; il pense enfin à renoncer aux plaisirs, I, 439; offre au roi sa démission; demande pour son neveu le siège qu'il quitte; meurt auprès de lui dans la retraite, 440; est nommé membre du conseil de régence, XIII, 162; le maréchal de Villeroy et les Rohan le font changer d'opinion sur la constitution; il soutient le nonce Bentivoglio, 410.

CHAVIGNY ou CHAVIGNARD, est employé par l'abbé Dubois dans ses négociations avec l'Angleterre, XIX, 156; est envoyé à Hanovre et à Gênes, puis en Espagne pour une commission secrète, 156; il arrive à Madrid, va voir M. de Saint-Simon et lui fait part de l'objet de sa mission, 159; le revoit une seconde fois; lui parle du projet de faire passer l'infant don Carlos en Italie avec 6000 hommes pour sa garde, 161 ; est mené chez le marquis de Grimaldo ; puis présenté au roi, qui ne daigne pas le regarder, 178 ; échoue dans sa mission, 179.

CHAZERON, lieutenant général, au passage du Ter, défait les troupes du vice-roi de Catalogne, I, 196.

CHEILAR (du), mestre de camp, est tué à la bataille de Castiglione, V, 250.

CHELADET, avec trente escadrons fait quitter prise au prince d'Auvergne et l'oblige à abandonner la Bassée, VII, 2, 3.

CHEMERAULT, brigadier, va porter au roi la nouvelle de la capitulation de Barcelone ; est fait maréchal de camp et reçoit 12 000 livres, II, 8 ; au combat de Cassano, il découvre M. de Vendôme qui avait disparu et lui apprend que le combat est rétabli ; tous deux vont achever la défaite des ennemis, V, 42 ; comment il se rend maître de la ville de Gand sans essayer un seul coup, VI, 307 ; est tué à la bataille de Malplaquet, VII, 378.

CHEMISE et SALE, le droit de présenter à la reine la chemise et la *sale* a toujours appartenu aux duchesses de préférence aux dames d'honneurs ; ce que c'est que la *sale*, IV, 196.

CHERBERT, colonel suisse au service du roi, puis lieutenant général au service de Bavière, est arrêté à Saint-Germain et conduit à la Bastille, V, 376.

CHESNE (Du), voy. *Du Chesne*.

CHÉTARDIE (La), curé de Saint-Sulpice, après la mort de l'évêque Godet, devient directeur de Mme de Maintenon, qui le consulte sur toutes les affaires ; son extrême bonhomie ; il lit très-souvent les lettres que lui écrit cette dame à la grille du couvent de la Visitation-Sainte-Marie de Chaillot, VII, 405 ; son influence gâte beaucoup d'affaires, 406.

CHEVERNY, est nommé menin de Mgr le duc de Bourgogne ; sa famille ; son esprit cultivé ; son extérieur ; son caractère, II, 330 ; son ambassade à Vienne ; aventure singulière qui lui arrive ; il prend l'empereur pour un valet de chambre, 334 ; consulté par M. et Mme de Saint-Simon sur le discours écrit par ce dernier sur Mgr le duc de Bourgogne, à la demande de M. de Beauvilliers, il est d'avis que ce discours ne doit pas être montré au prince, VIII, 212 ; sa réponse à ceux qui s'étonnent du changement opéré dans la conduite et les manières de M. le Dauphin, IX, 302 ; est nommé membre du conseil des affaires étrangères, XIII, 149 ; et gouverneur *ad honores* du fils de M. le duc d'Orléans, 349 ; sa mort, XIX, 308.

CHEVERNY (Mme de), est nommée gouvernante des demoiselles d'Orléans, XIV, 100.

CHEVIGNY (le P. de), prêtre de l'Oratoire, meurt chez M. de Larochefoucauld ; sa réputation comme militaire ; sa retraite chez les pères de l'Oratoire ; ses liaisons avec les jansénistes ; son caractère, sa vertu simple, ses amis, II, 83 ; son entretien avec le roi ; sa mort sainte, 84.

CHEVREUSE (le duc de), est en butte aux railleries de son oncle, M. de Chaulnes, pour avoir abandonné le parti des ducs et pairs opposants à M. le duc de Luxembourg, I, 166 ; va s'établir chez l'imprimeur du livre des *Maximes des saints* pour corriger chaque feuille à mesure qu'elle est imprimée, 425 ; s'aliène par là Mme de Maintenon et le roi, 425 ; est depuis longtemps ministre d'État incognito, VI, 184 ; son caractère ; ses qualités, 185 ; il goûte et favorise le projet conçu par Hough, gentilhomme anglais, 186 ; dans un entretien sur la situation des affaires, M. le duc de Chevreuse et M. le duc de Saint-Simon sont étonnés de se rencontrer dans les mêmes moyens d'y remédier et d'établir une même forme d'administration, VII, 99 et suiv. ; veut persuader au maréchal de Boufflers qu'il est nécessaire de rappeler les troupes d'Espagne, 285 ; repartie du maréchal qui le déconcerte ; pourquoi ils s'éloignent l'un de l'autre ; M. de Chevreuse cherche à se rapprocher de la duchesse de Bourgogne, 288 ; son entretien avec M. de Saint-Simon sur les cabales qui divisent la cour et sur la conduite qu'il doit tenir, 295 ; il se ruine en voulant faire ses affaires lui-même, VIII, 112 ; marie le duc de Luynes, fils du feu duc de Montfort, son fils aîné, avec Mlle de Neuchâtel, 115 ; après avoir lu le discours de M. de Saint-Simon sur Mgr le duc de Bourgogne adressé à M. de Beauvilliers, il est d'avis qu'il ne doit pas être montré au prince, 213 ; il se tient à part dans l'affaire d'Antin, IX, 62 ; s'entretient avec le chancelier sur les moyens de terminer avec gloire pour lui toutes les affaires du même genre ; quels sont ces moyens, 188 ; ses prétentions chimériques sur le duché de Chaulnes, 200 ; autres prétentions chimériques sur l'ancienneté de la pairie de Chevreuse-Lorraine, 201; ses vains efforts pour engager son ami M. de Saint-Simon à soutenir ces doubles prétentions, 202; ses mémoires adressés au chancelier en sont fort mal reçus, 214 et suiv.; à la mort de Mgr il sait apprécier l'empressement des courtisans qui le recherchent; s'attache à captiver de plus en plus le Dauphin et à se rapprocher de la Dauphine, 297; quelle influence il acquiert auprès du Dauphin, 299; changement qu'il opère dans sa conduite, 300; aversion secrète de M. de Chevreuse pour les jésuites; son estime et son affection pour Port-Royal, 335; ses prétentions chimériques au duché de Chaulnes manquent faire avorter le projet d'érection nouvelle de duché en faveur de son second fils le vidame d'Amiens, X, 10 et suiv.; mort de M. de Chevreuse; historique sur son père le duc de Luynes, 266 et suiv.; extérieur de M. de Chevreuse; son mariage avec Mlle Colbert; caractère de cette dame, 269; genre d'esprit de M. de Chevreuse, 269; ses dépenses pour des entreprises qu'il est forcé d'abandonner; son régime de vie, 270, 271; sa tranquillité d'âme; son amour du travail, 271; aventures singulières qu'il lui cause quelquefois, 272; son intimité constante avec M. de Beauvilliers, 273; son style; son affabilité; l'abus du quinquina cause sa mort, 274; éloge de Mme de Chevreuse; goût particulier que le roi et Mme de Maintenon eurent toujours pour elle, 275; son genre de vie après la mort du roi; elle meurt en 1732 adorée de sa famille et révérée du public, 276.

CHEVREUSE, fils du duc de ce nom, colonel de dragons, est tué à l'attaque de Carpi, III, 202.

CHEVREUSE (Mme de), arrache à la reine mère le tabouret partout pour Mme de Guéméné, II, 153, 154; meurt en 1679, 166; elle avait contribué à la disgrâce de Fouquet, XIX, 466, 467.

CHEVRY, vieil aveugle riche, épouse une petite nièce de l'archevêque de Cambrai, M. de Fénelon; caractère de cette dame et de Chevry, XVII, 466; il meurt au grand soulagement de sa femme dont la maison était devenue un petit tribunal assez compté dans Paris, 466, 467.

CHIGI (cardinal), quelques mots sur lui, II, 80.

CHIMAY (la princesse de), meurt à Paris sans enfants, XIV, 49.

CHIMAY (le prince de), épouse la fille cadette de J. B. Spinola, lieutenant général des armées du roi d'Espagne; il est fait grand de première classe, VI, 207; se distingue à la guerre et devient lieutenant général, XVIII, 414; épouse en secondes noces la fille de M. le duc de Saint-Simon, XIX, 315 et suiv.

CHIRAC, médecin, remplace le chimiste Humbert auprès de M. le duc d'Orléans, XIII, 258; va prier M. de Saint-Simon de demander pour lui au régent la direction du Jardin du roi, XV, 320; son savoir; son caractère; il obtient cette direction et laisse tomber le jardin en friche, 320 et suiv.; donne à la duchesse de Berry malade un purgatif qui détruit le bon effet de l'élixir de Garus; son audace, son impudence, sa scélératesse sont impunies, XVII, 228.

CHOCOLAT des jésuites confisqué au profit du roi d'Espagne; curieuse aventure concernant ce chocolat, III, 70; les jésuites n'osent le réclamer et aiment mieux le perdre que de l'avouer, 70.

CHOIN (Mlle), fille d'honneur de la princesse de Conti; son portrait; son esprit d'intrigue, I, 208; elle gagne la confiance de Monseigneur, 209; répond à l'amour de Clermont; leur mépris pour la princesse de Conti, 210; le roi découvre leur intrigue et leur projet, 211; Mlle Choin est chassée et renvoyée à l'abbaye de Port-Royal, à Paris, 212; (voy. Parvulo de Meudon); elle travaille avec Mme de Maintenon à culbuter le ministre Chamillart; pourquoi, VI, 259; se laisse gagner par La Feuillade et consent à se lier avec Chamillart; celui-ci ne paraissant pas pressé, elle en parle à Mlle de Lislebonne, VII, 230; elle prie La Feuillade de demander à son beau-père de l'avancement pour son frère, 232; refus de Chamillart; elle devient son ennemie la plus ardente, 233; refuse la pension et le logement à Versailles que le roi lui fait offrir; pourquoi, 234 et suiv.; mouvement qu'elle se donne pour exciter la cabale de Meudon contre le duc d'Orléans, 316; son étrange incognito à Meudon pendant le séjour qu'y fait le roi durant la maladie de Monseigneur, IX, 108; après la mort du prince, Mlles de Lislebonne et de Melun la jettent dans un carrosse de louage et la mènent à Paris, 129; son désintéressement; son portrait physique, 133; ses manières libres à Meudon avec les duchesses de Bourgogne et de Berry, 133;

beau trait de Mlle Choin, 141 ; le roi lui assure une pension de 12 000 livres ; M. et Mme la Dauphine lui font l'honneur de lui écrire, 157 ; sa douleur est de peu de durée, 157 ; sa vie retirée ; qui sont ceux qui continuent de la voir, 158.

CHOISEUL (le comte de), est fait maréchal de France, I, 39 ; est nommé pour commander l'armée d'Allemagne, à la place du maréchal de Lorges ; précaution que prend le roi avant de l'y envoyer, 336 ; embarras où il se trouve au reçu de deux lettres contradictoires, l'une du ministre Barbezieux, l'autre du roi sur ce qu'il doit faire pour ouvrir la campagne, 370 ; il ouvre les yeux sur les artifices du marquis d'Harcourt, et se détermine à sauver Philippsbourg et Landau, 371 ; après avoir écouté et rejeté divers avis, il entre dans le Spirebach ; avantages de cette disposition, 373 ; efforts inutiles des ennemis pour attaquer ses retranchements, 376 ; ils se retirent derrière la plaine de Musbach, 378 ; le maréchal, craignant pour Fribourg, se décide à passer le Rhin ; ses mesures secrètes, II, 9 ; comment il exécute ce passage, 10 ; il lève son camp de Niederbühl et débouche dans la plaine de Stollhofen avec un ordre et une promptitude qui étonnent les ennemis, 12 et suiv. ; des pluies et des débordements l'empêchent d'aller attaquer les retranchements qui défendent l'entrée de la Franconie, 15 ; reçoit ordre du ministre de repasser le Rhin ; son dépit à cet ordre ; par qui il a été suggéré, 17 ; il revient camper sous Strasbourg, 17 ; assemble tous les officiers généraux de son armée et les consulte sur les moyens de défendre le château d'Éberbourg, attaqué par le prince de Bade, 30 ; à la nouvelle de la signature de la paix de Riswick, il défend tout acte d'hostilité, 31 ; sa mort ; son éloge, IX, 82 et suiv.

CHOISEUL (le duc de), est exclu d'une promotion de maréchaux de France à cause de la conduite de la duchesse sa femme ; détails à ce sujet, I, 45 ; est nommé par le roi otage de la paix conclue avec le duc de Savoie, 350 ; épouse en secondes noces la veuve de Brûlart, premier président du parlement de Dijon, II, 274 ; son duché-pairie est éteint par sa mort, IV, 436.

CHOISEUL (la duchesse de), sœur de La Vallière, meurt pulmonique à la fleur de l'âge ; sa beauté ; sa mauvaise conduite ; son mari ne veut pas la voir à sa mort, II, 182.

CHOISEUL, capitaine de cavalerie, est chargé par Villars de porter au roi la nouvelle de la bataille de Friedlingen, IV, 27 ; obtient un régiment et 1000 pistoles ; reporte à Villars le brevet de maréchal de France, 27.

CHOISEUL (l'abbé de), neveu du feu maréchal de Choiseul, à la recommandation de M. de Saint-Simon, est nommé par le régent à l'évêché de Saint-Papoul, XIII, 436.

CIENFUEGOS, fameux jésuite espagnol, est fait cardinal, XVIII, 69.

CIFUENTES, fait entrer des secours dans Barcelone assiégée par Philippe V, V, 167.

CILLY, maréchal de camp, vient apporter au roi la nouvelle de la victoire d'Almanza, V, 405, est fait lieutenant général, 411 ; s'empare de quelques petits forts sur la Bidassoa ; prend les forts commencés pour défendre le fort du passage ; brûle six vaisseaux qui étaient sur les chantiers et un amas immense de bois de construction, XVII, 196.

CLARAFUENTE *Grillo* (le marquis de), de Gênes ; grand d'Espagne, XVIII, 430.

CLARE (milord), maréchal de camp, est tué à la bataille de Ramillies, V, 176.

CLEFMONT, fils de M. le marquis du Châtelet, gouverneur de Vincennes, est marié à la fille du duc de Richelieu avec la survivance de la charge de son père ; ce mariage est imaginé, réglé et terminé dans un jour du dîner au souper, sans que M. ni Mme du Châtelet en aient la première notion ; par qui ; détails à ce sujet, XI, 79 et suiv.

CLEMENT XI, pape, retarde l'investiture de Naples et de Sicile pour le nouveau roi roi d'Espagne, mais fait dire dans ces deux pays qu'il le reconnaît pour leur seul roi, III, 52 ; sur les nominations du roi d'Espagne, il expédie sans difficulté les bénéfices du royaume de Naples, 203 ; rend une sentence arbitrale contre Madame en faveur de l'électeur palatin, 393 ; renvoie sans l'ouvrir à l'ambassadeur de l'empereur une lettre de ce prince qui lui faisait part de la déclaration de l'archiduc comme roi d'Espagne, IV, 200 ; fait au roi les premières ouvertures d'une ligue de l'Italie contre l'empereur ; obtient avec peine la permission d'acheter des armes, de lever des troupes dans le Comtat, VI, 370 ;

pour exciter ses alliés, il munit ses places; prend à son service des officiers généraux; tire du château Saint-Ange de grandes sommes d'argent, 374; mal secondé par une ligue mal tissue et opprimé par les troupes de l'empereur, il est forcé de recevoir à Rome un plénipotentiaire de ce prince, 434; il refuse avec fermeté de nommer un cardinal, au nom de l'archiduc, comme roi d'Espagne; détails à ce sujet, 435 et suiv.; accorde le chapeau à l'abbé de Polignac, 437; comment il se voit forcé de recevoir le marquis de Prié, plénipotentiaire de l'empereur, VII, 42 et suiv.; et de reconnaître l'archiduc roi d'Espagne, 129; il fait tout ce qu'il peut pour retenir à Rome l'ambassadeur de Philippe V, et celui du roi de France, 130; publie une bulle qui déclare idolâtriques et proscrit les cérémonies chinoises de Confucius et des ancêtres, IX, 26; fait toucher au roi Jacques III 50 000 écus de son propre argent, XIII, 302; il s'adresse à l'Espagne, au Portugal et même à la France pour en obtenir des secours contre les Turcs, 391; à la place de troupes, il demande des vaisseaux et des galères; pourquoi, 403; il s'engage à donner le chapeau de cardinal à Albéroni, XIV, 86 et suiv.; ses offres sur le clergé d'Espagne et des Indes, 132; sa confiance dans le jésuite Daubenton, 134; manége de défiance réciproque entre lui et Albéroni, 148 et suiv.; il renouvelle la demande qu'il a déjà fait faire de la dépouille des évêques qui viendront à mourir, 154; il ne peut se résoudre à faire Albéroni cardinal avant d'être sûr de son accommodement avec la cour d'Espagne, 245; ses angoisses, 347; il déclare Borromée cardinal sans donner à Albéroni la satisfaction de lui faire espérer le second chapeau qui vaquerait, 247; conditions qu'il met à la promotion d'Albéroni, 442; pense à faire une ligue entre l'empereur et le czar pour la défense de la chrétienté; ordonne à son nonce Bentivoglio à Paris d'y travailler secrètement et prudemment, XV, 9; il lui adresse un bref qu'il écrit au czar; quel en est l'objet, 11; son caractère, 13; sa conduite relativement à la détention du grand inquisiteur Molinez, 14; ses lettres au roi d'Espagne et au duc de Parme; ses excuses, ses promesses concernant la promotion d'Albéroni, 22 et suiv.; son mécontentement en recevant l'accommodement conclu à Madrid, 76;

il paraît content du roi et de la reine d'Espagne et d'Albéroni, mais outré contre Aldovrandi, 77; il fait enfin Albéroni cardinal; comment cette promotion est reçue, 82; frayeur du pape sur l'entreprise de la flotte d'Espagne, il essaye en vain de détourner le roi de son projet, 86; effrayé des menaces de l'empereur, il essaye de l'apaiser, 102; adresse au roi d'Espagne des brefs remplis de plaintes et de reproches de son entreprise, 115; il avoue au cardinal del Giudice la faiblesse qu'il a eue d'élever Albéroni à la dignité de cardinal; réponse plaisante que lui fait del Giudice, 116; fait prier l'empereur de garder la neutralité en Italie; mépris où il est à la cour de Vienne, 117; la peur qu'il a de l'empereur lui fait faire tout ce que ce prince demande; il fait arrêter le comte de Péterborough et garder étroitement dans le fort d'Urbin; par peur des Anglais, il le met en liberté et lui fait force compliments, 182; ordonne à son nonce de presser le régent d'agir pour procurer la paix entre l'empereur et l'Espagne; ses embarras entre les cours de Madrid et de Vienne; il fait imprimer et distribue à tous ses nonces le bref qu'il a adressé au roi d'Espagne pour démentir la part qu'on lui attribue à l'entreprise de ce prince, 183; révoque de nouveau les indults qu'il a accordés sur le clergé d'Espagne et des Indes; veut obliger le roi d'Espagne d'annuler par un décret tous ceux qu'il a faits depuis neuf ans contre les prétentions de la juridiction ecclésiastique, 184 et suiv.; il avoue au cardinal Acquaviva que ses démarches auprès de l'empereur n'ont et n'auront aucun succès, 185; il entre dans le projet de mariage de la fille du duc de Modène avec le prétendant, 196; il offre de se mêler de la paix entre l'empereur et l'Espagne, 196; il envoie ordre au nonce Aldovrandi de demander au roi d'Espagne que les choses soient rétablies dans leur ancien état; singulier expédient dont il se sert pour permettre à Albéroni la non-résidence dans son diocèse, 220; il refuse les bulles pour l'archevêché de Séville; pourquoi, 222; effrayé des mesures prises par le régent pour se passer des bulles qu'il refuse d'envoyer aux évêques de France nommés, il déclare au cardinal de La Trémoille qu'il accorde toutes les bulles, 335 et suiv.; consterné des mesures qu'il prend, il porte ses plaintes à Madrid;

ses vifs reproches à Aldovrandi, 373; il tient une congrégation; résolutions qui y sont prises, 375; sa conduite à l'égard de la demande que font les Impériaux du rappel d'Aldovrandi, 376 et suiv.; il nomme vice-légat à Avignon le prélat Négroni mal vu en France, 378; sa réponse aux plaintes que lui fait le cardinal de la Trémoille sur cette nomination, 379; il refuse à Albéroni les bulles pour l'archevêché de Séville; sous quel prétexte, 381; propositions secrètes qu'il lui fait faire à ce sujet, 405 et suiv.; répond au mémoire et aux protestations que fait le cardinal Acquaviva sur ce même sujet, 409; son embarras sur deux ordres qu'il reçoit d'Espagne, 412; ses efforts et ses menaces auprès du roi d'Espagne pour le détourner de faire la guerre à l'empereur, XVI, 12 et suiv.; ses griefs contre la cour de Madrid, 133; ses plaintes et ses exhortations à Albéroni, 14, et au P. Daubenton, 16; sa politique à l'égard du traité de Londres, 60; ses plaintes au P. Daubenton concernant le pouvoir qu'il lui a envoyé d'absoudre le roi d'Espagne; éclaircissements qu'il lui demande à ce sujet, 78; lui ordonne de représenter au roi que ce serait faire plaisir à Sa Sainteté de déclarer par une lettre que les remontrances paternelles du chef de l'Église l'ont engagé à faciliter la conclusion de la paix avec l'empereur, 80; sa colère contre le cardinal Acquaviva, 119; son étonnement et son embarras à la rupture de la cour de Madrid avec lui, 119; comment le pape justifie sa conduite, 151; il déclare qu'il ne traitera jamais avec le cardinal Acquaviva, 181; sa lettre au roi d'Espagne, 184; à la nouvelle du débarquement des Espagnols dans la Sicile, il écrit au roi d'Espagne un bref fulminant, 192; fait avertir son nonce à Paris de ses résolutions et de ses motifs, 194; fait déclarer qu'Albéroni a encouru les censures, 195; par un bref postérieur il blâme le nonce Aldevrandi d'avoir fait fermer le tribunal de la nonciature à Madrid, 210; embarras du pape à l'égard de l'Espagne, 236; il fait une promotion de dix cardinaux; leurs noms, XVII, 314; il reste sourd aux instances que lui fait le roi d'Espagne pour ôter le chapeau de cardinal à Albéroni; politique de la cour romaine à l'égard du cardinalat, 437; Clément meurt à 71 ans; ses infirmités, XVIII, 142.

CLÉMENT (le prince), est élu évêque de Munster, puis de Paderborn, XVII, 184.

CLEREMBAULT, lieutenant général, de peur d'être tué à la bataille d'Hochstedt, se noie dans le Danube, qu'il veut passer à la nage, IV, 308.

CLEREMBAULT (maréchal de), connu d'abord sous le nom de comte de Palluau, XIX, 426; son caractère, 426.

CLEREMBAULT (la maréchale de), est attachée à Madame, sans avoir ni titre ni nom, avec une pension de 4000 livres; sa famille; ce qu'elle avait été auparavant; son caractère singulier, III, 383; son avarice; sa passion pour le jeu, 384; par quoi elle plait à Madame; son amitié pour sa sœur religieuse à Saint-Antoine; son indifférence pour ses fils, 385; consultée par Madame si elle peut faire le voyage de Reims, elle lui répond qu'elle peut partir, elle-même qui doit la précéder au tombeau se portant bien, XIX, 425; elle meurt à 89 ans; de qui elle était fille, 425; ses frères et sœurs; caractère de son mari le maréchal de Clérembault; devenue veuve elle fut gouvernante des filles de Monsieur, 426; son esprit; sa conversation, 427.

CLEREMBAULT (l'abbé de), vilain bossu, avec de l'esprit et de la science et pourvu de quatre abbayes, meurt sans laisser beaucoup de regrets à sa mère la maréchale de Clérembault, XI, 158.

CLÉREMBAULT LA PERRUQUE, beau-père de M. le duc de Luxembourg, meurt à plus de 100 ans; son caractère; ses deux mariages; son avarice; ses emplois, X, 363 et suiv.

CLERGÉ, comment le clergé devient le premier corps de l'État, XI, 275.

CLERGÉ (assemblée du), en 1700, présidée par l'archevêque de Reims; discours de ce prélat; ses propositions; dispute entre le premier et le second ordre; censure de plusieurs livres dont les auteurs sont jésuites; rapport de M. de Meaux sur ce sujet, II, 53; grande table tenue par M. de Reims; ce prélat refuse du vin de Champagne au roi d'Angleterre, 419; s'aliène l'assemblée du clergé par ses brusqueries; se démet de la présidence en faveur du cardinal de Noailles, 422.

CLERMONT, enseigne des gens d'armes de la garde, s'attache à M. de Luxembourg qui l'introduit chez Mme la princesse de Conti; il en fait l'amoureux et la princesse le devient de lui, I, 209;

M. de Luxembourg et le prince de Conti, pour se rendre maîtres de l'esprit de Monseigneur, lui ordonnent de s'attacher à Mlle Choin et de paraître vouloir l'épouser; Clermont joue son rôle, réussit et tous deux trompent la princesse de Conti; leur intrigue est connue du roi, 210; Clermont a ordre de se défaire de sa charge et de se retirer en Dauphiné, 211; est nommé capitaine des Suisses de M. le duc d'Orléans; ce choix est fort applaudi, XVII, 218.

CLERMONT-CHATTES, évêque duc de Laon, meurt dans son diocèse; son caractère, XVIII, 207; sa conduite dans l'affaire de la constitution, 207.

CLERMONT-D'AMBOISE, gendre de M. d'O, est fait capitaine des gardes de M. le duc de Berry, IX, 30.

CLERMONT-TONNERRE, évêque de Noyon; sa ridicule vanité généalogique; I, 107; il est reçu de l'Académie par ordre du roi, 213; détails sur sa réception où l'abbé Caumartin le rend ridicule par la réponse qu'il fait au récipiendaire, 214; l'évêque est le seul qui ne s'en aperçoive pas; l'archevêque de Paris et le P. La Chaise le détrompent enfin, 215, 216; il va se plaindre au roi, 216; refuse de recevoir les excuses de l'abbé; va cacher sa honte dans son diocèse; pardonne ensuite à Caumartin, lui fait un présent et travaille à le faire évêque, 217; sa mort; ses bonnes qualités, III, 75.

CLOCHE (le P.), général de l'ordre de Saint-Dominique depuis quarante ans, meurt, après avoir joui toute sa vie de la plus grande considération, XVIII, 440.

COETLOGON (De) brûle les vaisseaux anglais laissés à Gibraltar, I, 104; prend cinq vaisseaux hollandais dans la rivière de Lisbonne, après un combat fort opiniâtre, IV, 132; est nommé membre du conseil de marine, XIII, 153; on lui offre la charge de vice-amiral avec un brevet de retenue de 120 000 livres. pour la sœur du duc de Noailles; il la refuse à ce prix; on lui donne la vice-amirauté sans lui rien demander; son éloge, XIV, 107; il refuse, sous le ministère de M. le Duc, de vendre sa charge de vice-amiral; sa réponse généreuse dans cette occasion; son confesseur lui annonce, quelques instants avant sa mort, qu'il vient d'être nommé maréchal de France; son indifférence à cette nouvelle, 109.

COETLOGON (Mlle de), une des filles de la reine Marie-Thérèse, laide, naïve et fort aimée, s'éprend jusqu'à la folie de M. Cavoye; sa douleur et ses larmes quand il va à l'armée, I, 314; autres douleurs quand il est mis à la Bastille pour duel; elle parle au roi pour lui; le querelle jusqu'aux injures, lui montre les ongles, parce qu'elle n'en put obtenir la délivrance; le roi la marie enfin à Cavoye, 315.

COETLOGON-MEJUSSEAUME, syndic des états de Bretagne, est exilé par une lettre de cachet, XVI, 289.

COETQUEN (le comte de), se lie avec le duc de Saint-Simon; manque de le tuer en badinant avec son fusil, I, 16; se noie dans l'Escaut comme le lui ont prédit deux diseurs de bonne aventure, 17.

COETQUEN (Mme de), meurt en Bretagne où elle était retirée depuis longtemps dans ses terres; sa famille; son caractère; sa passion pour M. de Turenne; elle laisse échapper à dessein le secret qu'il lui a confié; fut considérée du roi, XVIII, 4 et suiv.

COETQUEN, fils de Mme Coetquen aimée de M. de Turenne, épouse la fille de M. de Noailles d'une laideur horrible; sa plaisanterie à ce sujet, I, 401; est blessé à la bataille de Friedlingen, IV, 26; se distingue au siége de Lille; est fait maréchal de camp, VII, 2; a la jambe emportée dans la plaine de Malplaquet, quelques jours avant la bataille de ce nom, VII, 373.

COETQUEN (Mme de), sœur du duc de Noailles, meurt à 42 ans, XIX, 449.

COETTENFAO, lieutenant général, est nommé chevalier d'honneur de Mme la duchesse de Berry, IX, 70; il envoie à M. de Saint-Simon en présent plus de 20 000 écus de vaisselle; à quelle occasion, XII, 54 et suiv; sa mort, XVIII, 134.

COETTENFAO (Mme de), fille d'un conseiller au parlement et d'une fille de Mme de Motteville, remet en mourant à M. de Saint-Simon une cassette contenant un testament par lequel elle lui donne plus de 500 000 livres; usage qu'en fait M. de Saint-Simon, XII, 154.

COETTENFAO, évêque d'Avranches, très-bon et digne prélat; sa mort, XVII, 281.

COEUVRES (le maréchal de), confirme, malgré lui et ses lumières, l'avis prononcé par M. d'O contre la résolution de M. le comte de Toulouse, d'attaquer de nouveau l'amiral Roock après le combat de Malaga, IV, 331; reçoit du roi d'Espagne son portrait enrichi de diamants, 360; est nommé chevalier de l'ordre, 391; retourne à Toulon pour aller de là favoriser l'entreprise de Barcelone, V, 141; y arrive assez tard, et y fait peu de chose, 167. Voy. *Estrées* (vice-amiral).

COEUVRES (la maréchale de) accompagne Mme de Montespan à Bourbon, emmenant avec elle la fille des Noailles; dans quel but; ses souplesses auprès de Mme de Montespan, VI, 45; à la mort de cette dame, elle se retire à l'abbaye de Sainte-Menehould, 47.

COHORN, le Vauban des Hollandais, force les lignes des Français à Anvers, IV, 131; sa mort, 253.

COIGNY, est nommé directeur général des troupes en Catalogne, I, 225; est nommé pour commander à Barcelone, II, 8; son origine; comment il épouse la sœur de Matignon et devient lieutenant général; il change son premier nom de Guillot en celui de Franquetot; partage avec ses beaux-frères la faveur de Chamillart, IV, 192; refuse d'aller en Bavière et perd sans s'en douter le bâton de maréchal, 193; va commander un corps d'armée sur la Moselle, 239; y meurt de chagrin, 362.

COIGNY, mestre de camp de Royal-Étranger, épouse Mlle du Bordage; origine et qualités de cette demoiselle; ils sont arrêtés tous deux en voulant passer en Hollande, II, 361; par le crédit de Chamillart, il obtient l'agrément d'acheter du duc de Guiche la charge de colonel général des dragons, IV, 374; se bat en duel avec le duc de Mortemart; pourquoi; est blessé; veut vendre sa charge et se retire en Normandie, XIV, 32; son désespoir, 146; par le crédit de M. de Saint-Simon, il entre au conseil de guerre, 34; sa reconnaissance envers M. de Saint-Simon, 35.

COIGNY (Mme de), sœur du comte de Matignon et du maréchal de Matignon, meurt fort vieille; son mari; son origine; son premier nom, XVII, 282.

COISLIN, évêque d'Orléans, est nommé cardinal par le roi; détails à ce sujet, I, 291; portrait physique et moral de ce prélat; ses bénéfices; ce qu'il en fait, 292; sa frugalité, sa modestie épiscopale, le roi le traite toujours avec distinction, 292; il se brouille avec M. de La Rochefoucauld; à quelle occasion, 322; demeure inflexible aux avances du duc et va bouder dans son diocèse, 323; revient à Versailles pour exercer sa charge; reçoit du roi une nouvelle mortification et retourne dans son diocèse, 441; le roi l'apaise ensuite en nommant son neveu à l'évêché de Metz, et le réconcilie avec M. de La Rochefoucauld, 442 et suiv.; il reçoit des mains du roi la calotte de cardinal; sa réponse à une question de Sa Majesté, II, 41; est nommé grand aumônier; en reçoit les provisions à Rome, où il a été envoyé, 429; il vient supplier le roi, pour lui et pour son neveu, de faire éclaircir l'affaire intentée à ce dernier, V, 80; sa mort; son éloge, 114; traits de sa charité, 115; il ne voulut jamais se démettre de son évêché; pourquoi, 116; estime du roi pour lui; honneurs qu'il lui fait rendre, 117.

COISLIN (l'abbé), neveu de l'évêque d'Orléans, est nommé à l'évêché de Metz; sa singularité; sa malice; pourquoi il s'est fait prêtre; obtient d'abord la survivance de premier aumônier du roi, I, 442; puis l'évêché de Metz sans y songer, 443; est nommé premier aumônier, II, 429; aventure éclatante et ridicule qui lui arrive; comment le roi parvient à faire cesser le bruit qu'elle occasionne, V, 79; la vie régulière de l'évêque dément l'impudence de ses calomniateurs, 80; devient duc et pair par la mort de son frère le duc de Coislin, VIII, 165; le roi lui défend d'en prendre les marques jusqu'à ce qu'il se soit fait rendre compte de son affaire; de dépit, il s'en va dans son diocèse, 165; tombe malade de désespoir, 166; au bout d'un an, le roi lui permet de se faire recevoir, sans lui donner d'autres raisons de sa défense que d'avoir voulu le mortifier; pourquoi, 166 et suiv.; Metz va remercier le roi qui le reçoit honnêtement; nouvel obstacle qu'il rencontre au parlement; comment il est levé, VIII, 168.

COISLIN (le duc de); sa mort; son éloge; traits singuliers de sa politesse extrême, IV, 11; aventures d'une autre espèce, 13; comment il force le premier président Novion à lui rendre ce qui lui est dû, 15; sa générosité à son égard, 17.

COISLIN (la duchesse de), meurt pauvre et retirée à la campagne depuis la mort de son mari; son nom de famille; son mérite, V, 21.

COISLIN (le chevalier de), frère du duc et du cardinal de ce nom; son caractère bizarre, arbitraire et incommode; traits qui le peignent parfaitement; sa mort, II, 254.

COISLIN (le duc de) ami de M. le Duc, meurt peu de temps après lui, VIII, 161; son caractère extraordinaire, dangereux et méchant, 161; traits qui le font connaître, 161; il se ruine avec une comédienne qui le gouverne jusqu'à sa mort, 164.

COLANDRE, lieutenant aux gardes, traite du régiment de la reine-infanterie; le roi arrête le marché; pourquoi, III, 383.

COLBERT, archevêque de Rouen; meurt fort regretté des duchesses de Chevreuse et de Beauvilliers, ses sœurs; son caractère; ses qualités, son savoir; son assiduité aux soins du gouvernement pastoral; il embellit Gaillon bâti par le cardinal d'Amboise, VI, 73.

COLBERT DU TERRON, intendant de marine à la Rochelle, fait creuser un port à Rochefort, avec de grandes dépenses, V, 14; défaut qu'on y remarque; Colbert du Terron prend soin de l'éducation du petit Renault, 15.

COLMENERO, confident du prince de Vaudemont et général d'artillerie dans le Milanais, est envoyé au roi pour presser l'envoi des troupes, III, 49; sa fidélité est soupçonnée par les Français; il rend Alexandrie aux Impériaux, VI, 10; passe de leur côté; obtient du prince Eugène le gouvernement du château de Milan, 10.

COLOGNE (l'électeur de), vient à Paris incognito; se rend à Versailles; comment il y est traité par le roi et les princes. V, 257 et suiv.; son extérieur; ses manières; il va à Mons voir l'électeur de Bavière; s'établit à Lille, 258; y reçoit de l'archevêque de Cambrai les quatre moindres, le sous-diaconat, le diaconat, la prêtrise, et est sacré évêque, 331; vient incognito à Versailles; est reçu en audience chez le roi; comment il est traité à Meudon, chez Monseigneur, IX, 40; dit la messe à Mme la duchesse de Bourgogne; détails à ce sujet; son poisson d'avril à Valenciennes, 41; il visite Saint-Cyr; offre à Mme Dangeau pour le comte de Lowenstein son frère un canonicat de Liége, lequel est accepté de l'agrément du roi, 42; vient à Paris,

est mené dans le cabinet du roi, X, 321; ses voyages à Versailles et à Marly, 371, XI, 248; retourne en ses États, XI, 435; il meurt à Rome à 52 ans; sa famille; ses évêchés, XX, 425.

COLONNE (le connétable de) vient d'Italie en Provence; obtient avec peine la permission de voir sa famille, sans pouvoir mettre le pied à Paris ni à la cour; s'en retourne promptement, V, 45.

COLONNE (le prince de), de Rome; grand d'Espagne; ancienneté de sa maison, XVIII, 415.

COMBAT naval représenté sur la place Major à Madrid à l'occasion du mariage du prince des Asturies; description de ce combat singulier, XIX, 201.

COMBE (le P. La), voy. *La Combe.*

COMINGES, fils et neveu paternel de Guitant et de Cominges, tous deux gouverneurs de Saumur et capitaines des gardes de la reine mère; histoire du père et de l'oncle; grosseur énorme du fils et neveu, X, 201; son nom de Cominges devient par plaisanterie celui des bombes et des mortiers du plus gros calibre; son mariage secret; sa mort; son frère chevalier de Malte; sa sœur, 202 et suiv.

COMMERCY (le prince de), est tué à la bataille de Luzzara, III, 432.

COMMERCY (la seigneurie de), fut souvent l'apanage des puînés des ducs de Lorraine; dans quelles mains elle passa successivement, VI, 13; M. de Vaudemont se propose de se la faire donner en souveraineté par le duc de Lorraine, 13.

COMMISSAIRES nommés en 1709 pour faire la visite des blés, chacun dans un certain canton et pour juger des délits avec les présidiaux voisins, sous les yeux de l'intendant; pourquoi l'établissement de ces commissaires devient inutile, VII, 125.

COMPAGNIE D'OCCIDENT; édit en faveur de cette compagnie; ses actions ruinent et enrichissent une foule de gens; les princes et les princesses du sang y puisent des trésors, XV, 237, 238.

COMTE (M. le), titre affecté aux comtes de Soissons; comment l'usage s'en établit depuis le comte de Soissons, oncle paternel du prince de Condé, fils du cousin germain d'Henri IV et dura jusqu'à la mort du comte de Soissons tué à la bataille de la Marfée, VII, 161 et suiv.; Louis XIV essaye inutilement d'établir en faveur du comte de Toulouse l'usage général de M. le Comte, 163.

COMTESSE (Mme la), titre que prend Mme la comtesse de Soissons, nièce du cardinal Mazarin et qu'elle perd lors de sa fuite hors du royaume, VH, 163; note sur ses intrigues avec Vardes, X, 445.

CONCHES, aide de camp de M. de Vendôme, apporte au roi la nouvelle de la victoire de Calcinato avec quatre drapeaux et douze étendards, V, 162; est envoyé par le cardinal Dubois à M. de Saint-Simon pour lui annoncer qu'il est déclaré premier ministre; sa naissance, XIX, 390; il est enveloppé dans l'affaire de La Jonchère et comparaît devant la chambre de l'Arsenal, XX, 89.

CONDÉ (le grand), étant à Bruxelles au service d'Espagne, donne à don Juan, gouverneur général des Pays-Bas une grande leçon sur la manière dont il doit traiter Charles II, roi d'Angleterre, retiré dans ce pays, III. 293; V, 401 et suiv.

CONDÉ (Mlle de) meurt d'une longue maladie de poitrine et des chagrins qu'elle essuyait de M. le prince, II, 442; son éloge, 443.

CONFLANS, frère d'Armentières, premier gentilhomme de la chambre de M. le duc d'Orléans, meurt jeune; son esprit et son savoir, XVII, 30.

CONFLANS (le chevalier de), troisième frère d'Armentières, est fait gentilhomme de la chambre de M. le duc d'Orléans; son caractère, XVII, 301.

CONFLANS (Mme de), gouvernante des filles de M. le duc d'Orléans, va malgré elle et par ordre de la duchesse, faire une visite de politesse au cardinal Dubois; comment elle est reçue et congédiée, XX, 16 et suiv.

CONGIS, ancien capitaine aux gardes, meurt employé à la Rochelle; le roi donne à Catelan le gouvernement et la capitainerie des Tuileries dont son fils avait la survivance; pourquoi, V, 195.

CONNELAYE (La), capitaine aux gardes, reçoit ordre de lâcher les écluses de Nieuport où il commande, VI, 413; il meurt lieutenant général et gouverneur de Belle-Ile, XIV, 8.

CONSEIL du roi, comprenant conseil des dépêches, conseil des finances, conseil des parties, conseil d'État, I, 445, 446.

CONSEIL D'ARAGON, son pouvoir autrefois; son chef; serment que celui-ci prêtait au roi au nom du royaume, III, 97 et suiv.

CONSEIL DE CASTILLE, sa composition, ses attributions, III, 98; comment il siége en présence du roi, 39; en quoi consiste la charge de président de ce conseil, 100; ses priviléges, 101 et 102; charge du gouverneur de Castille, 103.

CONSEIL D'ESPAGNE (le) s'assemble souvent pour délibérer sur la déclaration du traité de partage; supplie le roi de trouver bon qu'il s'assemble hors de sa présence aussi souvent qu'il jugera nécessaire, III, 2; se joint à la voix publique contre la faveur et les rapines de la Berlips, favorite de la reine, 12; fait remercier le prince de Darmstadt et licencier son régiment, 12; l'affaire de la succession est mise en délibération; tous les membres signent et jurent de garder le secret sur cette délibération jusqu'après la mort du roi, 17; tous gardent le secret, 18; à la mort du roi le conseil s'assemble et tous les grands d'Espagne y assistent; foule immense autour de la salle, les ministres étrangers en assiégent la porte, 19.

CONSEIL DES FINANCES, ce que c'était que ce conseil sous Louis XIV et longtemps après lui; membres qui le composaient; de quoi on y traitait, IX, 46 et suiv.

CONSEILS. Note sur ceux qui furent établis par le duc d'Orléans en remplacement des ministres, XII. 491.

CONSEILLERS D'ÉTAT D'ESPAGNE, ce qu'ils sont; seule distinction dont ils jouissent, III, 103.

CONSTITUTION. Voy. *Unigenitus*.

CONTADE est fait major du régiment des gardes; son origine; son mérite personnel; son peu d'esprit, V, 171; son attachement au maréchal de Villars; il est envoyé par lui à la cour, pour rendre compte de l'état de l'armée, IX; est envoyé de Rastadt par Villars pour expliquer au roi l'état des négociations; retourne porter les ordres du roi, XI, 46; reçoit du roi une grand'croix de l'ordre de Saint-Louis surnuméraire, 81; son extraction; par quoi il s'était fait connaître du roi; son caractère; sa liaison avec le duc de Noailles; il est employé à lier celui-ci avec le président Maisons, XII, 159; est chargé par le régent d'arrêter le Prétendant, avec l'ordre secret de le laisser échapper, XIII, 290; se bat en duel avec Brillac, capitaine aux gardes; suites de ce duel, XV, 71.

CONTI (le prince de), à la tête des gardes françaises et suisses, attaque avec furie le village de Neerwinden, I, 94; s'en rend maître et est légèrement blessé, 96; gagne son procès contre Mme de Nemours; joie générale au palais, 391; vend pour 60 000 livres de terres et envoie cette somme en Pologne pour se gagner des suffrages au trône de ce pays, 400; il craint cette élection; ses motifs, II, 4; sa passion pour Mme la Duchesse, 4; quels sont en Pologne ceux qui le favorisent, 19; il est élu par le primat et 28 palatinats, 20; le roi lui annonce son élection et veut le traiter en roi; le prince supplie Sa Majesté d'attendre que son élection soit hors de toute crainte de revers, 20; va à Saint-Germain annoncer cette nouvelle au roi et à la reine d'Angleterre, 21; sommes que lui donne Louis XIV; il part pour Dunkerque; Jean Bart répond de le mener heureusement en Pologne, 22; il perd 2000 louis par les chemins; arrive à Dunkerque et s'embarque; sa suite; il passe le Sund, 23; entre dans la rade de Copenhague, 24; arrive à Dantzick; comment et par qui il est reçu, 25; raisons qui l'obligent à renoncer à la couronne, 26; il revient en France, 28; son contentement; ses plaintes contre l'abbé de Polignac, 28; gagne son procès contre Mme de Nemours, 227; prie le roi d'envoyer M. de Torcy de sa part à cette dame pour l'engager à ne point plaider devant MM. de Neuchâtel; se rend lui-même à Neuchâtel, 250; y est logé sans aucune considération, 273; est rappelé par le roi, 280; dans un bal de Marly, donne un masque à M. de Luxembourg; rires que ce masque excite, 380 et suiv.; à la mort de Mme de Nemours, il se rend à Pontarlier et de là envoie Saintrailles à Neuchâtel pour donner ordre à ses affaires, IV, 62; se voit contraint de revenir plus honteusement que la première fois, 66, 67; se déclare pour le duc de Bourgogne; la ligue d'Italie le demande pour chef, VI, 371; le roi lui donne audience dans son cabinet; Mme de Maintenon l'entretient longtemps, 372; sa mort; son extérieur; ses grâces; son soin de plaire à tout le monde, VII, 82; ses qualités de l'esprit; amitié que lui portaient M. de Montausier et M. de Meaux, les ducs de Chevreuse et de Beauvilliers; prédilection du grand Condé pour lui; caractère du prince de Conti; ses qualités aimables, 83; ses dé-fants, 85; pourquoi il n'était aimé ni du roi ni de Mme de Maintenon; délices de sa conversation, 85; sa rivalité avec M. de Vendôme; son antipathie pour M. le duc d'Orléans, 85; son respect pour M. le Prince qui ne peut s'empêcher de l'aimer; son amitié pour sa femme; son dégoût pour son fils; aversion et jalousie entre lui et M. le Duc, 87; sentiments du prince de Conti pour M. et Mme du Maine, 88; quelles furent les causes de sa maladie, 88; il est désigné pour commander en Flandre lorsqu'il meurt, 89; détails sur ses derniers moments, 90; regrets qu'il laisse; personnages qui se sentent soulagés de sa mort, 91; détails sur les funérailles du prince, 92 et suiv.

CONTI (le prince de), fils du précédent, est fait chevalier de l'ordre à 14 ans; il est reçu avec MM. Meday, du Bourg, Albergotti et Goesbriant, IX, 38; est présenté par Monseigneur et Mgr le duc de Bourgogne, 38, 39; est marié à Mlle de Bourbon, X, 417 et suiv.; se plaint au régent du mauvais traitement fait à son cocher, lui étant dans sa voiture, par les gens de Mme la duchesse de Berry; quelle réparation il obtient, XIII, 351; ses querelles fréquentes avec la princesse de Conti, 422; il entre au conseil de régence; achète le gouvernement de Poitou que le régent fait mettre sur le pied des grands gouvernements, XIV, 211; il entre au conseil de guerre, 212; obtient du régent de grandes faveurs pécuniaires, XV, 481; obtient d'être fait lieutenant et de commander la cavalerie dans l'armée du duc de Berwick; énormes gratifications qu'il reçoit, XVII, 126; reçoit au siège de Fontarabie une lettre anonyme par laquelle on lui promet de le faire roi de Sicile s'il veut passer en Espagne; il se moque de cette lettre et l'envoie à M. le duc d'Orléans, 213; retire forcément des mains de Lassé le duché de Mercœur, 290; il tire des monts d'or de Law; son procédé violent envers lui; vive réprimande qu'il essuie du régent à cette occasion, 351; sa maligne plaisanterie à l'abbé Dubois sur son ordination, 425; offre qu'il fait au conseil de régence sur les finances, tenu après la fuite de Law, XVIII, 89; fait une insulte juridique au duc de La Force; à quelle occasion, 132.

CONTI (la princesse de) est trompée par Mlle Choin, sa fille d'honneur, et par Clermont, enseigne des gendarmes de la garde, I, 208 et suiv.; le roi la mande et lui fait connaître qu'il est instruit de ses sentiments pour Clermont et de la trahison de Clermont et de Mlle Choin : désespoir de la princesse, 211 et suiv.; elle fait trouver bon au roi qu'elle nomme deux filles d'honneur pour manger avec lui à Trianon, 345; ne veut point supprimer le mot *légitimée de France* à sa signature, comme le font Mme de Chartres et Mme la Duchesse ; raison qu'elle leur en donne, 346 ; elle assiste à la mort de Mme de La Vallière, VIII, 352; obtient du roi la permission d'en porter le deuil, 353 ; sa conduite à Meudon, pendant la maladie de Monseigneur, relativement à Mlle Choin, IX, 108; elle obtient pour la famille de Beauvau la permission de draper pour deuil, 173 ; ses vifs regrets à la mort de Monseigneur ; elle tombe malade ; est visitée par le roi, 270 ; après sa guérison, elle prend à Marly l'appartement de M. et de Mme de Saint-Simon; y tient sa cour, 271; achète l'hôtel du duc de Lorges, à Paris, X, 373; sur la déclaration que lui fait le roi qu'il veut marier M. le Duc avec Mlle de Conti, et la fille aînée de Mme la duchesse avec M. le prince de Conti, elle oppose la plus ferme résistance, 416 ; cède aux menaces que lui fait Pontchartrain de la part du roi, 417 ; de cette affaire elle reste indignée contre sa fille, outrée contre Mme la Princesse et plus aigrie que jamais contre Mme la Duchesse, 418 ; achète Choisy de la succession de Mme de Louvois, XIII, 424.

CONTI (Mlle de) ; son amitié avec la duchesse de Berry; comment elle s'est formée. X, 411 et suiv.; la duchesse de Berry sonde Mlle de Conti sur le mariage d'une de ses sœurs avec M. le prince de Conti, son frère ; celle-ci, ravie de la proposition, promet de servir le projet auprès de Mme sa mère, et du reste de garder le secret; cependant, elle en fait la confidence à Mme la Princesse, 412 ; son embarras lorsqu'elle sait que Mme la Princesse a pris la résolution d'aller parler au roi pour le prier de faire un double mariage entre ses petits-fils ; elle demande un rendez-vous à la duchesse de Berry à Saint-Cloud, 414; lui fait part du projet de Mme la Princesse, en est traitée avec hauteur et indignité, comme ayant trahi le secret, 415; est mariée par la volonté du roi avec M. le Duc, 417.

CONTI, nonce en Portugal, est promu cardinal, V, 113 ; donne un billet à Tencin et à Lafitau par lequel il promet s'il est élu pape de faire aussitôt après l'abbé Dubois cardinal, XVIII, 142 ; est élu pape, 142; sa famille, 145 ; son caractère ; il meurt au bout de deux ans ; cause de sa mort, 145.

CORDERI, secrétaire d'ambassade du roi de Sicile à Madrid, est chargé de faire part à Albéroni de l'arrivée de Lascaris, nouvel envoyé du roi son maître; son entretien avec lui sur les dispositions du roi de Sicile, XVI, 20 et suiv.

CORSINI, envoyé du grand-duc à Londres, y représente qu'il serait contraire à l'honneur, aux droits et à la souveraineté de son maître de faire des démarches anticipées sur sa succession; XV, 81 ; communique à l'ambassadeur d'Espagne les plaintes du grand-duc sur la conduite du roi son maître, XVII, 67 et suiv.

COSME III, grand-duc de Toscane, demande inutilement au régent le traitement d'Altesse Royale, XV, 288 ; il meurt à 82 ans regretté de ses peuples; sa sagesse et sa haute politique; son mariage avec une fille de Gaston ; ses deux fils, XIX, 35.

COSNAC, archevêque d'Aix, est nommé chevalier de l'ordre; son attachement à feu Madame, III, 148 ; comment il sauve des papiers qui pouvaient compromettre cette princesse, 148; autre service qu'il lui rend à l'occasion d'une satire ; son activité, ses ressources ; son aptitude à l'intrigue, 149; se brouille avec Monsieur après la mort de Madame, 150; dissuade la princesse des Ursins du projet de rester à la cour de France, V, 9 ; sa mort, VI, 145, 146.

COSSÉ (De), héritier du duc de Brissac, vient remercier M. de Saint-Simon de l'obligation qu'il lui a de succéder sans contradiction au duché-pairie de son cousin ; offre qu'il lui fait sur un procès, II, 233 ; difficultés qu'il a à surmonter pour être reconnu duc et pair, 234; propose à M. de Saint-Simon de passer un acte qui le mette hors d'intérêt, quelque succès qu'ait son procès, V, 82 ; les difficultés sont levées par le président Harlay, et M. de Cossé est reçu au parlement comme duc et pair de Brissac, 83 et suiv. ; intervient dans le procès de M. de Saint-Simon contre la duchesse d'Aumont, 85 ; son mauvais procédé envers lui; comment Mme de Saint-Simon le lui reproche, 87 ; lui et Mme d'Aumont perdent le procès ; toute la cour tombe sur M. de Brissac, 87 ; il se rend à Rouen où l'affaire est renvoyée, 88 ; triste figure qu'il y fait, 89 ; perd de nouveau son procès, 91 ; il meurt à 41 ans ; quelques mois avant sa mort il demande pardon au duc de Saint-Simon de ce qu'il a fait contre lui, VII, 209.

COULANGE, meurt à 82 ans ; son extérieur ; son esprit léger et frivole ; ses chansons agréables, XIII, 332 ; sa manière de vivre ; ses voyages, 332.

COUR DES CHIENS (La), voy. *La Cour des Chiens.*

COUR DES PAIRS (La), ne résidait point dans le parlement de Paris, mais partout où il plaisait au roi de la convoquer, XI, 285 ; preuve historique lors de la déclaration de la majorité de Charles IX, 317 ; et lors du jugement du duc de La Valette, sous Louis XIII, 318.

COURCELLES (le chevalier de), lieutenant général, meurt à Luxembourg ; quelques détails sur sa mère et sa grand'mère, V, 192.

COURCILLON, fils unique de Dangeau, se fait faire l'opération de la fistule par Maréchal ; ses qualités ; ses vices, V, 271 ; comment il rend Mme de Maintenon dupe de ses discours de dévotion, 271 ; épouse la fille unique de M. de Pompadour, VI, 262 ; reçoit le gouvernement de Touraine de son père, 264 ; a la jambe emportée à la bataille de Malplaquet, VII, 384 ; ses farces étranges pendant qu'on lui coupe la cuisse ; on lui fait une seconde fois la même opération à Versailles ; son père le pressant d'appeler un confesseur, il demande le P. La Tour de l'Oratoire, et dès ce moment il n'en est plus question, VIII, 115 ; sa gaieté avant et après l'opération lui sauve la vie, 116 ; il meurt de la petite vérole ; XVII, 280 ; autres détails sur son caractère, 280.

COURONGES, vient pour M. de Lorraine demander Mademoiselle en mariage ; il lui présente de la part de son maître pour 400 000 livres de pierreries, II, 212 ; ne pouvant obtenir satisfaction sur plusieurs points qui tiennent M. de Lorraine en bride, il s'adresse à Mademoiselle, qui n'est pas plus écoutée que lui, 215.

COURSE des flambeaux sur la place Major à Madrid à l'occasion du mariage du prince des Asturies ; magnificence et bel ordre de cette fête, XIX, 199 et suiv.

COURSON, second fils du président Lamoignon est nommé avocat général, V, 388.

COURSON, fils de Bâville, se fait détester dans la Normandie où il est intendant ; son caractère brutal et glorieux ; il manque être accablé à coups de pierres, IX, 265 ; est envoyé à Bordeaux, 266 ; ses actes tyranniques dans sa nouvelle intendance ; il est dénoncé au conseil de régence, XV, 30 ; détails curieux sur cette affaire, 31 ; arrêt rendu contre lui par le conseil, 34 ; il est révoqué de son intendance ; par la suite il obtient une place de conseiller au conseil royal des finances, 35.

COURT (De), est nommé gouverneur du fils de M. le duc d'Orléans, XIII, 349.

COURTAUMER (le chevalier de), est nommé enseigne de la compagnie des gardes de Mme la duchesse de Berry, XIII, 256.

COURTENAY (le prince de), forcé de se battre en duel avec le comte de La Vauguyon, est conduit à la Bastille par ordre du roi, I, 113, 114 ; perd sa femme qui par son bien le faisait subsister, XI, 23 ; le roi va le voir à l'occasion de la perte d'un frère aîné tué au siège de Mons, pour montrer qu'il le reconnaît pour être prince de son sang, 23 ; lui, son fils unique et son frère, l'abbé de Courtenay, présentent une protestation au régent pour la conservation de leurs États et droits ; cette protestation n'a pas plus de succès que les précédentes, XIII, 160 ; caractère du prince de Courtenay, 160 ; son fils se brûle la cervelle ; son frère l'abbé meurt très-vieux et le dernier de tous les Courtenay, 161 ; l'abbé Dubois lui procure le payement de ses dettes et plus de 40 000 livres de rente ; il meurt à 83 ans, XIX, 447 ; ses deux mariages, 448.

COURTENVAUX, fils aîné de M. de Louvois, commandant des Cent-Suisses, s'attire une terrible aventure de la part du roi ; détails sur ce sujet ; il est méprisé à la cour et compté pour rien dans sa famille, V, 65 et suiv.

COURTENVAUX (le fils de), épouse la dernière fille de la maréchale de Noailles, et devient capitaine des Cent-Suisses, XIII, 338 ; meurt fort jeune ; son fils au maillot obtient sa charge, XIX, 317.

COURTIN, conseiller d'État, est nommé plénipotentiaire en Hollande, I, 392 ; son extérieur ; ses qualités ; distinction dont il jouit auprès du roi ; il quitte l'intendance de Picardie, après avoir donné un exemple de probité et de scrupule qui est peut-être unique, 393 ; refuse d'être plénipotentiaire, 393; ses talents; son caractère, II, 298; sa mort; son éloge; ses diverses ambassades; divers traités signés par lui, IV, 217; service important qu'il rend à Mme de Portsmouth, 213; liberté qu'il avait gagnée de paraître devant le roi et partout sans manteau avec une canne et son rabat; était aimé et considéré du roi, 219; Mme de Varangeville sa fille; aventure de Courtin avec Fieubet, 220.

CRAGGS, ministre anglais. Quel, sa mort, XVIII, 128, 129.

CRAMILLON jeune, ingénieur de grande espérance, périt au siége de Namur, I, 7.

CRÉCY, ambassadeur en Suisse; son adresse et sa finesse dans les négociations; comment il arrivait à son but par sa patience infatigable, I, 237; est nommé plénipotentiaire en Hollande, 392; sa mort; son caractère; ses ambassades; ses connoissances dans les usages et les droits de l'empire, VII, 406.

CRENAN, lieutenant général, par ordre du roi, rend Casal, par capitulation, I, 271; est fait prisonnier à Crémone et blessé à mort, III, 373; meurt en allant joindre le maréchal de Villeroy à Ustiano, 376.

CRÉQUI (la duchesse de), mère du duc de La Trémoille, demande au roi, le lendemain de la mort de ce duc, la charge de premier gentilhomme de la chambre pour son petit-fils et l'obtient avec peine, VII, 298; sa mort; charge qu'elle occupa à la cour; sa vie pieuse et retirée; son caractère, 338.

CRÉQUI (le marquis de), qui continuait secrètement l'intrigue de Monseigneur avec Mme du Roure, est chassé du royaume; pourquoi, I, 189; est nommé directeur général de l'infanterie, III, 378; est tué à la bataille de Luzzara; ses talents et sa valeur; son caractère, 431, 432.

CRÉQUI (la marquise de), veuve sans enfants, fille du feu duc d'Aumont et nièce du feu archevêque de Reims qui l'a enrichie, change entièrement de vie à la mort de l'abbé d'Estrées; ses actes de piété et de charité, XV, 301.

CREUILLY, second fils du ministre Seignelay, épouse Mlle Spinola, sœur de la femme du fils de M. de Nevers, XI, 111.

CROI (maison de), généalogie et illustration de cette maison, XI, 434 et suiv.

CROI (le comte de) fils du comte de Solre et lieutenant général, à la mort de son père se fait appeler prince de Croï, épouse une fille du comte de Milandon; se retire avec elle dans ses terres; s'y occupe à épargner, à plaider et à faire le prince sans voir personne; après sa mort, sa veuve fait appeler son enfant, le prince de Croï; vient plus tard à Paris; prétend vainement au tabouret, XI, 439; obtient un régiment pour son fils; le marie à une fille du duc d'Harcourt, 72; XIV, 17; le comte de Croï meurt à 47 ans, XX, 417.

CROÏ, brigadier d'infanterie, est fait prisonnier au combat d'Audenarde, VI, 318.

CROISILLE, frère de Catinat, sert sous lui avec une grande réputation; ses qualités; sa mort, III, 143.

CROISSY (De), ministre et secrétaire d'État des affaires étrangères, meurt à Versailles en 1696; son bon sens, son application; son humeur brutale; ses divers emplois, I, 346.

CROISSY (le chevalier de), est fait prisonnier à la bataille d'Hochstedt, IV, 313; est pris dans une sortie et mené à Leffinghem, VI, 417.

CROISSY, frère de Torcy, est nommé ambassadeur auprès du roi de Suède, XI, 255.

CROISSY (Mme de), mère de Torcy, meurt fort vieille; sa famille; son goût pour la grande représentation, la magnificence et le jeu; sa politesse et son discernement; hors de chez elle impérieuse et insupportable, XVII, 279.

CROMSTROM, envoyé de Suède à Paris, fait part au roi, de la part du roi de Suède et de celle de Stanislas, de l'avénement de ce dernier à la couronne de Pologne et de l'abdication du roi Auguste, électeur de Saxe, V, 264.

CROSAT, receveur du clergé, obtient la charge de trésorier de l'ordre; à quelles conditions; son extraction; sa fortune, XIII, 138; cri public contre le cordon bleu de Crosat, 139.

CROSAT (Mme), femme de banquier, ne se laisse point éblouir par le mariage de sa fille avec le comte d'Évreux, troisième fils du comte de Bouillon, V, 377.

CRUSSOL (le comte de), fils de Florensac, meurt de la petite vérole, XVII, 281.

CUCURANI (le comte), Italien, gendre de la nourrice de la reine d'Espagne; son genre d'esprit, XIX, 390.

CUSANI, nonce du pape, raconte aux deux maréchaux de Boufflers et de Tessé un fait concernant la femme de Chamillart qui fait un grand bruit et achève de perdre le ministre, VII, 240.

D

DACIER, garde des livres du cabinet du roi et recommandable par ses ouvrages et son érudition, meurt à 71 ans, XX, 314.

DACIER (Mme), savante, meurt à 68 ans; son origine; ses connaissances en antiquité; son caractère simple et uni dans la conversation; son mari meurt deux ans après elle, XVIII, 53.

DAILLON DU LUDE (l'abbé), sa généalogie; refuse l'évêché de Luçon et prend en échange l'abbaye de Chasteliers; est fait chevalier du Saint-Esprit; est fait et sacré évêque de Bayeux, IV, 266.

DALMONT (la comtesse), née Montécuculli, favorite de la reine d'Angleterre et qui avait un tabouret de grâce; meurt au grand regret de cette princesse, IV, 117.

DALON, premier président du parlement de Bordeaux, reçoit ordre de donner sa démission, pour ses folies et ses friponneries; sollicite inutilement plus tard une place pareille, XI, 18.

DAMES DU PALAIS; DAMES D'HONNEUR chez la reine d'Espagne; différence entre ces deux sortes de dames, III, 114.

DAMON (Mme) traite avec adresse le mariage du duc de Saint-Simon avec Mlle de Lorges, I, 243.

DANGEAU est fait grand maître de l'ordre de Notre-Dame du Mont Carmel et de celui de Saint-Lazare réunis, I, 117; est nommé chevalier d'honneur de Mme la duchesse de Bourgogne, 351; sa naissance; son esprit; le jeu fait sa fortune, 358; il fait sa cour aux maîtresses du roi; sa bonne mine; sa galanterie; ses vers lui valent un logement à Versailles; est envoyé en Angleterre; achète de M. de Richelieu la charge de chevalier d'honneur de Mme la Dauphine, 359; épouse la fille du comte de Lowestein, 359; la tête lui tourne d'être seigneur; on se moque de lui et on l'aime; est nommé de l'Académie et fait conseiller d'État d'épée, 360; il aspire à l'ambassade de Rome, V, 103; jaloux de la préférence donnée à M. de Saint-Simon, il travaille à lui nuire auprès du roi, 111; sa naïveté à l'occasion des gouverneurs de provinces et surtout du maréchal de Villeroy, 119; mariage de son fils à la fille unique de Pompadour, VI, 262; cède sa place de menin à M. de Pompadour, et son gouvernement de Touraine à son fils, 264; ses Mémoires; comment ils sont écrits, XIV, 336; son caractère, 337; obtient par le crédit de M. le Duc que le roi lui paye 400 000 livres comptant pour le gouvernement de Touraine, qu'il donne à M. le comte de Charolais, XVII, 283; faussetés dans ses Mémoires relatives à des protestations présentées au parlement par les bâtards et les princes du sang, 388 et suiv.; il meurt à 84 ans; son origine, XVIII, 54; son extérieur; il fait sa fortune aux jeux qu'il connaissait tous à fond, 55; est introduit aux jeux du roi et de sa maîtresse Mme de Montespan, 55; des bouts-rimés qu'il remplit lui procurent un logement à Versailles; comment il devient chevalier d'honneur de Mme la Dauphine, 56; ses deux mariages; il fait magnifiquement les honneurs de la cour, 57; devient grand maître des ordres de Saint-Lazare et de Notre-Dame du Mont Carmel; ses fadeurs; sa vanité; sa fatuité, 58; il est fait conseiller d'État d'épée; son adoration pour le roi et Mme de Maintenon, 59; est grand partisan du parlement, des bâtards et des princes étrangers, et ennemi de la dignité des ducs; critique de ses Mémoires, 60 et suiv.; note sur la dernière édition de ses Mémoires, 54; son caractère; son genre d'esprit, 62.

DANGEAU (l'abbé de), frère du précédent; son genre d'esprit; ses occupations littéraires; son caractère; comment il se fait décorer du titre de camérier; il achète une charge de lecteur du roi; note sur les manuscrits qu'il a laissés, XVIII, 64; meurt à 80 ans; son joli prieuré de Gournay-sur-Marne, XIX, 433.

DANGEAU (Mme de), est nommée dame du palais de Mme la duchesse de Bourgogne, I, 351.

DANIEL (le P.), jésuite, publie une histoire de France; succès de cet ouvrage; dans quel but il paraît composé; qualités, défauts capitaux de cette histoire; par qui elle est préconisée; sa vogue tombe bientôt, X, 394 et suiv.; le P. Daniel reçoit une pension de 2 000 livres et le titre d'historiographe de France, 395.

DAQUIN, premier médecin du roi, par ses demandes et ses importunités, lasse le roi; son caractère; il est congédié; à quelle occasion, I, 109, 110; meurt de chagrin à Vichy; sa famille retombe dans l'obscurité, 323.

DARMSTADT (le prince de), sa famille; dans un premier voyage qu'il fait en Espagne, il ne déplait pas à la reine, II, 51; le conseil de Vienne le choisit pour assurer la succession du roi d'Espagne en donnant des enfants à la reine; le prince s'attache entièrement au service d'Espagne; devient grand de première classe, 52; arrive à une grande faveur auprès du roi et de la reine, mais sans aucun fruit pour la succession de la couronne, 53; est fait vice-roi de Catalogne, 67; est remercié par le conseil d'Espagne et son régiment licencié, III, 12, 13; s'embarque sur la flotte qui mène l'archiduc en Portugal; tente de surprendre Cadix; n'y pouvant réussir il pille les environs de la terre ferme; est forcé de se rembarquer, IV, 328; s'empare de Gibraltar, 329; est tué au mont Joni, 329.

DAS MISSAS, est blessé à la bataille d'Almanza et son armée dispersée, V, 406.

DAUBENTON, voy. *Aubenton*.

DAUPHIN (le grand), fils de Louis XIV, Voy. *Monseigneur*.

DAUPHIN (M. le), auparavant duc de Bourgogne, s'occupe de resserrer de plus en plus l'union avec M. le duc de Berry et de faire oublier à Mme la duchesse de Berry les torts qu'elle a eus envers lui et Mme la Dauphine, IX, 168; pour plaire au roi, il déclare qu'il ne mettra pas le pied à Meudon; refuse 50 000 livres par mois que le roi veut lui donner; n'en accepte que 12 000, 171; ne veut point être appelé *Monseigneur*, mais M. le Dauphin, 171; il est harangué par le parlement et autres compagnies, 179; le changement qui s'opère dans sa conduite et dans ses manières lui mérite les applaudissements de la cour, de la ville et des provinces, 300 et suiv.; les ministres reçoivent ordre du roi d'aller travailler chez lui toutes les fois qu'il les mandera, 304; comment il les accueille; quels ministres travaillent plus particulièrement avec lui, 306; il paraît fort attendri de la réponse que fait le roi au discours prononcé par l'archevêque d'Alby au nom de l'assemblée du clergé; sa réponse à la harangue du cardinal de Noailles, 316; sa conduite au dîner que donne le cardinal après le service célébré à Notre-Dame pour Monseigneur, achève de lui gagner tous les cœurs, 318; il s'ouvre à M. de Saint-Simon sur ce qu'il pense de la dignité des ducs, X, 4; sur le roi et sur le gouvernement de ses ministres, 5 et suiv.; dans une autre audience il s'entretient avec le même de l'état des ducs et des grands, 11 et suiv.; de l'édit fait à l'occasion de d'Antin sur les duchés, 14; et sur les princes légitimés; sentiments du prince sur ces divers sujets, 16 et suiv.; demande la charge de capitaine des gardes pour le duc de Charost et l'obtient, 73; il donne à du Mont une très-belle bague qui avait appartenu à Monseigneur, et une autre à Lacroix ami intime de Mlle Choin, 63; reçoit avis du roi d'Espagne qu'on veut l'empoisonner, 65; son assiduité auprès de la Dauphine malade; il est lui-même pris de la fièvre, 82; sa douleur amère de la mort de Mme la Dauphine; il ne sort point de son appartement et ne veut voir que son frère, son confesseur et le duc de Beauvilliers; il se rend à Marly, 92; changement frappant dans sa figure; il se rend avec peine chez le roi; détails touchants sur cette entrevue, 93 et suiv.; il va se mettre au lit, 94; progrès de sa maladie; il répète plusieurs fois qu'il se croit empoisonné, 95; détails sur ses derniers moments, 95; caractère fougueux de ce prince dans sa jeunesse, 97; son extérieur; comment il devint bossu, 97; les ducs de Beauvilliers et de Chevreuse, les abbés de Fénelon et Fleury, Moreau, premier valet de chambre, travaillent chacun de son côté à changer et à modifier les inclinations de ce prince, 99; heureuse révolution qu'ils opèrent en lui; qualités et vertus du Dauphin, 99 et suiv.; ses campagnes en Flandre et sur le Rhin; comment il supporte les efforts de la cabale de Meudon, 101; son application aux choses du gouvernement, 102; jusqu'où allait sa confiance dans son confesseur et dans MM. de Beauvilliers et de Chevreuse, 103; son discernement, 104; ses tête-à-tête avec M. de Saint-Simon, 105; ses défauts, 107; ce qu'il pensait de l'anéantissement de la noblesse; ses projets pour en relever l'éclat, 107; ce qu'il pensait sur la magistrature et sur les financiers, 110 ; sa résolution de partager le royaume en pays d'états et de consulter quelquefois les états généraux, 110 ; ses vues concernant les rangs, les dignités et les charges civiles et militaires, 111 ; sa maxime que les rois sont faits pour les peuples et non les peuples pour les rois, 113 ; sa conversation ; ses amusements, 113 ; son respect pour le roi ; ses égards pour Mme de Maintenon, 114 ; sa tendresse pour ses frères ; son amour pour son épouse ; sa piété sublime à l'article de la mort, 114 ; consternation générale en France et en pays étrangers, 116 ; le pape fait célébrer dans sa chapelle les obsèques publiques et solennelles de ce prince, 117 ; le cœur du Dauphin est porté au Val-de-Grâce, à Paris, avec celui de la Dauphine, 123 ; cérémonie de l'eau bénite ; le corps est porté à Saint-Denis avec celui de la Dauphine sur le même chariot, 123 ; singularité de ses obsèques, 128 ; autre singularité sur le deuil, 130 ; l'ouverture du corps du prince laisse de violents soupçons de poison, 139 ; mémoire du Dauphin sur l'affaire du cardinal de Noailles, imprimé à Rome par les jésuites ; ce qu'on doit en penser, 187 ; il tombe dans l'oubli, 188 ; service des deux Dauphins et de Mme la Dauphine célébré à Saint-Denis et à Notre-Dame ; détails à ce sujet, 188 et suiv.

DAUPHINE (Mme la), auparavant la duchesse de Bourgogne, s'occupe de resserrer de plus en plus l'union avec M. le duc de Berry et de faire oublier à Mme la duchesse de Berry les torts que cette princesse a eus envers elle et M. le Dauphin, IX, 160 ; son entretien avec elle ; réconciliation, 167 ; ce qu'elle fait pour sa toilette, afin de ne pas déplaire au roi, 170 ; son aversion pour Pontchartrain fils, 282 ; ses inclinations et sa conduite la mettent en grande opposition avec les ducs de Chevreuse et de Beauvilliers, 298 ; elle tombe malade à Marly d'une grande fluxion, X, 78 ; est attaquée de la fièvre ; progrès de la maladie, 79 ; soupçons à l'occasion d'une tabatière donnée par M. de Noailles à la Dauphine, laquelle ne se retrouve plus, 80 ; le mal augmente, 80 ; la princesse refuse de se confesser au P. La Rue et choisit un autre confesseur, 81 ; elle est administrée ; sa mort ; portrait physique et moral de cette princesse, 83 et suiv. ; lavement pris en présence du roi et de Mme de Maintenon, 85, 86 ; anecdote concernant Mme la duchesse et Mme la princesse de Conti, 88 ; amitié de la Dauphine pour M. le duc de Berry ; pour Monsieur ; pour M. le duc et Mme la duchesse d'Orléans, 89 ; ses faiblesses, 89, 90 ; tristesse que sa mort répand sur la cour 91 ; exposition de son corps ; cérémonie de l'eau bénite, 120 et suiv. ; son cœur est porté au Val-de-Grâce de Paris avec celui du Dauphin, 123 ; le corps est porté de Versailles à Saint-Denis avec celui du Dauphin, sur le même chariot, 123 et suiv.

DAVISARD, avocat général au parlement de Toulouse, répond pour M. du Maine au mémoire des princes du sang contre les bâtards, XIV, 35 ; fait un second mémoire dont les termes sont peu mesurés et cause une grande aigreur entre les parties, 120 ; est mis à la Bastille, XVII, 99 ; est remis en liberté, 289.

DELFINI, nonce du pape en France, est fait cardinal ; vient à Versailles remercier le roi qui lui a appris cette nouvelle par un billet de sa main ; est reçu en audience particulière ; son esprit ; sa galanterie, II, 360 ; réponse qu'il fait au roi qui veut le détourner d'aller à l'Opéra, 360 ; ne veut point aller visiter MM. du Maine et de Toulouse ; part sans audience de congé, ni lettres de récréance, ni présent accoutumé, 366.

DENONVILLE, ancien gouverneur du Canada et depuis sous-gouverneur des enfants de Monseigneur, meurt sans avoir été heureux ni en femme ni en enfants, VIII, 416.

DENONVILLE, colonel du régiment de Royal-Infanterie, est fait prisonnier à l'attaque du village de Bleinheim ; est envoyé avec un officier des ennemis pour persuader aux troupes que commande Blansac de se rendre à discrétion ; effet que produit sa harangue, IV, 309 ; il est honteusement cassé et son régiment est donné à un autre, 322 ; obtient la permission de venir se justifier, 388.

DÉPÔTS des papiers d'État ; M. Louvois a le premier l'idée de rassembler les dépêches et les instructions qui concernent la guerre, VIII, 339 ; il en est fait un dépôt aux Invalides ; Croissy chargé des affaires étrangères fait un pareil dépôt des papiers qui y ont rapport ; Torcy, son fils, fait un dépôt public de ces papiers et le place dans un pavillon des Petits-Pères, près de la place des Victoires, 340 ; importance de ces établissements, 341.

DES AIDES, officier distingué, est tué au passage du pont de Strasbourg, V, 39.

DESBORDES, lieutenant général, est tué à la bataille de Friedlingen, IV, 26.

DES FORTS, fils unique de Pelletier, et intendant des finances; épouse la fille de M. de Berville, V, 200; à la retraite d'Argenson, il devient comme contrôleur des finances, sans en avoir le titre, XVIII, 22.

DES FOURNEAUX, officier général et lieutenant des gardes du corps, obtient le gouvernement de Belle-Ile, XIV, 8.

DESGRANGES, un des premiers commis de Pontchartrain, est nommé pour aller faire la charge de maître des cérémonies auprès de la princesse de Savoie, destinée en mariage au duc de Bourgogne, I, 350; termine la dispute qui s'est élevée entre Mme de Saint-Simon et la duchesse de Châtillon sur le rang, III, 4; est nommé maître de cérémonies, pendant le voyage du duc d'Anjou, déclaré roi d'Espagne, 46; est envoyé en Provence avec ordre de suivre la princesse de Parme mariée au roi d'Espagne et de la faire accompagner par les gouverneurs, lieutenants généraux, etc., XI, 235.

DESMARAIS, grand fauconnier, meurt jeune et obscur, XV, 258.

DESMARETS, intendant des finances, est choisi pour rechercher les gens d'affaires qui ont fait des profits immenses pendant la dernière guerre; son origine; son caractère; ses lumières, II, 406; ses acquisitions, 407; il reçoit ordre de se retirer à Maillebois; pourquoi, 407; le père de M. de Saint-Simon lie amitié avec lui dans sa retraite; Desmarets obtient la permission de revenir à Paris; M. de Chamillart obtient celle de se servir de ses lumières, 408; par le crédit de MM. de Beauvilliers et de Chevreuse, de Chamillart et de Mme de Maintenon, il obtient que son travail soit fait publiquement et par un ordre connu du roi, IV, 181; obtient ensuite, non sans peine, d'être présenté au roi; quel accueil il en reçoit; comment il devient directeur des finances, 182; puis contrôleur général, VI, 172; il est présenté au roi; plan de conduite qu'il prétend garder, 172; son entretien avec le duc de Saint-Simon à ce sujet, 173 et suiv.; moyen dont il se sert pour tirer du banquier Samuel Bernard l'argent dont il a besoin, 240; il est fait ministre d'État; comment il marie ses trois filles; il refuse 200 000 livres que le roi veut lui donner pour la troisième; accepte avec quelque difficulté une pension de 10 000 livres, 444; querelle entre lui et Chamillart; à quel sujet; comment elle se termine, VII, 117 et suiv.; combat au conseil tenu à Marly, l'avis de rappeler les troupes d'Espagne, 284; imagine d'établir la dîme royale sur les biens de chaque communauté et de chaque particulier; soumet son projet à un bureau qui lui est dévoué, IX, 5; le propose au roi, 6; son discours au conseil de finances en présentant ce projet, 10; comment il est adopté, 11; conduite de Desmarets après la mort de Monseigneur; il s'éloigne de M. de Saint-Simon, des ducs de Chevreuse et de Beauvilliers, de Torcy et de sa mère, 284 et suiv.; sa conduite étrange et brutale envers M. de Saint-Simon, des ducs, XI, 215; est congédié du ministère, par le régent, XIII, 165; sa surprise extrême; comment il obtient 350 000 livres, 167; Mme Desmarets devient folle par la chute de son mari, 167; celui-ci essuie des décrets et d'autres procédures fort désagréables; à quelle occasion, 315; il a recours à M. de Saint-Simon, 316; le remercie du service qu'il lui a rendu; se réconcilie avec lui; va le voir à la Ferté, 317; sa mort, XVIII, 136, 137.

DESMARETS (l'abbé), fils du ministre de ce nom, obtient du roi l'abbaye de Saint-Antoine aux Bois; ses autres bénéfices; son extérieur; son esprit et ses mœurs, XII, 453.

DESMARETS, archevêque d'Auch, frère du ministre, passe sa vie à Paris, en hôtel garni et en robe de chambre sans voir personne; le roi lui fait donner l'ordre de retourner dans son diocèse; embarras où il se trouve; comment il en est tiré, X, 315.

DILLON, maréchal de camp du lieutenant général Médavy, est fait lieutenant général après la bataille de Castiglione, V, 251; fait attaquer auprès de la Vachette 3000 ennemis qu'il défait, VII, 355; assiège Kaiserslautern qui capitule, X, 430.

DISIMIEU (M. de), attaque M. de Lusson sur sa naissance; à quelle occasion; gagne son procès à la grand'chambre; conteste à Mme de Lussan sa parenté avec M. le Prince, VI, 30; gagne encore au conseil où le procès est porté, 35.

DODART, médecin, est choisi pour premier médecin du roi; son caractère; XV, 319.

DODUN, président aux enquêtes, est nommé contrôleur général des finances; son caractère, sa capacité, XIX, 312.

DOHNA (le comte), se rend prisonnier de guerre avec cinq bataillons, après la bataille d'Almanza, V, 405; commandant la place de Denain, il périt à la prise de cette ville par les Français, X, 214.

DOMBES (le prince de), fils de M. du Maine, mène le deuil en troisième au service de M. le duc de Berry, XI, 121; il obtient de son père la permission d'aller faire la guerre en Hongrie, XIV, 211; se distingue à la bataille de Belgrade, XV, 63; revient en France, 65; est exilé à Eu, XVII, 99.

DOMINGO GUERRA (don), chancelier de Milan, est rappelé en Espagne où il occupe les premières places, X, 7.

DOMINGUE, porte-manteau de Mme la Dauphine, lui annonce que le duc de Charost est nommé capitaine des gardes; bon mot à ce sujet; son extraction; son caractère; son dévouement pour la princesse, IX, 426.

DONCIN (le P.), Jésuite. Voy. *Unigenitus*.

DONGOIS, greffier en chef du parlement, meurt à 83 ans; il est universellement regretté pour ses connaissances et ses qualités, XV, 29.

DONZI (M. de), ne pouvant être duc, épouse la fille aînée de J. B. Spinola, lieutenant général des armées du roi d'Espagne; revient grand de première classe et prend le nom de prince de Vergagne, VI, 207.

DORIA, d'une des quatre premières maisons de Gênes, grand d'Espagne, XVIII, 376, 415.

DORSANNE (l'abbé), est nommé secrétaire du conseil de conscience ou affaires ecclésiastiques; sa piété, son instruction, XIII, 147.

DOUGLAS (le colonel), est envoyé par l'ambassadeur Stairs, à la poursuite du prétendant, arrive à Nonancourt, XIII, 291; comment le prétendant lui échappe, 292 et suiv.; est forcé de revenir à Paris, 295; disparaît de cette ville; sa mort, 295; XV, 325, 326.

DOUY, lieutenant général et lieutenant des gardes du corps, découvre une conspiration dans Luxembourg et fait pendre les conspirateurs, VI, 306.

DREUX, gendre de Chamillart, obtient par son crédit un régiment d'infanterie, puis la charge de grand maître des cérémonies; prend le titre de marquis sans prétexte de terre; son caractère; qualités de sa femme, II, 314; note de MM. de Dreux-Nancré et de Dreux-Brézé, établissant que M. de Dreux était de grande et ancienne maison, II, 451. Comment elle supporte la disgrâce de son père, VII, 248; témoignage d'amitié qu'elle reçoit de Mme la duchesse en lui apprenant cette nouvelle, 248; au siége de Douai, Dreux chasse les ennemis d'une demi-lieue; est blessé, VIII, 356; est fait lieutenant général, 357; sa conduite insolente et brutale envers les ducs aux obsèques du roi; son caractère, XIII, 234 et suiv.; il obtient du régent la survivance de sa charge pour son fils, XVII, 469; marie son fils à une autre Dreux, fille du frère aîné de Nancré qui est ensuite enfermée dans un couvent pour folie, 470.

DROMESNIL (l'abbé de), parent du maréchal de Boufflers, est nommé évêque d'Autun, puis passe à Verdun où il bâtit le plus beau palais épiscopal de France, VIII, 412.

DRUY (le major), est tué à la bataille de Marsaille, I, 106.

DUBOIS (l'abbé), d'abord valet, est introduit auprès du duc de Chartres; en quelle qualité; il plaît au jeune prince; fait sa cour au chevalier de Lorraine, I, 20; est fait précepteur du duc; travaille à le faire consentir à son mariage avec Mlle de Blois, 22; est envoyé à Madrid par le duc d'Orléans; pourquoi, IV, 78; ne peut obtenir la place de secrétaire des commandements de M. le Duc, laquelle est donnée à l'abbé Thésut; son ressentiment contre cet abbé, VI, 160; son extérieur; ses vices; ses basses intrigues, XII, 103; ses talents; sa méchanceté; son effronterie; sa débauche, 104; son impunité, 105; sa liaison avec le duc de Noailles, 164; par le moyen de Rémond, il se lie avec l'ambassadeur Stairs; persuade à Canillac, au duc de Noailles et à Nocé qu'il n'y a de salut pour M. le duc d'Orléans que par l'Angleterre; ses vues, XIII, 234; va prier M. de Saint-Simon de demander pour lui au régent une place de conseiller d'État, 326; va lui annoncer quelques jours après qu'il l'a obtenue, 326; ses liaisons avec lord Stanhope, 270; il recherche l'ambassadeur Stairs pour se procurer des occasions de parler d'affaires au régent, 371; se fait envoyer secrètement à la Haye pour y conférer avec lord Stanhope;

revient sans avoir rien fait; est renvoyé à Hanovre, XIV, 75; presse de toutes ses forces et de son industrie le traité avec l'Angleterre; pourquoi, 81; le conclut à la Haye, 185; revient à Paris triomphant de ses succès, 191; obtient la place de secrétaire du cabinet; entre au conseil des affaires étrangères, 196; comment il s'y prend pour s'y faire admettre, 197; pourquoi il empêche le régent de s'unir à la Russie, et fonde toutes ses espérances de fortune sur l'Angleterre, 438; va à Londres, XV, 66; en revient et y retourne presque aussitôt, 156; rassure les ministres anglais sur la négociation qui va commencer, 166; rassure également Montéléon, ambassadeur d'Espagne, sur les bonnes dispositions du régent en faveur de l'Espagne, 166; il revient à Paris; bruit sur le motif de son voyage, 202; il se lie avec Law; dans quel but, 234; ressources qu'il trouve en lui, 235; il travaille à perdre le chancelier et le duc de Noailles auprès du régent en s'adressant au maréchal de Villeroy et au duc de Saint-Simon, 237; il porte de rudes coups à l'un et à l'autre auprès du régent, par une double vue, l'argent qu'il tire de Law et le désir de devenir premier ministre, 253 et suiv.; il demande de la part du régent aux ministres de l'empereur une renonciation absolue et perpétuelle de Sa Majesté Impériale à tous les États de la monarchie d'Espagne et pour le fils aîné de la reine d'Espagne la succession aux États de Toscane et de Parme; réponse des ministres impériaux; 347 et suiv.; propositions et menaces que lui font les ministres hanovriens du roi d'Angleterre, 352; son billet à Albéroni envoyé par Montéléon, 391; singulière ouverture qu'il fait à ce dernier sur les ministres d'Angleterre, 420; ses propos à Montéléon sur la conduite que tiendra le roi d'Angleterre, 456; fausse promesse qu'il fait à Montéléon, XVI, 63; déclare que le régent fera tout ce que voudra le roi d'Angleterre, 170; en partant de Londres, il fait au ministre de Savoie des protestations qui vont jusqu'à contredire ce que le régent a dit à Paris, 233; portrait moral de Dubois, 248 et suiv.; sa conduite n'eut jamais d'autre motif que son ambition et son intérêt personnel, 251 et suiv.; comment il obtient du roi d'Angleterre une pension secrète de 40 000 livres sterling et vise au chapeau de cardinal par le crédit de l'empereur, 257 et suiv.; il affaiblit la marine d'Espagne et anéantit celle de France pour accroître la puissance des Anglais, 257 et suiv.; les Anglais obtiennent par son moyen de monstrueux subsides, 258; il se réunit au garde des sceaux, à Law et à M. le Duc pour réprimer les entreprises du parlement, 294; rend visite à M. de Saint-Simon; entre dans le projet arrêté par lui et le duc de La Force, Law et Fagon; paraît ensuite chancelant, 299; contredit tout le projet d'arrêt du conseil de régence en cassation des arrêts du parlement, 444; sa sage prévoyance pour la tenue du lit de justice, 359; vient féliciter le régent du succès de cette grande mesure et l'exhorte à la fermeté; lui peint la frayeur du parlement et le peu de satisfaction qu'il a eue du peuple par les rues, XVII, 3; son crédit augmente auprès du régent; le conseil des affaires étrangères le gêne, 43; il est nommé secrétaire d'État des affaires étrangères, 46; devenu maître de M. le duc d'Orléans, il le veut être du secret de tout, 74; fait courir après l'abbé Portocarrero et Montéléon fils, porteurs du paquet de l'ambassadeur Cellamare; reçoit leurs papiers, les parcourt; en rend compte au régent, comme il le juge à propos, 75; n'admet dans cette affaire que le garde des sceaux et Le Blanc; règle lui-même tout ce qu'ils doivent faire, 76; il est seul instruit et maître absolu de tout le secret, et du sort des coupables, 77; se rend avec Le Blanc chez l'ambassadeur Cellamare; y fait la visite de tous ses papiers, 81 et suiv.; fait lecture au conseil de régence de deux lettres de Cellamare contre M. le duc d'Orléans, 84; donne ordre à tous les ambassadeurs de France de prendre leurs instructions des ministres du roi Georges et de s'y conformer exactement, 124; obtient l'abbaye de Bourgueil, 148; pourquoi il se rend maître absolu de toute l'affaire du duc du Maine; son but; sa politique, 156 et suiv.; il montre une joie odieuse de l'expédition faite contre le port du Passage, 176; fait former à Rome une opposition ferme et solennelle à l'érection d'un évêché à Nancy, sollicitée par le duc de Lorraine, 249; il appuie sous main le projet présenté par Law de rembourser toutes les charges de justice avec son papier; pourquoi, 251, 252; ses raisons pour être contraire au mariage de Mlle de Valois avec le prince de Piémont, 263 ; par quelle adresse il le fait échouer, 263 ; entre au conseil de régence, 285 ; sa friponnerie et ses manéges dans l'affaire du chapeau de cardinal accordé à M. de Mailly ; comment il est dupe de l'abbé de Fare-Lopis, 339 et suiv. ; sa joie à la chute d'Albéroni à laquelle il a contribué, 355 ; pourquoi il déplaît au roi, 360 ; détourne le régent de faire faire le procès au premier président de Mesmes, 407 ; pourquoi, 408 ; comment il se fait nommer archevêque de Cambrai ; dialogue curieux entre le régent et lui, 421 et suiv. ; son embarras pour prendre les ordres, 422 ; sa fureur contre le cardinal de Noailles qui lui refuse un démissoire, 423 ; obtient un bref pour recevoir à la fois tous les ordres ; est fait sous-diacre, diacre et prêtre à Pontoise ; paraît le même jour au conseil de régence, 424 ; maligne plaisanterie qu'il y essuie de la part de M. le prince de Conti ; il se compare à saint Ambroise, 425 ; ne peut pardonner à M. de Saint-Simon d'avoir exhorté le régent à ne point aller à son sacre, 430 ; est sacré au Val-de-Grâce par le cardinal de Rohan ; magnificence de cette cérémonie, 430 et suiv. ; dans sa joie du raccommodement du roi Georges avec son fils le prince de Galles, il fait nommer le duc de La Force ambassadeur pour aller complimenter ce prince, 477 ; pourquoi l'ambassade n'a pas lieu, 478 ; l'abbé Dubois n'ose soutenir Law contre tout le monde, mais ne veut pas non plus se brouiller avec lui ; XVIII, 7 ; va de la part du régent demander les sceaux à d'Argenson, 19 ; fait passer au conseil de régence sans qu'on y prenne les voix des lettres patentes pour accepter la constitution Unigenitus ; s'acquiert ainsi un grand mérite auprès des jésuites et de tous ceux qui la favorisent ; dans quel but, 47 et suiv. ; la fait enregistrer au grand conseil, 50, 51 ; croyant plaire au roi d'Angleterre, il obtient du régent que le roi aille faire visite à la duchesse d'Hanovre de retour à Paris, 71 ; négocie le rappel du parlement ; à quelle condition, 76 ; forte conversation entre le régent et le duc de Saint-Simon sur l'abbé Dubois, 112 et suiv. ; sa joie en apprenant la mort du pape Clément XI ; quelle en est la cause, 142 ; comment il reçoit la nouvelle de sa nomination au cardinalat, 174 ; en recevant la calotte rouge des mains du roi, il détache sa croix épiscopale et la présente à l'évêque de Fréjus, 175 ; ses visites aux princes du sang royal ; son compliment plein de respect, de modestie et d'adresse, à Madame, 176 ; il adresse Belle-Ile à M. de Saint-Simon auquel il fait proposer un raccommodement ; à quelles conditions, 178 ; sa conduite avec M. de Saint-Simon, 187 et suiv. ; son audace et son bonheur inouï dans la négociation du double mariage avec l'Espagne, 224 ; ses efforts pour faire échouer M. de Saint-Simon dans son ambassade, 227 ; et pour lui susciter des embarras et des tracasseries en Espagne, 230 et suiv. ; ses étranges procédés envers lui ; pièges qu'il lui tend, 241, 247, 248 ; il enlève les postes à M. de Torcy, 250 ; lettre curieuse qu'il adresse à M. de Saint-Simon pour lui annoncer que le prince de Rohan est chargé d'aller faire l'échange des princesses de France et d'Espagne, 328 ; son mécontentement de ce que l'empereur a donné l'ordre de la Toison d'or au fils aîné du duc de Lorraine ; embarras où il met M. de Saint-Simon quant à ses dépenses, ne pouvant le ruiner autrement, 344 ; il fait entrer le cardinal de Rohan au conseil de régence ; à quel dessein, XIX, 249 ; sa lettre à M. de Saint-Simon pour lui annoncer cette nouvelle, 250 ; fantôme de cabale dont il essaye d'effrayer le régent, 252 ; il donne ordre à M. de Saint-Simon d'en informer le roi et la reine d'Espagne, et de les rassurer sur cette cabale, 253 ; nom des personnages qu'il suppose de la cabale, c'est-à-dire qui peuvent nuire à ses vues, 255 ; pourquoi il veut réconcilier le duc de Berwick avec le roi d'Espagne et l'envoyer ensuite en ambassade à Madrid, 256 ; pourquoi il veut tenir M. de Saint-Simon éloigné, 258 ; comment il accorde à un officier tout ce que M. de Saint-Simon avait demandé pour lui, 305 ; pourquoi il fait retourner la cour à Versailles, 318 ; sa conduite avec M. de Saint-Simon, 319 ; il fait exiler le duc de Noailles, 322 ; ne pouvant faire éloigner le maréchal de Villeroy, il cherche à le gagner, 322, 323 ; charge le cardinal de Bissy de travailler à leur rapprochement, 327 et suiv. ; reçoit chez lui le maréchal et Bissy ; accueil prévenant qu'il fait au maréchal, 328 ; scène violente du maréchal, 329 et suiv. ; Dubois reste confondu ; se rend chez M. le duc d'Orléans, 330, 331 ; sa fureur et sa rage ; ses plaintes au régent ;

il lui demande de choisir entre le maréchal et lui, 331; son impatience d'être déclaré premier ministre, 356; il fait prier M. de Saint-Simon de le servir dans ce dessein, 358; est déclaré premier ministre et présenté au roi en cette qualité, 390; en envoie porter la nouvelle à M. de Saint-Simon comme à celui à qui il en a l'obligation, 390; ses protestations de reconnaissance et de service au même; comment elles sont reçues, 391; comment sa déclaration de premier ministre est reçue de la cour et de la ville, 392; son projet d'éloigner Le Blanc; pourquoi, 398; il se met à cultiver M. le Duc, 398; il s'en prend à Le Blanc du désordre où le trésorier de l'extraordinaire des guerres a mis les affaires, et l'accuse auprès du régent, 399; il fait rendre les brevets des grandes entrées et des premières entrées à ceux qui en ont obtenu; pourquoi, 440 et suiv.; invente des entrées familières; pour qui, 445; il fait rendre aux princes bâtards les rangs, honneurs et distinctions dont ils jouissaient, excepté le droit de succession à la couronne et le nom et titre de prince du sang, 446; il négocie avec le P. Daubenton le retour des bonnes grâces du roi d'Espagne au maréchal de Berwick et l'agrément de Sa Majesté Catholique pour qu'il aille en ambassade à Madrid, 446; le refus opiniâtre du roi d'Espagne le met en fureur; il en fait sentir les effets au frère du P. Daubenton qui vient lui demander une abbaye depuis longtemps promise, 447; son acte de bienfaisance envers le vieux prince de Courtenay, 447; il ôte le détail de l'infanterie, de la cavalerie et des dragons à M. le duc de Chartres, au comte d'Évreux et à Coigny, colonels généraux; la marine au comte de Toulouse; rend les Suisses et l'artillerie au duc du Maine, 448; est nommé premier président de l'assemblée du clergé; poursuit chaudement l'affaire de La Jonchère pour perdre Le Blanc, 450; comment il fait disparaître la preuve de son mariage fait en Limousin, 450 et suiv.; sa santé s'altère considérablement, 462; soin qu'il prend pour le cacher, 462; il prête une oreille favorable à la proposition que lui fait Schaub de faire La Vrillière duc et pair; il lui promet d'y préparer M. le duc d'Orléans, 466; sa maladie augmente; les chirurgiens et les médecins lui déclarent qu'il faut lui faire une opération très-urgente; sa fureur, XX, 3; il se confesse; ne veut plus entendre parler d'opération; s'y décide pourtant sur les représentations de M. le duc d'Orléans, 4; meurt en grinçant les dents contre ses chirurgiens; ses abbayes, ses immenses revenus; sa somptuosité; sa sobriété, 5 et suiv.; il est enterré dans l'église du chapitre de Saint-Honoré; services célébrés en plusieurs églises, 7; son mausolée; son esprit; son extérieur; ses mœurs scandaleuses; ses fougues; son caractère, 8; ses pointes; son bégayement; comment il séduisit et maîtrisa M. le duc d'Orléans, 9; ses négociations en Angleterre funestes à la France et à l'Espagne, 10; facilité qu'il trouva à faire le double mariage avec l'Espagne, 12; sa manière de gouverner quand il fut maître absolu, 13 et suiv.; ses folies publiques; anecdotes à ce sujet, 15; ses domestiques lui font croire un jour qu'il a mangé son poulet à souper, comme de coutume, 18.

DUBOIS, médecin, frère du cardinal Dubois, devient secrétaire du cabinet du roi, ayant la plume, XIX, 107; après la mort de son frère, il conserve sa charge avec celle des ponts et chaussées; sa modestie, XX, 718.

DUBOIS, chanoine de Saint-Honoré et fils du précédent, ne veut ni places, ni bénéfices, ni toucher à la riche succession de son oncle, XX, 8; il fait dresser à ce dernier une espèce de mausolée, beau mais modeste, à l'endroit où il est enterré, et distribue aux pauvres le reste de l'héritage, 10.

DU BOURG (le comte), maréchal de camp, est nommé directeur général de la cavalerie, I, 222; est attaqué et blessé de deux coups par un officier qu'il a fait casser; demande sa grâce au roi, V, 148; s'offre et est accepté pour servir de mentor au fils de Chamillart, dans la visite des places frontières de Flandre et d'Allemagne, 328; reçoit du maréchal d'Harcourt, dans la haute Alsace où il commande, huit escadrons et cinq bataillons avec ordre de combattre les ennemis, fort ou faible, sitôt qu'il pourra les joindre, VII, 367; reçoit deux autres régiments de dragons avec le même ordre; attaque le corps du général Mercy et le défait complètement; instruit de cette victoire le maréchal d'Harcourt et M. le Duc, 368; est fait chevalier de l'ordre, 369; apaise une sédition des troupes, XII, 85.

DU BOURG, fils du comte de ce nom,

pousse vigoureusement les ennemis à la Motter et leur fait prendre la fuite, V, 165; sa mort, X, 218.

DUC (M. le), titre affecté aux fils aînés des princes de Condé ; comment l'usage s'en établit depuis M. le prince de Condé, fils du cousin germain d'Henri IV , et dura jusqu'à la mort de M. le Duc, premier ministre sous Louis XV , VII, 164 et suiv.

DUC (M. le) est toujours entre le feu des ennemis et le nôtre à la bataille de Neerwinden, I, 95; son portrait; ses manières efféminées, III , 173 ; sa dispute avec le comte de Fiesque à la tête duquel il jette une assiette ; leur raccommodement, 334 ; sa douleur à la mort de Mme de Montespan, VI, 48; ses entreprises inutiles contre des ducs aux funérailles du prince de Conti, VII, 95 et suiv. ; il s'unit au chancelier pour protéger l'ancien des présidents à mortier de Dijon, qui a présidé le parlement lors de la délibération prise par cette compagnie concernant la disette des blés, 125 ; obtient du roi un ordre à M. de Bouillon de lui aller faire excuse ; à quelle occasion, 155 ; sa méchanceté contre M. de Saint-Simon, 156, 157 ; après la mort de son père, M. le Prince, il garde par ordre du roi le nom de M. le Duc, 159 ; entre en fureur parce que d'Artagnan, nommé maréchal de France, prend le nom de maréchal de Montesquiou, 389 ; sa fureur se calme, 390; dans le procès de la succession de M. le Prince, il donne un grand souper à Paris à beaucoup de gens de la cour; scène singulière qui s'y passe; M. le Duc force en quelque sorte les convives à s'enrôler pour lui et à s'engager à le suivre au palais, VIII, 86 ; fait ouvertement de nouvelles recrues, 87; il meurt subitement le lundi gras, au milieu des parures, des habits de masques, etc.; détails sur cette mort et sur le mal secret dont ce prince était attaqué, 119 et suiv.; son extérieur, 122; son esprit ; ses connaissances ; sa valeur; sa malignité; sa férocité; ses mœurs perverses; ses prétendus amis, 123; ses accès de jalousie ; son orgueil extrême, 123 ; cause de la mort de M. le Duc ; ses obsèques, 140 et suiv.

DUC (M. le), auparavant duc d'Enghien, reçoit en manteau les visites de deuil dans l'appartement de feu M. le Duc, son père; comment se font ces visites, VIII, 143; a un œil crevé à la chasse par M. le duc de Berry, X, 78; est marié à Mlle de Conti, 417; il demande à M. le duc d'Orléans d'entrer au conseil de régence et d'en être déclaré chef, ce qui lui est accordé, XIII, 154 ; contestation de Mme la Duchesse et de M. le Duc contre M. du Maine, à l'occasion du titre de prince du sang que prend ce dernier dans une signification juridique, 180 ; il retire ses protestations et s'arrange avec M. du Maine; à quelle condition, 206 et suiv.; demande avec instance et obtient du régent la permission d'entrer au conseil de guerre; à quelle condition, 239; fait ouvrir au public l'hôtel de Condé, 422; présente à M. le duc d'Orléans une requête adressée au roi et signée des princes du sang contre les bâtards, XIV, 35 ; son aveuglement pour la marquise de Prie ; quel fut son ministère ; comment il se décide à marier le roi et à renvoyer l'infante d'Espagne; anecdote curieuse à ce sujet, XVI, 260 et suiv.; il reçoit l'ordre du roi de se retirer à Chantilly , 261 ; il se réunit au garde des sceaux, à Law et à l'abbé Dubois pour culbuter le duc du Maine et occuper sa place auprès du roi, 294; est présenté par le régent à la conférence qui se tient au Palais-Royal, pour prendre des mesures contre le parlement, 306 et suiv.; sa lettre à M. de Saint-Simon , 311; son entrevue avec lui ; longue discussion entre eux au sujet de M. du Maine, 312 et suiv.; de M. de Charolais et de la régence en cas de mort de M. le duc d'Orléans, 332 et suiv.; second entretien entre eux au jardin des Tuileries; quel en est le résultat, 347 et suiv.; troisième entretien au même endroit; discussion entre eux, 360 et suiv.; il consent à demander au régent la réduction des bâtards à leur rang de pairs, avec la même fermeté qu'il demande l'éducation du roi pour lui-même, 271 et suiv.; et à la distinction que M. de Saint-Simon lui propose en faveur de M. le comte de Toulouse, 377 ; fait visite à M. de Saint-Simon pour lui rendre compte de ce qu'il a fait avec le régent, 397 ; se rend chez ce prince pour conférer avec M. de Saint-Simon et Millain sur les mesures à prendre pour le lit de justice du lendemain, 389 et suiv.; va au lit de justice, 419 (voy. l'art. *Lit de justice*); il prend possession de la surintendance de l'éducation du roi, XVII, 30; accompagne le roi qui va se promener au Cours, 31; donne des fêtes à Mme la duchesse de Berry à Chantilly, 47; son entretien avec le régent et M. de Saint-Simon sur M. et Mme du Maine, principaux complices de Cellamare; résolution prise de les arrêter séparément; choix du lieu de leur détention, 91; il accommode aux dépens du roi un procès fort aigre qu'il a avec sa tante, la princesse de Conti, 243; ce qu'il fit au conseil de régence tenu après le départ de Law ; débats avec le duc d'Orléans, XVIII, 88 et suiv.; étrange trait sur ses intrigues pour le cardinalat, entre le duc d'Orléans et Torcy, 126 ; sa conversation avec M. de Saint-Simon concernant le peu de confiance que le régent lui montre, 188 et suiv. ; et sur le caractère du roi, 190; pressé par Mme de Prie, sa maîtresse publique, il poursuit Le Blanc auprès du régent comme coupable du désordre où le trésorier de l'extraordinaire des guerres a mis les affaires; XIX, 399; aussitôt après la mort de M. le duc d'Orléans, il est déclaré premier ministre et prête serment en cette qualité, XX, 71 ; comment il finit la querelle entre le grand et le premier écuyer, 476.

DUCASSE, capitaine de vaisseau, donne sa fille unique en mariage à un des beaux-frères de M. de Pontchartrain; son origine; sa fortune; son caractère, ses démêlés avec Pointis; IV, 215; il reçoit plusieurs blessures au combat de Malaga, 330 ; est fait lieutenant général, VI, 151; entre au Port-du-Passage avec les galions qu'il est allé chercher, 408 ; entre à la Corogne avec les galions, X, 174; est fait chevalier de la Toison d'or; son éloge, 174 ; sa maladie retarde l'arrivée des provisions pour le siège de Barcelone, XI, 82 ; il demande son congé, 102; sa mort, XII, 66 ; son extérieur, 66.

DU CHESNE, médecin, homme charitable et d'honneur, meurt à Versailles à 91 ans, ayant conservé jusque-là une santé parfaite et une tête entière; son régime diététique, V, 361.

DUCHESSE (Mme la), dans l'impuissance de payer ses dettes de jeu, a recours à Mme de Maintenon, qui obtient du roi qu'il les paye et lui garde le plus grand secret, II, 384 ; sa douleur à la mort de Mme de Montespan, VI, 48 ; elle voit avec dépit la liaison de d'Antin avec Mme la duchesse de Bourgogne, 362; son extérieur; ses grâces; ses qualités ; ses défauts, 362; sa liaison intime avec Mlle Choin et les nièces de M. de Vaudemont l'attache à la cabale de M. de Vendôme contre le duc de Bourgogne et surtout contre la duchesse son épouse, 363 ; elle essaye de se gagner cette princesse ; comment ses avances sont reçues, 364; raisons qui lui font rechercher la duchesse de Bourgogne, 366 ; elle espère en lui donnant de la crainte du côté de Monseigneur l'amener à ce que ses avances n'ont pu obtenir, 367; sa politique ne sert qu'à exciter la haine de la princesse; elle reproche à d'Antin sa liaison avec elle, 368 ; sa conduite à la nouvelle de la mort de son mari qu'elle apprend au milieu des parures des habits de masque, etc., VIII, 120 ; par ses manières larmoyantes, elle arrache du roi 30 000 livres de pension, et sa belle humeur revient tout à fait ; sa coiffure singulière de deuil, 141 ; ses menées pour assurer le mariage de Mlle de Bourbon avec M. le duc de Berry, 216 ; elle obtient du roi que Mlles de Bourbon et de Charolais, ses filles, iront avec elle à Marly; quel est son but, 236 ; avec quelle aigreur et quelle sécheresse elle reçoit M. le duc et Mme la duchesse d'Orléans qui viennent lui faire part du mariage de Mademoiselle avec M. le duc de Berry, 256 ; comment elle évite que sa fille, Mlle de Bourbon, porte la mante de la fiancée, 332 et suiv.; son grand deuil lui épargne le spectacle des noces, elle fait une courte visite à Mme la duchesse de Berry ; compliment fort Mme de Saint-Simon, 336 et suiv.; ses démarches auprès de ses juges pendant le procès de la succession de M. le Prince, IX, 77 ; elle perd sa cause contre les princesses ses filles ; sa douleur, 80; Lassai fils devient son maître et le directeur de toutes ses affaires, 98 ; sa triste situation à la mort de Monseigneur, 275; elle regrette M. le Prince et M. le Duc et plus encore M. le prince de Conti ; pour s'étourdir elle se jette dans les amusements et les plaisirs ; reçoit des fêtes à l'hôtel de Guise, 275 ; le roi lui fait connaître sa volonté de marier son fils avec Mlle de Conti et sa fille aînée avec M. le prince de Conti, X, 416 ; elle enlève de haute lutte à la maréchale d'Estrées une petite loge à l'Opéra; bruit que fait cet événement; quelle en est la suite, XV, 240.

DUCHESSE (Mme la), jeune sœur de M. le prince de Conti qui a été fort malade, paraissant rétablie, l'hôtel de Condé fait chanter un *Te Deum* aux Cordeliers, XVII, 215; elle meurt à 31 ans; est enterrée aux Carmélites de la rue Saint-Jacques, XVIII, 441; son testament;

Mlle de la Roche-sur-Yon, sa sœur, est sa légataire universelle. 442.

DUCS (les), à quel traitement ils ont droit en pays étranger, V, 222; usurpation de rang par l'électeur de Bavière, 222; pourquoi M. de Savoie a la main, 223; comment M. de Vendôme se conduit avec l'électeur de Bavière, 224 et suiv.; les ducs présentent une requête au roi contre les bâtards, en même temps que les princes du sang présentent la leur, XIV, 36; présentent une autre requête au roi pour demander que les bâtards soient réduits au rang des autres pairs de France suivant la date de leur réception, 209; petit nombre de ducs qui ne signent pas cette requête, 210.

DUCS non vérifiés, mal à propos nommés ducs à brevet; ils n'ont que de simples honneurs de cour, sans rang, sans existence dans le royaume; ils ne sont point d'invention moderne, XI, 303; exemples, 304; les officiers de la couronne ne cèdent point à ces ducs non vérifiés; pourquoi, 304.

DUCS ET PAIRS, leur réception au parlement, I, 449; note sur leur protestation à la séance du parlement du 2 septembre 1715, VIII, 465; querelle entre eux et les précédents du parlement, XVI, 474.

DUCS ET COMTES, à quelle époque les ducs et les comtes, chefs des armées et gouverneurs des provinces à vie, deviennent souverains de ces provinces, XI, 296.

DUCS, non pairs, vérifiés au parlement; ces ducs ne sont point d'invention nouvelle; preuves; érection du duché de Bar en 1354; maison de Bar connue dès 1044, XI, 302; érection du duché de Valentinois en 1498; de Longueville en 1505, 303; ces duchés vérifiés étaient égaux aux pairies, mais sans office; les possesseurs étaient ce que furent autrefois les hauts barons, 303. Voy. *Barons* (hauts).

DUFRESNOY, fils d'un secrétaire de M. le duc Claude de Saint-Simon, devient un des commis les plus accrédités de M. Louvois; célébrité de sa femme qui est créée dame du lit de la reine, I, 60.

DU MONT, gentilhomme, obtient le gouvernement de Meudon; son père dut sa fortune au père de M. de Saint-Simon; portrait de du Mont; ses qualités, V, 149; il obtient toute la confiance de Monseigneur; sa reconnaissance pour MM. de Saint-Simon; il est malheureux en famille; devient fou; se noie dans la Seine, 150; se plaint à Monseigneur d'être mal reçu par Chamillart, lorsqu'il est chargé auprès de lui de quelques recommandations, VII, 215; donne secrètement avis à M. de Saint-Simon d'une atroce calomnie qu'on a fait croire à Monseigneur contre lui, IX, 12 et suiv.; après la mort de ce prince, le roi lui confirme le gouvernement de Meudon avec une pension, 159; il reçoit du duc de Bourgogne une bague de 2000 pistoles, 159; après la mort de la duchesse de Berry, M. le duc d'Orléans lui rend son gouvernement de Meudon, XVII, 234.

E

ECCLÉSIASTIQUES, dangers pour les gouvernements de les admettre dans les affaires, VII, 358.

ÉCOSSE (l'), est réunie à l'Angleterre; privilèges particuliers maintenus; douze pairs d'Écosse sont choisis pour représentants au parlement d'Angleterre, V, 339, 340.

EFFIAT, au service de Monsieur, empoisonne le verre d'eau de chicorée destiné à Madame, première femme de ce prince III, 182; comment il en fait l'aveu au roi, 183; il avertit M. le duc d'Orléans des bruits qui courent contre lui sur la mort du Dauphin et de la Dauphine, et lui conseille d'aller trouver le roi et de lui offrir de se constituer à la Bastille pour être jugé, X, 154; caractère de d'Effiat; ses liaisons secrètes avec M. du Maine, 155; il vient à Marly dans le dernier voyage que le roi y fait; son esprit; ses mœurs, XII, 57; sa conduite étrange avec M. de Saint-Simon, 59; son origine, 164 et suiv.; son extérieur; son caractère, 166; est nommé membre du conseil des finances, XIII, 149; sa correspondance avec Albéroni, 289; il se rend au parlement avec des lettres de jussion pour l'enregistrement des charges de surintendant des bâtiments et grand maître des postes, s'entend avec le premier président et l'enregistrement a lieu sans que les lettres soient produites, XIV, 48 et suiv.; il entre au conseil de régence, 100; est l'entremetteur dont se sert le régent pour tout ce qui regarde le parlement; trahit ce prince en conservant son intimité avec le duc du Maine et le premier président, XV, 246 et suiv.; il meurt à 81 ans dans sa belle maison de Chilly, près Paris; circonstance singulière de sa dernière maladie, XVII, 206 et suiv.; richesses qu'il laisse; ses legs; ses fondations, 209.

EFFIAT (l'abbé d'), meurt à 70 ans à l'Arsenal; sa famille; quoique aveugle depuis vingt ans, il voulait ne le pas paraître; sa faiblesse à cet égard; son caractère, II, 222.

EGMONT (le comte d'), dernier des comtes d'Egmont, prend le service de France, épouse Mlle de Cosnac, à laquelle le roi donne le tabouret, I, 422; meurt à Fraga en Catalogne, VI, 123; ses charges; son extérieur; sa valeur et sa probité; ses aïeux; son testament; sa sœur, 124.

EGMONT Pignatelli (le comte d'), de Hollande, grand d'Espagne; historique sur sa maison, XVIII, 451; il épouse la fille unique du maréchal duc de Villars, 452.

EGMONT (la comtesse d'), sœur du duc d'Aremberg, meurt à Bruxelles, XIII, 437; son premier mariage, 437.

EGMONT (la comtesse d'), nièce de l'archevêque d'Aix, meurt à Paris sans laisser d'enfants, XIV, 287.

ELBOEUF (M. d'), lieutenant général, mène au roi des otages livrés par le gouverneur du château de Namur; I, 10; fait l'amoureux de la duchesse de Villeroy; son esprit audacieux se plaît à des scènes éclatantes, 239; fait un acte de courage en allant le vendredi saint à l'adoration de la croix, après MM. de Vendôme, 245; mot piquant qu'il adresse à M. du Maine après la retraite de M. Vaudemont, 267; va saluer M. de Lorraine qui passe à Strasbourg; tient des propos qui déplaisent à ce prince, II, 119; veut quelque temps après aller en Lorraine; en reçoit défense de la part du roi, 119; se raccommode avec M. de Lorraine; est chargé par lui de procuration pour épouser Mademoiselle, 213; se fait donner 80 000 livres par le roi, 376; fait bassement sa cour, en se déclarant pour d'Antin dans son affaire de duché-pairie, IX, 61, 62; demande que le pays de Lalleu soit incorporé aux États d'Artois et ne soit plus de ceux de Lille, XV, 141; la décision du conseil de régence sur cette demande le rend furieux, 144.

ELBOEUF (le prince d'), neveu de la femme de M. de Vendôme, obtient par le crédit de ce prince le régiment d'Espinchal, IV, 145.

ELBOEUF (le prince d'), fils du duc, est tué au siège de Chivas, V, 40 et suiv.

ELBOEUF (le prince Emmanuel d'), frère du duc d'Elbœuf, passe au service de l'empereur; le roi lui fait faire son procès; il est pendu en effigie, V, 156; son caractère; ses mœurs; ses services dans l'armée de l'empereur; il obtient du régent des lettres d'abolition et rentre en France, y mène sa vie accoutumée, XVII, 291.

ELBOEUF (le chevalier d'), fils aîné du duc d'Elbœuf et de sa première femme et frère de Mme de Vaudemont, est engagé aux vœux de Malte; son séjour au Mans; son caractère; il meurt à 50 ans; tremblement qu'il eut toute sa vie; pourquoi, VII, 59 et suiv.

ELBOEUF (la duchesse d'), fille aînée de la maréchale de Navailles, s'introduit à la cour sous les auspices de sa mère; y trouve des appuis, est reçue chez Mme de Maintenon; produit sa fille; est forcée pour dettes de se retirer dans ses terres de Saintonge; revient à Paris avec sa fille et y trouve M. de Mantoue, IV, 333; lui fait voir Mlle d'Elbœuf comme par hasard dans les églises et aux promenades, 336; moyens dont se sert toute la maison de Lorraine pour vaincre d'abord la répugnance du prince et ensuite celle de Mlle d'Elbœuf, 340; Mme et Mlle d'Elbœuf et Mme de Pompadour suivent M. de Mantoue qui retourne dans ses États; comment elles gagnent ce prince et le décident à se marier dans une hôtellerie à Nevers; Mme d'Elbœuf et sa fille s'embarquant à Toulon; le mariage est renouvelé à Tortone, 343; après six mois de séjour auprès de sa fille, Mme d'Elbœuf, outrée de dépit pour les mauvais traitements qu'elle essuie de la part de son mari, revient en France affectant de déguiser les malheurs de sa fille, 344; obtient pour elle la permission de venir à Vincennes; s'y établit avec elle; dans quel dessein VII, 342; elle négocie auprès de Mme de Maintenon le traitement de sa fille; le roi résiste à ses prétentions, 342; ses visites à la cour avec elle, 343; elle tente de lui faire obtenir le siège à dos chez la duchesse de Bourgogne; échoue encore dans ce projet, 344; dégoûts et mortifications qu'elles éprouvent, 345, et suiv.; elles se réduisent enfin à vivre à Paris; rang qu'elles y tiennent, 348; mort de Mme d'Elbœuf, XIV, 414.

ELBOEUF (Mlle d') est désignée par le prince de Vaudemont à M. de Mantoue pour seconde femme, IV, 334; sa répugnance pour ce mariage; comment sa mère et la maison de Lorraine viennent à bout de la vaincre, 340; elle est mariée au prince dans une hôtellerie à Nevers, 342; son mariage est renouvelé à Tortone, 344; cruel traitement qu'elle éprouve de son mari, 344; se retire en Suisse, V, 422; obtient de l'empereur une pension de 20 000 écus; va demeurer à Pont-à-Mousson, VI, 12; pensions qu'elle obtient du roi de France et du roi d'Espagne à la mort de son mari, 300; revient à Paris avec permission du roi; s'établit à Vincennes avec le dessein de se former un rang pareil à celui des petites-filles de France, VII, 342; va à Versailles voir le roi chez Mme de Maintenon, n'y reste que quelques moments et debout; va voir Monseigneur et ses fils; est reçue de même; retourne à Vincennes fort déconcertée, 343; obtient de faire une seconde visite au roi chez Mme de Maintenon; même réception, 345; autres dégoûts qu'elle éprouve; aventures qui lui arrivent avec M. et Mme de Montbazon, 345; avec Mme la grande-duchesse, 346; mortification qu'elle reçoit; elle renonce à la cour; s'établit à Paris; fait une espèce d'amende honorable publique, 347; son changement de conduite lui réconcilie tout le monde; elle achève de le gagner par un grand jeu de lansquenet, 348; elle meurt à la fleur de l'âge, IX, 34.

ÉLISABETH FARNÈSE, princesse de Parme, mariée au roi d'Espagne, s'embarque à Gênes et va par mer à Alicante, XI, 223; une tempête la fait débarquer à Monaco; elle traverse le midi de la France; se rend à Bayonne où elle voit la veuve de Charles II, 235; détails sur leur entrevue, 255; arrive à Quadraqué; reçoit la visite de la princesse des Ursins; l'accueille avec des reproches, puis avec des insultes; la fait arrêter et conduire sur-le-champ à Burgos et à Bayonne, XII, 4 et suiv.; dépêche un officier des gardes à Guadalaxara avec une lettre pour le roi d'Espagne, 8; arrive elle-même à Guadalaxara où son mariage est célébré; se rend avec le roi à Madrid, 9; n'oublie rien pour lui plaire; protège les Italiens au préjudice de tous autres, 11; cherche à détruire ce que Mme des Ursins a édifié, 38; accouche d'un prince qui reçoit le nom de Charles ou don Carlos, XIII, 368; sur les instances d'Albéroni, elle écrit de sa main au cardinal Acquaviva pour lui ordonner de presser le pape de sa part de la faire cardinal incessamment, etc., XIV, 283; nouvelle lettre du même pour le même objet, 306; portrait moral de la reine d'Espagne, XVI, 248; elle accouche d'un prince qui est nommé don Philippe, XVII, 452; portrait de cette princesse, XVIII, 271 et suiv.; par quoi elle s'attire la haine des Espagnols qu'elle hait aussi, XIX, 62; son goût déclaré pour les Italiens; cabales espagnole et italienne, 63; comment elles agissent l'une contre l'autre, 64; vie intérieure et journalière de la reine avec le roi, 66 et suiv.; la messe; la communion, 71; le dîner; la promenade, 72; la collation; le souper; le coucher, 72, 73; la reine est toujours présente aux audiences particulières que donne le roi, 74; tête-à-tête continuel et rarement interrompu entre la reine et le roi, 74, 75; éducation de la reine; son éloignement pour sa mère; son amitié pour son oncle le duc de Parme; sa préférence pour les Parmesans; elle avance Scotti qu'elle n'estime point, 79; son esprit; ses grâces naturelles; sa gaieté; son humeur, 80; comment elle se rend maîtresse de l'esprit du roi, 80, 81; comment elle achète ce pouvoir, 81; elle songe de longue main à faire un de ses fils souverain indépendant; pourquoi, 82; difficultés qu'elle y rencontre; d'où elles naissent, 82 et suiv.; en quoi elle exerce particulièrement son autorité, 84; les étiquettes et les charges abolies par la princesse des Ursins ne se relèvent plus sous la reine, 85 et suiv.; elle va tous les jours chasser avec le roi; comment se fait cette chasse, 87 et suiv.

EMMANUEL (le prince), de Portugal, vient à Paris incognito; pourquoi; il ne voit ni le régent ni les princes et princesses du sang; s'en va à Vienne et sert comme volontaire en Hongrie, XIII, 435; arrive de Hollande à Paris incognito; y est à peine remarqué, XVII, 42; le prince et l'ambassadeur de Portugal chez lequel il loge, par air de mépris et de grandeur, n'en témoignent pas le moindre mécontentement, 43; il se raccommode avec le roi son frère; mais n'osant retourner en Portugal, s'en va à Vienne, 131.

EMO, envoyé de Venise à Paris pour accommoder la brouillerie causée par le choix du cardinal Ottoboni, s'en retourne sans avoir rien conclu, X, 242.

ENGHIEN (le duc d'), âgé de seize ans, est nommé chevalier de l'ordre, VI, 288;

aussitôt après la mort de son père, le roi lui donne le gouvernement, la charge et la pension qu'il avait et déclare qu'il s'appellera M. le Duc comme lui, VIII, 121. Voy. le second article *Duc* (M. le).

ENREGISTREMENT. Comment le parlement s'en était arrogé le droit, V, 441.

ENTRAGUES (D'), gentilhomme du Dauphiné et colonel du régiment des vaisseaux, sauve la ville de Crémone, III, 372 ; meurt de ses blessures, 376.

ENTRAGUES (D'), cousin germain de la princesse de Conti, a une violente prise au bal avec le chevalier de Bouillon pour Mme de Barbezieux ; le duc d'Orléans les accommode sur-le-champ, V, 144.

ENTRAGUES (l'abbé d'), aumônier du roi, est nommé évêque de Clermont, XIII, 328.

ENTRAGUES (l'abbé d'), du nom de Cremaux ; son origine, XVII, 90 ; son extérieur ; singularité de son caractère, 376 ; ses aventures, 377 ; sa mort, 379.

ENTRÉES CHEZ LE ROI (grandes, simples et autres), ce que sont ces différentes entrées, à qui elles étaient accordées ; abus qu'on en fait sous le régent ; le cardinal Dubois fait rapporter les brevets à tous ceux qui en avaient, XIV, 201 et suiv. ; XIX, 441 et suiv.

ÉPERNON (le duc d'), comment son duché-pairie s'éteint dans sa postérité, I, 166.

ÉPERNON (Mme d'), fille du dernier duc d'Épernon, meurt en odeur de sainteté aux Carmélites du faubourg Saint-Jacques, III, 208 ; était souvent visitée par la reine, Mme la Dauphine et Mme la duchesse de Bourgogne, 209.

ÉPERNON (le duc d'), fils du duc d'Antin, épouse la seconde fille du duc de Luxembourg, XIX, 311.

ÉPICES. Ce que c'était dans l'ancienne procédure, XI, 468.

ÉPINAI (Mme d') ; est nommée dame d'atours de Mme la duchesse d'Orléans, XV, 332.

ERSKIN, médecin écossais, confident et ministre du czar et cousin germain du comte de Marr, écrit à celle-ci pour lui faire connaître les intentions du czar en faveur du prétendant, XIV, 141.

ESCALONA (le duc de), voy. *Villena* (le marquis de).

ESCURIAL ; description de ce palais, XVIII, 352 et suiv.

ESPAGNE. Extrait des papiers du duc de Noailles, relatifs aux affaires d'Espagne, VI, 461 ; note sur son état en 1709, VII, 449 ; mémoire pour le marquis de Blécourt, envoyé extraordinaire du roi en Espagne, 453.

ESPINCHAL (D'), colonel est tué à l'affaire de Murcé en Italie, IV, 145.

ESPINOY (Mme d'), meurt subitement ; sa famille, II, 177 ; son mari ; son second mariage avec M. Pelletier ; sa liaison avec M. de Louvois, 178 ; elle marie son fils avec Mlle de Commercy ; ses filles ; son caractère, 179.

ESPINOY (Mme d'), sa liaison avec Chamillart ; sa beauté ; sa douceur ; son esprit ; son caractère, III, 195 ; V, 426 ; son extérieur, 427 ; sa liaison avec le chevalier de Lorraine ; avec le maréchal de Villeroy ; avec Monseigneur ; confiance qu'elle inspire au roi par le moyen de ce prince, 427, et par suite à Mme de Maintenon ; trait fort étrange qui prouve cette confiance, 427 ; sa liaison avec Monseigneur soutenue et respectée par Mlle Choin et par Mme la Duchesse, 430 ; son union avec elles, 431 ; ses liaisons avec M. de Vendôme, 361 ; elle obtient du roi, par Mme de Maintenon, l'abbaye de Remiremont pour sa sœur Mlle de Lislebonne, IX, 273 ; elle se retire peu à peu de Mme la Duchesse, 277 ; elle marie sa fille avec le fils unique du prince de Rohan, XI, 224.

ESPINOY (le prince d'), meurt à Strasbourg de la petite vérole ; son esprit ; sa valeur ; sa folle vanité gâte toutes ses bonnes qualités ; sa conduite envers sa femme le fait peu regretter, IV, 348.

ESPINOY (le prince d'), est fait duc et pair, XI, 236 ; il prend le nom de duc de Melun, 238 ; obtient la permission d'être reçu au parlement avant l'âge de vingt-cinq ans, 270.

ESTAING (d'), reprend Asti, V, 214 ; il soutient seul avec courage, dans un conseil de guerre, l'avis proposé par M. le duc d'Orléans, 233 ; bat et dissipe en Catalogne un grand nombre de miquelets, VI, 433 ; marie son fils à la fille unique de Mme de Fontainemartel ; le régent donne la survivance du gouvernement de Douai au nouveau marié, XIV, 117 ; qui obtient le gouvernement vacant par la mort du vieux Pomereu, XVII, 38.

ESTAING (le fils unique d'), aide de camp de Joffreville, est tué au siège de Fontarabie, XVII, 213.

ESTAIRES (le comte d'), porte la nouvelle de la prise de Girone au roi d'Espagne et reçoit la Toison, IX, 70 ; hérite du titre et de la grandesse de son frère le prince de Robecque, XIV, 54. Voy. *Robecque.*

ESTAMPILLA, nom d'un emploi, de l'employé et de l'instrument de l'emploi, à la cour d'Espagne ; fonction de l'*estampilla*, III, 117.

ESTE (maison d'), tige de cette maison ; succession des princes d'Este, XVII, 265 et suiv. ; maison bâtarde d'Este ; succession dans cette maison, 268 et suiv.

ESTRADES (le comte d'), se laisse engager par M. du Maine à aller faire la guerre en Hongrie avec le prince de Dombes, XIV, 285 ; a une jambe emportée à la bataille de Belgrade ; meurt peu de jours après, XV, 63 ; son fils qui s'était trouvé aussi à la bataille obtient la mairie de Bordeaux qu'avaient son père et son grand-père, 63.

ESTRADES, fils aîné du maréchal d'Estrades, meurt après avoir mené une vie obscure et sans considération ; son père célèbre par ses négociations, IX, 44 ; son fils lieutenant général, son bisaïeul, 45.

ESTRADES (l'abbé d'), fils du maréchal de ce nom, meurt à Chaillot pauvre et retiré ; ses ambassades ; il avait payé presque toutes ses dettes, XII, 62.

ESTRADES (Mme d'), sœur de Bloin, premier valet de chambre du roi, meurt en 1717, XIV, 284.

ESTRÉES (le maréchal d') obtient le gouvernement de Nantes, III, 187 ; il meurt à l'âge de 83 ans, doyen des maréchaux de France, 3?? ; ses services ; M. de Louvois voulut se défaire de lui ; pourquoi, 400 ; Colbert lui fait donner le commandement de la marine ; à quelle époque M. d'Estrées fut fait maréchal de France, 436 ; il vécut et mourut pauvre et très-uni avec ses frères, 439.

ESTRÉES (la maréchale d'), meurt à Paris où elle s'est fait transporter malade de Marly, XI, 95 ; de qui elle était fille ; son extérieur, son esprit, son caractère ; sa liberté ; sa franchise ; son gros jeu ; son avarice ; sa magnificence ; elle fut toujours crainte et considérée, 95 ; quelle fortune elle laisse à ses enfants ; son âge, 96.

ESTRÉES (MM. d'), leur tentative pour arriver au duché-pairie ; sur quoi ils fondent leur prétention à laquelle ils renoncent, I, 168.

ESTRÉES (le duc d'), meurt de l'opération de la pierre, II, 180.

ESTRÉES (le duc d'), est blessé à la bataille de Friedlingen, IV, 26 ; se marie avec une fille du duc de Nevers, V, 389 ; reste neutre dans l'affaire de d'Antin, IX, 63 ; sa querelle avec le comte d'Harcourt ; tous deux refusent l'exempt de la connétablie que leur envoie le maréchal d'Huxelles ; pourquoi, X, 402 ; ils l'acceptent sur un ordre du roi, 403 ; reçoivent ensuite ordre de se rendre à la Bastille ; paraissent devant trois maréchaux nommés commissaires par le roi ; sont renvoyés libres et réconciliés, sans qu'il ait été question du sujet de leur querelle et de leur désobéissance au tribunal des maréchaux, 403 ; le duc d'Estrées meurt à 40 ans ; sa vie basse et crapuleuse, XX, 2.

ESTRÉES (le comte d'), vice-amiral en survivance, ferme avec sa flotte le port de Barcelone, II, 6 ; épouse Mlle d'Ayen, dont le cardinal de Noailles et une vieille bourgeoise payent la dot, 85 ; est nommé par le roi d'Espagne capitaine général de la mer, III, 155 ; reçoit ordre de mener son escadre à Naples, 332 ; est chargé d'aller prendre le roi d'Espagne à Barcelone pour le conduire à Naples, 390 ; reçoit ce prince sur sa flotte ; est fait grand d'Espagne, 401 ; revient de Toulon ; subit à Paris une grande opération, IV, 61 ; est nommé maréchal de France, prend le nom de maréchal de Cœuvres, 79 ; par quoi il fut favorisé dans cette nomination, 81 ; comment il devint riche, et usa de sa richesse, 83 ; sa capacité, son savoir, son esprit confus ; son caractère, 83 ; sa boiserie de Nanteuil ; son veau à l'engrais, 84 ; voy. *Cœuvres* (maréchal de) ; est nommé président du conseil de marine, XIII, 153 ; lit au conseil de régence un mémoire sur l'état de la marine et sur les déprédations des bois ; accuse de temps en temps le ministre Pontchartrain, 201 ; est grand d'Espagne, XVIII, 376.

ESTRÉES (le cardinal d'), ami de la princesse des Ursins, conseille de la choisir pour camarera-mayor de la nouvelle reine d'Espagne, III, 217 ; vient de Rome joindre le roi d'Espagne à Milan et le suit en Espagne, 434 ; ses brouilleries avec le cardinal Portocarrero, IV, 173 ; il se raccommode avec lui et tous deux se réunissent contre la princesse des Ursins, 173 ; il demande son rappel,

178; vient saluer le roi, comment il en est accueilli, 207; encourage les ministres à profiter de l'occasion qui se présente pour perdre la princesse des Ursins, 264; soutenu des ministres et des Noailles il demande pour son neveu un dédommagement de la satisfaction qu'il avait droit de prétendre de la princesse des Ursins, 265; est nommé par le roi abbé de Saint-Germain-des-Prés, 265; se mêle d'abord par ordre du roi de la constitution *Unigenitus*, s'en retire presque aussitôt; pourquoi, XI, 239; il meurt à 67 ans; ses abbayes; sa généalogie, 257; son père et sa mère, 259; son extérieur, son éloge, 260; ses ambassades, 262; bon mot de l'abbé de la Victoire sur son chapeau de cardinal, 263; ses distractions, 264; son aversion pour ouïr parler de ses affaires domestiques; anecdote plaisante à ce sujet, 265; ses plaisanteries, 267.

ESTRÉES (l'abbé d'), neveu du cardinal, est chargé d'aller à Madrid remplacer M. de Marsin auprès du roi, III, 134; après la retraite du cardinal son oncle, il reste à Madrid avec le caractère d'ambassadeur, IV, 178; est nommé membre de la nouvelle junte que la princesse des Ursins compose; son caractère; son esprit médiocre; ses mœurs dépravées; bon mot de son oncle sur son ambassade en Portugal, 209; dépendance où il se met de la princesse des Ursins; il lui souffle une dépêche qui est enlevée par elle à la poste et ouverte, 262; se plaint à sa cour de cette violation, 263; demande et obtient son rappel, 265; est nommé par le roi chevalier du Saint-Esprit, 267; est reçu dans l'ordre en rochet et en camail violet comme les évêques, 369; est nommé membre du conseil des affaires étrangères, XIII, 149; est nommé archevêque de Cambrai, 327; sa mort; son testament, XV, 300; son caractère, 301.

ESTRÉES (Mlle d') vieille fille et sœur du dernier duc d'Estrées, déclare son mariage avec d'Ampus gentilhomme provençal, XIX, 341.

ÉTAMPES (d'.), autrefois chevalier d'honneur de Madame, puis capitaine des gardes de Monsieur et chevalier de l'ordre, meurt dans un âge avancé; sa famille, XIV, 111.

ÉTATS GÉNÉRAUX de France; mode de nomination des députés qui y étaient envoyés, XII, 492; le tiers état figure à ceux de 1302,000; depuis quand ils sont connus, XVII, 195; ils n'ont dans l'État ni puissance ni autorité quelconque, 139.

EU (le comte d'), fils du duc du Maine, est exilé à Eu, XVII, 99.

EUGÈNE (le prince), attaque le quartier de Saint-Frémont logé à Carpi et le force à se retirer, III, 202; conçoit le dessein de surprendre Crémone; état de cette place, 350; mesures prises par le prince pour l'exécution de son dessein, 371; son désespoir de le voir échoué, 375; envoie le maréchal de Villeroy à Ustiano, puis le fait conduire à Gratz en Styrie, 376; écrit à M. de Vendôme pour se justifier du complot formé contre le roi d'Espagne, Philippe V, 410; le rencontre à Luzzara; combat opiniâtre dont le succès est incertain, 431; le prince est nommé par l'empereur président du conseil de guerre, IV, 186; se met en marche contre les mécontents de Hongrie, 188; amuse le maréchal de Villeroy et va joindre le duc de Marlborough, sans que le maréchal ait su prévoir ni arrêter sa marche, 304; tous deux arrivent dans la plaine d'Hochstedt, et font leurs dispositions pour livrer bataille, 305 et 306; le prince Eugène a peine à soutenir contre Marsin, 306; sa dureté envers les prisonniers français, 312; rentre en Bavière, reprend les places et met le pays et la famille électorale dans un triste état, 373; enlève aux environs de Lodi grand nombre d'équipages des officiers généraux français et quelques-uns de l'artillerie, V, 18; son armée est battue au combat de Cassano, 42 et suiv.; il arrive le lendemain de la bataille de Calcinato et rétablit promptement les affaires, 163; la négligence et l'opiniâtreté de M. de Vendôme lui facilitent les moyens de passer le Pô, 216 et suiv.; gagne la bataille de Turin, 236 et suiv.; entre dans cette ville; reprend toutes les places fortes du Piémont et de la Lombardie, 251; est déclaré gouverneur général du Milanais, 253; il entre dans le comté de Nice, VI, 86; arrive à Valette à une lieue de Toulon, 95; ferme un corps puissant sur la Moselle, et mécontente le duc d'Hanovre, 287; marche sur Maëstricht, 305; vient en Flandre, 308; il commande partout où il se trouve au combat d'Audenarde par courtoisie de M. de Marlborough qui avait une autorité entière, 320; loue beaucoup les troupes suisses devant le duc de Biron prisonnier; trait piquant lancé contre le roi; sa magnificence; respect profond de tous les officiers généraux pour le prince Eugène, 321; il escorte avec son armée un convoi immense qu'il conduit avec beaucoup de peine à l'armée de Marlborough, 375; il fait le siége de Lille, 380; est blessé à l'attaque du chemin couvert, 411; s'approche près de l'Escaut pour en favoriser le passage, s'en retourne à son siége, VII, 9; Honneurs qu'il rend et fait rendre au maréchal de Boufflers, après la capitulation de la citadelle de Lille, 19; au nombre des otages qu'il retient à Lille il demande Maillebois, fils aîné du ministre Desmarets; lui permet d'aller à la cour voir son père et d'y passer quelques jours, 20; investit Gand, 20; le prend par capitulation, 31; ainsi que Bruges et le fort de Plassendal; se rend à la Haye avec le duc de Marlborough; va à Vienne, 31; gagne avec le duc de Marlborough la bataille de Malplaquet; détails sur cette journée, 373 et suiv.; ce qu'il perd à la mort de l'empereur Joseph, IX, 182; mécontentement de son successeur contre lui, 182; il entreprend avec le duc de Marlborough d'aller assiéger Bouchain; passe l'Escaut, 438; se rend à Inspruck pour y saluer le nouvel empereur; froid accueil qu'il en reçoit; quelle en est la cause, X, 25; la paix faite il vit à Vienne de dégoûts; retourne en Hollande pour y mettre des obstacles à la paix; passe en Angleterre où il ne recueille que de la honte et du mépris, 26; il envoie un parti de 2000 chevaux faire des courses en Champagne; désordres et dégats qu'ils y font; assiége le Quesnoy qui capitule, 212; puis Landrecies, commet une lourde faute en s'éloignant de Marchienne, 213; lève le siége de Landrecies, 214; se rend à Rastadt pour traiter de la paix avec le maréchal de Villars, XI, 20; remporte une victoire complète sur les Turcs près de Salankemen, XIV, 30; il fait la conquête de Temesswar en Hongrie, 267; remporte une victoire sur les Turcs à Belgrade, XV, 62, 63; il se forme contre lui une cabale puissante qui est bientôt dissipée, XVII, 290.

ÉVÊQUES DE FRANCE; défense qui leur était faite depuis la Ligue de correspondre directement avec le pape; combien Louis XIV était jaloux de ce point, XVII, 327.

ÉVÊQUES D'ESPAGNE, lèvent des troupes à leurs dépens pour le roi Philippe V, et lui donnent des sommes considérables; envoient des prédicateurs dans leurs diocèses pour affermir les peuples dans leur zèle et leur fidélité, V, 190.

ÉVOCATIONS; enregistrement; droit de remontrances, V, 441.

ÉVRARD, chef d'escadre, est tué au combat de Malaga, IV, 329.

ÉVREUX (le comte d') achète de son oncle, le comte d'Auvergne, la charge de colonel général de la cavalerie; l'amitié du comte de Toulouse fait sa fortune, IV, 103; n'ayant ni de quoi payer sa charge ni de quoi vivre, il se mésallie en épousant la fille de Crozat, petit commis, puis caissier du clergé et enfin banquier, V, 377; à la mort de son oncle, il n'a ni son logement à Versailles ni le gouvernement du Limousin; son ressentiment contre MM. de Villars et Berwick, VI, 136; il prête serment de colonel général de la cavalerie et paye en argent blanc les valets de la chambre, ce qui cause un grand vacarme; pourquoi, 151; s'attache à M. de Vendôme, comptant par son secours sur une fortune rapide; 346; publie une lettre apologétique de la conduite de ce prince au combat d'Audenarde, et injurieuse pour M. le duc de Bourgogne, 346; le roi lui fait dire, par M. le comte de Toulouse, qu'il ne servira point, VII, 89; il demande au régent à entrer au conseil de guerre; à quelle condition; l'obtient, XIV, 31; il soulève les mestres de camp de cavalerie par le style de ses lettres; le régent termine cette affaire par un *mezzo termine*, XV, 343; il achète du duc d'Estrées le gouvernement de l'Ile de France, et du duc de Tresmes la capitainerie de Monceau, avec laquelle il désole le cardinal de Bissy, XVII, 283.

EXCELLENCE, titre prodigué en Espagne; à qui; méprise de Saint-Simon à cet égard, XIX, 23.

F

FABRONI, bourgeois de Pistoie; son esprit; son application au travail; poussé par les jésuites, il devient à Rome secrétaire de la congrégation de la Propagande, puis cardinal; il fait avec Daubenton la constitution *Unigenitus*, IX, 9. Voy. *Unigenitus*.

FAC-SIMILE de l'écriture de M. le duc de Saint-Simon, XVII.

FAGEL, général portugais, est battu et poursuivi par le duc de Berwick, IV, 290.

FAGON est nommé premier médecin du roi par le crédit de Mme de Maintenon, I, 109; ses connaissances variées; ses qualités; ses défauts, 110; son aversion pour le médecin Helvétius, III, 82; son attaque d'épilepsie dans la chambre du roi, 84; est taillé de la pierre par le chirurgien Maréchal, 337; gagné par le maréchal Tessé, il persuade au roi qu'il est nécessaire pour la santé de Maulevrier qu'il aille en Espagne; raisons véritables qui font demander cette permission, IV, 358; il tente un essai de médecine, jusqu'alors sans exemple, sur Mme de Pontchartrain, VI, 104; jugement qu'il porte sur le P. Le Tellier, confesseur du roi, lorsque ce jésuite est présenté au roi pour la première fois, VII, 54; sa conduite pendant la maladie et à la mort de Monseigneur, IX, 112 et suiv.; il dit nettement au roi, en présence de Mme de Maintenon, que la cause de la mort de Mme la Dauphine est le poison, X, 135; attribue la même cause à la mort du Dauphin, 139; se trompe opiniâtrément sur l'état de la santé du roi, XII, 312; et sur le régime qu'il lui fait suivre; 313; couche pour la première fois dans sa chambre, 315; lui propose enfin une assemblée des principaux médecins de Paris et de la cour, 322; il meurt retiré au Jardin du roi, XV, 299.

FAGON, maître des requêtes, fils du premier médecin du roi, est nommé intendant des finances, IX, 118; puis membre du conseil des finances, XIII, 148; est fait conseiller d'État surnuméraire, 186; reçoit ordre du régent de se trouver chez M. de Saint-Simon avec M. de La Force et Law, pour aviser ensemble à ce qu'il y a à faire pour arrêter les entreprises du parlement, XVI, 297.

FAISANS (Ile des), où se fait en 1722, l'échange des princesses futures épouses du roi de France et du prince des Asturies, XIX, 106; comment se fait cet échange, 110.

FALARI (Mme), aventurière fort jolie, et maîtresse de M. le duc d'Orléans, voit tomber ce prince à côté d'elle frappé d'apoplexie; son effroi, son embarras, XX, 70; elle se sauve le plus vite à Paris quand le secours est arrivé, 71.

FALKENSTEIN (le comte de), est fait prisonnier au combat de Calcinato, V, 162.

FANATIQUES du Languedoc et des Cévennes; leurs progrès, ils sont soutenus par les Hollandais et Génevois; les premiers leur fournissent de l'argent et des armes; les seconds leur envoient des prédicants, IV, 234.

FARE (La), voy. *La Fare*.

FARGUES, si connu dans les troubles de la Fronde et retiré dans sa maison de Courson près de Paris, accueille et traite honorablement des seigneurs de la chasse du roi égarés pendant la nuit, V, 59; cet acte d'hospitalité devient la cause de sa perte; comment, 59; extrait du Journal d'Olivier d'Ormesson relatif à l'affaire de Fargues, mis en regard de celui de Saint-Simon, V, 434; il est décrété par le premier président Lamoignon pour crime de meurtre; sa défense; il est condamné à mort et exécuté; ses biens sont donnés pour récompense à M. de Lamoignon, X, 60.

FARNÈSE (Maison), son origine; succession dans cette maison, XVII, 271; bâtards Farnèse; succession de ces princes, 272 et suiv.

FAUSSAIRES (Chambre établie contre les), séante à l'Arsenal; sa composition, V, 297; elle condamne à une prison perpétuelle de Bar, comme atteint et convaincu d'avoir fabriqué le cartulaire de Brioude fait en faveur de la maison de Bouillon, 325.

FAUTEUIL (Usage du), devant le roi et la reine en Espagne et en France; à qui il est réservé; historique à ce sujet, V, 395 et suiv.; les complaisances à cet égard ont mené à des excès, preuves, 398 et suiv.

FAVANCOURT, brigadier dans la compagnie des mousquetaires, est chargé de garder M. du Maine dans sa prison à Dourlens, XVII, 97.

FAYETTE (La), voy. *La Fayette*.

FÉLIX, premier chirurgien du roi, meurt en 1703, IV, 121.

FENELON (l'abbé de), son peu de fortune; son esprit insinuant, ses grâces, son savoir, son ambition; il quitte les jésuites pour suivre les jansénistes, I, 284; il abandonne ceux-ci pour s'attacher aux sulpiciens; leur devient cher; cherche toujours à se faire des connaissances et des amis, 284; voit Mme Guyon; se lie avec elle; est choisi par M. de Beauvilliers pour précepteur des enfants de France, s'applique à gagner entièrement la confiance de ce duc et de son beau-frère le duc de Chevreuse, 286; devient leur directeur de conscience; réussit presque autant auprès de Mme de

Maintenon; vante à tous trois Mme Guyon; la leur fait connaître; est nommé archevêque de Cambrai, 287; sous la direction de Mme Guyon, il conduit un petit troupeau de personnes distinguées que s'est fait cette dame; noms de ces personnes; le siége de Cambrai n'était point celui qu'elles désiraient pour l'abbé de Fénelon, mais celui de Paris qui devait bientôt vaquer, 287; l'évêque de Meaux sacre le nouveau prélat à Saint-Cyr, 288; pour s'assurer de Mme de Maintenon, l'archevêque de Cambrai cherche à supplanter l'évêque de Chartres, 303; il persuade à cette dame de faire entrer Mme Guyon à Saint-Cyr, 309; leur doctrine de spiritualité commence à se répandre dans cette maison, 310; Mme de Maintenon éclairée par l'évêque de Chartres chasse Mme Guyon et se refroidit pour l'archevêque, 311; Fénelon, pour fermer la bouche à M. l'évêque de Meaux, se confesse à lui, 424; répond à l'*Instruction sur les états d'oraison* par son livre des *Maximes des saints*; diligence qu'il met à le faire paraître, 425; pourquoi cet ouvrage déplaît à tout le monde, 425; l'auteur cherche un appui dans les jésuites et se décide à soumettre son livre au jugement de la cour de Rome, 427; se lie avec le cardinal de Bouillon, destiné à l'ambassade de Rome; leurs vues secrètes, 427; Fénelon part pour son diocèse et reste malade à six lieues de Versailles chez son ami Malézieux, 430; est obligé par le roi à souffrir que son livre soit examiné par des évêques; noms de ceux qui adhèrent aux sentiments des évêques de Meaux et de Chartres, soit par conviction, soit par des motifs personnels, 433; dégoûts qu'éprouve M. de Fénelon; le roi lui défend d'aller à Rome pour y soutenir son livre; sa lettre au pape produit un bon effet dans le public, 436; il reçoit ordre de se retirer dans son diocèse; en partant pour Cambrai il laisse une lettre adressée à un ami, laquelle est fort courue, mais n'est point approuvée, 437; sa réponse aux *États d'oraison* de M. de Meaux ne détruit point le succès qu'a obtenu ce livre, II, 176; il fait tous les jours quelque nouvel ouvrage pour éclaircir et soutenir ses *Maximes des saints*; M. de Cambrai et MM. de Meaux et de Chartres se traitent avec aigreur, 263; le livre des *Maximes* est condamné par le pape; ceux qui le liront et le garderont chez eux sont excommuniés, 265;

M. de Cambrai, en apprenant cette nouvelle, monte en chaire, rétracte ses opinions; publie ensuite un mandement où il condamne lui-même son livre, 265; assemble ses suffragants comme le font, par ordre du roi, tous les métropolitains de France, pour prononcer sur la condamnation de son livre; répond avec modération à l'évêque de Saint-Omer, sa conduite dans son diocèse jusqu'à la mort de Monseigneur le fait aimer et adorer de tous; ses qualités; ses vertus; son *Télémaque*; ce que M. de Noailles en pense; ses visites pastorales; ses occupations; son hospitalité, IX, 289; ses soins pour parvenir aux premières places; son union avec les jésuites; ses écrits dogmatiques, 290; il vient à bout de se concilier le curé de Saint-Sulpice, directeur de Mme de Maintenon; il laisse vivre en paix dans son diocèse les jansénistes qu'il combat avec sa plume, 291; à la mort de Monseigneur son petit troupeau conçoit de grandes espérances pour son retour; le dévouement des ducs de Chevreuse et de Beauvilliers pour Fénelon les retient à la cour et devient le mobile de leur conduite intérieure, 292; noms de quelques autres personnes attachées au petit troupeau, 294; la ville de Cambrai devient la seule route de toutes les différentes parties de la Flandre, 298; conduite adroite et sage de Fénelon envers tous ceux qui viennent le visiter, 299; le roi ni Mme de Maintenon ne témoignent rien de ce concours, 299; ambition de M. de Cambrai; son esprit porté à la domination; pourquoi il craint M. de Saint-Simon, XI, 199; sa mort; digression intéressante sur cet homme célèbre, 436 et suiv.

FÉNELON, frère de l'archevêque de Cambrai et exempt des gardes du corps, est cassé par cela seul qu'il est frère de l'archevêque, II, 127.

FÉRIOL, est envoyé ambassadeur à Constantinople, II, 313; il se brouille avec le grand visir; à quel sujet, VI, 437; un aga vient en France de la part de la Porte pour se plaindre de la hauteur de Fériol, 438.

FERRANT, capitaine au régiment du roi, se bat en duel avec Girardin, capitaine au régiment des gardes; il perd son emploi, XIII, 304.

FERRARI (le cardinal), meurt à Rome; sa vertu et son savoir, XIV, 49.

FERREIRO, ambassadeur de Savoie, persuade aux autres ambassadeurs invités à aller au camp de Compiègne de prétendre le *pour*; débats à ce sujet; le roi tient ferme et les ambassadeurs ne vont point au camp, II, 185; le roi en témoigne son dépit; ce que c'est que le *pour*, 186.

FERTÉ (La), voy. *L Ferté*.

FERVAQUES (M. de), gouverneur du Maine et du Perche, meurt en revenant de Bourbon; son gouvernement est donné à son frère aîné, M. de Bullion, II, 117.

FERVAQUES, fils de Bullion, épouse la fille de la marquise de Bellefonds, VI, 202; il quitte le service, le roi l'en punit par la bourse, IX, 33; obtient le gouvernement du Perche et du Maine, XIII, 184.

FEUDATAIRES (Grands), premiers seigneurs qui eurent d'autres feudataires sous eux, XI, 274; les simples feudataires jugeaient avec leurs pareils les contestations entre leurs vassaux; les grands feudataires assemblés avec le roi jugeaient les causes les plus considérables, 277 (voy. *Pairs de France*); Ces mêmes grands feudataires formaient aussi les assemblées purement civiles, 281.

FEUILLADE (La), voy. *La Feuillade*.
FEUILLÉE (La), voy. *La Feuillée*.

FEUQUIÈRES, lieutenant général, ne peut obtenir d'aller servir en Italie; pourquoi; ses talents pour la guerre; sa malice; preuves qu'il en donne dans plusieurs occasions; ses Mémoires; il passe le reste de sa vie pauvre, obscur et abhorré, III, 381, 382; sa mort; ses qualités, ses défauts, sa famille, IX, 43.

FEUQUIÈRES (Mlle de), fille unique de la dame d'honneur de Mme la princesse de Conti, est mariée à Boisfranc qui se fait appeler Soyecourt; richesse de celui-ci, XVII, 386; pauvreté de Mlle de Feuquières; ce mariage est malheureux; Soyecourt meurt en Italie au grand soulagement de sa femme et de ses enfants, 387.

FEUX d'artifices donnés à Madrid à l'occasion du mariage du prince des Asturies; leur description; les nôtres ne sont rien en comparaison, XIX, 198, 201.

FEVERSHAM (le comte de), passe pour avoir épousé la veuve de Charles II; sa fortune depuis ce mariage; il défait le duc de Montmouth et reçoit l'ordre de la Jarretière; sa mort, V, 49.

FIDÉICOMMIS, précaution nouvelle prise par le parlement de Paris contre les *fidéicommis*, XII, 54.

FIEFMARCON, obtient la lieutenance générale du Roussillon, par la protection des Noailles, X, 361.

FIEFS, ce qu'étaient les fiefs au commencement de la monarchie, XI, 274 et suiv.; pourquoi on les mit ensuite dans le commerce; ce qui les fit passer aux femmes, sans égard pour la loi salique, 277; les rois, en augmentant d'autorité, parviennent à abolir le service des fiefs en réduisant la milice à l'état de levées, de solde et de distribution par compagnies, 280.

FIENNES, lieutenant général des troupes de France, commandant l'aile gauche de l'armée d'Espagne dans un combat où l'armée de Portugal est défaite, VII, 211; sa mort, XIII, 421.

FIESQUE (le comte de), sa dispute avec M. le Duc sur un point d'histoire, le prince lui jette une assiette à la tête et le chasse de sa table et du logis, III, 334; leur raccommodement, 335; généalogie du comte de Fiesque, VI, 438; son caractère; son esprit; ses jolis vers; sa chanson sur Bechameil; comment les Génois lui payent 100 000 écus, 439; sa mort; sa sœur, abbesse de Notre-Dame de Soissons, 439.

FIESQUE (la comtesse de), meurt dans une extrême vieillesse; deux traits qui la caractérisent, II, 321; son mari; son père, 322.

FIEUBET, conseiller d'État; son esprit; ses belles manières; son aventure avec Courtin, IV, 220, 221; il meurt aux Camaldules de Gros-Bois; causes de sa retraite dans ce lieu, 221.

FIGUERROA *de Cordoue* (le marquis de), fils de la sœur aînée du duc de Medina-Celi, succède aux titres et aux biens de son oncle, IX, 71.

FILIPUCCI, savant jurisconsulte, promu au cardinalat, refuse le chapeau, V, 113.

FIMARCON, colonel de dragons, se bat avec avantage contre les ennemis prêts à surprendre Crémone, III, 375.

FITZGÉRALD, maréchal de camp, est tué au combat d'Audenarde, VI, 318.

FITZJAMES (le duc de), fils aîné du duc et de la duchesse de Berwick, épouse la fille aînée du duc de Duras, XVII, 452; il meurt peu d'années après, 452; XVIII, 208.

FLAMARENS (De), épouse une fille de

M. de Beauvau, frère de l'évêque de Nantes, XIV, 413.

FLÉCHIER, évêque de Nîmes. meurt fort vieux et fort regretté de son diocèse, VIII, 116.

FLEURY (l'abbé), autrefois sous-précepteur des fils de Monseigneur, est nommé confesseur du roi, XIV, 106; son éloge; son *Histoire ecclésiastique*; il consent avec peine à ce choix, 106 et suiv.; meurt à 83 ans; son caractère, XX, 1, 2.

FLEURY (l'abbé), fils du receveur des décimes du diocèse de Lodève; plaît par sa bonne mine au cardinal Bonzi; est fait chanoine de l'église de Montpellier, puis aumônier du roi; son caractère souple et insinuant, 225; il se fait des protecteurs puissants; M. l'archevêque de Paris demande pour lui l'évêché de Fréjus et l'obtient du roi avec beaucoup de peine, 226; Fleury rend de grands honneurs au duc de Savoie, et trouve mauvais que M. de Torcy ne l'ait pas caché au roi; cultive toujours depuis M. le duc de Savoie, VI, 86; son aveugle confiance pour ce prince lorsqu'il est devenu premier ministre, 87; comment il est tour à tour trompé par M. de Savoie, par l'Angleterre, par l'empereur, par M. de Lorraine, par la Hollande; preuves historiques, 88 et suiv.; il aspire à être précepteur du jeune Dauphin, par le crédit de Mme de Dangeau et de Mme de Lévi, XI, 447; quitte l'évêché de Fréjus et accepte l'abbaye de Tournus; dans son mandement d'adieu, il s'élève contre le P. Quesnel et sa doctrine, 448; voue une haine implacable aux jansénistes, 449; il dit pontificalement la messe devant le roi le jour de la Toussaint, sans en avoir demandé la permission ni fait la moindre civilité, selon le droit et la coutume, au cardinal de Rohan, XIV, 105; entre dans le carrosse du roi en qualité de précepteur; les sous-gouverneurs y entrent avec lui, XV, 67; avec quelle autorité absolue il gouverne pendant son long ministère; sa vie avant d'arriver au timon des affaires, XVI, 261 et suiv.; sa retraite à Issy; comment il est rappelé par le roi, 263; son désintéressement personnel et sa simplicité poussés à l'excès, 265; sa facilité à se laisser séduire par les louanges et les protestations, 266; comment il est gouverné par les ministres anglais en croyant les gouverner lui-même, 267 et suiv.; curieuse déclaration de Vitte-ment sur l'abbé Fleury, XVII, 201; son éloignement pour le régent et pour l'abbé Dubois; il fait tous ses efforts pour inspirer au roi la haine qu'il a pour ce dernier; mais il est plus réservé à l'égard de M. le duc d'Orléans, XVII, 360; ne songe qu'à s'attacher le roi de plus en plus et y réussit; sa conduite à l'égard du maréchal de Villeroy et à l'égard du régent, 195 et suiv.; il refuse l'archevêché de Reims que lui offre le roi et que le régent le presse d'accepter, 197; résiste également aux instances de M. de Saint-Simon à ce sujet, 200; accepte avec peine l'abbaye de Saint-Étienne de Caen, 201; son ingratitude envers la famille de Castries, 202; il refuse de favoriser la nomination de l'abbé de Castries à l'archevêché de Reims, 203; il disparaît après le renvoi du maréchal de Villeroy, XIX, 349; est ramené à Versailles; comment il est reçu par le régent, 351; comment il se justifie du reproche d'ingratitude dont le maréchal de Villeroy l'accuse, 354; il cherche à éteindre dans l'esprit du roi les funestes idées que son gouverneur lui avait inspirées, 356; comment il reçoit le conseil que lui donne M. de Saint-Simon de prendre ses mesures pour remplir la place de premier ministre à la mort prochaine de M. le duc d'Orléans; leur entretien sur ce sujet, 421 et suiv.; averti de la mort de ce prince, il conseille au roi de déclarer M. le Duc premier ministre et de lui en faire prêter le serment; ce qui est exécuté, 71.

FLORENSAC (Mme de), meurt à 35 ans, la plus belle femme de France; sa famille; son caractère, V, 20; fut exilée pour Monseigneur dont l'amour commençait à faire du bruit; sa fille, belle comme elle, devient duchesse d'Aiguillon, 21.

FLOTTE, aide de camp de confiance du duc d'Orléans, est envoyé en Espagne par ce prince pour en faire revenir ses équipages et porter des protestations; son caractère; il arrive à Madrid; y cherche en vain Renaut, secrétaire du duc, VII, 306; va à l'armée; au bout de trois semaines il prend congé du maréchal Besons; en obtient une escorte et un commissaire des vivres; leurs inquiétudes pendant le chemin, 307; ils sont arrêtés par deux gros escadrons; leurs paquets sont saisis; note sur son arrestation et sur celle de Renaut, VII, 458; Flotte est envoyé, sous escorte, au marquis d'Aguilar, 306, 458 ; est mis en liberté, XII, 37 ; reçoit ordre de M. le duc d'Orléans d'aller remercier à Madrid le roi et la reine ; revient en France et obtient du duc une pension, 38.

FLOTTE D'ESPAGNE, équipée par Philippe V et Albéroni ; inquiétudes et agitation que cause dans les cours de l'Europe la destination de cette flotte, XV, 85 et suiv. ; Philippe publie un manifeste dans lequel il annonce l'intention de tourner ses armes contre la Sardaigne, 91 ; intérêts et conduite des différentes cours, 92 et suiv. ; la flotte arrive devant Cagliari ; le marquis de Lede qui la commande fait sommer le vice-roi pour l'empereur, 101.

FOIX (De), fils de la comtesse de Fleix, devient duc et pair, I, 70 ; est nommé par le roi otage de la paix conclue avec le duc de Savoie, 350 ; meurt à 73 ans ; en lui s'éteint sa maison ; son extérieur ; ses manières douces et agréables ; la duchesse de Foix fut de même humeur que lui ; généalogie des comtes de Foix, XI, 47 ; ils n'ont jamais prétendu au titre de prince quoique avec plus de droits que d'autres, 48 ; M. de Foix est généralement regretté, 49.

FOIX (la duchesse de), meurt regrettée de tout le monde ; ses grâces et sa gentillesse quoique bossue, son caractère, VIII, 116.

FOIX (Mlle de), tante paternelle du duc de Foix, meurt dans ses terres d'où elle n'avait jamais voulu sortir et où elle avait vécu en grande dame, V, 193.

FOLARD (le chevalier), consent à passer au service d'Espagne, mais veut faire des conditions, XVI, 325.

FONTAINE (La), voy. *La Fontaine*.

FONTAINEBLEAU. Mémoire des dépenses qu'y a faites Louis XIV jusqu'en 1690, XII, 518.

FONTAINE-MARTEL (le comte de), est nommé premier écuyer de la duchesse de Chartres, I, 26 ; sa famille ; à quoi il dut cette charge de premier écuyer, 30 ; il meurt rongé de goutte, V, 204.

FONTAINE-MARTEL (Mme de), femme du premier écuyer de Mme la duchesse d'Orléans, travaille à rapprocher M. de Saint-Simon de M. le duc d'Orléans, et y réussit ; caractère de cette dame, III, 424 et suiv.

FONTANIEU, garde-meuble de la couronne, a ordre du régent par M. de Saint-Simon de tout préparer pour un lit de justice aux Tuileries ; détails sur la visite qu'il reçoit à ce sujet, XIV, 308 et suiv.

FONTENELLE, est chargé de la composition du manifeste qui doit précéder la déclaration de guerre à l'Espagne, XVII, 119.

FONTPERTUIS, accompagne M. le duc d'Orléans en Espagne ; plaisante anecdote à son sujet, VI, 181 ; son caractère ; par quoi il plaît au prince, 182.

FORBIN, se signale à la mer par plusieurs prises de vaisseaux anglais et hollandais, VI, 84 ; est choisi pour commander l'escadre destinée pour l'Écosse, 190 ; seconde puissamment Middleton qui est d'avis de retourner en France, 197 ; obtient une pension de 1000 écus et une gratification de 10 000 francs, 198 ; il empêche avec le chevalier de Langeron 14 bataillons ennemis de porter du secours à Leffingue, 419.

FORCADEL (Mlle), favorite de Mme la duchesse de Berry, est mariée par cette princesse à M. de Mouchy, X, 266. Voy. *Mouchy*.

FORCE (La), voy. *La Force*.

FORÊT (La), voy. *La Forêt*.

FORGATZ (le comte de), un des chefs des mécontents de Hongrie, entre en Moravie à la tête de 30 000 hommes ; défait 4000 Danois et 6000 hommes des pays héréditaires ; défait encore le général Heister et répand la consternation dans Vienne, IV, 302 ; assiège Hermannstadt, IV, 15.

FORNAO, prétendu duc sicilien, est amené en France par M. de La Feuillade ; est accusé d'avoir empoisonné sa femme ; sert de gouverneur au fils de M. de La Feuillade ; passe ensuite chez M. de La Rochefoucauld ; ses talents pour le dessin ; ses connaissances en architecture ; il va à Marly ; le roi le consulte ; est chassé de chez M. de La Rochefoucauld comme délateur ; est pensionné par le roi, VIII, 167 ; rapporte au roi un propos tenu par M. l'évêque de Metz contre les dépenses faites pour la chapelle du château 168.

FORTIN DE LA HOGUETTE, archevêque de Sens, refuse l'ordre du Saint-Esprit que le roi veut lui donner ; son motif, III, 151 ; lettre du roi, 152 ; réponse du prélat, 152 ; propos de M. de Marsan au roi sur ce refus, 153 ; est fait conseiller d'État d'Église, IV, 256 ; sa mort ; son éloge, XIII, 308.

FORTS (Des), voy. *Des Forts*.

FOUCAULT, conseiller d'État, obtient du roi la permission de donner à son fils l'intendance de Caen ; son goût pour les médailles, V, 200 ; extraits de son journal inédit, XV, 456 ; sa mort, XVIII, 134 ; son caractère ; son amitié avec le P. La Chaise, 134.

FOUILLOUX (Bénigne de Meaux du), voy. *Alluye*.

FOUQUET, surintendant. Récit officiel de son arrestation rédigé par ordre de Colbert, XII, 493 ; causes de sa disgrâce, son procès, XIV, 465. Voy. *Belle-Ile*.

FOUQUET (Mme), veuve du surintendant, meurt dans une grande retraite et dans une grande piété, XIV, 112 ; sa famille, 112.

FOUQUET, évêque d'Agde, fort riche en bénéfices ; meurt en exil, à Agde, après avoir souvent changé de lieu, III, 386.

FOURBIN (le chevalier de), maréchal des logis de la cavalerie, est tué au combat de Cassano, V, 43.

FOURCY (Mme de), femme du prévôt des marchands et fille du chancelier Boucherat, sert Mme la Dauphine debout derrière elle au dîner que le roi fait à l'hôtel de ville, VI, 115.

FOURILLE, ancien capitaine aux gardes et aveugle, meurt fort estimé ; son caractère ; sa pension est donnée à sa veuve, XVII, 440.

FRANGIPANI (le comte de), beau-frère du comte de Serin et un des principaux chefs de la révolte hongroise, est enfermé à Vienne avec lui ; dans l'espoir d'avoir sa grâce et d'obtenir les charges de son beau-frère, il n'oublie rien pour le perdre, X, 297.

FRÉDÉRIC III, électeur de Brandebourg, après s'être rendu nécessaire à l'empereur, se déclare roi de Prusse et s'établit à Kœnigsberg, III, 49 ; se fait adjuger provisionnellement la principauté de Neuchâtel, VI, 65, 66 ; sa mort ; il servit puissamment l'empereur en toute occasion ; il mourut avant d'être reconnu roi de Prusse par la France et l'Espagne, X, 436.

FRÉDÉRIC Ier, roi de Prusse, aussitôt après la mort de l'électeur palatin, se rend à Clèves ; ce voyage inquiète également les États généraux et la cour de Vienne, XIII, 456 ; sa légèreté, son inconstance, sa timidité ; il attire grand nombre d'ouvriers français dans le Brandebourg, XIV, 76 et suiv. ; pourquoi il devient le plus mortel ennemi du roi d'Angleterre ; il tâche d'affaiblir l'union nouvellement resserrée entre lui et le régent de France, 240 ; sollicite le régent d'engager promptement une négociation pour la paix entre eux et la Suède, XV, 2 ; l'avertit de se défier du roi d'Angleterre ; fait savoir au czar qu'ils ne doivent compter ni l'un ni l'autre sur l'empereur, 3 ; lui fait communiquer l'avis qu'il a reçu des dispositions de l'empereur concernant les troupes moscovites dans le Mecklembourg, et ses soupçons des desseins secrets du roi d'Angleterre de joindre à ses troupes celles de Danemark, 3, 4 ; ses intentions sont également suspectes à Vienne et à Londres ; pourquoi, 73 ; il presse vivement le régent d'agir pour la paix du nord, 227 ; à quelle condition il veut traiter avec la Suède, 73 ; sollicite les offices du roi d'Angleterre auprès de cette puissance, 107 ; sa réconciliation avec ce prince ; il lui proteste qu'il ne se départira point de son union avec les puissances du nord pour forcer la Suède à une paix raisonnable, pourvu qu'on ne veuille pas traiter sans lui ; malgré ses protestations il ne perd point de vue sa paix particulière avec la Suède, 121 ; quelle réponse il reçoit à cet égard du général Poniatowski, 122 ; il entre dans le projet du czar dont il se défie, 170 ; offre à l'envoyé Gœrtz 100 000 écus pour aplanir les difficultés des négociations, 171 ; irrité de son infidélité, il ne songe plus qu'à se lier intimement avec le czar ; il exhorte le régent à penser sérieusement à former un parti dans l'empire capable de borner l'autorité de l'empereur, 172 ; mouvements qu'il se donne ; son caractère ; sa situation difficile, 209 ; il tremble devant l'empereur, et déclame et propose tout contre lui, en parlant à la France, 210 ; combien il est sensible aux attentions du czar, 429 ; il essaye d'engager le régent à prendre avec lui des mesures sur les affaires de Pologne, 430 ; ses défiances des ministres anglais et hanovriens, 431 ; son envoyé à Paris l'entretient des bonnes dispositions où lui paraissent pour lui ceux qui sont à la tête des affaires, 432.

FRÉDÉRIC, prince royal de Danemark, voyage en France incognito ; s'arrête longtemps à Montpellier ; y devient amoureux d'une dame que Broglio, commandant en Languedoc, aimait aussi ; Broglio lui manque de respect et est suspendu de son commandement ; demande pardon au prince qui obtient son rétablissement, VII, 36 ; comment le prince Frédéric est reçu par le roi et par Monseigneur, et traité par Monsieur et Madame, 37 ; devenu roi de Danemark, il épouse sa maîtresse, la duchesse de Sleswig, dix-huit jours après la mort de la reine sa femme, XVIII, 141.

FRESELIÈRE (La), lieutenant général, meurt à 80 ans, servant encore avec toute la vigilance d'un jeune homme et une capacité très-distinguée, III, 400.

FRESELIÈRE (La), fils du précédent, est mis à la Bastille ; pourquoi ; le maréchal de Boufflers obtient du roi qu'il aille servir sous lui à Lille, VI, 377.

FRESNEL, épouse la fille de Le Blanc, membre du conseil de guerre, XV, 413.

FRETTE (La), voy. *La Frette.*

FRETTEVILLE, dépêché au roi par le comte de La Mothe, lui apprend la reddition de Bruges, VI, 308.

FRIAS (don Joseph-Fernandez de Velasco, duc de), connétable de Castille, vient en France en ambassade extraordinaire pour remercier le roi de l'acceptation du testament de Charles II ; paraît avec une grande splendeur ; reçoit du roi un présent considérable, III, 71 ; est nommé capitaine d'une des deux compagnies espagnoles des gardes du corps, IV, 210 ; s'abstient de suivre le roi à l'armée ; pourquoi, 275 ; est nommé majordome-major, V, 54 ; remet la croix de Saint-Jacques avec une commanderie de 20 000 livres de rente et demande la Toison qu'Aguilar a quittée, 74 ; sa mort, X, 315.

FRIAS *Velasco*, dernier des connétables de Castille, grand d'Espagne ; historique sur sa maison, XVIII, 376.

FRIGILLIANE (le comte de), père du marquis d'Aguilar, est nommé membre du conseil du cabinet, VII, 335 ; est fait chef du conseil des Indes, XII, 36.

FRISE (le comte de), est fait prisonnier à la bataille de Spire et renvoyé à Landau, dont son père était gouverneur, pour lui apprendre la vérité sur cette bataille, IV, 202.

FRONSAC (le duc de), fils du duc de Richelieu, reste neutre dans l'affaire de d'Antin, IX, 62 ; épouse la fille de feu M. de Noailles ; sa gentillesse ; il devient la coqueluche de la cour, 73 ; est renfermé à la Bastille trois mois après son mariage, 73 ; son père paye ses dettes et le fait sortir de prison, IX, 204 ; il apporte au roi la nouvelle de la capitulation du château et des forts de Fribourg ; reçoit 12000 livres et un logement à Marly, XI, 20. Voy. *Richelieu* (duc de).

FRONTENAC (le comte de), gouverneur général à Québec, gagne la confiance des sauvages ; sa famille ; sa femme ; il est envoyé deux fois à Québec et y meurt, II, 270.

FRONTENAC (Mme de), meurt fort vieille à l'Arsenal ; son amitié avec Mlle d'Outrelaise ; on les appelait toutes deux *les divines* ; pourquoi, V, 335 ; origine de Mme de Frontenac ; son mari ; elle laisse le peu de bien qu'elle a à Beringhen, premier écuyer, 336.

FUENSALIDA *Velasco* (le comte), grand d'Espagne ; sa famille, XVIII, 453.

FURSTEMBERG (le prince de), meurt en Allemagne, gouverneur de l'électorat de Saxe, XIV, 54.

FURSTEMBERG (la princesse de), sa mort ; de qui elle était fille ; sa beauté ; son caractère aimable ; sa naïveté plaisante, IX, 420 ; sa liaison avec la duchesse de Foix ; anecdote ; comment elle avait obtenu le tabouret, 420.

FURSTEMBERG (le cardinal de), évêque de Strasbourg ; son portrait physique ; sa capacité ; sa famille, sa détresse au milieu d'immenses revenus, II, 391 ; son attachement pour la comtesse de Fürstemberg ; il est gouverné par elle, 394 ; est gagné par Mme de Soubise et par le roi pour assurer à l'abbé de Soubise la coadjutorerie de Strasbourg, 395 ; marie une fille de son neveu avec le prince d'Isenghien, 400 ; sa mort, IV, 255.

G

GABARET, chef d'escadre, a une cuisse emportée au combat de Malaga et meurt peu de jours après, IV, 330.

GACÉ, prend Huy qui est reprise par les ennemis, V, 36 ; obtient pour son troisième fils le régiment de cavalerie qu'avait son second fils tué à Lille, 337 ; est nommé lieutenant général pour commander l'expédition d'Écosse ; reçoit des lettres patentes d'ambassadeur extraordinaire auprès du roi d'Angleterre Jacques III, VI, 193 ; est déclaré maréchal de France à Dunkerque ; prend le nom de Matignon, 198. Voy. *Matignon* (le maréchal).

GACÉ, fils du maréchal Matignon, se marie à la fille du maréchal de Châteaurenaud ; sur la démission de son père il obtient le gouvernement de la Rochelle et pays d'Aunis, VIII, 113; se bat en duel avec le duc de Richelieu, XIII, 344; ils sont décrétés d'ajournement personnel par le parlement et envoyés à la Bastille par le régent; suite de cette affaire, 344, 345.

GACÉ (Mme), passe sa vie fort renfermée chez elle; sa vertu; sa laideur; ses deux fils; sa mort, V, 195.

GAETANO, lieutenant général, enlève à Falcete 1200 hommes de pied, 400 chevaux et 1000 miquelets, VI, 303.

GAILLARD (le P.), jésuite, fait à Notre-Dame l'oraison funèbre de Harlay, archevêque de Paris, I, 291; prêche contre la doctrine des quiétistes; est soupçonné dans sa société de n'en porter que l'habit, 431.

GALLAS, ambassadeur de l'empereur à Rome, se plaint au pape des préparatifs du roi d'Espagne contre l'Italie; ses menaces, XV, 86; il demande que le pape se justifie par des déclarations publiques, 102; nouvelles menaces au pape concernant une correspondance de Cellamare avec Ragotzi et la Porte, XVI, 120.

GALLOWAY (milord), voy. *Ruvigny* (M. de).

GALLOWAY (le comte de), fils de M. de Ruvigny, s'attache au service du prince d'Orange; se montre ingrat envers le roi de France; ses biens sont confisqués, I, 412; commande les Anglais qui sont dans l'armée portugaise; rejette sur le comte de Saint-Jean, général de cette armée, la perte qu'elle éprouve de la part de l'armée espagnole, VII, 211.

GAMACHES, est nommé par le roi pour être auprès de Mgr le duc de Bourgogne; son ignorance, II, 330; est nommé pour accompagner à l'armée Mgr le duc de Bourgogne, III, 412; après la campagne de Flandre, il se retire chez lui pour éviter les questions importunes; reproche souvent aux ducs de Bourgogne et de Berry leurs enfantillages, VII, 17; traits de saillies qu'il leur adresse; ils ne sont pas mal reçus, mais ne servent à rien, 18.

GAMACHES (Mme de) meurt à plus de 80 ans; son esprit; son amabilité; son intimité avec Mme de Longueville et la princesse de Conti-Martinozzi, IV, 382.

GAMACHES (l'abbé de), est nommé auditeur de rote; son savoir; son ambition, II, 136; il vise au cardinalat;

traverse les agents secrets de l'abbé Dubois; est rappelé; refuse d'obéir et soutient qu'il ne peut être révoqué, XVII, 453; refuse l'archevêché d'Embrun et déclare qu'il ne veut quitter Rome ni la rote, 455; ce que c'est que la rote, 455; l'abbé de Gamaches se brouille avec le cardinal de Polignac, chargé des affaires du roi à Rome, 456; sa mort met fin à tous ses grands projets, 457.

GANDIE Llançol dit *Borgia* (duc de), grand d'Espagne; historique sur sa maison; son caractère, XVIII, 377 et suiv.

GANGE (Mme de) est aimée du cardinal Bonzi, archevêque de Narbonne; cet amour est utile à son mari; elle est accusée de s'enrichir des déprédations du cardinal, IV, 136; est exilée par une lettre de cachet, 137.

GARDE *du roi d'Espagne* en 1722; sa composition; noms des capitaines, XIX, 5.

GARNACHE (Mlle de La), voy. *Rohan* (Mlle de).

GARSAULT, intendant des haras du roi à Saint-Léger, meurt d'une mort tragique, II, 279.

GARUS, auteur d'un élixir, est mandé chez la duchesse de Berry mourante; fait prendre de son élixir à la malade qui se trouve un peu soulagée; sa colère contre le médecin Chirac, qui, par un purgatif, a détruit l'effet du remède et mis la princesse à l'extrémité, XVII, 228.

GASSION, petit-neveu du maréchal de Gassion, épouse une fille d'Armenonville, VI, 202; défait, auprès de Douai, 12 bataillons et 10 escadrons des ennemis, IX, 314; il meurt gouverneur de Mézières à 73 ans; ses services; son caractère ardent et ambitieux; son neveu, XI, 22; sa généalogie, 22.

GAUTHIER (l'abbé), un des négociateurs de la paix d'Utrecht, meurt dans le château neuf de Saint-Germain avec des pensions et une bonne abbaye, XVII, 473; sa modestie; sa simplicité, 473.

GAVAUDAN, aide de camp du comte de La Mothe, apporte au roi la nouvelle de la capitulation de Gand; le roi ne veut pas le voir, VII, 31.

GENLIS, maréchal de camp, est nommé directeur général des troupes en Catalogne, I, 225; est envoyé par M. de Noailles directement au roi, pour lui faire sentir la nécessité de faire le siége de Barcelone ; gagné par le ministre Barbezieux, il trahit M. de Noailles en disant au roi le contraire de ce qu'il est chargé de lui expliquer, 227.

GENTILHOMME *de la chambre* (premier), les princes n'en avaient point ; tous en ont un maintenant; depuis quand cette nouveauté, XVII, 259.

GEORGES, *électeur de Hanovre*, appelé à la couronne d'Angleterre, fait son entrée à Londres; change tout le ministère de la reine Anne ; en prend un tout opposé, XI, 225; il propose aux Hollandais de fortifier et de rendre plus nombreuse la garantie de la succession au trône de la Grande-Bretagne dans la ligne protestante, et de s'expliquer sur l'alliance défensive à faire entre l'empereur, l'Angleterre et les États généraux ; réponse de ceux-ci, XIII, 402 ; ses États d'Allemagne l'occupent bien autrement que l'Angleterre ; c'est pourquoi il veut plaire à l'empereur, 405 ; il envoie 20 vaisseaux presser la reddition de Wismar, 405 ; déclare qu'il est disposé à former de nouvelles alliances avec le roi d'Espagne, et à renouveler toutes les alliances précédentes, 406; il projette de rendre le parlement septennal, 407 et de faire un voyage à Hanovre, 445 ; fait passer au parlement le bill qui le rend septennal, 449; entretient les alarmes de sa nation contre la France, 449 ; son aversion pour le prince de Galles, son fils, 461; son inquiétude sur les desseins du roi de Prusse; son départ est retardé par la disgrâce du duc d'Argyle que le prince de Galles soutient, 461 et suiv.; il consent à rendre Gibraltar à l'Espagne; moyen qu'il propose pour faire savoir au roi d'Espagne, à l'insu de la reine et de son ministre, ses intentions à cet égard, XIV, 55 et suiv.; son voyage en Allemagne, 73, 74 ; ses précautions contre le prétendant, 145; il refuse de donner une de ses filles au prince de Piémont, par ménagement pour l'empereur, 146; il revient à Londres sans s'arrêter en Hollande; raisons qui le déterminent à faire son traité avec la France, 219 ; comment ce traité est jugé en Angleterre ; divisions qui régnent dans ce pays, 220 ; premiers soins du roi en arrivant à Londres, 238 ; son inquiétude sur le voyage du czar à Paris; il déclare au parlement qu'il réforme 10 000 hommes, XV, 4 ; ses embarras au dedans et au dehors, 16; il veut engager l'empereur dans l'alliance; ses raisons pour le ménager en opposition avec les sentiments des Anglais, 70 ; ses ministres travaillent à faire entrer l'empereur dans l'alliance et désirent y voir entrer aussi le roi d'Espagne, 71; discussion au sujet des subsides que l'Angleterre reste devoir pour la dernière guerre, 73; dissensions à la cour, 204 ; inquiétude du roi sur l'entreprise de la flotte d'Espagne, 83; il se met en état d'employer ses vaisseaux suivant les mouvements de ceux de l'Espagne ; peu d'affection des Anglais pour lui, 97; sa conduite envers l'empereur et le régent; sur quoi elle est motivée, 105; il travaille à préparer de loin la cour d'Espagne à concourir au traité qu'il se propose de faire entre l'empereur et cette couronne; presse le régent de s'unir étroitement avec l'empereur, 108; pourquoi lui et ses ministres allemands haïssent le roi de Prusse et ses ministres Ilgaen et Kniphausen, 109; pourquoi il se croit intéressé à pacifier l'empereur et l'Espagne, en procurant des avantages au premier, 123 ; sa haine pour son fils, 157; ses ministres lui font sentir la nécessité de s'attacher les principales puissances de l'Europe, pour s'assurer contre de nouvelles entreprises du prétendant, 173 ; il promet d'appuyer fortement à Vienne les demandes raisonnables du régent, 203 ; ses ministres hanovriens trouvent mauvais que le régent se montre si opiniâtre à vouloir la renonciation absolue de l'empereur à la monarchie d'Espagne, 229 ; inquiétudes du roi sur les négociations du czar avec la Suède, et sur ses préparatifs par terre et par mer, 353; comment il est enfin rassuré par ce prince, 354 ; mesure qu'il emploie pour soumettre le prince de Galles; il fait décider par le parlement qu'on payera à l'empereur 130 000 livres sterling, pour des subsides de la dernière guerre, 367 ; il appuie ainsi que ses ministres les réponses de l'empereur aux demandes du roi d'Espagne, 389 ; s'oppose au mariage d'une archiduchesse avec le prince de Piémont, 458 ; sa joie du consentement que donne l'empereur au traité de Londres, XVI, 2 ; il fait presser plus que jamais le roi d'Espagne d'y souscrire, 3 ; refuse de laisser à ce prince la possession de la Sardaigne, 37 ; essaye d'entretenir un reste de bonne intelligence avec lui, 85 ; tandis que ses ministres se plaignent d'Albéroni et font avertir les marchands anglais à Cadix et dans les autres ports d'Espagne de se tenir sur leurs gardes, 85 ; sa partialité et celle de ses ministres pour l'empereur ; il envoie des ordres précis au colonel Stanhope d'assurer Albéroni qu'il a soutenu les intérêts de l'Espagne comme les siens propres, 96 ; motif qu'allèguent ses ministres pour justifier l'armement de l'escadre prête à mettre à la voile, 97 ; pourquoi le roi Georges témoigne un désir ardent d'éviter toute rupture avec l'Espagne, 168 ; il lui déclare la guerre, XVII, 121 ; fait la paix avec la Suède, 248; comment et pourquoi il se raccommode avec son fils, le prince de Galles, 476; fait prier le régent de ne lui envoyer aucun ambassadeur pour le complimenter à ce sujet, 478.

GEORGES (le prince), de Danemark, mari de la reine Anne d'Angleterre, meurt sans laisser d'enfants ; peu de figure qu'il fit toute sa vie, même en Angleterre où il la passa presque tout entière, VII, 36.

GERVAISE (D. François), carme, est choisi par M. de la Trappe, sur la recommandation de M. de Meaux, pour abbé régulier de sa maison ; ses talents ; son éloquence, II, 200 ; il devient jaloux de M. de la Trappe, le met dans sa dépendance, le traite avec hauteur et change autant qu'il peut l'ordre qu'il a établi dans sa maison, 220 ; il est surpris dans une mauvaise action, amené devant M. de la Trappe et forcé de donner sa démission ; lettre de reproches que lui écrit le P. La Chaise de la part du roi, 203 ; il se rend à Fontainebleau, voit le P. La Chaise, plaide lui-même contre sa démission et change entièrement les dispositions du P. La Chaise, 205 ; découverte d'une lettre de lui à une religieuse qui dévoile toute sa turpitude, 208 ; détails à ce sujet, 209 ; il quitte la Trappe ; il lui est défendu par une lettre de cachet d'en approcher plus près de trente lieues et de Paris plus de vingt, 210.

GESVRES (le marquis de), faisant le connaisseur en tableaux, commet une lourde bêtise qui le couvre de honte, II, 224 ; il épouse Mlle Mascrani prodigieusement riche, fille d'un maître des requêtes, VII, 198.

GESVRES (la marquise de), demande que son mariage soit cassé pour impuissance de son mari ; détails plaisants sur ce procès ; les deux époux sont visités, X, 199 ; elle demande un désistement et entre en accommodement, XI, 250 et suiv. ; sa mort, XV, 27.

GESVRES (le duc de), est assigné et mis en cause, afin que le premier président Harlay son parent soit récusé dans le procès du droit de préséance intenté par M. de Luxembourg contre seize ducs et pairs, I, 325 ; il exclut tous les présidents à mortier hors un seul et deux avocats généraux, 326 ; sa conduite déloyale et perfide envers M. le duc de Saint-Simon à l'occasion de la cérémonie de l'hommage-lige de M. de Lorraine, II, 347 et suiv. ; sa dureté pour sa femme et ses enfants, 352 ; son faste ; ses prodigalités, 353 ; il apostrophe en pleine compagnie M. le maréchal de Villeroy et lui rappelle que son grand-père était un vendeur de marée et le sien un porte-balle ; bruit que fait cette sortie, 354 ; se remarie à 80 ans à Mlle de La Chenelaye pour faire pièce à son fils ; aventure qui lui arrive la première nuit de ses noces, IV, 77 ; sa femme parvient à le raccommoder avec son fils et ses autres enfants, 77 ; sa mort, 383.

GESVRES (la duchesse de), meurt séparée de son mari ; sa famille ; son portrait ; son caractère ; à une collation à Trianon elle fait taire les princesses et leurs favorites qui se moquaient d'elle, et les force à lui demander excuse, IV, 50.

GESVRES (l'abbé de), devient tout à coup archevêque de Bourges ; comment ; il aspire au cardinalat, se lie avec M. de Torcy, VI, 76 ; ses liaisons avec la cour de Rome ; ses tentatives inutiles pour avoir le chapeau par le moyen du roi d'Angleterre ; il l'obtient par celui de Stanislas roi de Pologne ; détails à ce sujet, 76 ; mais il ne jouit de cet honneur que bien longtemps après, 78 ; il obtient encore le chapeau par le moyen de l'électeur de Saxe remonté sur le trône de Pologne, XI, 452 ; XVII, 315 et suiv. ; comment il jouit de cet honneur, 317 ; il se défait de son archevêché en faveur de l'abbé de Roye ; pourquoi il le préfère à tout autre, 317 ; il va se plaindre à M. le duc d'Orléans de la manière dont le cardinal Dubois l'a éconduit ; réponse qu'il en reçoit, XX, 15.

GILBERT DE VOISINS, maître des requêtes du conseil des finances, achète de Chauvelin la charge d'avocat général, XVII, 58 ; s'acquiert une grande réputation, 58.

GIOVENAZZO (le duc de), père de Cellamare, ambassadeur à Paris, meurt fort vieux; quel était son grand-père, XV, 333 et suiv.

GIOVENAZZO del Giudice, grand d'Espagne; historique sur sa maison, XVIII, 378; cause de sa mort, 379. Voy. Cellamare.

GIRARDIN, capitaine au régiment des gardes, se bat en duel avec Ferrant capitaine au régiment du roi; est blessé; perd son emploi, XIII, 304.

GIRARDIN, brigadier de cavalerie, et qui avait commandé en Irlande, est blessé dans un engagement près de Landau, I, 201.

GIRAUDAN, lieutenant général, est nommé pour commander en Savoie, V, 255.

GIRON (don Gaspard), majordome du roi; il est chargé de recevoir et de faire servir le duc de Saint-Simon; sa famille, XIII; son extérieur; son savoir en fait d'étiquette, de cérémonie, etc., 11, 12; sa familiarité avec le roi et la reine; son caractère, 12.

GIUDICE (le cardinal del), est dépêché en toute hâte à Versailles par la princesse des Ursins, afin d'y prévenir l'arrivée et les rapports du marquis de Brancas, XI, 69; il n'arrive cependant que quatre jours après lui, 70; est présenté au roi; à quoi se borne sa mission, 70; son caractère; son assiduité auprès du roi; ses vues, 70; le roi qui le distingue lui accorde un logement à Marly, 82; il expédie en qualité de grand inquisiteur et date de Marly un décret furieux de l'inquisition d'Espagne contre Macañas et son ouvrage, 221; donne part au roi du mariage du roi d'Espagne avec la princesse de Parme; est aussitôt rappelé en Espagne, 222; s'en retourne à Paris; son chagrin; il reçoit de la part du roi un diamant de 10 000 écus; arrivé à Bayonne, il lui est enjoint d'attendre de nouveaux ordres, 222; retourne à Madrid après la disgrâce de la princesse des Ursins, XII, 11; est mis à la tête des affaires politiques, de justice et de religion; est fait gouverneur du prince des Asturies, 37; est abreuvé de dégoûts, XIII, 388; ne parle que de retraite, 442; reçoit ordre de se retirer d'auprès du prince des Asturies; demande et obtient la permission d'écrire au pape pour se démettre de la charge de grand inquisiteur; reçoit ordre de s'abstenir de se trouver au conseil, XIV, 61; publie des horreurs sur la conduite d'Albéroni, 84

et suiv.; écrit à Rome contre lui et contre Aldovrandi, 91; part d'Espagne sans pouvoir prendre congé du roi et de la reine, s'embarque à Marseille et se rend à Rome par la Toscane, 231; il remplit Rome de ses plaintes contre Aldovrandi, Daubenton et Albéroni, 246; il arrive dans cette ville, comment il y est vu et traité, XV, 23 et suiv.; il réclame les bons offices du régent contre les persécutions de l'Espagne, 103; se lie avec le cardinal de La Trémoille, 103; son attachement pour la princesse Carbognano; il est accusé d'avoir découvert au pape les désordres de ses neveux, 407 et suiv.; ses accusations contre Acquaviva et Albéroni, 412 et suiv.; vaines espérances qu'il conçoit sur la protection du régent; ses reproches à son neveu Cellamare, XVI, 48; mépris qu'il affecte pour la personne et la toute-puissance d'Albéroni, 49; il blâme son neveu de la réponse imprudente qu'il a faite à un libelle publié par les Allemands, 51; veut tourner en ridicule la rupture de la cour de Madrid avec celle de Rome, et l'obéissance des Espagnols envers le roi leur maître, 119; sur les instances du pape, il ôte les armes d'Espagne de dessus la porte de son palais; ménage les Allemands, 120; est dépouillé de son titre de protecteur des affaires de l'empereur à Rome; donne chez lui une fête magnifique au cardinal d'Althan qui lui succède, XVIII, 68.

GLOCESTER (le duc de), héritier présomptif du roi Guillaume, meurt à l'âge de 11 ans, II, 432.

GOBELINS et la Savonnerie. Mémoire des dépenses faites par Louis XIV dans ces deux manufactures jusqu'en 1690, XII, 528.

GOBERT, brigadier de dragons, rechasse brusquement dans le bois de Schweitzingen un corps de troupes commandé par le général Schwartz, I, 268.

GODET DES MARAIS, évêque de Chartres, directeur unique de Mme de Maintenon, gagne toute son estime et sa confiance par sa piété, par ses mœurs et sa doctrine; son extérieur simple, I, 309; son savoir profond; son esprit; sa douceur, 310; comment il se fait instruire de la doctrine de Mme Guyon qui commence à se répandre à Saint-Cyr; il éclate à temps contre cette doctrine; ouvre les yeux à Mme de Maintenon, 310; fait chasser Mme Guyon et se raffermit dans la confiance et dans l'esprit de Mme de Maintenon, 311 ; intente un procès à son chapitre contre les droits qui le tenaient sous la dépendance des chanoines ; fait évoquer la cause pour être jugée par le roi, II, 420 ; le roi prononce en sa faveur, 421 ; l'évêque par sa douceur et sa modération regagne l'amitié de son chapitre ; partage avec le P. La Chaise la distribution des bénéfices ; mais ses choix ne sont pas toujours bons, 422 ; sa mort ; sa naissance ; ses alliances ; son savoir ; ses talents ; VII, 401 ; comment il devint le directeur de Saint-Cyr et de Mme de Maintenon ; son grand crédit, 402 ; son caractère, ses manières simples ; ses vertus ; son assiduité à ses fonctions pastorales ; ses ouvrages, 403 ; il demande au roi une abbaye pour pouvoir faire face à ses dépenses et à ses charités, et obtient 20 000 livres de pension ; mauvais choix qu'il fit pour les évêchés et autres dignités ecclésiastiques ; sa haine contre le jansénisme, 403 ; il se fait nommer un coadjuteur qu'il confirme en mourant, 404.

GODOLPHIN, grand trésorier d'Angleterre, chef du parti whig, meurt chez le duc de Marlborough, dont la fille était sa bru, X, 262.

GOELLO (Mlle de), sœur de la mère de M. de Soubise, meurt à 80 ans ; son caractère ; son origine, V, 336.

GŒRTZ, ministre d'État de Suède à la Haye, vient à Paris ; il convient avec le baron Spaar qu'il faut profiter de la disposition générale de l'Écosse en faveur du prétendant, XIV, 139 ; projet qu'il ourdit avec lui en faveur de ce prince, 140 ; il hésite cependant ensuite à s'embarquer avec les jacobites, 144 ; sert mal le baron Spaar, 146 ; est arrêté à Arnheim par ordre des États généraux, et le frère de Gyllembourg l'est à la Haye, 241 ; Gœrtz déclare dans un interrogatoire qu'il a dressé un projet approuvé par le roi son maître pour faire au roi d'Angleterre une bonne guerre sans trahison, 243 ; est remis en liberté par les États de Gueldre, XV, 96 ; traite avec le roi de Prusse ; à quelles conditions, 107 ; entame une négociation à Paris pour le payement des subsides dus à la Suède, 107 ; son infidélité envers le roi de Prusse, 171 ; accusé de malversations, il est arrêté, jugé et décapité, XVII, 123.

GOESBRIANT, gendre de Desmarest commandant à Aire, fait de grosses sorties sur les ennemis, VIII, 362 ; est forcé de capituler ; il rend aussi le fort Saint-François ; est fait chevalier de l'ordre, 363 ; obtient une pension de 20 000 livres, IX, 33 ; une autre de 12 000 livres, X, 164 ; il marie son fils à une des filles du marquis de Châtillon, XI, 269.

GONDRIN, fils aîné de d'Antin, épouse la sixième fille des Noailles ; son père lui donne Bellegarde pour 10 000 livres de rente ; Mme de Montespan 100 000 francs en pierreries ; les Noailles 100 000 écus et 10 ans de nourriture, V, 333 ; Mme de Gondrin prend la place de la duchesse de Noailles, sa belle-sœur, 333 ; mort de Gondrin ; sa veuve tombe malade de douleur, X, 75 ; mot plaisant de La Vallière à la maréchale de Noailles qui s'effraye de sa maladie, 75 ; elle se remarie avec M. le comte de Toulouse, XX, 352, 478.

GOUFFIER, est tué à la bataille de Ramillies, V, 175.

GOURVILLE, meurt à 85 ans, dans l'hôtel de Condé où il avait été maître toute sa vie ; sa condition première, IV, 129 ; comment il devient un personnage ; son esprit ; son grand sens ; le roi le traite avec distinction ; il épouse secrètement une des sœurs de M. de La Rochefoucauld ; son extérieur, 130 ; sa conduite envers ses domestiques, 131.

GOUST (Le), archevêque de Narbonne, meurt dans son diocèse ; son portrait physique ; ses belles qualités, XVII, 214.

GOYON (Mme de), est nommée pour accompagner Mlle de Valois à Modène, XVII, 409 ; son mérite, 411 et suiv.

GOZZADINI (cardinal), légat *a latere*, marie la princesse de Parme avec le roi d'Espagne et la complimente au nom du pape, XI, 223.

GRAMMONT (le duc de), portraits tracés par lui du roi Philippe V, de la reine Louise de Savoie et des principaux seigneurs du conseil de Philippe V, III, 439 ; est nommé, au grand étonnement de tout le monde, ambassadeur en Espagne, à la place de l'abbé d'Estrées, IV, 270 ; quelques détails sur le maréchal de Grammont son père ; portrait physique du fils ; comment il acquiert la familiarité du roi ; ses mœurs ; sa bassesse, 270 ; il veut écrire l'histoire du roi ; brigue les ambassades ; se déshonore par un mariage honteux, 271 ; prétend faire sa cour au roi et à Mme de Maintenon par ce mariage et s'attire au contraire leur indignation, 272; son engouement pour la vieille femme qu'il a épousée; il a défense expresse de voir la princesse des Ursins qu'il doit rencontrer sur sa route, 273; sommes qui lui sont accordées, 276; il reçoit la permission de voir la princesse des Ursins, mais ne sait pas profiter de cette visite où il n'apporte que de la sécheresse; arrive en Espagne, 289; y est accablé de dégoûts; demande une audience à la reine pour diverses choses importantes, 425; comment il en est écouté, demande son rappel, l'obtient, est fait chevalier de la Toison, 425; avertit le roi et les ministres que Maulevrier va être déclaré grand d'Espagne, V, 12; les prévient qu'il est de retour de Gibraltar à Madrid, 13; revient à Paris; est médiocrement reçu à la cour, 22; meurt à près de 60 ans; détails généalogiques sur sa famille, XVIII; 265.

GRAMMONT (la duchesse de), revient de Bayonne par ordre du roi; son désespoir d'être exclue du rang et des honneurs de son mari, VII, 222; dans l'espérance d'obtenir ce qu'elle désire, elle propose à son mari d'aller offrir au roi sa vaisselle d'argent, 222; cache sa belle vaisselle, porte sa vieille à la Monnaie et se la fait bien payer, 227.

GRAMMONT (le comte de), meurt à 86 ans; son mariage avec Mlle Hamilton; son genre d'esprit; son caractère; ses plaisanteries; ses coups de langue, V, 333; sa poltronnerie; sa friponnerie; sa bassesse; traits de hardiesse de sa part; 334; son entretien avec sa femme sur la religion, 335.

GRAMMONT (la comtesse de), jouit auprès du roi d'une grande considération dont Mme de Maintenon est jalouse; comment elle se conduit avec cette dame, II, 284; le roi la gronde d'avoir été à Port-Royal des Champs, 284; reçoit du roi la petite maison que Félix, premier chirurgien du roi, avait dans le parc de Versailles, IV, 123; naissance de cette dame, sa beauté, son esprit, sa hauteur, ses grâces; elle est crainte de Mme de Maintenon et amuse le roi; sa reconnaissance pour Port-Royal où elle a été élevée; Mme de Maintenon essaye inutilement de la faire éloigner à cause de cet attachement, 124; la comtesse est renvoyée à Paris pour avoir passé toute une octave dans ce couvent; est ensuite rappelée à Versailles et se raccommode avec le roi, sans aller chez Mme de Maintenon, 125; la petite maison du parc de Versailles devient à la mode; les princesses y vont; les courtisans choisis s'y rendent en dépit de Mme de Maintenon, 125; sa mort; généalogie de sa maison Hamilton d'Écosse, VI, 255; elle fut élevée à Port-Royal des Champs; son extérieur; son caractère, 256; ses dernières années; ses deux filles, 257.

GRAMMONT (le comte de), commandant en Franche-Comté, meurt à Besançon, XV, 339.

GRAMMONT, de Franche-Comté, mestre de camp, est tué à la bataille de Castiglione, V, 250.

GRAMMONT (le comte de), second fils du duc de Guiche, est marié à la seconde fille du duc de Biron; le régent donne 8000 livres de pension à la nouvelle épouse, XVII, 451.

GRANCEY, lieutenant général, fils et père de deux maréchaux de France, meurt vieux dans l'obscurité et dans la débauche. IV, 282.

GRANCEY, frère du lieutenant général Médavy, est fait maréchal de camp après la bataille de Castiglione, V, 251.

GRANCEY (Mme de), fille du maréchal de Grancey, meurt âgée; sa beauté; sa coquetterie; elle gouverna longtems le Palais-Royal; sous quel titre, X, 17.

GRANCEY (l'abbé de), premier aumônier de M. le duc d'Orléans, est tué à deux pas de lui à la bataille de Turin, V, 248.

GRAND (M. le), nom sous lequel on désignait le grand écuyer dans l'ancienne monarchie, voy. *Armagnac* (le duc d').

GRAND CHAMBELLAN, ou sommelier du corps en Espagne; quelles sont ses fonctions, III, 108; le sommelier et les gentilshommes de la chambre portent tous une grande clef; description de cette clef, 116.

GRAND-DUC DE TOSCANE (le fils du), prince de grande espérance, meurt à 50 ans; son épouse; sa mère est moins sensible à cette perte que toute la Toscane, XI, 21.

GRAND ÉCUYER en Espagne, ses fonctions, III, 109; ses privilèges, 110.

GRANDPRÉ (l'abbé de), frère du feu comte de Grandpré, lieutenant général, meurt fort vieux; son esprit borné; les dames l'avaient appelé l'*abbé Quatorze*, VIII, 119.

GRANDPRÉ (l'abbé de), cousin germain de Vervins, le fait assassiner sur le quai de la Tournelle; s'enfuit en pays étranger; est condamné à être roué vif, IV, 349.

GRANDS D'ESPAGNE, origine de leur dignité, III, 225; leur droit de bannière et de chaudière, 226; le nom de grand anciennement inconnu dans les Espagnes; celui de *rico-hombre* passait pour la seule grande distinction; multiplication des *ricos-hombres*; ils jouissaient tous du privilége de parler couverts au roi, 227; ils n'en veulent point user à la rigueur devant Philippe Iᵉʳ ou le Beau, et ce prince en profite pour diminuer le nombre de ceux qui y prétendaient; comment il y parvient, 229; le nom de *ricos-hombres* disparaît sous Charles-Quint et celui de grand y est substitué par ce prince qui le donne à qui il veut, 231; il fait de nouveaux grands en Espagne et dans les autres pays de sa domination; rang, honneurs et distinctions qu'il attache à cette dignité, 232; comment Philippe II crée une seconde classe de grands, 233; Philippe III donne le premier des patentes aux grands qu'il fait, 234; pourquoi les grands d'Espagne ne veulent observer entre eux aucun rang d'ancienneté, 234; troisième classe; son origine présumée, 235; exemples de grands de première classe à vie seulement, 236; et de seigneurs couverts en une seule occasion sans être grands; certificat de couverture favorable à l'autorité du roi et funeste à la dignité de grand, 236; le roi peut refuser au fils d'un grand le droit de couverture et par conséquent la dignité de grand; exemple du fils du duc de Medina-Sidonia, grand écuyer, 237; comment la grandesse peut être amovible par la volonté du roi, 239; comment elle est devenue révocable par l'exemple du célèbre Vasconcellos, 240; tribut imposé à la grandesse; annate et médiannate, 241; le défaut de payer ce droit suspend le rang; autre droit à chaque mutation de grand; le nom et la dignité de grand inconnus avant Charles-Quint, 242; indifférence pour les grands des titres de duc, marquis et comte; quelle en est la cause, 245; le titre de prince encore plus indifférent, 246; succession à la grandesse; majorasques, 247; confusion de noms et d'armes en Espagne; quelle en est la cause, 248; les bâtards deviennent grands et héritent comme les enfants légitimes, 250; ils sont admis dans l'ordre de Malte, 251; résumé sur la grandesse, 252 et suiv.; les Maures et les Juifs convertis et tenus au baptême par des grands reçoivent leur nom et leurs armes, et avec le temps peuvent leur être substitués lorsque leur maison vient à s'éteindre, 255; les grands n'ont aucune marque de dignité sur leurs carrosses ni à leurs armes, 256; leur dais, 256; ils n'ont point ce qu'on appelle en France les honneurs du Louvre; ils en ont cependant une image, 257; distinctions pour quelques personnes au-dessus des grands, 258; les grands ne se démettent point de leur dignité comme les ducs en France; quelques grands étrangers reconnus successeurs de la grandesse; exemples, 259; cérémonie de la couverture des grands, principe du rang et des honneurs dont ils jouissent; description de cette cérémonie, 261; plan de la couverture d'un grand d'Espagne chez le roi, 268; la même cérémonie chez la reine, 269 et suiv.; plan de la couverture d'un grand d'Espagne chez la reine, 272; autres distinctions des grands; traits et attelages; les femmes des grands assises chez la reine sur un carreau de velours; leurs belles-filles aînées sur un de damas ou de satin, 276; séance à la comédie et au bal, 277; les grands, leurs fils aînés et leurs femmes toujours invités aux fêtes publiques où le roi assiste, 279; assiette et séance des grands lorsque le roi tient chapelle, 280; procession de la Chandeleur, 284; cérémonie du jour des Cendres, 285; *Banquillo* du capitaine des gardes, qui doit toujours être un grand, 286; leurs places distinguées aux fêtes qui se donnent à la place Mayor, 287; cérémonies où ils sont seuls invités; processions où ils ont l'*ombrello*, 288; ils précèdent les députés aux séances des cortès; le roi traite un grand de cousin et son fils aîné de parent; distinctions pour les grands dans toutes les villes et lieux où le roi n'est pas, 289; ils jouissent partout des honneurs civils et militaires; le rang de prince étranger inconnu parmi eux, 290; les princes étrangers ne jouissent en Espagne d'aucune distinction au-dessus d'eux; du moins il y en a très-peu d'exemples et ces exemples sont assez médiocres, 291; ils sont traités d'égaux chez les électeurs et les princes régents d'Allemagne, même chez les ducs de Savoie, 292; nullité des grands dans toutes les affaires civiles et politiques, 295; leur dignité consiste donc uniquement en priviléges purement honorifiques; ils n'ont jamais eu d'habit particulier en aucune cérémonie, pas plus que le roi d'Espagne, 296; les divers ordres de chevalerie prévalent sur leur dignité, même sur celle des infants; exception en faveur du prince des Asturies, fils de Philippe V, et mort roi d'Espagne, 297; les grands, malgré leur dignité, n'en recherchent pas moins les emplois et même d'assez médiocres, 297; la grandesse s'achète quelquefois, 298; résumé sur les usages de cette dignité, 298 et suiv.; un grand peut réunir plusieurs grandesses sans acquérir plus de dignité, 303.; différence entière entre les pairs et les ducs de France et les grands d'Espagne, quant à leurs droits civils et politiques, 305 et suiv.; quant à l'inhérence et à la stabilité de la dignité, 307; quant aux tributs imposés, 308; quant à la vénalité, 308; pourquoi la dignité de grand d'Espagne brille plus au dehors que celle des ducs de France, 309; pourquoi elle s'est mieux maintenue au dedans, 310 et suiv.; deux autres avantages que les grands d'Espagne ont conservés et que les ducs de France ont perdus, 311; autres avantages des grands, 312; distinctions de leurs femmes ou filles aînées s'ils n'ont point de fils; cet avantage, le seul effectif des grands au-dessus des ducs, ne change rien au fond de leur dignité; il est un reste de l'ancienne multiplication des *ricoshombres*, 313; désavantages effectifs et réels des grands que n'ont point les ducs; en quoi ils consistent, 314 et suiv.; désavantage jusque dans le droit de se couvrir devant le roi; d'où vient celui qu'ont en France certaines personnes de se couvrir devant le roi, 318 et suiv.; abus de la grandesse accordée à des Français, 322 et suiv.; portraits des principaux seigneurs du conseil de Philippe V, tracés par le duc de Grammont, III, 439; liste des grands d'Espagne au moment de l'ambassade de M. de Saint-Simon, XVIII, 365 et suiv. et 466; charges ou état qui donnent la grandesse, 468; grandesse sous Henri II, 472; sous Henri III, Jean II et Henri IV, 473 et suiv.; sous les rois catholiques, 476 et suiv.; sous Charles-Quint, 478; sous Philippe II et Philippe III, 479; sous Philippe IV, 481 et suiv.; sous Charles II, 483 et suiv.; sous Philippe V, 485 et suiv.; liste des grands suivant leur ancienneté, 490; les grands ne prennent jamais dans leurs titres la qualité de grands d'Espagne; pourquoi; XX, 7.

GRANGE (La), voy. *La Grange*.

GRAVELLE, officier aux gardes, se bat en duel avec Breteuil, autre officier aux gardes, et le tue, XVIII, 162.

GRAVINA (le duc de), grand d'Espagne; quelle était sa maison, XVIII, 379. Voy. *Saint-Michel*.

GREDER, lieutenant général forestier, meurt aux eaux de Bourbonne, XIV, 8.

GREFFIN (milord), protestant, mais fidèle au parti du roi Jacques, donne une preuve remarquable de sa fidélité; il s'embarque à Dunkerque pour être de l'expédition d'Écosse, VI, 194; est fait prisonnier et conduit à Londres; est condamné à mort; son exécution est suspendue, il meurt en Angleterre de sa mort naturelle, 197, IX, 34.

GRIGNAN (le chevalier de), tourmenté par M. le comte de Grignan et sa femme, épouse Mlle d'Oraison; son caractère, IV, 424.

GRIGNAN (le comte de), obtient un brevet de retenue de 200 000 livres sur sa lieutenance générale de Provence, IV, 424; meurt à 83 ans; son extérieur; son caractère; ses deux filles, XI, 435.

GRIGNAN (la comtesse de), fille de Mme de Sévigné, vieille et précieuse, meurt à Marseille, peu regrettée de son mari, de sa famille et des Provençaux, V, 21.

GRIGNAN, fils unique du comte de Grignan, est marié à la fille d'un fermier général fort riche; mot impertinent de Mme de Grignan sa mère, à l'occasion de ce mariage, IV, 361; Grignan se distingue à la bataille d'Hochstedt et meurt à Thionville de la petite vérole; sa veuve passe le reste de sa vie dans sa maison, sans voir personne, 362.

GRIGNAN, évêque de Carcassonne, et frère du feu comte de Grignan, gendre de Mme de Sévigné, meurt à 78 ans, XIX, 308.

GRILLO, noble Génois, est envoyé de la part de la reine d'Espagne pour remercier le roi de France du présent que le duc de Saint-Aignan lui a rapporté, XI, 255, 434.

GRIMALDO, principal secrétaire d'Albéroni pour les affaires; comment il arrive à cette place, XIV, 231; après la chute d'Albéroni, il devient secrétaire du roi, XVII, 402; sa naissance; son extérieur; son esprit; sa douceur, 402, 403; attachement du roi pour lui, 404;

il se fait aimer et considérer; sa faiblesse de vouloir être homme de qualité, 404; comment il reçoit M. de Saint-Simon, ambassadeur extraordinaire, XVIII, 268; son portrait, 272; autres détails sur sa fortune, XIX, 36 et suiv.; comment il se trouve chargé des autres départements des secrétaires d'État, 38; ses manières douces et polies, 39; il est d'abord chancelier de l'ordre de la Toison d'or; en devient ensuite chevalier, 40; caractère de sa femme et de son frère l'abbé Grimaldo, 41; après la chute de Riperda il reprend ses fonctions auprès du roi, 42; pressé par sa femme il vise à la grandesse, 42; il prend le parti de supprimer les lettres du duc d'Orléans et du cardinal Dubois qui demandent la grandesse pour M. de Saint-Simon, et de lui procurer cette dignité sans ces lettres, 103.

GRIMANI (le cardinal), chargé des affaires de l'empereur à Rome, s'y montre le plus furieux partisan de l'Autriche; son audace, sa scélératesse, III, 403; il veut en vain s'opposer à la nomination d'un légat *a latere* à Naples, 404; sa mort, IX, 2.

GRISENOIRE, maître des requêtes, fait devant le roi un rapport très-nerveux contre une demande faite par les jésuites, XII, 75; il devient avocat général, 85.

GUALTERIO, vice-légat d'Avignon, est choisi par le roi pour nonce du pape auprès de lui; raison de ce choix, II, 368; sa liaison avec M. de Mailly, archevêque d'Arles, V, 47; son caractère; son esprit; sa probité; il recherche l'amitié du duc de Saint-Simon, 47; se lie intimement avec lui, 49; est promu cardinal, 113; est nommé abbé de Saint-Remi de Reims; arbore les armes de France, sur la porte de son palais à Rome, VIII, 414; fait un voyage en France, X, 397; accueil distingué que lui fait le roi; va voir le roi Jacques en Lorraine; retourne en Italie, 398; nouveaux détails sur sa liaison avec M. de Mailly, XVII, 326; écrit au duc de Saint-Simon, pendant le congrès de Cambrai, pour régler les entrées et la suite des ambassadeurs dont le luxe croissant était ruineux pour eux et pour leurs maîtres, XVIII, 82.

GUASTALLA (le duc de), qui aurait dû succéder au duc de Mantoue, si l'empereur ne s'était emparé de ses États, meurt en 1714, XI, 95.

GUÉMÉNÉ (branche de), quand la seigneurie de Guéméné fut érigée en principauté, mais sans distinction pour la terre, II, 148.

GUÉMÉNÉ (Louis, prince de), est le confident des galanteries de sa femme, de Mme de Chevreuse et de leur belle-mère, II, 150; il meurt duc de Montbazon en 1667, 166.

GUÉMÉNÉ (Mme de), plaît infiniment à la reine mère; comment et par qui elle en obtient le tabouret partout, II, 153, 154; ce tabouret et celui de Mme de Senecey, dame d'honneur, sont supprimés, à la demande des princes, 154, sont rendus longtemps après, 155; Mme de Guéméné meurt duchesse de Montbazon à l'âge de 81 ans, 167.

GUÉMÉNÉ (le fils aîné du prince de), épouse la troisième fille du prince de Rohan, avec de grandes substitutions; les fiançailles et le mariage se font à l'abbaye de Jouarre; pourquoi, XV, 340.

GUÉMÉNÉ (le prince de), fils du duc de Montbazon, mort fou, se fait recevoir au parlement comme duc de Montbazon, sans en prendre le nom, II, 292; l'oisiveté, l'ennui le font passer à Londres où il vit dans l'avarice et l'obscurité, V, 277; pourquoi il forme le projet de faire quitter le nom et les armes de Rohan aux enfants du duc de Rohan; comment il s'y prend, 278; il est soutenu par Mme de Soubise, 282; l'affaire est évoquée au conseil du roi; éclat que font dans le public les mémoires des parties, 289; il perd son procès, 290.

GUÉMÉNÉ (l'abbé de), est nommé à l'archevêché de Reims par le crédit réuni de M. de Fréjus et du cardinal Dubois, XVIII, 204; il prétend à être commandeur du Saint-Esprit, quoique n'en ayant pas l'âge, XIX, 313; il n'en veut plus quand il a passé l'âge; pourquoi, 314.

GUERCHOIS (Le), rapporteur dans le procès de M. de Saint-Simon avec le duc de Brissac est fait conseiller d'État par le crédit du premier, V, 93; étant intendant de Besançon il découvre par un perruquier une conspiration tendante à livrer la Franche-Comté aux Impériaux; VII, 366; comment il la fait échouer, 366; il commence des procédures juridiques; plusieurs coupables sont condamnés, 370.

GUERCHOIS (Le), frère du précédent, capitaine aux gardes, obtient le régiment de la Vieille-Marine, est fait maréchal de camp, puis lieutenant général; par sa hardiesse et la justesse de son coup d'œil il fait gagner la bataille de Parme, V, 93; y reçoit une blessure dont il meurt quelque temps après, 93; repousse trois fois les ennemis à la bataille de Turin, V, 237; y est fait prisonnier par la lâcheté d'un brigadier, 241; envoie au fils de Chamillart disgracié sa charge du régiment de la Vieille-Marine, sans aucune stipulation, VII, 261; il obtient le gouvernement du Roussillon, XVII, 285.

GUERRA (don Domingo), confesseur de la reine d'Espagne; son peu de mérite, il devient abbé de Saint-Ildephonse et évêque *in partibus*, XIX, 28.

GUERRA (don Michel), conseiller d'État d'Espagne; sa capacité; son mérite; son emploi à Milan; son caractère; XIX, 35; son extérieur; singulière incommodité à laquelle il est sujet, 36; ce qu'il pense du gouvernement d'Espagne et de la politique du cardinal Dubois, 36

GUESCLIN (Mme du), chanoinesse, sur le point d'être assassinée par un laquais, a le courage de lui arracher son épée et la charité de lui dire de se sauver, XV, 153.

GUET (l'abbé du) ou DUGUET, s'éprend pour Mlle Rose, célèbre béate, III, 78; la conduit à la Trappe, 78; ses connaissances; son éloquente simplicité; sa complaisance, sa vénération pour Mlle Rose, 79; son *Institution d'un prince*, éloge de cet ouvrage, 81.

GUETEM, violon de l'électeur de Bavière, devenu colonel dans les troupes de Hollande, fait le pari d'enlever quelqu'un de marque entre Paris et Versailles; comment il s'y prend pour exécuter son projet; il enlève Beringhen premier écuyer du roi, V, 373 et suiv.; devient ensuite son prisonnier, 375; est amené à Paris; est présenté au roi; comment il est traité par Beringhen et renvoyé à Reims, 385.

GUICHE (le duc de), beau-frère du vice-amiral d'Estrées; obtient une confiscation de 20 000 livres de rentes sur les biens des Hollandais en Poitou, IV, 61; par le crédit de sa femme et celui de Mme de Maintenon, il obtient du roi charge de colonel du régiment des gardes qui est ôtée au maréchal de Boufflers, IV, 369; à la tête du régiment des gardes il se défend durant quatre heures à la bataille de Ramillies, V, 174; obtient la survivance des gouvernements de la basse Normandie, Béarn, Bigorre, Bayonne et Saint-Jean Pied-de-Port, X, 164; est nommé président du conseil de guerre; son ignorance; son caractère souple, XIII, 150; comment il est admis au conseil de régence, sans l'avoir demandé; détails plaisants à ce sujet, XVII, 342 et suiv.

GUICHE (la duchesse de), travaille auprès de Mme de Maintenon et réussit à faire obtenir à son mari la charge de colonel du régiment des gardes qui est ôtée au maréchal de Boufflers; esprit et caractère de cette dame; par quoi elle plaît à Mme de Maintenon; sa dévotion s'accommode avec la plus haute ambition, IV, 368 et suiv.

GUILLAUME, roi d'Angleterre entreprend de pourvoir à la vaste succession de la monarchie espagnole; ses vues politiques, II, 402; son plan; il le fait accepter par le roi de France, 403; ordonne à l'ambassadeur d'Espagne de sortir d'Angleterre; pourquoi, 404; engage les Hollandais à reconnaître le roi d'Espagne; le reconnaît aussi lui-même, III, 154; apprend en Hollande la nouvelle de la mort du roi Jacques II, et la reconnaissance faite par Louis XIV du prince de Galles pour roi d'Angleterre; envoie aussitôt l'ordre de faire partir sur-le-champ l'envoyé français Poussin; signe bientôt après le traité de la grande alliance contre la France et l'Espagne, 331, 332; son état d'épuisement; il consulte Fagon, sous le nom d'un curé; ses derniers moments; sa tranquillité; sa présence d'esprit, 395; sa mort, 397; il est très-regretté de l'Angleterre et des Provinces-Unies; le traité de la grande alliance n'en subsiste pas moins; le prince de Conti, M. d'Isenghien et plusieurs seigneurs français se présentent comme créanciers ou héritiers de sa succession, 398.

GUILLAUME-JOSEPH, électeur palatin, meurt à Dusseldorf, sans enfants; sa famille, son frère Charles-Philippe, gouverneur du Tyrol, lui succède, XIII, 439.

GUISCARD, maréchal de camp, est nommé gouverneur de Namur et de son comté, I, 15; comment il gagne le cœur et la confiance de tout son gouvernement, 15; signe avec le maréchal de Boufflers la capitulation de Namur, 278; puis celle du château; comment il en sort, 279; est dépêché au roi; est déclaré chevalier de l'ordre, 281; après la bataille de Ramillies, il partage la disgrâce du maréchal de Villeroy; se retire dans sa terre en Picardie, V, 221; ses espérances après la mort du roi ne se réalisent point; il meurt de mélancolie à l'âge de 71 ans, XVIII, 73 et suiv.

GUISE (la duchesse de), voy. *Alençon* (Mlle d').

GULDENSTEIN (le comte de) est tué au combat de Cassano, V, 42.

GUYET, maître des requêtes, est nommé par Chamillart intendant des finances; son ignorance; sa présomption, IV, 299.

GUYON (Mme), voit l'abbé de Fénelon et se lie avec lui, I, 285; elle est produite par l'abbé chez les ducs de Beauvilliers et de Chevreuse et enfin chez Mme de Maintenon à laquelle elle plaît extrêmement, 286; se forme un petit troupeau de brebis distinguées qu'elle dirige avec beaucoup de mystère; noms des personnes qui le composent; leur douleur profonde en apprenant la nomination de l'abbé de Fénelon à l'archevêché de Cambrai, 287; Mme Guyon entre à Saint-Cyr par le crédit de Fénelon; s'y fait des disciples, 309; comment et pourquoi elle est chassée tout à coup; se cache dans Paris où elle cherche à dogmatiser, 311; est découverte et conduite à Vincennes, 312; est mise auparavant dans les mains de l'évêque de Meaux pour qu'il s'instruise à fond de sa doctrine, 423; il ne peut la persuader de changer de sentiment; lasse enfin d'être prisonnière, elle signe une rétractation et se procure ainsi la liberté; reprend ses assemblées secrètes; est enfermée, 424; de Vincennes est transférée à la Bastille, II, 129; est interrogée et se défend avec beaucoup d'esprit et de réserve, 130; est remise en liberté par le crédit du cardinal de Noailles et obtient la permission de se retirer en Touraine, IV, 110; meurt à Blois fort retirée, XV, 70.

GYLLEMBOURG, ambassadeur de Suède en Angleterre, propose d'exciter des troubles dans ce pays, afin d'empêcher le traité de ligue entre la France et l'Angleterre; il mande au baron de Gœrtz, ministre d'État de Suède à la Haye, que les jacobites demandent 10 000 hommes, et qu'il croit que l'argent ne leur manquera pas, XIV, 139; il presse Gœrtz et Spaar de tourner le roi de Suède à l'entreprise; motifs qu'il leur fait valoir, 144; il suit avec chaleur les projets qu'il a formés; négocie en même temps deux affaires, 221 et suiv.; il est arrêté à Londres; ses papiers sont enlevés, 238.

H

HACQUAIS (Le), ancien avocat général à la cour des aides, frère aîné du chevalier de Montgivrault; sa réputation de savoir et de probité, VI, 253; son genre d'esprit, son caractère; son amitié constante avec le chancelier Pontchartrain; considération dont il jouit chez lui; sa piété dans ses dernières années, 254; il meurt à 84 ans; sa capacité profonde, sa facilité surprenante à parler et à écrire; sa conversation, XIX, 434; ses vers galants; sa sobriété, 434.

HALLUYN (la duchesse d'), sa querelle avec la duchesse de Rohan aux fiançailles et au mariage de Gaston frère de Louis XIII; explication à ce sujet, II, 147 et suiv.

HAMILTON (les deux frères), accompagnent le roi Jacques III dans son entreprise sur l'Ecosse; leurs qualités, VI, 191.

HAMILTON (le duc d'), est nommé ambassadeur en France, X 255; sa famille; il est tué en duel, 256.

HAMILTON (Richard), son esprit; ses grâces; son extérieur; il meurt pauvre chez sa nièce, abbesse de Poussaé, XV, 132.

HAMMER (le chevalier), mari de la veuve du duc de Grafton, vient à Versailles où il est reçu avec des distinctions surprenantes; particularités sur ce personnage, X, 264, 265.

HANOVRE (le duc de), devient jaloux du comte de Kœnigsmarck, le fait arrêter et jeter dans un four chaud; il renvoie sa femme et fait rompre son mariage, I, 242; prend le commandement de l'armée impériale, VI, 62; essaye d'embarrasser Villars dans son retour et de lui faire rendre gorge, 82; mécontent du prince Eugène, il veut quitter l'armée et retourner chez lui; pourquoi, 287. Voy. *Georges*.

HANOVRE (la duchesse de), rompt avec Mme la princesse de Condé, sa sœur, à cause du mariage du duc du Maine; son faste à Paris; sa querelle avec la maison de Bouillon, I, 37; ses plaintes inutiles; elle se retire en Allemagne avec ses deux filles, 38; marie sa seconde fille avec le roi des Romains, et l'aînée avec le duc de Modène, auparavant cardinal, II, 274 ; revient en France longtemps après ; est logée au Luxembourg ; reçoit la visite du roi ; la lui rend ; se donne de grands airs, mais voit peu de monde distingué, XVIII, 69 et suiv.

HARCOURT (le comte d'), est fait grand écuyer au préjudice du duc Claude de Saint-Simon ; est appelé en duel par lui, I, 69 ; veut profiter de l'embarras de la cour et du désordre de l'État pour se rendre maître de l'Alsace et de Brisach ; obtient le gouvernement d'Anjou, 74.

HARCOURT (le prince d'), obtient après dix-sept ans d'absence la permission d'être présenté au roi ; sa vie d'aventurier ; ses escroqueries, ses débauches, IV, 52 ; il ne peut obtenir d'aller à Marly et se retire en Lorraine, 53 ; meurt à Montjeu chez sa belle-fille, XVII, 132.

HARCOURT (la princesse d'), prétend le pas sur la duchesse de Rohan et le prend de force ; détails à ce sujet, II, 236 ; est obligée par le roi à lui faire des excuses ; comment elle s'en acquitte, 245 ; essaye inutilement d'obtenir pour son mari la grâce d'aller à Marly ; son portrait ; ses vices, IV, 53 ; incommodité à laquelle elle est sujette en sortant de table ; son avidité ; sa mauvaise foi au jeu ; sa dévotion, 54 ; tour que lui joue la maréchale de Villeroy, 55 ; espiègleries que lui font Mgr le duc et Mme la duchesse de Bourgogne, 56 ; est malmenée par M. le Grand ; boude, demande pardon d'avoir boudé, 57 ; est laissée sur le pont Neuf par ses gens qu'elle ne paye point ; est battue par une femme de chambre, 57 ; est crainte et ménagée, à cause de la faveur dont elle jouit auprès de Mme de Maintenon, 58 ; elle marie son fils à une demoiselle de Montjeu ; portrait de cette demoiselle ; ce qu'était son père, V, 2 et suiv. ; brouillerie du duc de Lorraine avec la princesse d'Harcourt à l'occasion de ce mariage ; lettre de la belle-fille qui transporte de fureur la belle-mère et la rend la risée de la cour, 3 ; le fils et la belle-fille secouent le joug de la belle-mère, 4 ; la princesse meurt presque subitement à Clermont, XII, 51.

HARCOURT (le marquis d'), est nommé chef de l'expédition tentée en Angleterre pour le rétablissement du roi Jacques II ; comment cette entreprise échoue, I, 316 ; conduite du marquis dans son ambassade en Espagne, II, 404 ; il s'éloigne de Madrid ; reçoit la permission de revenir, 405 ; sur un ordre du roi, il part pour Bayonne avec le projet de prendre les places de la frontière ; son ambition de devenir duc guide toute sa conduite, III, 18 ; il annonce le premier au ministre Barbezieux les dispositions du testament de Charles II, 21 ; sa surprise, 31 ; comment il sait profiter du temps et de la protection de Mme de Maintenon, 31 ; est déclaré duc héréditaire et nommé ambassadeur en Espagne, 38 ; retourne à Madrid où il est reçu avec joie ; prend place à la junte à la gauche de la reine, 51 ; vient au-devant du roi à Bayonne, 71 ; l'accompagne à Madrid, 72 ; se lie intimement avec le cardinal Portocarrero, 87 ; tombe malade, 128 ; approuve la conduite de Louville dans l'affaire du duc de Montéléon, et dépêche un courrier en France qui rapporte le service important rendu par Louville, 133 ; revient en France et entretient longtemps le roi et Mme de Maintenon, 337 ; sa position à Versailles ; efforts de Mme de Maintenon pour le pousser au ministère, 348 et suiv. ; sa position à Madrid, 349 ; embarras où il se trouve au sujet du voyage du roi d'Espagne en Italie, 349 ; son caractère ; ses manières ; son esprit, 350 ; son égoïsme, sa probité équivoque ; quoique peu instruit des affaires d'Espagne, il persuade au roi tout ce qu'il veut, 351 ; est admis dans un conseil où l'on doit délibérer sur le voyage du roi d'Espagne en Italie, 352 ; y soutient l'avis contraire, 355 ; dissuade le roi de faire des maréchaux de France, pourquoi ; réponse que lui fait M. d'Huxelles à qui il se vante d'en avoir détourné le roi, 355 ; événement fortuit qui empêche cette nomination, 356 ; ses efforts pour entrer au conseil, 357 ; il s'est fermé lui-même la porte par sa maladresse, 358 ; lui et Mme de Maintenon essayent inutilement de faire naître de nouveaux prétextes d'entretien avec le roi, 358 ; refuse le commandement de l'armée d'Italie, 379 ; et l'ordre de la Toison qu'il fait passer à son frère, 402 ; est fait maréchal de France, IV, 79 ; son adresse à se concilier l'estime et les vœux publics par des dehors de simplicité, 100 ; sa hauteur, son avarice, 100 ; dans la crainte de dégoûter le roi, il quitte le tabac, 101 ; est nommé capitaine des gardes, 107 ; il se lie étroitement, quoique de Paris à Madrid, avec la princesse des Ursins ; dans quel but, 173 perd Louville dans l'esprit de Mme de Maintenon, 177 ; excite autant qu'il peut cette dame à soutenir Orry dans une occasion où il va de tout pour lui et pour la princesse des Ursins, 264 ; moyen qu'il imagine avec Mme de Maintenon pour que Mme des Ursins reste en France et qu'elle n'aille pas en Italie, 274 ; est nommé chevalier de l'ordre, 391 ; comment de concert avec Mme de Maintenon il travaille à disposer l'esprit du roi pour permettre à la princesse des Ursins de venir à Paris se justifier, 406 ; il cherche à s'unir avec les Pontchartrain père et fils; essaye inutilement d'employer M. de Saint-Simon pour opérer cette réunion ; y réussit par la voie du grand écuyer, 408 et suiv. ; en faisant cette union il exige et obtient que la princesse des Ursins y soit comprise, 409 ; fait visite à cette dame, lors de son arrivée à Versailles, 413 ; prend auprès du roi la défense de du Charmel, V, 123 ; son refroidissement avec Mme de Maintenon ; il vient à Fontainebleau et tâche de laisser croire qu'il y a été mandé ; ne peut voir le roi en particulier, VI, 357 ; à l'aide de Mme d'Heudicourt et de Mme de Dangeau il commence à se rapprocher de Mme de Maintenon, 358 ; ne pouvant vendre sa charge de lieutenant général de Normandie, il obtient 200 000 livres de retenue sur cette charge, VII, 39 ; projet de Mme de Maintenon de le faire entrer au conseil, 103 ; comment ce projet devait s'exécuter, 104 ; pourquoi il manque, 106 et suiv. ; M. d'Harcourt est nommé pour aller commander sur le Rhin, sous les ordres de Mgr le duc de Bourgogne, 111 ; obtient 80 000 livres comptant pour ses équipages, 112 ; sa conduite modeste en cette occasion ; il travaille avec Mgr le duc de Bourgogne ; par quel moyen il cherche à plaire à la duchesse, 213 ; déclame contre Chamillart chez Mme de Maintenon ; lui propose le médecin Fagon pour le remplacer au ministère, 215 ; il part pour l'armée du Rhin, après avoir entretenu longtemps Monseigneur et s'être assuré des subsistances et de l'argent pour ses troupes, 220 ; passe le Rhin à Altenheim, 365 ; le repasse à Strasbourg, à l'arrivée du duc d'Hanovre, 365 ; averti par un courrier de Franche-Comté qu'il existe une conspiration tendant à livrer cette province aux Impériaux et, voyant les dispositions menaçantes des ennemis, il envoie dans la haute Alsace huit escadrons et huit bataillons au comte du Bourg avec ordre de combattre, fort ou faible, sitôt qu'il pourra joindre les ennemis, 387 ; lui détache encore deux régiments de dragons avec le même ordre, 368 ; comment il est fait pair de France, 387 ; projette de se faire recevoir avant Villars, VIII, 109 ; en reçoit la défense du roi, 99 ; est reçu duc et pair au parlement ; va commander l'armée de Flandre, 361 ; il obtient du roi une déclaration qui donne une préférence à tous ses issus mâles exclusive de tous issus par femelle, à la succession de son duché-pairie, IX, 196 ; sa déclaration franche et sage sur les bâtards, 197 ; se rend aux raisons de M. de Saint-Simon sur un projet de déclaration que celui-ci lui présente concernant les transmissions de la dignité de duc et pair, 199 ; il se console plus aisément que personne de la mort de Monseigneur ; pourquoi, 278 ; réunit chez lui plusieurs ducs pour les consulter sur les propositions que lui a faites M. du Maine concernant l'affaire du bonnet, XI, 384 (voy. *Parlement*) ; étonnement et embarras des ducs, 385 ; leur réponse à M. du Maine, 386 ; M. d'Harcourt est nommé du conseil de régence, XIII, 165 ; après avoir voulu vendre sa charge de capitaine des gardes au comte de Roucy, puis au duc de Lorges, il obtient du régent qu'elle soit donnée à son fils, 279 ; une attaque d'apoplexie lui ôte l'usage de la parole pour toujours, 438 ; il meurt à 55 ans ; triste état où il était réduit, XVII, 51 ; son caractère, 51, 52.

HARCOURT (la marquise d'), fille du duc de Villeroy, nouvellement mariée, meurt à Paris sans enfants, XIII, 438 ; son mari se remarie à une fille de M. de Barbezieux, XIV, 414.

HARLAY, archevêque de Paris ; pourquoi il déplaît à Mme de Maintenon, I, 289 ; son savoir, son éloquence, sa conduite habile comme évêque ; sa capacité dans les affaires ; ses mœurs galantes ; ses manières de courtisan ; dégoûts qu'il éprouve de la part du clergé ; son intimité avec la duchesse de Lesdiguières ; son délicieux jardin de Conflans, sa mort, 290.

HARLAY, premier président, sa gravité cynique ; sa fausse modestie ; sa fausse probité ; son savoir ; son autorité sur sa compagnie, I, 141 ; son portrait moral et physique ; par quel endroit il tient au roi et à Mme de Maintenon, 143 ;

pourquoi il se montre favorable au maréchal de Luxembourg dans son procès de préséance, 143; il nomme de petits commissaires pour examiner l'affaire chez lui et s'en rendre le maître; veut étrangler le procès et passe sur toutes sortes de formes, 153; fait entendre à M. du Maine qu'il n'aura jamais un état solide s'il n'obtient une déclaration du roi enregistrée au parlement, qui le place entre les princes du sang et les ducs et pairs; ses motifs en donnant ce conseil, 172; récompense qu'il en reçoit à la sollicitation de M. du Maine, 173; pressé par M. le duc de Chaulnes, il donne sa parole qu'il assemblera toutes les chambres pour juger les pairs opposants, 178; pressé ensuite par M. de Luxembourg, il retire sa promesse; seconde visite de M. de Chaulnes qui lui reproche son manque de foi, 180; bruit que font les pairs opposants contre lui, 181; il s'abaisse à des soumissions envers M. le duc de Rohan, et obtient de lui qu'il se désistera du procès que ce duc allait intenter à son fils l'avocat général, 181; fournit lui-même aux pairs opposants un moyen de se faire récuser en mettant en cause le duc de Gesvres, son parent, 183; après la mort de M. de Luxembourg, il cherche à se rapprocher des pairs opposants, 234; ses artifices pour parer la honte d'une récusation; il ne peut cacher la rage qu'il conçoit de ce que le duc de Gesvres mis en cause ne lui a pas donné le moindre signe de vie, 325; il révèle au roi qu'il a entre les mains un dépôt de M. Ruvigny, protestant retiré en Angleterre, et le roi le lui donne comme bien confisqué; Harlay se l'approprie sans s'inquiéter du bruit que cause ce trait de perfidie, 414; son dépit extrême de n'être pas nommé chancelier; il s'en plaint au roi, II, 298; est forcé pour sa santé de quitter sa place 298; son discours au parlement sur la nécessité d'enregistrer les édits bursaux sans examen fait grand bruit; il en écrit aux ministres et tâche de s'en justifier auprès du roi, V, 378; il va à Versailles offrir sa démission menant avec lui son fils, dans l'espoir d'obtenir sa place pour lui, 379; sort du cabinet du roi plus mécontent de lui-même que de sa démission; son portrait physique et moral, 379; quelques-uns de ses dits qui le caractérisent, 382 et suiv.; sa manière de vivre avec son fils, 384; avec sa sœur; caractère de son fils, 385; mort du président; anecdote curieuse, concernant les Jacobins du faubourg Saint-Germain, X, 209 et suiv.

HARLAY, fils du précédent, conseiller d'État et gendre du chancelier, est envoyé à Maëstricht; comment il y est reçu par les Hollandais et assez brutalement congédié, I, 238; est nommé plénipotentiaire en Hollande; son jugement; son ambition, 392; son extérieur; il devient amoureux de la maîtresse de M. de Pontchartrain, 394; comment il trahit M. de Chaulnes son ami pour plaire à cette dame; étrange distraction de sa part; ses inquiétudes, 395; vengeance généreuse de M. de Chaulnes, 396; il se brouille à Lille avec M. de Crécy son coplénipotentiaire; se hâte ensuite de se raccommoder avec lui, II, 5; tous deux reçoivent à Courtrai le caractère d'ambassadeurs; pourquoi; ils arrivent au château de Ryswick, 5; sa mort, IV, 253; XV, 27; détails curieux sur son caractère et sur ses rapports domestiques avec son père, 27; à qui il distribue sa bibliothèque, 28.

HARLAY, intendant à Pau, et fils de l'ambassadeur plénipotentiaire à la paix de Ryswick, obtient 2000 écus de pension; intendant de Metz, puis d'Alsace, est nommé conseiller d'État par le crédit du maréchal de Villeroy; son caractère; XVIII, 133.

HARLEVILLE, gouverneur de Pignerol, meurt fort vieux; sa parenté; ses services, sa probité, XI, 21.

HARLEY, orateur de la chambre basse en Angleterre, devient secrétaire d'État, IV, 298.

HAROUIS (D'), ancien trésorier des états de Bretagne, meurt à la Bastille; pourquoi il y était enfermé; tout le monde s'afflige de son malheur; sa piété; son fils et sa belle-fille, II, 336.

HARRACH (le comte d'), ambassadeur de l'empereur à Madrid, est trompé d'une manière piquante par le duc d'Abrantès, à l'occasion de l'ouverture du testament de Charles II, III, 20; sa surprise et sa rage, 31.

HAUTEFEUILLE (le bailli d'), ambassadeur de Malte, fort aimé du roi, meurt très-âgé; ses dispositions dernières pour que son ordre ne soit pas frustré de ses richesses, IV, 117.

HAUTEFEUILLE DE MONTPEROUX (M. de), est fait prisonnier à la bataille d'Hochstedt, IV, 310; sa lettre à sa femme, 313.

HAUTEFORT, est fort approuvé même des ennemis de sa retraite, lors du passage de l'Escaut par le duc de Marlborough, VII, 7; reprend Saint-Guillain avec six cents prisonniers de guerre, 9; achète la charge de premier écuyer de M. le duc de Berry, IX, 32.

HAUTEFORT (le chevalier d'), frère du précédent et écuyer du comte de Toulouse et lieutenant général de mer, détourne ce prince de suivre la fortune de M. et Mme du Maine; son caractère rustre, XVII, 22; il déclare au comte qu'il n'ira point s'enfouir avec lui à Rambouillet, 22, 23.

HAUTERIVE (M. d'), cornette des chevau-légers de la reine mère, marié à la sœur du maréchal de Villeroy, meurt subitement après avoir mis des gants qu'on dit avoir été empoisonnés, II, 375.

HAVRÉ (maison d'), généalogie de cette maison, X, 441.

HAVRÉ (le duc d'), par le crédit de Mme des Ursins obtient le régiment des gardes wallones, IV, 63; est tué à la bataille de Saragosse; son frère succède à son titre et à sa charge; épouse la duchesse de Lanti; après la disgrâce de Mme des Ursins, il revient en France et se retire dans ses terres où il meurt; sa veuve; ses deux fils, VIII, 424; XIII, 394.

HAVRÉ (le duc d'), fils aîné du précédent; grand d'Espagne, au service de France; historique sur sa maison, XVIII, 379.

HAVRÉ (la duchesse d'), est nommée dame du palais de la reine d'Espagne, XI, 256; sa place lui est ôtée par Albéroni, XIII, 394.

HAVREC, HAVRECH, voy. *Havré.*

HAYE (La), voy. *La Haye.*

HÉBERT, évêque d'Agen, écrit une lettre forte et savante aux évêques de Luçon et de la Rochelle, IX, 95. Voy. *Unigenitus.*

HEINSIUS, pensionnaire de Hollande, hérite de toute la haine du prince d'Orange et forme avec Marlborough et le prince Eugène un triumvirat qui mène la grande alliance, VI, 200; sa réponse froide aux propositions que lui fait l'ambassadeur d'Espagne concernant un traité, XIV, 137; il persuade aux États généraux de faire arrêter le baron de Gœrtz, ministre du roi de Suède et le frère de Gyllembourg, ambassadeur de la même puissance à Londres, 241; fait à l'ambassadeur d'Espagne des ouvertures de paix entre l'empereur et l'Espagne, 255; il meurt de chagrin; son autorité sur la république de Hollande; ses grandes qualités; pourquoi son crédit tombe; les États généraux séparent après sa mort les deux charges qu'il occupait, XVIII, 51 et suiv.

HELVÉTIUS, médecin, est en aversion aux autres médecins et surtout à Fagon; ses cures; en quoi il excellait; son caractère; il se rend auprès de M. de Beauvilliers, malade à Saint-Aignan, III, 82; le guérit en sept ou huit jours, 83; ses ambassades secrètes en Hollande sont le sujet de mille plaisanteries amères qui se répandent partout, VII, 115; il est envoyé par le roi auprès de la reine d'Espagne, qui est à l'extrémité, XI, 44; déclare en arrivant qu'il n'y a qu'un miracle qui peut la sauver, 45; sauve les jours de Louis XV par une saignée, XVIII, 181.

HENNIN-LIÉTARD, évêque d'Alais, est nommé archevêque d'Embrun, XVII, 292.

HENNIN-LIÉTARD, archevêque de Malines, prétend arriver à la pourpre en écrivant ou faisant écrire pour la constitution; l'empereur lui fait défendre d'écrire et de parler sur ce sujet; son caractère, XVII, 144.

HENRIOT, décrié par ses mœurs et ses friponneries et choisi par les jésuites pour tuteur de l'abbé de Lyonne; est chargé de plusieurs commissions extraordinaires dans des couvents de filles; est fait évêque de Boulogne et sacré par le cardinal Fleury, XI, 451.

HERBAULT, capitaine de vaisseau, est tué aux pieds du comte de Toulouse, au combat de Malaga, IV, 330.

HÉRON (Du), colonel de dragons, est nommé ambassadeur à Wolfenbüttel, II, 49; son talent pour les négociations, 50; est tué au combat de Calcinato, V, 163.

HÉRON (Du), envoyé du roi en Pologne, en est chassé brusquement, IV, 61; est tué avec cinquante officiers au combat de Minderkingen, 141.

HÉROUVILLE (D'), colonel, est blessé à mort à la bataille de Castiglione, V, 250.

HERSENT, est nommé premier valet de garde-robe du duc d'Anjou, déclaré roi d'Espagne, III, 43; obtient en Espagne l'emploi de *guardaropa*, IV, 180; résiste à Albéroni qui veut retrancher sur les dépenses de la garde-robe; obtient du roi qu'elles soient augmentées,

XIII, 442; son caractère et celui de son fils, XIX, 20.

HERSENT (le cadet des fils d'), *guardaropa* du roi d'Espagne, est arrêté et jeté dans un cachot à Mérida; pourquoi, XIII, 393.

HERVAL (Mme), veuve d'Herval, intendant des finances, ses qualités, sa mort, X, 224.

HERVAULT (Isoré d'), archevêque de Tours, meurt à Paris; son savoir; ses vertus épiscopales; son caractère; sa liaison avec le cardinal de Noailles; sa famille, XIV, 9.

HESSE (le prince de), vient au secours de Landau, IV, 200; est défait par le maréchal Tallard, 201; sa valeur dans ce combat, 202; deux princes de Hesse, ses frères, y sont tués, 202; à la mort de Charles XII, roi de Suède, il conclut subitement une trêve avec les Danois et se rend à Stockholm où il rétablit l'élection du roi; sa femme, Ulrique, sœur du feu roi, est élue; bientôt après il lui est associé à la couronne, XVII, 122.

HEUDICOURT (Mme d'), nièce du maréchal d'Albret, plaît extrêmement à son oncle, I, 367; elle est mariée par lui à M. d'Heudicourt, qui est fait grand louvetier; est aimée et protégée par Mme de Maintenon, 368; sa mort; son esprit; son caractère méchant; son crédit auprès du roi et de Mme de Maintenon, caractère de son mari, VII, 56; peur qu'avait cette dame des esprits, 57; Heudicourt, pour se recrépir, épouse une fille de Surville, XII, 52; sa mort; son caractère, XVII, 102.

HEUDICOURT, fils, fait une chanson si plaisante sur le grand prévôt, qu'elle fait pâmer de rire le maréchal de Boufflers pendant la messe du roi et le roi lui-même lorsqu'on la lui dit, V, 116, 120; sa peur des esprits; sa laideur; sa méchanceté; son ivrognerie, VII, 57; il mande à la cour un propos leste qu'a tenu le maréchal de Villars à l'armée, VIII, 358; comment il en est puni par le maréchal qui lui reproche ses bienfaits et sa scélératesse, 360; est arrêté et conduit au château de Calais, 360; il en sort bientôt et reste à la cour l'homme à la mode, 361; obtient la survivance de la charge de grand louvetier de son père, XIV, 194.

HIJAR *Silva* (le duc), grand d'Espagne; historique sur sa maison, XVIII, 380.

HILLIÈRE (La), voy. *La Hillière.*

HIRE (La), voy. *La Hire.*

HISTOIRE, l'étude en a été recommandée dans tous les siècles; il est permis aux chrétiens d'en écrire et d'en lire, I, XLIII; l'histoire est d'un genre différent de toutes les autres connaissances, XLV; comment il faut l'écrire pour être utile, XLVI; l'histoire particulière du temps et du pays où on vit doit être plus étendue en détails et en circonstances, XLVII; réponse à quelques objections, XLVIII; la charité permet de se défendre et de faire connaître les méchants, LIII; avantages de l'histoire à l'égard de la charité, LIX.

HIVER de 1709. Sa rigueur; tous les arbres fruitiers sont gelés, VII, 38; cherté et disette de blé, 121 et suiv.; triste état de la France pendant et après cet hiver; impôts haussés, multipliés et exigés avec rigueur; misère dans les campagnes; hôpitaux regorgeant de malheureux; charités immenses, 126; taxes pour les pauvres et pour les grands chemins tournant au profit du fisc, 127; le commerce tari; le roi ne paye plus ses troupes, 128.

HOCHSTEDT (bataille d'), livrée en 1704 et gagnée par le duc de Marlborough et le prince Eugène; fautes commises par les généraux français, IV, 304 et suiv., 320; consternation générale en France, 322.

HOCQUINCOURT (l'abbé d'), petit-fils du maréchal de ce nom, meurt le dernier de l'ancienne maison de Monchy; Mme de Feuquières, sa sœur, en reste héritière, V, 20.

HOGUERS, banquier suédois, envoyé près du régent par Charles XII pour lui communiquer ses projets, XIV, 475.

HOGUETTE (M. La), lieutenant général, est tué à la bataille de Marsaille, I, 106.

HOGUETTE (Mme La), veuve du précédent, riche, avare et pharisaïque, meurt en 1720; son caractère prude et glorieux, XVII, 441; sa fille unique mariée à Nangis; sa patience et sa vertu, 441.

HOHENDORFF (le baron d'), chargé d'affaires de l'empereur à Paris, excite le lord Stairs contre le traité qui se négocie à la Haye entre la France et l'Angleterre, XIV, 94; ses conférences avec le nonce Bentivoglio concernant le prétendant, 304; propositions qu'il lui fait à ce sujet, 146; il presse ce nonce d'insinuer au prétendant de ne point sortir d'Avignon, dans l'opinion que cela dérangera ce qui a été concerté et causera une rupture, 162.

HOLLANDE (la), accède au traité fait entre la France et l'Angleterre qu'on nomme la triple alliance défensive, XIV, 216; les Hollandais n'osent accorder à l'ambassadeur d'Espagne la permission d'acheter des vaisseaux de guerre, XV, 433; pressés par la France et l'Angleterre de souscrire au traité de Londres, ils désirent ardemment la conservation de la paix, XVI, 4; situation de la Hollande, 34; son inaction, 186; elle entre dans le traité de la quadruple alliance, 226; sa politique tend à ne pas déplaire au roi d'Espagne, 231.

HOLSTEIN (la duchesse d'), sœur du roi de Suède; meurt à Stockholm de la petite vérole, VII, 35; prétentions de son petit-fils au trône de Suède, 35.

HOLSTEIN-GOTTORP (le duc de), est tué à côté du roi de Suède, son beau-frère, dans une bataille sanglante, IV, 2.

HOLSTEIN-GOTTORP (le duc de), demande inutilement au régent le traitement d'Altesse royale, XV, 286.

HOMMAGE LIGE et HOMMAGE SIMPLE. En quoi ils consistaient, II, 449.

HOMME LIGE. Ce que c'était, II, 138.

HONGRIE (les mécontents de), inquiètent l'empereur jusque dans Vienne, s'emparent d'Agria et d'autres villes, IV, 247; refusent les propositions du comte de Palfi; soumettent Graw; prennent la forteresse de Mongatz, Hermannstadt, capitale de la Transylvanie, etc., 247; Neutra, Eparies, Kaszony, 372; Neuhausel, et obligent le général Heister à se retirer, 373; manquent prendre l'empereur à la chasse, V, 264; s'emparent de Gratz; battent le général Heusler et lui tuent quatre mille hommes, 264.

HONNEURS. Ce qu'on appelait ainsi dans certaines cérémonies, V, 311, note.

HONNEURS DU LOUVRE. Opposition de la noblesse aux honneurs accordés à quelques familles, V, 438.

HOORNBECK, pensionnaire de Rotterdam, est nommé pensionnaire de Hollande après la mort d'Heinsius, XVIII, 53.

HORN (le comte d'), est fait prisonnier à l'attaque des lignes entre Lawe et Heylesem, V, 35.

HORN (le comte de), âgé de 22 ans, mène à Paris une vie obscure de jeu et de débauche; détails généalogiques sur l'ancienne maison de Horn, XVII, 443; le comte de Horn tue un agioteur dans la rue Quincampoix, est arrêté avec Mille

son complice, 445; est rompu vif avec lui sur la place de Grève, 448.

HOUGH, gentilhomme anglais, fait divers personnages; s'attache au roi Jacques; conçoit sur l'Écosse un projet qui doit faire une diversion puissante sur le continent, VI, 186; le fait goûter au duc de Chevreuse, 186.

HOUSSAYE (Pelletier de La), conseiller d'État et intendant d'Alsace, refuse d'aller à Bade en qualité de troisième plénipotentiaire; pourquoi, XI, 56; est nommé chancelier et surintendant des finances de M. le duc d'Orléans, XVII, 308; est nommé contrôleur général, XVIII, 72; son extérieur; son secrétaire écrit pour lui des lettres et des mémoires qui trompent tout le monde sur sa capacité; sa nullité se découvre; son caractère; sa morgue, 73; détails sur son administration, 86; son rapport au conseil de régence tenu sur les finances après la fuite de Law; conclusions, 89 et suiv.; il meurt à 61 ans, XX, 22.

HOUSSE, draperie dont certaines personnes avaient le droit d'orner leurs carrosses, XX, 85.

HUET, évêque d'Avranches, meurt à 88 ans retiré à Paris dans la maison professe des jésuites; sa vaste érudition, XVIII, 129.

HUMBERT, célèbre chimiste, sur l'ordre de M. le duc d'Orléans, se présente à la Bastille pour s'y constituer prisonnier, après la mort du Dauphin; est refusé par ordre du roi, X, 159.

HUMIÈRES (le maréchal d'), ses qualités; il doit sa fortune à M. de Louvois; sa magnificence; ses manières, sa maison de Mouchy où le roi va le voir; son ambassade en Angleterre; ses enfants; sa mort; il est assisté par trois antagonistes, I, 205 et suiv.; pensions faites à sa veuve, 206.

HUMIÈRES (la maréchale d'), fille de M. de La Châtre; meurt à 88 ans, au couvent des Carmélites de la rue Saint-Jacques, XX, 85 et suiv.

HUMIÈRES (M. d'), fils aîné du maréchal, est fait duc à brevet lui et sa postérité de mâle en mâle, I, 208; il marie sa fille unique au fils aîné du duc de Guiche lequel se démet de son duché en considération de ce riche mariage, VIII, 113; obtient par le crédit de M. de Saint-Simon le gouvernement de Boulogne et Boulonais, XX, 29.

HUXELLES, lieutenant général, est nommé directeur général de l'infanterie,

I, 222; comment il trompe le prince de Bade, tandis que le maréchal de Choiseul passe le Rhin, II, 10; comment il fait avorter un autre projet du maréchal, 16; vient à la cour remontrer le danger de laisser accommoder le Spirebach aux ennemis et de ne pas mieux garnir Landau, IV, 2; est fait maréchal de France, 79; sa naissance; ses ancêtres; ses alliances, 90; son père tué devant Gravelines, 91; caractère de sa mère; considération dont elle jouit; le vieux Beringhen entretient et aime le marquis d'Huxelles; Louvois l'avance dans les grades; il est commandant d'Alsace et sert toutes les campagnes sur le Rhin, 91; son portrait; son caractère; ses mœurs grecques, 92; il brûle d'envie d'être duc; fait sa cour aux princes légitimés; trouve accès auprès de Mme de Maintenon, 94; fait sa cour à Mlle Choin, puis l'abandonne après la mort de Monseigneur, 94; il aspire à l'ambassade de Rome; jaloux de la préférence donnée à M. de Saint-Simon, il travaille à lui nuire auprès du roi et de Monseigneur, V, 112; il demande et obtient la permission de rester à Paris en conservant le commandement de l'Alsace; état qu'il y tient; comment il fait sa cour à Mlle Choin et autres grands personnages, VIII, 101; il tombe dans une humeur noire; quelle en est la cause, 102; il est nommé avec l'abbé de Polignac pour aller à Gertruydemberg, 105; reçoit défense de mettre les armes à rien pendant le temps de sa négociation; pourquoi, 106; son désespoir à la mort de Monseigneur; il cherche à se lier avec M. du Maine, IX, 278; part pour aller négocier la paix à Utrecht, X, 15; revient saluer le roi après la paix; son humeur et sa hauteur envers son collègue Polignac, 26; il obtient du roi le gouvernement d'Alsace et celui de Brisach, XI, 17; il indigne la cour et la ville en venant remercier le roi, de ce qu'il vient de faire pour ses bâtards M. du Maine et M. le comte de Toulouse; il veut entrer au conseil et être fait duc, 153; obtient le gouvernement de Strasbourg, XII, 436; est déclaré chef du conseil des affaires étrangères, XIII, 149; son dépit contre Louville; à quel sujet; comment il le reçoit, XIV, 58 et suiv.; il refuse de signer le traité de paix conclu entre la France et l'Angleterre, 186; sur la menace que lui fait faire le régent, il le signe, 186; il raffermit ce prince contre les manéges de la cabale vendue

à la cour de Rome, XV, 334; refuse de signer la convention entre la France, l'empereur et l'Angleterre, XVI, 160; reçoit ordre du régent de la signer ou de se démettre; la signe, 173.

HUXELLES (la marquise d'), mère du maréchal, meurt à 86 ans; sa famille; son premier mariage, X, 187; son esprit, sa beauté; sa galanterie; son caractère; elle tenait un bureau d'esprit fort décisif, 187.

HYGHENS, premier médecin du roi d'Espagne, Irlandais d'origine; sa capacité; comment il parvint à cette charge; XIX, 391; son caractère; ses belles qualités; ses grandes connaissances, 392; son attachement pour le roi Jacques, 393.

I

IBERVILLE (D'), est nommé ambassadeur à Mayence, II, 49; sa capacité pour les affaires, 51.

IBERVILLE, réuni à Chavagnac, prend la petite île de Nieves, 30 vaisseaux marchands; emmène 7000 nègres, V, 168.

IMÉCOURT, maréchal de camp, est tué devant Verue, V, 71.

IMHOFF, savant généalogiste allemand; voyez sa généalogie des maisons d'Este et Farnèse, XVII, 265 et suiv.

IMPERIALI (le cardinal), légat *a latere*, va saluer l'archiduc à Milan; sa capacité; son caractère; son éloignement pour la France; quelle en était la cause, X, 24.

INFANTADO (le duc del), se retire dans une de ses terres quelques jours avant que le roi parte pour l'armée et rentre à Madrid le soir même que le roi en est sorti, IV, 276.

INFANTADO (le duc del), branche des ducs de Lerme; leur généalogie, XVIII, 347; leur attachement à la maison d'Autriche; le duc del Infantado s'approche rarement de la cour de Philippe V, 348; sa vie retirée; ses richesses immenses; il se fait bâtir une sépulture aux capucins de Guadalaxara; il reçoit avis que le roi et la reine vont aller à son château de Lerma sans s'émouvoir et sans donner aucun ordre, 349; grand d'Espagne; historique sur sa maison, 381 et suiv.

INFANTE (l') d'Espagne, destinée au roi de France, est échangée à l'île des Faisans, XIX, 114; est conduite en France suivie de sa gouvernante doña Maria de Nieves, 115 ; honneurs qui lui sont prodigués ; insouciance du régent ; ignorance du cardinal Dubois à cet égard, 241 et suiv.

INNOCENT XII, pape, meurt en 1700 ; son éloge ; son nom de famille, II, 447 ; sa réponse au roi d'Espagne qui l'a consulté sur le projet de se donner pour successeur un prince de la maison de France, III, 15.

INNOCENT XIII, pape, se voit forcé de donner à l'empereur l'investiture du royaume de Naples et de Sicile, XIX, 324.

INTENDANCES, changements ou mutations faites dans les intendances en 1709 ; noms des intendants déplacés ; leur capacité, VII, 340 et suiv. ; intendants, lieutenants civil, criminel, prévôt des marchands, III, 442.

INTENDANTS. Ce que c'était dans l'ancienne monarchie, III, 441.

INTRODUCTEUR DES AMBASSADEURS, voy. *Breteuil*.

INVALIDES (Hôtel et Église des). Mémoire des dépenses qu'y a faites Louis XIV jusqu'en 1691, XII, 524.

INVESTITURE. L'investiture du Barrois donnée au duc de Lorraine, voy. *Lorraine* (duc de).

ISENGHIEN (M. d'), gagne une très-grosse somme au jeu, au duc de Mortemart ; ses procédés honnêtes relativement au payement de cette dette ; il achète le régiment du duc de Mortemart, VIII, 406 et suiv. ; il épouse Mlle de Rhodes, malgré la mère de la demoiselle, X, 421 ; épouse en troisièmes noces Mlle de Monaco, sœur de la duchesse de Valentinois, XVII, 452.

ISENGHIEN (Mme d'), meurt en couches d'un enfant mort ; sa famille, XI, 435.

J

JACOBITES (les), partisans du roi Jacques, sont chassés de France à son de trompe, en vertu d'un article du traité entre la France et l'Angleterre ; réflexions sur cet article honteux, XVIII, 434 et suiv.

JACQUES II, roi d'Angleterre, tombe en paralysie d'une partie du corps ; est envoyé à Bourbon, III, 84 ; sa mort, 330 ; son corps est conduit aux Bénédictins anglais, à Paris, et son cœur aux Filles de Sainte-Marie de Chaillot, 330, 331.

JACQUES III, part de Saint-Germain pour son expédition d'Écosse, VI, 193 ; il s'embarque à Dunkerque, quoique malade et fort faible, 194 ; essuie une tempête, 195 ; comment il est surpris, poursuivi et chassé par la flotte anglaise et forcé de revenir à Dunkerque, 196 et suiv. ; il y déclare Gacé maréchal de France ; prend le nom de chevalier de Saint-Georges ; arrive à Saint-Germain ; va à Marly ; son entrevue avec le roi, 198 et suiv. ; va faire la campagne de Flandres incognito sous son nouveau nom, 286 ; acquiert l'estime et l'affection des troupes et des généraux, 286 ; rejoint l'armée quoique travaillé par la fièvre, VII, 364 ; il soutient aussi longtemps qu'il peut l'aile gauche de l'armée française à la bataille de Malplaquet, 378 ; il voyage en France, IX, 313 ; revient à Saint-Germain, X, 16 ; y tombe malade de la petite vérole, refuse de se confesser à son confesseur jésuite, appelle le curé de la paroisse, 180 ; après la paix d'Utrecht, il se retire à Bar, dont M. de Lorraine fait meubler le château et le vient voir, 424 ; il part de Bar déguisé pour s'aller embarquer en Bretagne, XIII, 290 et suiv. ; arrive à Nonancourt où il est averti qu'on est à sa recherche pour l'arrêter ; comment il est sauvé par la maîtresse de poste, 293 ; il s'embarque en Bretagne pour l'Écosse, 295 ; repasse la mer avec le duc de Marr, 395 ; obtient avec peine une entrevue secrète avec l'ambassadeur d'Espagne à Paris ; lui fait une peinture vive et touchante de sa situation ; se plaint de Bolingbroke et de Berwick, 397 ; demande 100 000 écus au roi d'Espagne, 398 ; se rend à Commercy d'où il est forcé de se retirer ; va à Avignon, 443 ; se retire en Italie, XIV, 352 ; voit incognito le roi de Sicile en passant à Turin, 405 ; comment il est traité à Rome par le pape ; il presse le souverain pontife sur la promotion d'Albéroni, XVI, 139 ; communique au cardinal Acquaviva le projet d'un officier anglais tendant à son rétablissement, XVI, 155 ; se marie à la fille du prince Jacques Sobieski, fils aîné du fameux Jean Sobieski, roi de Pologne, XVII, 49 ; il quitte Rome et se rend à Madrid, 149 ; essuie une tempête qui endommage et disperse toute la flotte d'Espagne ; repasse en Italie et va à Rome achever son mariage avec la fille du prince Sobieski, 278 ; il lui naît un fils qui est baptisé par l'évêque de Montefiascone et nommé Charles ; félicitations qu'il reçoit à cette occasion du pape et de sa cour ; réjouissances publiques ; sentiments de joie que cette naissance cause en Angleterre, XVIII, 127 et suiv.

JAMAIQUE (le marquis de la), voy. *La Jamaïque.*

JANSÉNISME, naissance de cette secte, à qui elle est attribuée ; MM. de Port-Royal sont accusés de la défendre, VII, 412 ; formulaire proposé à signer et jurer, 412.

JANSÉNISTES (les), attaquent la doctrine de Molina, VII, 412 ; refusent de signer et jurer le formulaire, quoiqu'ils condamnent les cinq propositions qui y sont condamnées, 413 ; continuent d'attaquer la doctrine de Molina, 415.

JANSON (le cardinal), ambassadeur à Rome, est nommé grand aumônier de France, V, 117, 118 ; arrive à Versailles ; accueil qu'il y reçoit ; prête serment de grand aumônier, 199 ; célèbre le mariage de M. le duc de Berry avec Mademoiselle, fille aînée de M. le duc d'Orléans, VIII, 333 ; par sa fermeté il empêche les jésuites de rien entreprendre dans son diocèse, 410 ; il veut en vain s'opposer à ce que son neveu soit fait évêque, 411 ; il meurt à 63 ans ; son éloge ; ses deux évêchés ; ses ambassades, X, 366 ; son extérieur ; son caractère, 367 ; son savoir ; sa fermeté ; ses grandes aumônes, 368.

JANSON (l'abbé de), neveu du cardinal Janson, est nommé archevêque d'Arles ; son ignorance, VIII, 411.

JANSON, ancien gouverneur d'Antibes, meurt saintement en Provence, dans un couvent de Minimes qu'il avait bâti et où il vivait retiré, VII, 82.

JARNAC, dernier cadet de Montendre La Rochefoucauld, meurt de la petite vérole ; il s'était distingué à la guerre ; avait beaucoup d'esprit et d'amis, XI, 257.

JARNAC (Mlle de), fort riche, épouse un cadet de Montendre de la maison de La Rochefoucauld et reste dans son château de Jarnac ; pourquoi, VII, 198.

JARZÉ, gentilhomme d'Anjou, est nommé à l'ambassade de Suisse ; son caractère ; sa richesse ; son extraction, VI, 208 ; il se repent d'avoir accepté l'ambassade ; va en Anjou ; y fait une chute, mande qu'il est hors d'état de remplir sa mission, 422 ; note sur son aventure avec la reine Anne d'Autriche, 458.

JEAN BART, brûle 55 vaisseaux marchands aux Hollandais, I, 344 ; sa mort, III, 400.

JEANNETTE PINCRÉ ; sa naissance ; comment elle amuse Mme de Maintenon et le roi par ses gentillesses ; elle est mariée à M. de Villefort, capitaine de cavalerie, qui obtient le gouvernement de Guérande, IX, 73 et suiv. ; elle porte le nom de Mme d'Ossy, 75.

JENNINGS, amiral anglais, transporte l'impératrice de Barcelone à Gênes ; revient faire le transport des troupes anglaises dans leur pays, X, 358.

JÉSUITES (les), sont condamnés par la Sorbonne au sujet de leur mémoire sur les cérémonies de Confucius et des ancêtres, II, 417 ; obtiennent du roi d'être affranchis des taxes et des impositions du clergé, 418 ; publient une protestation contre la censure de la Sorbonne, 418 ; ils obtiennent la cure de Brest, mais avec des conditions qui leur déplaisent, V, 76 ; ils défendent et propagent la doctrine de Molina, VII, 410 et suiv. ; leurs querelles avec les jansénistes, 413 et suiv. ; leur projet d'établir l'inquisition en France, XI, 268 et suiv. ; leur ingratitude envers ceux qui ont servi leur compagnie avec le plus grand travail et le plus de succès ; exemples, XVII, 145 ; anecdote sur les jésuites de la ville de Namur, après la prise de cette place, I, 14 ; ignorance des jésuites d'Espagne, XIX, 47 ; suivant leur morale le chocolat pris le matin ne rompt pas le jeûne les jours où le jeûne est d'obligation, 204 ; note sur le nom de *Solipses* qui leur a été appliqué, 256 ; comment les jésuites de la Chine empêchent le légat Mezzabarba d'exécuter les ordres qu'il a reçus pour les réduire à l'obéissance concernant les rites chinois, 457 et suiv. ; comment ils parviennent à empêcher qu'on ne rende à Rome des honneurs à la mémoire du cardinal de Tournon, leur victime, 460 et suiv.

JOFFREVILLE, est nommé membre du conseil de guerre ; ses talents et son mérite, XIII, 151 ; meurt lieutenant général distingué, XVIII, 134.

JOLY DE FLEURY, avocat général, parle avec grand applaudissement dans le procès de la succession de M. le Prince, et conclut contre Mme la Duchesse en faveur des princesses ses filles. Ses conclusions sont confirmées par arrêt du parlement, IX, 80 ; est nommé membre du conseil de conscience des affaires ecclésiastiques, XIII, 146 ; puis procureur général, XIV, 176.

JONCHÈRE (La), trésorier de l'extraordinaire des guerres, accusé de désordre dans les affaires, XIX, 398 ; est mis à la Bastille, 421 ; fait à peu près tous les aveux que l'on veut, 449, 450.

JONVELLE, lieutenant général, meurt pendant le siége de Namur, fort regretté du roi, I, 7.

JONZAC, fils d'Aubeterre, se bat en duel avec Villette, frère de père de Mme de Caylus ; détails sur ce duel et ses suites, XIII, 346.

JOSEPH, roi des Romains, succède à l'empire après la mort de son père Léopold ; contre le traité qu'il a signé lui-même avec l'électrice de Bavière, il fait entrer 6000 hommes dans Munich, V, 17; met au ban de l'empire les électeurs de Cologne et de Bavière, 166 ; rend ses bonnes grâces au prince de Salm, la présidence du conseil et sa charge de grand maître de la cour du roi des Romains, VI, 84 ; marie une de ses sœurs au roi de Portugal, et l'archiduc son frère à une princesse de Brunswick-Blankenbourg-Wolfenbüttel; donne l'investiture du Montferrat à M. de Savoie, 299 ; fait passer à la diète de Ratisbonne un décret par lequel il déclare vouloir rentrer dans tous les droits de l'empire en Italie ; réunit les fiefs usurpés, et prétend que le pape fasse raison au duc de Modène des usurpations que la chambre apostolique a faites sur lui, 379; fait arrêter à Vienne le nonce du pape; force le pontife à recevoir à Rome son plénipotentiaire, 434 ; sa mort; son caractère violent, IX, 182.

JOURNAL de Dangeau, voy. *Dangeau.*

JOUVENCY (le P.), jésuite, publie à Rome une histoire latine de sa compagnie depuis son origine ; idée de cet ouvrage, X, 433 ; éclat qu'il fait dans le monde, 434 ; le livre est supprimé par arrêt du parlement ; les supérieurs des trois maisons de Paris sont mandés et légèrement admonestés par le premier président, 435.

JOYEUSE (le marquis de), est fait maréchal de France, I, 39 ; reçoit du maréchal de Lorges un billet pour le prier de partir dans deux heures ; sa réponse verbale à ce billet, 202 ; rencontre des deux maréchaux ; négociation entamée pour faire partir Joyeuse ; succès qu'elle a, 202 ; il prend le commandement de l'armée d'Allemagne pendant la maladie du maréchal de Lorges, 262 ; envoie visiter les ruines de Manheim et fait construire un pont derrière pour le passage de l'armée, 266 ; détails sur ce passage, 266 et suiv. ; l'armée repasse le Rhin, 270 ; Joyeuse est nommé gouverneur de Metz, Verdun et leurs évêchés, IV, 139 ; sa mort ; son caractère ; ses talents, VIII, 354.

JOYEUX, premier valet de chambre de Monseigneur et gouverneur de Meudon, meurt fort vieux ; caractère singulier et dangereux de ce personnage ; en quoi il servit le roi ; son extérieur ; son esprit ; Monseigneur le ménageait et se consola aisément de sa perte, V, 148.

JUAN (don), bâtard d'Espagne, reçoit du grand Condé une forte leçon sur la manière dont il doit traiter Charles II, roi d'Angleterre retiré aux Pays-Bas, V, 293, 326 et suiv.; y soutient sa grandeur par des cabales et par un parti qui fait souvent trembler la reine, mère de Charles II, III, 294.

JUNQUIÈRE (La), qui s'est laissé prendre au Port-Mahon est traduit à un conseil de guerre, cassé et condamné à garder la prison ; le roi lui ôte ses pensions et la croix de Saint-Louis, VII, 32.

JUNTE d'Espagne nommée par le testament de Charles II, pour gouverner en attendant le successeur ; noms de ceux qui la composent, III, 30 ; elle supplie le roi de France de donner des ordres dans tous les États du roi son petit-fils, et lui mande qu'elle a envoyé l'ordre à tous les vice-rois et gouverneurs généraux et particuliers, ambassadeurs et ministres d'Espagne, de lui obéir en tout, 50 et suiv.

JUSSAC (Mme de), est mise à la suite de Mme la duchesse de Chartres ; en quelle qualité ; elle sait allier la plus constante confiance de Mme de Montespan avec l'estime de Mme de Maintenon ; son mari est tué à la bataille de Fleurus ; ses bonnes qualités, I, 407 ; ses deux filles, 407.

JUVEIGNEURS. Qui étaient ceux qu'on appelait ainsi, II, 138.

K

KERCADO, maréchal de camp, est tué devant Turin, V, 227, 248, 249.

KOENIGSECK (le comte de), commandant de la Mirandole, est forcé de se rendre prisonnier de guerre avec 70 officiers et 400 soldats, V, 18; il vient à Paris avec le caractère d'ambassadeur de l'empereur, XIV, 192; prétend avoir découvert que le régent commence à changer de langage et ne lui parle plus avec la franchise et la vivacité qu'il lui a montrées, XVI, 124; est scandalisé du peu de joie que la cour fait paraître à la nouvelle de la conclusion de la paix entre l'empereur et le Turc, 223; fait une entrée magnifique; se fait fort estimer par sa conduite, XVII, 52; est rappelé pour aller exercer la charge de grand maître de la princesse électorale de Saxe, 291.

KOENIGSMARK (le comte de), donne de l'ombrage au duc d'Hanovre; il est arrêté et jeté dans un four chaud : la duchesse d'Hanovre est renvoyée à son père, I, 242; XV, 157.

KURAKIN (le prince), ambassadeur de Russie en France, avertit le régent que le czar Pierre va venir voir le roi, XIV, 420; sa naissance; son extérieur; son caractère; son alliance avec le czar, 421; son ambassade à Rome; quel en avait été le motif, 423; quel en fut le résultat, 423; conférences avec Bentivoglio pendant le voyage du czar à Paris, XV, 11.

L

LABAUME, fils du maréchal Tallard, porte au roi la nouvelle de la victoire de Spire, IV, 201; est fait brigadier, 202; est blessé à la bataille d'Hochstedt et meurt de ses blessures, 312.

LA BLINIÈRE, ancien avocat, est nommé secrétaire du conseil des finances, XIII, 149.

LA BOURDONNAIE, gendre du conseiller d'État Ribeire, succède à la place de son beau-père, X, 262.

LA BRETANCHE, brigadier, est tué au combat d'Audenarde, VI, 318, 319.

LA BRETONNIÈRE, maréchal de camp, est tué à la bataille de Turin, V, 248.

LABRIFFE, maître des requêtes, perd sa brillante réputation en devenant procureur général; il faiblit devant l'autorité du premier président et donne des conclusions favorables à M. de Luxembourg dans son procès de préséance, I, 146; son embarras lorsque M. de Chaulnes lui présente le premier factum des opposants à M. de Luxembourg, 147; sa mort; quelle en fut la cause, II, 427.

LA BRUE, évêque de Mirepoix; quel; sa mort, XVIII, 51.

LA CARTE, gentilhomme du Poitou fort pauvre et devenu premier gentilhomme de la chambre de Monsieur, épouse, par le crédit et l'argent de ce prince, la fille du duc de La Ferté dont il prend les armes et le nom, avec le titre de marquis, II, 168.

LA CHAISE (le P.), confesseur du roi; sa conduite dans l'affaire de l'abbé régulier de la Trappe, 204 et suiv.; sa dispute avec le roi à ce sujet, 206; instruit des calomnies répandues contre Mgr le duc de Bourgogne, il montre au roi la lettre que le P. Martineau, confesseur de ce prince, lui a écrite de l'armée de Flandre et la fait voir à plusieurs personnes, VI, 403; sa mort; son origine; combien de temps il fut confesseur du roi; ses maladies de politique à la fête de Pâques; son esprit; son caractère juste, sage et modéré, VII, 45; sa reconnaissance pour les Villeroy; son désintéressement; ses bons choix pour l'épiscopat et les grandes places; il favorisa toujours l'archevêque de Cambrai et fut toujours ami du cardinal de Bouillon; eut toujours sur sa table le Nouveau Testament du P. Quesnel, 46; son indépendance de Mme de Maintenon; il voulut plusieurs fois et inutilement se retirer, 47; sa lettre au roi avant de mourir; éloge que fait le roi du P. La Chaise; services que rendit ce confesseur, 48; anecdote à son sujet racontée par Maréchal, chirurgien du roi, 49.

LA CHAISE (Mme de), nièce du P. La Chaise, est nommée par le roi pour aller à Marly; joie de son oncle, V, 260.

LA CHAISE, capitaine de la porte, frère du P. La Chaise; sa haute taille; son honnêteté; sa mort; munificence du roi envers son fils et son neveu, II, 42.

LA CHAISE, fils du précédent et capitaine des gardes de la porte, meurt chez lui en Lyonnais, XX, 34.

LA CHAPELLE, un des premiers commis de la marine, est chassé par Pontchartrain et reçoit ordre de se retirer lui et sa femme à Paris, V, 19; tout ce qu'il y a de considérable à Versailles en hommes et en femmes court chez ces exilés, 19, 20; il est nommé secrétaire au conseil de marine, XIII, 153.

LA CHATRE (l'abbé de), est reconnu pour l'auteur des calomnies qui ont fait révoquer la nomination de l'abbé Caudelet à l'évêché de Poitiers; son caractère; sa vie licencieuse, II, 102; sa fin tragique, 279.

LA COMBE (le P.), est mis à la Bastille à cause de l'affaire de M. de Cambrai, II, 121.

LACONI (le marquis de), grand d'Espagne, XVIII, 436.

LA COUR DES CHIENS, fameux financier, achète la charge d'intendant de l'ordre, III, 58; le ministre Chamillart lui donne les meilleures affaires de finance; il s'enrichit prodigieusement; son habileté; son caractère; mauvais discours des financiers contre lui et Chamillart, VII, 119.

LA CROPTE-BEAUVAIS (Uranie de). Note rectificative, remise par M. de Chantérac pour établir qu'elle était fille *légitime* de La Cropte-Beauvais et de Charlotte Martel, IV, 441.

LA FARE, capitaine des gardes de M. le duc d'Orléans, meurt d'indigestion; son énorme grosseur; sa gourmandise; ses vers, X, 203.

LA FARE, achète une lieutenance générale de Languedoc du comte de Roure, XVII, 37; est nommé par le régent pour aller remercier de sa part en particulier le roi d'Espagne de l'honneur du mariage de sa fille avec le prince des Asturies, XVIII, 247; son arrivée à Madrid; il prétend être conduit à l'audience du roi comme le sont les envoyés des souverains, 335; M. de Saint-Simon essaye de le faire renoncer à cette prétention, 336; il est reçu à la cour d'Espagne avec toutes sortes de distinctions, mais non comme il le voulait, 337; reçoit du roi la Toison d'or; son mécontentement; quelle en est la cause, XIX, 135 et suiv.; il boude longtemps M. de Saint-Simon qu'il regarde comme un obstacle à la grandeur qu'il a désirée, 137; revient ensuite à lui, 138.

LA FARE, évêque de Viviers et frère de La Fare, lieutenant général de Languedoc, est transféré à l'évêché de Laon; ses débauches; ses escroqueries, XX, 25 et suiv.; comment il était devenu évêque de Viviers, 26; il meurt abhorré et banqueroutier dans son nouveau diocèse, 27.

LA FARE-LOPIS (l'abbé de), grand vicaire de M. de Mailly, archevêque de Reims, travaille avec adresse auprès de l'abbé Dubois à le faire consentir à ce que M. de Mailly obtienne des mains du roi la calotte rouge de cardinal; son caractère, XVII, 341 et suiv.

LA FAYETTE (Mme de), fille unique de Marillac, doyen du conseil, et belle-fille de la célèbre Mme de La Fayette, meurt assez jeune d'une longue apoplexie, X, 222.

LA FERTÉ (le P. de), jésuite, est nommé par le cardinal de Rohan pour prêcher l'avent à la chapelle du roi; querelle à ce sujet entre les cardinaux de Noailles et de Bissy; comment elle se termine, XIV, 103 et suiv.; le P. de La Ferté vient supplier le régent de le dispenser de prêcher l'avent, ce qui lui est accordé; son portrait; ses talents; comment il s'était fait jésuite; il est confiné à la Flèche, où il meurt, 104.

LA FERTÉ (le duc de), meurt à 43 ans, d'hydropisie; sa valeur; son imagination; le vin et la crapule le tuent; les conseils et les reproches du roi ne peuvent le corriger; ses deux frères; il vit brouillé et séparé de sa femme, IV, 138.

LA FERTÉ (la maréchale de), meurt à plus de 80 ans; sa sœur, Mme d'Olonne et elle, firent grand bruit par leur beauté et le débordement de leur vie; elles se font dévotes quand elles sont vieilles; anecdote à ce sujet, XI, 55; Mme d'Olonne meurt trois mois après sa sœur, 56.

LA FEUILLADE (le duc de), allant à l'armée d'Allemagne, enlève de force à son oncle l'évêque de Metz 30 000 écus en or et beaucoup de pierreries; le roi s'explique fort durement et en public sur cet avancement d'hoirie, I, 339; ses débauches de toute espèce; sa négligence pour le service; son portrait physique; son esprit; ses manières; son ambition, III, 335; il recherche en mariage la fille de Chamillart; l'obtient à la fin; ne vit pas mieux avec cette seconde qu'avec la première, 336; est fait maréchal de camp et part pour l'Italie, 383; obtient le gouvernement, puis le commandement du Dauphiné; prend Annecy, IV, 205; est fait lieutenant général et destiné pour l'armée de M. de Vendôme, 245; succède en tout à M. de Tessé; prend le fort de la Brunette et reçoit la ville de Suse à capitulation, 287; annonce par force courriers ses conquêtes dans les vallées des Alpes, 352; vient à la cour, où il est bien reçu; travaille avec le roi et Chamillart chez Mme de Maintenon; retourne à l'armée, 421; prend Villefranche; assiège Nice dont il se rend maître, 421; est envoyé en Lombardie; est chargé de la continuation du siège de Chivas qu'il force

M. de Savoie à abandonner, V, 50; est chargé du siège de Turin, 68; pourquoi ce siège ne se fait point, 69; perd Asti par une méprise; essuie un rude combat en voulant reprendre cette place, 71; reste chargé du siège de Turin, V, 169; s'établit devant cette place, 170; se met à courir après le duc de Savoie, 214; revient au siège; retourne à la poursuite du duc, 214; sa conduite harasse sa cavalerie et met à bout son infanterie, 214; se brouille avec M. de Chamarande qui lui fait des représentations sur ses courses, 215; reçoit magnifiquement le duc d'Orléans; après son départ il fait changer toutes les dispositions que ce prince a ordonnées pour le siège; se fait détester par ses hauteurs, 215; s'attache à se rendre maître de l'esprit du maréchal Marsin, 230; contre les ordres du duc d'Orléans, il défend à Albergotti de quitter les hauteurs qu'il occupe pendant la bataille de Turin; va lui-même sur un petit pont empêcher l'arrivée d'autres troupes que le duc a appelées, 236; son désespoir pendant la bataille, 236, 237; comment il est encore la cause que les ennemis s'emparent du château de Bar, 243; envoie à Chamillart la démission de son gouvernement; obtient de M. le duc d'Orléans de s'en aller à Antibes, pour se rendre auprès de Médavy et servir sous ses ordres; sur un contre-ordre du duc, il revient à Briançon, 245; son portrait fait par M. le duc d'Orléans, 254; est rappelé de l'armée; se met dans la tête de faire révoquer l'ordre de rappel; est forcé d'obéir; est sur le point d'être excommunié à Grenoble par le cardinal Le Camus, 255; comment il est reçu par le roi; il vend ses équipages; sa conduite dans sa disgrâce le fait mépriser, 256; il rend partout et hautement justice à la vérité dans l'affaire qui s'est élevée entre les ducs de Saint-Simon et de Mortemart, VII, 69; il demande au roi la permission de suivre Monseigneur à l'armée; cette permission lui est refusée, 112; il essaye de lier Mlle Choin avec son beau-père Chamillart et parvient à l'y décider, 230; demande inutilement à son beau-père de l'avancement pour le frère de Mlle Choin, 239; le lendemain de la disgrâce de Chamillart, il vient prier le roi de lui conserver le logement que son beau-père lui avait donné; quelle réponse il reçoit, 259; sa liberté d'esprit ne scandalise pas moins à l'Étang qu'elle a indigné à Versailles,
260; sa conduite dans l'affaire de d'Antin le couvre de mépris et de ridicule, IX, 59; son affliction à la mort de Monseigneur, 280; comment il se réconcilie avec le régent par l'entremise de Canillac, XIII, 312; il est nommé ambassadeur à Rome, 314; vend au régent, pour M. le duc de Chartres, le gouvernement de Dauphiné; prix énorme qu'il en retire, XVII, 244; sa monstrueuse ingratitude, 244.

LA FEUILLADE (la duchesse de), meurt fort jeune de la poitrine; son mérite fort peu apprécié de son mari, II, 43.

LA FEUILLADE (la duchesse de), deuxième femme du duc, meurt de la petite vérole, dans le dernier abandon de son mari, XIV, 16.

LA FEUILLÉE lieutenant général distingué, est donné pour conseil de Monseigneur à l'armée, I, 189; ses bonnes qualités, 189; sa mort; son éloge, II, 256.

LAFITAU, jésuite, arrive à Paris dans la chaise de poste du cardinal La Trémoille et repart sept jours après avec la même promptitude; pourquoi, XIV, 50; ses mœurs scandaleuses; ses intrigues; il devient évêque de Sisteron; prêche un carême à la cour, 204; XVII, 292; l'abbé Dubois se débarrasse de lui en le faisant nommer à cet évêché, 293.

LA FONTAINE (le fabuliste), meurt en 1695, I, 256.

LA FORCE (M. de), marie son fils avec Mlle de Boesmelet, fille unique d'un président à mortier et d'une fille de Chavigny, secrétaire d'État, II, 168; meurt fort vieux après s'être fait catholique, 272.

LA FORCE (le duc de), s'offre pour accompagner le duc d'Aumont à la conférence que M. du Maine a proposée à Sceaux aux ducs, touchant l'affaire du bonnet; son offre est acceptée avec joie; son esprit; son caractère, XI, 416; sa conduite à la conférence, 417 et suiv.; malgré les conseils de M. de Saint-Simon, il entre au conseil des finances en qualité de vice-président, XIV, 114; sa brouillerie avec le duc de Noailles, XV, 149; il excite Law et le garde des sceaux contre le parlement; son désir d'entrer dans le conseil de régence, XVI, 296; ce désir devient la principale cause du lit de justice tenu contre les arrêts du parlement, 339; comment et sous quel prétexte il entre au conseil de régence, 341; par quel moyen il y est admis, 342 et suiv.; il favorise le projet de rembourser toutes les charges de justice avec le papier de Law, XVII, 257 et suiv.; est nommé ambassadeur à Londres pour aller complimenter le roi Georges sur son raccommodement avec son fils, 477; pourquoi cette ambassade n'a pas lieu, 478; il est attaqué au parlement par le prince de Conti; pourquoi, XVIII, 132.

LA FORÊT, gentilhomme français et huguenot, attaché au service du roi d'Angleterre, demande la restitution de ses biens; sa demande est rejetée, XV, 41.

LA FRETTE, meurt subitement; lui et son frère avaient été exilés pour duel; leur extraction, VI, 251; le roi s'engage auprès du pape à les laisser revenir en France et à y vivre sous d'autres noms; comment il les sauve une fois d'une recherche qu'il ordonne contre eux, 252.

LA GRANGE, intendant de l'armée d'Allemagne, s'oppose à ce que le maréchal de Lorges laisse de l'infanterie en Alsace; il en écrit au roi qui envoie au maréchal un ordre conforme à son avis, I, 199; l'événement fait voir ensuite que l'avis de La Grange était mauvais; sa confusion, 200, 201.

LA GRANGE, autrefois page de Mme la princesse de Conti, auteur d'une pièce de vers intitulée les *Philippiques*, XVII, 141; est un des grands favoris de Mme du Maine, est arrêté et envoyé aux îles Sainte-Marguerite, 142.

LA HAYE, ambassadeur à Venise et auparavant à Constantinople, demande au roi son rappel; sa réputation comme militaire et négociateur, III, 143; est fait premier veneur, puis premier chambellan du duc de Berry; son extérieur, IX, 30; la duchesse de Berry veut se faire enlever par lui; lettres à ce sujet, XI, 88, 89.

LA HILLIÈRE (le chevalier de), gouverneur de Rocroi, ami de Saint-Simon et fort considéré du roi, meurt en 1697, I, 443.

LA HIRE, célèbre astronome, meurt à l'Observatoire à près de 80 ans, XV, 452.

LAIGLE (le marquis de), meurt à 75 ans retiré dans ses terres; son éloge, X, 481.

LAIGLE (Mme de), est nommée dame d'honneur de Mme la Duchesse, à la place de Mme de Moreuil, I, 416; commission dont elle est chargée auprès de Mme la Duchesse à son veuvage, de la part de M. et de Mme de Saint-Simon; son caractère, VIII, 143.

LAIGLE (Mlle de), est nommée dame d'honneur de Mme la duchesse de Bourgogne, mange avec la princesse, et est de tous les voyages de Marly, III, 137.

LA JAMAÏQUE (le marquis de), fils du duc de Veragua, vient en France complimenter le roi; son extérieur grossier, ses qualités de l'esprit; on lui offre le vice-royauté de l'île de Sardaigne; à quelles conditions il l'accepte; comment il s'y conduit, VI, 305; il traite secrètement avec le parti de l'archiduc; remet l'île et est conduit en Espagne où il est reçu avec acclamations, 305. Voy. *Veragua* (le duc de).

LALLEMAND (le P.), jésuite, voy. *Unigenitus*.

LA LUZERNE (M. de), épouse la fille du maréchal de Tessé, veuve de La Varenne, XIV, 414.

LA MARCK (le comte de), sa famille; il épouse l'aînée du duc de Rohan, II, 399; va servir de maréchal de camp et de ministre sans caractère public auprès de l'électeur de Bavière, IX, 314; est nommé ambassadeur auprès du roi de Suède, XIV, 198.

LA MARCK (la comtesse de), fille du duc de Rohan, meurt de la petite vérole; son portrait; son éloge; regrets qu'elle laisse, V, 110.

LA MARCK-FURSTEMBERG (la comtesse de), son portrait; son caractère impérieux; elle gouverne entièrement le cardinal de Furstemberg chez qui elle loge et qui passe pour être fort amoureux d'elle, II, 393; sa prodigalité; ses dépenses; sa détresse; Mme de Soubise et le roi la gagnent pour assurer à l'abbé de Soubise la coadjutorerie de Strasbourg, 394; sa colère contre le cardinal de Bouillon à la nouvelle des lettres qu'il a écrites pour empêcher l'élection de l'abbé de Soubise; elle se plaint au roi, 396.

LAMBESC (le prince de), petit-fils de M. le Grand, épouse la fille aînée du feu duc de Duras, VII, 197; est fait prisonnier à la bataille de Malplaquet et renvoyé sur parole, 384.

LAMBILLY, conseiller du parlement de Bretagne, est exilé deux fois; à quel sujet, XV, 295, 296; reçoit la permission de retourner chez lui, XVI, 286.

LA MEILLERAYE (la maréchale de), meurt à 88 ans; sa parenté, VIII, 169; anecdote plaisante à son sujet; sa vanité; après la mort de son mari, elle épouse secrètement Saint-Ruth, qui de page devient peu à peu lieutenant général, 171 ; et la traite à coups de bâton ; elle se plaint au roi à qui elle fait confidence de son mariage ; comment elle est enfin délivrée de Saint-Ruth ; sa beauté, son esprit ; le cardinal de Retz épris d'elle avait conçu le projet, quoique prêtre et évêque sacré, de l'épouser du vivant même de son mari, 171.

LA MEILLERAYE (le duc de), embarrasse à l'excès M. du Maine par ses questions sur M. le comte de Toulouse, VIII, 158 ; se range du parti de d'Antin dans son procès de duché-pairie, IX, 63.

LA MEILLERAYE (le duc de), fils unique du duc de Mazarin, épouse à 15 ans Mlle de Luxembourg. XIII, 337.

LA MIRANDOLE (le duc de), fils du premier lit de Mme de Cellamare, est fait grand d'Espagne et grand maître de la maison du roi, XIII, 259 ; historique sur sa maison, XVIII, 393 ; son caractère, 393, 394.

LA MIRANDOLE (Mme de), est noyée dans son oratoire par une inondation subite dans son hôtel à Madrid, XX, 25.

LAMOIGNON (le premier président), son extérieur, ses talents ; comment de maître des requêtes il devient premier président ; sa table ; pourquoi il recherche les savants, V, 57 ; est chargé par le roi et par la reine mère de rechercher la conduite passée de Fargues ; le décrète sourdement pour crime de meurtre ; le fait condamner à mort ; la confiscation des biens de Fargues lui est donnée pour récompense, 60 ; extrait du *Journal d'Olivier d'Ormesson*, relatif à l'affaire de Fargues et qui justifie complètement Lamoignon des faits incriminés par Saint-Simon, V, 434.

LAMOIGNON, président à mortier, fils aîné du premier président, meurt en 1709, VII, 338 ; son caractère ; son fils et son petit-fils, 339.

LAMOIGNON (Mme de), femme du premier président, meurt en 1705 ; sa famille, V, 57 ; fortune considérable qu'elle laisse après elle, 61.

LAMONCLAVA *Boccanegra y Portocarrero* (le comte), grand d'Espagne ; historique sur sa maison, XVIII, 454.

LA MOTHE (la maréchale de), meurt en 1709 ; sa généalogie ; sa fortune singulière, VII, 33 ; belles actions du maréchal de La Mothe son mari ; à quel âge elle devient veuve, 33 ; comment elle devint gouvernante de Monseigneur et se conduisit dans cette charge ; elle meurt à 85 ans, laissant de grands biens, après avoir grandement marié ses trois filles, 34.

LA MOTHE (le comte de), appuie librement l'avis de l'electeur de Bavière de rester à Gand et de garder le grand Escaut, à quoi le maréchal de Villeroy s'oppose fortement, V, 177 ; est chargé d'aller couper un convoi venant d'Ostende, VI, 413 ; son caractère, son opiniâtreté ; il attaque imprudemment le poste de Winendal, puis le convoi ; est battu et sa troupe dissipée ; la protection que lui avait valu cette commission parvient à le faire paraître au roi plus malheureux qu'ignorant, 414 ; est chargé de la défense de Gand, VII, 29 ; se laisse tromper par un capitaine suisse, et capitule au bout de trois jours de tranchée ouverte ; est exilé, 30 ; obtient enfin la permission de venir saluer le roi à Fontainebleau ; reparaît à la cour et dans le monde en liberté, X, 444 ; reçoit la grandesse d'Espagne ; meurt à 85 ans, XIX, 324.

LA MOTHE (le fils aîné du comte de), épouse Mlle de La Roche-Corbon, XI, 110.

LA MOTHE-HOUDANCOURT (Mlle de). Note rapportant divers passages des Mémoires contemporains, VIII, 447.

LANDI (l'abbé), est envoyé à Paris par le duc de Parme comme chargé d'affaires ; son caractère, XIV, 229 ; XVIII, 240.

LANGALLERIE, lieutenant général, passe au service de l'empereur ; pourquoi, V, 156 ; le roi lui fait faire son procès ; il est pendu en effigie, 157 ; comment il sert le prince Eugène avant et pendant la bataille de Turin, 236 ; se met au service du czar, puis se retire à Amsterdam où il se fait protestant ; se joint à un soi-disant comte de Linange ; tous deux veulent établir une nouvelle religion et une nouvelle république ; l'empereur les fait arrêter et mettre à mort, XIII, 448.

LANGEAIS (Mme de), sœur du feu maréchal de Navailles, meurt à 89 ans au Luxembourg, XIV, 165.

LANGERON, lieutenant général des armées navales, meurt à Sceaux d'apoplexie, IX, 311.

LANGLÉE, fils d'une femme de chambre de la reine mère, est chargé de dresser un état des dettes de Mme la Duchesse, de toucher les payements du roi et de les faire remettre aux créanciers de cette princesse; son bonheur au jeu; il y gagne un bien immense; se fait beaucoup d'amis par ses bons procédés; s'attache à Monsieur; est de toutes les parties, de toutes les fêtes de la cour, II, 385; sa familiarité avec les filles du roi; il se rend maître des modes, des fêtes, des goûts; entre dans tous les secrets de galanterie; son commerce sûr, 386; est ménagé par ceux qui sont le moins en rapport avec lui, 387; sa mort; ce qu'il laisse de fortune, VI, 179.

LANGLÉE (l'abbé de), singulier ecclésiastique; meurt fort peu riche, XV, 139.

LANGUET (l'abbé), aumônier de Mme la duchesse de Bourgogne; obtient une petite abbaye, VII, 341; est nommé évêque de Soissons; il fait parler de son zèle pour la constitution, XII, 453; sa plaisante exclamation en apprenant que M. de Mailly est nommé cardinal; ce qu'il était avant d'être évêque de Soissons, XVII, 333; ses écrits fameux sur la constitution étaient de Tournell, docteur de Sorbonne, 334; il vise au chapeau de cardinal, 335; ses infidélités dans les écrits qui sont de lui; il est transféré à l'archevêché de Sens; son mandement contre l'évêque d'Auxerre est convaincu de faux, 335 et suiv.

LANGUET, curé de Saint-Sulpice, refuse de donner les sacrements à Mme la duchesse de Berry dangereusement malade, si Rion et Mme de Mouchy ne sont auparavant renvoyés du Luxembourg; son entretien avec M. le duc d'Orléans à ce sujet; le cardinal de Noailles approuve hautement sa conduite, XVII, 178; il reste pendant quatre jours près de la porte de la chambre de la malade pour empêcher qu'on ne lui donne clandestinement les sacrements, 181.

LANJAMET, ancien lieutenant aux gardes, publie son mariage fait depuis trois ans en secret avec la fille d'un procureur de Paris; caractère de ces deux époux, VI, 264; Lanjamet reçoit un jour un affront aux états de Bretagne; à quelle occasion, 265; sa femme brouille la famille de M. le Grand et s'en fait chasser, 265.

LANOUE, frère de Teligny, espèce de chevalier d'industrie, épouse la veuve Chevry; son caractère, le mariage reste secret pendant quatre ans; bruit qu'en fait la déclaration dans la maison de Mme Chevry, qui devient déserte; mort de Mme La Noue; son mari ne profite de rien, XVIII, 467.

LANQUES (le marquis de), de la maison de Choiseul, devient amoureux de la nièce de Saintrailles, fille sage et fort jolie; blessé à la guerre, il revient mourant à Paris, se fait porter à Saint-Sulpice et l'épouse; la demoiselle meurt deux jours après, XI, 24.

LANTI (le duc de), est nommé chevalier de l'ordre, I, 300; sa basse origine, 300.

LANTI (la duchesse de), meurt à Paris d'un cancer; sa famille, II, 222.

LANTI, neveu de la princesse des Ursins, obtient la permission du roi d'Espagne d'accompagner sa tante dans sa disgrâce, XII, 7; est envoyé par elle à Versailles, chargé de lettres; voit le roi dans son cabinet, 8; reçoit défense de retourner en Espagne; son embarras, 36.

LANTI (la princesse de), est nommée dame du palais de la reine d'Espagne, XI, 256.

LAPARA, ingénieur et brigadier, est fait maréchal de camp et reçoit 12 000 livres pour avoir conduit le siège de Barcelone où il a été blessé, II, 8; est envoyé par le roi au siège de Verue pour en accélérer les travaux; il persuade à M. de Vendôme de couper la communication de la place avec le camp retranché des ennemis, V, 7; va commander en chef au siège de la Mirandole; force cette place à se rendre, 18; est tué au siège de Barcelone, V, 166.

LA PARISIÈRE (l'abbé de), est nommé évêque de Nîmes, VIII, 411; après avoir trompé tous les ennemis de la constitution *Unigenitus* par son zèle hypocrite, il envoie au P. Tellier un mémoire contre eux; accepte en chaire la constitution; consulte les évêques et les universités d'Espagne, de Portugal et d'Italie; meurt banqueroutier et abhorré dans son diocèse, XI, 450 et suiv.; sa disgrâce et son rappel; sa mort, XV, 140.

LA PÉROUSE, envoyé du roi de Sicile à Londres, lie une négociation directe avec l'empereur; le mariage d'une archiduchesse avec le prince de Piémont en est un des points, XV, 201; Penterrieder, ambassadeur de l'empereur à Londres, lui fait connaître que Sa Majesté Impériale veut avoir de gré ou de force la Sicile, et que la Sardaigne servira de dédommagement au roi son maître, 201; il conseille au roi de Sicile de ne pas compter sur les offices et sur la médiation de l'Angleterre ; pourquoi, 204 ; il représente aux ministres anglais que son maître, plein de confiance dans le roi d'Angleterre, devait en espérer un retour réciproque ; réponses évasives des ministres, 230 ; ses protestations au nom du roi de Sicile contre l'échange de ce royaume avec la Sardaigne, 396 ; son étonnement et ses protestations au sujet d'une liaison faite par le roi son maître pour détrôner le roi Georges, XVI, 28.

LA PORTE, premier président du parlement de Metz, meurt à quatre-vingt-six ans ; son pays ; ses divers emplois, XIV, 9.

LA QUEUE, capitaine de cavalerie est fait mestre de camp par commission ; son mariage avec une fille du roi et d'une jardinière, IV, 280.

LARCHER, abbé de Cîteaux, gagne son procès au conseil des dépêches, contre M. l'évêque d'Autun qui lui disputait le fauteuil aux états de Bourgogne, II, 359.

LA REYNIE, conseiller d'État, fait de la charge de lieutenant de police une sorte de ministère ; sa grande vertu ; sa grande capacité ; il s'acquiert l'estime universelle ; obtient la permission de se retirer à l'âge de 80 ans, I, 410 ; son éloge, II, 300 ; perd sa cause au conseil des dépêches, contre l'archevêque de Reims, au sujet du décanat du conseil, IV, 222, 223 ; en sa qualité de président en chef de la chambre des faussaires, il fait subir divers interrogatoires à de Bar sur le cartulaire de Brioude, V, 325 ; son inflexibilité dans cette affaire alarme les Bouillon, 325 ; sa mort ; son intégrité ; son désintéressement ; son extraction ; vie singulière de son fils, VII, 209.

LAROCHE, est nommé premier valet de chambre du duc d'Anjou, déclaré roi d'Espagne, III, 43 ; puis estampilla du roi ; sa fidélité et son exactitude dans cet emploi, 117, IV, 180 ; son caractère ; sa retenue ; son air de respect plaît aux Espagnols, XVIII, 238, 239.

LA ROCHEFOUCAULD (maison de), l'usage dans cette maison est de n'avoir qu'un successeur pour recueillir tous les biens et toute la fortune du père et de ne marier ni filles ni cadets ; preuves historiques, X, 238 et suiv. ; prétention de cette maison au rang de princes étrangers qu'elle ne peut jamais obtenir, 290.

LA ROCHEFOUCAULD (comté de), érigé en duché-pairie en 1622 par Louis XIII ; anecdote curieuse concernant l'enregistrement des lettres d'érection fait au parlement le jour de la réception du cardinal de Richelieu en qualité de duc et pair, IV, 383 et suiv.

LA ROCHEFOUCAULD (M. de), grand veneur ; sa réponse au roi qui lui reproche de ne point aller aux sermons du P. Séraphin ; le roi lui donne une quatrième place derrière lui, auprès du grand chambellan ; jalousie qu'en conçoit M. l'évêque d'Orléans ; leur brouillerie à ce sujet, I, 322 ; M. de La Rochefoucauld fait des avances auprès de l'évêque qui demeure inflexible et va bouder dans son diocèse, 323 ; offre au roi de céder sa place à l'évêque ; ce que le roi refuse fort durement pour M. d'Orléans, 441 ; comment ensuite le roi apaise M. d'Orléans et le réconcilie avec M. de La Rochefoucauld, 442 ; celui-ci s'applique à perdre dans l'esprit du roi le premier président Harlay ; pourquoi ; y réussit, II, 298 ; se casse le bras à la chasse ; Félix le lui raccommode, III, 421 ; obtient la survivance de la charge de premier valet de la garde-robe du roi pour le fils de Bachelier, titulaire ; son amitié pour le père, IV, 109 ; obtient un brevet de retenue de 300 000 livres sur ses charges aux dépens de son fils, M. de La Rocheguyon qui les a en survivance depuis longtemps, 109 ; sa querelle ridicule avec le duc de Tresmes pour un chapeau présenté au roi, V, 261 ; comment M. de La Rochefoucauld gagne l'affection du roi, VII, 190, et devient le confident de ses amours ; sa liaison avec Mmes de Montespan et de Thianges ; l'éloigne pour toujours de Mme de Maintenon ; son caractère ; son inimitié avec M. de Louvois, 161 ; réconciliation forcée entre eux ; peu de durée de cette réconciliation, malgré les grands avantages que M. de La Rochefoucauld et son fils y trouvent, 192 ; sa dureté envers ses enfants ; son aveugle abandon à ses valets dont il fait la fortune ; par quelle sorte d'esclavage il achète sa faveur, 192 ; sa vie sauvage à la cour, 192 ; personne ne fut moins heureux que lui ; son humeur difficile et envieuse ; ses amis et ses valets abusent de sa faveur ; sa vue s'affaiblit, 195 ; il suit le roi à la chasse en calèche ; ses valets le confinent au Chenil à Versailles où il finit misérablement, 195 ; reçoit un billet anonyme atroce contre le roi et vient à Marly le présenter à Sa Majesté ; est fort mal reçu, 219; va offrir au roi sa vaisselle d'argent; comment il s'y prend, 223; réponse qu'il reçoit du roi, 223; sa prétention au sujet de la garde-robe du nouveau Dauphin; M. de Beauvilliers l'emporte sur lui, IX, 178 et suiv.; ses prétentions au droit de préséance comme duc et pair sur M. de Saint-Simon; raison sur lesquelles il les fonde réfutées par ce dernier, 246 et suiv.; à force de plaintes et de larmes il obtient du roi des lettres patentes qui donnent le nom et le rang de duc de La Rocheguyon au comte de Durtal son petit-fils, cadet du duc de La Rocheguyon; obtient ensuite que son autre petit-fils, l'abbé de La Rochefoucauld, aîné du duc de La Rocheguyon, sera mandé par Sa Majesté pour qu'elle l'engage à opter entre l'état ecclésiastique et l'état séculier, X, 292; obtient 400 000 livres pour payer ses dettes, XI, 17; il meurt à 73 ans dans sa belle maison du Chenil; sa famille, 30; son extérieur, 32; cause de sa longue faveur, 33; il fut dans l'intimité de toutes les maîtresses du roi, excepté de Mme de Maintenon qu'il ne put jamais souffrir; ses bonnes qualités; défauts de son esprit, 33; il fut toute sa vie livré à ses valets; peu de cas qu'il faisait de sa famille, 34; MM. de Chevreuse et de Saint-Simon le trouvent un jour chez lui jouant aux échecs avec un de ses valets en livrée, 36; de qui il est regretté; le roi se trouve soulagé de sa mort; son peu d'esprit fut le principe de sa fortune, 36; il ambitionna toujours le rang de prince étranger qu'il ne put jamais obtenir; il envia les autres favoris et les ministres, 37; trait de générosité de sa part en présence du roi, à l'occasion de l'évêque de Saint-Pons, 38; son affection et sa vénération pour M. et Mme de Liancourt, 39; caractères opposés de ses deux fils qui restent toujours unis, 39.

LA ROCHEFOUCAULD (duc de), fils du grand veneur, marie son fils à Mlle de Toiras, riche héritière, XII, 78; est reçu duc et pair au parlement; refuse de protester, comme le premier président le lui propose, contre le jugement rendu par le feu roi entre lui et M. de Saint-Simon, XIII, 114 et suiv.; reçoit du régent toutes les pierreries de la garde-robe qui ne sont pas de la couronne, 288; obtient pour son fils la survivance de grand maître de la garde-robe, XVII, 37; son attachement à la famille de Villeroy ne l'empêche point d'être très-souple devant le régent; cause de son désintéressement dans les affaires de la Banque, XVIII, 45.

LA ROCHEFOUCAULD (cardinal de), quelques détails sur lui, extraits des Mémoires inédits d'André d'Ormesson, VII, 447.

LA ROCHEFOUCAULD (l'abbé de), oncle de M. de La Rochefoucauld, est pourvu de toutes les abbayes de feu l'abbé de Marsillac; son goût passionné pour la chasse lui fait donner le nom d'abbé Tayaut, II, 116; il meurt à 74 ans; son amitié pour son neveu; son caractère, VI, 441; sa passion pour la chasse; ses abbayes, 441.

LA ROCHEFOUCAULD (l'abbé de), fils aîné du duc de La Rocheguyon, possédant plus de 60 000 livres de rentes en bénéfices, ne veut jamais entendre parler d'entrer dans les ordres, X, 289; il refuse de quitter le petit collet et déclare qu'il demeurera abbé et aîné, pour faire en temps et lieu ce qui lui convient davantage; précautions de sa famille à ce sujet; comment il les supporte, 290; après la démission qu'a faite son père du nom et du rang de La Rocheguyon en faveur du comte de Durtal son frère cadet, il est appelé chez le roi qui l'engage à opter et finit par céder à ses raisons; sa famille obtient du pape un bref qui l'autorise à aller à la guerre en conservant ses bénéfices; il va en Hongrie et meurt en arrivant à Bude de la petite vérole, 292, XIV, 293.

LA ROCHEFOUCAULD (Mlle de), l'aînée des sœurs de M. de La Rochefoucauld; son esprit; sa vertu; sa mort, X, 17.

LA ROCHEFOUCAULD (Mlle de), sœur du duc de La Rochefoucauld favori du roi, meurt à 84 ans, fort considérée dans le monde et dans sa famille, XVIII, 208.

LA ROCHEGUYON (le duc de), perd peu à la mort de Monseigneur, IX, 279; il se démet de son duché en faveur de son fils cadet, le comte de Durtal, dont il conserve néanmoins les revenus, et obtient à cet effet des lettres patentes du roi, X, 292; prend le nom de La Rochefoucauld à la mort de son père; son caractère; il se fait porter dans le cabinet du roi, ayant la goutte, deux jours après la mort du duc de La Rochefoucauld, XI, 39; vend à M. de Toulouse la charge de grand veneur; reçoit du roi 12 000 livres de pension, 40. Voy. *La Rochefoucauld* (le duc de).

LA RONGÈRE (Quatre-Barbes de), chevalier d'honneur de Madame; sa noblesse; sa belle taille; son honnêteté, sa mort, IV, 217.

LA ROQUE, attaché à d'Antin, est nommé secrétaire du conseil des affaires du dedans, XIII, 157.

LARRÉ, est nommé directeur général des troupes en Italie, I, 225.

LA RUE (le P. de), jésuite prêchant devant le roi s'élève contre la doctrine des quiétistes, I, 430; il passe pour nager entre deux eaux dans sa société, 432; est nommé confesseur de la duchesse de Bourgogne, II, 418; V, 5; il exhorte cette princesse malade à se confesser, X, 81; sur la répugnance qu'elle lui montre, il va lui chercher le confesseur qu'elle désire et le lui amène, 82; il va trouver le roi après la mort de cette princesse, 120; est nommé confesseur de M. le duc de Berry, 187; fait l'oraison funèbre de M. le Dauphin et de Mme la Dauphine au service célébré à la Sainte-Chapelle, 191; confesse et administre M. le duc de Berry à son lit de mort, XI, 85.

LA SALLE, ancien maître de la garderobe, s'ennuie de son oisiveté; son caractère; son extraction; son grand-père vendeur de sabots; son père devient commandant d'une compagnie de gendarmes, X, 257; La Salle sert aussi dans le même corps; comment il devient maître de la garde-robe, 258; pourquoi il vend cette charge, 259; puis se marie à une demoiselle de basse Normandie, 260.

LASCARIS, envoyé du roi de Sicile à Madrid, a un entretien avec Albéroni dans lequel il lui reproche de n'avoir pas communiqué au roi son maître ce qui se passerait dans les négociations de la paix, XVI, 22 et suiv.; lui et les autres ministres de Sicile sont inquiets et alarmés du soupçon qu'ils ont d'une intelligence prochaine du roi d'Espagne avec l'empereur, 115.

LASSAI, fils de Montalais, épouse en troisièmes noces la fille naturelle de M. le Prince et obtient la lieutenance générale de Bresse, 306; ses deux mariages précédents; il s'attache et plaît à M. le Duc, 307; marie son fils à sa sœur; son nom; chanson faite sur lui par Mme la Duchesse, IX, 97; Lassai fils plaît à cette princesse, devient publiquement son maître et directeur de toutes ses affaires, 98; que devient le père; ses filles, 99; le fils est destiné pour l'ambassade en Prusse, X, 493; le père marie sa fille au fils de M. d'O; Mme la Princesse fait la noce chez elle, XII, 14; le fils chargé particulièrement de faire les honneurs à Chantilly à Mme la duchesse de Berry, XVII, 48.

LAS TORRES (le comte de), est envoyé avec quinze escadrons et trois bataillons contre les révoltés du royaume de Valence, V, 100; pourquoi il prend le parti de retourner à Madrid, 101; est fait capitaine général, VIII, 430.

LA TOUANE et SAURION, trésoriers de l'extraordinaire des guerres, font banqueroute; ils sont mis à la Bastille; le roi prend ce qui leur reste et se charge de payer les dettes, III, 156.

LA TOUR (maison de), originaire d'Auvergne, ancienne et heureuse en grandes successions n'eut et ne prétendit jamais aucune distinction particulière sur les premières maisons de cette province, V, 298; Henri de La Tour, vicomte de Turenne, est le premier qui ait eu des prétentions chimériques; Henri IV le marie à l'héritière de Sedan, Bouillon, Raucourt et Jametz; à la mort de sa femme, qui ne lui laisse point d'enfants, le maréchal de Bouillon prétend garder tout ce qu'elle possédait; Henri IV soutient son usurpation, 298; marié en secondes noces à une fille du prince d'Orange, le maréchal se jette dans tous les complots; il prétend à la qualité de prince souverain de Sedan, 299 et suiv.; état de ses prédécesseurs à Sedan, 299 et suiv.; Sedan ne fut jamais une souveraineté, 302; preuves, 302; Bouillon ne fut jamais une souveraineté, 304; preuves historiques, 305 et suiv.; le maréchal est repoussé du banc des ducs à l'assemblée des notables à Rouen, 311; il prend toujours dans ses titres la qualité de prince souverain de Sedan et de duc souverain de Bouillon, 312; son fils, le duc de Bouillon, obtient par le crédit de Mazarin, en échange de Sedan et de Bouillon, le comté d'Évreux et les duchés d'Albret et de Château-Thierri avec la dignité de duc et pair, et le rang nouveau des princes étrangers en France; le comté d'Auvergne est compris dans cet échange; il commence à être prince en Italie avant de l'être en France, 312; M. de Turenne achève le mariage d'une des nièces de Mazarin avec le duc de Bouillon, son neveu, 313; obtient pour lui la charge de grand chambellan, et se fait nommer lui-même colonel général de la cavalerie, 314; pour prix de ses services, il est nommé maréchal général des camps et armées de France, 316 ; il quitte le titre de maréchal, reprend celui de vicomte de Turenne et signe tout court Turenne ou Henri de La Tour ; obtient de nouveaux priviléges pour la vicomté de Turenne, 315 ; obtient en outre du roi que sa maison conservera. le *monseigneur* des secrétaires d'État, 317 ; marie le comte d'Auvergne, son neveu, à l'unique héritière du prince Hohenzollern ; lui fait accorder les survivances de colonel général de la cavalerie et de gouverneur de Limousin ; obtient pour son troisième neveu le cardinalat et la charge de grand aumônier, 319 ; au milieu de ses splendeurs, il éprouve quelques déplaisirs ; les honneurs qu'il reçut après sa mort n'eurent aucun rapport à sa naissance ; ils furent la récompense de ses vertus militaires, 319 ; à quel dessein le nom d'*Auvergne* fut ajouté au nom de *La Tour* du vivant des deux frères, le maréchal de Bouillon et le vicomte de Turenne ; prétentions du cardinal de Bouillon à cet égard, 320 ; où présente à ce cardinal un vieux cartulaire de l'église de Brioude qui fait descendre la maison de La Tour des anciens comtes d'Auvergne, cadets des ducs de Guyenne ; Baluze fait en même temps une généalogie de cette maison qui établit les mêmes preuves, 322 ; conduite artificieuse du cardinal pour tirer parti de ces deux ouvrages, 324 ; ses alarmes lorsqu'il voit que la fourberie va éclater, 325 ; après la condamnation de de Bar, fabricateur du cartulaire, il demande au chancelier et obtient la permission de faire imprimer l'*Histoire de la maison d'Auvergne*, 326 ; mariages de la maison de La Tour pour se fortifier au dehors, XVIII, 395 et suiv.

LA TOUR (le P. de), oratorien ; son extérieur ; ses qualités ; ses sermons et ses directions le rendent célèbre ; il est haï des jésuites et de Saint-Sulpice ; devenu confesseur de Mme de Caylus, il lui fait changer de conduite, IV, 416 ; éloge que fait le roi du P. de La Tour, 418 ; soins que ce père se donne pour empêcher Pontchartrain fils d'abandonner les affaires, après la mort de sa femme, détails à ce sujet, VI, 291 et suiv.

LA TOUR-MURAT, branche de la maison de La Tour-Bouillon que celle-ci ne voulut jamais reconnaître, parce qu'elle était demeurée pauvre ; preuves généalo-

Le comte de La Tour épouse la fille de Sainctot, introducteur des ambassadeurs, 402.

LA TRÉMOILLE (maison de), sa prétention sur Naples ; digression à ce sujet, VI, 131 et suiv.

LA TRÉMOILLE (la duchesse de), meurt fort jeune et fort jolie ; sa naissance, XV, 27.

LA TRÉMOILLE (M. de), marie son fils unique à Mlle de La Fayette, petite-fille de la célèbre Mme de La Fayette ; grand mariage fait par les La Trémoille en 1648 ; avantages qu'ils en retirent, V, 451 ; il profite de la colère que Madame témoigne du mariage de son frère, le prince de Talmont, pour obtenir du roi le tabouret pour sa belle-sœur, VI, 142 ; comment il apprend au roi le passage de l'Escaut par les ennemis, VIII ; il meurt à 54 ans ; son peu d'esprit ; son caractère ; sa droiture ; sa politesse, VII, 207.

LA TRÉMOILLE (la duchesse de), fille unique du duc de Créqui, meurt à 50 ans ; son extérieur, son caractère, VI, 73 ; elle avait manqué épouser le duc d'York depuis Jacques II ; pourquoi elle ne peut épouser le fils du maréchal de Créqui son oncle, 73.

LA TRÉMOILLE (l'abbé de), frère de la princesse des Ursins, est fait cardinal, V, 25 ; son extérieur ; sa débauche ; son genre d'esprit, 29 ; il va à Rome où il est fait auditeur pour la France ; se brouille avec sa sœur Mme des Ursins, 29 ; prend parti contre elle pour le cardinal de Bouillon ; s'enfuit à Naples de peur d'être arrêté, 30 ; se raccommode avec sa sœur ; revient à Rome ; y vit dans le dernier mépris ; comment il devient cardinal, 31 ; sa promotion, V, 113 ; il reçoit la permission du roi de porter le collier de l'ordre, VI, 422 ; est nommé abbé de Saint-Étienne de Caen, VIII, 414 ; puis archevêque de Cambrai, XV, 303 ; meurt à peu près banqueroutier, malgré ses pensions et ses riches bénéfices ; nouveaux détails sur son caractère, XVII, 389.

LAUBANIE, passe le Rhin dans de petits bateaux et emporte la ville de Neubourg l'épée à la main, IV, 24 ; obtient le gouvernement de Landau, 202 ; défend cette place avec courage ; capitule après y avoir perdu les deux yeux, 374 ; obtient du roi une pension de 36 000 livres, 374 ; meurt peu de temps après, V, 196.

LAULLEZ, major des gardes du corps

son origine; son extérieur; comment il entre dans la familiarité du roi; il est envoyé en France où il reçoit le caractère d'ambassadeur; de quel secours il est à M. de Saint-Simon pour son ambassade en Espagne, XVIII, 239; il meurt capitaine général de l'île Majorque, 240; il fait au roi la demande de Mlle de Beaujolais pour l'infant don Carlos; détails à ce sujet, XIX, 423.

LAUNAY, lieutenant de roi à la Bastille en est nommé gouverneur, XVII, 72.

LAURA (donna Placatori), nourrice de la reine d'Espagne, paysanne du pays de Parme; devient *azafeta* de la reine; son genre d'esprit; son caractère; elle regarde Albéroni comme son ennemi, XVII, 353; gagnée par l'argent du régent et par l'intrigue de l'abbé Dubois, elle ose l'attaquer auprès de la reine et par elle auprès du roi; réussit à le perdre, 353, 354; ascendant qu'elle eut conserver sur la reine; intéressée mais point méchante; ce qu'était son mari, XIX, 27.

LAUTREC, reçoit une grande blessure en faisant une retraite et meurt peu de jours après à Brescia, VI, 403; son éloge, 403.

LAUTREC, fils d'Ambres, se marie à la fille cadette du premier président Mesmes; portrait des deux époux, XII, 78.

LAUZUN, sa folie de n'avoir pas épousé Mademoiselle dès qu'il en eut la permission du roi lui devint fatale, I, 17; sa prison à Pignerol; à quelles conditions il en sort; il revient à la cour après les grands services qu'il a rendus à la reine d'Angleterre et au prince de Galles; son deuil à la mort de Mademoiselle déplait au roi, 43; il demande la fille cadette du maréchal de Lorges en mariage et l'obtient au grand déplaisir de la maréchale, 253 et suiv.; ce mariage ne trouve que des censeurs, 255; ses plaintes; ses caprices; sa jalousie; il fait sortir sa femme de la maison de son père et lui en donne une nouvelle; renvoie tous ses domestiques, 337, 338; tour plaisant qu'il joue à M. de Tessé au camp de Compiègne, II, 188; initie sa femme chez Mme du Maine; dans quelle intention; Mme de Lauzun se rend nécessaire à cette princesse, III, 426; pourquoi elle en sort ensuite pour n'y plus rentrer, 428; trait plaisant de malignité de M. de Lauzun contre le maréchal de Villeroy. V. 36 et

Belsunce évêque de Marseille, VII, 137; tour qu'il joue au duc de Villeroy et à deux ou trois autres au sujet du départ de Torcy pour la Hollande, 197; bon mot de Lauzun au sujet de l'offre de la vaisselle d'argent, 226; autre mot plaisant au sujet des costumes du chancelier Voysin, XI, 117; il meurt à 90 ans; son alliance et son habitation avec M. de Saint-Simon; généalogie de sa famille, XX, 37; son portrait physique et moral; il vient à la cour sous le nom du marquis de Puyguilhem; y est produit par le maréchal de Grammont; devient favori du roi, 39; par son indiscrétion il manque la charge de grand maître de l'artillerie, 40 et suiv.; sa témérité pour découvrir la cause de cette perte, 42; autre témérité envers Mme de Montespan; son audace devant le roi; il casse son épée en sa présence; belle action du roi; Puyguilhem est conduit à la Bastille; refuse d'abord la charge de capitaine des gardes que lui fait offrir le roi, 44; l'accepte ensuite, sort de la Bastille et prête serment de sa nouvelle charge; comment il manque son mariage avec Mademoiselle; est fait lieutenant général; son amour pour Mme de Monaco; sa jalousie, 45; insulte qu'il fait à cette dame, 45; tour plaisant qu'il lui joue, 46; en 1670, il commande toutes les troupes que le roi mène avec lui quand il va visiter les places de Flandre; son intelligence; sa galanterie; sa magnificence en cette circonstance, 46; en 1671, il est arrêté, conduit à la Bastille, puis à Pignerol où il est enfermé sous une basse voûte; y tombe malade; ne veut se confesser qu'à un capucin auquel il tire la barbe tant qu'il peut pour s'assurer qu'il n'est pas prêtre supposé, 47, 48; comment il communique avec le surintendant Fouquet enfermé aussi à Pignerol, 48; haine qu'il conçoit pour lui et pour sa famille, 49; il est mené aux eaux de Bourbon; y voit Mme de Montespan; refuse les conditions qu'on met à sa liberté; est reconduit à Pignerol, 51 et suiv; est ramené à Bourbon, y revoit Mme de Montespan; consent à tout, est envoyé en exil à Angers, 51, 52; ce qui lui reste des biens de Mademoiselle; celle-ci obtient au bout de quatre ans que Lauzun revienne à Paris; il y gagne gros au jeu, 53; demande au roi la permission d'aller se promener en Angleterre; y est reçu avec distinction par Jacques II; lors de la

ment à Calais la reine d'Angleterre et le prince de Galles; pour ce service signalé rentre dans les bonnes grâces du roi qui lui donne un logement à Versailles et Marly, 53; obtient l'ordre de la Jarretière; est fait lieutenant général de l'armée qui passe en Irlande pour le service du roi Jacques; à son retour est fait duc vérifié, 54; comment il vit à la cour jusqu'à la mort du roi; tout ce qu'il fait pour se remettre en commerce sérieux et intime avec le roi, 55; son caractère extraordinaire; l'ambition empoisonne toute sa vie; il fut très-bon parent et très-secourable, 56; trait de folie envers Mme de Lauzun sa femme; lui-même en fait l'aveu à Mme de Saint-Simon et lui en dit la cause, 57 et suiv.; ses traits mordants pour tout le monde, les seuls Grammont exceptés, 59; sarcasme lancé à M. le duc d'Orléans au sujet de M. de Belsunce, évêque de Marseille, 60; comment il vit avec M. de Saint-Simon; coup de langue qu'il lâche contre lui, 60, 61; dans une maladie grave, il confond d'étonnement le curé de Saint-Sulpice et le duc de La Force, et se moque des deux, 61, 62; dans une autre maladie, il se moque encore d'une manière plus plaisante de sa nièce et héritière Mme de Biron, 62, 63; sa robuste santé, son grand appétit, 63; scènes avec Mademoiselle; ils se battent et se séparent pour ne plus se revoir; son humeur triste et difficile; sa manière de raconter sans suite, 64; sa conversation contrainte, 65; sa dernière maladie se déclare par un cancer dans la bouche, 65, 66; comment il se prépare à la mort; ses dispositions testamentaires; ses paroles à M. de Biron; il est enterré aux Petits-Augustins, 66, 67.

LAUZUN (le chevalier de), frère du duc de Lauzun qui lui donnait de quoi vivre et presque toujours mal avec lui, meurt dans l'obscurité; ses qualités; ses vices, VI, 146.

LAVAL (les trois maisons de); digression généalogique sur ces trois maisons qu'il ne faut pas confondre, IV, 184 et suiv.

LAVAL (la marquise de) meurt à 88 ans, laissant un bien prodigieux à son petit-fils, évêque de Metz; son esprit; son caractère, VIII, 416.

LAVAL (M. de), quoique ayant quitté le service, obtient une pension de 6000 livres; pourquoi; son attachement à M. et à Mme du Maine, XIV, 321; il prétend faussement descendre d'une duchesse d'Anjou reine de Naples et de Sicile, 321; son effronterie à ce sujet, 223; il drape à la mort du roi sur un fondement évidemment démontré faux; autre imposture relative à la préséance de sa maison sur le chancelier de France, 329; sur quel fait étrange il l'appuie, 330; il est mis à la Bastille comme chef d'émeute, XVII, 192; interrogé sur les aveux faits par Mme du Maine, il entre en furie contre elle, 397; sort de la Bastille enragé contre elle, 373; épouse la sœur de Turménies, XVII, 464.

LAVAL (le comte de), maréchal de camp, épouse la sœur de l'abbé de Saint-Simon, XIX, 317; caractère de cette demoiselle, 317.

LAVAL (l'abbé de), élevé par M. de Fénelon et son grand vicaire, est nommé évêque par le crédit tout-puissant du P. Tellier; son caractère; cette nomination fait concevoir de grandes espérances pour le retour de M. de Cambrai; l'abbé de Laval meurt peu de temps après avoir été sacré, X, 352.

LA VALLIÈRE (M. de) épouse une fille du duc de Noailles; la princesse de Conti fait la noce en sa maison dans l'avenue de Versailles, II, 168; est fait prisonnier à la bataille d'Hochstedt; reçoit la charge de commissaire général de la cavalerie, IV, 321; Mme de La Vallière est nommée dame du palais de Mme la duchesse de Bourgogne, V, 332; M. de La Vallière obtient un brevet de retenue de 150 000 livres sur son gouvernement de Bourbonnais, VII, 197; il perd peu à la mort de Monseigneur, et a tout à gagner auprès de la Dauphine; caractère de sa femme, IX, 279; vend à M. de Châtillon sa charge de mestre de camp général de la cavalerie, XIII, 340; est fait duc et pair à la majorité du roi, XIX, 437.

LA VALLIÈRE (la marquise de), veuve du frère de la maîtresse du roi; ancienne dame du palais de la reine; son caractère; elle est toujours recherchée et toujours aimée du roi; sa mort, VI, 69.

LA VALLIÈRE (Mme de), meurt aux Carmélites de la rue Saint-Jacques, VIII, 352; sa pénitence de corps et d'esprit, cause de sa mort, 352.

LAVARDIN (M. de), lieutenant général en Bretagne, meurt à 55 ans de la goutte et de la gravelle; son ambassade à Rome; ses deux mariages; sa corpulence, son esprit; son avarice, son intempérance, III, 209.

LA VARENNE, portemanteau de Henri IV, sert ce prince dans ses plaisirs et dans ses affaires; se retire à la Flèche vieux et fort riche; une pie cause sa mort; anecdote à ce sujet, II, 68, et X, 221.

LA VAUGUYON (M. de) se tue de deux coups de pistolet; ses noms; son portrait; ses talents agréables; sa liaison avec Mme de Beauvais, I, 111; il devient courtisan par sa protection et s'insinue chez les ministres; est fait ambassadeur, conseiller d'État, chevalier de l'ordre; épouse la fille de Saint-Maigrin; prend le nom de comte; comment il devient pauvre; il donne une première marque de folie chez Mme Pelot, 113; puis à M. de Courtenay qu'il attaque en duel, 113; tous les deux sont conduits à la Bastille par ordre du roi, et sortent de prison au bout de 7 à 8 mois, 114; La Vauguyon donne une autre preuve de dérangement d'esprit; le roi lui permet de reparaître à la cour, 115; la mort de sa femme achève de lui tourner la tête, 116.

LA VÈRE (le marquis de), lieutenant-colonel et officier général, quitte le service d'Espagne; pourquoi, XIII, 394.

LAVIENNE, baigneur à Paris, devient un des quatre valets de chambre du roi; par quel moyen; son caractère brutal et franc; il découvre au roi que M. du Maine est la cause de la retraite de M. de Vaudemont; qu'il a refusé d'attaquer, I, 275; suite de cette découverte, 276; portrait physique de Lavienne; son caractère, II, 74; il meurt à 80 ans, VIII, 425.

LA VIEUVILLE meurt étant sur le point de se marier; il laisse un grand héritage à Mme Senozan sa sœur, XI, 258.

LA VIEUVILLE, épouse en troisièmes noces la veuve de Breteuil, conseiller au parlement, XIII, 422.

LA VIEUVILLE (Mme de) est nommée dame d'atours de la future duchesse de Berry, VIII, 320; comment elle est reçue par le roi et les princesses; sa naissance, 329; son premier état; son mariage; son caractère; son mari, 329; premier nom des La Vieuville; leur origine; leur fortune, 330; Mme de La Vieuville meurt d'un cancer au sein qu'elle a caché jusqu'à deux jours avant sa mort, XIII, 136.

LA VIEUVILLE (le bailli de) est nommé à l'ambassade de Malte, X, 256; il meurt de l'opération de la pierre et est universellement regretté; son caractère, XI, 234.

LAVOCAT, maître des requêtes, frère de Mme de Pomponne, riche et amoureux des plus grandes dames, en éprouve des tours horribles; son extérieur; sa mort, II, 373 et suiv.

LA VRILLIÈRE, fils de Châteauneuf, secrétaire d'État, se sert de la princesse d'Harcourt et du crédit de Mme de Maintenon pour obtenir la charge de son père aussitôt après sa mort et la main de Mlle de Mailly; son extérieur, II, 410; colère de Mlle de Mailly de se voir mariée à un petit bourgeois, 411; leurs fiançailles; leur mariage; M. de La Vrillère reçoit du roi la charge de greffier de l'ordre, 425; il brigue la charge de surintendant des bâtiments, VI, 248; comment l'espoir qu'il a de l'obtenir est trompé, 250; la mort de Monseigneur lui présage un triste avenir, IX, 283; il se charge de proposer au roi un règlement qui rende le gouvernement de Blaye, appartenant à M. de Saint-Simon, indépendant du gouvernement de Guyenne, X, 322; dresse ce projet de règlement avec M. du Maine et le rapporte au roi qui l'approuve, 325 et suiv.; il vend sa charge de greffier de l'ordre au président Lamoignon, XI, 17; est nommé secrétaire du conseil de régence, XIII, 164; son caractère, 164; il sollicite M. de Saint-Simon de demander pour lui au régent voix au conseil de régence, et l'obtient, 337; après la mort de la duchesse de Berry, il va mettre les scellés dans les maisons de cette princesse, XVII, 232; il présente au roi la députation des états de Languedoc, au préjudice de Maillebois, un des lieutenants généraux de cette province, 245; dépêche un courrier à Reims à M. de Mailly pour le prévenir des ordres qu'il va recevoir et l'exhorter à s'y soumettre, 337; comment il est dupe de l'abbé Dubois et du régent, 340 et suiv.; excité par sa femme, il travaille secrètement à se faire déclarer duc et pair, XIX, 408; en parle au cardinal Dubois, puis à M. le duc d'Orléans, 389; est tourné en ridicule par le public pour cette prétention, 470; va trouver M. de Saint-Simon pour le prier de ne pas lui être contraire, 470; son indiscrétion; son dépit; ses menaces contre ceux qui s'opposent à son élévation, 471; comment il échoue dans son entreprise, 472; averti de l'apoplexie de M. le duc d'Orléans, il court l'apprendre au roi et à l'évêque de Fréjus, puis à M. le Duc, XX, 71; propose à M. de Fréjus de faire prêter sur-le-champ devant le roi à M. le Duc le serment de premier ministre, 70; va faire visite à Mme de Saint-Simon qu'il scandalise par son ingratitude, 76.

LA VRILLIÈRE (Mme de), fille de Mme de Mailly, fait la conquête de Nangis; la jalousie l'éclaire sur les sentiments que la duchesse de Bourgogne a pour son amant; elle veut le lui disputer et l'emporter sur elle, IV, 354; ses douleurs et son humeur tourmentent Nangis, 354, peur que lui cause la jalousie de Maulevrier; ses propos contre lui, 358; elle rend Schaub amoureux d'elle, lui fait confidence de ses vues pour le duché-pairie et du besoin qu'elle a de la protection du roi d'Angleterre, XIX, 464; moyen concerté entre eux pour faire réussir l'affaire, 465 et suiv.

LAW, Écossais, grand joueur et grand combinateur, vient en France, peu avant la mort du roi; entretient plusieurs fois M. le duc d'Orléans de banque, de commerce, de finances, etc.; est adressé à Desmarets; se lie avec l'abbé Dubois; après la mort du roi, propose au régent des plans de finances, XIII, 429; explique dans une assemblée de finances et de commerce le plan de banque qu'il se propose d'établir, 431; ce plan est adopté par le conseil de régence et enregistré au parlement, 432; il rend plusieurs visites à M. de Saint-Simon, 433; son but en se liant avec lui, 434; procès-verbal du conseil extraordinaire de finances tenu le 24 octobre 1715, pour l'institution de sa banque, 469; se rapproche davantage de l'abbé Dubois, XV, 235; ressource qu'il lui fournit, 335; ses démêlés avec le duc de Noailles concernant les finances, 236; il travaille à le perdre auprès du régent en s'adressant au maréchal de Villeroy et à M. de Saint-Simon, 237; il se rend à la conférence de la Roquette où se trouvent le régent, le chancelier et le duc de Noailles; il y persuade si bien le prince que celui-ci s'abandonne tout à lui pour les finances, 239; se plaint souvent à M. de Saint-Simon des chagrins et des peines que lui donnent le chancelier et le duc de Noailles; découvre au régent leurs manèges, 253; s'unit à l'abbé Dubois, au garde des sceaux et à M. le Duc pour réprimer les entreprises du parlement, XVI, 294; danger dont il est menacé par le parlement; il a ordre du roi de se rendre chez M. de Saint-Simon avec le duc de La Force et Fagon, pour aviser ensemble sur ce qu'il y a à faire, 297; sa frayeur; de l'avis de M. de Saint-Simon il se retire au Palais-Royal, 297; retourne chez lui; changement de résolution à son égard par le parlement, 393; le conseil des finances le gêne, XVII, 43; sa banque est déclarée royale, 61; il fait merveille avec son Mississipi; est assiégé chez lui de suppliants et de soupirants; presse en vain M. et Mme de Saint-Simon d'en recevoir sans qu'il leur en coûte rien et sans qu'ils s'en mêlent, 196; propose au régent de rembourser avec son papier toutes les charges du parlement, 252; engouement général qui fait adopter des mesures réglementaires, XVII, 290; les succès de sa banque lui inspirent le désir de s'élever plus haut, 294 et suiv.; est converti par l'abbé Tencin, 297; achète l'hôtel Mazarin et la maison du comte de Tessé pour y mettre sa banque, 301; ses démêlés avec d'Argenson; il est déclaré contrôleur général des finances, 378; comment il est traité par le prince de Conti, 381; il obtient du régent que son fils danse au ballet du roi; grande rumeur dans le public à ce sujet, 383; son système de finances touche à sa fin; pourquoi, 413 et suiv.; moyens violents employés pour le soutenir; ses suites funestes, 414 et suiv.; exécutions, confiscations, 416; Law devient odieux à cause des enlèvements d'hommes faits pour le Mississipi, 462; un arrêt du conseil d'État qui réduit les actions du Mississipi et les billets de banque met au grand jour le désordre des finances; l'arrêt est presque aussitôt révoqué; pourquoi, XVIII, 6; dans quelle situation se trouve Law, 6, 7; il est déchargé de l'emploi de contrôleur général; des Suisses sont mis chez lui pour empêcher qu'il ne lui arrive quelque mal, 9; voit le régent en secret; travaille ensuite avec lui, 9; il est envoyé avec le chevalier Conflans à Fresnes pour engager le chancelier à venir reprendre les sceaux, 18; danger qu'il court en allant au Palais-Royal; son carrosse est attaqué à coups de pierres, sa maison menacée, 34; il part secrètement, est arrêté à Maubeuge, puis relâché par ordre; parcourt l'Allemagne; se retire à Venise; sa femme ou soi-disant telle l'y suit, 83; caractère de l'un et de l'autre; son savoir en fait de calcul, 84; sa banque, sa vie sage et modeste à Venise; sa mort, 85; conseil de régence curieux sur les finances et la sortie de Law du royaume, 87.

LEACKE (le chevalier), commandant la flotte anglaise, soumet l'Ile Minorque et Port-Mahon au parti de l'archiduc, VI, 306.

LE BLANC, est nommé intendant d'Auvergne, IV, 298; passe à l'intendance d'Ypres, VI, 262; est nommé intendant de frontière pour les vivres, étapes, fourrages, etc., XIII, 152; son caractère, 254; est nommé secrétaire d'État de la guerre, XVII, 48; sa réponse à l'ambassadeur Cellamare qui vient lui redemander un paquet de lettres qu'il avait envoyé en Espagne; il le reconduit dans son hôtel avec l'abbé Dubois, 81; tous deux visitent ses bureaux et ses cassettes et y mettent les scellés, 81; son entière dépendance de l'abbé Dubois dans l'affaire de M. et de Mme du Maine, 156; pourquoi il encourt la haine de Mme de Prie qui travaille à le perdre, XIX, 396; pourquoi le cardinal Dubois veut l'éloigner, 397; par quelles qualités il plait à M. le duc d'Orléans, 398; on veut le rendre responsable du désordre où le trésorier de l'extraordinaire des guerres a mis les affaires, 398 et suiv.; il a ordre de donner la démission de sa charge et d'aller à vingt lieues de Paris; regrets publics que cause sa disgrâce, 450.

LE BLANC, frère du secrétaire d'État et curé de Dammartin est nommé évêque d'Avranches, XVII, 293.

LE BRUN, manant provençal, vient à Versailles avec un remède qui guérit, dit-il, de la gangrène; en fait prendre au roi qui éprouve un mieux momentané, XII, 377; comment il traite le médecin Fagon, 377.

LE CAMUS (le cardinal), sa dignité l'enivre et lui fait perdre la tête dans tout ce qui le regarde, III, 136; il meurt à 76 ans; son esprit; ses débauches; son impiété; sa pénitence; comment il devient évêque de Grenoble, VI, 121; puis cardinal; sa conduite en cette occasion offense le roi; il lui est défendu de sortir de son diocèse, 122; va à Rome pour l'élection d'un pape; comment il s'y conduit; il tient jusqu'à la fin de sa vie au régime des légumes; intempérance de sa langue; son testament énorme surprend et scandalise, 123.

LE CAMUS, lieutenant civil, frère du cardinal Le Camus, meurt en 1710; ses bonnes qualités; sa vanité, VIII, 415.

LE COMTE (le P.), jésuite, est nommé confesseur de Mme la duchesse de Bourgogne, I, 352; est renvoyé à la suite de la condamnation de son livre sur les cérémonies de Confucius; est envoyé à Rome par sa société, II, 418.

LE COMTE (M.). Voy. Comte (M. le).

LECZINSKI (Stanislas), devient roi de Pologne, IV, 298; est couronné, IV, 430; se retire dans le duché des Deux-Ponts, XI, 118; manque d'être enlevé par un parti; le régent lui donne un asile à Weissembourg en basse Alsace, XV, 40.

LEDE (le marquis de), est nommé général de l'armée d'Espagne destinée pour l'Italie, XVI, 175; débarque en Sicile et prend Palerme, 191; fautes que lui reproche Albéroni dans cette expédition, 217; il entre dans Messine sans résistance, 221; abandonne son camp de Melazzo aux troupes impériales, XVII, 213; est fait grand d'Espagne; passe en Afrique avec son armée; fait lever le siège de Ceuta; reprend Oran; gagne plusieurs victoires; reçoit l'ordre de la Toison d'or, XVIII, 68; grand d'Espagne; son origine; son extérieur; son caractère, 436.

LE DUC (M.), voy. Duc (M. le).

LEE, blessé au siège de Lille, obtient l'expectative, les marques et la pension de grand'croix de Saint-Louis, VII, 2.

LEFEBVRE, capitaine dans le régiment de Royal-Roussillon, de gardeur de cochons parvient à ce grade à force de mérite, I, 90.

LEGALL, reçoit ordre du maréchal de Villars de surprendre le général de La Tour, campé près de Minderkingen; rencontre l'ennemi, combat et le renverse dans le Danube, IV, 143; est fait lieutenant général, 44.

LEGANEZ (le marquis de), vient se justifier auprès du roi sur son attachement à la maison d'Autriche, III, 435; soupçonné d'être chef de deux conspirations formées contre le roi et la reine d'Espagne et contre les Français résidant à Grenade et à Madrid, il est arrêté, mené à Pampelune, puis à Bordeaux et enfermé au Château-Trompette, V, 24; meurt à Paris après sa prison de Vincennes, IX, 72.

LE GENDRE, premier chirurgien du roi d'Espagne, est aimé du roi et de la reine; son genre d'esprit, XIX, 17.

LÉGISTES (les), sont appelés par saint Louis aux assemblées tenues par les pairs et les hauts barons, pour faciliter les jugements par les lumières qu'ils leur communiquaient, XI, 281; quels étaient ces légistes; ils étaient assis sur le marche-pied du banc où se plaçaient les pairs et les hauts barons; d'où leur est venu le nom de conseillers, 282; les rois leur donnent ensuite voix délibérative pour les affaires contentieuses qui ne regardaient point les affaires majeures et les grandes sanctions de l'État; 283; ils assistent au parlement quand le roi les appelle et en tel nombre qu'il veut, 283; à quelle époque les commissions de légistes-conseillers devinrent des offices à vie, 284; monument remarquable de l'état des légistes séants aux pieds des hauts barons; du marche-pied où ils étaient placés ils ont fait un banc, et de ce banc ils sont montés ensuite aux hauts siéges, excepté lors des lits de justice, 284; premier état des légistes, 363; deuxième état qui commença sous saint Louis, 364; troisième état; ils jugent avec le peu de nobles et d'ecclésiastiques qui se trouvent aux parlements, 364; quatrième état; ils jugent sans eux, mais toujours assis sur le marche-pied des nobles, 365; cinquième état; ils demeurent seuls membres des parlements et seuls juges des procès, 365; sixième état, quand le parlement fut devenu fixe et sédentaire à Paris, 365; septième état, lorsque leurs offices devinrent vénaux, puis héréditaires, et que les autres parlements du royaume furent établis, 365. Voy. *Parlement*.

LÉGITIMATION (lettres et autres actes de), qui élèvent successivement et par degrés les enfants du roi et de Mme de Montespan à la capacité de porter la couronne par droit de naissance, XI, 132 à 144; réflexions sur ces actes, 144; comparaison entre le crime de lèse-majesté au premier chef, qui consiste à attenter à la vie d'un roi et celui qui tend à détruire dans sa racine le droit le plus saint, le plus important, le plus inhérent à la nation entière, 148 et suiv.

LE GRAND (M.), dénomination donnée au grand écuyer du roi, voy. *Armagnac* et *Charles de Lorraine*.

LELONG (le P.), de l'Oratoire, meurt à 56 ans; sa *Bibliothèque historique*; sa *Bibliotheca sacra*, XVIII, 185.

LEMOS (le comte de), est nommé capitaine d'une des deux compagnies espagnoles des gardes du corps, IV, 210; est arrêté avec son épouse pendant qu'il se rend auprès de l'archiduc, V, 191.

LEMOS *Portugal y Castro* (le comte), grand d'Espagne; historique sur sa maison; vice-roi de Sardaigne et capitaine général des galères à Naples; son caractère, XVIII, 454; qualitée de sa femme, 455. Voy. aussi *Infantado*.

LE NORMAND (l'abbé), official du cardinal de Noailles, est chassé honteusement pour des trahisons; est nommé évêque d'Évreux, VIII, 411.

LE NÔTRE, célèbre par ses jardins, meurt à 88 ans; son éloge, II, 429; comment il salue le pape en l'abordant; sa réponse au roi sur Mansart, 426; son opinion sur les parterres, 426.

LÉON (le prince de), fils du duc de Rohan, devient amoureux d'une comédienne nommée Florence; son extérieur; son caractère; son goût pour la dépense; il refuse l'offre que lui fait son père s'il veut renoncer à la comédienne, VI, 152; résiste aussi au roi qu'il gagne par son esprit et sa souplesse; devient furieux quand il sait Florence enlevée et mise dans un couvent, 153; son mariage projeté avec la fille aînée du duc de Roquelaure est rompu; pourquoi, 266; le prince de Léon fait consentir Mlle de Roquelaure à un mariage secret et l'enlève, 267; leur mariage; fureur des deux familles à la nouvelle de ce mariage; leurs démarches pour le faire annuler; le roi intervient, et fait célébrer de nouveau le mariage publiquement; détails sur cette affaire, 268 et suiv.

LEOPOLD, empereur d'Allemagne, fait part au roi, plus de trois mois après, du mariage du roi des Romains, son fils, avec la seconde fille de la duchesse d'Hanovre, II, 274; refuse les propositions que lui font les rois de France et d'Angleterre concernant le partage de la succession de la monarchie espagnole, 403; fortifie son parti en Espagne par le moyen de la reine sa belle-sœur, 405; déclare à la France, à l'Angleterre et à la Hollande qu'il ne peut, durant la vie du roi d'Espagne, entrer en aucun traité touchant sa succession, 435; s'engage à ne point envoyer de troupes dans les États de l'Espagne, 436; se prépare à la guerre; s'assure de la maison de Brunswick et gagne celle de Brandebourg, III, 47; cherche à acheter des secours de tous côtés; s'efforce d'empêcher que le pape donne l'investiture de Naples et de Sicile au nouveau roi d'Espagne; déclare l'archiduc roi d'Espagne; ôte la présidence du conseil de guerre au comte de Mansfeld, pour la donner au prince Eugène, IV, 186; manque être surpris dans un château par les mécontents de Hongrie; fait apporter à Vienne la couronne de Hongrie qui est à Presbourg, 234; tourne toute son attention vers la Bavière, 290; fait avec l'électrice un accommodement qui est rejeté par les gouverneurs des places de Bavière et par la cavalerie, 373; sa mort; ses enfants; sa laideur; sa simplicité; il sut régner avec une grande autorité, V, 16; moyens qu'il fit servir à sa politique, 17.

LE PELLETIER, voy. *Pelletier*.

LE PRINCE (M.) voy. *Prince* (M. le).

LERME (ducs de), généalogie de cette maison d'Espagne, XVIII, 346.

LESCALOPIER, intendant de Champagne, imagine de faire réparer les chemins et les ponts par corvées, sans même donner du pain; il est fait conseiller d'État, VII, 127.

LESDIGUIÈRES (le duc de), fait ses premières armes au siége de Barcelone, II, 7; il meurt à Modène; est fort regretté du roi; son caractère, IV, 184.

LESDIGUIÈRES (le duc de), voy. *Canaples*.

LESDIGUIÈRES (la duchesse de), sa liaison intime avec l'archevêque de Paris; leurs entrevues journalières ou chez elle ou à Conflans, I, 290; il meurt à Paris, laissant des biens immenses; son bel hôtel; son genre de vie; ses legs, XIII, 330.

LESDIGUIÈRES (la duchesse de), jeune veuve, est recherchée par M. de Mantoue; elle témoigne à M. de Duras, son père, toute sa répugnance pour ce prince; résiste avec une fermeté inébranlable à toutes les sollicitations qu'on lui fait pour ce mariage, IV, 336; consent à se laisser voir une fois par M. de Mantoue, 337; s'ouvre à M. de Chamillart pour le prier de faire trouver bon au roi qu'il ne soit plus parlé de ce mariage; ce qu'elle obtient, 338.

LE TELLIER, père de M. de Louvois, réponse qu'il fait à son fils qui vient lui apprendre le succès de sa menée contre M. de Pomponne, II, 326; son portrait d'après les Mémoires de Saint-Hilaire, XII, 501.

LE TELLIER (la chancelière), meurt à 90 ans, laissant 3 millions de bien, II, 223.

LE TELLIER (l'abbé), frère de M. de Louvois, est fait coadjuteur de Langres, du consentement de l'abbé de La Rivière, évêque titulaire, puis coadjuteur de Reims par le crédit d'Antoine Barberin, archevêque de cette ville, II, 163.

LEUDES FRANCS. Note sur les terres qui leur furent distribuées après la conquête XI, 457.

LEUVILLE (Mme de), meurt à 67 ans; sa famille; son caractère, XVII, 210.

LEVASSOR, sous-précepteur du duc de Glocester, a laissé une histoire de Louis XIII, où, malgré sa rage contre la religion catholique et sa passion contre le roi, on trouve beaucoup de vérité et d'exactitude; il est d'abord prêtre de l'Oratoire; est chassé de cette congrégation pour avoir servi d'espion aux jésuites, II, 433; se retire à la Trappe, puis à l'abbaye de Perseigne; sa cruauté sur les poules des moines; il passe en Hollande, 434; abjure sa religion; est recherché par le docteur Brunet, qui le fait connaître au roi d'Angleterre, 435.

LÉVI (le marquis de), épouse Mlle de Chevreuse; son caractère, II, 84; le jour de son mariage, il est baptisé, fait sa première confession et sa première communion, 85; est nommé maréchal de camp pour l'expédition de l'Écosse, VI, 193; est fait prisonnier et conduit à Londres, puis envoyé à Nottingham, 190; est déclaré lieutenant général, 198; est nommé par le régent membre du conseil de guerre, XIII, 150; puis commandant de Franche-Comté en conservant ses places, XV, 339; est fait duc et pair à la majorité du roi, XIX, 437.

LEWENHAUPT, général suédois; est entièrement défait par les Moscovites, VI, 432.

L'HÔPITAL (la maréchale de), meurt fort vieille; ses trois mariages; son caractère, X, 17.

LICERA y *Aragon*, grand d'Espagne, XVIII, 382.

LICHTEINSTEIN (le prince de), est blessé et fait prisonnier au combat de l'Orbe, IV, 245.

LIEUTENANTS civil et criminel, lieutenants de police; quelles étaient leurs attributions dans l'ancienne monarchie, III, 445.

LIGNE (le prince de), en Flandre; grand d'Espagne, XVIII, 415.

LILLE, assiégée en 1708 par le prince Eugène et défendue par le maréchal de Boufflers; détails sur ce siège mémorable, VI, 408 et suiv.; la place capitule après deux mois de tranchée ouverte, 417.

LINANGE (le comte de), est tué au combat de Cassano, V, 42.

LINARÈS *Alencastro*, évêque de Cuença, grand d'Espagne; historique sur sa maison, XVIII, 382.

LINIÈRES (le P. de), jésuite confesseur de Madame, est fait confesseur du roi, XIX, 311; le cardinal de Noailles ayant refusé de lui donner des pouvoirs, le cardinal Dubois s'adresse à Rome et les obtient, 311, 312.

LIRIA (le duc de), fils du duc de Berwick, est d'une grande utilité au duc de Saint-Simon pendant son ambassade en Espagne, XVIII, 233; son esprit; son caractère; ses ambassades, 234; est grand d'Espagne; historique sur sa maison, 382; son talent particulier pour les langues; son ambassade en Russie, 383; il meurt à Naples, 384; il est chargé de porter les présents du roi d'Espagne à sa future belle-fille au lieu où se doit faire l'échange des princesses de France et d'Espagne, XIX, 107.

LISLEBONNE (Mme de), dans une terre à l'extrémité de la Franche-Comté, le bailli, les curés et les officiers de cette dame trament une conspiration tendant à livrer la province aux impériaux; comment cette conspiration est découverte et déjouée, VII, 365 et suiv.; Mme de Lislebonne meurt à 82 ans; sa naissance; son caractère; son ambition; son esprit des Guise, XVII, 439.

LISLEBONNE (Mlle de), sa liaison avec Chamillart; son caractère; son intimité avec le chevalier de Lorraine, III, 195; elle et sa sœur Mme d'Espinoy font leur cour à la princesse de Conti; sont logées chez elle; plaisent à Monseigneur; entrent dans sa confidence, 196; sont traitées avec distinction par le roi et ménagées par Mme de Maintenon, 197; le maréchal de Villeroy les unit à Chamillart; conséquences de cette union, 197; caractère de Mlle de Lislebonne, V, 426; son extérieur; sa liaison avec le chevalier de Lorraine, avec le maréchal de Villeroy, avec Monseigneur; confiance qu'elle inspire au roi par le moyen de ce prince, 427; et par suite à Mme de Maintenon, 427; sa liaison avec Monseigneur soutenue et respectée par Mlle Choin et par Mme la Duchesse, 430; son union avec elles; ses liaisons avec M. de Vendôme, VI, 2; elle presse Chamillart de se lier avec Mlle Choin; réponse qu'elle en reçoit, VII, 231; rapport fidèle qu'elle en a fait à Mlle Choin, 231; demande inutilement au ministre de l'avancement pour le frère de cette demoiselle, 233; à la mort de Monseigneur elle se retire en Lorraine avec M. de Vaudemont; devient abbesse de Remiremont, IX, 273. Voy. *Remiremont* (l'abbesse de).

LISOLA (le baron de), agent de l'empereur à Rome, entretient une correspondance secrète touchant une conspiration formée contre la personne du roi d'Espagne Philippe V; on saisit chez lui une cassette qui renferme des preuves précises sur le projet de l'exécution, III, 406.

LISTENOIS, épouse une fille de la comtesse de Mailly, V, 78; comment il escroque 12 000 pistoles à sa belle-mère, VI, 126; il reparaît à la cour, 127; obtient l'ordre de la Toison; par quel crédit, VII, 339; est tué au siège de Saint-Venant, VIII, 362.

LIT DE JUSTICE, origine du nom, cérémonial; toutes les séances royales en parlement n'étaient pas lits de justice; séance royale pour la condamnation du prince de Condé en 1654, XI, 460; lit de justice tenu aux Tuileries en 1718; conseil de régence extraordinaire qui le précède; incidents curieux avant la tenue du conseil; MM. le duc du Maine et le comte de Toulouse y paraissent en manteau et en sortent après quelques moments; pourquoi, XVI, 415 à 427; plan de la salle du conseil de régence, 427; le régent ouvre le conseil et en annonce l'objet, 428; contenance des membres du conseil, 429; discours du régent sur la nécessité de casser les arrêts du parlement et de le faire par un lit de justice, 439; le garde des sceaux développe les raisons du régent et lit l'arrêt de cassation, 431; comment cet arrêt est approuvé par les membres du conseil, 432; ton ferme du régent; il annonce au conseil qu'il veut finir le procès qui s'est élevé entre les princes du sang et les légitimés et faire justice aux pairs de France, 433 et suiv.; expression des visages à cette annonce, 435; le garde des sceaux lit une déclaration à ce sujet; M. de Saint-Simon dépose aussitôt après sur le bureau la requête imprimée des pairs contre les bâtards, 435, 436; comment la déclaration est adoptée par le conseil; opinion de M. de Saint-Simon, 437 et suiv.; le régent propose une exception en faveur de M. le comte de Toulouse, 438; le garde des sceaux en lit la déclaration qui est adoptée par le conseil; étonnement et impressions diverses qu'elle y produit, 439 et suiv.; M. le Duc demande pour lui la surintendance de l'éducation du roi; comment cette demande est reçue par les membres du conseil, 441; plainte de M. de Villeroy; réponse vive et ferme du régent, 442; opinion du garde des sceaux concernant le parlement s'il refuse de se rendre aux Tuileries pour le lit de justice, 443; cette opinion est adoptée par le conseil; comment, 444; ordres du régent au garde des sceaux concernant les déclarations à lire au lit de justice et leur enregistrement immédiat; le maréchal de Villars termine le conseil par un rapport particulier; manière libre et nette dont il s'en acquitte, 445; ce qui se passe de particulier dans le conseil jusqu'à la tenue du lit de justice, 446 et suiv.; d'Antin obtient la permission de ne point assister au lit de justice, 447, 448; M. de Saint-Simon fait rassurer M. de Villeroy par le maréchal de Tallard sur les inquiétudes qu'il a montrées, 449; témoignage de M. le Duc de la part de M. de La Vrillière sa satisfaction et sa joie, et l'assure de son attachement, 450; ses courts entretiens avec M. le régent en attendant le parlement, 451; arrivée du parlement aux Tuileries; soins de M. le régent, de M. le Duc et de M. de Saint-Simon pour empêcher les conférences particulières et les sorties des membres du conseil, 452 et suiv.; marche du roi au lit de justice, 454 et suiv.; dispositions de la salle où il se tient, 455; entrée de M. de Saint-Simon au lit de justice; détails particuliers, 456 et suiv.; étonnement et silence du parlement, 458; entrée du roi, 459; contenance du régent; air majestueux et gracieux du roi, 459; effet que produit sur le parlement la présence de M. d'Argenson, garde des sceaux, 459; son premier discours; lecture de ses lettres; son second discours relatif à la cassation des arrêts du parlement; effet qu'il produit sur cette compagnie, 460; lecture de la déclaration, présence d'esprit de Blancménil, premier avocat général; remontrance du premier président

pleine de malice, 460, 461; le garde des sceaux prononce en jetant les yeux sur lui: *le roi veut être obéi et obéi sur-le-champ*, 463; troisième discours du garde des sceaux; lecture de la déclaration concernant la réduction des bâtards au rang de pairs; effet qu'elle produit sur le premier président, 463; joie incroyable de M. de Saint-Simon, 464; autre déclaration en faveur du comte de Toulouse; mouvements divers qu'elle cause, 465; M. de Saint-Simon au nom de tous les pairs refuse d'opiner, comme étant parties intéressées et rend grâces au roi de la justice qu'il veut bien leur faire; le garde des sceaux prononce l'arrêt de l'enregistrement; M. le Duc demande la surintendance de l'éducation du roi; M. le régent approuve et appuie cette demande, 466; M. de Saint-Simon donne sa voix tout haut; le garde des sceaux fait enregistrer et signer sous ses yeux les déclarations, 467; indifférence du roi pour M. du Maine, 468; M. de Saint-Simon triomphe de l'abattement du premier président, 469; sortie du roi du lit de justice, 469; heureux effet que produit ce lit de justice au dedans et au dehors du royaume, XVII, 28 et suiv.

LITURGIE MOSARABIQUE, détails sur ses différents rites encore en usage à Tolède, XIX, 208 et suiv.

LIVONIE (le prince palatin de), sa mort, XIV, 441.

LIVRY, premier maître d'hôtel du roi obtient 60 000 livres d'augmentation sur sa charge et la survivance de sa capitainerie de Livry pour son fils qui est marié à la fille du feu président Robert; parenté de ce président avec M. de Louvois; son caractère, V, 267; Livry court risque de perdre sa charge et ne la conserve que par la fermeté de son beau-frère M. de Beauvilliers, VIII, 141; il obtient pour son fils la survivance de sa charge et conserve un brevet de retenue de 150 000 livres qu'il avait dessus, XIV, 100; il meurt à 80 ans; son caractère, XX, 31.

LOBINEAU, bénédictin, fait une histoire de Bretagne, dans laquelle M. de Soubise, coadjuteur de Strasbourg, fait insérer que les Rohan descendent d'un Conan Mériadec, prétendu roi de Bretagne dans les temps fabuleux; comment, malgré sa résistance ouverte, Lobineau est forcé à cette complaisance, V, 295 et suiv.

LOEWENSTEIN (le comte de), frère

de Mme de Dangeau, est fait prince de l'empire, X, 180; est député par le chapitre de Strasbourg, dont il est grand doyen, pour traiter avec le roi de quelques adoucissements à apporter aux droits d'entrée au chapitre de cette ville; quels sont les adoucissements adoptés, 320 ; est nommé évêque de Tournay, 374.

LOIRE (inondation de la) en 1707; ravages qu'elle occasionne; les débordements désastreux de ce fleuve sont dus au duc de La Feuillade, depuis qu'il a fait sauter les rochers qui étaient au-dessus de Roanne dans la Loire, VI, 85; autres inondations en 1709; ravages et pertes qu'elles causent, VII, 227; nouvelle inondation en 1710; elle renverse une seconde fois le pont de Moulins, rebâti par Mansart, IX, 27.

LOI SALIQUE. Comment et pourquoi cette loi qui s'appliquait d'abord à tous les fiefs fut ensuite restreinte au fief des fiefs qui est la couronne, XI, 277.

LOMÉNIE, ses Mémoires. Voy. *Brienne* (Mme de).

LONGEPIERRE, revenu à la cour, s'attache aux Noailles; fait sa tragédie d'*Électre*, qui est jouée sur un magnifique théâtre chez Mme la princesse de Conti; son caractère; il entre chez M. le duc d'Orléans, III, 340; devient secrétaire des commandements de la duchesse de Berry, X, 135; sa liaison avec le duc de Noailles, XII, 167.

LONGUEVAL, lieutenant général, est emporté d'un coup de canon en Catalogne, I, 341.

LONGUEVILLE (l'abbé de), meurt à l'abbaye de Saint-Georges, où il était renfermé pour cause de folie; en lui s'éteint la fameuse maison de Longueville, I, 184.

LOPINEAU, commis de Chamillart, perdu depuis trois mois, est retrouvé assassiné dans la rivière près du pont de Neuilly; sa douceur, sa politesse, sa probité, III, 342.

LORGES (le maréchal de), passe le Rhin, prend la ville et le château d'Heidelberg; s'opiniâtre, malgré Monseigneur, à attaquer Heilbronn, I, 103; sa belle retraite en deçà du Rhin, 193; il reçoit ordre du roi de ne point laisser de troupes en Alsace, 199; est nommé gouverneur de la Lorraine, 206; ses talents et ses succès aux armées; sa probité; sa franchise; considération dont il jouit; intérieur de sa maison; sa famille, 247 et suiv.; il tombe dangereusement malade au camp d'Unter-Keisheim, 261; les médecins désespèrent de lui; Saint-Simon lui fait prendre des gouttes d'Angleterre qui réussissent; l'armée déclare par ses officiers qu'elle ne fera aucun mouvement tant qu'elle saura son chef en danger, 261; elle fait éclater sa joie de sa convalescence par des festins et des feux allumés à tous les camps; le maréchal est transporté à Philippsbourg, au milieu de la fleur de l'armée, 263; réjouissances incroyables quand le maréchal revient parfaitement guéri à son camp, 282; il tombe en apoplexie; part pour Vichy avec la maréchale, 282; revient à Versailles; accueil distingué que lui fait le roi; ce prince lui fait entendre, par M. de La Rochefoucauld, que sa santé chancelante ne lui permet plus de commander, 296; ne cesse de proposer le siège de Mayence et d'emporter les lignes d'Heilbronn; pourquoi le roi s'y refuse toujours, 336 ; chagrin que lui donne M. de Lauzun, 338; il est attaqué de la pierre, IV, 34; subit une opération longue et cruelle, 35; sa mort; regrets de sa famille et surtout de Mme de Saint-Simon; il perd les armes à 14 ans; son attachement pour M. de Turenne, son oncle, 36; il suit le parti de M. le Prince; revient servir sous M. de Turenne; veut s'éclaircir sur ses doutes en matière de religion; consulte Bossuet et le ministre Claude, 36; s'ouvre à M. de Turenne sur son projet d'abjurer le protestantisme, 38; se convertit cinq ou six mois après son oncle, 38; obtient les commandements les plus importants dans la guerre de Hollande; fait sauver le maréchal de Bellefonds; sa retraite d'Altenheim après la mort de Turenne est hautement louée par le grand Condé, 39; il refuse le commandement en chef de l'Alsace que Louvois lui fait offrir, 41; est fait maréchal de France; son mariage; son épouse, 41; il devient capitaine des gardes du corps, 42; son opinion dans le conseil des maréchaux tenu par le roi devant Bouchain, 43; compliment qu'il en reçoit de la part du prince d'Orange; il est envoyé en Angleterre pour complimenter le roi Jacques II sur sa victoire contre les rebelles, 44; est fait chevalier de l'ordre et commandant en chef de la Guyenne; peu après commandant de l'armée du Rhin; il insiste vainement pour porter la guerre en Allemagne; Louvois persuade au roi le contraire, 45; estime que le prince Louis de Bade conçoit pour le maréchal; trait de ce prince qui le prouve, 46; éloge de M. de Lorges, 47.

LORGES (le duc de), fils du maréchal, est marié avec la troisième fille de Chamillart, IV, 69; célébration de ce mariage, 71; il est peu heureux pour les deux époux, 73; M. de Saint-Simon obtient pour lui la charge de capitaine des gardes dont le maréchal d'Harcourt veut se défaire, XIII, 273; il rompt le marché qui a été conclu avec ce maréchal, et la charge est donnée au fils de celui-ci, 279; se remarie avec la fille du premier président de Mesmes; colère de M. et de Mme de Saint-Simon; comment se fait la réconciliation entre les deux familles, XVIII, 77 et suiv.

LORGES (la duchesse de), troisième fille de Chamillart, meurt en couches à 28 ans; son extérieur; son esprit; son naturel simple et vrai; son amour pour le plaisir; ses manières négligées; elle altère sa santé à force de jeu, de courses et de veilles, XI, 98.

LORGES (Mlle de), fille aînée du maréchal de Lorges, est mariée au duc de Saint-Simon; détails à ce sujet, I, 247 et suiv. Voy. *Saint-Simon.*

LORRAINE (anciens ducs de), leur état à la cour de France; historique à ce sujet, II, 337 et suiv.

LORRAINE ET DE BAR (duchés de), historique sur la succession de ces duchés, VI, 5 et suiv.

LORRAINE (cardinal de), premier ministre de Henri III, fut l'instigateur de la Ligue, pour transférer la couronne de France dans sa maison, XIX, 376, 377.

LORRAINE (le chevalier de), pour faire sa cour au roi, travaille auprès de Monsieur à le faire consentir au mariage de M. le duc de Chartres avec Mlle de Blois; demande pour son frère M. le Grand et lui le cordon de l'ordre et l'obtient, I, 18; reçoit du roi une lettre de remercîment pour le zèle qu'il a montré en allant à Dieppe au secours de MM. de Choiseul et de Beuvron, 197; propose à Monsieur que M. et Mme de Chartres soient exclus de la cérémonie du mariage de Mademoiselle avec M. de Lorraine, II, 214; mène Monsieur toute sa vie; est comblé d'argent et de bénéfices; pourquoi il est touché de la mort de Monsieur; son logement au Palais-Royal et à Saint-Cloud, III, 171; envoie d'Italie du poison pour empoisonner Madame, première femme de Monsieur, 182; il meurt d'apoplexie à l'âge de 60 ans; ses services militaires; ses abbayes, IV, 60.

LORRAINE (le duc de), rétabli par la paix de Ryswick, vient demander au roi Mademoiselle en mariage, II, 73; il envoie la demander par M. Couronges; fait présenter à la princesse pour 400 000 livres de pierreries, 212; la voit incognito à Vitry; leur mariage se célèbre de nouveau à Bar, 218; tracasseries au sujet d'un siége à dos, 218; le duc imagine de faire surmonter sa couronne ducale de quatre bars, 219; et de se faire donner le titre d'*Altesse Royale*, 220; il demande excuse de ce que la justice de Bar a osé nommer le roi dans ses sentences *le roi très-chrétien*, 220; il vient à Paris avec Mme de Lorraine pour faire hommage-lige au roi du duché de Bar et de ses autres terres mouvantes de la couronne, 337; il est décidé qu'il y sera sur le pied de l'*incognito*; pourquoi, 339; détails sur la cérémonie de l'hommage, 340 et suiv.; en quittant l'Opéra M. de Lorraine prend la poste et s'en retourne chez lui, 345; petite vérole de Mme de Lorraine; impatience que témoigne cette princesse pour s'en retourner, 346; le duc accepte les propositions qui lui sont faites concernant le partage de la succession de la monarchie espagnole, 403; le roi, pour s'assurer de la Lorraine, ayant fait occuper Nancy, il va s'établir à Lunéville à son grand regret, IV, 406; ses menées secrètes en France avec M. de Vaudemont depuis qu'il l'a déclaré l'aîné, après ses enfants, VI, 26; va voir le prétendant à Commercy et le prie civilement de sortir de ses États; dépêche à Londres pour faire valoir cette conduite, XIII, 443; il vient à Paris *incognito* avec Mme la duchesse de Lorraine; comment il y est reçu par Madame et par le régent, XV, 269 et suiv.; détails sur leur séjour à Paris et sur les fêtes qu'on leur donne, 402 et suiv.; l'objet du voyage de M. de Lorraine est d'obtenir du régent un agrandissement en Lorraine et le traitement d'*Altesse royale*; raisons qu'il fait valoir pour l'un et pour l'autre, 275; raisons péremptoires à y opposer, 276 et suiv.; il obtient ce qu'il demande au conseil de régence; s'en va aussitôt après l'enregistrement fait au parlement, 287; écrit au roi d'Angleterre et aux États généraux pour demander d'être indemnisé de ses prétentions sur le Montferrat, XVI, 91; sollicite l'érection d'un évêché à Nancy; pourquoi il échoue dans ce dessein, XVII, 249.

LORRAINE (le bailli de), fils de M. le Grand et chef d'escadre, est tué au combat de Malaga, IV, 329.

LORRAINE (le chevalier de), frère du prince de Pons, quitte la croix de Malte et se marie à Mlle de Beauvau, est fait grand maître de la maison de M. le duc de Lorraine; prend le nom du prince de Lixin; son caractère, XVIII, 172; tue en duel M. de Ligueville; est tué lui-même en duel par M. le duc de Richelieu, au commencement du siége de Philippsbourg, 172.

LORRAINE (le prince de), frère du duc de Lorraine, est élu coadjuteur de l'évêque de Trèves, par la protection de l'empereur et par l'argent de son frère, IX, 1.

LORRAINE (l'abbé de), est nommé évêque de Bayeux, XV, 302.

LORRAINS (les seigneurs) essayent d'entreprendre sur les droits de préséance des duchesses de France; par le conseil du chevalier de Lorraine, la princesse d'Harcourt et Mme d'Armagnac commencent à faire valoir ces prétentions, II, 236 et suiv.; artifice et mensonge employés à cet effet, 241; comment cette entreprise se termine, 244, 245.

LOSPITAL (Mme), maîtresse de poste à Nonancourt, sauve le prétendant que l'ambassadeur Stairs, veut faire arrêter; détails à ce sujet, XIII, 292 et suiv.; est appelée à Saint-Germain où la reine d'Angleterre la remercie et lui donne son portrait; le prétendant lui écrit et lui envoie aussi le sien, 295.

LOTERIE établie à la cour; le gros lot de 4000 louis tombe à un garde du corps, II, 409.

LOUIS XIII, aime les gens de qualité et cherche à les connaître et à les distinguer, de là le proverbe des trois statues et des trois places de Paris, I, 51; son amitié pour le duc Claude de Saint-Simon, 51; sa fermeté et sa résolution dans le conseil qu'il tient après la prise de Corbie par les Espagnols étonnent ses ministres et le cardinal lui-même et sauvent la France, 55, 56; il réprimande le duc de Saint-Simon dans deux occasions, 56; donne une grande preuve de sa vertu, 57; fait dame d'atours de la reine Mlle d'Hautefort, 58; force lui-même malgré les obstacles naturels et artificiels et malgré l'industrie du cardinal, le fameux pas de Suze qu'il emporte à l'escalade, 62; son courage et sa piété au lit de mort; ses dispositions pour l'administration de l'État après lui, et pour ses obsèques, 66; fait merveilleux de ce prince mourant rapporté par Priolo, 67.

LOUIS XIV, fait le siège de Mons en personne, I, 3; passe une superbe revue à son camp de Gevries, 6; va au siège de Namur, 7; sa vigilance pendant ce siège, et celui du château, 7, 9, 11; comment il reçoit la triste nouvelle du combat naval de la Hogue, 15; prend des mesures pour marier Mlle de Blois à M. le duc de Chartres, 18; comment il obtient pour ce mariage le consentement de Monsieur et de Madame et du jeune duc, 21; ce mariage est déclaré chez Mme de Maintenon, puis à l'appartement, 23; souper du roi après cette déclaration, 24; le roi signe dans son cabinet le contrat de mariage; déclare la maison de la future duchesse de Chartres, 25; fait une promotion de six maréchaux de France; donne à cette occasion un coup de caveçon à Barbezieux, 39; déclare qu'il ira commander en Flandre; distribution de ses armées; c'est de cette époque que les maréchaux de France commandent les uns aux autres par droit d'ancienneté, 45, 46; le roi se met à la tête de l'armée de M. de Boufflers, 86; déclare tout à coup qu'il retourne à Versailles; les instances de M. de Luxembourg ne peuvent lui faire changer de résolution; quelle en était la cause, 86; effet incroyable qu'elle produit parmi les soldats et même parmi les peuples, 89; le roi institue l'ordre de Saint-Louis et se montre fort jaloux de le faire valoir; accueil qu'il fait à MM. de Vendôme revenant de l'armée du maréchal Catinat, 117; ordonne à M. de Vendôme de se désister juridiquement de sa prétention du rang de la première érection de Vendôme en duché-pairie; et au premier président, au procureur général et au doyen du parlement de dresser une déclaration en faveur de ses fils naturels revêtus de pairie, pour précéder au parlement et partout, tous autres pairs plus anciens qu'eux, 171; ordonne à l'archevêque de Reims d'inviter par une lettre circulaire tous les pairs à la cérémonie qui doit avoir lieu au parlement à cette occasion, 174; détails sur cette cérémonie, 174; le roi ordonne à MM. de Beuvron et Matignon, lieutenants généraux en Normandie, de donner le titre de Monseigneur au maréchal de Choiseul, commandant de cette province, 188; veut que l'évêque de Noyon soit reçu à l'Académie; et donne des ordres à Dangeau de faire connaître sa volonté aux académiciens; l'évêque est reçu; M. le Prince et tout ce qu'il y a de distingué à la cour se trouvent, selon le désir du roi, à sa réception, 213; crée huit directeurs généraux de ses troupes et deux inspecteurs sous chaque directeur; leurs fonctions, leurs appointements, 221; ôte au duc de Chaulnes le gouvernement de Bretagne pour le donner à M. de Toulouse; comment il s'y prend, 243; propose à Mme de Louvois l'échange de Meudon pour Choisy; raisons qui le portent à cet échange qui est aussitôt conclu, 257; par quelle voie il apprend que M. du Maine a laissé échapper par sa faute l'occasion importante de battre le corps d'armée commandé par M. de Vaudemont, 275 et suiv.; sa douleur; il décharge son dépit sur le dos d'un valet du serdeau; sa rencontre avec le P. La Chaise, 276; donne à M. de la Trappe une abbaye commendataire de 11 à 12000 livres, 294; joue avec Mme la Duchesse aux olives; picoterie des princesses à la suite de ce jeu, 298; le roi les menace d'exil si leurs brouilleries continuent, 299; ôte le siége pliant aux cardinaux dans les cérémonies et leur rend le banc comme aux autres chevaliers, 300; mande le président Maisons et les gens du roi pour leur déclarer qu'il veut que l'affaire du droit de préséance entre M. de Luxembourg et les pairs opposants soit jugée par le parlement, selon les lois et sans tirer à conséquence pour de pareilles matières, 327; sa réponse flatteuse pour les pairs opposants à la plainte qu'ils lui font de l'avocat Dumont, plaidant pour M. de Luxembourg, 329; il trouve l'arrêt du parlement très-extraordinaire et contre toutes les formes, 334; en témoigne sa surprise au premier président, 334; fait le mariage de M. de Torcy, fils de M. de Croissy, avec la fille de M. de Pomponne, 346; est attaqué d'une anthrax au cou; affecte de se laisser voir tous les jours; rappelle avec beaucoup d'amitié M. de La Rochefoucauld qui est en Angoumois, 349; sur la demande du duc de Savoie, le roi nomme pour otages de la paix les ducs de Foix et de Choiseul, 350; nomme et déclare la maison de Mme la duchesse de Bourgogne, 351; va à Montargis au-devant de cette princesse, lui présente Monseigneur, Monsieur et le duc de Chartres, 380; lettre de Louis XIV à Mme de Maintenon à l'occasion de l'arrivée de la duchesse de Bourgogne, 447; conduit cette princesse à Fontainebleau; détail sur la réception de la cour; le roi règle qu'on la nommera tout court *la Princesse*, jusqu'à son mariage, et comment elle sera traitée jusque-là, 391; pense à faire élire le prince de Conti roi de Pologne, 399; l'entretient plusieurs fois à ce sujet, 400; se venge du comte de Galloway, en confisquant ses biens, 414; refuse de consentir au mariage du fils de M. de Pontchartrain avec Mlle de Malause; et parle de son refus à MM. de Duras, de Lorges et de Bouillon, 417; motif de ce refus, 418; il trouve fort mauvais que le duc de Chevreuse ait fait le personnage de correcteur d'imprimerie pour le livre des *Maximes des saints* et que M. le duc de Beauvilliers le lui ait présenté, 426; s'explique durement avec le P. La Chaise et le P. Valois sur l'approbation qu'ils ont donnée à ce livre, 430; oblige M. de Cambrai à souffrir qu'il soit examiné par les évêques, 433; chasse précipitamment toute la troupe des comédiens italiens; pourquoi, 443; annonce au prince de Conti qu'il est élu roi de Pologne et veut le traiter en roi, II, 20; sommes qu'il lui donne à son départ; sa joie de se voir délivré de ce prince, 21; sentiments divers parmi les princes et princesses sur cet événement, 22; le roi reçoit à Fontainebleau la nouvelle de la signature de la paix à Ryswick, 37; raisons particulières qui lui rendent amère la reconnaissance qu'il a été obligé de faire du prince d'Orange pour roi d'Angleterre, 39; il indique le jour de la célébration du mariage de Mme la Princesse; et témoigne le désir que la cour soit magnifique, 58; choisit lui-même un dessin de broderie pour la princesse; supprime toutes cérémonies, pour éviter les disputes et les difficultés, 59; ordonne au premier président de mettre fin à la dispute qui s'est élevée entre l'archevêque de Reims et les jésuites, 77; s'oppose à la promotion au cardinalat de l'abbé d'Auvergne, neveu du cardinal de Bouillon, 111; donne son consentement au mariage de Mlle d'Aubigné, nièce de Mme de Maintenon, avec M. le comte d'Ayen, 114 ; dons qu'il fait aux époux, 114 ; prend le deuil en noir pour M. le prince de La Roche-sur-Yon, fils de M. le prince de Conti, 116 ; donne à M. de Rosen 290 000 livres que M. Bullion offre pour le gouvernement du Maine et du Perche, 117 ; déclare la formation d'un camp à Compiègne ; dans quel but, 120 ; consulte M. l'archevêque de Paris sur le renvoi de M. de Beauvilliers qu'il voudrait remplacer par M. de Noailles, 124 ; belle réponse de l'archevêque, 126 ; décide avec M. de Beauvilliers lui-même la disgrâce de quatre personnes subordonnées au duc, 127 ; paye les dettes de M. de La Rochefoucauld et donne 40 000 écus à M. le Grand et 20 000 au chevalier de Lorraine, 169 ; fait mettre à la Bastille le grand prieur, M. de Vendôme ; pourquoi, 173 ; donne audience à l'envoyé de l'électeur de Saxe qu'il reconnaît publiquement roi de Pologne, 174 ; se rend au camp de Compiègne, 186 ; s'amuse à voir et à faire voir aux dames tous les détails d'un camp, 187 ; il mène dîner au camp le roi d'Angleterre, 187 ; fait faire le siège de Compiègne dans les formes, 190 ; Mme de Maintenon y assiste en chaise à porteurs ; attentions du roi pour elle, 191, 192 ; bruit que fait dans le camp et chez l'étranger le spectacle de cette chaise et du roi debout devant, 193 ; gratifications accordées par le roi au maréchal et à tous les officiers des régiments présents au camp, 194 ; sa dispute avec le P. La Chaise au sujet de l'abbé régulier de la Trappe, 205 ; il porte le deuil du fils de M. du Maine, et ordonne à Mme la Duchesse et à la princesse de Conti de le porter, 213 ; ne veut point porter le deuil du prince royal de Danemark ; pourquoi, 223 ; refuse souvent de faire évêque l'abbé Fleury, 225 ; importuné par l'archevêque de Paris, il le nomme à regret à l'évêché de Fréjus ; ses paroles prophétiques en accordant cette nomination, 227 ; entreprend la chapelle de Versailles, l'église des Invalides et l'autel de Notre-Dame de Paris, 228 ; fait fouiller dans la maison du chancelier Le Tellier pour y trouver un trésor qu'on dit y être enfoui ; fait mettre en prison celle qui a donné ce faux avis, 254 ; reçoit un ambassadeur du roi de Maroc ; fait un traité avec ce prince, 260 ; défend à M. de Cambrai de prendre désormais la qualité de précepteur des enfants de France, 264 ; témoigne publiquement sa joie de la condamnation prononcée par la cour de Rome contre le livre des *Maximes des saints* ; réponse que lui fait le duc de Beauvilliers quand il la lui annonce, 264 ; adresse une lettre à tous les métropolitains du royaume par laquelle il leur mande d'assembler leurs suffragants pour prononcer sur la condamnation de ce livre ; puis fait enregistrer la bulle en conséquence de l'adhésion des évêques de France, 266 ; paye les dettes de Mme la Duchesse, de Monseigneur et fait une pension secrète au duc de Chartres, 276 ; rappelle de Neuchâtel le prince de Conti, les ducs de Lesdiguières et de Villeroy, Matignon et Mme de Nemours ; pourquoi, 280 ; vol considérable fait dans sa grande écurie à Versailles ; les auteurs restent inconnus, malgré toutes les recherches, 280 ; autre vol étrange de crépines et de franges d'or fait dans le grand appartement du roi et rendu d'une manière plus étrange encore ; détails à ce sujet, 281 ; sang-froid du roi, 282 ; il ordonne à M. de Beauvilliers de prendre la place du chancelier à la grande direction, quand celui-ci est absent, 286 ; reçoit en secret un maréchal de Salon en Provence ; ses paroles à M. de Duras sur ce maréchal, 289 ; comment il le traite, 290 ; secret ignoré du public, 291 ; le roi prend parti pour M. de Bouillon contre son fils le duc d'Albret, 292 ; veut que M. du Maine, nommé grand maître de l'artillerie, prenne place à la chambre des comptes entre le premier et le second président, 294 ; accorde de nouvelles distinctions aux filles d'honneur de la princesse de Conti, 294 ; inauguration de sa statue à la place Vendôme, 294 ; il refuse audience au comte de Zezindorf, envoyé de l'empereur ; pourquoi, 295 ; refuse de prendre le deuil pour le roi de Danemark, 295 ; dons qu'il fait au maréchal de Villeroy et au duc d'Enghien encore enfant, 320 ; veut aller surprendre Mgr et Mme la duchesse de Bourgogne lorsqu'ils se mettraient au lit ; nomme quatre personnes de la cour pour être assidûment auprès de Monseigneur, 330 ; reçoit l'hommage lige de M. de Lorraine, 340 et suiv. ; lui fait présent d'une tenture de tapisserie de 25 000 écus, 345 ; annonce par un billet de sa main au nonce Delfini, sa promotion au cardinalat, 360 ; met fin aux disputes élevées entre les jésuites et les bénédictins au sujet d'une belle édition de saint Augustin, 361 ; déclare qu'il ne fera plus la dépense des changements que les courtisans font dans leurs logements, 364; fait officier l'archevêque de Paris à la chapelle avec sa croix, 367; envoie 100 000 livres à Mme de Montespan pour lui aider à faire l'acquisition d'Oiron, 376; donne à Mme la duchesse de Bourgogne un collier de perles de 150 000 livres que lui a renvoyé Mme de Montespan, 377; bals et fêtes donnés à Versailles et à Marly pour Mme la duchesse de Bourgogne, 378; masque à quatre visages qui dans un de ces bals attire sur lui tous les yeux, 378; le roi accepte le plan de partage de la monarchie espagnole que lui fait proposer le roi d'Angleterre, 403; donne à M. du Maine la charge de lieutenant général en Languedoc pour en disposer en faveur de qui il voudra, 412; paye les dettes de Monseigneur, donne 100 000 livres à Mansart, 416; accorde à Mme de Chamillart d'entrer dans les carrosses de Mme la duchesse de Bourgogne et de manger avec elle, 420; affranchit par un arrêt l'évêque de Chartres de l'autorité de son chapitre, 422; sur les instances de la duchesse de Bourgogne, permet l'entrée de ses carrosses et de manger avec elle, à Mme Villacerf, 425; accorde une augmentation de pension à M. le prince de Conti et à M. de Duras, 425; rend un arrêt du conseil qui ordonne la saisie de tous les biens laïques et ecclésiastiques du cardinal de Bouillon, 428; signe un acte avec plusieurs princes de l'empire, par lequel il s'engage à ne pas reconnaître un neuvième électeur, 436; donne des ordres pour une augmentation de troupes, 437; juge en conseil extraordinaire un ancien procès entre l'amirauté de France et la province de Bretagne, 441; fait l'éloge de M. de la Trappe, 446; à la nouvelle de l'état mourant du roi d'Espagne, il donne ordre au marquis d'Harcourt d'aller à Bayonne rassembler une armée, III, 18; déclare au petit couvert la mort du roi d'Espagne; tient chez Mme de Maintenon deux conseils sur les dispositions du testament de ce prince, 21; les avis y sont partagés, 22; le roi se détermine pour l'acceptation; donne audience à l'ambassadeur d'Espagne, 29; demande en riant aux princesses leur avis sur le parti qu'il doit prendre, 32; déclare publiquement le duc d'Anjou roi d'Espagne; son discours à ce prince et à l'ambassadeur d'Espagne, 34; fait placer à côté de lui à la messe le nouveau roi; lui donne le lit du grand appartement, 35; fait annoncer cette déclaration au roi et à la reine d'Angleterre, 37; adieux touchants du roi à son petit-fils le duc d'Anjou; détails sur leur séparation, 41, 42; se contente de la soumission que lui fait le sacré collège à l'occasion du mauvais traitement fait à M. de Monaco, 45; donne 400 000 livres au cardinal Radziewski; une grosse confiscation de vaisseaux de Dantzick à l'abbé de Polignac; accorde des pensions à Mme de Lislebonne, à la femme de Mansart, à Mlle de Croissy; fait ministre M. de Chamillart, 46; témoigne à table le jour de la fête des rois, où M. de Barbezieux venait de mourir, une joie bruyante qu'il fait partager aux dames qui pleuraient ce ministre, 56; reçoit la nouvelle de l'acte d'investiture de Charles V du duché de Milan et du comté de Pavie; du passage de ses troupes en Italie accordé par M. de Savoie; et d'un succès en Flandre, 68; il renvoie libres les troupes hollandaises postées des places fortes des Pays-Bas espagnols, 69; faute qui devient funeste, 69; il songe à se préparer à la guerre; augmente ses troupes; renouvelle la capitation, 139; fait avec le Portugal un traité d'alliance offensive et défensive, qui devint inutile, 141; fait un second traité par lequel M. de Mantoue livre ses places et ses États au roi; un troisième qui déclare M. de Savoie généralissime des forces des deux couronnes en Italie, 142; les Vénitiens se déclarent neutres, 143; longue conversation du roi et de Monsieur sur le refus fait à M. de Chartres de servir, 145 et suiv.; le roi apprend avec joie que la Suède a reconnu le roi d'Espagne, 147; convient avec le roi d'Espagne que les grands de ce royaume auront en France le rang, les honneurs, le traitement et les distinctions des ducs et *vice versa*, 157; sa querelle avec Monsieur, 160; son inquiétude sur la santé de ce prince, 162; son affliction à la nouvelle de sa mort, 165; paroles tendres qu'il adresse à son fils M. de Chartres; donne des ordres pour le cérémonial de la mort de Monsieur, 166; son discours à M. de Chartres, 166; le lendemain de la mort de Monsieur, il se met à jouer avec Mme la duchesse de Bourgogne, chez Mme de Maintenon, 167; va chez Madame faire l'ouverture du testament de Monsieur, la traite avec amitié; sa générosité envers M. le duc de Chartres, 176; donne à M. le Prince tous les avantages de premier prince du sang; il augmente sa pension de 10 000 écus; augmente aussi les pensions de Madame et de la nouvelle duchesse d'Orléans, 177; drape pendant six mois et fait tous les frais de la pompe funèbre de Monsieur, 179; sa conduite envers Burnon qui a empoisonné Madame, première femme de Monsieur, 183; malice du roi à l'égard de M. de Lauzun, 205; déclare au roi Jacques II mourant et à la reine son épouse qu'il reconnaîtra le prince de Galles comme roi d'Angleterre, d'Écosse et d'Irlande; mauvais effet produit par cette déclaration, 328, 329; va à Saint-Germain voir le nouveau roi d'Angleterre, 331; reçoit sa visite à Versailles, 331; ordonne à ses ministres de s'assembler chez le chancelier et au duc d'Harcourt de s'y trouver pour y débattre le pour et le contre du voyage du roi d'Espagne en Italie, 352; se décide pour le voyage, 357; fait une nombreuse promotion d'officiers généraux, 360; prend hautement et publiquement le parti du maréchal de Villeroy fait prisonnier, 377; accorde 1 000 livres de pension au major Mahoni et un brevet de colonel, 378; écrit une lettre obligeante au maréchal de Villeroy; comble de bontés la maréchale, 380; nomme Catinat pour commander l'armée du Rhin; explication qu'il a avec lui et avec Chamillart sur les affaires d'Italie, 391 et suiv.; déclare qu'il ne prendra pas le deuil du roi Guillaume et défend de le prendre aux ducs de Bouillon et aux maréchaux de Duras et de Lorges, 397; fait choisir dans toutes ses troupes six officiers de distinction, lieutenants-colonels, majors et capitaines pour être toujours auprès du roi d'Espagne son petit-fils, 411; donne gain de cause à l'archevêque de Rouen qui prétend soustraire sa métropole à la primatie de Lyon, 419; montre son faible pour les jésuites dans un arrêt rendu contre eux, 420; nomme chevalier de l'ordre cinq grands d'Espagne, le marquis de Villafranca, le duc de Medina-Sidonia, le comte de Benevente, le duc d'Useda et le cardinal Portocarrero auquel il envoie une croix de plus de 50 000 écus, 421; permet au comte d'Albert, à Perluis et au marquis de Conflans, tous en prison pour duel, d'en sortir, mais sans rentrer au service, IV, 61; fait dix maréchaux de France, 79; donne 100 000 livres au maréchal de Villeroy pour ses équipages, 107; ne veut pas que Mme de Maintenon drape à l'occasion de la mort de son frère, ni que ses valets de chambre et ses femmes soient vêtus de noir, 126; accorde au duc de Chartres nouveau-né du duc d'Orléans la pension de premier prince du sang de 150 000. livres, 145; vend les charges de l'artillerie; augmente les appointements de M. du Maine et lui donne 100 000 écus, 146; par des mesures secrètes et bien prises ;il fait désarmer et arrêter les troupes auxiliaires de M. de Savoie, 189; sa réponse à M. de Tessé au sujet des demandes que M. de Vendôme a faites à Sa Majesté, 204; sa colère contre M. de Saint-Simon au sujet de la quête des dames, 224 et suiv.; long entretien avec M. de Saint-Simon, 227; il se radoucit et lui témoigne qu'il est content, 229; ce qu'il dit à Monseigneur au sujet de cet entretien, 232; sur la demande que lui fait M. le Grand de précéder les ducs à l'adoration de la croix, il décide que ni ducs, ni princes étrangers n'iront, 249; sa réponse à M. de Marsan qui lui demande le commandement de M. de Saint-Simon qu'il croit dangereusement malade, 255; fait à la princesse des Ursins une sévère réprimande de la hardiesse qu'elle a eue d'ouvrir les dépêches de l'ambassadeur de France, 265; soutient fortement le roi d'Espagne dans la résolution d'aller se mettre à la tête de son armée en Portugal; s'oppose à ce que la reine l'accompagne; envoie ordre à la princesse des Ursins de quitter Madrid et de se retirer en Italie, 267; accorde au duc de Beauvilliers 500 000 livres de brevet de retenue sur sa charge, 280; et un de 400 000 livres à La Vrillière sur sa charge de secrétaire d'État, 282; refuse d'approuver le choix qu'a fait l'Académie française de Troisville ou Tréville pour un de ses membres, 282; donne une grande fête à Marly à l'occasion de la naissance du fils aîné du duc de Bourgogne; fait des présents magnifiques à la duchesse, 301; par qui il apprend la nouvelle de la perte de la bataille d'Hochstedt, 313; ses vives inquiétudes à cet égard, 313; il promet à M. le Prince tous ses bons offices pour faire réussir le mariage de Mlle d'Enghien avec M. de Mantoue, 335; traite en plein conseil l'affaire du mariage de la duchesse de Lesdiguières avec M. de Mantoue; résolutions qui y sont prises, 338; le roi se laisse gagner par M. le Grand pour ne point se mêler du mariage de Mlle d'Elbœuf avec M. de Mantoue, 340 ; trouve très-mauvais qu'on ait osé passer ses défenses en célébrant ce mariage à Nevers dans une hôtellerie, 343 ; accorde au petit comte de La Marche, fils du prince de Conti, une pension de 40 000 livres, 370 ; soutient secrètement Ragotzi, chef des mécontents de Hongrie, 372 ; il essaye de rétablir les cercles que tenait la reine sa mère et qu'il regrettait toujours, 381 ; il nomme chevaliers de l'ordre tous les maréchaux de France ; en quoi il déroge aux instituts de l'ordre; bon mot de M. de Lauzun à cette occasion, 389 et suiv.; détails sur la réception de ces nouveaux chevaliers, 398 et suiv.; fatigué des instances de Mme de Maintenon, du duc d'Harcourt et de l'archevêque d'Aix, il accorde à la princesse des Ursins la grâce de venir à Paris se justifier, 408 ; mouvement que cette nouvelle produit à la cour, 410 ; reçoit la princesse des Ursins ; s'entretient longtemps avec elle, 412 et 413 ; reçoit du roi et de la reine d'Espagne des remercîments sur cette dame, 414 ; juge en conseil l'affaire des ducs d'Elbœuf père et fils, gouverneurs de Picardie, et du maréchal et des ducs d'Aumont, gouverneurs de Boulogne et du Boulonais, en faveur de ces derniers, 421 ; marque beaucoup de religion et de résignation à la mort du duc de Bretagne ; depuis qu'il est pris de la goutte il ne voit plus personne à son coucher, 437 ; tient sa famille dans une cruelle gêne pour la confession, V, 4 ; prend le deuil en violet à la mort de l'empereur Léopold, 18 ; la goutte l'empêche de faire à la Pentecôte la cérémonie ordinaire de l'ordre; son dépit de l'entreprise de cinq prisonniers d'État enfermés à Pierre-Encise, 19 ; grâces qu'il accorde à la princesse des Ursins au moment de son départ pour l'Espagne, 25 ; il fait duc héréditaire son frère M. de Noirmoutiers; consent à la promotion du duc de Saxe-Zeit, évêque de Javarin, à condition que l'abbé de La Trémoille, autre frère de la princesse, sera fait cardinal, 25 ; propose à Chamillart de charger La Feuillade du siége de Turin, 68 ; augmente chaque compagnie de cinq hommes, et ordonne une levée de 25 000 hommes de milice, 71 ; désolation dans les provinces ; comment le roi est trompé par les contes qu'on lui fait à ce sujet, 71 ; il déclare aux premiers jours de l'année 1706 qu'il y aura des bals à Marly, tous les voyages; il y fait danser hommes et femmes de tout âge; lui-même y paraît masqué ; but politique de ces bals, 99 ; il prend le deuil à l'occasion de la mort de la reine d'Angleterre, veuve de Charles II, 143 ; donne 20 000 livres de pension au comte d'Évreux pour s'être attaché au comte de Toulouse, 146 ; propose à M. le Grand de faire sa fille, Mlle d'Armagnac, grande-duchesse de Toscane, 164 ; inquiet de l'état de l'armée après la bataille de Ramillies, il envoie Chamillart en Flandre, 176 ; sent vivement la perte qu'il a faite; fait assurer les gardes du corps qu'il est content d'eux, 178 ; plaint et défend le maréchal de Villeroy ; lui écrit pour lui conseiller de demander sa démission, 179 ; se fâche et s'irrite ensuite de ses réponses, 181 ; propose à M. de Vendôme de venir commander l'armée de Flandre, 181 ; nomme le duc d'Orléans pour aller commander à sa place en Italie; rappelle le maréchal de Villeroy, 183 ; approuve le parti qu'a pris le roi d'Espagne ; lui donne des secours d'hommes ; permet au maréchal Tessé de revenir ; nomme le duc de Noailles lieutenant général et commandant en chef dans le Roussillon, 188 ; décide en conseil des dépêches que les huissiers du parlement de Dijon laisseront leurs baguettes chez M. le Prince quand cette compagnie ira le saluer, 198 ; décide encore dans le même conseil, contre M. de Mérinville, que la dignité de baron est attachée à la terre de Rieux, une des baronies des États de Languedoc, et non une dignité personnelle, 199 ; à la prière du duc de Marlborough, il permet que Vanbauze, prisonnier à Reims, aille pour trois mois chez lui à Orange, 200 ; pourquoi et comment le voyage de Fontainebleau sur lequel il comptait est reculé, puis rompu, 226 ; évoque à son conseil l'affaire du prince de Guéméné et du duc de Rohan ; sa déclaration à ce sujet, 282 ; autre déclaration au moment de juger l'affaire, 285 ; son opinion après avoir entendu le rapporteur et les autres juges ; il prononce en faveur du duc de Rohan, 289 ; applaudissements dans tous les appartements du roi, 291 ; pressé par Mme de Soubise, il s'abaisse à demander grâce au duc de Rohan pour M. de Guéméné, au sujet du serment de foi et hommage, 293 ; par amitié pour le duc de Bouillon, il ordonne à la chambre des faussaires de ne pas pousser trop loin l'affaire du cartulaire de Brioude, 425, 426; se retranche 10 000 louis d'or de ses étrennes; fait dire à Mme de Montespan qu'il ne peut plus lui donner que 8000 louis par an, 327; écrit au duc de Savoie pour lui faire part de la naissance du duc de Bretagne, 332; rend un édit qui établit un impôt sur les baptêmes et les mariages, 360; suites funestes de cet édit; séditions dans le Quercy et le Périgord, 361; l'édit tombe, au grand regret des traitants, 361; le roi, informé de l'enlèvement du premier écuyer, envoie des courriers partout sur les frontières avertir les gouverneurs de garder les passages, 372, 373; reçoit avec plaisir le premier écuyer qui a recouvré la liberté, 375; défend à la petite écurie les marques de réjouissance qu'elle veut lui donner; comment il accueille Guetem qui a fait l'enlèvement, 375; il fait un règlement qui fixe le nombre de chevaux d'équipage des officiers généraux, 403; il prend plaisir devant M. le Prince et devant M. le prince de Conti à louer M. le duc d'Orléans de la prise de la ville et du château de Lerida, 410; contenance de ces deux princes, 411; honneurs qu'il fait rendre à M. de Vaudemont, 426; lui défend de prendre un siège à dos dans ses salons de Marly, VI, 19; lui fait entendre que sa nouvelle qualité de souverain, ni sa nouvelle préséance sur la maison de Lorraine ne changent rien à son rang à la cour de France, 23; son indifférence à la mort de Mme de Montespan, 49; se déclare neutre dans l'affaire de la succession de la principauté de Neuchâtel, 64; envoie ordre à Puysieux, son ambassadeur en Suisse, d'aller à Neuchâtel et d'y employer tout, même jusqu'aux menaces, pour exclure de cette succession l'électeur de Brandebourg, 67; est fort irrité contre l'évêque de Fréjus pour les honneurs qu'il a rendus à M. de Savoie, 87; n'ose pas se déclarer entre les deux ministres Chamillart et Pontchartrain à l'occasion du débat qui s'élève entre eux, 99, 100; sa colère contre Mme de Torcy; à quelle occasion; comment il la témoigne plusieurs jours de suite chez Mme de Maintenon, en présence des princesses et dames de la cour, 108 et suiv.; comment M. de Torcy parvient à l'apaiser, 113; il fait souper à son grand couvert à Versailles Mademoiselle, fille de M. le duc d'Orléans; pourquoi, 115; va pour la première fois à Petit-Bourg, chez M. d'Antin; y est reçu avec la profusion la plus recherchée et la mieux entendue, 118; fait secrètement consulter Catinat sur les affaires de Provence; le mande à Versailles; sa conférence avec lui, 128; il le réconcilie avec le ministre Chamillart, 129; sur la demande de M. de La Trémoille, il accorde le tabouret à la femme de son frère, le prince de Talmont, mais uniquement pour elle et non pour ses enfants, 142; à la prière de Mme de Soubise, il essaye de rendre le prince de Léon, le fils de M. le duc de Rohan, traitable pour le mariage, et fait enlever et mettre dans un couvent la comédienne dont il est amoureux, 153; fête des Rois à Versailles; bal chez le roi, 155; il consent forcément au mariage du fils de Chamillart avec Mlle de Mortemart; ses paroles à cette occasion, 167; consent par complaisance au projet sur l'Écosse conçu par l'anglais Hough, 186; ses paroles étranges en apprenant que la duchesse de Bourgogne enceinte s'est blessée; détails sur ce sujet, 214 et suiv.; il fait les honneurs de ses jardins à Bergheyck; l'envoie à Clichy avec Chamlay et Puységur pour conférer avec M. de Vendôme sur les opérations de l'armée de Flandre, 238; son étonnement à leur retour précipité; geste expressif qu'il laisse échapper en en apprenant la cause, 239; il fait voir ses jardins de Marly à Samuel Bernard; le comble de caresses, 240; obtient de lui ce qu'il voulait, 241; son indifférence à la mort de Mansart, 246; il se déclare lui-même le surintendant et l'ordonnateur de ses bâtiments, 247; en donne la charge à d'Antin, malgré la réponse que Monseigneur lui a faite à une question concernant la probité de d'Antin, 250; nomme chevalier de l'ordre M. le duc d'Enghien âgé de seize ans, 288; instruit par Mme de Maintenon de tout ce que fait contre le duc de Bourgogne la cabale de M. de Vendôme, donne ordre à Chamillart d'écrire de sa part à M. de Vendôme, à Alberoni et à Crosat des lettres fortes et ordre de demeurer en silence, 351; obsédé par Bloin et par M. du Maine, il cède à la cabale et reproche plus d'une fois à la duchesse de Bourgogne son humeur et son aigreur, 353; reçoit avec froideur les ouvertures de la cour de Rome sur une ligue de l'Italie contre l'empereur; se décide lentement à permettre au pape d'acheter des armes, de lever des troupes dans le comtat et de prendre des officiers de ses troupes, 370; témoigne qu'il ne veut rien épargner pour la défense de Lille; dépêche un courrier au duc de Vendôme avec ordre positif de marcher au secours ; sur les représentations du duc, il en dépêche un second avec le même ordre , 380; se fâche de la désobéissance du duc et lui dépêche un troisième courrier et un autre ordre particulier au duc de Bourgogne de marcher avec l'armée, malgré M. de Vendôme, 381; son inquiétude et celle de toute la cour sur les nouvelles de l'armée de Flandre; il ordonne des prières publiques, 385; flatterie des courtisans, 385; il arrive enfin un courrier de Mons-en-Puelle qui apporte des détails sur la position de l'armée, 389; colère du roi sur une consultation qu'on lui envoie faire, pour savoir s'il faut combattre ou non; il dépêche aussitôt des ordres plus pressants que jamais, 392; Chamillart part le lendemain pour l'armée de Flandre; la cabale de Vendôme triomphe avec audace de ce voyage, 395; le roi sent profondément l'impuissance où il tombe de jour en jour de résister à ses ennemis; preuves qu'il en donne , 399; comment il se laisse circonvenir par la cabale; il s'étonne plusieurs fois en public et avec aigreur de ce qu'on ne donne point de bataille en Flandre et n'adresse jamais la parole qu'à M. de Vaudemont sur ce qui se passe dans ce pays, 405; il réprimande publiquement le prince de Conti d'avoir parlé et raisonné sur les affaires de Flandre, 406; ordonne que Monseigneur et la cour prendront le deuil pour huit jours à l'occasion de la mort du troisième fils de M. du Maine, 408; donne permission au cardinal de La Trémoille de porter le collier de l'ordre, 422, 423; par qui il apprend le passage de l'Escaut par les ennemis; il interroge Chamillart sur ce passage, VII, 8 ; envoie au maréchal de Boufflers un ordre signé de sa main de rendre la citadelle de Lille, 10; comment il accueille le duc de Bourgogne et le duc de Berry; détails sur cette réception, 13 et suiv.; Accueil honorable que fait le roi au maréchal de Boufflers, 22; il le fait duc; autres grâces qu'il lui accorde, 23; tout le monde applaudit à ces faveurs, 25 ; il donne 6000 liv. d'augmentation de pension au chevalier de Luxembourg, 25; approuve le projet conçu par Chamillart pour la reprise de Lille; lui promet le secret, 28 ; le confie ensuite à Mme de Maintenon, 28; y renonce et envoie ordre à Boufflers de tout cesser et de renvoyer tous les officiers qu'on avait fait retourner en Flandre, 38; éloge que fait le roi du P. La Chaise, 48 ; il charge les ducs de Beauvilliers et de Chevreuse de lui chercher un confesseur parmi les jésuites, 50 ; paroles qu'il adresse au P. Tellier son nouveau confesseur, lorsqu'il lui est présenté pour la première fois, 54 ; il prend le deuil pour quinze jours à la mort du prince de Conti: sentiment qu'il éprouve en cette circonstance, 91 et suiv.; il donne à Mme de Maintenon sa parole qu'il fera entrer le duc d'Harcourt au conseil, 103 ; comment cette entrée devait s'exécuter, 104; pourquoi le roi change d'avis, 109; il prend le deuil pour 15 jours d'un fils de l'électeur de Bavière, 109 ; s'irrite de la résolution prise par le parlement concernant la disette des blés; lui défend de s'en mêler, 124; fait la même défense au parlement de Bourgogne qui a pris une délibération à peu près semblable , 124 ; il ordonne la refonte de la monnaie et la rehausse de plus d'un tiers que sa valeur intrinsèque, 129; son indisposition le jour de Pâques, 136; visite à Versailles, et non à Paris, Mme la Princesse et M. le Duc à l'occasion de la mort de M. le Prince, 157; dans une longue conversation qu'il a avec M. de Puységur, il apprend enfin à connaître le duc de Vendôme et se repent de la confiance qu'il a eue en lui, 180 ; il lui fait dire de s'abstenir de paraître à Marly, 184; tient pour la première fois un conseil de guerre dans sa cour, 217; noms de ceux qui y assistent ; les maréchaux de Boufflers, de Villars et d'Harcourt tombent tous trois sur Chamillart ; Boufflers prouve au roi, contre l'assertion de Desmarets, que les gardes du corps ne sont pas payés depuis longtemps, 217; Chamillart tombe à son tour sur Desmarets; le roi réprimande Desmarets et congédie brusquement le conseil, 218; ses inquiétudes au sujet des placards affichés contre lui dans Paris et des insultes faites à ses statues ; billet anonyme atroce, 219; il déclare qu'aucun des princes destinés aux armées ne sortira de la cour, 221; sa lettre aux gouverneurs des provinces pour ranimer le zèle de tous les ordres du royaume; heureux effet qu'elle produit,

222; le roi parle au conseil des finances de l'offre qu'on lui fait de la vaisselle d'argent et paraît pencher à la recevoir de tout le monde ; débats à ce sujet, 223; le roi persiste à la recevoir de ceux qui l'offriront volontairement, et indique deux voies, son orfévre Launay et la Monnaie, 225 ; ce que produit ce don volontaire, 225 ; le roi agite de se mettre à la faïence ; envoie sa vaisselle d'or à la Monnaie ; s'explique avec aigreur contre ceux qui ont fait des démonstrations frauduleuses ; avoue ensuite qu'il se repent d'avoir consenti à cette offre, 226 ; adoucit la rigueur de l'exil du cardinal de Bouillon ; ses paroles à Torcy à ce sujet, 227 ; accoutumé d'entendre dire du mal de son ministre Chamillart par Mme de Maintenon et par beaucoup d'autres, il sent sa raison ébranlée, mais son cœur tient encore ferme pour lui, 236 ; dans une dernière audience qu'il lui donne, il montre beaucoup d'embarras ; 243 ; charge le duc de Beauvilliers de dire à Chamillart qu'il est obligé pour le bien de ses affaires de lui demander la démission de sa charge et celle de la survivance qu'en a son fils ; avantages qu'il lui fait, 245 ; sa dissimulation devant Chamillart dans le cabinet du conseil, après qu'il a donné cet ordre, 246 ; accueil touchant qu'il fait à Cani, fils de Chamillart, 261 ; dans un conseil tenu à Marly, il se décide à rappeler les troupes d'Espagne, 284 ; bruit que cause cette résolution, 284 ; le roi étonné et poussé par Mme de Maintenon suspend ses ordres ; tient un nouveau conseil et se décide à laisser 66 bataillons au roi d'Espagne et à faire revenir le reste, 286 ; il écoute le duc d'Orléans sur le prétendu projet qu'on lui prête d'avoir voulu détrôner le roi d'Espagne, 318 ; comment il est obsédé de tous côtés dans cette affaire, 319 ; il ordonne enfin au chancelier d'examiner les formes requises pour procéder à un jugement contre le prince ; 319 ; le roi décide ensuite qu'il n'y aura point de procès, et trouve fort étrange qu'on ait fait tant de bruit dans une affaire où il a vu clair, 321 ; il s'éloigne de plus en plus de M. le duc d'Orléans et le fait paraître en public, 322 ; il entend de ses fenêtres le peuple de Versailles qui crie du pain ! et qui se plaint en termes peu mesurés du gouvernement et de sa personne, 349 ; mesure qu'il prend, d'après l'avis du maréchal de Boufflers pour rétablir l'ordre, 352 ; refuse la Toison d'or offerte pour le maréchal Besons, 354 ; envoie au maréchal de Villars, blessé à la bataille de Malplaquet, son premier chirurgien Maréchal, 390 ; lui prête à Versailles le bel appartement du prince de Conti, 395 ; va le voir, 437 ; accorde une audience au duc de Saint-Simon, VIII, 66 ; témoigne à M. le duc d'Orléans toute sa joie de sa rupture avec Mme d'Argenton, 71 ; refuse au maréchal de Besons son agrément pour la place de gouverneur du duc de Chartres, 83 ; défend aux deux parties plaidantes pour la succession de M. le Prince tout accompagnement au palais, 87 ; le roi ne donne point d'étrennes à sa famille et fait distribuer pour les besoins des frontières de Flandre les 40 000 pistoles qu'il prenait pour les siennes, 95 ; défend au duc d'Harcourt de se faire recevoir pair avant le maréchal de Villars, 100 ; basse complaisance du roi pour les Hollandais, 106 ; il nomme pour protecteur de la couronne de France le cardinal Ottoboni, 107, 108 ; imprudence de ce choix ; il lui offre de grosses abbayes pour le décider à accepter, malgré le refus des Vénitiens ; renvoie l'ambassadeur de Venise, 108 ; il donne à M. le duc d'Enghien le gouvernement, la charge et la pension de feu M. le Duc son père, et déclare qu'il s'appellera comme lui M. le Duc, 121 ; juge du rang entre les princesses du sang mariées et non mariées ; décide en faveur des premières, 131 ; rend d'autres décisions sur les princes du sang, 132 ; déclare son jugement aux parties, 134 ; accorde un brevet de rang de princesse du sang fille à la duchesse du Maine ; 135 ; déclare après un souper que les enfants de M. du Maine auront le même rang et les mêmes honneurs dont jouit leur père ; scène singulière dans cette occasion, 146 et suiv. ; il dit à ceux qui sont présents qu'il sera bien aise que chacun lui marque sa satisfaction en la témoignant au duc du Maine, 148 ; comment cette déclaration est reçue dans le public, 149 ; le roi est près de rétracter ce qu'il vient de faire ; pourquoi, 152 ; il consent au mariage de M. de Vendôme avec Mlle d'Enghien ; mais veut qu'il se fasse à Sceaux sans fête et sans bruit, 160 ; fait défendre à M. l'évêque de Metz de prendre les marques et la dignité de duc et pair dont il hérite par la mort de son frère le duc de Coislin, jusqu'à ce que Sa Majesté se soit fait rendre compte de cette affaire ; pourquoi le roi lui fait faire cette défense, 165 ; au bout d'un an il lève cette défense sans en donner d'autre raison que d'avoir voulu mortifier l'évêque de Metz, 168 ; le reçoit honnêtement, 168 ; il déclare qu'il ne nourrira plus les dames à Marly ; pourquoi, 234 ; l'épargne qu'il veut faire devient nulle, 235 ; il dit à M. le duc d'Orléans qu'il est résolu de faire le mariage de Mademoiselle avec M. le duc de Berry, 271 ; l'assure de nouveau qu'il agira incessamment à cet égard, 280 ; parle en effet à Monseigneur et obtient son consentement pour le mariage, 280 ; en informe le duc d'Orléans et lui permet de porter cette bonne nouvelle à Madame et à Mme la duchesse d'Orléans, 281 ; prend en particulier le duc de Berry et lui demande s'il serait bien aise de se marier ; réponse du prince ; 233 ; il mène Monseigneur et Mgr le duc de Bourgogne chez Madame pour faire la demande de Mademoiselle, 284 ; fait lui-même la demande en forme, 284 ; motifs qui le portent à vouloir Mme de Saint-Simon pour dame d'honneur de Mme la duchesse de Berry, 310 et suiv. ; après avoir consulté le P. Tellier sur le prétendu jansénisme du confesseur de cette dame, il s'affermit davantage dans sa résolution, 315 ; il ne veut point de Mme de Cheverny pour dame d'atours ; pourquoi, 320 ; se détermine pour Mme de La Vieuville ; déclare Mme de Saint-Simon dame d'honneur, 320 ; fait un présent de pierreries fort médiocre à Mme la duchesse de Berry ; donne 500 pistoles au duc son mari pour aller à Marly, 336 ; comment il reçoit la nouvelle de la mort de Mme de La Vallière, 353 ; remet au procureur général d'Aguesseau la lettre du cardinal de Bouillon, et lui ordonne de la porter au parlement et d'y former sa demande contre le cardinal comme coupable de félonie ; met sous sa main tout le temporel du cardinal, 384 ; reçoit bien ses neveux et les plaint d'avoir un oncle extravagant ; écrit au cardinal de La Trémoille à Rome et lui envoie copie de la lettre du cardinal de Bouillon pour qu'il la montre au pape, 384 ; réflexions sur la lettre du roi, 386 ; le roi dans son conseil rend un édit qui met au pilon l'*Histoire généalogique de la maison d'Auvergne* par Étienne Baluze, 388 ; prive le cardinal de Bouillon de toutes ses collations de bénéfices, et Baluze de sa chaire de professeur au Collége royal, 390 ; fait rapporter de Paris, de Fontainebleau, de Saint-Germain et de Versailles tous les registres des curés où la qualité de prince attribuée au cardinal de Bouillon est rayée et biffée ; fait ôter les armes des Bouillon partout où elles avaient été mises à la chapelle de Saint-Denis où M. de Turenne est enterré, 391 ; articles proposés au roi pour obliger M. le duc de Bouillon à se reconnaître sujet de Sa Majesté, 396 ; le roi ordonne au premier président et au procureur général de procéder à la reconnaissance de ces articles par M. de Bouillon, 402 ; fatigué des difficultés sans cesse renaissantes du procureur général, il surseoit à l'exécution de ses ordres, 402 ; défend à M. de Bouillon et à tous les parents du prince d'Auvergne de porter le deuil de ce prince ; commande à l'abbé d'Auvergne de se défaire d'un canonicat qu'il a à Liège, 404 ; il s'épouvante à la proposition que Desmarets lui fait d'un projet d'impôt ; sa tristesse sur la situation des affaires ; anecdote curieuse à ce sujet, IX, 6 ; une consultation des plus habiles docteurs de la Sorbonne met sa conscience au large et le tranquillise, 7 ; son discours au conseil de finances avant que Desmarets y propose son projet de l'impôt du dixième, 10 ; comment l'impôt est adopté, 11 ; le roi règle et fixe l'apanage de M. le duc et de Mme la duchesse de Berry ; sa lourde méprise en géographie à cette occasion, 29 ; il laisse à Mme la duchesse de Bourgogne l'entier gouvernement des affaires de sa maison, ce qu'il n'avait accordé ni à la reine ni à Mme la Dauphine, 33 ; pour cacher le désordre et l'extrémité des affaires, il veut qu'il y ait à Versailles des comédies et des appartements, 37 ; accorde à d'Antin la permission d'intenter un procès pour la dignité de duc et pair d'Epernon à laquelle il prétend, 48 ; essaye par quelques discours d'arrêter l'opposition des ducs, 58 ; pourquoi il se déclare ensuite neutre dans cette affaire, 59, 64 ; il va à Meudon auprès de son fils, Monseigneur qui est tombé malade, 104 ; vie qu'il y mène ; quelques personnes sont exclues de Meudon ; quelles ont permission d'y voir le roi, 106 ; état du roi lorsque Fagon lui a annoncé que Monseigneur est à l'extrémité ; il passe près d'une heure dans le cabinet de l'appartement de ce prince, pendant laquelle dure son agonie, 113 et suiv. ; sa douleur ; il est emmené par Mme de Maintenon, par Mme la Duchesse et par la princesse de Conti; se rend à Marly, 115; en y arrivant il reste près d'une heure à tâtons dans une antichambre, 130; quelle est sa douleur; ses ordres concernant Mgr le duc et Mme la duchesse de Bourgogne qui reçoivent le nom, le rang et les honneurs de Dauphin, et concernant les obsèques et le partage de la succession de Monseigneur, 156; il règle que le deuil sera d'un an, 159; reçoit à Marly les visites de la cour en manteaux et mantes, 176; et à Versailles celles des ministres étrangers; des ordres religieux et des compagnies, 179; il fait suspendre les plaidoiries concernant la prétention de d'Antin au duché-pairie d'Épernon; pourquoi, 206; cause de son aversion pour les ducs, 215; il envoie au parlement un édit concernant la transmission des duchés-pairies et le rang des ducs et pairs, 261; visite journellement M. du Maine pendant sa maladie, 270; va voir aussi Mme la princesse de Conti malade, 271; préparé par Mme de Maintenon en faveur de M. le Dauphin son petit-fils, il ordonne à ses ministres d'aller travailler chez ce prince toutes les fois qu'il les mandera; effet que cet ordre produit sur eux, 304; les jeux ordinaires recommencent à Marly où le roi est retenu par les petites véroles qui règnent à Versailles, 309; sa réponse touchante au discours que l'archevêque d'Alby prononce au nom de l'assemblée du clergé, 316; il charge le chancelier et son fils de faire pour la succession de Monseigneur ce que les juges ordinaires font à la mort des particuliers, 378; son mécontentement de la conduite de M. le duc d'Orléans; par quoi et par qui il est entretenu, 394 et suiv.; il renvoie au Dauphin l'affaire du cardinal de Noailles concernant le jansénisme, 405; trait de dureté du roi à l'égard de sa famille, 407 et suiv.; en arrivant à Fontainebleau, il fait à la Dauphine la galanterie de lui envoyer toute sa musique à la messe, 409; confisque tous les biens que le prince de Carignan a en France, et donne dessus 12 000 livres de rente au prince d'Espinoy, X, 9; déclare qu'il fera le vidame d'Amiens duc et pair de Chaulnes par une nouvelle érection, 14; dîners du roi chez Mme de Maintenon; petite compagnie qui y assistait, 63; le roi visite souvent la Dauphine malade, 80; il la quitte peu avant qu'elle expire; sa douleur, 83; il se rend à Marly, 91; son entrevue touchante avec M. le Dauphin; le roi ordonne à ce prince d'aller se coucher; va le voir dans sa maladie, 94; lui-même est saigné, 95; son retour à Versailles; il y reçoit les princes du sang et les princes légitimés, les hommes et les dames de la cour, 125; les cours souveraines; l'hôtel de ville, l'Académie française, 126; il veut qu'on cherche à savoir qui a empoisonné la Dauphine et son mari M. le Dauphin, 135; paraît persuadé que M. le duc d'Orléans est l'auteur de l'empoisonnement, 144; distribue des pensions aux personnes attachées au Dauphin et à la Dauphine, 163; il donne l'appartement qu'occupaient ces deux époux à M. le duc et à Mme la duchesse de Berry et celui de ces derniers aux fils de M. du Maine dont l'aîné obtient la survivance de son père pour le gouvernement de Languedoc, 164; il rétablit à Marly son petit jeu chez Mme de Maintenon et le salon à l'ordinaire, 179; il prend le deuil pour M. de Vendôme, mais ne fait aucune démonstration en sa faveur et refuse le retour du grand prieur, 209; anecdote sur sa conduite avec ses ministres, 211; la trêve entre la France et l'Angleterre est publiée en Flandre, 212; joie du roi en apprenant la prise de Denain et de Marchiennes, 216; il donne le gouvernement de Guyenne au comte d'Eu, fils de M. du Maine, 287; il règle lui-même la place que les cardinaux occuperont au sermon; entretient le cardinal Polignac des matières du traité d'Utrecht près de deux heures tête à tête, 309; gagné par le P. Tellier, il mande plusieurs fois le premier président du parlement et le parquet pour modérer leur zèle contre l'histoire de la compagnie de Jésus par le P. Jouvency, 319; il signe un contrat de mariage du fils du maréchal de Tallard avec une des filles du prince de Rohan; sur sa déclaration que sa signature aux contrats de mariage hors de sa famille n'est que pour l'honneur, les secrétaires d'État prennent prétexte de s'abstenir de leur signature aux contrats de mariage qui ne sont point de la famille royale, 335 et suiv.; apprend la nouvelle tant désirée de la signature de la paix conclue à Utrecht; fêtes et réjouissances à Paris, 359; le roi prend assez bien les éloges que lui fait Maréchal de la conduite magnifique de M. de Cambrai envers ses troupes et les officiers pendant la guerre;

joie des ducs de Chevreuse et de Beauvilliers à ce sujet, 361, 362 ; le roi écrit au pape de la manière la plus pressante pour lui demander une décision relative à l'affaire du cardinal de Noailles et du livre de Quesnel, 381 ; voy. l'art. *Unigenitus* ; est très-offensé d'apprendre par Mme la Princesse qu'on veut marier Mlle de Conti avec M. le Duc ; décide sur-le-champ avec elle le double mariage entre ses petits-enfants ; lave rudement la tête à M. et à Mme la duchesse d'Orléans et à Mme la duchesse de Berry, et leur défend de penser davantage au mariage qu'ils ont osé projeter sans lui en parler ; fait connaître à Mme la Duchesse la volonté où il est de marier son fils avec Mlle de Conti, et sa fille aînée avec M. le prince de Conti ; fait la même déclaration à Mme la princesse de Conti, et lui dit qu'il veut être obéi, 416 ; envoie plusieurs fois Pontchartrain à cette dernière et lui ordonne d'employer les menaces ; fait faire les fiançailles dans son cabinet, 417 ; donne la chemise aux deux mariés, 418 ; donne le gouvernement d'Alais au lieutenant colonel Baudoin ; puis, apprenant que Baudoin est du Languedoc, il le lui retire et le donne au brigadier d'Iverny, 444 ; réforme soixante bataillons et cent six escadrons, XI, 20 ; ne donne aucune étrenne au premier de l'an ; pourquoi ; fait entrer le duc de Berry au conseil des finances, 27 ; permet à la duchesse de Berry, à cause de sa grossesse, de souper avec lui en robe de chambre, 29 ; accorde au premier président les intérêts d'un brevet de retenue de 500 000 livres, 42 ; rend de grands soins à la reine d'Angleterre pendant sa maladie, 43 ; prend le deuil de la reine d'Espagne ; ses regrets de la perte de cette princesse, 46 ; donne 12 000 livres de rente d'un droit de péage en Normandie au prince Charles fils et survivancier de M. le Grand, 56 ; dans quels termes il annonce à M. de Saint-Simon qu'il a gagné son procès de préséance contre M. de La Rochefoucauld, 61 ; la prétention de Mme des Ursins à une souveraineté l'offense et l'éloigne d'elle, 64 ; il est alarmé du bruit qui se répand qu'elle veut épouser le roi, 66 ; assiste au *Te Deum* qui est chanté à l'occasion de la paix conclue avec l'empereur et l'empire, 81 ; visite souvent M. le duc de Berry pendant sa maladie ; refuse à Mme la duchesse de Berry de venir voir son mari à Marly, 83 et suiv. ; ses ordres pour les obsèques de M. le duc de Berry ; pour le deuil, etc., 89 et suiv., ; il va voir Mme la duchesse de Berry ; il continue sa vie ordinaire, 90 ; fait entrer le cardinal del Giudice dans son cabinet, le croyant chargé de quelque affaire secrète ; reconnaît le vide de sa mission, 94 ; déclare qu'il veut être tuteur de Mme la duchesse de Berry et de l'enfant dont elle est grosse ; fait faire l'inventaire des pierreries de M. le duc de Berry ; donne à la duchesse 200 000 livres d'augmentation de pension, 97 ; il laisse échapper sur Mme des Ursins un mot et un sourire qui donnent beaucoup à penser aux courtisans, 101 ; satisfait de l'ordre que le roi d'Espagne a envoyé à Utrecht pour la signature de la paix, il fait partir le duc de Berwick pour le siège de Barcelone, 101 ; nomme Mme de Saint-Simon pour mener à Saint-Denis le petit corps de la fille de Mme la duchesse de Berry et le cœur au Val-de-Grâce, 103 ; comment il reçoit la communication que lui fait Chalais du mariage du roi d'Espagne avec la princesse de Parme, 111 ; n'accepte qu'avec regret la démission du chancelier Pontchartrain, 113 et suiv. ; nomme à sa place le ministre Voysin, 116 ; déclare ses deux bâtards, M. du Maine et M. le comte de Toulouse, vrais princes du sang et habiles à succéder à la couronne, 127 ; impression que produit cette déclaration sur les autres princes et princesses et sur la cour, 129 ; ses paroles remarquables à M. du Maine en cette occasion, 152 et 153 ; le roi fait payer pour 400 000 livres de dettes à Mme la duchesse de Berry, et lui donne tous les meubles et toutes les pierreries du feu duc de Berry et de feu Monseigneur ; pourquoi cette libéralité, 156 ; comment il est amené par le concert et le manége de M. du Maine et de Mme de Maintenon à faire un testament selon leurs vues et leurs désirs, 159 à 171 ; paroles sévères adressées à M. du Maine quelques jours avant que le testament soit connu, 172 ; ce qu'il dit au premier président et au procureur général en leur remettant son testament pour être déposé au parlement, 173 ; ce qu'il dit encore à la reine d'Angleterre en lui annonçant qu'il a fait son testament, 174 ; dans quel lieu et avec quelles précautions le testament est déposé au parlement, 176 ; édit enregistré concernant la remise de cette pièce, 177 ; consternation générale qu'il produit, 178 et suiv.; voir aussi sur la remise de ce testament, XII, 391 et suiv.; le roi dissimule sur l'entreprise du cardinal grand inquisiteur et sur le mariage qui lui est est annoncé du roi d'Espagne avec la princesse de Parme, 222; sa mauvaise humeur pour des bagatelles, 224; il est fort tourmenté pour l'affaire de la constitution *Unigenitus*, 239; il nomme Amelot ambassadeur à Rome pour demander au pape un concile national, 241; taxe les régiments d'infanterie qui étaient montés à un prix excessif, 249; il s'informe à Maréchal de l'indisposition du duc d'Orléans; lui parle en termes honorables de M. de Saint-Simon, 252; peint d'un seul trait le caractère du duc d'Orléans, 254; il parle le premier à d'Antin sur l'affaire du bonnet, et se montre tout disposé à faire cesser l'indécence du premier président à l'égard des ducs, 386; approuve le mémoire que lui lit d'Antin sur ce sujet, 387; lui dit qu'il l'a remis au premier président et lui donne les plus flatteuses espérances, 391; fait venir à Marly le premier président; lui reproche sa lenteur à donner une réponse; s'étonne du changement qu'il fait paraître dans ses dispositions, 406; lui ordonne de marquer son mécontentement au parlement des propos tenus par plusieurs de ses membres sur les ducs, 407; ce que le roi pensait de M. du Maine, 409; il fait à d'Antin le récit de l'atroce délation que le premier président vient de lui faire contre les ducs, et lui permet d'en instruire les ducs eux-mêmes, 413; après avoir entendu Mme la Princesse sur l'affaire du bonnet, il déclare à d'Antin qu'il ne veut plus en entendre parler, 424; il décide en secret avec Mme de Maintenon la perte de la princesse des Ursins; ses griefs contre elle, XII, 2 et suiv.; ne témoigne pas la plus légère surprise à la nouvelle de la chute de cette dame, 9; éclaircissements sur la préméditation de cette catastrophe, 9; le roi reçoit avec une grande magnificence un ambassadeur de Perse; détails à ce sujet; lui seul est la dupe de cette ambassade imaginée par Pontchartrain, 15; il va courre le cerf dans la forêt de Marly avec le prince électeur de Saxe, le prince palatin de Livonie et les princes d'Anhalt et de Darmstadt, 46; grâces singulières et sans exemples accordées par le roi à M. le Grand en faveur de M. de Monaco, son gendre, 48; il fait présent au chancelier Voysin du revenant-bon du non-complet des troupes estimé 50 000 livres, 50; s'amuse à Marly à voir une éclipse de soleil qui eut lieu le 3 mai 1715; le fameux astronome Cassini s'y était rendu avec des lunettes; le roi fait quitter le grand deuil à Mme la duchesse de Berry et la mène au salon où il la fait jouer, 53; va à Marly pour la dernière fois, 57; sa santé diminue; il lit dans une gazette de Hollande des paris faits sur sa mort prochaine, 62; impression que cette lecture fait sur lui, 62; dans un conseil privé il décide en faveur des Jésuites sur la demande qu'ils ont formée concernant la faculté d'hériter, mais avec une modification qui diminue la joie de ces pères, 75; petitesse du roi à l'égard de Courtenvaux, capitaine des Cent-Suisses, 79; il mande au parlement qu'il ira tenir un lit de justice pour faire enregistrer la constitution, 83; sa santé ne lui permet pas de tenir ce lit de justice, 84; quitte Marly et revient à Versailles; a une forte prise avec le procureur général au sujet de la constitution; détails sur ses derniers jours, 310; causes de sa maladie, 311; son régime diététique depuis longues années, 313; il charge M. du Maine de faire à sa place la revue de la gendarmerie, 323; journal de sa maladie, 329; il refuse de nommer aux évêchés et bénéfices vacants; description de l'intérieur de son appartement, 364; il se confesse au P. Tellier, 366; il fait un codicille d'après les instances de Mme de Maintenon et de M. du Maine; quelles en sont les dispositions, 367; reçoit les sacrements, 359; parle au maréchal de Villeroy, au duc d'Orléans à qui il recommande le roi futur, le duc du Maine et le comte de Toulouse, 369; ses paroles remarquables aux cardinaux de Rohan et de Bissy; il ordonne au chancelier d'envoyer chercher le cardinal de Noailles, 371; quelle condition les cardinaux présents exigent et obtiennent du roi pour cette visite de M. de Noailles, 372; adieu du roi à ses serviteurs, 373; il fait le maréchal de Villeroy gouverneur du Dauphin; ses adieux aux princes et aux princesses du sang, 374; ses adieux touchants au Dauphin, 375; ordonne au duc d'Orléans d'envoyer après sa mort le roi futur à Vincennes, 376; ses paroles à Mme de Maintenon sur la mort, 377; détails sur les trois derniers jours de sa vie, 382; sa mort, 383; ouverture de son corps, 384; genre d'esprit du roi, 385; où il prit cet air de politesse et de galanterie qu'il conserva toute sa vie, 380; l'esprit et la noblesse de sentiments lui deviennent suspects; il veut régner seul; mais il règne dans le petit, jamais dans le grand, 388; ses premières campagnes; état florissant du royaume; véritable cause de la guerre de Hollande; le roi détruit en un instant le succès de ses armes, 388 , conquête de la Franche-Comté; pourquoi il refuse de livrer bataille au prince d'Orange; anecdote curieuse à ce sujet, 389 et suiv.; jalousie du roi contre Monsieur vainqueur à Cassel; époque du comble de gloire et de prospérité pour la France, 392; étrange origine de la guerre de 1688, 392 et suiv.; la retraite du roi de la Flandre compromet tout le succès de la campagne, 394; paix de Ryswick honteuse pour la France, 396; qualités naturelles du roi, sa première éducation, 397; regrets qu'il exprime à cet égard; son ignorance, 397; il redoute la naissance et les dignités; son amour pour la gloire et pour la louange; ses ministres s'en servent pour s'élever aux dépens de la noblesse, 398 et suiv.; sa facilité à s'exprimer en bons termes et avec justesse, 400; sa manie des détails, 400; pourquoi il élève si haut ses ministres, 401 et suiv.; son accès difficile, 404; ses audiences très-rares, 404; sa bonté quand il en accordait, 405; sa crainte du diable sert de frein à son orgueil excessif, 407; il redoute dans ses ministres la supériorité d'esprit, 426; ainsi que dans ses généraux, 428; ses fautes dans la guerre de la Succession, 429 et suiv.; extrémité où la France se trouve réduite, 432 et suiv.; paix d'Utrecht, 433; bonheur du roi en tout, 434; son autorité sans bornes; sa science dans l'art de régner, 436; il asservit tout, 437; par l'invention de l'ordre du tableau il arrête le développement des talents militaires, 437 et suiv.; promotions nombreuses; troupes d'élite, 445; création des inspecteurs, 448; des directeurs de cavalerie et d'infanterie, 449; du grade de brigadier, 450; raisons qui lui font abandonner Paris et le fixent à Saint-Germain après la mort de la reine sa mère, 452; les petites parties à Versailles font naître peu à peu les bâtiments immenses que le roi y a faits, 454; distinctions inventées par lui : le bougeoir, le justaucorps, 454; sa police secrète; ses préventions, 457 et suiv.; c'est à sa curiosité que sont dues les fonctions du lieutenant de police, 458; et l'ouverture des lettres, 459; son talent pour se taire et dissimuler; anecdote à ce sujet, 460; sa politesse sagement mesurée, 461 et suiv.; il aimait l'exactitude dans son service, 462; comment il traitait ses valets intérieurs, 462; son air de majesté aux revues, aux fêtes, aux audiences, etc., 463; exercices dans lesquels il excellait, 464; son goût pour la splendeur et la profusion; sa politique à cet égard, 465; ses bâtiments, 465; ses dépenses pour Versailles, 466 et suiv.; Trianon, 468; Clagny; l'entreprise de détourner la rivière d'Eure entre Chartres et Maintenon coûte des millions et la vie à une infinité de soldats, 468; travaux prodigieux pour embellir Marly, 470; note sur sa conduite envers Barbezieux, 505; mémoire de Marinier, commis du bâtiment du roi sous Colbert, Louvois et Mansart, où l'on trouvera la totalité des dépenses du roi en bâtiments jusqu'en 1690, 50; ses amours; Mme de La Vallière et Mme de Montespan, XIII, 1; l'abbesse de Fontevrault et Mme de Thianges; caractère de ces trois sœurs, 3; Mme de Fontange, 4; Mme de Soubise et son mari; leur fortune, 5; autre liaison mystérieuse, 6; Mlle Ludre, 7; Mme Scarron, 7; le roi ne peut d'abord la souffrir, 12; il lui donne à regret de quoi acheter la terre de Maintenon et en réparer le jardin; anecdote à ce sujet, 12; la lecture des lettres de cette dame commence à diminuer son éloignement pour elle; les humeurs de Mme de Montespan achèvent de l'en rendre amoureux, 13; il se marie secrètement avec Mme de Maintenon, en présence de quels témoins, 15; lui donne un appartement à Versailles vis-à-vis du sien et de plain-pied; va passer tous les jours de sa vie plusieurs heures chez elle, 16; devient dévot par elle; détruit le Port-Royal; révoque l'édit de Nantes, 20 et suiv.; tristes effets de cette révocation, 24; comment le roi était gouverné en tout sans presque s'en apercevoir, 38 et suiv.; luttes plaisantes entre les ministres et quelquefois avec Mme de Maintenon, 44; sa dureté envers les dames, lorsqu'il s'agissait pour lui de parties de fête ou de plaisir, 45; sa manière de voyager; agréments qui en résultaient pour les dames, 45; anecdote à ce sujet, 47; réflexions sur les dernières années du roi, sur sa constance et sa grandeur d'âme au milieu de ses revers et de ses malheurs domestiques; sur sa faiblesse et sa misère avouées par lui-même pour tout ce qu'il fit en faveur de ses bâtards; sur son courage et sa résignation à l'article de la mort; sur l'abandon où il se trouva en mourant, de son confesseur, de Mme de Maintenon, de M. du Maine, des cardinaux de Bissy et de Rohan, 63 à 83; vie privée du roi; ses repas à l'armée; qui avait le privilége et l'honneur d'y manger à sa table, 86; étiquette qui y était observée, 87; sa vie privée à la cour; son lever; ses occupations jusqu'à la messe, 88 et suiv.; conseil après la messe; jours marqués pour les divers conseils; étiquette du jour des audiences, 90; dîner au petit couvert; par qui le roi était servi, 91; dîner de grand couvert très-rare; occupations du roi dans son cabinet après dîner; ses chiens couchants, 92; sa promenade; son aversion pour les odeurs; objets de ses sorties; son adresse à tirer, 93; chasse au cerf; son adresse au jeu de paume et au mail, 95; ses loteries pour les dames, 95; son travail après le dîner, 96; souper au grand couvert, 96; après-souper du roi, 97; son coucher, 98; jours de médecine, 98; son exactitude à entendre la messe et à faire maigre le carême; à le faire observer à la cour et à la ville; aux sermons de l'avent et du carême; aux dévotions de la semaine sainte et des grandes fêtes, 99; ses autres exercices de religion, 100; son habillement ordinaire; ses voyages à la cour de Saint-Germain, 100; comment il recevait cette cour à Versailles, à Marly, à Fontainebleau, 101; le roi n'est guère regretté que de ses valets intérieurs; sentiments des princes et princesses, 102; joie dans Paris; joie scandaleuse du peuple, 104; les étrangers louent et honorent sa mémoire, 104; ses entrailles sont portées à Notre-Dame et son cœur aux grands jésuites, 131; son corps est porté à Saint-Denis sans grande cérémonie, 134; ses obsèques se font avec une grande confusion, 233 et suiv.; ses obsèques à Notre-Dame; Maboul, évêque d'Alet, y prononce l'oraison funèbre et le cardinal de Noailles officie, 308; bout de l'an fait à Saint-Denis avec une petite et courte cérémonie, XIV, 39.

LOUIS XV, sa naissance; il reçoit le nom de duc d'Anjou, VIII, 122; tombe malade de la rougeole; est baptisé sans cérémonie, reçoit le nom de Louis, 126; prend le nom et le rang de Dauphin, 127; est mené à Vincennes après la mort du roi, XIII, 134; vient tenir à Paris son premier lit de justice; est harangué à Vincennes par les cours souveraines, 137; revient à Paris; est harangué par la ville, 319; tient un lit de justice aux Tuileries, (voy. l'article *Lit de justice*); va en pompe à Notre-Dame où il est reçu par le cardinal de Noailles, XVII, 211; étrange arrangement de son carrosse, 212; il va voir le feu de la saint Jean à l'hôtel de ville; conduite pédantesque du maréchal de Villeroy dans cette occasion, 216; le roi va aux académies et est harangué par chacun des directeurs, 236; son éloignement pour l'abbé Dubois, 360; son goût pour le régent, son caractère glorieux et timide, 360; il danse un ballet où il s'ennuie tellement qu'il prend en aversion ces sortes de fêtes, 363; assiste pour la première fois au conseil de régence; y revient souvent, 419; commence à monter à cheval et à tirer, XVIII, 2; va à diverses reprises voir les troupes qu'on a fait approcher de Paris, 46; va voir la duchesse d'Hanovre de retour à Paris, 71; tombe malade, 180; est guéri par une saignée, 181; offre à M. de Fréjus l'archevêché de Reims, 196; comment il reçoit la nouvelle de la conclusion de son mariage avec l'infante, 217; approuve ce mariage au conseil de régence, 219; autres détails sur ce qui se passe dans le cabinet du roi quand on lui parle de ce mariage, 219 et suiv.; le roi va faire compliment à M. le duc et à Mme la duchesse d'Orléans, à Mlle de Montpensier et à Madame, du mariage de Mlle d'Orléans de Montpensier avec le prince des Asturies, 223, 224; en signe le contrat, 333; va faire visite à Mlle de Montpensier; assiste et danse au bal donné au Palais-Royal, 333; quitte Paris pour aller demeurer à Versailles avec l'infante, XIX, 318; comment il reçoit la nouvelle que le régent lui annonce le renvoi du maréchal de Villeroy, 348; son vif chagrin de la fuite de M. de Fréjus, 349; on l'amuse de l'attaque d'un petit fort dans le bout de l'avenue de Versailles, 401; il est sacré à Reims; détails sur cette cérémonie, 407 et suiv., (voir l'art. *Sacre de Louis XV*); le roi signe le contrat de mariage de Mlle de Beaujolais avec l'infant don Carlos, 423; est déclaré majeur; tient un lit de justice pour cette déclaration; fin du conseil de régence; composition du conseil d'État, 437, 438; le roi envoie au parlement une déclaration qui rétablit les princes bâtards et leurs enfants dans tous les rangs, honneurs et distinctions dont ils jouissaient à la mort du roi, excepté le droit de succession à la couronne, le nom et le titre de prince du sang qui leur est de nouveau interdit, 445; à la mort du cardinal Dubois il déclare M. le duc d'Orléans premier ministre, son amitié pour ce prince, XX, 19; ses larmes en apprenant sa mort; d'après le conseil de M. de Fréjus, il déclare M. le Duc premier ministre, 71.

LOUIS (le prince) de Bade, général de l'armée ennemie, fait offrir toutes sortes de secours, de médecins et de remèdes pour le maréchal de Lorges, malade dans son camp, I, 262; attaque le château d'Éberbourg, II, 30; s'en rend maître et traite avec politesse et éloges le commandant d'Arcy pour sa belle défense, 31; assiége Landau, IV, 6; qu'il force à capituler, 7; marche sur Neubourg pour empêcher le passage du Rhin, 24; assiége Ingolstadt, 304; lève le siège après la bataille d'Hochstedt; pourquoi, 311; reçoit à son beau château de Rastadt le prince Eugène et le duc de Marlborough, 324; assiége Landau, 351; meurt à 52 ans; sa famille, V, 329; ses succès en Hongrie contre les Turcs; ses enfants, 330.

LOUIS (saint), appelle aux assemblées tenues par les pairs et hauts barons des légistes, pour débrouiller les procès et les simplifier, et faciliter les jugements par les lumières qu'ils leur communiquaient, XI, 282.

LOUISE HOLLANDINE, abbesse de Maubuisson, près de Pontoise, meurt à 86 ans; sa naissance illustre; sa famille, VII, 69; sa vie religieuse; son talent pour gouverner; ses bonnes qualités, 70; son esprit; son savoir; princes et princesses qui la visitaient; regrets qu'elle laisse, 72.

LOUVILLE, gentilhomme de la manche du duc d'Anjou, est choisi par le duc de Saint-Simon pour demander au duc de Beauvilliers une entrevue secrète relativement à une proposition de mariage; caractère de ce gentilhomme, I, 119; il procure à Saint-Simon une nouvelle entrevue, 122; puis une autre avec Mme de Beauvilliers, 123; est nommé pour accompagner le duc d'Anjou en Espagne et pour y demeurer en qualité d'écuyer du roi, III, 43; devient le dépositaire de ses secrets; ses qualités; est le correspondant intime et unique de MM. de Beauvilliers et de Torcy; gouverne bientôt le roi et l'Espagne, 127; obtient du roi, à la prière du duc de Monteleone, une permission tacite de faire enlever sa fille pour la marier en France au marquis de Westerloo, 130; instruit de l'arrêt épouvantable rendu par le conseil de Castille contre le duc, il va trouver le roi et en obtient un ordre pour en empêcher l'exécution, 131; reçoit le titre de chef de la maison française du roi, 221; va sur les frontières du Roussillon faire les compliments du roi à la nouvelle reine, 221; vient à Fontainebleau prier le roi de trouver bon que le roi d'Espagne passe à Naples et se mette à la tête de l'armée des deux couronnes en Italie, 333; les rapports qu'il fait au roi et à Mme de Maintenon lui aliènent Mme la duchesse de Bourgogne, 347; ses réponses aux objections faites contre le voyage du roi d'Espagne en Italie, 354; il est dépêché en Espagne pour informer le roi que son grand-père consent à ce voyage, 357; obtient du roi la grandesse pour le comte d'Estrées, 401; et l'ordre de la Toison d'or pour le frère du duc d'Harcourt, 402; est envoyé à Rome pour presser le pape d'envoyer à Naples un légat *a latere*; réussit dans sa mission malgré le cardinal Grimani, 404; averti par M. de Vaudemont que M. de Savoie doit avoir un fauteuil devant le roi, il représente à ce prince que MM. de Savoie ne l'ont jamais eu devant les princes de la maison de France, ni prétendu l'avoir, 408; le fauteuil est retiré, 409; comment, à son retour en Italie, il se voit écarté du roi, IV 176; il perd son logement dans le palais, 177; reçoit ordre de revenir; obtient du roi le gouvernement de Courtrai et une grosse pension; rapporte 100 000 livres avec lesquelles il se bâtit une retraite agréable, 179; se marie avec une fille de Nointel, conseiller d'État; belles qualités de son épouse, VI, 265; il est choisi par le régent pour aller faire connaître au roi d'Espagne la résolution du roi d'Angleterre de lui rendre Gibraltar, XIV, 56; est envoyé au duc de Noailles pour recevoir ses instructions et la lettre du régent au roi d'Espagne; il les rédige lui-même, le duc de Noailles ne sachant comment s'y prendre, 57 et suiv.; est envoyé au maréchal d'Huxelles pour lui donner les instructions à signer; comment il en est reçu, 58; il arrive à Madrid, reçoit un ordre d'en partir sur l'heure; reçoit la visite d'Albéroni qui lui renouvelle cet ordre, 68; ne peut voir le roi, 69, retourne en France, 70.

LOUVOIS (M. de), contribue, avec Mme de Montespan, à faire rétracter la permission que le roi a donnée du mariage de Mademoiselle avec M. de Lauzun; fait arrêter ce dernier et le fait enfermer à Pignerol, I, 42; sa politique funeste aux armées, V, 158 et suiv.; il engage le roi dans la guerre et fait incendier le Palatinat à cause d'une fenêtre de Trianon; anecdote à ce sujet, VII, 74, et XII, 393; à quel degré d'insolence il en vint à l'égard de la noblesse, 401; il fut l'auteur et l'âme de toutes les guerres; sa jalousie contre Colbert, 407; ses vues et sa conduite étranges, 409 et suiv.; comment il s'oppose deux fois à ce que Mme de Maintenon soit déclarée reine et tire deux fois la parole du roi qu'elle ne le sera jamais, 412 et suiv.; il veut en vain persuader au roi de faire brûler Trèves, 415; colère du roi à ce sujet, 416; le siége de Mons conçu par Louvois et exécuté par le roi, devient la cause de la perte du ministre, 417; ses craintes d'une prochaine disgrâce; anecdote à ce sujet, 418; détails sur sa mort; comment le roi en reçoit la nouvelle, 419 et suiv.; Louvois meurt empoisonné; anecdotes à ce sujet, 422; son invention de l'ordre du tableau arrête le développement des talents militaires, 437 et suiv.; son portrait d'après les Mémoires de Saint-Hilaire, 501; note sur sa mort, 503.

LOUVOIS (Mme de), meurt en 1715; son éloge; détails historiques sur la famille Souvré, XIII, 308 et suiv.

LOUVOIS, fils de Courtenvaux et petit-fils du célèbre Louvois, meurt de la petite vérole, à Rambouillet; le régent donne à son fils, âgé de seize mois, sa charge de capitaine des Cent-Suisses de la garde du roi, XVII, 280.

LOUVOIS (l'abbé de), refuse l'évêché de Clermont; pourquoi; son caractère, XV, 138; il meurt de la taille, XVII, 52.

LOUVRE, mémoire des dépenses qu'y a faites Louis XIV, jusqu'en 1690, XII, 520.

LUC (le comte du), est nommé ambassadeur en Suisse; il avait perdu un bras à la bataille de Cassel, VI, 422; X, 492; est nommé second plénipotentiaire à Bade, XI, 56; puis ambassadeur à Vienne et conseiller d'État d'épée, 247; conclut le renouvellement de l'alliance avec le corps helvétique, mais avec les catholiques seulement, à cause des divisions du pays, XII, 25.

LUC (le fils du comte de), vient apporter au roi la nouvelle de la signature de la paix à Bade, XI, 225.

LUCE (le comte de), second fils du maréchal de Luxembourg, est fait duc de Châtillon-sur-Loing, suivant la promesse que le roi en avait faite à son père, mais au grand regret de ce prince, I, 308.

LUDE (la duchesse du), est nommée dame d'honneur de Mme la duchesse de Bourgogne, I, 351; sa famille; ses deux mariages; son caractère, 352; éloignement du roi pour elle, 353; par quel moyen elle se fait nommer dame d'honneur, 354.

LUSACE (le comte de), prince électoral de Saxe, fils du roi de Pologne, voyage en différentes parties de l'Europe, sous la conduite du palatin de Livonie et d'un habile jésuite travesti, XI, 230; il fait secrètement à Rome abjuration du luthéranisme; vient en France, est présenté au roi; son extérieur; il assiste souvent aux chasses du roi, 231; prend congé du roi à Marly, XII, 65; reçoit en présent une épée de diamants de 40 000 écus; va voir la maison de Saint-Cyr; part pour la Saxe; sa conduite en France, 65; il déclare à Vienne sa conversion au catholicisme, XIV, 104; épouse l'archiduchesse, fille aînée de l'empereur Joseph, avec les plus fortes renonciations en faveur de la maison d'Autriche, XVII, 278.

LUSERNE (M. de La), voy. La Luserne.

LUSIGNAN (M. de), de la branche de Lezay, meurt à soixante-quatre ans, laissant deux fils, derniers restes de l'ancienne maison des Lusignan; ses emplois; son peu de fortune, V, 370.

LUSSAN (Mme de), son procès avec M. de Saint-Simon; quelle en est l'origine, VI, 27 et suiv.; elle le gagne par le secours du premier président Harlay, 29; caractère de cette dame, 30; elle est attaquée sur sa naissance par MM. de Disimieu, 31; ses chicanes contre eux; ses déclamations contre M. de Saint-Simon; le procès est repris et porté au conseil, 34; elle perd avec dépens, 35; meurt fort vieille, XIV, 50.

LUSSAN, chevalier de l'ordre, meurt à 85 ans, X, 77.

LUXEMBOURG (généalogie des), éclaircissements sur les personnages de cette généalogie, 128 et suiv.

LUXEMBOURG (M. de), rend inutiles tous les efforts que fait le prince d'Orange pour le déposter, I, 11 ; s'oppose inutilement à la résolution que prend le roi de quitter l'armée ; sa douleur à ce sujet, 86 ; sa conduite à la bataille de Neerwinden, 93 ; la victoire qu'il remporte ne le met pas à l'abri du blâme, 102 ; il attaque en préséance seize pairs de France ses anciens ; explication de ses prétentions, 127 ; éclaircissement sur les personnages de la généalogie des Luxembourg, 128 et suiv. ; naissance de M. de Luxembourg, auparavant Bouteville, 133 ; son ambition, son esprit, sa difformité, 134 ; il s'attache à M. le Prince qui prend du goût pour sa sœur et la marie avec le fils du maréchal de Châtillon, 135 ; valeur, mœurs, activité de Bouteville ; qu'emploie M. le Prince pour le marier à l'héritière de Piney, 136 ; Bouteville marié prend le nom et l'écu de Montmorency-Luxembourg ; obtient des lettres d'érection de Piney en duché-pairie ; est enveloppé dans l'affaire de l'empoisonneuse Voisin, 137 ; demande et obtient l'ordre du Saint-Esprit ; est substitué au maréchal d'Humières dans le commandement de l'armée de Flandre ; ses campagnes, ses victoires ; ses intrigues et son adresse pour faire réussir son procès de préséance, 138 ; sommaire du procès, 149 ; il distribue à très-peu d'exemplaires un factum secret, qui est connu des opposants, 153 ; ses projets déconcertés par une signification de lettres d'État ; puis par une autre signification du duc de Richelieu, 158 ; il publie un factum contre celui-ci ; sa conduite envers le ministère du cardinal son oncle ; est attaqué par M. de Richelieu dans un mémoire, 162 ; fait offrir à M. de Richelieu une excuse verbale avec la suppression entière de son factum à condition de celle de la réponse, 164 ; l'offre est acceptée et l'excuse faite ; les factums sont supprimés, 164 ; étrange mariage que fait M. de Luxembourg en donnant sa fille à un vieux bâtard obscur du dernier comte de Soissons, ce qu'il se proposait par ce mariage, 228, 229 ; sa vie habituelle, 231 ; ses talents en présence de l'ennemi ; sa paresse hors de là ; sa maladie ; le P. Bourdaloue le confesse, 232 ; Roquelaure le raccommode avec le prince de Conti ; sa religion et sa fermeté en mourant, 232 ; avant de mourir il demande inutilement au roi sa charge de capitaine des gardes pour son fils, 232.

LUXEMBOURG (la maréchale de), finit sa triste vie à son château de Ligny, où elle a été tenue presque toute sa vie ; son portrait, III, 208.

LUXEMBOURG (le duc de), fils du maréchal, rompt fort malhonnêtement le mariage qu'il est près de conclure avec Mme de Seignelay ; épouse Mlle de Clérembault, I, 302 ; reprend le procès de son père relativement à ses prétentions de préséance, 325 ; les pairs opposants lui signifient qu'il ait à opter des lettres d'érection de Piney de 1581 ou de celles de 1662, 326 ; il choisit le parti le plus périlleux, 326 ; ses écus font plus de mal aux opposants que son crédit, 327 ; arrêt rendu en sa faveur, 331 ; il est reçu au parlement au rang de 1662 ; va visiter les ducs et pairs dont aucun ne veut avoir commerce avec lui ni avec ses juges, 335 ; dans un bal à Marly il demande un masque à M. le Prince qui lui en donne un surmonté d'un bois de cerf ; rires universels que ce masque excite, II, 380 et suiv. ; il est le seul qui ignore la cause du duel de MM. d'Albret et Ranzau ; ses instances pressantes et vaines auprès de M. le prince de Conti pour le savoir, 424 ; il perd sa femme étant à Rouen ; sa douleur ; l'abbé Abeille, secrétaire du feu maréchal de Luxembourg, lui apprend sur cette femme ce que lui seul avait ignoré, et le console subitement, VII, 409 ; prend parti contre d'Antin dans l'affaire de son procès de duché-pairie et se met en même temps en état de recommencer son procès de préséance, IX, 59 ; sa conduite maladroite lorsqu'il apprend en Normandie l'édit du roi concernant la transmission des duchés-pairies, 265 et suiv. ; ce qu'il perd à la mort de Monseigneur, 279 ; obtient pour son fils la survivance de son gouvernement de Normandie, XVII, 37.

LUXEMBOURG (le chevalier de), maréchal de camp, se jette dans Lille avec 2000 cavaliers et plus de 100 000 livres de poudre, VI, 411 ; il est fait sur-le-champ lieutenant général, 411 ; le roi lui accorde 6000 livres d'augmentation de pension, VII, 25 ; obtient le gouvernement de Valenciennes, IX, 83 ; épouse la fille unique d'Harlay, conseiller d'État, 422.

LUYNES (le connétable de), en épousant la fille du duc de Montbazon, obtient un tabouret de grâce pour elle ; obtient une dispense d'âge pour le frère de sa femme, M. le comte de Rochefort, depuis prince de Guéméné, et qu'il marchera après lui-même; à quoi se borne toute la faveur de M. de Luynes pour la famille de sa femme, II, 151.

LUYNES (la duchesse de), gagne un procès de 14 ou 1 500 000 livres contre Matignon; singularité à ce sujet, VIII, 416.

LUYNES (la duchesse de), fille du chancelier d'Aligre et veuve en premières noces de Manneville, meurt à plus de 80 ans; son mérite; sa beauté; XIX, 402.

LUYNES (la duchesse de), fille du maréchal duc de Luxembourg et femme d'un bâtard du comte de Soissons tué à la bataille de Maffé, meurt à 24 ans fort regrettée, XVIII, 129.

LUYNES (le duc de), petit-fils du duc de Chevreuse, reste neutre dans l'affaire de d'Antin, IX, 62.

LYONNE (Mme de), veuve du ministre de ce nom, meurt dans l'indigence; sa hauteur, sa magnificence; son peu d'ordre et d'économie; ses enfants, IV, 250.

LYONNE, fils aîné du ministre Lyonne, meurt dans l'obscurité; charge qu'il avait remplie; comment il passa sa vie à Paris; son fils, VI, 42 et suiv.

LYONNE (l'abbé de), troisième fils du ministre Lyonne et évêque *in partibus* de Rosalie, meurt à Paris aux Missions étrangères; ses voyages en Orient; son grand zèle; son savoir, X, 427 et suiv.

LYONNE (l'abbé de), fils du ministre d'État, fait un tel abus de ses bénéfices que sa famille lui donne un tuteur; passe sa vie dans la dernière obscurité; sa mort, XI, 451 et suiv.; XVIII, 160; ses bénéfices; son goût pour l'eau, 168.

M

MABILLON (le P.), bénédictin, se laisse entraîner par les examinateurs du cartulaire de Brioude; et prononce en faveur de son authenticité, V, 324.

MACANAS, membre du conseil de Castille, est chargé d'écrire contre une entreprise de la cour de Rome; l'inquisition d'Espagne fait un décret furieux contre lui et contre son ouvrage, XI, 221; reçoit ordre de quitter l'Espagne; le roi lui continue ses pensions et sa confiance, XII, 11 et suiv.; est déclaré hérétique par l'inquisition et cité à comparaître dans 90 jours, XIV, 60.

MACANAS, dominicain, frère du précédent, est mis en prison par l'inquisition qui refuse au roi d'Espagne de lui en remettre le procès, XIV, 60.

MACEDA *Lancos* (le comte), grand d'Espagne; comment il le devient; son caractère; qualité de son fils le comte de Taboada, XIX, 343; celui-ci devient capitaine général après la mort de son père et prend son nom, 344.

MACHAUT, maître des requêtes, est nommé lieutenant de police; son caractère, XV, 266; quitte la place de lieutenant de police pour celle de conseiller d'État en expectative, XVIII, 380.

MADAME (titre de), affecté à l'épouse du premier frère du roi et aux filles de France que l'on distingue, quand il y en a plusieurs, par leur nom de baptême, VII, 167.

MADAME, première femme de Monsieur; anecdote sur sa mort causée par le poison; le chevalier de Lorraine, d'Effiat et le comte de Beuvron, coupables et complices de cet attentat; d'Effiat en est l'exécuteur; conduite de Louis XIV dans cette circonstance; Purnon, premier maître-d'hôtel, est dans le secret, et renvoyé ensuite par la seconde femme de Monsieur, III, 180 et suiv.; documents et éclaircissements sur la mort de Madame, 448.

MADAME, seconde femme de Monsieur, frère du roi, tire parole du duc de Chartres, son fils, qu'il ne consentira point à son mariage avec Mlle de Blois, I, 20; est mandée chez le roi, où elle se voit forcée d'y consentir elle-même; sa colère contre Monsieur et contre le jeune duc, 22; son désespoir dans la galerie quand le mariage est déclaré, 24; elle donne en public un soufflet au duc de Chartres, 25; sa douleur à la mort de Monsieur, III, 166; comment elle vivait avec lui; son humeur dure et farouche, 170; engage Mme de Ventadour de voir Mme de Maintenon pour savoir d'elle la situation où elle va se trouver avec le roi; reçoit la visite de Mme de Maintenon; curieuse conversation entre ces deux dames, reproches, explications, plaintes, aveux; Mme de Maintenon triomphe froidement; réconciliation entre ces deux dames, 174 et suiv.; Madame est traitée par le roi avec amitié, 177; ses pensions sont augmentées; temps de son deuil; comment elle le passe, 177; le roi lui permet d'ajouter à ses dames la maréchale de Clérembault et la comtesse de Beuvron qu'elle aimait beaucoup, 178; congédie ses filles d'honneur avec leur gouvernante, 383 ; assiste à Fontainebleau à la comédie publique dans la deuxième année de son deuil, IV, 22 ; sa colère au sujet du mariage du prince de Talmont avec la fille de Bullion, VI, 142 ; efforts qu'elle fait pour l'empêcher, 142 ; elle n'est point apaisée par le tabouret que le roi accorde à la princesse de Talmont, 143 ; elle apprend avec une joie extrême de M. le duc d'Orléans que le roi est résolu à marier Mademoiselle à M. le duc de Berry, VIII, 281 ; le roi accompagné de Monseigneur et de Mgr le duc de Bourgogne vient lui en faire la demande en forme ; le duc de Berry lui est présenté sur le pied de gendre, 284 ; elle présente Mademoiselle au roi à Marly, puis aux princes ; la mène ensuite chez Mme de Maintenon, 298 ; spectacle bizarre qu'elle offre à la mort de Monseigneur, IX, 124 ; obtient du roi 48 000 livres d'augmentation pour sa dépense, X, 478 ; son caractère ; ses bonnes qualités ; son goût pour les chiens, les chevaux, la chasse et les spectacles, XII, 132 ; son amitié pour son fils, pour le duc de Lorraine et ses enfants ; son estime pour sa belle-fille Mme d'Orléans ; son indignation de la conduite de la duchesse de Berry ; ses faiblesses ; ses petitesses, 132 ; sa joie en apprenant que M. le duc d'Orléans son fils est déclaré régent ; elle lui fait promettre qu'il n'emploiera en rien l'abbé Dubois qu'elle appelle le plus grand coquin et le plus insigne fripon qu'il y ait au monde, XIII, 129 ; va rendre visite à Mme de Maintenon, 133 ; veut avoir un capitaine des gardes et en obtient du régent, 255 ; elle assiste à une thèse que soutient l'abbé de Saint-Albin, bâtard non reconnu de M. le duc d'Orléans et qu'elle a pris en amitié, XV, 268, 269 ; comment elle fait échouer le mariage de Mlle de Valois avec le prince de Piémont ; sa franchise à ce sujet, XVII, 263 ; elle donne rendez-vous à Mme la duchesse de Lorraine qu'elle veut voir avant de mourir, au sacre du roi à Reims, XIX, 424 ; y voit cette princesse et assiste à toutes les cérémonies, 424 ; ses regrets à son retour de la perte de la maréchale de Clérembault, son ancienne et intime amie, 425 ; elle meurt à Saint-Cloud à 71 ans ; est portée sans pompe à Saint-Denis ; son caractère, 428 ; ses obsèques, 435.

MADEMOISELLE (titre de), affecté à la première petite-fille de France depuis Mlle de Montpensier, fille de Gaston, frère de Louis XIII, VII, 167 ; ce titre fut donné par brevet et par usurpation à Mlle de Charolais, fille aînée de M. le Duc, premier ministre sous Louis XV, 169 et suiv.

MADEMOISELLE DE MONTPENSIER, voy. *Montpensier* (Mademoiselle de).

MADEMOISELLE, fille de Monsieur, est mariée à M. de Lorraine ; comment sa dot est réglée ; elle paraît d'abord contente de ce mariage, II, 212 ; cérémonie des fiançailles, 215 ; la princesse passe le reste du jour à pleurer chez elle, 215 ; messe du mariage ; M. le duc de Chartres n'ose faire descendre Mme la duchesse son épouse dans la chapelle, 216 ; est saluée par la ville de Paris au Palais-Royal ; son départ ; sa suite ; M. de Lorraine lui est présenté à Vitry ; son mariage se renouvelle à Bar, 217 ; tracasseries qu'y fait naître un siège à dos, 218.

MADEMOISELLE, fille aînée de M. le duc d'Orléans, déclarée future épouse de M. le duc de Berry, est présentée à la cour à Marly ; détails sur cette présentation, VIII, 298 ; célébration de son mariage, 333 et suiv. Voy. *Berry* (duchesse de).

MADEMOISELLE D'ORLÉANS, voy. *Orléans* (Mademoiselle d').

MAFFEI (le comte), est nommé vice-roi de Sicile ; son esprit ; sa dextérité dans les affaires ; son caractère ; son attachement au roi de Sicile, XI, 239 ; par ordre du roi il fait enlever tous les jésuites dans leurs maisons, sans distinction d'âge ni de qualité, et les fait embarquer et jeter sur les côtes de l'État ecclésiastique ; à quelle occasion, XIII, 366 ; se retire à Messine lors du débarquement des Espagnols, XVI, 191.

MAGALHAENS (le P.), jésuite portugais, est envoyé à Rome par les jésuites de la Chine avec le légat Mezzabarba pour justifier leur désobéissance et leurs violences, et empêcher qu'on ne rende des honneurs à la mémoire du cardinal de Tournon, XIX, 460 et suiv. ; il demande hardiment au pape de retirer les brefs et décrets qui condamnent les rites chinois et la conduite des jésuites à cet égard, 461.

MAGALOTTI, Italien, lieutenant général et gouverneur de Valenciennes, meurt fort âgé ; ses qualités ; sa beauté jusque dans sa vieillesse ; il fut distingué du roi et haï de Louvois qui l'empêcha d'être chevalier de l'ordre, IV, 435.

MAGNAC, premier lieutenant général à l'armée du Rhin, relève le courage de Villars en lui annonçant que les ennemis sont battus, IV, 25 ; gagne avec lui la bataille de Friedlingen, 25 ; meurt dans une grande vieillesse, X, 77.

MAGNY, fils unique de Foucault, conseiller d'État, et intendant à Caen, s'en fait chasser pour ses friponneries ; il devient introducteur des ambassadeurs ; se fait mettre à la Bastille ; pourquoi ; passe en Espagne ; y est fait colonel, puis brigadier, XV, 272 et suiv. ; devient majordome de la reine ; se fait chasser ; repasse en France ; retourne en Espagne où il vit dans l'indigence, 274 ; prend la fuite au moment de la découverte de la conspiration de Cellamare, XVII, 86.

MAHONI, officier irlandais, après s'être bien conduit à l'affaire de Crémone, est envoyé au roi pour lui rendre compte de la retraite des ennemis, III, 376 ; est nommé colonel, 378 ; enlève les grands magasins que l'archiduc a établis près d'Agremont ; rejoint le roi d'Espagne à Belpuch, IX, 420 ; sa mort ; son caractère ; sa liaison avec le duc de Berwick, XI, 43.

MAILLEBOIS, qui s'est distingué au siège de Lille, est fait brigadier, VII, 2 ; comment il s'échappe de Lille où il est retenu en otage ; vient à la cour où le roi l'entretient longtemps, IX, 96 ; obtient la charge de maître de la garde-robe, X, 163.

MAILLEBOIS, lieutenant général en Languedoc, fils de Desmarets, ministre d'État, et arrière-petit-fils d'un laboureur de l'abbaye d'Orcamp, XVII, 245.

MAILLOC (le marquis de), vieux, riche et fort extraordinaire, épouse une fille de la maréchale d'Harcourt, XVIII, 3.

MAILLY (le marquis de), meurt à 98 ans laissant plus de 60 000 écus de rente en fonds de terre ; et une femme âgée de 80 ans ; comment ces deux époux, peu riches d'abord, parvinrent à former une maison opulente, VI, 203.

MAILLY (le comte), sa famille ; son ambition ; il devient favori de Monseigneur ; épouse Mlle de Saint-Hermine, I, 29 ; sa mort presque subite ; son portrait ; son caractère souple, II. 268.

MAILLY (la marquise de), belle-mère de la comtesse de Mailly, dame d'atours de la duchesse de Bourgogne, à la mort de Mme de Nemours se met sur les rangs pour la succession de la principauté de Neuchâtel, VI, 63 ; elle jette les hauts cris contre l'intrusion de l'électeur de Brandebourg dans cette principauté, 67 ; meurt à 86 ans ; elle mena toute sa vie ses enfants à la baguette, X, 310.

MAILLY (la comtesse de), est nommée dame d'atours de la duchesse de Chartres, I, 26 ; son origine ; comment elle devient comtesse de Mailly ; son caractère, 29 ; est nommée dame d'atours de Mme la duchesse de Bourgogne, 351 ; son affliction à la mort de son mari, II, 270 ; comment elle usurpe le droit d'entrée au carrosse de préférence aux dames titrées, IV, 198 ; l'administration de la garde-robe de la Dauphine lui est ôtée ; pourquoi, X, 70.

MAILLY (Mme de), sœur de l'archevêque d'Arles, est nommée abbesse de Poissy, V, 344 ; elle trouve beaucoup d'opposition parmi les religieuses, 346 ; gagne son procès contre elles au conseil de régence ; se fait aimer par sa douceur, son mérite et sa conduite, 346.

MAILLY (Mlle de), fille de la dame d'atours, obtient 6000 livres de pension et 25 000 écus sur l'hôtel de ville, en récompense d'un avis que sa mère donne à Desmarets, VII, 40.

MAILLY (Mlle de), dernière fille de la comtesse de Mailly, épouse le vieux Polignac, VII, 199.

MAILLY (l'abbé de), aumônier du roi, est nommé à l'archevêché d'Arles, II, 73 ; sa première éducation ; son caractère ; il songe de bonne heure au cardinalat, V, 45 ; comment il plaît au roi ; il recherche le vice-légat d'Avignon, 47 ; écrit directement au pape ; en reçoit des brefs, 49 ; lui envoie des reliques de saint Trophime ; est sévèrement réprimandé pour cette correspondance, par ordre du roi, 50 ; continue son commerce de lettres avec plus de précautions, 50 ; origine de sa haine contre le cardinal de Noailles ; il se lie avec le P. Tellier ; est transféré à l'archevêché de Reims, VIII, 409 ; sa visite à M. de Saint-Simon dans laquelle il lui fait part de ses soupçons contre le duc de Noailles, concernant la mort de Mme la Dauphine, X, 118 ; autres détails sur lui, XVII, 323 et suiv. ; par quel moyen il parvient à se faire nommer cardinal, 328 et suiv. ; le régent lui fait défendre de porter la calotte rouge, 332 ; sa lettre au régent, 49 ; il vient secrètement à Paris, 52 ; a une entrevue avec le prince; conditions qui lui sont imposées, 56; comment il obtient la calotte rouge des mains du roi, 58 et suiv.; obtient, par M. de Saint-Simon, l'abbaye de Saint-Étienne de Caen, XVIII, 69; il meurt dans l'abbaye de Saint-Thierry; cause de sa mort; nouveaux détails sur son caractère, 191 et suiv.

MAINE (M. le duc du), fils du roi et de Mme de Montespan, est marié à la seconde fille de M. le Prince; détails sur ce mariage, I, 34; il fait sentir au roi le besoin qu'il a de titres enregistrés qui constatent son rang, 171; persuadé par le premier président Harlay, il demande et obtient du roi une déclaration qui le place immédiatement après les princes du sang et avant tous les pairs; obtient aussi de Sa Majesté la promesse que le président Harlay aura la charge de chancelier après la mort du titulaire, 173; il est reçu au parlement en qualité de comte-pair d'Eu et prend place au-dessous des princes du sang et au-dessus des pairs, 174; reçoit la visite de l'ambassadeur de Venise comme les princes du sang, 176; est nommé grand maître de l'artillerie, 206; commande la gauche de l'armée de Flandre, 273; malgré les ordres du maréchal de Villeroy et les instances du lieutenant général Montrevel il laisse échapper l'occasion de battre le corps d'armée de M. de Vaudemont, 274; mot piquant que lui adresse M. d'Elbœuf à cette occasion, 277; fait l'acquisition de la belle maison de Sceaux, 442; est envoyé à l'armée comme premier lieutenant général, III, 412; manque l'occasion de s'y faire valoir, 418; est rappelé, 418; il cherche à se rapprocher de Monseigneur par le moyen de Mlle de Lislebonne et Mme d'Espinoy; son caractère, VI, 3 et suiv.; sa manière de vivre; son ascendant sur Mme de Maintenon, 4 et suiv.; il a peine à contenir sa joie à la mort de Mme de Montespan, 48; il prend l'alarme sur la froideur du roi à l'égard de la ligue d'Italie et sur l'envoi très-possible du prince de Conti en Flandre pour y remplacer M. de Vendôme; pourquoi, 372; n'ose refuser à Mme de Maintenon de lancer devant le roi des traits mordants contre Chamillart, VII, 236; refuse de s'associer à la cabale de Meudon contre le duc d'Orléans, 316; dans le procès de la succession de M. le Prince, lui et la Duchesse ramassent le plus de gens qu'ils peuvent pour les accompagner au palais, XIII, 87; il sollicite du roi par le crédit de Mme de Maintenon, pour ses enfants, le même rang et les mêmes honneurs dont il jouit, 145; il en obtient la déclaration, 146; effet qu'elle produit dans le public, 149; refroidissement marqué qu'elle occasionne entre M. du Maine et M. le comte de Toulouse, 151; M. du Maine obtient du roi la survivance de sa charge de colonel des gardes suisses et Grisons pour le prince de Dombes, son fils aîné, âgé de dix ans, et pour le comte d'Eu, âgé de six, celle de grand maître de l'artillerie; nouveau scandale, murmure, 155; M. et Mme du Maine sont logés au château dans le bel appartement de feu l'archevêque de Reims, 155; compliments, protestations et avances de M. du Maine à M. de Saint-Simon lorsqu'il va faire une visite de félicitation, 156; il obtient le consentement du roi pour le mariage du duc de Vendôme avec Mlle d'Enghien; lui présente seul le contrat à signer, 160, fait la noce chez lui à Sceaux, 160, motif secret qui le porte à presser auprès du roi et de Mme de Maintenon le mariage de Mademoiselle avec le duc de Berry, 224; ses soins et ses démarches dans le procès de la succession de M. le Prince, IX, 79; il envoie porter au roi la nouvelle du gain de sa cause, 80; fait une visite à Mme la Princesse; n'ose aller chez Mme la Duchesse, 81; ses enfants ont pendant toute la semaine sainte rang de princes du sang, 99; ils obtiennent d'être visités en fils de France sur la mort de Monseigneur, 174 et suiv.; sentiments de M. du Maine en cette occasion; il ne peut cacher sa joie d'être délivré de Monseigneur, 269; il recherche et cultive avec adresse la duchesse de Berry; tombe malade à Marly; est visité journellement par le roi; dès qu'il peut marcher, il va voir à Sceaux Mme du Maine, 269; raisons qui le portent à entretenir le mécontentement du roi contre M. le duc d'Orléans, X, 40 et suiv.; la mort de Mme la Dauphine et de M. le Dauphin relève ses espérances, 142; il fait croire à Mme de Maintenon que M. le duc d'Orléans est l'auteur de cette double mort; ses motifs pour répandre ce bruit, 143 et suiv.; comment il sert M. de Saint-Simon dans ses justes prétentions comme gouverneur de Blaye contre le maréchal de Montrevel, commandant en Guyenne, 439 et suiv.; il se rend avec Mme du Maine chez le duc de Rohan à la place

Royale pour y être témoin des réjouissances faites à l'occasion de la paix; jette de l'argent au peuple, 477; il cache avec peine la joie que lui cause la mort du duc de Berry, XI, 92; comment il fait paraître celle qu'il ressent de la déclaration du roi qui le rend, ainsi que M. le comte de Toulouse, vrai prince du sang et habile à succéder à la couronne, 129; sa contenance au parlement le jour qu'il y est reçu dans cette qualité décèle toute son hypocrisie, 155; concert secret et manége avec Mme de Maintenon pour noircir de plus en plus le duc d'Orléans et pour amener le roi à faire un testament selon leurs vues et leurs désirs, 159 à 171; sa consternation aux paroles sévères que le roi lui adresse deux jours avant la publication du testament, 172; son accablement en voyant l'effet que produit dans le public l'édit enregistré concernant la remise du testament au parlement, 179; il fait piteusement les honneurs de toutes les fêtes que Mme du Maine donne à Sceaux; ses inquiétudes relativement à la grandeur où il vient d'être élevé, 271; il conçoit le dessein de brouiller ses ennemis, 272; parle aux ducs d'Antin, d'Aumont, d'Harcourt et de Noailles de l'indécence du premier président à ne pas ôter son bonnet quand il appelle les pairs pour opiner au parlement; cherche à les exciter à ce sujet, 383; offre de les servir et d'en parler au roi; étonnement des ducs, 384; leur embarras, 385; leur réponse, 386; promesses que leur fait M. du Maine, 386; il veut que les ducs présentent un mémoire au roi; approuve celui que lui lit d'Antin; 387; ses instances auprès de quelques ducs pour les engager dans cette affaire, 388 et suiv.; quel est son but et comment il espère se mettre à l'abri en y engageant le roi, 410; ravi d'avoir mis les ducs hors de toute mesure avec le premier président, mais inquiet sur la conclusion de l'affaire; il propose aux mêmes ducs une conférence à Sceaux avec Mme du Maine seule, 415; les ducs s'y refusent opiniâtrément; le duc d'Aumont se propose pour y aller et veut y aller seul; le duc de La Force s'offre de l'y accompagner; il est accepté avec joie par les ducs; pourquoi, 415; conférence à Sceaux; étranges propositions de Mme du Maine; à quoi elles tendent; réponses et répliques du duc de La Force; conduite du duc d'Aumont; menaces horribles de Mme du Maine; comment la conférence se termine, 416 et suiv.; réflexions sur le but de cette conférence, 422; embarras de M. du Maine; pour en sortir, il met en jeu Mme la Princesse dont il faisait auparavant si peu de cas, 423; reçoit une visite de M. de Saint-Simon qui lui reproche en termes durs et fiers de l'avoir trompé lui et les autres ducs, 427; réflexions sur les trames odieuses de M. du Maine, 429 et suiv.; et sur l'affaire du bonnet, 431; il prend la qualité de prince du sang dans une requête qu'il adresse au parlement, XII, 63; M. le duc et M. le prince de Conti en demandent juridiquement la radiation; une nouvelle déclaration du roi enjoint au parlement de l'admettre, 64; il est chargé par le roi de faire à sa place la revue de la gendarmerie; il y fait assister le petit Dauphin, 323; son embarras en y voyant M. le duc d'Orléans, 325; il veut lui en faire les honneurs, 325; son projet concerté avec Mme du Maine d'exciter les gens non titrés contre les ducs et de brouiller ceux-ci entre eux; facilité qu'ils y trouvent, 333; époque de son union intime avec Mme de Maintenon; son caractère, XIII, 31; il se charge lui-même de porter à Mme de Montespan, sa mère, l'ordre de quitter la cour, 32; ses plaisanteries à ses confidents sur l'humiliation que le médecin Fagon vient d'éprouver de la part du manant provençal qui est venu apporter son élixir au roi mourant, 83; son air joyeux au parlement, avant la lecture du testament et du codicille du feu roi, 115; il n'ose dire une parole pour soutenir le testament qui est cassé, 117; défend le codicille; sa dispute avec M. d'Orléans, 121; la séance du parlement est suspendue, puis reprise, 124; il soutient mal une seconde fois le codicille qui est abrogé, 126; demande à être déchargé de la garde du roi et de conserver seulement la surintendance de son éducation, ce qui lui est accordé, 127; est nommé membre du conseil de régence, 164; comment il travaille à soulever la noblesse contre les ducs; ses intrigues dans l'affaire du bonnet, 239; il appuie le parlement dans le mépris qu'il fait de l'autorité du régent, 246; fait une visite au duc de Saint-Simon; comment elle se passe, 321; obtient du régent d'entrer au conseil de guerre, 329; sa conduite et celle de Mme du Maine pour se faire un parti à l'aide de la confusion qui règne, XIV, 293 et suiv.; aveuglement de ce parti qui usurpe le nom de noblesse; but des meneurs; sottise du grand nombre, 296 et suiv.; M. et Mme du Maine prétendent ne reconnaître d'autres juges de leur rang que le roi majeur ou les états généraux, 317; leurs embarras après les arrêts rendus par le conseil de régence, 333; ils font présenter par 39 personnes, soi-disant l'ordre de la noblesse, une requête au parlement pour demander que l'affaire d'entre les princes du sang et les bâtards soit renvoyée aux états généraux, 334; cette requête est portée au régent par le premier président, 336; sentiment de M. et de Mme du Maine sur l'édit qui ôte aux bâtards l'habilité à succéder à la couronne, 342; son intelligence avec Albéroni contre le régent, XV, 246; il reçoit ordre du régent de tenir les compagnies du régiment des gardes suisses prêtes pour le lit de justice, XVI, 412; se rend en manteau à ce lit de justice, 418 (voy. l'article *Lit de justice*); sa douleur en apprenant ce qui s'y est passé; il veut persuader au comte de Toulouse de suivre sa fortune, XVII, 20 et suiv.; va voir la duchesse d'Orléans, le lendemain; se retire avec sa femme et ses enfants à l'hôtel de Toulouse, 23; s'en retourne à Sceaux avec Mme du Maine, 24; reproches et injures qu'il essuie journellement de ses emportements, 25; fait de vains efforts pour obtenir une audience du régent, 40; achète plusieurs maisons dont il fait l'hôtel du Maine, au bout de la rue de Bourbon, 57; conspiration de M. et de Mme du Maine; quel en est le plan; quels en sont les moyens, 80; il est arrêté et conduit à Dourlens; détails à ce sujet, 96 et suiv; sa conduite pendant sa détention, 116; effet que produit cette détention sur les gens de la cabale, 117; la prétendue noblesse qu'il a ameutée s'éparpille et se disperse, 119; il obtient de chasser autour de Dourlens, mais sans en découcher, 236; comédie jouée entre lui et Mme du Maine; ils ne trompent personne, 238, 371; M. du Maine vient demeurer à Clagny, farce jouée entre lui et Mme du Maine, 372; ils mettent fin à leur apparente brouillerie, 373.

MAINE (Mme du), quitte Mme de Mauneville sa dame d'honneur, pour prendre Mme de Chambonas, III, 283; secoue le joug de l'autorité de son mari; se ruine en fêtes, en feux d'artifice, en bals et en comédies, V, 78, 79; apprend et déclame les plus grands rôles et se donne en spectacle sur un théâtre; son mari au coin d'une porte fait les honneurs de ces fêtes, 348; son caractère, sa conduite avec son mari, VI, 4; autre fête et comédie à Clagny, 155; elle marie au fils du duc de Brancas Mlle de Moras sa favorite; caractère de cette personne; sa naissance; la noce se fait chez la princesse qui présente la nouvelle duchesse aux premiers jours de l'an, VIII, 95; elle prétend au rang de princesse du sang mariée, 127; le roi lui fait expédier un brevet de princesse du sang fille, 135; elle triomphe à Sceaux de la mort du duc de Berry, XI, 92; et de la déclaration du roi qui rend M. du Maine et M. le comte de Toulouse vrais princes du sang et habiles à succéder à la couronne, 120; ses fêtes et folies à Sceaux, 271; ses propositions étranges aux ducs de La Force et d'Aumont, touchant l'affaire du bonnet, 416; elle vient se plaindre fort haut au régent de ce qu'elle apprend qu'on lui impute beaucoup de choses, XVI, 289; sort contente du cabinet du régent de l'effet qu'elle pense avoir produit, 290; son dépit en apprenant ce qui s'est passé au lit de justice; elle veut persuader au comte de Toulouse de suivre la fortune de son mari, XVII, 21; se retire avec ses enfants à l'hôtel de Toulouse; y reste au lit malade, 23; s'en retourne à Sceaux, 24; ses emportements contre son mari, 25; mande le premier président et l'accable de duretés et de mépris, 25, 26; est arrêtée et conduite au château de Dijon; détails à ce sujet, 98 et suiv.; sa conduite; ses emportements pendant le voyage, 117 et suiv; par le crédit de Mme la Princesse, elle obtient d'être tranférée à Châlons-sur-Saône, 173; et de demeurer dans un château voisin, 236; elle commence à avouer beaucoup de choses, ce qui est cause que le secrétaire de Cellamare est arrêté et conduit au château de Saumur, 236; quels sont ses aveux, 237; comédie jouée entre elle et son mari, laquelle ne trompe personne, 288; elle obtient de venir au château de Chamlay, par le crédit de Mme la Princesse qui va l'y voir, 258; dans les interrogatoires qu'elle subit, elle accuse fortement Cellamare, Laval, etc., sauve tant qu'elle peut son mari, 370; veut demeurer à Sceaux; farce jouée entre elle et M. du Maine, 372; ils mettent un terme à leur apparente brouillerie, 373.

MAINE (Mlle du), est envoyée en exil à Maubuisson, XVII, 99.

MAINTENON (Mme de), fait renvoyer Daquin, premier médecin du roi, et le fait remplacer par Fagon, I, 109; sa haine contre l'archevêque de Paris; quelle en fut la cause, 289; elle ne cesse de lui procurer des déplaisirs, 290, fait nommer pour lui succéder M. de Noailles, évêque de Châlons; ses motifs, 293; gagnée par M. de Fénelon, elle admet à Saint-Cyr Mme Guyon; la goûte de plus en plus, 309; éclairée par l'évêque de Chartres, elle la chasse tout à coup et se refroidit pour M. de Cambrai, 311; s'occupe avec le roi de former la maison de Mme la duchesse de Bourgogne ; ses vues; pourquoi elle en exclut les duchesses de Chevreuse et de Beauvilliers, 350; sa reconnaissance envers Mme de Richelieu; elle aime et protège toujours Mme d'Heudicourt et sa fille, 368; les démarches de MM. de Beauvilliers et de Chevreuse dans l'affaire du livre des *Maximes des saints* la blessent et la font résoudre de les perdre tous deux, 426; obtient du roi son consentement pour le mariage de Mlle d'Aubigné sa nièce avec le comte d'Ayen, II, 114; détails sur ce mariage, 115; elle confère continuellement avec MM. de Paris, de Meaux et de Chartres; dans quel but, 121; travaille à renverser MM. de Beauvilliers et de Chevreuse, 121; la condamnation de M. de Cambrai sollicitée à Rome, est un moyen dont elle se sert auprès du roi; ses imprudences à cet égard, 122; son dépit de voir son but manqué; elle plie et dissimule, 127; se rend au camp de Compiègne; assiste au petit siège en chaise à porteurs; attentions que le roi montre pour elle, 191 et suiv.; bruit que fait dans le monde sa présence à ce camp, 193; elle montre une grande joie de la condamnation du livre des *Maximes des saints*, 266; dans un conseil du roi tenu chez elle pour délibérer sur le testament du roi d'Espagne, pressée par le roi de dire son avis, elle opine d'un air modeste pour l'acceptation, III, 29; chante des prologues d'opéra le lendemain de la mort de Monsieur; a peine à retenir sa joie et plus encore à paraître affligée, 167; sa visite à Madame; curieuse conversation entre elles; reproches, explications, plaintes, aveux; Mme de Maintenon triomphe froidement de Madame; ensuite elles se réconcilient, 174 et suiv.; comédies saintes représentées chez Mme de Maintenon; par qui elles sont jouées; quelles personnes y sont admises, 340; efforts de Mme de Maintenon pour pousser le duc d'Harcourt au ministère, 348 et suiv.; sa correspondance secrète avec la princesse des Ursins, IV, 169; elle se moque des cardinaux Portocarrero et d'Estrées qui se plaignent de l'influence de Mme des Ursins dans le conseil de Madrid, 172; comment elle parvient à faire croire au roi que Mme des Ursins est nécessaire à la cour d'Espagne, et que par elle il s'y fera obéir, 175; quel moyen elle emploie pour obtenir du roi que la princesse des Ursins s'arrête en France et n'aille pas en Italie, 274; comment, de concert avec le duc d'Harcourt, elle dispose l'esprit du roi pour permettre à la princesse des Ursins de venir à Paris se justifier, 406; reçoit la visite de cette dame; s'entretient longtemps avec elle, 413; engage Mme de Caylus à quitter son confesseur le P. de La Tour, lui promettant une pension de la part du roi, 417; elle paraît triste et sévère contre son ordinaire avec la duchesse de Bourgogne; pourquoi, V, 154; va voir Courcillon, fils unique de Dangeau, pendant sa maladie; comment elle est dupe de ses propos de dévotion, 271; à quelle occasion elle avoue à la duchesse de Bourgogne qu'elle a chargé Mme d'Espinoy et autres de suivre secrètement sa conduite, 428; son traité singulier avec Mme de Soubise, 431; ses larmes à la mort de Mme de Montespan, VI, 48, 49; elle commence à vouloir du bien à son fils M. d'Antin; le fait approcher du roi; va chez lui avec le roi à Petit-Bourg; y trouve sa chambre disposée tout comme celle qu'elle avait à Versailles, 118; plaisanterie un peu amère qu'elle lui fait en quittant Petit-Bourg, 119, 120; donne avec dépit son consentement au mariage du fils du ministre Chamillart avec Mlle de Mortemart, 167; fait consentir le roi au projet sur l'Écosse conçu par l'Anglais Hougb, 187; travaille avec Mlle Choin à culbuter Chamillart, 259; favorise le mariage du fils de Dangeau avec la fille de M. de Pompadour, 263; sa colère en apprenant la santé que le duc d'Orléans lui a portée à Madrid ainsi qu'à la princesse des Ursins; elle jure sa perte, 302; gagnée par la duchesse de Bourgogne et touchée de tout ce que la cabale de M. de Vendôme fait contre le duc son mari, elle se concerte avec M. le duc de Beauvilliers pour éclairer le roi qu'elle ébranle en l'instruisant de tout ce qui se passe, 350; elle cherche à faire rappeler M. de Vendôme et à lui substituer le prince de Conti, 371; est touchée de la douleur de la duchesse de Bourgogne et piquée au vif de n'avoir pu triompher de la cabale de M. de Vendôme, 406; son indignation contre Chamillart après son retour de Flandre, VII, 3, 4; en apprenant du roi le projet de reprendre Lille, conçu par Chamillart, elle a l'adresse de cacher sa surprise et de dissimuler son dépit; en parle à Chamillart et loue son zèle et son travail, 28; comment elle fait avorter ce projet, 37; elle obtient des ducs de Beauvilliers et de Chevreuse que l'évêque de Chartres et le curé de Saint-Sulpice seront admis par eux à conférer sur le choix d'un confesseur du roi, 51; elle reprend ses anciennes idées et veut faire rentrer d'Harcourt au conseil; en obtient la promesse du roi, 103; le projet conçu ayant manqué, elle s'en explique avec le roi qui lui ôte tout espoir à cet égard, 109; obtient du roi que M. de Vendôme ne paraisse plus à Marly, 184; son crédit se relève par la chute de M. de Vendôme, 189; elle propose de la part du roi à Mlle Choin une grosse pension et un logement à Versailles; dans quel but; pourquoi l'une et l'autre sont refusées, 234; elle redouble d'instances auprès de Mlle Choin et de Monseigneur pour faire attaquer Chamillart auprès du roi; paraît favoriser les vues de d'Antin et du prince, 237; comptant sur la perte de Chamillart, elle croit n'avoir plus de mesures à garder envers Monseigneur ni d'Antin, 244; comment elle apprend la disgrâce de Chamillart, 249; elle obtient que Voysin le remplace, 253; elle est piquée à l'excès que la disgrâce de Chamillart ne l'ait pas privé d'une quantité de visites, 267; seconde secrètement la princesse des Ursins en Espagne, et pousse la cabale de Meudon contre M. le duc d'Orléans, 315; le prince lui demande une audience, VIII, 37; il lui fait part de sa résolution de rompre avec Mme d'Argenton, 40; elle s'oppose à ce que cette dame se retire à Gomerfontaine, 69; manége et détours qu'elle emploie pour obtenir du roi ce qu'elle veut; exemple qu'en cite le duc de Noailles, 78 et suiv.; elle visite le maréchal de Villars, 97; entre dans les désirs de M. du Maine et obtient du roi une déclaration qui donne aux enfants du duc le même rang et les mêmes honneurs dont il jouit, 145; son séjour à Meudon pendant la maladie de Monseigneur et tout le temps que le roi y reste, IX, 106 et suiv.; ses sentiments pour Monseigneur et pour le duc et la duchesse de Bourgogne, 155; elle dispose le roi à se décharger sur M. le Dauphin d'une partie des affaires, 303; son assiduité auprès de Mme la Dauphine malade, X, 81; elle la quitte peu avant qu'elle expire; sa douleur, 83; elle cherche à raccommoder le maréchal de Villeroy avec le roi; motifs qui l'y portent, 136 et suiv.; elle y réussit, 138; elle accuse devant le roi M. le duc d'Orléans d'être l'auteur de la mort de M. le Dauphin et de Mme la Dauphine; elle soutient et répand cet horrible bruit; pourquoi, 144 et suiv.; elle donne chez elle des scènes de comédie de Molière pour amuser le roi; se sert aussi pour le même but du maréchal de Villeroy, 286, 287, 305; la prétention de Mme des Ursins à une souveraineté la choque et l'éloigne d'elle, XI, 64; est poussée à bout de jalousie au bruit qui se répand qu'elle veut épouser le roi d'Espagne, 66; sa joie d'avoir obtenu du roi une déclaration qui rend M. du Maine et M. le comte de Toulouse vrais princes du sang et habiles à succéder à la couronne, 129; concert secret et manége avec M. du Maine pour noircir de plus en plus le duc d'Orléans et pour amener le roi à faire un testament selon leurs vues et leurs désirs, 159 à 171; elle est indignée de l'effet que produit l'édit enregistré concernant la remise du testament au parlement, 178; cherche à amuser le roi chez elle par des dîners, des musiques et quelque jeu, 225; elle décide en secret avec le roi la perte de la princesse des Ursins; ses griefs contre elle, XII, 2; sa présence auprès du roi pendant les derniers jours de sa vie, 366; elle s'en va à Saint-Cyr ne comptant plus en sortir, 378; est rappelée à Versailles par le roi, 382; retourne à Saint-Cyr pour n'en plus sortir, 383; à quelle époque elle prit le nom de Maintenon; anecdote à ce sujet, XIII, 12; comment le roi en devint amoureux; comment elle supplanta Mme de Montespan, 13; son mariage secret avec le roi, 15; sa toute-puissance, 16; son caractère, 17; sa légèreté d'esprit, 18; son goût pour la direction; sa dévotion; quelle en était la nature, 19; son ignorance lui fait persécuter le jansénisme; comment elle augmente dans l'esprit du roi l'aversion qu'il avait déjà pour ce parti, 20; de concert avec lui elle détruit Port-Royal, 21; fait révoquer l'édit de Nantes, 23; son établissement de Saint-Cyr; ses vues en le faisant, 27; elle manque deux fois de faire déclarer son mariage, 28; est nommée seconde dame d'atours de la dauphine de Bavière, 28; Bossuet et Fénelon font manquer pour toujours la déclaration de mariage, 30; elle doit à Bossuet d'être entièrement délivrée de Mme de Montespan, 30; son union intime avec M. du Maine, 31; sa vie particulière, sa conduite, 33; ses audiences aussi difficiles que celles du roi; ses matinées, 34; ses occupations à Saint-Cyr, à Fontainebleau, à Marly, à Trianon; à quelles heures elle y recevait le roi, 35; son souper et son coucher, ses voyages, 36; ses manières; sa mise; son intérieur avec le roi, 37; ses occupations pendant que le roi travaillait chez elle; son accord secret avec les ministres, 38; comment elle disposait presque de tout, 39; ses voyages à part, 48; son domestique, 48; son ancienne servante Manon, 49; sa manière de parler de Mme la Dauphine, de Mme la duchesse de Bourgogne et de leurs maris, 51; ses promenades avec le roi dans les jardins de Marly, 51; ses espionnages, sa régenterie, 52; ses variations ou caprices, 53; son adresse à s'emparer des affaires ecclésiastiques; ses liaisons avec le cardinal de Noailles, Bissy, Godet, le P. Tellier, 54 et suiv.; comment elle devient la dupe de Bissy dans l'affaire de la constitution, 60; quel intérêt elle y prenait, 61; ses sentiments à la mort du roi, 102; elle tombe dangereusement malade sans que cette maladie soit presque sue, XIV, 212; sa manière de vivre à Saint-Cyr; quelles personnes elle voit, XVII, 184 et suiv.; ses occupations, 185 et suiv.; ses revenus, 188, 189; la chute de M. du Maine cause sa mort, 189.

MAISNE (M.), vivant à la Trappe, comme les religieux, instruit M. de Saint-Simon de tout ce qui regarde la conduite de l'abbé régulier de cette maison, II, 201.

MAISON du roi d'Espagne en 1722; charges et noms de ceux qui les remplissent, XIX, 4; appointements attachés à ces charges, 7.

MAISON de la reine d'Espagne; charges et noms des personnes qui les remplissent, XIX, 25; un mot sur quelques *señoras de honor*, 27; appointements attachés aux charges, 7.

MAISONS (le président), se laisse gagner par l'argent de M. le duc de Luxembourg qui ne l'épargne pas à Mme Bailly sa maîtresse, et par l'autorité du premier président Harlay; sa partialité contre les ducs et pairs opposants, I, 327; meurt fort vieux, après s'être démis de sa charge en faveur de son fils, IV, 436.

MAISONS, président à mortier, fils du précédent; son extérieur; son esprit; ses manières; caractère de sa femme; sa beauté, XI, 121; le président s'attache par sa conduite à gagner l'estime et l'affection des gens de robe; il sait aussi se ménager et attirer chez lui les principaux de la cour, 123, se lie avec M. le duc d'Orléans; recherche par le moyen de ce prince l'amitié de M. de Saint-Simon, 124; emploie dans le même dessein M. le duc de Beauvilliers; assigne un rendez-vous à M. de Saint-Simon, 124; but de ce rendez-vous qui commence leur liaison, 125; autre rendez-vous dans lequel lui et le duc de Noailles apprennent à M. de Saint-Simon que le roi déclare ses deux bâtards vrais princes du sang et habiles à succéder à la couronne, 126; leur fureur subite à cette occasion, 127; le président donne à dîner à huis clos à M. du Maine et au comte de Toulouse, 144; son extraction; son crédit dans le parlement, 394; pourquoi il prend le parti de cette compagnie dans l'affaire du bonnet, 395; assiste au dîner donné chez d'Antin; son embarras; il se lie de nouveau avec M. du Maine, 400; joue chez lui une scène de comédie en lui présentant le président d'Aligre qui demande grâce pour le parlement, 407; il essaye de gagner M. de Saint-Simon, d'Antin et quelques autres ducs, 407; il se lie par vanité et par intérêt au duc de Noailles, XII, 159; rapproche Canillac du duc, 162; étrange proposition qu'il fait à M. de Saint-Simon et à M. le duc d'Orléans concernant le testament du roi; comment elle est reçue par tous deux, 293; soupçons fondés auxquels cette proposition donne lieu, 296 et suiv.; le président et sa femme élèvent leur fils dans l'impiété, 300; mort du président; quelle en est la cause, 301; la présidente lui survit douze ans, et meurt d'apoplexie; son fils meurt quatre ans après de la petite vérole, 301;

son petit-fils meurt à dix-huit mois, 302.

MAISONS royales du roi d'Espagne; noms des gouverneurs, XIX, 6; notice sur chacune de ces maisons, 9, 10.

MAJORDOME-MAJOR du roi d'Espagne; quelles sont ses attributions, III, 105; ses priviléges, 106; majordome-major de la reine; ses fonctions, 112.

MALAUSE (Mlle de), choisie par M. Pontchartrain pour épouse de son fils, ne peut le devenir, à cause du refus que le roi fait de consentir à ce mariage, I, 417; naissance et famille de cette demoiselle; motif du refus du roi, 418.

MALEBRANCHE (le P.), son savoir; ses ouvrages; son caractère, XVII, 240; son amitié pour M. de Saint-Simon, 240; sa liaison avec MM. d'Allemands, Louville et le petit Renaud, 241.

MALPLAQUET (bataille de), détails sur cette journée; événements qui la précédèrent; dispositions des armées, VII, 372 et suiv.; retraite de l'armée française entre Valenciennes et le Quesnoy, 381; perte des ennemis, 381.

MALTE (le grand maître de), craignant une attaque des Turcs, fait un appel à tous les chevaliers; tous les préparatifs faits en France sont contremandés et deviennent inutiles, XII, 18.

MANCERA le marquis de), membre du conseil d'Espagne, demande vingt-quatre heures pour penser à la proposition faite au conseil sur la succession à la couronne; opine ensuite pour la France, III, 17; est nommé membre de la nouvelle junte composée par la princesse des Ursins, IV, 209; veut suivre le roi et la reine qui abandonnent Madrid pour la seconde fois; malgré ses cent ans, il fait quelques lieues en chaise à porteurs; sur les ordres réitérés du roi et de la reine, il rentre à regret dans Madrid, VIII, 426; refuse avec fermeté de prêter serment à l'archiduc, et renvoie le lord Stanhope qui est venu le lui proposer, 428; sa mort, XII, 12.

MANCHESTER (le comte de), ambassadeur d'Angleterre en France, ne paraît plus à Versailles depuis que le roi a reconnu le prince de Galles pour roi d'Angleterre, et se retire sans prendre congé, III, 331.

MANCINI (Olympe), voy. *Soissons* (comtesse de).

MANNEVILLE (Mme de), est faite dame d'honneur de la duchesse du Maine, I, 36; meurt d'un cancer, XIV, 51.

MANRIQUEZ (don Boniface), lieutenant général, est arrêté à Madrid dans une église, VII, 315.

MANRIQUEZ (Alonzo), premier écuyer du roi d'Espagne, est fait grand d'Espagne sous le titre de duc del Arco; son attachement invariable pour le roi; son extérieur; ses belles qualités; sa conduite prudente et sage, XII, 39 et suiv.; est fait grand écuyer, 40.

MANSART, premier architecte du roi, neveu du fameux Mansart; obtient du roi l'intendance des bâtiments, II, 248; il meurt subitement à Marly; bassesse de sa naissance; son esprit, son adresse; comment il se fait connaître du roi et parvient à lui plaire; son ignorance dans son métier; son caractère; ses privautés avec le roi, les princes et les grands seigneurs; faiblesse que le roi montre pour lui; anecdote sur le pont de Moulins construit par Mansart; gains énormes qu'il fait sur ses ouvrages et ses marchés; Monseigneur ne veut plus se servir de lui pour Meudon; soupçons sur la cause de sa mort; refus que Mansart éprouve peu de jours avant de mourir, de la part du contrôleur général et de la part du roi; revenus de Mansart, VI, 241 et suiv.

MANSFELD (le comte de), président du conseil de guerre à Vienne, est disgracié et exilé, IV, 186.

MANTOUE (le duc de), vient saluer Philippe V à Crémone, III, 429; assiste au combat de Santa-Vittoria et s'y distingue, 430; vient à Paris; est logé au Luxembourg; accueil qu'il reçoit à Versailles, IV, 278 et suiv.; la raison principale qui l'attire en France est d'y épouser une princesse; les princes de Lorraine veulent lui donner Mlle d'Elbœuf, 332; le prince de Condé veut lui donner sa fille, Mlle d'Enghien, 334; M. de Mantoue recherche la jeune duchesse de Lesdiguières, 335; ses instances auprès du roi et de M. Duras, père de la duchesse, 338; celle-ci résiste à toutes ses sollicitations; M. de Mantoue est forcé d'y renoncer; les princes de Lorraine viennent à bout de lui faire goûter Mlle d'Elbœuf, 338 et suiv.; il quitte Paris; se marie comme malgré lui dans une hôtellerie à Nevers, 341; renouvelle solennellement son mariage à Tortone, 344; sa sévérité envers sa femme, 344; comment il se voit forcé de se retirer en diligence à Venise; il envoie sa femme en Suisse,

V, 422; meurt à Padoue, VI, 300; ses richesses mobilières; pensions accordées à sa veuve, 300.

MANVILLE, gouverneur du château de Pierre-Encise, est poignardé avec ses soldats par cinq prisonniers d'État qui se sauvent, V, 20.

MARSIN (M.), est nommé ambassadeur en Espagne en remplacement du duc d'Harcourt; son portrait; son caractère; son origine; sa liaison avec M. de Cambrai et les ducs de Chevreuse et de Beauvilliers fait sa fortune, III, 192; le roi fait tous les frais de son équipage, 193; gagné par M. de Savoie, il fait préparer deux fauteuils dans l'appartement où le roi d'Espagne doit recevoir ce prince, 408; fait nommer M. de Vendôme ministre d'Espagne, 430; se distingue à la bataille de Luzzara, 431; quitte le roi d'Espagne à Perpignan; refuse la grandesse et l'ordre de la Toison, 434; est bien reçu par le roi et par Mme de Maintenon, IV, 64; est nommé chevalier de l'ordre, 76; achète le gouvernement d'Aire, 107; investit Landau, 191; reçoit l'ordre d'aller en Bavière; refuse de s'y rendre; pourquoi, 193; sur un ordre nouveau, il obéit; est fait maréchal de France; assiège et prend Augsbourg avec l'électeur de Bavière, 194; ne songe qu'à plaire à l'électeur et à Tallard, 303; se soutient avec avantage contre le prince Eugène, à la bataille d'Hochstedt, 306; averti de la déroute de l'armée de Tallard et d'une grande partie de celle de l'électeur de Bavière, il opère sa retraite sans être poursuivi, 210; va commander en Alsace, V, 6; s'abouche avec Villars à Phalsbourg, 165; reçoit ordre de joindre en Flandre le maréchal de Villeroy, 171; reçoit ordre d'aller commander en Italie sous M. le duc d'Orléans, 213; refuse au duc d'Orléans d'aller empêcher le passage du Tanaro aux ennemis; pourquoi, 229; s'oppose encore à ce que le duc aille se saisir des passages de la Doire, 231; combat une nouvelle proposition du duc, 232; conseil de guerre assemblé; son opposition y est approuvée par les officiers généraux, excepté par M. d'Estaing, 233; il refuse au duc de marcher à l'ennemi qu'on annonce prêt à passer la Doire, 235; est blessé et fait prisonnier à la bataille de Turin, 236; meurt après s'être confessé; son caractère; son peu de capacité; son origine, 242.

MARCIEU (le chevalier de), est envoyé par le régent aux frontières d'Espagne pour y attendre Albéroni et l'accompagner jusqu'au moment de son embarquement en Provence pour l'Italie, XVII, 355.

MARCILLAC, maître de camp, au siège de Chivas, reçoit plusieurs blessures, V, 41.

MARCILLY, officier, est dégradé des armes par un conseil de guerre pour avoir rendu Brisach; il se réfugie à Lyon, IV, 200, 247.

MARCK (La), voy. *La Marck*.

MARDICK (le canal de), imaginé par l'intendant Le Blanc et adopté par Pelletier, chargé de l'intendance des fortifications et du génie, s'exécute malgré les cris et les menaces des Anglais, XI, 98.

MARÉ (Mme de), gouvernante des enfants de M. le duc d'Orléans, refuse d'être dame d'atours de Mme la duchesse de Berry, VIII, 337; ses motifs d'excuse; avantages que lui fait le roi dans sa retraite; véritable cause de cette retraite bientôt connue, 337.

MARÉCHAL, chirurgien célèbre, fait l'opération de la pierre au médecin Fagon: est nommé premier chirurgien du roi, III, 337; IV, 121; sa capacité, sa droiture; ses autres qualités, 121; est appelé à Port-Royal des Champs pour couper la jambe à une religieuse; ce qui lui arrive à cette occasion, 122; il rend compte au roi de tout ce qu'il a vu et entendu à Port-Royal; son récit donne à réfléchir au roi, 123; il guérit le duc de Saint-Simon d'une maladie grave et le raccommode avec le roi, 255; il a le courage de dire au roi tout ce qui se passe en 1709 à l'occasion du blé dans les marchés; et de faire connaître l'opinion sinistre que le public en conçoit, VII, 123; obtient du roi qu'il écoutera le duc de Saint-Simon dans une audience particulière, 443; fait l'opération de la pierre à M. le comte de Toulouse, laquelle réussit parfaitement; reçoit 10 000 écus, X, 16; soutient contre Fagon et Boudin qu'il est fort douteux que la Dauphine soit morte de poison; ses motifs, 135; soutient la même opinion concernant la mort du Dauphin, 139; en explique au roi les raisons; avertit M. de Saint-Simon d'une cabale qui prétend faire tomber sur M. le duc d'Orléans tout l'odieux du poison, 140; se récrie avec courage devant le roi et Mme de Maintenon contre ceux qui en accusent ce prince, 144; il fait révoquer au roi la permission de recevoir à la Bastille le chimiste Humbert, 162; avertit Mme de Maintenon sur le danger où se trouve la santé du roi; comment son avis est reçu, XII, 312; fait l'ouverture du corps du roi, 384.

MARÉCHAL DE SALON (le); ses visions; son voyage à Versailles; ses entretiens avec M. de Pomponne, puis avec le roi; comment il est traité; parole du roi à son sujet; son retour à Salon; son secret reste ignoré du public, II, 187 et suiv.

MARÉCHAUX DE FRANCE; leurs prétentions; leurs tentatives de juridiction sur les ducs détruites par l'autorité du roi; historique à ce sujet; anecdote extraite des Mémoires de Mademoiselle, X, 403 et suiv.

MARESCOTI (le cardinal Galeas); sa famille; ses divers emplois; sa réputation de piété et de savoir; à l'âge de 80 ans, il cesse tout commerce ordinaire et se renferme chez lui, XII, 29; il partage tout son temps entre la prière et les lectures spirituelles; ses aumônes, 30; les papes l'honorent de leur visite; il meurt à 99 ans, fort regretté des pauvres; le pape assiste à ses obsèques, 31.

MARIE-ANNE D'AUTRICHE, seconde femme de Philippe IV, roi d'Espagne, meurt d'un cancer, en 1696, I, 324; elle remplit de troubles la minorité de son fils; rend malheureuse la fille de Monsieur, épouse de ce prince; sa haine contre la France; elle passe ses dernières années dans un palais particulier et vit peu considérée, 324.

MARIE-BÉATRIX, femme du roi Jacques II, meurt à Saint-Germain; comment elle supporta ses malheurs; sa piété; son caractère; elle est enterrée aux filles de Sainte-Marie de Chaillot, XV, 332.

MARIE-LOUISE DE SAVOIE, seconde fille de M. le duc, est mariée à Turin avec le roi d'Espagne; s'embarque à Nice, III, 220; achève son voyage par terre à travers la Provence et le Languedoc; ses grâces; sa présence d'esprit; ses larmes en se séparant de sa maison piémontaise; est mariée à Figuères par l'évêque diocésain; souper scandaleux, 221; refuse de coucher avec le roi qu'elle ne revoit que le lendemain habillée, 222; le second soir elle est fort affligée de ce que le roi ne paraît point; enfin la troisième nuit réunit les époux, 223; obtient des états d'Aragon tout ce qu'elle veut; retourne à Madrid où elle est à la tête de la junte; son affabilité et ses grâces, 411; obtient des gardes pour sa sûreté, 436, 437; elle se livre tout entière à la princesse des Ursins; son éducation; son esprit sage et ferme; ses grâces naturelles, IV, 167; soutient Mme des Ursins contre l'abbé d'Estrées; à quelle occasion, 263; son désespoir d'être séparée de la princesse des Ursins, 268; elle la conduit jusqu'à deux lieues de Madrid, 269; ne cesse par ses lettres d'intercéder pour qu'elle soit écoutée à Versailles; demande le rappel du duc de Berwick, 332; accorde toute sa confiance à Maulevrier; lui fait obtenir les entrées chez le roi; comment elle prépare avec lui le retour de la princesse des Ursins, sans qu'il soit question de cette dame, 405; sort de Madrid avec ses enfants pour aller à Burgos, V, 189; confie toutes les pierreries du roi et les siennes à Vaset, pour les porter en France, 189; rentre à Madrid après le roi, 190; en sort une seconde fois avec lui; harangue le peuple, VIII, 426; elle se gagne tous les cœurs par sa conduite et ses discours, 428; elle se retire à Vittoria avec le prince et les conseils; envoie toutes ses pierreries à Paris pour qu'on les mette en gage, 430; sa joie à la nouvelle de la victoire de Villaviciosa, 440; attaquée des écrouelles, elle ne s'applique pas moins au rétablissement des affaires, IX, 309; elle écrit avec amertume à sa sœur, la Dauphine, contre le duc de Noailles qui a essayé de donner une maîtresse au roi son mari, X, 10; elle accouche d'un prince qu'on nomme don Philippe, 205; d'un quatrième qui est nommé Ferdinand, X, 76; se trouvant à l'extrémité, elle prie le roi de France, par un courrier, de lui envoyer le médecin Helvétius, XI, 44; change son confesseur jésuite et prend un dominicain; meurt avec beaucoup de courage et de piété; est universellement regrettée en Espagne, 45.

MARILLAC, doyen du conseil, meurt le dernier de la famille des Marillac, XVII, 279.

MARILLAC, conseiller d'État, colonel et brigadier d'infanterie, est marié avec la sœur de second lit du duc de Beauvilliers, fille du duc de Saint-Aignan, IV, 76; abjure lors de la révocation de l'édit de Nantes; exerce avec Vérac des cruautés contre les huguenots; voit mourir ses deux fils sans enfants; et sa fille et sa petite-fille, IV, 297.

MARIN, brigadier de cavalerie et lieutenant des gardes du corps, fait part au roi du service signalé que le duc de Saint-Simon vient de lui rendre, I, 10.

MARINI (le comte), aventurier, propose de concert avec le comte Schleibert, autre aventurier, une ligue entre le roi d'Espagne et le roi de Prusse; Albéroni se défie d'eux, XVI, 190.

MARINIER. Mémoire rédigé par lui, où se trouvent toutes les dépenses des bâtiments faites par Louis XIV, XII, 507.

MARIVAUX, lieutenant général; sa naissance, sa généalogie, VII, 407; son mariage; son esprit; son caractère; il manque un jour de se noyer dans la Marne; comment il est sauvé, 408; il meurt fort vieux; son fils; sa sœur épouse Cauvisson, lieutenant général du Languedoc, 408.

MARLAIGNE (monastère); les solitaires de ce lieu ne peuvent déguiser leur douleur de la prise de la ville et du château de Namur, I, 12; description et origine de ce monastère, 12.

MARLBOROUGH (le comte), auparavant milord Churchill, favori du roi Jacques; à quoi il doit son élévation; trahit son maître et est prêt à le livrer; III, 417; il est envoyé par la reine Anne en qualité d'ambassadeur en Hollande; puis nommé général de l'armée qu'on y forme; est fait duc et chevalier de la Jarretière; sa femme favorite de la reine, 717; est fait prisonnier sur la Meuse, et relâché aussitôt par la sottise du partisan qui l'a pris, IV, 51; est fait duc avec 5000 livres sterling de pension, 76; s'avance vers Coblentz; passe le Rhin, 291; arrive à Ulm, confère avec le prince Eugène et Louis de Bade, 292; arrive avec le prince Eugène dans la plaine d'Hochstedt; leurs dispositions pour livrer bataille, 305, 306; Marlborough bat et enfonce l'armée de Tallard et celle de l'électeur de Bavière, 307; ses égards et ses complaisances pour les officiers français prisonniers, 312; reçoit les patentes de feld-maréchal général des armées de l'empereur et de l'empire, 324; s'empare de Trèves; assiège et prend Traarbach; voit les électeurs de Brandebourg et d'Hanovre, 373; emmène en Angleterre le maréchal Tallard et les autres prisonniers de marque, 383; est reçu avec de grands honneurs à Londres, 402; n'ose attaquer Villars posté à Circk, quoiqu'il y ait des forces supérieures à lui; son dépit de voir ses projets avortés, V, 34;

retourne en Flandre; force les lignes des Français entre Lawe et Heylesem, 35; est fait prince de l'empire; refuse la charge de vicaire général de l'archiduc aux Pays-Bas, 331; arrive à la Haye; en repart pour aller visiter les électeurs de Saxe, de Brandebourg et le duc d'Hanovre, VI, 79; ne juge pas à propos de de rien risquer en Flandre; pourquoi, 88; préside au combat d'Audenarde; s'informe le lendemain au duc de Biron, prisonnier du prince de Galles, 320; apprend avec grand plaisir le bien qu'on lui en dit, 321; sa parcimonie, son accord parfait avec le prince Eugène; il ne prend aucune jalousie de la préférence qu'on témoigne pour lui, 321; il envoie prier le duc de Bourgogne de lui vouloir accorder un passe-port pour ses équipages, 416; il passe l'Escaut à Gavre et à Berkem, VII, 4; vient camper près de Gand, 9; investit cette ville, 20; la prend par capitulation, 31; ainsi que Bruges et le fort de Plassendal; se rend à la Haye avec le prince Eugène, 31; gagne avec ce prince la bataille de Malplaquet; détails sur cette journée, 372 et suiv.; menacé d'un funeste revers à sa cour, il cherche à ranimer son parti par quelque grand coup, IX, 438; avec le prince Eugène il entreprend d'aller assiéger Bouchain; passe l'Escaut, 438; se félicite publiquement d'avoir échappé à un grand danger; forme le siège de Bouchain, est dépouillé de toutes ses charges; obtient la permission de passer la mer avec la duchesse sa femme, X, 60; revient en Angleterre, XI, 159; est rétabli dans toutes ses charges et commandements par le nouveau roi, 225; sa mort; ses obsèques; il est inhumé à Westminster, XIX, 324.

MARLY. Mémoire des dépenses qu'y a faites Louis XIV, jusqu'en 1690, XII, 515.

MARO (del), ambassadeur du roi de Sicile en Espagne, travaille à persuader le roi d'Espagne qu'une étroite intelligence entre lui et son maître est nécessaire pour leurs intérêts communs, XIV, 456; les offres de l'ambassadeur de Hollande lui font soupçonner que l'Espagne, l'Angleterre et les États généraux veulent dépouiller son maître de la Sicile; il élude en conséquence de répondre à la question que lui fait cet ambassadeur, 456; ses inquiétudes sur l'entreprise de la flotte d'Espagne, 200; il cherche inutilement à avertir son maître des soupçons qu'il en conçoit, XV, 60; sa sagacité est odieuse à Albéroni, 159; il ne cesse d'avertir le roi de Sicile qu'il a tout à craindre des projets de l'Espagne, 223.

MARSAL, capitaine des guides; sa belle conduite dans la reconnaissance que le lieutenant général Bretesche fait vers Rhinfelz; il est nommé capitaine d'infanterie; son origine, I, 203.

MARSAN (M. de), demande au roi le commandement du duc de Saint-Simon qu'il croit dangereusement malade; réponse du roi, IV, 255; sa mort, son caractère avide, bas, rampant; prenant de toutes mains; ses deux femmes, IV, 429 et suiv.; maladie singulière dont il meurt; ses pensions, 431.

MARSAN (Mme de), veuve de M. de Seignelay, meurt en couches d'un transport de colère; son humeur haute et impérieuse, II, 359.

MARSILLAC (l'abbé de), frère de M. de La Rochefoucauld, meurt fort regretté de ses amis; son esprit, son bon sens, son goût de la bonne compagnie, II, 116.

MARTINEAU (le P.), confesseur du duc de Bourgogne, visite les retranchements du duc de Marlborough, à la suite des princes; sur ce fait la cabale de M. de Vendôme bâtit une fable contre Mgr le duc de Bourgogne, VI, 403; le P. La Chaise pour détruire la calomnie montre au roi la lettre que le P. Martineau lui a écrite à ce sujet, 404; il est nommé confesseur du petit Dauphin, X, 187.

MARTINET, officier français au service du roi d'Espagne, fait dans la mer du Sud une riche prise sur des contrebandiers de Saint-Malo, XVI, 76, 77.

MARTINVILLE, qui s'est distingué au siége de Lille, est fait brigadier, VII, 2.

MARTON, fils de Blanzac et colonel du régiment de Conti, obtient à 24 ans une pension de 1000 écus; il est baptisé et est tenu par le prince de Conti et la duchesse de Sully, XVII, 193.

MASSEI, camérier et confident du pape, vient apporter la barette au cardinal Bissy; son extraction; son éloge; il devient nonce en France, puis cardinal, XII, 72; voir aussi XVII, 475 et suiv.

MASSERAN (la princesse de) est nommée dame du palais de la reine d'Espagne, XI, 256.

MASSERANO ou MASSERAN FERRERO (le prince de), grand d'Espagne; historique sur sa maison, XVIII, 416; son caractère; comment il s'élève à la cour, 416; son mariage; il est fort aimé et considéré; son voyage en Italie, en France, 417.

MASSILLON, père de l'Oratoire, célèbre par ses sermons, est nommé évêque de Clermont, XV, 139; il est sacré à la chapelle du roi; Sa Majesté assiste à cette cérémonie; débats à cette occasion entre les évêques et les cardinaux sur les carreaux à la chapelle, XVII, 88 et suiv.; le nouvel évêque reçoit 10 000 écus de gratification, 90; sert d'assistant au cardinal de Rohan, à la cérémonie du sacre de l'abbé Dubois, XVII, 432; il fait l'oraison funèbre de Madame, XIX, 435.

MATIGNON (le comte de), se voit au moment d'être condamné à payer 1 200 000 livres à un va-nu-pieds qui lui a intenté un procès sur des pièces qui sont enfin reconnues fausses, III, 210; union des Matignon avec Chamillart; détails sur cette famille; leur fortune, IV, 192; Matignon, à la mort de Mme de Nemours, part pour Neuchâtel pour en recueillir la principauté, VI, 62; il est appuyé dans ses prétentions par le ministre Chamillart, 64; il projette de marier son fils unique avec une fille du prince de Rohan, moyennant qu'il sera duc d'Estouteville, 259; il achète la terre d'Estouteville, mais le duché lui échappe; pourquoi, 263; ses plaintes contre le duc de Chevreuse, 263; il obtient la permission de se démettre en faveur de son fils de ses charges de Normandie en en retenant le commandement et les appointements, X, 420; son procès avec le prince de Pons, fils du comte de Marsan; à quelle occasion, XVII, 464; pourquoi il le perd; il meurt chez le maréchal son frère, 466.

MATIGNON (le maréchal) est nommé par le roi pour commander l'armée de Flandre sous le duc de Vendôme; on se récrie publiquement à la cour sur cette destination, VI, 234; réflexions à ce sujet tirées de l'histoire, 235; il obtient du régent que le gouvernement de la Rochelle soit réuni au gouvernement du pays d'Aunis dont son fils a la survivance; obtient encore une augmentation de brevet, XIV, 192 et suiv.; puis une augmentation d'appointements de 6000 livres, XVII, 290.

MATIGNON, fils, épouse la fille de

M. de Monaco et est fait duc et pair de Valentinois; à quelles conditions et par le crédit de qui, XII, 48 et suiv.

MAUBEC (le prince de), fils du prince d'Harcourt et colonel de cavalerie, meurt à Guastalla, V, 227.

MAULEVRIER, ne peut survivre à la douleur de n'avoir pas été fait maréchal de France, I, 41.

MAULEVRIER, fils, épouse une fille du maréchal de Tessé; son extérieur; son esprit d'intrigue; son ambition; il s'aperçoit des sentiments de la duchesse de Bourgogne pour Nangis; s'introduit auprès de la princesse; ose soupirer pour elle; lui écrit des billets et en reçoit, IV, 355; fait le malade; parle à l'oreille de la princesse et cherche à la détourner de Nangis, 356; la jalousie et la rage lui font faire une folie; il menace la princesse de faire tout savoir au roi, à Mme de Maintenon et au prince son mari, 357; est emmené en Espagne par son beau-père, 359; voit la princesse des Ursins à Toulouse; comment il gagne sa confiance, 404; et par son crédit est reçu à la cour d'Espagne; donne à la reine des conseils dont elle éprouve l'utilité, 405; obtient par elle les entrées chez le roi; comment il prépare avec elle le retour de la princesse des Ursins, sans qu'il soit question de cette dame, 405; s'insinue de plus en plus dans la confiance du roi et de la reine; par quels moyens; vise à la grandesse et l'obtient, V, 11; est appelé à Gibraltar par son beau-père le maréchal Tessé; reçoit du roi défenses expresses d'accepter la grandesse, 12; après un court séjour à Gibraltar, il revient à Madrid; dans quel but; reçoit ordre du ministre Torcy de revenir sur-le-champ en France; arrive à Versailles et obtient d'aller à Marly, 12; revoit la princesse des Ursins, Mgr le duc et Mme la duchesse de Bourgogne; s'introduit auprès de Mme de Maintenon qu'il entretient souvent dans de longs tête-à-tête, V, 150; ses prétentions sur la duchesse de Bourgogne augmentent; l'amour, la jalousie et l'ambition lui tournent la tête; comment il traite la maréchale de Cœuvres; ses actes de folie, 151; il querelle la duchesse de Bourgogne; ses visions; ses accès, 152; il se jette d'une fenêtre dans sa cour et s'écrase la tête, 153; sa veuve reçoit une lettre de la duchesse de Bourgogne et les visites des dames le plus avant dans la confiance de cette princesse; les accueille froidement; se brouille avec Mme de La Vallière, 154.

MAULEVRIER (le chevalier de), apporte au roi un billet de M. de Vendôme annonçant la victoire de Calcinato, V, 162; apporte la nouvelle de la capitulation du château de Lérida, 410.

MAULEVRIER (Mme de), femme d'un grand mérite, meurt laissant un fils gendre du comte de Tessé, II, 374.

MAULEVRIER, fils du lieutenant général de ce nom, est tué au siége de Namur, I, 278.

MAULEVRIER (l'abbé de), aumônier du roi, grand ami des jésuites, détourne M. de Pontchartrain fils de se retirer à l'institution de l'Oratoire, VI, 291; comment, sur les instances du chancelier, il travaille à empêcher qu'il n'abandonne les affaires après la mort de sa femme, 293 et suiv; nommé à l'évêché d'Autun, il le rend au bout d'un an sans avoir pris de bulles; obtient l'abbaye de Moutiers-Saint-Jean en Bourgogne; son extérieur; son origine; son attachement pour M. de Cambrai, VIII, 412; sa liaison intime avec le P. de La Chaise; son caractère; ses liaisons avec les jésuites; ses démêlés avec le cardinal de Noailles, 413; il se lave auprès du roi de tout ce dont il est accusé; il reste brouillé avec le cardinal de Noailles et reste ami des cardinaux de Coislin et de Janson, 414; demande au régent et obtient pour son neveu la survivance d'aumônier du roi, XIV, 195.

MAULEVRIER-COLBERT (le chevalier), maréchal de camp, meurt fort jeune de la petite vérole, aimé et estimé à la guerre, IX, 420.

MAULEVRIER-COLBERT, petit-fils du maréchal Tessé, épouse une fille du comte d'Estaing, XIX, 449.

MAULEVRIER-LANGERON, neveu de l'abbé Maulevrier, aumônier du roi, est destiné à porter le cordon bleu à l'infant don Philippe, XVII, 453; sa famille, 453; est nommé ambassadeur en Espagne, XVIII, 82; son dépit et sa jalousie de voir arriver en Espagne M. de Saint-Simon en qualité d'ambassadeur extraordinaire, 262; il signe avec lui le double contrat de mariage de France et d'Espagne, 271; sa conduite à l'audience solennelle qui est donnée à M. de Saint-Simon, 293; son procédé perfide envers lui au sujet des instruments du contrat de mariage, 294; sa grossièreté, son humeur et sa bêtise; traits qui les prouvent, XIX, 55 et suiv.; il devient par la suite maréchal de France, 58; sa mauvaise humeur au mariage du prince des Asturies; quelles en sont les causes, 134 et suiv.; Il est reçu chevalier de la Toison d'or; dégoût qu'il essuie à sa réception, 288 et suiv.: revient d'Espagne; est médiocrement reçu à la cour; s'en va dans sa province, 448.

MAUNOURRY, l'un des petits commissaires nommés par le premier président pour examiner l'affaire de préséance intentée par M. de Luxembourg, communique aux parties adverses un factum secret distribué aux petits commissaires, I, 153.

MAUPEOU, maître des requêtes, achète de Ménars, président à mortier, sa charge à un prix et à des conditions extraordinaires, XIV, 285; XV, 311.

MAUPERTUIS, capitaine de la première compagnie des mousquetaires, ses prétentions; son avancement dans la carrière militaire; son caractère; il conduit M. de Lauzun à Pignerol, le ramène à Bourbon, I, 5.

MAUPERTUIS, lieutenant général, gouverneur de Toul, meurt à 87 ans, XVIII, 159; sa valeur; ses petitesses; sa pédanterie. 159.

MAUREPAS (le comte de), fils de M de Pontchartrain, obtient la survivance de sa charge de secrétaire d'Etat, I, 116; est marié avec la fille du comte de Roye; détail sur ce mariage; présents du roi; M. de Pontchartrain père fait appeler son fils comte de Maurepas, 421 et suiv. Voy. *Pontchartrain* fils.

MAUREPAS, fils du précédent, obtient du régent la charge de secrétaire d'Etat de son père; détails à ce sujet, XIII, 261 et suiv; son mariage avec la fille de M. de La Vrillière; son éloge, XV, 298, 299.

MAURESSE, professe dans un couvent de religieuses de Moret, inconnue à tout le monde et visitée par les princes, par Mme de Maintenon, etc.; sa naissance est une énigme. II, 75, 76.

MAXIMILIEN (le duc), oncle paternel de l'électeur de Bavière, meurt dans une grande piété et dans une grande retraite, IV, 437; sa veuve meurt bientôt après, V, 195.

MAZARIN (le cardinal), fautes et félonies de son administration, XIX, 378.

MAZARIN (le duc de), reste neutre dans l'affaire de d'Antin, IX, 63; sa mort; son caractère; fortune immense que sa femme, nièce de Mazarin, lui avait apportée. X, 277; sa piété ridicule; ses folies; nom de sa famille; son extraction; historique sur les avocats Laporte, Bouthillier et sur Barbin, procureur du roi, 278 et suiv.

MAZARIN (la duchesse de), meurt en Angleterre où elle vivait depuis plus de 25 ans; elle n'est regrettée que de Saint-Evremond: son mari fait rapporter son corps en France et le fait enterrer à l'église du collége des Quatre-Nations, II, 293.

MÉAN (le baron de), doyen du chapitre de Liége et son frère attachés tous deux au roi Guillaume, sont enlevés avec leurs papiers et conduits au château de Namur, III, 337.

MECKELBOURG (la duchesse de), sœur de M. de Luxembourg, ne rougit point de proposer à son frère le chevalier de Soissons, vieux bâtard obscur du dernier comte de Soissons, pour mari de sa fille, I, 229; elle meurt peu de jours après et de la même maladie que son frère, sans secours spirituels, selon la prédiction du P. Bourdaloue, 233.

MÉDARD (saint, les soldats assiégeant le château de Namur déchirent et brûlent les images de ce saint, parce qu'il a plu à verse le jour de sa fête. I, 8.

MÉDAVY, maréchal de camp, est blessé à la bataille de Marsaille, I, 107; bat le prince de Hesse-Cassel dans une plaine en avant du château de Castiglione delle Stivere, lui fait passer le Mincio et reprend Goito, V, 250: est fait chevalier de l'ordre. 250; se maintient en Italie sans que les ennemis osent l'attaquer; propose deux moyens de s'y maintenir longtemps; lesquels bons tous deux ne sont point adoptés, 419 et suiv.; il reçoit l'ordre de traiter de concert avec M. de Vaudemont du libre retour des troupes françaises en Savoie, 422; arrive avec lui et 20 000 hommes de troupes à Suse, vient saluer le roi à Marly; reçoit le gouvernement du Nivernais; va commander en chef en Savoie et en Dauphiné, 423; marie sa fille à son frère Grancey et obtient de faire passer sur sa tête son gouvernement de Dunkerque, en s'en réservant les appointements, XI, 42; obtient 50 000 livres sur une vieille prétention d'un brevet de retenue du maréchal Grancey son grand-père, XV, 241.

MÉDICIS (le cardinal de), frère du grand-duc, est traité à Naples avec toutes sortes d'égards par Philippe V, suit ce prince jusqu'à Livourne et ne se sépare de lui qu'avec larmes, III, 405 ; quitte le chapeau et se marie à une sœur du duc de Guastalla, V, 164 ; VII, 332 ; sa mort, IX, 72.

MEDINA-CELI Figueroa y La Cerda (le duc de), grand d'Espagne ; historique sur sa maison ; son ancienneté, XVIII, 384.

MEDINA-CELI (le duc de), vice-roi de Naples, se conduit très-bien dans une révolte qui était sur le point d'éclater ; est rappelé en Espagne et nommé président du conseil des Indes, III, 332 ; est arrêté et conduit au château de Ségovie, puis transféré au château de Bayonne ; quatre commissaires sont chargés d'instruire son procès, VIII, 419 ; sa mort, IX, 71.

MEDINA DE RIOSECCO, Enriquez y Cabrera (le duc de), grand d'Espagne ; et amirante de Castille, XVIII, 392. Voy. Amirante.

MEDINA SIDONIA, Guzman (le duc de), fils du précédent ; grand d'Espagne ; historique sur sa maison ; son caractère, XVIII, 392 et suiv.

MEDINA-SIDONIA (le duc de), est nommé par Philippe V grand écuyer et gentilhomme de la chambre en exercice, III, 119 ; est nommé membre du conseil du cabinet, VII, 334, 335 ; sa mort, XI, 25 ; sa haute naissance ; son mérite, 26.

MÉHÉMET EFFENDI TEFDERDAR, ambassadeur extraordinaire du Grand Seigneur à Paris, vient complimenter le roi sur son avénement au trône ; son entrée, XVIII, 135 et suiv. ; sa réception, 137 et suiv. ; son audience de congé, 169 ; détails sur son séjour à Paris ; son extérieur ; sa politesse ; son air de grandeur, 170 ; fêtes qu'on lui donne dans les principales villes lorsqu'il s'en retourne, 172.

MEILLERAYE (La), voy. La Meilleraye.

MEJORADA, est envoyé par Philippe V, avec 500 chevaux, à Madrid d'où les Portugais se sont éloignés ; y est reçu avec les plus grandes acclamations, V, 190.

MELAC, gouverneur de Landau, bat un gros parti des ennemis, I, 201 ; après une longue défense il livre cette place par capitulation ; les conditions qu'il propose sont acceptées ; le roi des Romains le fait manger à sa table, IV, 7 ; vient à la cour où il est fort bien traité par le roi ; demande de nouveaux honneurs et les voyant donner à qui ne les avait pas mérités, il se retire à Paris et se consume de chagrin dans l'obscurité ; son caractère ; ses talents pour la guerre, 19 ; son emportement contre le chevalier d'Asfeld avec lequel on parvient à le raccommoder, 20 ; sa mort subite. 281.

MELFORD (milord, chevalier de la Jarretière, exilé de Saint-Germain, écrit à son frère milord Perth une lettre qui est portée à Londres ; objet de cette lettre ; le roi Guillaume en fait un grand usage contre la France ; Melford est envoyé à Angers et fort soupçonné, III, 84 ; est rappelé et fait duc ; lui et sa femme ont en France le rang et les honneurs de duc et de duchesse, IV, 434 ; sa mort, XI, 43.

MÉLIANT, rapporteur dans le procès de M. de Saint-Simon contre M. de Brissac, est nommé intendant à Pau, puis à l'armée d'Espagne ; par le crédit de M. de Saint Simon il devient plus tard conseiller d'État, V, 93 ; XVIII, 133.

MELPHE, Doria (le prince de), grand d'Espagne, XVIII, 418.

MELUN (le duc de), épouse une fille du duc d'Albret, XIII, 336.

MELUN (la duchesse de), fille du duc d'Albret, meurt toute jeune, en couches, XIV, 287.

MELUN (Mlle de), née Rohan, ne cède pas sa place à une duchesse, et manque s'attirer un affront du roi, II, 180 ; est la seule qui ose faire sentir à Monseigneur le mauvais effet qu'a produit sa présence à l'Opéra pendant l'agonie du prince de Conti, VII, 90 ; elle lui conseille, pour réparer le scandale, de faire une visite au mourant ; ce conseil est suivi, 91.

MÉNAGER, gros négociant, est nommé négociateur de la paix à Utrecht avec le maréchal d'Huxelles et l'abbé de Polignac, X, 15 ; revient saluer le roi après la paix, 398 ; service qu'il rendit à ses deux collègues ; il reçoit une pension de 10 000 livres, 399 ; il meurt à Paris d'apoplexie, XI, 162.

MÉNARS, président à mortier, meurt à Ménars sur-Loire ; son extérieur ; son caractère, XV, 311 ; le cardinal de Rohan achète sa précieuse bibliothèque qui était celle du célèbre de Thou, 311.

MENDOZE, évêque de Ségovie et grand inquisiteur est exilé par Philippe V sur la demande du cardinal Portocarrero ; son peu de capacité ; son crime, III, 67.

MENGUY ET GOESLARD, conseillers

de la grand'chambre sont nommés du conseil des affaires du dedans, XIII, 157.

MENILLE, gentilhomme servant du feu roi et ami de Brigault, est conduit à la Bastille, comme complice de la conspiration de Cellamare, XVII, 90.

MERCY, général, à la tête d'un corps de Hongrois, traverse le Rhin à Rheinfels; paraît près de Brisach, VII, 307; est attaqué par le comte du Bourg et complétement défait; se sauve avec peine à Basse, ayant perdu son carrosse et sa cassette, 368; envoie prier le comte du Bourg de lui renvoyer sur parole un officier lorrain, ce qui lui est galamment accordé, 369; on trouve dans sa cassette un mémoire du prince Eugène tendant à remettre la France hors d'état d'inquiéter jamais l'Europe et de sortir des limites auxquelles on voulait la rappeler, 371.

MÉRINVILLE (l'abbé de), petit neveu de Godet, évêque de Chartres, est choisi par lui pour être son coadjuteur; voyant son oncle mourant, il le conjure de se décharger de ce fardeau; Godet persiste dans son choix; après sa mort le coadjuteur presse Mme de Maintenon de faire nommer un autre évêque; il est sacré à 27 ans, malgré lui et conserve la même direction de Saint-Cyr qu'avait son oncle, VII, 404; son austérité; ses vertus, 405.

MESGRIGNY, maréchal de camp, mandé à la cour pour rendre compte du siége de Namur, reçoit 6000 livres de pension et le cordon rouge, I, 281; est fait lieutenant général, 281; il déshonore sa vieillesse en se donnant aux ennemis qui lui conservent le gouvernement de la citadelle de Tournai, VII, 380.

MESMES (M. de), est nommé premier président du parlement par le crédit de M. du Maine, X, 53; sa généalogie; sa famille, 54; son extérieur, 56; sa manière de vivre; son goût pour la dépense; comment il s'introduit auprès de M. du Maine et s'y conduit, 57; sa connaissance du barreau; ses qualités; son caractère; ses mœurs, 59; par quoi il se rend ridicule, 59; il ose proposer que le roi lui paye les intérêts d'un brevet de retenue de 500 000 livres, et l'obtient, XI, 42; aspire à la charge de chancelier, mais l'appui de M. du Maine lui manque; pourquoi, 117; sa joie indiscrète lorsque M. du Maine et M. le comte de Toulouse sont reçus au parlement comme vrais princes du sang et habiles à succéder à la couronne; il leur donne un grand dîner, 156; sa réponse favorable aux ducs d'Aumont et d'Antin sur l'affaire du bonnet, XII, 386 (voy. les art. *Parlement* et *Maine* (le duc du); renvoie à d'Antin, sans billet, le mémoire des ducs sur cette affaire, 387; paraît à plusieurs ducs tout différent de ce qu'il s'est montré d'abord sur cette affaire; paye M. le duc d'Orléans de respects généraux à cet égard, 390; voit le roi, sort d'avec lui tout échauffé et fait une réponse fort sèche aux ducs, 390; assemble chez lui plusieurs membres du parlement, leur lit le mémoire que le roi lui a remis et le premier les excite contre, 392; tombe malade ou le fait; s'absente pendant deux mois; à son retour, reçoit la visite des ducs de Noailles et d'Antin; effleure légèrement l'affaire du bonnet, 393; leur fait deux propositions nouvelles; comment elles sont reçues, 393 et suiv.; invité à un grand dîner chez d'Antin, il promet de s'y rendre, 399; s'excuse ensuite d'y aller sous prétexte d'incommodité, 400; est mandé à Marly chez le roi; plaintes et reproches qu'il en essuie; sort du cabinet du roi tout enflammé; pourquoi, 406; quel était son but en prolongeant l'affaire, 411; trompé dans son espérance, il fait au roi la plus atroce délation contre les ducs, 411 et suiv.; il reçoit deux affronts journaliers, se plaint au roi, en particulier, du duc de Tresmes; à quelle occasion, 413; le roi ne veut se mêler de rien, 414; le premier président obtient par le crédit de M. du Maine une pension de 20 000 livres, 434; obtient du régent qu'il lui fasse payer les 500 000 livres de son brevet de retenue, en conservant toutefois sa pension; M. et Mme du Maine et lui se moquent de la facilité du régent, XIV, 155; informé des progrès de ce que trament M. et Mme du Maine en Bretagne et partout, il met tout son art à se conduire au parlement en conséquence, mais de manière à se rendre nécessaire au régent, à le rançonner et à le trahir, XV, 245; est mandé chez Mme du Maine, après le lit de justice qui a réduit les bâtards aux rangs de pairs et est accablé par elle de mépris et de duretés, XVII, 25, 26; son inquiétude lors de la détention de M. et de Mme du Maine; il obtient une audience du régent; lui fait mille protestations d'attachement et de fidélité; reste confondu à la vue d'une lettre signée de lui que lui montre le prince, 405 et suiv.;

son effronterie; ses bassesses; il tire du régent plus de 100 000 écus pour la translation du parlement à Pontoise, où il tient table ouverte et se moque du prince, XVIII, 40 et suiv.; négocie avec le régent dont il tire encore beaucoup d'argent pour le rappel de sa compagnie; à quelle condition il obtient le rappel, 76; il meurt d'apoplexie à 61 ans, XX, 21.

MESMES, mariage du duc de Lorges avec sa fille aînée, 77 et suiv.; Saint-Simon se réconcilie peu à peu avec lui, 79 et suiv.

MESMES (le bailli de), frère du premier président, est nommé ambassadeur de Malte, par le crédit de M. du Maine, XI, 234; ses mœurs dissolues; son incapacité, 234; à la sollicitation du roi et séduit par M. du Maine, il va visiter le prince de Dombes, fils de celui-ci, comme les autres princes du sang, XII, 64; se joint au grand prieur pour soulever tous ceux de l'ordre de Malte qui sont à Paris et les réunir à la prétendue noblesse qui s'élève contre les ducs, XIV, 299.

METTERNICH (le baron de), élu canoniquement évêque de Munster, est appuyé par les Hollandais et rejeté par l'empereur, VI, 434; il porte son affaire à Rome qui décide en sa faveur; l'empereur obtient un examen nouveau, contre toutes règles; Metternich gagne une seconde fois; l'empereur cède enfin, et le nouvel évêque prend possession, 435.

MEUSE (le marquis de), de la maison de Choiseul, épouse la fille de Zurlauben, lieutenant général distingué, X, 200 et 286.

MEUSE, colonel de cavalerie, est tué au combat livré en avant de Landau, IV, 201.

MÉZIÈRES, capitaine de gendarmerie, épouse une Anglaise catholique, dont la mère avait été blanchisseuse de la reine, femme de Jacques II; caractère de la fille, V, 361; difformité de Mézières; sa vanité; son avancement, 362; devient lieutenant général et gouverneur d'Amiens; son extérieur; sa valeur; son esprit; son effronterie; sa galanterie; sa femme; ses enfants; sa mort, XVIII, 159.

MEZZABARBA, patriarche d'Alexandrie et légat *a latere*, est envoyé en Chine pour y réduire les jésuites à l'obéissance des décrets du saint-siège concernant les rits chinois; son voyage, XIX, 457; obstacles qu'il rencontre dans l'exécution des ordres qu'il a reçus, 457;

comment il se voit forcé par les jésuites à rendre un décret qui suspend toute exécution de ceux de Rome; il revient en Europe avec le P. Magalhaens, jésuite portugais et avec le corps du cardinal de Tournon; explique au pape ce qu'il a fait, ce qu'il a éprouvé et les obstacles insurmontables qu'il a rencontrés dans sa mission, 458 et suiv.; est exilé loin de Rome, 460.

MIDDLETON, remplace auprès du roi Jacques II le comte Melford en qualité de ministre; son caractère; son esprit de ruse; quoique protestant, il est soutenu par sa femme catholique qui gouverne la reine d'Angleterre; craignant que Melford ne reprenne son ancienne place, il déclare à la reine qu'il s'est converti, se fait catholique et est maintenu, IV, 434; secrétaire du roi Jacques III, il accompagne ce prince dans son entreprise sur l'Écosse, VI, 191; son caractère; comment il gagne la confiance de la reine d'Angleterre; caractère de sa femme, 192; conduite équivoque de Middleton dans l'expédition, 197; ses fils faits prisonniers sont fort accueillis en Angleterre, 197; il accompagne le roi à Marly; salue Louis XIV et en est reçu gracieusement, 199; est violemment soupçonné d'avoir averti les Anglais, 199.

MIGNARD (le peintre), meurt en 1695; sa fille unique parfaitement belle était le sujet sur lequel il travaillait le plus volontiers; elle est répétée dans plusieurs de ses tableaux historiques, I, 256.

MIGNARD (Mlle), fille du célèbre peintre; depuis longtemps entretenue par Bloin, premier valet de chambre du roi, épouse un frère de M. de Feuquières, I, 307.

MILLAIN, attaché à M. le Duc, auparavant secrétaire du chancelier Pontchartrain; son caractère; sa probité; son mérite, XVI, 373, 374; il montre à M. de Saint-Simon, par ordre de M. le Duc, trois projets d'édit concernant la surintendance de l'éducation du roi, le rang intermédiaire et la réduction des bâtards au rang de pairs, 384; est chargé par M. le Duc et par le régent d'engager M. de Saint-Simon à accepter la place de gouverneur du roi; ses instances réitérées auprès de lui à ce sujet sont sans succès, XVIII, 103 et suiv.

MIMEUR, officier général, meurt fort regretté; sa naissance; son esprit plaisant et orné; son caractère, XVII, 150.

MINISTRES; dangers pour les États et

pour les princes d'avoir un premier ministre ; exemples des premiers ministres en tous pays, XIX, 375 et suiv. ; quel est nécessairement un premier ministre et quel d, vient le prince qui le fait, 382; sur les ministres ecclésiastiques, voy. *Cardinaux. Ecclésiastiques.*

MIOSSENS (Mme de), meurt à 78 ans au Luxembourg; son caractère; son extérieur; sa piété: sa vie retirée; son mari, frère cadet du maréchal d'Albret, fut tué en duel par Saint-Léger-Corbon, XI, 49. Voy. *Bâtards d'Albret.*

MIRAMION (Mme de), sa naissance, son mariage ; après la mort de son mari elle est recherchée par Bussy Rabutin qui l'enlève; elle lui declare en public qu'elle a fait vœu de chasteté ; Bussy la remet en liberté ; son caractère ; ses établissements utiles aux veuves et aux jeunes filles ; vénération du roi pour elle, I, 320, 321 ; sa mort ; sa fille aigre, altière et dévote, 321.

MIRANDA, *Chaves* (le comte), grand d'Espagne ; historique sur sa maison, XVIII, 456.

MIRAVAL (le marquis de), gouverneur du conseil de Castille ; sa naissance ; ses emplois ; son caractère, XIX, 30.

MIREBAUT, est fait prisonnier au combat de Cassano, V, 43,

MIREPOIX (le marquis de), marié en secondes noces à la fille d'un cabaretier d'Alsace, meurt dans ce pays, dans l'obscurité, II, 292.

MIREPOIX (la marquise de, veuve de Mirepoix, sous-lieutenant des mousquetaires, meurt assez jeune, ruinée et dans la retraite, X, 365.

MISSISSIPI, projets d'établissements dans ce vaste pays; enlèvements faits dans tout le royaume de gens sans aveu et de mendiants valides; violence avec laquelle il se fait, XVII, 461; l'inhumanité et la barbarie avec lesquelles on traite les gens enlevés excitent de si fortes réclamations qu'on renonce au projet, 562.

MODÈNE (le duc de), refuse de donner sa fille au prétendant; pourquoi, XV, 196.

MODÈNE (la duchesse de), de la maison Barberine, meurt fort âgée, II, 296.

MODÈNE (la duchesse de), belle-sœur de l'empereur et fille de la duchesse de Hanovre. meurt à 39 ans, IX, 2.

MOLE, président à mortier, meurt fort mal dans ses affaires, après avoir obtenu sa survivance pour son fils fort jeune, VII, 33.

MOLÈS. ambassadeur d'Espagne à Vienne, est congédié ; s'y fait arrêter, III, 141 ; déclare qu'il n'a été arrêté que de son consentement, et qu'il a toujours été du parti de l'empereur; récompense qu'il reçoit de cette déclaration, IV, 118.

MOLINEZ, doyen de la Rote et auditeur à Rome pour la Castille, encourt la colère du pape pour avoir voulu s'opposer à ce que le pontife envoyât un légat à l'archiduc, comme roi d'Espagne ; il est interdit de toutes ses fonctions, même de dire la messe, X, 21 ; est fait grand inquisiteur d'Espagne, XIV, 240 ; est arrêté à Milan en se rendant en Espagne, par ordre du prince de Lœwenstein, XV, 13 ; sort du château de Milan, est gardé dans un collége de la ville par des soldats de l'église. 117.

MOLINISME, naissance et progrès de cette secte ; les jésuites en sont les plus ardents propagateurs et défenseurs, VII, 410.

MOLINOS. prêtre espagnol, chef de la secte des quiétistes, meurt à Rome dans les prisons de l'inquisition, I, 423.

MONACO (M. de, obtient le rang de prince étranger pour lui et ses enfants, I, 305 ; est nommé ambassadeur à Rome ; il prétend que M de Torcy lui donne dans sa correspondance le titre de *monseigneur* ; le roi, après le lui avoir accordé, le lui refuse; arrivé à Rome, il prétend au titre d'*Altesse*, ce qu'on lui refuse encore, II, 257 ; refuse le titre d'*Excellence* à qui il le doit et à qui ne lui donnera pas celui d'*Altesse* le roi souffre cette fantaisie qui nuit à ses affaires, 367; danger qu'il court en voulant apaiser une émeute suscitée à Vaini ; il y est tiraillé par son cordon bleu ; sort de Rome avec éclat : demande réparation, III, 44 ; sa mort ; son caractère ; sa corpulence; ses chagrins domestiques, 64.

MONACO (le prince de), fils du précédent, après la mort de son père ramène sa femme à Monaco ; son ménage n'en est pas plus concordant; cherche à faire pour sa fille ainée un mariage qui plaise au roi, afin d'obtenir la continuation de sa dignité pour son gendre; obtient à cet égard de la part du roi des graces insolites, X, 419; le fils du comte de Roucy est choisi pour gendre; comment Mme de Monaco, de dépit contre son mari, fait rompre de mariage, 50 et suiv.; son séjour à la cour; peines et ennuis qu'elle y éprouve, 52; marie sa fille au fils de Matignon; à quelles conditions, XII, 45 et suiv.

MONACO (l'abbé de), est nommé archevêque de Besançon, XX, 27.

MONASTEROL, envoyé de l'électeur de Bavière, devient amoureux de la veuve de La Chétardie, gouverneur de Béfort; portrait de cette dame, VI, 202; Monasterol l'épouse et bientôt est honteux de le déclarer, 203; obtient du roi que s'il vient à mourir sa femme conservera 20 000 livres de sa pension, X, 361; son caractère; son grand état; il est rappelé à Munich pour rendre compte de sa gestion, XV, 316; se brûle la cervelle; sa veuve tombe dans l'obscurité, 317.

MONCAULT, soldat de fortune, meurt lieutenant général et gouverneur de la citadelle de Besançon, XV, 65.

MONCHAMP, major général du duc d'Orléans, meurt au siège de Tortose, VI, 304.

MONCHY (M. de), achète une charge de maître de la garde-robe de M. le duc de Berry, IX, 31.

MONDÉJAR, Ivannes (le marquis de), grand d'Espagne, XVIII, 437.

MONGEORGES, capitaine aux gardes, ami de Mme Ticquet; est soupçonné d'avoir, de concert avec elle, fait assassiner son mari, II, 362; ses amis le servent si bien qu'il n'est fait aucune mention juridique de lui, 362.

MONSEIGNEUR (le titre de), usurpé par les ministres secrétaires d'État; M. de Louvois est le premier qui se le fit donner, II, 257; Louis XIV est le premier qui, en badinant ou à dessein, ait donné au Dauphin le titre de *Monseigneur* et qui en ait ainsi rendu l'usage général, VII, 170; comment ce titre fut donné ensuite aux évêques, aux princes, aux maréchaux, etc., 171 et suiv.

MONSEIGNEUR, s'oppose à ce que le maréchal de Lorges attaque Heilbronn; revient de bonne heure à Versailles, I, 103; il est déclaré commandant des armées en Flandre, 188; se brouille avec Mme du Roure; pourquoi; la revoit; lui envoie 1000 louis quand elle est exilée; puis fait ses dévotions, 189; gagne en Flandre le camp d'Espierres avant que l'ennemi ait pu s'en saisir; belle marche en cette occasion; le prince revient à Fontainebleau, 198; donne 2000 louis à M. de Sainte-Maure pour réparer ses pertes au jeu, II, 425; opine avec chaleur dans le conseil du roi pour l'acceptation du testament du roi d'Espagne, III, 25; se met sous sa pendule dans l'impatience d'annoncer à sa cour la déclaration du duc d'Anjou comme roi d'Espagne, 36; donne à son fils le titre de *Majesté*; sa joie extrême, 37; éprouve une violente indigestion; alarme à la cour, 137; les dames des halles viennent s'informer de sa santé; accueil qu'elles reçoivent, 139; le lendemain de la mort de Monsieur, Monseigneur va courre le loup, 167; prend soin de consoler Mlle de Lislebonne et d'Espinoy de la perte du prince Thomas de Vaudemont blessé mortellement à la bataille de Luzzara, 432; reçoit l'ordre de Saint-Louis en public avec plusieurs officiers qui le reçoivent aussi, IV, 107; il traite M. de Pontchartrain, ministre de la marine, d'usurpateur avide; à quelle occasion, VI, 99; de concert avec Mme la Duchesse, il encourage les poursuites de d'Antin pour la charge de surintendant des bâtiments, 249; n'en rend pas moins témoignage au roi contre sa probité, 250; son insensibilité à l'égard des affaires de la guerre; preuves qu'il en donne, 400; il se laisse entraîner par la cabale de M. de Vendôme; il loue beaucoup le duc de Berry, sans jamais faire mention du duc de Bourgogne, 401; son indifférence à la mort du prince de Conti, VII, 91; il éconduit entièrement de Meudon M. de Vendôme, 187; ses sujets de mécontentement contre Chamillart, 230; comment il se rapproche de Mme de Maintenon, 234 et suiv.; lui fait des visites; ils prennent ensemble les dernières résolutions contre Chamillart; Monseigneur attaque ouvertement ce ministre auprès du roi, 236; il se laisse persuader par d'Antin de travailler à lui faire donner le ministère de la guerre, 237; durs propos qu'il tient à Chamillart au sujet de l'état de la frontière et de l'armée de Flandre; excité de plus en plus par Mlle Choin, il porte le dernier coup à ce ministre, 240; une dernière conversation qu'il a avec le roi achève de déterminer le renvoi de Chamillart, 243; il se presse pour d'Antin, 244; combat dans un conseil tenu à Marly l'avis de rappeler les troupes d'Espagne, 284; parle au roi avec force contre la résolution qui a été prise; parle hautement dans un nouveau conseil contre le rappel, 286; se signale entre tous pour sévir contre M. le duc d'Orléans; toute la cabale de Meudon s'élève contre ce prince, 315; Monseigneur insiste pour une instruction juridique et criminelle, 317; s'éloigne de plus en plus de lui, 322; est plus d'une fois assailli par la populace qui lui demande du pain, 349; sa réponse vive à Mme la duchesse de Bourgogne qui le sonde sur le projet de mariage du duc de Berry avec Mademoiselle, VIII, 232; paroles du roi en cette occasion, 232; intérieur de la cour de Monseigneur, 263 et suiv.; donne au roi, quoique avec peine, son consentement pour le mariage du duc de Berry avec Mademoiselle, 280; il accompagne le roi chez Madame pour faire la demande, 284; avec quelle allégresse il reçoit M. le duc et Mme la duchesse d'Orléans, 285; dépit qu'il éprouve de la perte du procès de Mme la Duchesse contre les princesses ses filles, IX, 80; il va à Meudon; un pressentiment lui annonce sa maladie, 103; il tombe en effet malade, 103; le roi vient auprès de lui; quelles personnes restent à Meudon pendant le séjour du roi, 104; les harengères de Paris viennent féliciter Monseigneur sur sa convalescence; comment il les accueille et les fait traiter, 110; il retombe plus mal, 112; son agonie, 113; sa mort, 115; aspect de Meudon après cet événement; en un moment il se trouve vide, 129; La Vallière est le seul des courtisans qui n'abandonne point le prince après sa mort, 130; portrait physique de Monseigneur, 131; son caractère; son incurie; sa taciturnité, 132; son arrangement domestique; son avarice; ce qu'il donnait par an à Mlle Choin; il est incertain s'il fut marié secrètement avec elle, 132; son peu de lumières; quelle était sa lecture unique; sa timidité, fruit de son éducation; sa crainte et sa gêne en présence du roi son père, 134; son crédit nul auprès de lui, 135; sa nullité dans les affaires quoiqu'il y fût initié, 136; s'il est vrai qu'il avait une appréhension extrême de perdre le roi, 137; son éloignement pour Mme de Maintenon; sa confiance en Mlle de Lislebonne et en Mme d'Epinoy n'allait pas jusqu'à épouser toutes leurs fantaisies; son amitié pour le duc de Berry, 138; sa vénération pour la mémoire du duc de Montausier, 142; quelles furent ses maîtresses; échantillon de sa délicatesse, 142; son goût pour la comédienne Raisin, 143; quels furent ses courtisans favorisés, 144; le maréchal de Villeroy et M. de Lauzun furent ses deux hommes d'aversion, 145; son éloignement pour le duc de Bourgogne augmenté par ses confidents, 145; efforts et soins de Mme la duchesse de Bourgogne pour se maintenir auprès de lui, 146; amitié soutenue de Monseigneur pour le roi d'Espagne, 152; résumé concernant le caractère de ce prince; ses obsèques, 152 et suiv.; services célébrés à Saint-Denis et à Notre-Dame, 317; partage de sa succession; vente indécente de ses bijoux, 378.

MONSIEUR, titre affecté au premier frère du roi, premier fils de France, depuis Gaston frère de Louis XIII qui le prit et auquel on le donne toujours, VII, 166.

MONSIEUR, frère du roi, son goût pour le chevalier de Lorraine, I, 18; il se laisse gagner pour donner son consentement au mariage du duc de Chartres son fils avec Mlle de Blois, 21; est mandé chez le roi où il donne ce consentement, 21; est maltraité par son épouse, Madame, à ce sujet, 22; son air honteux et déconcerté après la déclaration de ce mariage, 24; il reproche au roi de l'avoir trompé par un troc forcé qui prévient une vacance prochaine et enlève au duc de Chartres le gouvernement de Bretagne qui lui était promis; comment le roi apaise Monsieur, 245; étonnement de ce prince en apprenant que le roi a nommé Mme du Lude dame d'honneur de Mme la duchesse de Bourgogne; quelle en est la cause, 354; propose à son fils M. le duc de Chartres de ne point paraître à la cérémonie du mariage de Mademoiselle avec M. de Lorraine; sur le refus du duc, il n'ose insister, II, 214; embarrassé du murmure qui s'est fait de ce que Mme la Duchesse n'est point descendue à la chapelle pendant la messe du mariage, il déclare publiquement à sa table que M. de Lorraine n'a jamais rien prétendu sur M. de Chartres, et que lui-même ne l'aurait pas souffert, 217; schisme à cette occasion parmi les dames lorraines, 217; Monsieur propose au roi et obtient que M. de Lorraine, venu pour faire hommage-lige à Sa Majesté, restera sur le pied de l'*incognito*, 389; mène lui-même M. de Lorraine à Versailles; détails sur la cérémonie de l'hommage, 340 et suiv.; apprend à ceux qui sont à Meudon avec lui que le duc d'Anjou vient d'être déclaré roi d'Espagne, III, 36; sa longue conversation avec le roi son frère sur le refus fait au duc de Chartres de servir, 144; aigreur de Monsieur; il cède enfin et songe à arrêter les saillies de la conduite de son fils,

147; sa triste situation de cœur et d'esprit; ses peines sont aggravées par son confesseur, 159; scène avec le roi, 160; reproches qu'il lui fait au sujet de son fils, 161; ses excès dans le manger, 162; il tombe en apoplexie, 162; rumeur et désordre à Marly, 163; Monsieur meurt à Saint-Cloud; désertion; cris des premiers officiers et des dames, 165; perte que la cour fait par cette mort; caractère et manières de Monsieur; liberté dont on jouissait chez lui, 169; sa maison à Saint-Cloud; comment il vivait avec Madame, 169; sa faiblesse; sa timidité; son humeur tracassière et défiante; son goût abominable; plaisir qu'il prenait pour les querelles des dames de sa cour; ses deux favoris, le chevalier de Lorraine et Châtillon, 171; sa conduite avec le roi, 172; il ne peut se plier à Mme de Maintenon; est fort sensible et fort attaché à ce qui lui est dû; comment il oblige un jour M. le Duc à le servir, 173; sa pompe funèbre, 178 et suiv.; sa protestation contre une disposition seconde du testament du roi d'Espagne, 194.

MONTAL, malgré ses services distingués, ne peut obtenir le bâton de maréchal; sa modestie à cet égard; il continue à servir par les espérances qu'on lui donne, I, 40; sauve la Kenoque, prend Dixmude et Deinse, 271, 278; meurt à plus de 80 ans, 340.

MONTAL, petit-fils de Montal chevalier de l'ordre, épouse une sœur de Villacerf, premier maître d'hôtel de la duchesse de Bourgogne, IV, 424, 425.

MONTALÈGRE, *Guzman* (le marquis de), grand d'Espagne; son caractère, XVIII, 437; sa mort, XIX, 309.

MONTARAN, trésorier de Bretagne, se maintient dans sa place par son argent et son crédit, malgré le mécontentement et les réclamations de la province, XVII, 42.

MONTAUBAN (le prince de), meurt dans l'obscurité; portrait physique de sa veuve; son caractère; son avarice; sa méchanceté; ses agréments quand elle voulait plaire; comment elle parvient à être de tous les voyages de Marly, IV, 360; elle tire tout ce qu'elle veut de M. le duc d'Orléans; son fils et sa fille, 361; sa flatterie au duc de Berry augmente le désespoir de ce prince, X, 355.

MONTAUBAN (Mlle de), fille d'honneur de Mme du Maine, est conduite à la Bastille, XVII, 90; est renvoyée auprès d'elle, 208.

MONTAUSIER (M. de), gouverneur du Dauphin, ne lui dit jamais que Monsieur et ne se contraint point de déclamer contre l'usage nouvellement établi de lui donner le titre de Monseigneur, VII, 171.

MONTBAZON (branche de), généalogie de cette maison; quand la seigneurie de Montbazon fut érigée en duché-pairie, II, 148.

MONTBAZON (le prince de), colonel du régiment de Picardie, obtient une pension de 10 000 livres; pourquoi, XI, 249.

MONTBAZON (le duc de), honneurs qu'il fait à un valet de pied qui lui est envoyé par le roi Louis XIII; ce prince raconte souvent ce trait avec complaisance, IV, 241, 242.

MONTBAZON (le duc de), meurt fou et renfermé dans une abbaye de Liége, II, 292.

MONTBAZON (M. de), fils aîné de M. de Guéméné et gendre de M. de Bouillon meurt jeune et brigadier d'infanterie, XIV, 414.

MONTBAZON (la duchesse de), mère du prince de Guéméné et femme du duc de Montbazon, mort fou, meurt à 76 ans; sa famille; ses mœurs; elle fait le duc de La Rochefoucauld exécuteur de son testament, V, 196.

MONTBAZON (l'abbé de), est nommé par le roi à la riche abbaye du Gard, près de Metz, XI, 453.

MONTBÉLIARD (le prince de), vient à Paris pour demander que ses enfants qu'il a eus de trois femmes à la fois soient reconnus légitimes et princes, on se moque de cette demande et il retourne chez lui; la même demande reproduite à Vienne est foudroyée par le conseil aulique; il marie un de ses fils à une de ses filles; sa mort, XVII, 480; XIX, 453, 454.

MONTBÉLIARD (les bâtards de), disputent au duc de Wurtemberg, cadet de cette maison, l'héritage de la principauté; viennent à Paris; sont soutenus par Mme de Mezières, Mme de Carignan et les Rohan; marché conclu entre eux, XVII, 481, 482; pourquoi l'affaire est arrêtée, 482 et suiv.; comment elle est reprise, 483; un arrêt contradictoire rendu en la grand'chambre replonge les bâtards dans le néant, 206; autres détails sur cette affaire, XIX, 453 et suiv. Voy. *Sponeck*.

MONTBÉLIARD-ELTZ (la princesse de) vient à Paris et à la cour où elle se fait remarquer par un deuil extraordinaire, II, 316.

MONTBOISSIER (M. de), épouse Mlle de Maillé, belle, riche et de beaucoup d'esprit, IX, 310.

MONTBRON, lieutenant général, fort attaché à M. de Louvois, meurt en 1708; son extérieur; son caractère; par quoi il amuse le roi; son extraction; ses emplois; il s'avise d'être médecin et chimiste; de quoi il meurt, VI, 179 et suiv.

MONTBRON, fils de M. de Montbron, gouverneur de Cambrai et lieutenant général; aventure qui le couvre de ridicule deux fois au bal de la cour, I, 3J; il obtient le régiment Dauphin infanterie; son honneur et sa valeur; sa mort 33.

MONTCHEVREUIL, lieutenant général, attaque le village de Neerwinden, où il est tué, I, 93, 98.

MONTCHEVREUIL (M. de), gouverneur du duc du Maine, demeure gentilhomme de sa chambre après le mariage de ce prince, I, 35; reçoit chez lui son cousin Villarceaux et Mme Scarron; doit sa fortune à cette dernière, 36; son caractère, 37; il meurt à Saint-Germain, V, 192.

MONTCHEVREUIL (Mme de), portrait de cette dame; son empire sur Mme de Maintenon, I, 37; Mme de Montchevreuil meurt presque subitement, II, 335.

MONTCHEVREUIL, abbesse de Saint-Antoine, sœur du marquis de Montchevreuil, meurt fort âgée, XIX, 307.

MONTELÉON, ambassadeur d'Espagne à Londres, fonde de grandes espérances pour lui et pour l'Espagne sur le traité de commerce signé entre cette puissance et l'Angleterre; il demande au ministre anglais des éclaircissements sur les liaisons secrètes qui l'inquiètent entre le roi d'Angleterre et l'empereur, XIII, 383; lui demande hardiment une explication sur les plaintes qu'a faites le roi au parlement concernant des secours fournis au prétendant, 394; comment il empêche la rupture de l'Angleterre avec la France, 401; il profite de l'empressement extérieur que le ministère anglais lui montre pour demander une nouvelle explication sur la triple alliance proposée par l'Angleterre entre l'empereur et la Hollande; réponse que lui fait le ministre Stanhope, 406; comment il est intéressé à faire valoir auprès de sa cour les assurances que le ministre anglais lui donne pour véritables concernant le traité de ligue défensive contre l'empereur et le roi d'Angleterre, 453; comment il est la dupe de Stanhope et le jouet d'Albéroni, XIV, 73 et suiv.: tous les ministres étrangers s'assemblent chez lui lors de la détention de l'ambassadeur de Suède; conclusion qu'ils y prennent; Montéléon blâme publiquement cet acte d'autorité, 238; sa situation à Londres; il paraît avoir regagné la confiance du roi d'Angleterre et de ses principaux ministres, XV, 123; il vante en Espagne ses services et ses soins, et au duc de Parme l'attention qu'il apporte à ses intérêts, 166; comment il est trompé par Stanhope et l'abbé Dubois sur le véritable état de leur négociation, 199; il cherche à désabuser Albéroni de l'espérance qu'a ce ministre de voir bientôt des troubles en Angleterre; assure le roi d'Espagne que les intentions du régent à son égard sont bonnes, 348; il ne trouve plus que réserve et mystère dans les discours de l'abbé Dubois dont il se louait d'abord; comment il est trompé par le ministère anglais, 366; il demande en vain au lord Stanhope une déclaration sur la destination de l'escadre anglaise; sa conversation avec lui sur cet objet, 391 et suiv.; il agit auprès des membres du parlement pour avoir cette déclaration; sa sagacité, 393; il déclare au nom du roi d'Espagne que si l'escadre anglaise passe dans la Méditerranée, il partira sur-le-champ, 398, 399; son adresse; ses conseils pleins de sagesse à Albéroni, 418; reçoit de nouveaux ordres de faire des menaces au sujet de l'escadre anglaise, comment il se laisse amuser par Stanhope, 422, 423; et tromper sur les dispositions d'Albéroni, 425; ses représentations à ce ministre pour l'engager à la conservation de la paix, 435; il en reçoit un mémoire au sujet de l'escadre anglaise, lequel ne suscite aucun obstacle aux desseins du roi d'Angleterre, 436; sa conduite sage, 456; son erreur sur les dispositions de l'empereur concernant le traité de Londres, XVI, 3 et suiv.; il ose à peine confier à ses amis ce qu'il pense sur l'état des affaires; sa conduite avec sa cour, 6; il instruit Albéroni du refus qu'a fait le roi d'Angleterre de laisser au roi d'Espagne la possession de la Sardaigne, 37; lui donne avis que le roi de Sicile ne se laissera pas dépouiller de son royaume sans faire tous les efforts possibles pour le conserver, 38; essaye de convaincre Albéroni du peu de fond qu'on doit faire sur le roi de Sicile et de l'opiniâtreté de la cour d'Angleterre à conserver toutes les conditions du traité, 39; il demande aux ministres anglais une déclaration par écrit qu'il sera permis au roi d'Espagne de mettre des garnisons dans les États du grand-duc et du duc de Parme; conduite des ministres anglais à cet égard, 63; il communique à la Pérouse un ordre précis d'Albéroni de déclarer et de prouver que le roi d'Espagne ne peut accepter les propositions qui lui sont faites par la France et par l'Angleterre, 94; ses lettres en Espagne fortifient les soupçons qu'Albéroni a conçus sur sa fidélité; malgré les injustices dont il se plaint, il n'en témoigne pas moins aux ministres anglais et à l'abbé Dubois l'indignation que ressent Sa Majesté Catholique du projet de traité et de la conduite des négociateurs, 95, 96; ses menaces au comte de Stanhope, 104; il demande que ce ministre lui remette par écrit la réponse qu'il lui a faite concernant la destination de l'escadre anglaise et l'obtient, 105, sa conduite envers l'agent de Sicile et celui de Palerme, 106; son avis à sa cour sur l'escadre anglaise; il se plaint du changement des ministres anglais à son égard, 127; leur demande quelles sont les instructions de l'amiral Bing; sur la réponse qui lui est faite, il essaye inutilement de les faire changer, 132 et suiv.; il n'oublie rien pour préparer au lord Stanhope un accueil favorable à la cour de Madrid, 169; écrit au roi d'Espagne que le roi Georges se déclarera ennemi de celui qui refusera d'accepter la proposition qu'il a faite; mais l'assure que cette menace regarde uniquement la cour de Vienne, 169; demande que le traité d'alliance lui soit communiqué; sur la réponse qui lui est faite, il refuse d'en prendre connaissance; plaintes réciproques des Anglais et des Espagnols, 229; Monteléon se rend odieux à Albéroni par ses représentations et ses conseils, 232.

MONTELÉON (le duc de), grand écuyer et conseil de la reine d'Espagne retiré à Tolède, refuse les offres qui lui sont faites de la part du cardinal Portocarrero, III, 129; pressé de faire le mariage de sa fille avec de Montare dont il ne veut point pour gendre, il a recours à Louville, écuyer du roi; par ce moyen il fait marier sa fille avec le marquis de Westerloo qui était de son choix, 130; arrêt épouvantable rendu contre lui par le conseil de Castille, 131; comment l'exécution de cet arrêt est empêchée, 132; il va se jeter aux pieds du roi et remercier Louville son libérateur, 133.

MONTELEON, *Pignatelli* (le duc, de), grand d'Espagne; historique sur sa maison, XVIII, 395.

MONTELLANO, *Solis* (le duc de), grand d'Espagne; historique sur sa maison, XVIII, 394.

MONTELLANO (la duchesse), est placée auprès de la reine d'Espagne en qualité de camarera-mayor par la princesse des Ursins; son caractère, IV, 268.

MONTENDRE, est fait capitaine des Cent-Suisses de M. le duc de Berry, IX, 30.

MONTENEGRO, escalade Miranda de Duero; prend la place, le gouverneur, la garnison et 300 prisonniers de guerre, VIII, 420.

MONTERREY (le comte de), grand d'Espagne, se fait prêtre; sa famille; ses emplois, X, 175.

MONTESARCHIO (le prince de), à l'âge de 80 ans monte à cheval avec le duc de Popoli et arrête une révolte dans Naples, III, 332.

MONTESPAN (M. de), meurt dans ses terres de Guyenne, III, 338.

MONTESPAN (Mme de), sur ce qu'on lui annonce de la part du roi qu'elle ne touchera plus que 6000 louis de pension, elle répond qu'elle n'en est fâchée que pour les pauvres, V, 328; ce fut la faute de son mari plus que la sienne, si elle devint maîtresse du roi, VI, 39; elle ne pardonna jamais à M. du Maine de s'être chargé de son renvoi de la cour; sa retraite à la communauté Saint-Joseph; sa conversion; ses jeûnes; ses aumônes; ses mortifications; elle choisit le P. de La Tour pour confesseur; ses espérances secrètes de pouvoir retourner à la cour, 40; son amitié pour ses enfants; son autorité sur eux; elle demande pardon à son mari et lui offre de retourner auprès de lui; elle porte le deuil à sa mort, 41; travaille pour les pauvres; ses prières; ses macérations; ses frayeurs de la mort; son ton de reine et sa beauté conservés jusqu'à sa mort, 42, 43; ses qualités; son esprit; ses grâces; sa fantaisie de marier les jeunes filles, 44; détails sur ses derniers moments, 45; et sur ses obsèques, 46.

MONTESQUIOU (le maréchal de), ses deux lettres contradictoires envoyées par Villars au roi, VIII, 344; son secrétaire gagné depuis longtemps par le prince Eugène disparaît et s'en va à Donai avec tous les chiffres et les papiers de son maître, 407; il reçoit un démenti du maréchal de Villars; à quelle occasion, IX, 440; est visité de toute l'armée; se raccommode avec le maréchal, 440; envoie au roi un plan d'attaque et reçoit ordre de l'exécuter, même malgré Villars; s'avance vers Denain, X, 213; attaque les retranchements de cette place, les emporte, malgré les ordres réitérés de Villars; entre dans la ville; se met en posture de la défendre, 214; prend Saint-Amand et l'abbaye d'Hannon; se rend maître de Marchiennes, 215; reçoit tout l'honneur de ces deux conquêtes; jouit avec sagesse et modestie de son triomphe, 216; perd son fils unique, XV, 27; sa conduite aux états de Bretagne, 153; il se voit forcé de les congédier, 154, 242; entre au conseil de régence, XVIII, 4.

MONTFORT (le duc de), est dangereusement blessé dans une attaque près de l'abbaye d'Heylesem, I, 90; il épouse la fille unique de Dangeau; plaisanteries sur cette dame; à quelle occasion, 186; obtient la charge de capitaine des chevau-légers de la garde qu'occupait son père M. le duc de Chevreuse, 236; est blessé à mort en revenant de conduire un convoi d'argent à Landau; expire au quartier général; son éloge, IV, 325; comment il était traité à la cour; sa liaison avec le duc de Saint-Simon, 326.

MONTFORT (la duchesse de), fille unique de Dangeau, de son premier mariage, meurt au couvent de la Conception; son caractère; ses fantaisies, XV, 339.

MONTGAILLARD, évêque de Saint-Pons; son éloge; sa mort, X, 363.

MONTGIVRAULT (le chevalier de), ancien ingénieur, meurt en 1708; son caractère; ce qui lui était arrivé sous M. de Louvois; ses amis à la cour et à la ville; ses dépenses à Courcelles, auprès du Mans; sa vanité, VI, 253.

MONTGLAT, chevalier de l'ordre, cité, VII, 200.

MONTGOMMERY, sa haute naissance; sa pauvreté; est fait prisonnier par le général Massiette qui le renvoie en lo comblant d'éloges; le roi le fait manger avec lui; il obtient un régiment de cavalerie; se signale à la bataille de Staffarde où il est blessé; est nommé inspecteur de la cavalerie, I, 224.

MONTGON, gentilhomme d'Auvergne, s'attache au service et devient brigadier de cavalerie et inspecteur; Mme de Maintenon facilite son mariage avec Mlle d'Heudicourt, 368, 369; sa conduite peu honorable à l'affaire de Crémone, III, 376.

MONTGON (Mme de), est nommée dame du palais de Mme la duchesse de Bourgogne, I, 352; de qui elle était fille, 366; est élevée avec les enfants de Mme de Montespan; Mme de Maintenon la marie, 368; sa laideur; son esprit; elle divertit le roi et Mme de Maintenon, 369; elle meurt en Auvergne; est regrettée de quelques amis; son caractère, V, 332.

MONTI, ami de tout temps d'Albéroni, va à Madrid; quoique logé chez lui, il a beaucoup de peine à voir le roi et la reine, XV, 214; il reçoit ordre par lettre de cachet de sortir du royaume et défense d'aller en Espagne; son caractère; sa famille; emplois importants qu'il remplit par la suite, XVII, 191, 192; il meurt dans la misère quoique en grande considération et en grande estime, 192.

MONTIJO, *Acuna y Portocarrero*, (le comte), grand d'Espagne; sa famille, XVIII, 457; après avoir servi il se retire dans ses terres pour raccommoder ses affaires; reparaît à la cour; son caractère; est nommé ambassadeur en Angleterre et à Francfort; devient grand écuyer de la reine, puis son majordome-major, 458.

MONTMOREL (l'abbé de), autrefois aumônier de la Dauphine; son mérite; sa modestie; ses ouvrages de piété; sa mort, XVII, 282.

MONTMORENCY (le duc de), allant à l'échafaud fait deux présents, l'un au cardinal de Richelieu, l'autre au duc Claude de Saint-Simon, I, 54.

MONTMORENCY (le duc de), fils de M. de Luxembourg; à la mort de son père prend le nom de Luxembourg, I, 234; ce qu'on doit penser du titre de premier baron de France que prenaient les Montmorency, 234. Voy. *Luxembourg* (le duc de).

MONTPENSIER (Mlle de), meurt à l'âge de 63 ans; sa liaison avec Monsieur qu'elle fait son légataire universel; sa faiblesse pour M. de Lauzun, I, 42; ses grands biens servent en partie à l'établissement de M. du Maine; ses donations, 43; sa pompe funèbre; aventure singulière qui a lieu pendant la cérémonie, 44.

MONTPENSIER (Mlle de), fille de M. le

duc d'Orléans, régent, et destinée au prince des Asturies, est baptisée dans la chapelle du Palais-Royal et reçoit le nom de Louise, XVIII, 331 ; reçoit sa confirmation et fait sa première communion au Val-de-Grâce, 332 ; reçoit la visite du roi et danse avec lui au bal donné au Palais-Royal, 333 ; part pour Madrid ; sa suite, 110 ; est échangée à l'île des Faisans ; est traitée en princesse des Asturies par la reine douairière d'Espagne, XIX, 114 ; reçoit à Cologols la visite inattendue du roi et de la reine d'Espagne et du prince des Asturies, 119 ; elle arrive à Lerma où elle est reçue par le roi, la reine et le prince des Asturies, 120 ; est mariée dans la chapelle du roi, 121 ; est attaquée d'un érésipèle ; soins que lui donnent le roi et la reine, 143 ; sa conduite étrange envers Leurs Majestés, 190 ; ses humeurs, 191 ; elle refuse d'aller au grand bal préparé pour elle, 192 ; elle se rend avec le roi et la reine et son mari le prince des Asturies à Notre-Dame d'Atocha, 198.

MONTPEROUX, lieutenant général, meurt jeune, dormant partout depuis longtemps, XI, 54.

MONTPIPEAU (Mme de), est nommée abbesse de Montmartre, XV, 64.

MONTREVEL, lieutenant général, presse vivement M. du Maine d'attaquer M. de Vaudemont ; ses prières sont inutiles, I, 274 ; par ordre du roi et de l'électeur de Cologne, il fait enlever le baron de Méhan, doyen du chapitre de Liége, et son frère, tous deux attachés au roi Guillaume III, 337 ; est fait maréchal de France, IV, 79 ; par quoi il plaît au roi dont il s'attire ensuite le mécontentement ; son amour du pillage ; sa fatuité ; ses différents commandements, 97 ; est envoyé en Languedoc contre les religionnaires, 166 ; dans quel état il trouve la province, 111 et suiv. ; est envoyé en Guyenne ; avant de quitter le Languedoc, il bat deux fois les fanatiques, 254 ; est nommé chevalier de l'ordre, 393 ; ses prétentions, ses mauvais procédés envers M. le duc de Saint-Simon ; règlement du roi qui y met fin, X, 437 et suiv. (voy. l'art. Saint-Simon) ; il veut ériger à Bordeaux et aux dépens de la ville une statue au roi ; comment il échoue dans son projet, XII, 14 ; est nommé par le régent pour aller commander en Alsace ; pourquoi ce changement le contrarie ; il s'en prend à M. de Saint-Simon ; sa mort, XIII, 426 ; quelle en fut la cause ; ses dettes ; son caractère, XIV, 53.

MONTRIEL, ancien capitaine, est nommé gentilhomme de la manche de Mgr le duc de Bourgogne, II, 128 ; est nommé écuyer du duc d'Anjou, déclaré roi d'Espagne, III, 43.

MORAS (Mlle de), favorite de Mme la duchesse du Maine, est mariée par cette princesse au fils aîné du duc de Brancas ; caractère de cette demoiselle ; sa naissance ; elle est présentée aux premiers jours de l'an comme duchesse de Villars, VIII, 95 ; comment elle vit avec son mari ; nouveaux traits de son caractère, XIV, 42 ; après la mort du roi elle s'attache ainsi que son mari à Mme la Duchesse, 42, 43.

MOREAU, premier valet de chambre de Mgr le duc de Bourgogne, meurt à 77 ans ; son extérieur ; ses bonnes qualités ; son esprit ; son caractère ; son attachement pour le duc ; éloge qu'il en fait en mourant, VI, 143.

MOREL (l'abbé), ambassadeur à Aix-la-Chapelle ; ses qualités comme négociateur, I, 238 ; il meurt fort vieux ; comment il fut connu et employé par Louvois et ensuite par le roi ; son caractère, XVII, 313 et suiv.

MORIAC, brigadier de cavalerie, est tué au combat de Cassano, V, 43.

MORNAY, lieutenant général, meurt presque subitement, XV, 129.

MORNAY (l'abbé de), est envoyé en ambassade en Portugal, X, 374 ; son extérieur ; son caractère, 373 ; est nommé archevêque de Besançon, XV, 64 ; meurt en revenant de Portugal ; son mérite ; son extérieur ; pourquoi il ne peut plaire au roi, XVIII, 159, 160.

MORSTEIN, colonel d'infanterie, est tué au siège de Namur, I, 278.

MORTAGNE, chevalier d'honneur de Madame, épouse une des filles de M. de Guéméné, malgré ses parents ; détails à ce sujet, XIV, 207 ; sa mort ; son origine ; son caractère, XVII, 441.

MORTAGNE (Mme de), meurt fort décrépite et abandonnée, X, 69.

MORTEMART (le duc de), est marié avec la fille du duc de Beauvilliers ; étonnement que cause cette union ; portrait de la duchesse de Mortemart éprise des opinions de Mme Guyon ; portrait de son fils, qui ne croit pas en Dieu et qui se pique de le montrer, IV, 214 ; sa noirceur contre M. le duc de Saint-Simon ; il n'ose en faire l'aveu, VII, 63 et suiv. ;

commande une sortie au siége de Douai ; tue beaucoup de monde, VIII, 355 ; chasse les ennemis d'une demi-lune ; porte au roi la capitulation de Douai, 356 ; est fait maréchal de camp, 357 ; grosse perte qu'il fait au jeu avec M. d'Iseughien, 406 ; sa conduite indiscrète dans l'affaire de d'Antin le fait exclure de toutes les assemblées des ducs opposants, IX, 56 et suiv. ; ses discussions avec le maréchal de Villeroy à l'occasion de l'ordre du Pavillon, XV, 133 ; et pour des bagatelles de service, 133 ; comment il devient la cause du rappel de l'abbé de Fleury qui s'est retiré à Issy, XVI, 263, 264.

MORTEMART (la duchesse douairière de), marie son fils, le comte de Maure, qui prend le nom de comte de Rochechouart à la fille unique de son frère Blainville ; la folie était comme héréditaire dans la famille de cette demoiselle, V, 144.

MORTEMART (la duchesse de), sa colère aux premières ouvertures que lui font le duc et la duchesse de Beauvilliers de marier sa fille au fils du ministre Chamillart, VI, 163 ; son caractère ; son attachement pour l'évêque de Cambrai, 165 ; elle consent comme malgré elle au mariage proposé, 167.

MORTEMART, *Rochechouart* (le duc de), fils du duc de Beauvilliers, grand d'Espagne, XVIII, 396.

MORTEMART, prend possession de Cardonne pour le roi d'Espagne, XI, 229.

MORVILLE, fils d'Armenonville, et procureur général du grand conseil, vend sa charge à Hérault, avocat du roi au Châtelet et est nommé ambassadeur en Hollande, XV, 241 ; se montre soumis au conseil des ministres anglais, XVI, 228 ; est nommé plénipotentiaire au congrès de Cambrai, XVIII, 82 ; est fait secrétaire d'État, XIX, 312 ; puis intendant des postes, XX. 23.

MOTHE (La), voy. *La Mothe*.

MOTHE-HOUDANCOURT (Mlle de La), voy. sur cette personne les pièces ajoutées au t. VIII, p. 447.

MOUCHER, acception de ce mot, I, 185, note.

MOUCHY, homme de qualité, est marié par Mme la duchesse de Berry à la demoiselle Forcadel, sa favorite, fille d'un commis aux parties casuelles ; la noce se fait chez Mme de Saint-Simon, à la prière de la princesse qui veut en avoir l'amusement, X, 285 et suiv. ; galanteries, noirceur, effronterie, avidité de Mme de Mouchy, XII, 131 ; elle est amoureuse de Rion ; tous deux se moquent de la duchesse de Berry, XVII, 176 ; sa conduite insolente à l'occasion du refus que font le curé de Saint-Sulpice et le cardinal de Noailles d'administrer les sacrements à la princesse dangereusement malade, si lion et elle ne sont pas renvoyés du Luxembourg, 179 et suiv. ; elle sert merveilleusement Rion dans son projet d'épouser la princesse, 183 ; reçoit de la duchesse mourante son baguier estimé plus de 200 000 écus ; son étonnement à ce don, 226 ; sur le conseil de Mme de Saint-Simon, elle va avec son mari le porter au régent qui le lui fait rendre, 226 et suiv. ; après la mort de la princesse, ils reçoivent ordre de sortir de Paris et de n'y pas revenir, 234.

MOURGUES (la princesse de), amène à Paris M. de Monaco et s'en retourne avec lui comblée des bontés du roi et de la reine, I, 304.

MOUSQUETAIRES, note explicative, I, 1.

MOUSSY (Mme de), sœur du feu premier président Harlay et grande dévote, meurt après avoir déshérité son neveu, sans cause de brouillerie ; elle était veuve du dernier Bouteiller, VII, 408.

MURBACH (le prince de), frère de Mme de Dangeau, meurt près de Cologne ; son caractère, XVII, 388.

MURCÉ, lieutenant général, est fait prisonnier à la bataille de Turin et meurt de ses blessures, V, 249 ; sa famille ; son extérieur ; son caractère ; anecdotes plaisantes sur lui ; il était fort protégé par Mme de Maintenon, 249.

MURET, lieutenant général, prend la Seu-d'Urgel, IX, 96 ; fait le siège de Cardone qu'il est obligé de lever, X, 60.

MUSTAPHA, empereur des Turcs, est déposé tumultuairement par les spahis et les janissaires, IV, 188.

N

NADASTI (le comte de), président du conseil souverain de Hongrie, un des principaux chefs de la révolte hongroise ; sa fortune ; sa mort, X, 296 et suiv.

NAGERA *Osorio y Moscoso* (le duc de), grand d'Espagne ; historique sur sa maison, XVIII, 396.]

NAGIFERENTZ, secrétaire de la ligue hongroise, est arrêté ; a la tête tranchée avec les comtes de Serin et Nadasti, X, 297.

NANCLAS, est nommé inspecteur général des troupes en Catalogne, I, 225.

NANCRÉ, lié à Mme d'Argenton et fort mal avec Mme la duchesse d'Orléans, se trouve fort embarrassé de la rupture de M. d'Orléans avec la première et de son raccommodement avec la seconde ; caractère de Nancré ; son esprit, sa friponnerie, VIII, 77 ; autre trait de friponnerie envers M. de Saint-Simon, X, 253 ; il devient le correspondant de l'abbé Dubois et du régent, pendant que le premier est à Londres, XV, 156, 157 ; est envoyé à Madrid avec un projet de traité ; comment ce projet est reçu, XV 442 ; il agit de concert avec le colonel Stanhope, 103 ; rend suspect à l'Espagne le roi de Sicile ; sa conférence avec Albéroni, 164 ; revient d'Espagne en admiration de ce ministre. XVII, 202 ; sa mort ; son caractère ; ses intrigues, 376.

NANCRÉ (Mme), veuve du père du précédent, accompagne Mme d'Argenton à Grenoble, où elles voient M. le duc d'Orléans, V, 252.

NANGIS, le favori des dames, épouse une riche héritière fille du frère de l'archevêque de Sens, IV, 237 ; son portrait physique et moral ; il est remarqué par la duchesse de Bourgogne ; répond à ses sentiments ; est épris pour Mme de La Vrillière ; son étrange embarras entre ces deux dames, 353 ; scènes auxquelles il donne lieu, 354 ; Nangis trouve un concurrent dans Maulevrier, 355 ; prévient un éclat en l'évitant et en paraissant peu, 358 ; il ramasse quinze compagnies de grenadiers au combat d'Audenarde et arrive avec elles au camp après avoir soutenu le choc des ennemis, VI, 317 ; montre beaucoup de tête et de valeur dans la retraite qu'il opère lors du passage de l'Escaut par l'ennemi, VII, 7 ; est envoyé à la cour par Villars après la bataille de Malplaquet ; comment il s'y conduit, 385 ; est nommé colonel du régiment du roi. IX, 43 ; obtient du régent la permission de vendre ce régiment au duc de Richelieu, XIII, 182 ; le marché s'étant rompu entre eux, il refuse de vendre son régiment à Pezé ; pourquoi, XVII, 58 ; se décide enfin à le lui vendre ; détail sur son caractère, sur sa vie, 304 et suiv ; quelles sommes il tire de la vente de son régiment, 307 ; il devient chevalier d'honneur de la reine, chevalier de l'ordre, puis maréchal de France et achève sa vie dans la solitude et sans considération, 307 ; est fait prématurément chevalier d'honneur de la future reine, XX, 85.

NANON, vieille servante de la veuve de Scarron, est fort considérée à la cour par l'amitié et la confiance que Mme de Maintenon conserve pour elle ; sa vie ; ses manières ; par son crédit elle fait nommer Mme du Lude dame d'honneur de Mme la duchesse de Bourgogne, I, 354.

NASSAU (le prince de), gouverneur héréditaire des provinces de Frise et de Groningue, se noie au passage du Mardick, IX, 417 ; son caractère, 418.

NASSAU (un prince de), est tué dans l'Espagne, en combattant contre l'armée du roi Philippe, VIII, 421.

NASSAU (Mme de), obtient la permission de revenir à Paris chez le marquis de Nesle son frère, XIII, 439.

NASSAU, officier général et d'une branche cadette des Nassau, présente au roi un placet contre sa femme, sœur du marquis de Nesle ; celle-ci est conduite à la Bastille, XII, 60 et suiv.

NASSAU-SARREBRUCK (le comte de), meurt retiré dans son château ; ses emplois ; sa fortune ; son extérieur ; son caractère ; sa religion, X, 314.

NAVAILLES (M. de), commandant la compagnie de chevau-légers du cardinal Mazarin, se fait beaucoup d'honneur par son attachement et son invariable fidélité au cardinal ; son avancement ; ses emplois ; son extérieur ; ses naïvetés, II, 370 ; pourquoi il perd toutes ses charges, excepté le gouvernement de La Rochelle ; est rappelé de son exil ; devient maréchal de France, 372 ; ses filles, 373.

NAVAILLES (Mme de), ancienne dame d'honneur de la reine mère, fait murer une porte secrète par laquelle le roi venait la nuit dans la chambre des filles d'honneur, II, 371 ; est exilée avec son mari ; est rappelée. 372 ; sa vertu ; son avarice ; sa mort, 373.

NEERWINDEN (bataille de), relation qu'en fait le duc de Saint-Simon et qu'il envoie à sa mère et à quelques amis, I, 81 et suiv. ; noms de ceux qui y furent tués ou blessés de part et d'autre, 91 et suiv.

NEMOURS (Mme de), veuve du dernier des ducs de Nemours de Savoie ; son caractère extraordinaire; en haine de ses héritiers, elle déterre un vieux bâtard obscur du dernier comte de Soissons, l'appelle auprès d'elle, le fait nommer prince de Neuchâtel et le propose pour mari de la fille de M. de Luxembourg, I, 228, 229; perd son procès contre M. le prince de Conti, II, 227, 228; refuse toutes les propositions qu'il lui fait faire; obtient du roi qu'elle aille à Neuchâtel plaider son droit, 250; comment elle y vit et y est traitée, 279; est rappelée par le roi; sa suite nombreuse pendant le voyage; comment elle est reçue par le roi, 280; est exilée en sa maison de Coulommiers, en Brie; pourquoi, 364; sa conduite ferme et toujours active contre M. le prince de Conti; elle est rappelée de son exil et reçue par le roi, IV, 236; sa mort; détails historiques et généalogiques sur la maison des Nemours, VI, 56 et suiv.; portrait physique et moral de Mme de Nemours, 59; sa haine contre la branche de Condé et contre les Gondy et les Matignon, ses héritiers naturels, 60; avant de mourir elle leur envoie demander pardon, 62.

NESLE (le marquis de), épouse la fille unique du duc de Mazarin, VII, 110; marie sa sœur à un arrière-cadet de Nassau-Siegen, fort pauvre, IX, 75; vend sa compagnie écossaise de la gendarmerie au comte de Mailly; le roi, mécontent de sa retraite, le taxe à 150 000 livres, XI, 97; est envoyé à Calais par le régent pour recevoir le czar qui vient en France, XIV, 425.

NESMOND, archevêque d'Alby, prononce au nom de l'assemblée du clergé un discours éloquent, adroit et hardi, dont le roi paraît fort touché, IX, 315; passe à l'archevêché de Toulouse, XVII, 292.

NESMOND, évêque de Bayeux, donne tous les ans 10 000 écus au roi et à la reine d'Angleterre, ce qui n'est su qu'après sa mort, V, 347; il meurt à 86 ans; sa piété; traits de sa simplicité, XII, 66; ses vertus pastorales; ses aumônes, 67; anecdote sur son zèle pour les bonnes mœurs, 67.

NEUCHATEL (les bourgeois de), adjugent provisionnellement leur état à l'électeur de Brandebourg, nonobstant les droits des autres prétendants, VI, 65, 66.

NEUILLANT (Mme de), recueille chez elle Mme de Maintenon, quand elle revient jeune et pauvre fille d'Amérique; la charge de donner le foin et l'avoine à ses chevaux; la mène à Paris et la marie à Scarron; ses enfants, II, 369.

NEVERS (le duc de), arrière-petit-fils de Mme Mancini, sœur de Mazarin, marie une de ses filles au duc d'Estrées, et meurt huit jours après ce mariage, V, 389; son caractère; sa richesse; il est capitaine de mousquetaires et fort aimé du roi; quitte les charges et la cour pour le repos et les plaisirs, 390; son mariage avec Mlle de Thianges; il néglige de faire enregistrer son brevet de duc; ses voyages à Rome; ses enfants, 390, 391.

NEVERS Mancini (le duc de), grand d'Espagne; comment il le devint et fut fait duc et pair, XVIII, 396 et suiv.

NEVERS (la duchesse de), meurt à 60 ans; sa beauté; son amabilité; anecdote concernant M. le Prince qui croyant se moquer de M. de Nevers, est moqué par lui, XI, 453.

NICOLAI, premier président de la chambre des comptes, obtient pour son fils la survivance de sa charge, XIV, 286.

NICOLE (l'abbé), connu par sa vie, ses talents et ses ouvrages, meurt en 1695, I, 294.

NINON DE L'ENCLOS, fameuse courtisane; sa réponse à l'exempt qui lui apporte une lettre de cachet; sa conduite envers ses amants et ses adorateurs, V, 61 et suiv.; son billet à La Châtre; respect et décence observés dans sa société, 62; considération dont elle jouit; ses bonnes qualités; son intimité avec Mme de Maintenon; ses réparties admirables, 63; elle meurt à plus de 80 ans toujours saine, visitée et considérée, 64.

NOAILLES (le duc de), est fait maréchal de France, I, 39; prend Roses, 105; passe le Ter, défait le vice-roi de Catalogne, 195; prend Palamos et sa citadelle; force Girone à capituler; est nommé vice-roi de Catalogne, 196; emporte le château de Castelfollit et Ostalric, 197; envoie directement au roi M. de Genlis pour lui faire sentir la nécessité d'assiéger Barcelone, 226; comment il est trompé par Genlis qui se laisse gagner par le ministre Barbezieux, 226; moyen qu'il imagine pour rentrer dans les bonnes grâces du roi, 259; ce moyen réussit, 260; il revient à la cour où il est en pleine faveur, 261; son dépit contre son frère l'archevêque de Paris; à quelle occasion, II, 127; est nommé par le roi pour remplacer en cas de maladie ou d'absence le duc de Beauvilliers, chargé de conduire le duc d'Anjou et ses frères aux frontières d'Espagne, III, 36; quitte le duc d'Anjou à Saint-Jean de Luz, 72; accompagne les princes ses frères dans leur voyage au midi de la France, 73; détails sur ce voyage, 135; M. de Noailles fait perdre une prétention à M. de Duras, 422; obtient le consentement de Mme de Maintenon pour céder son duché à son fils le comte d'Ayen, IV, 242; tombe malade; pressé par sa famille il envoie au roi sa démission de sa charge de capitaine des gardes qu'il demande pour son fils, V, 343; sa mort; sa grosseur prodigieuse; son esprit plus que médiocre; son caractère; sa souplesse; son faste en Languedoc; sa dévotion extrême quand le roi devint dévot; ses parties secrètes avec Rouillé Ducoudray, grand débauché, VI, 423; aventure qui lui arrive avec une fille de la musique du roi; sa complaisance pour les basses maîtresses de Monseigneur, 424; par quoi il plut au roi et à Mme de Maintenon; sa femme; caractère et qualités de cette dame, 425; le maréchal ne peut se consoler d'avoir donné sa charge à son fils; détails sur sa mort, 425.

NOAILLES (la duchesse de), mère de l'archevêque de Paris, meurt en 1697; son caractère; sa vertu aimable, sa piété; elle se retire du monde et fait de son fils son directeur, I, 438; ses deux sœurs Mmes de Ligny et de Tambonneau, 439.

NOAILLES (le marquis de), frère du maréchal, porte au roi la nouvelle de l'heureux passage du Ter; est fait brigadier et reçoit 3000 livres de gratification, I, 196; meurt de la petite vérole, 340.

NOAILLES (le bailli de), frère du duc et du cardinal de Noailles, succède au bailli d'Hautefeuille à l'ambassade de la religion en France, IV, 139; meurt chez le cardinal à l'archevêché; son caractère, X, 187.

NOAILLES (le comte de), fils du duc de Noailles, épouse Mlle d'Aubigné, nièce de Mme de Maintenon, II, 113; détails sur ce mariage, 114 et suiv.; passe avec Philippe V en Espagne, ayant une suite nombreuse et une musique complète; scandalise les Espagnols par ses manières libres avec les seigneurs de ce pays et par sa familiarité avec le roi, III, 72; reçoit l'ordre de la Toison, 402; porte au roi les drapeaux et les étendards pris à la bataille de Friedlingen à laquelle il n'a point assisté, IV, 26; par la mort de son beau-père d'Aubigné, il devient gouverneur de Berry; tombe en langueur, 126; est souvent visité par Mme de Maintenon et par la duchesse de Bourgogne; fait demander à l'archevêque de Reims son logement à emprunter, 126; obtient le duché de son père et prend le nom de duc de Noailles, 242; demande à aller commander dans son gouvernement de Roussillon, V, 75; s'empare de Figuères; nettoie le Lampourdan; se rend maître du pays depuis Girone jusqu'à la mer, 142; tombe malade de la petite vérole qui est très-heureuse et le guérit de tous ses maux, 166; obtient des miquelets qu'ils n'inquiéteront point la retraite de l'armée du roi d'Espagne, 186; dissuade le roi d'entrer en France et lui conseille de pénétrer jusqu'à Madrid, 187; est nommé lieutenant général et commandant en chef en Roussillon, 188; accompagne le roi d'Espagne jusqu'à Pampelune; revient en Roussillon, 189; est nommé capitaine des gardes à la place de son père, 343; commande en chef en Roussillon avec trois maréchaux de camp sous lui, 349, 350; fait approuver par Mme de Maintenon le projet sur l'Écosse proposé par l'Anglais Hough, VI, 187; revient de Roussillon aussitôt après la mort de son père, 426; bat deux fois les ennemis qu'il surprend dans ses quartiers, VII, 355; sa politique avec M. le duc d'Orléans; il fait difficulté de se rapprocher de ce prince, VIII, 76 et suiv.; de Perpignan il court à Cette avec des troupes et chasse avec Roquelaure les ennemis qui y sont débarqués et se sont emparés d'Agde, 418; se rend à Bayonne, par ordre du roi, pour y conférer avec M. de Vendôme, 424; va joindre avec lui le roi d'Espagne à Valladolid, 430; revient à la cour rendre compte au roi de l'état des affaires d'Espagne; retourne à Perpignan commander l'armée, 430; il reste neutre dans l'affaire de d'Antin, IX, 61; prend Girone, 70; est fait grand d'Espagne; se rend à Saragosse auprès du roi, 70; est destiné à commander en Aragon sous les ordres de M. de Vendôme, 509; sa liaison avec le marquis d'Aguilar; ils imaginent tous deux de donner une maîtresse au roi d'Espagne; dans quel but, X, 28; comment ils s'y prennent, 29; la piété du roi est effarouchée; il les écarte doucement; parle de leur projet à la reine et à Mme des Ursins, 30; le duc de Noailles reçoit ordre de revenir sur-le-champ en France, 31; est froidement accueilli à la cour; embarras de sa situation, 32; il a recours à Desmarets ; pense à se lier avec M. de Saint-Simon, 33 ; portrait physique et moral de M. de Noailles ; ses qualités extérieures, 35 ; ses talents agréables, 35 ; ses défauts ; ses vices, son hypocrisie ; son ambition, 36 ; son imagination ; son incapacité pour les grandes affaires ; son mérite comme militaire, 39 ; comment il gagne M. de Saint-Simon et l'engage à se rapprocher de M. le duc et de Mme la duchesse d'Orléans, 39 et suiv. ; lui fait une demi-confidence sur la cause de sa disgrâce en Espagne, 42, 43 ; le prie de le raccommoder avec les ducs de Beauvilliers et de Chevreuse, 44 et suiv. ; sa reconnaissance pour M. de Saint-Simon augmente encore quand il se voit mieux traité par M. le Dauphin, 47 ; il donne à Mme la Dauphine une belle tabatière dont la disparition dans la chambre de la princesse excite de terribles soupçons, 79 et suiv. ; son embarras à la cour après la mort du Dauphin et de la Dauphine ; il va aux eaux de Vichy, 152 ; pour se raccrocher chez Mme de Maintenon, il fait faire une idylle sur la paix, paroles de Longepierre, musique de La Lande, maître de la musique de la chapelle ; le roi la fait chanter plusieurs fois à Marly, X, 428 ; portrait physique et moral du duc de Noailles, XII, 154 ; sa liaison avec M. de Saint-Simon ; ses questions sur l'avenir, après la mort du roi, 158 ; il s'attache Contades et par lui le président Maisons, 158 ; puis Canillac par le moyen du président, 162 ; se lie avec Dubois et avec le marquis d'Effiat, 164 ; puis avec Longepierre, 167 ; mouvement qu'il se donne auprès de M. de Saint-Simon ; pourquoi, 283 ; il est instruit par lui et par M. le duc d'Orléans de la place qui lui est destinée dans le conseil des finances ; ses témoignages de reconnaissance envers M. de Saint-Simon, 303 ; folles propositions qu'il lui fait, 305 ; dégoûte le duc d'Orléans de la convocation des états généraux ; pourquoi, 307 ; il demande à M. de Saint-Simon à être premier ministre, 335 ; vive réponse qu'il en reçoit, 335 ; scène violente qu'il excite chez lui à l'occasion d'une proposition qui a pour but que les ducs aillent en corps saluer le nouveau roi à la suite de M. le duc d'Orléans, 337 et suiv. ; bruit que fait cette proposition à la cour et à la ville, 342 ; le duc de Noailles va répandant que c'est M. de Saint-Simon qui a inventé cette proposition, 343 ; Mme de Saint-Simon le force à avouer que c'est lui-même et que M. de Saint-Simon l'a vivement combattue ; reproches durs que lui fait cette dame, 343 ; il n'en continue pas moins à donner cours à sa perfidie, 344 ; il évite la rencontre de M. de Saint-Simon, 348 et suiv. ; sa bassesse à son égard et son désespoir, 352 et suiv. ; sa conduite avec lui pendant la régence et depuis la mort du duc d'Orléans, 354 ; son désir infatigable de se raccommoder avec lui, 355 ; sa sœur aînée se marie avec le fils aîné de M. de Saint-Simon ; comment se fait leur raccommodement ; suite qu'il a, 357 et suiv. ; n'oublie rien pour mettre le trouble et le désordre dans la formation des conseils du gouvernement ; dans quel but, XIII, 141 ; est déclaré par le régent président du conseil des finances, 143 ; sa conduite envers Desmarets, 167 ; il plaide avec chaleur devant M. le régent la cause des conseillers d'État contre les gens de qualité non titrés, 171 ; après avoir fait le dévot jusqu'à la mort du roi, il prend et entretient publiquement une fille de l'Opéra, 186 ; ses intrigues et ses menées contre les ducs parmi lesquels il parvient à faire un schisme, 240 et suiv. ; il est accusé de trahison en pleine assemblée, 244 ; il conseille et soutient le parlement dans l'affaire du bonnet, 247 et suiv. ; son ingratitude envers Desmarets, 315 ; comment il le persécute, 315 ; il propose au conseil de régence le surhaussement des espèces, 318 ; il fait établir par le conseil de régence une chambre de justice contre les financiers ; fait délivrer une assignation contre d'Auneuil, maître des requêtes, 347 ; est obligé de l'apporter au régent qui lui défend d'inquiéter d'Auneuil, 347 ; projets qu'il suggère au régent en faveur de l'Angleterre, 371 et suiv. ; il propose Louville pour l'envoyer au roi d'Espagne faire connaître la résolution du roi d'Angleterre de lui rendre Gibraltar, XIV, 56 ; pourquoi ce choix était maladroit ; son embarras pour faire la lettre de M. le duc d'Orléans au roi d'Espagne, 57 ; et pour rédiger l'instruction à donner à Louville, 58 ; il demande au régent et obtient la place de chancelier pour d'Aguesseau, procureur général, 174 ; se fait donner l'administration des biens de la maison de Saint-Cyr, 176 ; n'ayant pu faire détruire Marly, il persuade au régent d'en faire vendre le mobilier, 200 ; marie sa fille au prince Charles de Lorraine, qui obtient un million de brevet de retenue sur sa charge de grand écuyer,; suites de ce mariage, 290; il fait donner le gouvernement de Saint-Malo à Coetquen, son beau-frère et son agent, 321; il demande au régent la convocation des états généraux; pourquoi, 346; il lit au conseil de régence un long mémoire sur les finances; idée de ce mémoire, 409; chargé de faire un rapport sur les plaintes des habitants de Périgueux contre les actes tyranniques de l'intendant Courson, il diffère le plus qu'il peut; comment il y est enfin forcé par M. de Saint-Simon, le comte de Toulouse et le régent, XV, 31 et suiv.; son rapport; ses conclusions, 33; en sortant du conseil de régence où l'arrêt a été rendu, il se met au lit et est pris de la fièvre; ses paroles à l'égard de M. de Saint-Simon, 35; il fait donner aux dépens du roi à M. le chancelier une belle maison sur la place Vendôme, laquelle maison est devenue la chancellerie, 61; ses divisions avec Law sur les ordres du régent; il se raccommode ou fait semblant de se raccommoder avec lui; il obtient la capitainerie de Saint-Germain, 129; sa brouillerie avec le duc de la Force, 149; ses manéges contre Law, 233; ce qu'il fait pour regagner M. de Saint-Simon, 235; Law et l'abbé Dubois travaillent à sa perte, 236; comment avec le chancelier il arrête et fait échouer les opérations de Law, 253; averti de la disgrâce du chancelier, il va trouver le régent; son entretien avec lui; il apprend qu'il est remplacé dans la présidence des finances; est nommé du conseil de régence; comment il reçoit cette nomination, 260 et suiv.; obtient la survivance de sa charge et de ses gouvernements pour son fils âgé de cinq ans, 265; sa conduite équivoque après la découverte de la conspiration de Cellamare et la détention de M. du Maine, XVII, 118; achète de Bloin pour son second fils la survivance d'intendant des châteaux et parcs de Versailles et Marly, XVIII, 3; est grand d'Espagne par le crédit de Mme de Maintenon, 397; est exilé dans ses terres du vicomté de Turenne; il s'y fait moquer par sa conduite, XIX, 322; est rappelé, XX, 25.

NOAILLES (le comte de), frère du duc de Noailles, meurt de la petite vérole à Perpignan, IX, 2.

NOAILLES (le comte de), second fils du duc de Noailles, est tué d'un coup de mousquet sur le bord du Rhin, IV, 51.

NOAILLES, évêque de Châlons, est nommé archevêque de Paris; son innocence; son assiduité dans son diocèse, ses bonnes œuvres, I, 293; il est nommé par le crédit de Mme de Maintenon; refuse d'accepter; y est forcé par des ordres réitérés, 293; consulté par le roi sur le renvoi de M. de Beauvilliers que Sa Majesté voudrait remplacer par M. de Noailles son frère, il se récrie contre ce dessein et y fait renoncer le roi, II, 125; demande pour l'abbé Fleury l'évêché de Fréjus; paroles prophétiques du roi en le lui accordant avec regret, 227; est nommé cardinal, 412; devient président de l'assemblée du clergé par la démission de l'archevêque de Reims; la gouverne sans peine et y acquiert beaucoup de réputation, 423; il étonne par ses discours improvisés, par son érudition et par l'ordre et la netteté de ses idées; sa simplicité, 423; à quelle occasion le roi prend contre lui de forts soupçons de jansénisme, V, 125 et suiv.; le cardinal pour les dissiper dénonce du Charmel et le fait exiler, 127 et suiv.; par ordre du roi il fait signer aux ecclésiastiques de son diocèse la constitution contre les jansénistes; il la fait signer aussi aux filles de l'abbaye de Gif; la propose aux filles de l'abbaye de Port-Royal des Champs, VII, 419; sur leurs refus réitérés et constants, il leur ôte les sacrements, 420; la destruction entière de cette abbaye l'accable de douleurs sans le mettre mieux avec les molinistes, 428; à la mort de l'archevêque de Reims, il devient proviseur de Sorbonne, VIII, 118; il est vivement attaqué dans un mandement de deux évêques, IX, 92 (voy. l'art. *Unigenitus*); il est nommé par le régent chef du conseil de conscience ou des affaires ecclésiastiques, XIII, 142; changement qui se fait dans l'opinion contre la constitution, 142 et suiv.; le cardinal interdit tous les jésuites de son diocèse, à l'exception d'un très-petit nombre; pourquoi, XIV, 30; il se démet de sa place de chef du conseil de conscience et fait son appel sur la constitution; éclat que produit cet appel, XVII, 46; il publie un mandement à ce sujet, 47; approuve hautement le refus que fait le curé de Saint-Sulpice de donner les sacrements à Mme la duchesse de Berry, dangereusement malade, si Rion et Mme de Mouchy ne sont renvoyés du Luxembourg, 178; il sort de chez la princesse en réitérant ses ordres au curé, 181; ses dissentiments avec le cardinal de Mailly, 327, 328; refuse à l'abbé Dubois un démissoire pour son ordination, 423.

NOAILLES, évêque-comte de Châlons, frère du cardinal de Noailles, meurt presque subitement; sa piété, sa fermeté contre la bulle *Unigenitus*, XVIII, 51.

NOAILLES (la maréchale de), marie sa fille au fils du maréchal de Châteaurenaud et obtient pour son gendre sa lieutenance générale de Bretagne, X, 305, 306.

NOBLESSE (la); son opposition aux honneurs accordés à quelques familles, V, 438; d'où elle est venue; elle donne des portions de terre aux serfs, à diverses conditions; d'où sont venus les divers droits des terres, XI, 274; la noblesse qui était le corps unique de l'État, laisse les évêques et les abbés en former un second qui devient le premier, 275.

NOBLET, un des premiers commis de M. de Torcy, est nommé secrétaire pour le voyage du duc d'Anjou, déclaré roi d'Espagne se rendant en ses États; III, 43; revient rendre compte au roi de ce qui s'est passé dans le voyage, 73.

NOCÉ, son extérieur; son caractère, par quoi il plaît à M. le duc d'Orléans; son genre de vie, XII, 262; pourquoi il déplaît à l'abbé Dubois avec lequel il était lié d'abord, XV, 157; est exilé à Blois, XIX, 312; est rappelé, reçoit de M. le duc d'Orléans un présent de 5000 livres et 2000 écus de pension, XX, 25.

NOEL (le P.), récolet, est amené par le P. La Rue à Mme la Dauphine; la confesse; l'administre, X, 82 et suiv.

NOGARET (Mme de), est nommée dame du palais de Mme la duchesse de Bourgogne, I, 351; son mari; sa famille; son esprit; son air simple et naturel; sa fortune; ses amis, 362.

NOGENT (Mme de), sœur du duc de Lauzun, meurt à 88 ans; sa fille épouse Biron, devenu duc, pair et maréchal de France, XVIII, 67; elle place l'argent des brevets de retenue de la dépouille de son frère enfermé à Pignerol; prend soin de son bien; en accumule les revenus; a la permission de l'aller voir, XX, 50 et suiv.

NOGENT (le chevalier de), ancien aide de camp du roi, meurt fort vieux;
sa faveur auprès de M. de Louvois; galanterie que lui fait ce ministre, au retour d'une de ses campagnes; sa famille; son extraction, VI, 178.

NOINTEL, fils de Béchameil, intendant en Bretagne, est fait conseiller d'État par le crédit de Monsieur, IV, 118; son caractère; sa mort, XVII, 104.

NOIRMOUTIERS (M. de), de la maison de La Trémoille, épouse en secondes noces la fille d'un président à la chambre des comptes; à 20 ans, la petite vérole le rend aveugle; il devient fort savant en toutes sortes d'histoires; sa maison devient le rendez-vous de la meilleure compagnie, II, 383; quoique pauvre, il se bâtit une maison charmante à Paris, dont lui-même a réglé la distribution et les proportions, 384; autres détails sur lui, V, 26; ses conférences avec l'archevêque d'Aix au sujet de sa sœur Mme des Ursins; tous deux se mettent à la tête des affaires de cette dame et dirigent ses conseils et ses démarches, 28; M. de Noirmoutiers est fait duc vérifié au parlement; sa femme prend tabouret à la cour, 29; il reste neutre dans l'affaire de d'Antin, IX, 63.

NOJA-CARAFFA (le duc de) et le prince de Trebesaccio, Napolitains, chefs d'une conspiration tramée contre Philippe V, roi d'Espagne; leurs projets; leurs complices, III, 433.

NORRIS (le cardinal), Irlandais et savant, meurt bibliothécaire de l'Église, place dans laquelle il avait succédé au cardinal Casanata, IV, 250.

NOVION (le premier président) est remplacé dans sa charge à cause de ses iniquités criantes, I, 141; IV, 15, 19; son aventure avec le duc de Coislin, 15; il meurt à 73 ans dans l'abandon et dans l'ignominie, 19; affront qu'il reçoit un jour chez le roi, de la part du duc d'Aumont, XI, 414.

NOVION, président à mortier; comment il gagne le président Maisons dans l'affaire du bonnet, XI, 397 et suiv.; est nommé premier président par M. le Duc; son peu de capacité; son humeur solitaire et sauvage, XX, 87; anecdote curieuse à son sujet, 87, 88; est fait greffier de l'ordre; se démet de sa charge; meurt dans sa terre de Grignon, à 71 ans, 89; son petit-fils, âgé de 15 ans est fait président à mortier, 89.

NOYAN, gentilhomme de Bretagne est mis à la Bastille, XVII, 303.

NOYELLES (le comte de) fait raser Lawe et Saint-Wliet, dont il s'est rendu maître. V, 36.

NYERT, amuse Louis XIII par sa jolie voix et sa musique, I, 62; le duc Claude de Saint-Simon le propose au roi qui le fait son premier valet de chambre, 64; autres détails sur Nyert, XVII, 215.

NYERT, fils du président et premier valet de chambre, va en Espagne par curiosité et à son retour entretient longtemps le roi, III, 247; son méchant caractère; sa laideur; sa mort; XVII, 373; son fils honnête homme et modeste, 215.

NYSTADT (paix de), elle met fin à la longue guerre du nord; dans quel état elle réduit la Suède; conditions de cette paix, XVIII, 310 et suiv.

O

O (M. d'), auparavant Villers, lieutenant de vaisseau, est mis auprès de M. le comte de Toulouse avec le titre de gouverneur et d'administrateur de sa maison, I, 363; comment il avance sa fortune; son extérieur, son caractère, 363; est nommé pour être auprès de Mgr le duc de Bourgogne, II, 330; accompagne M. le comte de Toulouse à Toulon; est fait chef d'escadre, III, 412; empêche ce prince après le combat de Malaga d'attaquer de nouveau l'amiral Rooke que la flotte a rejoint, IV, 330, 331; marie sa fille aînée à M. d'Epinay, 425; est fait lieutenant général; se raccommode avec le ministre Pontchartrain, VI, 151; sa rencontre avec M. de Saint-Simon; paroles qu'il lui adresse au sujet de la déclaration du roi en faveur des enfants de M. du Maine, VIII, 150; explication de ces paroles, 151; quels motifs il fait valoir à M. du Maine pour le porter à favoriser auprès du roi et de Mme de Maintenon le mariage de Mademoiselle avec le duc de Berry, 225; obtient une pension de 6000 livres comme menin du Dauphin, X, 27; est nommé membre du conseil de marine, XIII, 153; il détourne le comte de Toulouse de suivre la fortune de M. et de Mme du Maine, XVII, 21.

O (Mme d') est nommée dame du palais de Mme la duchesse de Bourgogne, I, 351; son père, ambassadeur à Constantinople; elle épouse Villers, lieutenant de vaisseau, près des ruines de Troie; est présentée à Mme de Maintenon; fortune des deux époux, 362; esprit romanesque et galant de Mme d'O; elle plaît par ses complaisances; ses intrigues; son manége; son genre de vie opposé à celui de son mari, 364.

OBDAM, grand écuyer du roi Guillaume, succède au comte d'Athlone dans le commandement des troupes hollandaises, IV, 131; est battu par le maréchal de Boufflers, 131; s'embarque à Lillo et va rendre compte à la Haye de son malheur, 132.

OBRECHT, préteur royal de Strasbourg, est envoyé auprès de l'électeur palatin, II, 90.

OBSERVATOIRE de Paris; mémoire des dépenses qu'y a faites Louis XIV jusqu'en 1690, XII, 522.

OLONE (le duc d') épouse la fille unique de Vertilly, maréchal de camp, XIV, 208.

OLONE (la duchesse d') meurt de la petite vérole; son éloge, XIV, 50.

ONATE, *Velez da Guevara* (le comte d'), grand d'Espagne; historique sur sa maison, XVIII, 458.

ORAN, est prise par les Maures; la garnison se retire avec une capitulation honorable, VI, 180.

ORANGE (le prince d') écrit plusieurs fois au prince de Vaudemont, son ami intime, la position désespérée où il est, I, 86; il lui mande qu'une main amie qui ne l'a jamais trompé l'informe de la retraite du roi; par un second billet que sa délivrance est certaine, 89; il combat jusqu'à la fin de la bataille de Neerwinden, 100; quitte l'armée et se retire en Hollande, 105; investit Namur, 272; qui capitule, 279; insulte à la perte des Français, quand il apprend toutes les récompenses données à tous ceux qui ont défendu Namur, 281; raisons qui le terminent à presser la conclusion de la paix de Ryswick, II, 34; il donne ordre à Portland de conférer avec le maréchal de Boufflers, 35. Voy. *Guillaume*, roi d'Angleterre.

ORANGE (la princesse d'), fille de Jacques II, meurt à Londres fort regrettée; le roi de France, à la demande du roi Jacques, défend qu'on prenne le deuil à sa cour, I, 241.

ORCAMP (les religieux de l'abbaye d'), belle action de ces moines à l'égard de deux enfants gentilshommes, XVII, 245.

ORCEY, frère de Mme de Montchevreuil, ancien prévôt des marchands, meurt conseiller d'État, XI, 99.

ORDRE DU SAINT-ESPRIT; par qui il fut créé ; cinq charges de cet ordre, IV, 147; ceux qui ont ces charges portent sur eux les mêmes marques que les chevaliers; petits officiers de l'ordre; dans les jours de cérémonie, les grands officiers sont fort distingués des chevaliers; en quoi, 148; à qui la dénomination de commandeur est propre ; pourquoi les grands officiers l'affectent; distinctions des grandes charges entre elles, 150; elles furent destinées à la décoration des ministres, 152; honneurs du Louvre; ce qu'on entend par là; de quand ils datent, 152; les grands officiers de l'ordre n'étaient pas compris dans le nombre de 100 dont l'ordre du Saint-Esprit est composé; à quelle époque et par qui ils y furent compris, 154; à qui la charge de grand trésorier et celle de greffier furent-elles données d'abord; historique à ce sujet, 155 et suiv.; vente des grandes charges de l'ordre ; 158 ; brevets obtenus par ceux qui les vendent pour continuer à porter l'ordre, 158 et suiv ; ce qu'on entend par *vétérans* et par *râpés* de l'ordre, 160; usurpation des couronnes, 162; puis des statues, 163 ; prétentions de la gendarmerie sur l'ordre du Saint-Esprit, X, 164; prétention des fils de France de présenter au roi des sujets pour être faits chevaliers, 165 ; histoire des promotions depuis Henri III jusqu'à Louis XIV, 166 et suiv. ; plaisante anecdote sur d'Étampes lors de sa promotion, 171; promotions faites sous le ministère de M. le Duc dans la jeunesse de Louis XV, 171.

ORDRE TEUTONIQUE (les chevaliers de l'), chassés de Syrie par les Sarrasins, font la conquête de la Prusse; III, 47 ; ils embrassent la doctrine de Luther et usurpent héréditairement leurs commanderies ; la Prusse est séparée en deux, 47.

ORLÉANS (le duc d') est nommé chevalier de l'ordre de la Toison d'or par le roi d'Espagne Philippe V; reçoit le collier des mains du roi de France, III, 192; fait des protestations contre une disposition seconde du testament du roi d'Espagne, 194; raisons qui portent ce prince aux plaisirs, 423; il travaille à se faire rétablir dans l'ordre de la succession d'Espagne; envoie à cet effet l'abbé Dubois à Madrid, IV, 78 ; demande au roi la permission de faire porter le nom de duc de Chartres au fils qu'il vient d'avoir de la duchesse d'Orléans; obtient pour ce fils la pension de premier prince du sang, de 150 000 livres, 145, 146; accommode une querelle entre le chevalier de Bouillon et d'Entragues, cousin germain de la Princesse de Conti, V, 144 ; est nommé pour aller commander l'armée d'Italie , 183 ; son amour pour Mlle de Sery; il fait légitimer l'enfant qu'il a d'elle, 207 ; il lui donne la terre d'Argenton et obtient du roi qu'elle prenne le nom de Mme la comtesse d'Argenton, 208 ; sa curiosité pour voir des choses extraordinaires et savoir l'avenir; histoire singulière et prophétique qu'il raconte à cet égard à M. de Saint-Simon, 209 et suiv.; il part pour l'armée d'Italie, 213 ; arrive devant Turin; fait changer toutes les dispositions du siège de cette ville faites par le duc de La Feuillade, 215; joint M. de Vendôme sur le Mincio ; s'applique à pénétrer l'état des affaires, 216; rejoint M. de Vendôme à Mantoue; ne peut lui faire goûter les avis qu'il lui donne , 217 ; expose dans ses dépêches au roi la situation critique dans laquelle on le laisse, 218 ; propose au maréchal Marsin d'aller empêcher le passage du Tanaro aux ennemis; ne peut l'obtenir; comment cette proposition est justifiée par une lettre en chiffre du prince Eugène à l'empereur, 229; le duc se rapproche de l'armée du siège ; il fait rétablir ce que La Feuillade avait changé dans les dispositions du siège , 230 ; visite les lignes qu'il trouve mauvaises et mal gardées, 231; propose au maréchal Marsin de marcher au-devant de l'ennemi et de se saisir des passages de la Doire; opposition qu'il rencontre encore, 231 ; autre proposition du duc combattue par le maréchal, 231 ; conseil de guerre assemblé ; le duc, voyant presque tous les avis contraires au sien, proteste de tous les malheurs qui pourront arriver et veut quitter l'armée à l'instant; consent avec peine à demeurer; mais déclare qu'il ne se mêlera plus du commandement, 233 ; écrit fortement au roi contre ce maréchal auquel il fait lire sa lettre et la laisse; le chargeant de l'envoyer par le premier courrier, 234 ; sur un avis qu'il reçoit que le prince Eugène va passer la Doire il court chez le maréchal lui proposer de marcher à l'ennemi ; nouveau refus de Marsin, 235; le duc dégoûté monte à cheval, malgré lui, pour aller combattre; comment un soldat piémontais lui fait mettre à ses pieds son juste ressentiment et le décide à secourir Marsin et La Feuillade, malgré eux; sa belle conduite pendant la bataille de Turin; son sang-froid; sa présence d'esprit; il est blessé, 235 et suiv.; il expose aux officiers généraux la nécessité de prendre le chemin de l'Italie, 238; reproche qu'il fait à l'un d'eux, 239; comment il est trompé et trahi, 239; il arrive à Oulx au milieu des Alpes, 240; tout malade et tout affaibli qu'il est, il donne des ordres pour que ses troupes soient fournies de pain; comment ses ordres sont exécutés, 243; il reproche à La Feuillade et à Albergotti que leur désobéissance a été la cause de la perte de la bataille de Turin; querelle entre eux dans la chambre même du prince; comment elle se termine aux dépens de l'honneur de tous deux, 244; M. le Duc obtient des ordres pour repasser en France, 245; arrivé à Grenoble, il apprend que Mmes d'Argenton et de Nancré sont venues pour le voir; il leur fait dire qu'il ne les verra point, 252; les voit en secret pendant cinq ou six jours et les renvoie, 252; revient à Versailles, y est très-bien accueilli, 253; est envoyé pour commander en Espagne avec l'autorité absolue, 348, 349; s'arrête à Bayonne pour voir la reine douairière d'Espagne, accepte le fauteuil qu'elle lui présente; usage du fauteuil en Espagne devant le roi et la reine; à qui il est réservé; origine de cet usage, 395 et suiv.; pourquoi la reine douairière le présente au duc d'Orléans, 396; comment ce prince est reçu en Espagne et traité à Madrid, 398; joint le duc de Berwick après la bataille d'Almanza; lui témoigne son regret de n'avoir pu arriver plus tôt, 406; témoignage honorable qu'il rend du caractère du maréchal, 407; sa réponse au duc de Saint-Simon qui lui a proposé des moyens de cueillir de grands fruits de la victoire d'Almanza, 408; sa conduite au siège de Lerida le fait aimer de toute l'armée, 409; il prend la ville d'assaut, 409; force le château à capituler, 410; revient à Versailles; accueil qu'il y reçoit, VI, 154; n'ose donner à l'abbé Dubois la charge de secrétaire de ses commandements; pourquoi, 180; il s'arrête plus longtemps à Madrid qu'il n'a cru, pourquoi; faux bruits répandus contre lui par M. le Duc et Mme la Duchesse, 301; soins qu'il se donne pour l'armée; santé qu'il porte dans un repas à Mme de Maintenon et à la princesse des Ursins; scandale qu'elle cause, 301; prend le camp de Gloucestar, fait enlever Falcets et autres postes; investit Tortose, 302; surmonte les plus grandes difficultés; force la place à capituler; resserre le comte de Staremberg, 304; retourne à Madrid, après la fin de la campagne, 433; revient à la cour où il est bien reçu, 447; combat la résolution prise de rappeler les troupes d'Espagne, VII, 285; par quoi le duc s'était fait beaucoup de tort dans l'esprit de tout le monde et surtout dans l'esprit du roi, 299; sa conduite en Espagne à l'égard de la princesse des Ursins, 300; il accueille ouvertement les plaintes qu'on fait contre elle sans en faire usage, 301; ses anciennes liaisons avec Stanhope, général de l'armée anglaise en Espagne, facilitent sa correspondance avec lui dans ce pays, 301; sa réponse à Mme des Ursins en présence du roi et de la reine sur les plaintes qu'elle lui fait d'avoir remis en grâce plusieurs mécontents, 302; montre à Louis XIV trop peu d'empressement de retourner en Espagne; en est blâmé par M. de Saint-Simon, 303; explique au roi comment il s'est conduit avec Mme des Ursins et témoigne son étonnement des plaintes qu'elle a faites de lui, 304; le roi lui dit qu'il est plus à propos qu'il ne retourne pas en Espagne, 305; lui dit ensuite d'en faire revenir ses équipages et d'envoyer quelqu'un de sensé qui soit porteur de ses protestations, à tout événement, 306; le prince dépêche un nommé Flotte, 306; tient secret l'avis que lui donne le maréchal Bezons de l'aventure arrivée à Flotte; sa réponse au roi quand Sa Majesté lui en parle, 309; bruits odieux répandus contre le duc à l'occasion de cette aventure, 310; la grossesse et l'accouchement heureux de la duchesse d'Orléans font tomber ces bruits, 311; M. d'Orléans fait à M. de Saint-Simon l'aveu que plusieurs grands d'Espagne lui avaient proposé de monter sur le trône où Philippe V ne pouvait se soutenir; conseil que lui donne Saint-Simon à cette occasion, 312 et suiv.; clameurs universelles contre le prince, 315; il est menacé d'une instruction juridique et criminelle; sentiments divers des ministres à ce sujet, 316; son entretien avec le roi, 318; triste état où il se trouve à la cour, 440; son entretien avec le duc de Saint-Simon, dans lequel celui-ci lui fait entendre qu'il doit renoncer à Mme d'Argenton; son embarras, son agitation, VIII, 1 et suiv.; il consent à faire venir le maréchal de Besons, 5; autre entretien avec Saint-Simon et Besons sur le même sujet; débats; agitation du prince, 9 et suiv.; comment il est ébranlé par la force de leurs raisons; ses préventions contre la duchesse d'Orléans combattues par Saint-Simon; état du prince à la fin de l'entretien, 20 et suiv.; nouvel entretien avec les mêmes; le prince paraît moins résolu qu'avant la première conversation; il veut voir Mme d'Argenton avant de s'en séparer; comment il est attaqué tour à tour par ses deux interlocuteurs; il se décide enfin à voir Mme de Maintenon, et lui envoie demander une audience pour le lendemain, 25 et suiv.; il apprend à Saint-Simon une étrange particularité de Mme de Maintenon, 40; le serment que Saint-Simon lui fait à cet égard le rassure, 41; autre entretien avec les mêmes; état d'abattement et de douleur du prince; il leur apprend qu'il a vu le roi, et leur donne des détails sur les deux audiences de la journée; ses sanglots, ses larmes, 44 et suiv.; avantages qu'il assure à Mme d'Argenton en la congédiant, 51; il promet à Besons qu'il verra la duchesse d'Orléans dans la journée et lui dira sa rupture, 52; sa colère et son désespoir en apprenant qu'on refuse à Mme d'Argenton la liberté de se retirer à Gomerfontaine; M. de Saint-Simon parvient enfin à le calmer; il écrit à Mme de Maintenon, 69; réponse satisfaisante que lui fait le roi, 70; il songe à faire le maréchal de Besons gouverneur du duc de Chartres, 79; en parle au roi, mais trop tard, 83; est également surpris et mortifié de se voir trompé dans son espérance, 84; reproche avec vivacité à la duchesse d'Orléans sa conduite à l'égard de Mademoiselle par rapport à son mariage avec le duc de Berry, 139; conduite timide qu'il tient lui-même dans l'affaire de ce mariage, 239 à 249 (voy. aussi l'art. Saint-Simon); le roi lui dit qu'il est résolu à faire le mariage de Mademoiselle avec M. le duc de Berry, 271; il demande au roi avec une sorte de hardiesse ce qu'il fait de d'Antin qui est toujours dans ses cabinets et qui est si bien avec Monseigneur, s'il ne se sert pas de lui pour faire entendre raison à ce prince; réponse du roi, 279 et suiv.; il apprend de Sa Majesté que Monseigneur a donné son consentement au mariage, et reçoit la permission d'annoncer cette bonne nouvelle à Madame et à Mme la duchesse d'Orléans; comment il exprime au roi sa joie et sa reconnaissance, 281; il va avec Mme la duchesse d'Orléans chez Monseigneur après que le roi et son fils ont fait la demande de Mademoiselle à Madame; avec quelle allégresse ils sont reçus, 285; ils vont chez Mme la Duchesse lui faire part du mariage; aigreur et sécheresse avec lesquelles ils sont reçus, 286; embarras du prince pour faire part du mariage de sa fille au roi d'Espagne; il consulte le roi, 331; il suit l'usage à cet égard et ne reçoit point de réponse; le roi et la reine d'Espagne récrivent à la duchesse d'Orléans seulement, 332; sur la demande du roi, M. le duc d'Orléans fait venir de Chelles ses deux filles pour assister au mariage de Mademoiselle; pourquoi, 333; Mlle de Chartres porte la mante de la fiancée, et les deux fils de M. du Maine signent pour la première fois au contrat de mariage, 333; sentiments et larmes de M. le duc d'Orléans à la mort de Monseigneur, IX, 119; sa faiblesse pour la duchesse de Berry; bruits odieux qui courent dans le monde sur son amitié pour elle, 391; il en est averti par M. de Saint-Simon, l'en remercie et va de suite le conter à sa fille, 392 et suiv.; ses excuses à M. de Saint-Simon; ils se raccommodent ensemble, 494; M. d'Orléans se rembarque dans la débauche et l'impiété; lui et sa fille ridiculisent les mœurs et la religion, souvent en présence de M. le duc de Berry, 394; comment il se rapproche de M. le Dauphin, 398 et suiv.; le bruit se répand en France et dans toute l'Europe qu'il a empoisonné M. le Dauphin et Mme la Dauphine; par qui ce bruit est propagé, X, 140; raisons qui prouvent l'intérêt que ce prince avait à la conservation de M. le Dauphin; ses liaisons avec lui; sur quoi elles étaient appuyées, 145 et suiv.; comparaison des raisons contraires que M. du Maine avait à la mort du Dauphin, 148; insultes du peuple faites au duc d'Orléans lors des obsèques du Dauphin, 151; il suit le conseil que lui donne le marquis d'Effiat, va trouver le roi, se plaint des bruits répandus contre lui, demande justice et offre de se constituer à la Bastille; réponse du roi, 154; ce que ce prince aurait dû faire pour imposer silence à la cabale qui voulait le perdre, 156; abandon où il se trouve à Marly et à Versailles, 160; l'emprisonnement d'un cordelier arrêté en Poitou sert de prétexte pour renouveler les horreurs publiées contre M. d'Orléans, 196; comment il supporte ce nouvel orage; il est instruit par le lieutenant de police que rien dans cette affaire ne le regarde et ne peut l'inquiéter, 197; il approuve, malgré les réflexions de M. de Saint-Simon, le dessein conçu par Mme la duchesse d'Orléans, de marier une de ses filles à M. le prince de Conti, X, 41; le roi lui défend d'y penser, 45; douleur de M. le duc et Mme la duchesse d'Orléans à la mort du duc de Berry, XI, 90; le duc devient encore l'objet de la calomnie, 91; ses craintes à l'égard de sa fille Mme la duchesse de Berry; il prie le roi de le dispenser de mener le corps du duc de Berry à Saint-Denis, 92; sa conduite prudente lors de l'édit enregistré concernant la remise du testament du roi au parlement, 182; son indisposition subite, 251; il est saigné, 252; se rétablit bientôt, 254; sur la lettre du roi d'Espagne au roi son grand-père par laquelle ce prince témoigne le désir de se réconcilier avec M. le duc d'Orléans, celui-ci, de concert avec le roi son oncle, écrit au roi d'Espagne et en reçoit la réponse la plus honnête; donne une gratification et une pension à Flotte et à Renaut remis en liberté, XII, 38; prie le roi de défendre à la princesse des Ursins de se trouver là où Mme la duchesse de Berry, Madame, M. le duc et Mme la duchesse d'Orléans pourraient se rencontrer; fait défense à toute sa maison et même aux personnes qui lui sont attachées de la voir, 42; fait part à M. de Saint-Simon de sa résolution de s'opposer au lit de justice à l'enregistrement de la constitution, 83; portrait de ce prince, 93; son éloquence; ses connaissances vastes; sa prodigieuse mémoire; sa perspicacité; sa justesse d'esprit, 93; sa modestie concernant la valeur; son faible de se croire ressembler en tout à Henri IV, 94; sa facilité à pardonner, son indulgence pour ses ennemis; reproche que lui en fait M. de Saint-Simon; sa colère dans cette occasion, 96; refrain du pont Neuf à sa louange; ce qu'il pensait de la liberté d'Angleterre, 97; son peu d'ambition de régner et de gouverner; son désir et ses talents pour commander les armées, 98; ses divers gouverneurs, 101; ce qu'il devient entre les mains de l'abbé Dubois; pourquoi il se laissa entraîner à la débauche et à la mauvaise compagnie, 102; sa facilité lui fait adopter toutes les mauvaises maximes de son précepteur et gâte en lui les plus belles dispositions, 105; ses étranges et scandaleuses orgies, 106; son indiscrétion; sa maxime de brouiller tout le monde, 106; son goût pour la chimie, pour la peinture et pour les tableaux, 108; un petit conte de Madame peint M. le duc d'Orléans; sa timidité excessive, 108; ses manquements de paroles; sa défiance, 109; anecdote concernant un faux marquis de Ruffec, qui prouve jusqu'où allait cette défiance, 110 et suiv.; ses efforts pour ne pas croire en Dieu; ses efforts pour voir le diable, 113; il se pique d'impiété et veut y surpasser les plus hardis, 114; anecdote sur la messe de minuit, 114; son goût pour la musique; il compose celle d'un petit opéra, 115; l'ennui le mène souvent à Paris faire des soupers et des parties de débauche, 125; son amitié et son respect pour sa mère, Madame; son ouverture et sa confiance pour elle étaient médiocres; pourquoi, 133; embarras où il se trouve souvent avec Mme la duchesse d'Orléans au sujet de M. du Maine, 134 et suiv.; situation des principaux personnages de la cour à l'égard de ce prince, 148 et suiv.; situation des ministres, 151; du P. Tellier, 152; ses entretiens sur les projets qui lui sont présentés pour la régence, 169 (voy. *Saint-Simon*); il paraît n'être plus déterminé à assembler les états généraux; mollit aussi à l'égard du parlement pour la régence, 307; n'ose suivre le conseil que lui donne M. de Saint-Simon de s'amuser aux dépens de M. du Maine à la revue de la gendarmerie que le roi a chargé ce prince de faire à sa place, 325; assiste à cette revue; comment il s'y conduit; tout le public se montre pour lui, 326; à la mort du roi, il renouvelle à M. de Saint-Simon les paroles qu'il lui a déjà données, XIII, 108; mande chez lui plusieurs ducs; leur fait un discours pour les engager à ne rien innover le lendemain au parlement, concernant l'affaire du bonnet, leur promettant de leur faire rendre justice quand les affaires publiques seront réglées, 108; autorise M. de Saint-Simon à protester au nom de tous les ducs contre les usurpations dont ils se plaignent et à l'interpeller lui-même au parlement sur la promesse solennelle qu'il leur a faite, 111; se rend au parlement pour y entendre la lecture du testament et du codicille du feu roi, 116; parle contre les dispositions du testament et fait valoir ses droits à la régence, 119; le testament est cassé en sa faveur, 120; il s'élève contre les dispositions du codicille; altercation entre lui et M. du Maine, 120 et suiv.; la séance du parlement est suspendue et ensuite reprise, 124 et suiv.; M. d'Orléans parle de nouveau contre le codicille qui est abrogé, 126 et suiv.; M. d'Orléans proclamé régent fait un remerciment court, poli et majestueux à la compagnie; déclare ses intentions sur la forme d'administration qu'il veut suivre, 128; se rend à Versailles; va voir sa mère Madame; lui promet qu'il n'emploiera l'abbé Dubois en rien, 128 et suiv.; tient deux conseils avec les ministres du feu roi, 131; va voir Mme de Maintenon à Saint-Cyr; l'assure qu'elle continuera de toucher la pension que le roi lui donnait; lui promet toute sa protection pour Saint-Cyr, 132; conduit le jeune roi à Vincennes, 134; souffre de nouvelles usurpations, 135; rend à la liberté les exilés et les prisonniers, excepté ceux qui étaient arrêtés pour crime réel ou affaires d'État, 135; anecdote sur la Bastille, 135; M. d'Orléans fait entrer au conseil M. du Maine et le comte de Toulouse, 136; forme les conseils d'administration, 141; supprime sept intendants des finances, 143; formation du conseil de régence, 158; M. d'Orléans y fait entrer le maréchal Besons, l'ancien ministre Torcy, 159 et suiv.; quels avantages il fait à ce dernier pour se l'attacher, 160; l'ancien évêque de Troyes, 162; noms des membres du conseil de régence, 164; comment M. d'Orléans vit avec les principaux membres du conseil, 168; où se tiennent les divers conseils d'administration; appointements des membres du conseil de régence et des membres des conseils d'administration, 168; règlement concernant les rapports de ces conseils avec celui de régence; droits de préséance au conseil de régence, 163; prétentions élevées par les conseillers d'État de robe contre les conseillers d'État d'épée; détails à ce sujet; faiblesse du régent, 170 et suiv.; comment elles se terminent; aventures plaisantes, 175 et suiv.; assiste quelquefois au conseil de guerre; travaille particulièrement aux finances et aux affaires étrangères; premier conseil de régence;

ce qui y est réglé, 187; autre règlement concernant les placets à l'ordinaire, 189; le régent règle la cassette et la garde-robe du roi, 192; son irrésolution dans l'affaire entre le grand écuyer et le premier écuyer, au sujet de la dépouille de la petite écurie, 214 et suiv.; il prononce au conseil de régence en faveur du premier écuyer, 221; autorise le grand écuyer à faire ses protestations, 226; sa politique machiavélique, 235; ses ménagements pour le parlement, 236; comment il évite de tenir la parole qu'il avait solennellement donnée aux ducs de leur faire rendre justice pour l'affaire du bonnet; sa faiblesse; ses motifs de défiance, 242 et suiv.; comment il est la dupe de conseillers traîtres et perfides, 247; fait don au duc de Brancas de 20000 livres de rente sur les juifs de Metz, 250; ordonne à Pontchartrain de donner la démission de sa charge de secrétaire d'État qu'il fait passer à son fils Maurepas; détails à ce sujet, 260 et suiv.; refuse obstinément la demande que lui fait M. de Saint-Simon de donner la charge de capitaine des gardes au comte de Roucy; pourquoi, 272; l'accorde au duc de Lorges, beau-frère de M. de Saint-Simon, 273; mande le comte de Roucy au Palais-Royal et lui reproche sa conduite injuste envers M. de Saint-Simon, 278; ses entrevues avec l'ambassadeur Stairs, 285; devenu régent, il lui donne une longue audience sur les alarmes du roi Georges son maître, 286; lui promet de faire arrêter le prétendant, comme Stairs le lui a demandé; charge Contades de cette commission avec l'ordre secret de le laisser échapper, 290; ignore tant qu'il peut le lâche complot de l'ambassadeur Stairs, 295; empêche M. de Richelieu et le comte de Bavière de se battre en duel, 306; réforme les troupes, 307; chasse les PP. Tellier et Doucin, 307; il se laisse gagner par Canillac et achète pour le duc de Chartres son fils le gouvernement du Dauphiné de La Feuillade; se réconcilie avec ce dernier et le nomme ambassadeur à Rome, 313 et suiv.; établit un nouveau conseil de commerce, 328; permet à M. le Duc et à M. du Maine d'entrer au conseil de guerre, 329; accident qui lui arrive au jeu de paume; il commence à faire faire des payements, 348; sur la demande de Villeroy il fait payer à Desmarets 100000 écus que le feu roi lui avait promis, 349; sa faiblesse pour Mme la duchesse de Berry; sa complaisance, sa soumission, sa crainte pour elle, 355; ordre de ses journées, 356; ses heures d'audience; ses amusements; ses soupers avec ses roués, 356; temps infini perdu en famille ou en débauches, 358; sa discrétion avec ses roués, 359; il goûte la proposition que lui fait M. de Saint-Simon d'aller passer les jours de la semaine sainte à Villers-Cotterets, 360; ses roués le font changer de résolution, 361; il fait ses Pâques à Saint-Eustache, 362; comment il est conduit par Noailles, Canillac et l'abbé Dubois à lier pour toujours ses intérêts à ceux du roi d'Angleterre, 368 et suiv.; ce prince n'a jamais désiré la couronne, 372 et suiv.; il fait lui-même justice à l'électeur palatin pour lui ôter l'occasion de recourir à l'empereur et tout prétexte à Sa Majesté Impériale à l'égard des électeurs de Cologne et de Bavière, 385; le régent a beau voir clair dans la conduite de l'ambassadeur Stairs et de ses maîtres, il ne peut se déprendre de son faible pour l'Angleterre, 408; Dubois, Noailles et Canillac renversent sans cesse auprès de lui tout ce que M. de Saint-Simon dit et démontre à ce prince, 409; il achète 600000 livres pour le chevalier d'Orléans la charge de général des galères au maréchal de Tessé; fait donner par le roi au comte de Charolois une pension de 60000 livres; fait revenir une troupe de comédiens italiens, 424; sa faiblesse envers le parlement; par qui elle est entretenue, 426; il goûte tellement le projet de banque que Law lui présente qu'il veut qu'il ait lieu, 429; fait entendre sa volonté aux membres du conseil de régence, 431; en parle à M. de Saint-Simon qui le combat, 431; le fait adopter au conseil de régence et enregistrer au parlement, 483; est tenté de rappeler les huguenots, XIV, 1; en est détourné par M. de Saint-Simon, 4; donne une longue audience au premier président et aux députés du parlement sur les remontrances contre l'édit portant rétablissement des charges de surintendant de bâtiments et de grand maître des postes, 18; déclare qu'il ira avec toute sa maison à la procession de l'Assomption, 18; sur l'avis que lui donne le parlement qu'il ne peut lui céder, et que par respect il prendra la droite et lui laissera la gauche à la procession, le régent s'abstient d'y aller, 20; il fait donner une pension de 6000 livres au jeune président de Maisons; donne un beau régiment de dragons

à Rion, amant de la duchesse de Berry, 27; convertit la pension du jeune président de Maisons en pension dite de Pontoise; accorde la même faveur au président d'Aligre; ce qu'on entend par pensions de Pontoise, 27; donne communication au duc du Maine d'une requête signée des princes du sang contre les bâtards, 35; il ménage avec le roi d'Angleterre la restitution de Gibraltar à l'Espagne, 55; moyen adopté pour en informer le roi d'Espagne, 56; son indifférence absolue pour la succession à la couronne, 97; comment il se moque de la chambre de justice et du parlement dans l'affaire de Pomereu agent secret du lieutenant de police, 99; accorde à d'Effiat l'entrée au conseil de régence, et les honneurs du Louvre leur vie durant à Dangeau et à la comtesse de Mailly qui lui avaient toujours été contraires, 100, 101; ce qu'on entend par les honneurs du Louvre, 101 et suiv.; le régent accorde des grâces sans distinction d'amis et d'ennemis, 113; il en fait une étrange et préjudiciable à l'état, au comte de Hanau, premier prince de l'empire, 113; son étrange apathie dans le procès des princes du sang et des légitimés, 120; il écrit au roi d'Espagne pour se plaindre de la manière dont Louville a été renvoyé, et de la conduite d'Albéroni; à qui cette lettre est renvoyée, 127; réponse du roi d'Espagne écrite sous la dictée d'Albéroni, 130; le traité entre la France et l'Angleterre, est signé secrètement à la Haye, 186; sur la demande du roi d'Espagne, le régent envoie le collier de l'ordre au prince des Asturies; tient un chapitre à cette occasion; singularités qu'on y remarque, 163 et suiv.; embarras du régent pour faire adopter au conseil de régence le traité conclu entre la France et l'Angleterre, 187; comment ce traité y est adopté, 189; le régent y fait aussi adopter la proscription des jacobites, 191; donne au prince de Rohan 400000 livres de brevet de retenue sur son gouvernement de Champagne et à son fils la survivance de sa charge de capitaine des gendarmes, faveurs qu'il n'avait pas demandées, 193; donne pour plus de 60000 écus de pierreries à la duchesse de Ventadour qui ne lui en témoigne aucune reconnaissance, 193; donne la survivance de grand fauconnier au fils de Desmarets âgé de 7 ans, grâce que personne ne lui avait demandée; pourquoi le régent l'a faite, 193; il fait une défense générale d'aller faire la guerre en Hongrie, 211; il défend les jeux de la bassette et du pharaon, 236; défend au bailli de Mesmes toutes assemblées de chevaliers de Malte à moins que ce ne soit pour affaires de leur ordre, 299; refuse de recevoir le mémoire de la noblesse contre les ducs, 299; rend un arrêt au conseil de régence qui ordonne aux princes du sang et aux bâtards de remettre entre les mains du roi les mémoires respectifs faits et à faire sur leur affaire, 317; autre arrêt qui fait défense expresse à tous nobles du royaume de signer la prétendue requête de la noblesse contre les ducs, 319; six commissaires sont nommés par le conseil de régence pour examiner les mémoires des princes du sang et des bâtards, 333; édit rendu sur cette affaire; le régent le modère le plus qu'il peut, 343; nomme un comité pour entendre et discuter les projets de M. de Noailles sur les finances, 410; achète le diamant appelé *le Régent*, 417; averti de la prochaine arrivée du czar en France, il envoie les équipages du roi pour aller l'attendre à Dunkerque, 424; nomme le maréchal Tessé pour accompagner ce prince, 425; envoie le marquis de Nesle à Calais pour le recevoir, 425; va voir le czar, 428; il n'oublie rien pour calmer les troubles du nord; dispose le roi d'Angleterre à relâcher le comte de Gyllembourg, ambassadeur de Suède à Londres, XV, 20; à la sollicitation du maréchal de Villeroy, il donne entrée au conseil de régence au maréchal de Tallard, 36, 37; accorde aux conseillers du grand conseil de faire souche de noblesse; les exempte des lods et vente des terres et maisons relevant du roi, 40; au moyen de quel *mezzo termine*, il assiste à la procession du 15 août, 42; étonnement dans le public; discours semés à ce sujet, 43; résolutions prises par le comité des finances assemblé chez M. le duc d'Orléans, 57; faiblesse de ce prince à l'égard du parlement touchant l'enregistrement de l'édit sur les finances, 57, 58; il envoie en Bretagne quatre lettres de cachet pour ordonner à quatre gentilshommes de cette province de venir rendre compte de leur conduite, 231; embarrassé des entraves continuelles que le chancelier et le duc de Noailles mettent aux opérations de Law, il fait un dernier effort pour les rapprocher, 238; conférence qu'il a avec

eux à la Roquette; quel en est le résultat, 239; ses bonnes intentions pour le soulagement du peuple et la levée des tailles sont entièrement trompées, 243; comment il est dupe du premier président et de d'Effiat, 245; sa crainte du parlement; par qui elle est entretenue et nourrie, 248; son entretien avec Saint-Simon sur cette compagnie; colère singulière contre lui, 259 et suiv.; après avoir entendu les remontrances du parlement il fait répandre un grand nombre de copies de lettres patentes enregistrées au parlement en présence de Louis XIII, lesquelles réduisent cette compagnie aux termes de son devoir et de son institution de simple cour de justice, 251; ses sujets de mécontentement contre le chancelier et le duc de Noailles; il en entretient souvent Saint-Simon 252 et suiv.; il le consulte pour savoir à qui il donnera les finances et les sceaux, 257; déclare d'Argenson garde des sceaux et président des finances, 261; accorde une place dans le conseil de régence au duc de Noailles, 260; retombe dans sa faiblesse naturelle; accorde de nouvelles faveurs au duc de Noailles, 265; mène au conseil de régence puis au conseil de guerre M. le duc de Chartres son fils, 267, 268; donne audience aux députés du parlement, 268; pressé par Madame, il a la faiblesse d'accorder au duc de Lorraine un agrandissement en Champagne et le traitement d'Altesse Royale; mais embarrassé pour l'exécution, il charge Saint-Contest de faire le rapport de cette double affaire au conseil de régence, 280 et suiv.; elle y est adoptée sans contradiction, 286; M. le duc d'Orléans se divertit un jour aux dépens de Saint-Simon, 288 et suiv.; il fait de lui à M. le duc de Chartres un pompeux éloge, 291; sa conduite avec ses maîtresses, 293; il accorde aux présidents des conseils l'entrée au conseil de régence; paye à Rion le régiment de Berry-cavalerie, qu'il lui change ensuite pour les dragons-Dauphin; accorde 10000 livres de pension à Maupertuis, ancien capitaine des mousquetaires; et des survivances aux fils d'Heudicourt et de La Chaise, 307; il déclare au conseil de régence qu'il faut pourvoir à la dureté de la cour de Rome et fait nommer un bureau pour aviser au moyen de faire sacrer les évêques nommés et se passer de bulles, 334; accorde à la vieille duchesse de Portsmouth 8000 livres d'augmentation de pension, 344; grande faveur pécuniaire qu'il fait à M. le prince de Conti, 345; ses manéges avec l'ambassadeur Cellamare qui veut l'entraîner dans la guerre de l'Espagne contre l'empereur, 384; les ministres de l'empereur et du roi d'Angleterre pour le faire entrer dans leurs vues essayent de l'alarmer, 387 et suiv.; plaintes des ministres d'Angleterre contre la conduite et la politique du régent, 417 et suiv.; ce prince travaille à servir et à lier étroitement le roi de Prusse, 429 et suiv.; duplicité des ministres anglais à son égard, XVI, 28; pourquoi ils le pressent de conclure sans perdre de temps, 29; le régent fait proposer au roi d'Angleterre de conserver à l'Espagne la possession de la Sardaigne, 37; à la demande de l'empereur, il consent qu'on mette des garnisons dans les places des États de Toscane et de Parme; propose des troupes anglaises, 84; puis des troupes suisses pour ôter toute ombre de soupçon, 84; embarras où il se trouve relativement à l'édit sur la monnaie; espérances diverses qu'en conçoivent les ministres étrangers, 123; accueil favorable qu'il fait au comte Stanhope, 129; il offre à Provane, envoyé de Sicile, de parier que la flotte d'Espagne fait voile vers la Sicile et qu'elle débarquera sur les côtes de cette ile; il ajoute qu'on soupçonne son maître d'être d'intelligence avec le roi d'Espagne; lui dit sur quel fondement et à quelle condition il signera lui-même la quadruple alliance, 159; ses discours contradictoires à l'envoyé de Sicile augmentent l'incertitude de cet agent sur l'état des négociations, 171; il ordonne au maréchal d'Huxelles de signer le traité d'alliance ou de se démettre, 173; comment il amuse le prince de Cellamare et le tient dans l'incertitude sur l'état de la négociation, 198; il déclare que si le roi d'Espagne ne retire ses troupes de la Sicile, il ne pourra refuser l'effet de sa garantie, 201; offre à Provane, envoyé de Sicile, ses secours pour le roi son maître, mais se moque en particulier du roi de Sicile, 203; par quels moyens il cherche à assurer le repos de l'Europe, 212 et suiv.; tient un lit de justice et recouvre son autorité, 236; ses réponses au parlement concernant l'édit des monnaies, 233 et suiv.; gagne au conseil de régence une cause sur les apanages laquelle intéressait lui et Mme la duchesse d'Orléans, 266; rend au

roi les 5000 livres par mois qui lui avaient été retranchées, 287; il consent enfin à la profession de Mademoiselle sa fille, laquelle a lieu à l'abbaye de Chelles, 288; sa réponse laconique aux gens du roi envoyés par le parlement, 290; bruits d'un lit de justice; sur quoi ils étaient fondés; la lecture des Mémoires de la Fronde devient à la mode, 291; espérances des factieux favorisées par les circonstances et par la léthargie du régent, 292; par qui ce prince est éclairé sur le danger qu'il court, 294; il consulte M. de Saint-Simon, 295; il ordonne au duc de La Force et à Fagon, conseiller d'État, de se trouver avec Law chez M. de Saint-Simon pour aviser ensemble à ce qu'il fallait faire, 297; sa conférence tête à tête avec M. de Saint-Simon, 302; il se rend aux raisons qu'il lui donne pour ne pas frapper M. du Maine et le premier président en même temps que le parlement, 304 et suiv.; le garde des sceaux, La Vrillière et l'abbé Dubois interviennent dans la conférence, 306; M. le Duc y est présenté par le régent, 307; ce prince donne ordre à Saint-Simon d'aller chez Fontanieu tout faire préparer pour le lit de justice, 307; nouvel entretien avec M. de Saint-Simon, concernant les prétentions de M. le Duc; 333; résolution prise à l'égard de M. de Charolois, 5; il propose au conseil de régence de casser les arrêts du parlement, 341; son entretien avec M. de Saint-Simon sur les prétentions de M. le Duc, 344 et 353; sa conversation avec M. le comte de Toulouse, 355; il le rassure sur ses craintes, 356; il approuve tout ce qui a été convenu entre M. le Duc et M. de Saint-Simon, 388; est pris de la fièvre la veille du lit de justice; sa conférence avec M. le Duc, M. de Saint-Simon et Millain sur les mesures à prendre pour le lendemain, 404 et suiv.; le régent pendant la nuit donne ses ordres aux chefs des différentes compagnies de la maison du roi, 421; il se rend aux Tuileries pour tenir le lit de justice, 418 (voy. *Lit de justice*); il exige de M. de Saint-Simon qu'il aille à Saint-Cloud rendre compte à Mme la duchesse d'Orléans de ce qui s'est passé au lit de justice, XVII, 4 et suiv.; sécurité du régent à l'égard des avis que lui fait donner Mme d'Alègre par M. de Saint-Simon, 31; sa réponse au parlement qui lui envoie demander la liberté de ses trois membres exilés, 40; il supprime les députations diocésaines qui s'assemblaient en Bretagne, 41; sa faiblesse à l'égard de Montaran, trésorier de Bretagne, 42; il envoie à chacun des chefs des conseils d'administration une lettre du roi pour les remercier; nomme l'abbé Dubois secrétaire d'État des affaires étrangères et Le Blanc secrétaire d'État de la guerre, 45; son étrange faiblesse à l'égard de Mme du Maine; comment il récompense les membres des conseils supprimés, 201; il accorde la liberté de revenir aux deux conseillers du parlement exilés, mais la refuse au président Blamont, 56; accorde diverses grâces pécuniaires, 60; sa conversation avec M. de Saint-Simon dans sa petite loge de l'Opéra sur les subsides secrets à donner à l'Angleterre contre l'Espagne, 63 et suiv.; autre conversation avec le même au Palais-Royal sur la rupture prochaine avec l'Espagne, 67; obsédé par l'abbé Dubois, il refuse pendant huit jours de voir M. de Saint-Simon; le mande enfin quand la rupture est déclarée, 71; sa conduite et sa réserve dans l'affaire de la conspiration de Cellamare, 78; il annonce au conseil de régence la découverte de cette conspiration et les mesures qu'il a prises contre l'ambassadeur, 82; son discours à ce sujet, 83; son entretien avec M. le Duc et M. de Saint-Simon sur M. et Mme du Maine, principaux complices de Cellamare; résolution prise de les arrêter séparément; choix du lieu de leur détention, 91; M. le duc d'Orléans fait adopter au conseil de régence le manifeste contre l'Espagne, 120; méprise une prétendue lettre du roi d'Espagne et une fausse déclaration du roi catholique fabriquées à Paris et très-offensantes pour sa personne, 121; il exige que M. de Saint-Simon lui apporte les *Philippiques* de Lagrange, 141; impression profonde que lui en cause la lecture, 141, 142; il donne à l'abbé Dubois l'abbaye de Bourgueil, 10000 livres de pension au vicomte de Beaune et 20000 au duc de Tresmes, 145; sa conversation avec M. de Saint-Simon qui lui fait en vain de vives représentations sur la politique de l'abbé Dubois et sur sa faiblesse inconcevable pour M. du Maine, 159 et suiv.; sa conduite dans la maladie de Mme la duchesse de Berry à qui le curé de Saint-Sulpice refuse de donner les sacrements, et Rion et Mme de Mouchy ne sont renvoyés du Luxembourg, 175 et suiv.; le régent fait ériger des officiers de l'ordre de Saint-Louis presque à l'instar de celui de Saint-Esprit, avec des appointements et des marques, moyennant finances, 190; règlements à ce sujet, 191; il fait diminuer les espèces, élargir le quai du vieux Louvre et accommoder la place du Palais-Royal avec une fontaine et un réservoir, 194; est embarrassé pendant quelques jours du succès de l'expédition au port du Passage, 196; pour différer la déclaration du mariage de Mme la duchesse de Berry avec Rion, il donne ordre à celui-ci de partir sur-le-champ pour l'armée; scènes avec sa fille à ce sujet, 205; refuse Chilly que d'Effiat lui a donné par son testament et le rend à sa famille; son indifférence sur sa mort, 207; il accorde plusieurs pensions militaires, 211; et la noblesse aux officiers de la cour des monnaies; donne 10000 écus au chevalier de Bouillon, 217; l'état de la duchesse de Berry lui fait rapprocher ses visites qu'il avait éloignées, 222; sa colère contre Mme de Mouchy qui a reçu le baguier de la princesse; il se fait rendre ce baguier, 227; il charge M. de Saint-Simon de tout ce qui doit se faire auprès de la duchesse de Berry, après sa mort, 229; sa douleur pendant l'agonie de cette princesse et à sa mort, 230 et suiv.; il conserve à Mme de Saint-Simon ses appointements, 233; ainsi aux autres dames de la duchesse, 233; rend à Dumont le gouvernement de Meudon, 234; conserve leurs logements au Luxembourg aux officiers de la duchesse, 236; donne la Muette au roi, 243; accorde à Lastrac un brevet de 160000 livres de retenue sur sa lieutenance générale de Guyenne; fait payer toutes les pensions, arriéré et courant, 243; fait une grande augmentation de troupes; achète de La Feuillade le gouvernement du Dauphiné pour M. le duc de Chartres, 244; cet arrangement lui coûte près d'un million, 244; son entretien avec M. de Saint-Simon sur le projet de rembourser toutes les charges de justice avec le papier de Law, 253; comment il y renonce, 254 et suiv.; il conclut et déclare le mariage de Mlle de Valois avec le fils aîné du duc de Modène, 264; se fait appeler mon oncle par le roi, 285; paye avec les billets de Law 4 millions à l'électeur de Bavière et 3 millions au roi de Suède; fait donner 80000 livres à Meuse; 500000 livres à Mme de Châteauthiers, 269; fait une large distribution des actions du Mississipi à tous les officiers généraux et particuliers employés à la guerre contre l'Espagne; diminue les espèces; en ordonne une refonte générale, 296; ses profusions, 303 et suiv.; sa colère en apprenant que Mailly est nommé cardinal; il lui envoie défendre de porter la calotte rouge, 331 et suiv.; il consent ensuite à ce qu'il la reçoive des mains du roi; intrigue de cette affaire, 344 et suiv.; sa joie de la chute d'Albéroni à laquelle il a contribué; il envoie le chevalier de Marcien aux derniers confins de la frontière pour y attendre Albéroni et l'accompagner jusqu'au moment de son embarquement en Provence pour l'Italie, 355; pourquoi le régent se fait aimer du roi, 360 et suiv.; dans sa résolution de chasser le maréchal de Villeroy, il offre à M. de Saint-Simon la place de gouverneur du roi, 365; entretien à ce sujet, 365 et suiv.; il accorde une foule de grâces pécuniaires, 384; donne audience au premier président de Mesmes, après la détention de M. et de Mme du Maine; reçoit froidement ses protestations d'attachement et de fidélité et lui montre ensuite une lettre signée de lui et qui confond M. de Mesmes, 405 et suiv.; veut lui faire faire son procès, 407; comment et par qui il en est détourné, 407; pressé par M. de Saint-Simon de ne point aller au sacre de l'abbé Dubois, il lui donne sa parole qu'il n'ira pas, 426 et suiv.; Mme de Parabère lui fait promettre qu'il ira; dialogue curieux entre eux, 429; le régent se rend au sacre, 430; dépenses qu'il fait pour cette cérémonie, 432, 433; il donne au nouvel archevêque un diamant de grand prix pour lui servir d'anneau, 533; refuse aux parents du comte de Horn, qui a tué un agioteur dans la rue Quincampoix de lui faire grâce de la vie, 445; promet à M. de Saint-Simon qu'il lui évitera le supplice de la roue, 447; pressé par Law et l'abbé Dubois, il le laisse périr sur la roue, 448; nouvelles pensions prodiguées par le régent, 458; il réduit à deux pour cent toutes les rentes: sa réponse courte et sèche aux remontrances du parlement, 460 et suiv.; donne à la nouvelle duchesse d'Albret une pension de 10 000 livres; la survivance du gouvernement de Franche-Comté au duc de Tallard, et celle de sous-gouverneur du roi au fils aîné de Saumery, XVIII, 3; il refuse de voir Law amené par le duc de La Force, après l'arrêt du conseil d'État rendu contre les actions du Mississipi et les billets de banque; le voit le lendemain amené par Sassenage, 7; travaille souvent avec lui et le mène dans sa petite loge de l'Opéra, 8; il révoque l'arrêt du conseil d'État et l'envoie dire au parlement, 9; veut donner les sceaux à M. de Saint-Simon, 10; les rend à M. d'Aguesseau, 18; à la suite d'une conférence sur les finances, il rend un édit portant création de rentes sur l'hôtel de ville à deux et demi pour cent, lequel est enregistré au parlement, 22; contre la promesse qu'il vient de faire à M. de Saint-Simon, il ôte la place de prévôt des marchands à M. de Trudaine, 26; rend un arrêt du conseil portant défense d'avoir des pierreries, d'en garder chez soi ni d'en vendre qu'aux étrangers; cet arrêt devient inutile, quoiqu'il paraisse donner l'exemple, 31; présente et fait passer au conseil de régence un projet d'édit qui accorde le monopole du commerce à la compagnie des Indes, 33; foule à la banque; tumulte au Palais-Royal; mesures prises par le régent pour assurer la tranquillité de Paris, 34; petit conseil tenu au Palais-Royal; la translation du parlement y est résolue, 40; étranges libéralités du régent, 44; le parlement refusant d'enregistrer la constitution *Unigenitus*, il va en grande pompe au grand conseil où elle est enregistrée avec quelque peine; le public se moque de cet enregistrement, 49 et suiv.; il négocie avec le premier président auquel il donne encore beaucoup d'argent pour le rappel du parlement; obtient de cette compagnie l'enregistrement de la bulle *Unigenitus*, 76; conseil de régence tenu après le départ de Law, dans lequel le régent avoue qu'il a laissé répandre dans le public pour 600 millions de billets de banque contre les défenses si expresses de les multiplier davantage; détails curieux sur cette séance; débats entre M. le Duc et le régent; opinions émises; réflexion, 87 et suiv.; le régent veut de nouveau ôter au maréchal de Villeroy la place de gouverneur du roi; pourquoi, 101; vive impression que produit sur lui le discours de M. de Saint-Simon contre l'abbé Dubois, 114; il veut chasser cet abbé, 326; singuliers reproches qu'il fait à M. de Saint-Simon, 115; il lui avoue que c'est l'abbé Dubois qui les lui a suggérés, 125; défend à ce dernier de lui jamais parler contre M. de Saint-Simon, 125; il donne ordre à Torcy d'écrire à Rome pour le chapeau de l'abbé Dubois, après lui avoir dit plusieurs fois en colère, et la veille même, qu'il ferait mettre cet abbé dans un cul de basse fosse, s'il pensait au chapeau, 127; sa faiblesse honteuse dans l'affaire du duc de La Force, 131; sa joie en apprenant la mort du pape Clément XI; quelle en est la cause, 142; sa conduite sage et réservée pendant la maladie du roi, 183; il presse inutilement M. de Fréjus d'accepter l'archevêché de Reims que le roi lui offre, 196; mesures prises entre le régent, le cardinal Dubois et M. de Saint-Simon pour déclarer au roi son mariage avec l'infante et le lui faire approuver, 215; M. le duc d'Orléans déclare ce mariage au conseil de régence, après que le roi présent l'a approuvé, 219; les membres du conseil l'approuvent tous, 219; le régent déclare dix jours après au même conseil le mariage du prince des Asturies avec sa fille, 222; la déclaration de ces deux mariages jette dans l'abattement la cabale opposée au régent, 225 et suiv.; étonnement du régent au récit que lui fait le cardinal Dubois de la scène violente du maréchal de Villeroy, XIX, 331; il consulte M. de Saint-Simon sur le parti à prendre contre le maréchal, 332; le lendemain il consulte de nouveau M. le Duc et M. de Saint-Simon, après avoir exposé les raisons de part et d'autre, 333; leur demande leur avis sur la manière dont on se défera du maréchal, 337; il est convenu que le maréchal sera arrêté et envoyé à Villeroy, 339; il va annoncer au roi que le maréchal est envoyé à Villeroy, 348; son embarras et son inquiétude de la fuite de M. de Fréjus, 349; informé qu'il est allé à Bâville, il va annoncer au roi qu'il va dépêcher à Bâville pour faire revenir son précepteur, 350; comment le régent reçoit M. de Fréjus à son retour; il lui explique la nécessité d'avoir éloigné le maréchal, 351; ses deux entretiens avec M. de Saint-Simon sur la nomination d'un premier ministre, 362 et suiv.; détails curieux sur ces deux entretiens; malgré les raisons de M. de Saint-Simon le régent est décidé à déclarer le cardinal Dubois premier ministre, 389; fin du conseil de régence; M. le duc d'Orléans, son fils M. le duc de Chartres, M. le Duc, le cardinal Dubois et Morville composent le conseil d'État, 436; M. le duc d'Orléans averti du danger imminent du cardinal Dubois, se rend auprès de lui et parvient à le faire consentir à subir l'opération que la faculté propose, XX, 5; soulagement qu'il éprouve à la mort du cardinal; il est déclaré premier ministre par le roi, 18; mauvais état de sa santé, 29; sa mort subite; détails à ce sujet, 69 et suiv.; les étrangers rendent plus de justice que les Français à ce prince, et le regrettent plus qu'eux, 77; impressions diverses que fait sa mort sur le roi, sur la cour, 78; dans l'Église, sur le parlement, 79; sur le militaire, 80; dans Paris et dans les provinces, 80, 81; ses obsèques à Saint-Cloud; son cœur est porté au Val-de-Grâce, 82.

ORLÉANS (la duchesse d'). cesse de faire les visites d'usage aux dames non titrées; sur quels exemples elle s'autorise, IV, 1 et suiv.; sa douleur à la mort de Mme de Montespan, V, 4; sa joie et sa modération en apprenant la rupture de son mari avec Mme d'Argenton, VIII, 73; son entretien avec M. de Saint-Simon sur ce sujet; comment elle lui exprime sa reconnaissance d'en avoir été la première cause, 74; mesures qu'ils prennent tous deux pour remettre M. le duc d'Orléans dans le monde, 75; elle sollicite M. de Saint-Simon de prendre parti pour M. et Mme du Maine dans l'affaire de la succession de M. le Prince, 87; et l'engage à se rapprocher d'eux, 89; son orgueil extrême; elle imagine de former un état entre la couronne et les princes du sang, sous le nom d'arrière-petit-fils de France, 125; elle fait appeler au Palais-Royal sa fille aînée Mademoiselle, 126; ne veut pas que Mademoiselle signe les contrats de mariage après les femmes des princes du sang; bruit que fait cette prétention, 127; comment le roi prononce dans cette affaire, 131; chagrin que ressent la duchesse de la décision du roi sur le rang des princesses du sang mariées ou non mariées; sa lettre à Mme de Maintenon pour lui demander le mariage de Mademoiselle avec le duc de Berry, 137; elle se retire à Saint-Cloud; autre chagrin qu'elle éprouve et dissimule; elle veut retenir Mademoiselle cachée plus que jamais, 137; fait un voyage à Paris; y tient une cour brillante; se montre à l'Opéra dans la petite loge faite exprès pour Mme d'Argenton; elle résiste à la duchesse de Villeroy et à Mme la duchesse de Bourgogne, et demeure ferme à gagner Pâques sans montrer Mademoiselle, 138; sur de nouvelles instances de Mme la duchesse de Bourgogne, elle cède avec douleur; va présenter Mademoiselle aux personnes royales et l'envoie chez les princesses du sang, 140; obstacles généraux et particuliers qui s'opposent au mariage de Mademoiselle avec le duc de Berry, 214 et suiv.; le premier de tous est la paresse naturelle de Mme la duchesse d'Orléans et l'incurie de M. le duc, son mari, 219 (pour l'affaire de ce mariage voy. l'art. *Saint-Simon*;) comment Mme la duchesse d'Orléans s'était aliéné, par sa faute, Monseigneur, 260 et suiv.; par sa présence d'esprit elle répare une faute involontaire chez Mme de Maintenon, 272; sa conduite à la mort de Monseigneur, IX, 117; sa conversation particulière avec ses affidées, 124; comment elle est interrompue par un gros Suisse, 125; ses efforts auprès de M. de Saint-Simon pour l'empêcher de rompre avec son mari; à quelle occasion, 393; d'où lui vient la pensée de faire sonder, par la duchesse de Berry, Mlle de Conti sur le mariage d'une de ses filles avec M. le prince de Conti, son frère, X, 411; les réflexions de M. de Saint-Simon contre ce projet ne l'arrêtent point, 413; le roi lui défend d'y penser, 416; est attaquée d'une maladie de langueur dont les ennemis de son mari savent profiter pour renouveler leurs calomnies, XII, 61; causes de cette maladie; comment la princesse en guérit, 61; son extérieur, 116; son caractère; elle croyait avoir fort honoré M. le duc d'Orléans en l'épousant, 116; sa conduite avec lui; sa timidité extrême devant le roi, 117; sa manière de vivre; ses sentiments pour ses frères, MM. du Maine et de Toulouse, 118; ses longs efforts pour attirer du monde à sa table et chez elle, 123; comment elle y réussit, 124; ses parties à Saint Cloud et à l'Étoile, 125; son désir passionné pour la grandeur de M. du Maine, 134; par qui elle est conduite et sans cesse pressée à cet égard sur des choses qu'elle-même souhaite avec ardeur, 135; sa curiosité embarrassante auprès de M. de Saint-Simon, 283 et suiv.; son inquiétude pour ses frères à l'approche de la mort du roi; sa prière à M. de Saint-Simon à leur sujet, 308; elle obtient du régent, son mari, d'avoir quatre dames pour l'accompagner; leurs noms, XIII, 256; accouche d'une fille qui devient princesse de Conti, 439; ses prétentions à l'occasion du mariage de Chamarel, XV, 59; dégoût qu'elle éprouve à cette occasion; elle achète la maison de Bagnolet et plusieurs voisines, dont elle fait un lieu immense et délicieux,

60; avec quel sentiment de douleur elle reçoit à Saint-Cloud, de la bouche de M. de Saint-Simon, la nouvelle de ce qui s'est passé au lit de justice concernant M. du Maine, XVII, 9 et suiv.; sa lettre à M. le duc d'Orléans pour lui demander la permission d'aller à Montmartre, 13; elle change deux fois de résolution et se décide à retourner à Paris, 15; voit ses deux frères au Palais-Royal; scène entre elle, son mari et la duchesse de Berry, 17; elle porte son ressentiment au delà des bornes, 18; refuse de recevoir M. de Saint-Simon et reste brouillée avec lui, 19; n'oublie rien pour engager M. le comte de Toulouse à suivre le sort de son frère, 25; s'ennuie de se tenir sous clef, rouvre ses portes et son jeu ordinaire, 38; elle va à l'Opéra dans la petite loge de M. le duc d'Orléans et non dans la grande loge qu'a Madame; pourquoi, 51; elle refuse de recevoir la députation des états du Languedoc; pourquoi, 247.

ORLÉANS (le chevalier d'), fils naturel de M. le duc d'Orléans et de Mme d'Argenton, demeure au Palais-Royal, après la retraite de sa mère, VIII, 70; est fait grand d'Espagne, XIX, 440.

ORLÉANS (Mlle d'), religieuse professe de Chelles, par ses fantaisies et son humeur oblige l'abbesse de ce couvent, sœur du maréchal de Villars, de se démettre; celle-ci obtient 12 000 livres de pension et meurt fort regrettée chez les bénédictines de la rue du Cherche-Midi; Mlle d'Orléans, qui la remplace à Chelles, se lasse bientôt de sa place; son caractère bizarre et inconstant, elle se démet enfin, XVII, 193; s'établit au couvent des bénédictines de la Madeleine de Tresnel; y mène une vie plus édifiante et y meurt, 194; sa lettre à M. le duc d'Orléans, son père, sur l'abus qu'il fait des bénéfices et le choix des sujets qu'il y nomme, XX, 28.

ORMESSON, maître des requêtes, est nommé membre du conseil des finances, XIII, 148; puis conseiller d'État, XVIII, 134.

ORMOND (le duc d'), avec une grosse escadre essaye de surprendre Cadix; s'établit dans l'île de Léon avec 10 000 hommes; est forcé de se retirer, III, 433; est nommé pour remplacer Marlborough à l'armée de Flandre, X, 60; investi dans sa maison de Richemont, près de Londres, il se sauve et passe en France, XII, 87; s'adresse à l'ambassadeur d'Espagne pour obtenir l'assistance de Sa Majesté Catholique en faveur du prétendant, XVI, 214; voit dans le plus grand secret à Madrid le duc de Saint-Simon, XIX, 16; son caractère, 17; est fort considéré à Madrid et bien accueilli du roi et de la reine; son extérieur; ses manières; son attachement à la religion anglicane, 58.

OROPESA (le comte d'), président du conseil de Castille, a ordre de demeurer dans son exil, III, 83, 97; pourquoi il y était déjà avant l'arrivée de Philippe V à Madrid, 97; se rend avec toute sa famille auprès de l'archiduc, V, 191; y meurt à Barcelone, VI, 179.

OROPESA, *Portugal y Toledo* (le comte), fils du précédent, grand d'Espagne; après la mort de son père, il est fait chevalier de la Toison d'or, XVIII, 459 et suiv.

ORRY, d'abord rat de cave, devient homme d'affaires de la duchesse de Portsmouth, se fait connaître des gros financiers; est envoyé en Espagne, pour y prendre connaissance des finances, IV, 61; fait sa cour à Mme des Ursins; rapporte d'elle les plus fortes recommandations; est renvoyé avec des commissions importantes, 63; est admis au conseil secret du roi composé de la reine et de la princesse des Ursins, 177; gouverne toutes les affaires d'Espagne avec elle, 222; rend un compte infidèle à M. de Puységur de l'état des subsistances des troupes françaises en Espagne, 261; reçoit ordre de venir rendre compte de ses mensonges et de son administration, 275; arrive à Paris; le roi refuse de le voir et veut lui faire faire son procès; pourquoi Mme de Maintenon s'y oppose, 331; est renvoyé en Espagne par le crédit de la princesse des Ursins, 432; arrive à Madrid, V, 22; revient à Versailles solliciter des secours; sa conduite avec M. Angelot et le duc de Berwick; ses hauteurs et sa dureté l'ont rendu odieux en Espagne, 201; le roi veut le faire pendre; Mme de Maintenon aidée de Chamillart pare le coup; il obtient une charge de président à mortier au parlement de Metz; ses deux fils, 201, 202; après la disgrâce de Mme des Ursins, il reçoit ordre de quitter l'Espagne où il était retourné, XII, 11; il part sans voir le roi et avec la malédiction publique; est très-mal reçu à Versailles, 11; sa mort, XVII, 281.

ORVAL (la duchesse d'), belle-fille du célèbre duc de Sully, meurt à 90 ans, XIV, 109.

OSMOND (Mlle d'), demoiselle de Saint-Cyr, est mariée par le roi et Mme de Maintenon à M. d'Avrincourt colonel des dragons, qui est fait gouverneur d'Hesdin; Mme la duchesse de Bourgogne pour se divertir donne la chemise à la mariée, IV, 422.

OSSONE (le duc d'), grand d'Espagne, vient saluer le roi; veut servir à son dîner le roi d'Espagne qu'il trouve à Amboise, III, 50; est chargé d'aller à Tolède signifier à la reine douairière que le roi la trouve trop près des armées et de la conduire à Burgos; comment il exécute cette commission, V, 203; est nommé plénipotentiaire au congrès d'Utrecht, X, 283; il meurt à Paris dans un âge peu avancé, XIII, 417.

OSSONE (le duc d'), auparavant comte de Pinto, frère du précédent, est nommé par l'Espagne ambassadeur à Paris pour le mariage du prince des Asturies avec la fille de M. le duc d'Orléans, XVIII, 244; sa naissance; sa famille; son caractère; le régent lui fait porter le cordon de l'ordre en attendant qu'il puisse en être nommé chevalier, 244; il rencontre à Vivonne M. de Saint-Simon; leur entretien; quel en est le sujet, 252 et suiv.; son arrivée à Paris; comment il y est traité; fêtes qu'il y reçoit et y donne; il est conduit à l'audience du roi, 331; signe les articles du contrat chez le chancelier, 332, 333; est complimenté par la ville de Paris et en reçoit des présents, 384.

OSUNA *Acuna y Tellez-Giron* (le duc d'), grand d'Espagne; historique sur sa maison, XVIII, 397 et suiv. Voy. *Ossone* (le duc d'), auparavant comte de Pinto.

OTTAIANO *Médicis* (le prince de), de Naples, grand d'Espagne; historique sur cette maison, XVIII, 421.

OTTOBONI (le cardinal), s'attache à la France et obtient une pension de 10000 écus, IV, 30; est nommé protecteur de la couronne, VIII, 108; son grand état, ses richesses; ses dépenses; ses mœurs; son esprit; il demande aux Vénitiens leur consentement pour cette protection; sur leur refus, il n'ose accepter; sur les grandes offres du roi, il passe outre, 108; reçoit du roi l'abbaye de Marchiennes, X, 369; il écrit à Albéroni, sous prétexte de zèle pour le bien de l'Italie, pour lui proposer un commerce de lettres, XV, 379 ; son avidité et sa prodigalité, 467.

OUDETOT, brigadier, est tué au siège de Barcelone, XI, 227.

OURAGAN furieux arrivé le jour de la Chandeleur de l'année 1701 ; les désordres qu'il cause sont infinis dans tout le royaume, III, 74 ; il a été l'époque du dérangement des saisons et de la fréquence des grands vents, 74.

OVERKERKE, commandant des troupes hollandaises, bombarde Bruges, puis Namur, IV, 293 ; meurt au camp devant Lille, VI, 444 ; son extraction, son attachement au roi Guillaume, 444.

OXFORD (le comte d'), grand trésorier, se défend si puissamment à la barre du parlement qu'il se tire d'affaires contre toute espérance, XII, 87.

OYSE (le marquis d'), âgé de 53 ans, fils et frère cadet des ducs de Villars-Brancas, est marié avec la fille d'André, fameux mississipien, âgée de trois ans, à condition que le mariage ne se célébrera que quand elle en aura douze ; autres conditions énormes du contrat ; la culbute de Law le fait avorter ; mais les suites de cette affaire produisent des procès, XVII, 468.

P

PAIRS DE FRANCE, ce nom fut inconnu sous la première et deuxième race, peut-être même au commencement de la troisième ; mais les premiers grands feudataires ou grands vassaux de la couronne faisaient alors les mêmes fonctions que ceux qui ont été depuis connus sous le nom de pairs ; pourquoi ce nom s'introduisit insensiblement, XI, 278 ; en eux résidait la puissance législative et constitutive pour les grandes sanctions de l'État, exclusivement à tous les autres seigneurs quelque grands qu'ils fussent, 280 ; ils assistent au parlement quand ils veulent et sans être mandés, 283 ; parité entre les anciens pairs de France et les pairs plus modernes, quant à la dignité, aux fonctions nécessaires et au pouvoir législatif et constitutif ; preuves historiques, tirées entre autres de la déclaration de Henri III en faveur des princes du sang qui les rend tous pairs à titre de naissance, et des six pairies ecclésiastiques, 287 ; autre preuve tirée des cérémonies tout à fait ecclésiastiques, 288 ; la dignité personnelle, le nombre et l'étendue des États et des possessions, l'autorité, le degré, la juridiction ecclésiastique sont accessoires et totalement indifférents à la dignité, rang, autorité, puissance et fonctions de pair de France, 288 ; passage d'une lettre de Philippe le Bel au pape de 1306, qui prouve ce que nos rois pensaient et disaient de la dignité et des fonctions de pairs tant anciens que de nouvelle création, 289 ; autre preuve tirée du rapport du procureur général du roi les 19 et 26 février 1414, qui ne veut pas qu'un pair soit sujet à l'excommunication, parce qu'il est un conseiller nécessaire du roi, 291 et suiv. ; noms magnifiques donnés aux pairs par les rois dans leurs diverses érections de pairies, et par les magistrats, 294 ; toute pairie est essentiellement apanage, 296 (voy. *Apanage.*) ; les pairs des derniers temps n'étaient pas différents quant à leur dignité et à leurs fonctions des pairs de tous les temps de la monarchie ; ni leurs pairies différentes des anciennes, 300 ; les pairs ont conservé leur entrée et leur voix délibérative toutes les fois qu'ils veulent y prendre séance tant au parlement de Paris qu'aux autres parlements du royaume ; pourquoi ils y entrent avant le roi lorsqu'il y vient, tandis que les officiers de la couronne et autres ne peuvent entrer qu'à sa suite, 311 ; pourquoi le chancelier siége aux bas siéges en présence du roi, tandis que les officiers de la couronne siégent aux hauts siéges ; pourquoi le roi ne le traite pas de *cousin* comme les pairs, les ducs vérifiés et non vérifiés et tous les autres officiers de la couronne, 312 ; anciennes pairies ; pairs ecclésiastiques et laïques, notes et documents, IX, 445.

PAIX de Clément IX, acte qui déclare authentiquement que le saint-siège ne prétend et n'a jamais prétendu que la signature du formulaire obligeât à croire que les cinq propositions condamnées se trouvent dans le livre de Jansénius, mais seulement de les tenir et de les condamner comme hérétiques dans quelque livre qu'elles se trouvent, VII, 414.

PALAGONIA *Gravina* (le prince de), originaire de Sicile, grand d'Espagne, XVIII, 418.

PALAIS (Du), ancien officier, prend soin de d'Effiat pendant sa dernière maladie ; circonstance singulière rapportée par lui sur cette maladie, XVII, 207 ; il est nommé exécuteur testamentaire d'Effiat et reçoit de lui un diamant de 1000 pistoles, 209.

PALERME, ville de Sicile, les Espagnols descendent en Sicile et s'emparent de cette ville, XVI, 186.

PALLAVICIN (le baron), quitte le service de M. de Savoie pour s'attacher à celui de France; son extérieur; son caractère; M. de Villeroy en fait son homme de confiance, IV, 248; devenu lieutenant général, il est tué à la bataille de Malplaquet, VII, 383.

PALMA (le comte de), neveu du feu cardinal de Portocarrero et grand d'Espagne, passe à l'archiduc, VIII, 431.

PALMA, *Bocanegra y Portocarrero* (le comte), grand d'Espagne; historique sur sa famille; exil de son père et de sa mère; il vit mécontent et retiré, XVIII, 460 et suiv.

PANACHE (Mme), vieille folle et laide à faire peur, est le jouet de la cour, I, 420.

PARABÈRE, épouse la fille de Mme de La Vieuville, dame d'atours de Mme la duchesse de Berry, IX, 310; sa mort, XIII, 334.

PARABÈRE (Mme de), maîtresse du régent, exige que ce prince aille au sacre de l'abbé Dubois; pourquoi; dialogue curieux entre eux, XVII, 429.

PARCEN, *Sarcenio* (le comte), grand d'Espagne, XVIII, 461.

PAREDES (le marquis de), grand d'Espagne, passe à l'archiduc, VIII, 431.

PAREDES dit *Toledo y Lacerda* (le comte), grand d'Espagne; historique sur sa maison, XVIII, 461.

PARIS (les frères), soupçonnés de cabaler contre Law parmi les gens de finances, sont éloignés de Paris; leur origine; leur fortune, XVII, 416 et suiv.

PARISIÈRE (La), voy. *La Parisière*.

PARLEMENT, comment y étaient reçus les ducs et pairs, I, 449; assemblées tenues dans le palais des rois à certaines fêtes de l'année; les pairs s'y trouvaient quand ils voulaient sans y être mandés; les hauts barons et les légistes y étaient appelés nominativement par le roi et en tel nombre qu'il lui plaisait; jusqu'à quelle époque cette forme d'assemblée subsista, XI, 283; pourquoi le parlement devient sédentaire et pourquoi celui de Paris prend le nom de *cour des pairs*, 285; origine des hauts sièges et des bas sièges de la grand'chambre au parlement, 308 et suiv.; à quelle époque les légistes deviennent juges uniques de fait, 310; ce qu'étaient les *conseillers clercs*, 310; comment les juges deviennent des officiers en titre vénal et héréditaire et pourquoi les tribunaux supérieurs et inférieurs se multiplient dans le royaume, 311; le président du parlement continue d'en faire la fonction en présence des pairs, puis en titre; il prétend représenter le roi; les autres présidents créés par le besoin de finances et nommés présidents à mortier prétendent aussi représenter le roi et ne faire qu'un avec le premier président, 312; cependant ils n'ont de banc distingué des conseillers qu'en bas; ils président en présence du Dauphin et du régent quand il y en a, et ne cèdent la présidence qu'au chancelier ou au garde des sceaux, 313; de l'usage de juger les causes majeures et de promulguer les grandes sanctions au parlement de Paris, ce parlement prit peu à peu le nom et le titre de cour des pairs, 314; il prétend être un intermédiaire entre le roi et le peuple et en droit de faire des remontrances au roi; d'où vient cette prétention; change le mot d'enregistrement en celui de vérification, 315; comment les rois demeurèrent vainqueurs de cette nouvelle puissance usurpée, 316; le parlement n'ose pendant longtemps s'arroger rien sur les régences; témoin ce que le premier président La Vacquerie répondit au duc d'Orléans, depuis Louis XII, 317; mais il s'enhardit enfin à trouver mauvais de n'avoir nulle part aux régences de Catherine de Médicis; ce que fit cette princesse au parlement de Rouen avec les pairs et les officiers de la couronne; réponse qui lui fut faite en cette occasion, 317; c'est à l'époque de la mort d'Henri IV que le parlement a pris pour la première fois connaissance des affaires d'État et du gouvernement, 318; le duc d'Épernon fait déclarer régente par le parlement Marie de Médicis; dès ce moment le parlement se dit le tuteur des rois; Louis XIII en plus d'une occasion sait le contenir dans les bornes d'une simple cour de justice, 319; pourquoi le testament de ce prince resta sans exécution, 320; et pourquoi le parlement déclara régente Anne d'Autriche, 321; le duc de Guise fut le premier de la noblesse qui ait été marguillier de sa paroisse; pourquoi, 322; lors de son serment de pair il se laisse qualifier de conseiller de cour souveraine; ce changement fait au serment subsiste longtemps ; à quelle époque il fut supprimé, 322; deux manières différentes d'entrer en séance et d'en sortir ; l'une pour les bas sièges, l'autre pour les hauts ; détails à ce sujet, 324 et suiv. ; empiétements des présidents, 325, les pairs et les officiers de la couronne opinent assis et couverts en présence du roi, 327; ils obtiennent d'Anne d'Autriche d'opiner avant elle et immédiatement après le roi ; en 1664, Louis XIV les réduit au rang d'opiner qu'ils devaient avoir, 328 ; comment les pairs étaient reçus au parlement, 328; innovation hardie faite par cette compagnie à la réception de M. de Monaco, 330; cette innovation s'est toujours soutenue depuis, 331 ; malversations du premier président Novion ; il est forcé de se retirer, 333, Harlay et Mesmes furent aussi profondément corrompus, 334; affaire du bonnet ; nouvelle entreprise du premier président, 336 et suiv. ; les princes du sang et les pairs cessent de suivre les présidents à la sortie de la séance des bas sièges, 338 et suiv. ; nouvelles formes pour les princes du sang; deux autres successives pour les pairs, 342 ; huissiers d'accompagnement, 342; orgueil des présidents à l'égard des princes du sang; nouvelle usurpation d'huissiers très-indécente, 342; les princes du sang et les pairs exclus de la Tournelle par l'adresse des présidents, 343; autre ruse du premier président, 344 ; autre tentative devenue inutile par la résolution de M. de Saint-Simon, 344; les pairs ont partout à la grand'chambre la droite sur les présidents, 345; distinction et préférence du barreau de la cheminée sur l'autre, 346; usurpation singulière et indécente au sujet des places près le coin du roi, 347; les présidents se construisent une espèce de trône, 348; nouvelle usurpation aux bas sièges d'une sorte de dais sur le banc des présidents, 349; salut, 351; explication du plan de la grand'chambre du parlement de Paris, 352 et suiv. ; observation relative à la présidence et sur la dignité de président, 361; pourquoi le parlement s'arroge le titre de cour des pairs, 366 ; comment il en est venu peu à peu à se prétendre le premier corps de l'État, 366; cette prétention a été favorisée et soutenue par la classe la plus nombreuse du peuple; pourquoi, 367 ; différence très-marquée entre les parlements anciens et les parlements modernes, 368 ; différence entre les parlements modernes et le parlement d'Angleterre, 369 ; le parlement en France n'est ni du premier ni du second ordre de l'État ; il ne peut donc être le premier corps de l'État, 371 ; preuves tirées de l'usage où sont les membres du parlement de parler devant le roi à genoux et découverts, que le parlement appartient au tiers état, 372 ; autres preuves concernant le chancelier, chef de la justice, 375 ; autres preuves tirées de ce que les membres des parlements nommés aux états généraux n'y ont jamais été députés que par le tiers état, 376 ; et de ce qu'un noble revêtu d'une charge de judicature quelle qu'elle soit est par cela même réputé du tiers état et ne peut être député aux états généraux que par le tiers état, 376 ; l'assemblée extraordinaire tenue après la perte de la bataille de Saint-Quentin, où la justice fit corps à part, n'était point une assemblée d'états généraux, et dans cette assemblée même la justice céda sans difficulté à la noblesse, 377 ; les parlements ne sont point un abrégé ou une représentation des états généraux ; les pairs laïques et ecclésiastiques ne font point partie du parlement quoiqu'ils y aient droit de séance et voix délibérative, 377 ; les conseillers clercs n'y représentent point le clergé ; ils n'y sont conseillers que parce qu'ils sont légistes, 378 ; parallèle entre le grand conseil et le parlement, 380 (voy. *Légistes.*); le parlement de Paris, informé que M. le régent doit assister à la procession de l'Assomption, lui fait déclarer par le premier président que le parlement se trouvant en corps à cette procession ne peut lui céder, et que tout ce qu'il peut faire de plus pour lui marquer son respect c'est de prendre la droite et de lui laisser la gauche, XIV, 18; l'absurdité de cette prétention est démontrée par des faits historiques antérieurs et par la nature des fonctions du parlement, 19 et suiv. ; comment cette compagnie sert d'instrument aux projets de M. et de Mme du Maine, XV, 249 ; elle sème dans le public des plaintes sur les finances, sur Law et sur la forme du gouvernement, 250; sous prétexte d'enregistrer l'édit de création de deux charges, elle arrête de faire des remontrances et plusieurs demandes hardies, 250 ; va les présenter au roi en présence de M. le duc d'Orléans, 251 ; autres remontrances et mouvement du parlement à l'occasion d'arrêts du conseil sur les billets d'État et les monnaies, 295 ; querelles entre les chambres ; à quel sujet, 311 ; comment le parlement travaille à établir son autorité sur la ruine de celle du régent ; par qui il est appuyé, XVI, 281 ; il s'élève contre un édit sur le changement des monnaies ; demande à la chambre des comptes, à la cour des aides et à celle des monnaies de s'adjoindre à lui pour faire des remontrances communes ; mande les six corps de marchands et six banquiers ; réponse des cours appelées, 281, 282 ; députe au régent pour lui demander la suspension de l'édit ; lui envoie les gens du roi dire qu'il ne se séparera point qu'il n'ait eu la réponse du régent ; le premier président, accompagné des présidents à mortier et de plusieurs conseillers, va au Palais-Royal ; trois demandes qu'il fait au régent, 282, 283 ; réponse du régent ; le parlement rend un arrêt contre l'édit des monnaies lequel est cassé par le conseil de régence, 284 ; lit au roi, en présence du régent, des remontrances fort ampoulées, 284 ; réponse ferme du garde des sceaux, 285 ; étrange arrêt du parlement concernant la banque et les offices de finances, 288 ; il s'assemble presque continuellement pour délibérer sur les moyens de se faire obéir, 289 ; autre arrêt concernant les billets d'État ; réponse laconique que fait le régent aux gens du roi que le parlement lui envoie, 290 ; cette compagnie nomme des commissaires pour informer d'office, et prend secrètement des mesures contre Law, 296 ; change de résolution à son égard ; pourquoi, 393, 394 ; se rend à pied aux Tuileries pour un lit de justice, 444 (voy. *Lit de justice*) ; comparaison entre celui de France et celui d'Angleterre, 473 ; querelle entre les présidents et les ducs-pairs, 474 ; le parlement fait écrire sur une feuille volante de registres secrets et fugitifs une protestation contre tout ce qui s'y est fait, XVII, 25 ; envoie une députation aux femmes des exilés Blamont, Saint-Martin et Feydeau de Calendes pour leur témoigner la part qu'il prend à leur détention ; et une autre au roi et au régent pour s'en plaindre ; réponse qui lui est faite, 26 ; il reprend ses fonctions ordinaires, 27 ; députe au régent le premier président et huit conseillers pour lui demander la liberté de ses trois membres ; la réponse du régent le mortifie beaucoup ; il n'ose répondre qu'en termes mesurés au parlement de Bretagne qui lui écrit pour approuver sa conduite, 40 ; envoie demander au régent la liberté de Blamont ; réponse du régent, 88 ; le parlement refuse d'enregistrer la banque royale ; le régent se passe de l'enregistrement et établit la banque, 90 ; le parlement supprime comme séditieuse et fausse une prétendue déclaration du roi catholique très-offensante pour le régent, 121 ; supprime quatre pièces fort étranges et défend de les imprimer, vendre et débiter sous peine d'être poursuivi comme perturbateur du repos public et criminel de lèse-majesté ; titre de ces pièces soi-disant venues d'Espagne ; dissertation et réflexions au sujet de ces pièces, 134 et suiv. ; maxime du parlement sur l'enregistrement ; sa conduite soutenue d'après cette maxime, 249 ; il s'oppose à tous les enregistrements nécessaires aux diverses opérations de Law, 251 ; fait des remontrances au régent sur l'arrêt du conseil d'État qui réduit les actions du Mississipi et les billets de la banque, XVIII, 8 et suiv. ; refuse d'enregistrer l'édit qui donne le monopole du commerce à la compagnie des Indes, 40 ; il est transféré à Pontoise, 40 ; refuse d'abord d'enregistrer l'édit de sa translation ; l'enregistre ensuite avec les termes de la dérision la plus marquée, 41 ; son inactivité à Pontoise, 42 ; il refuse d'enregistrer la constitution *Unigenitus*, 49 ; gagné par le président, il l'enregistre ; est rappelé à Paris, 75.

PARLEMENT DE BRETAGNE (le), écrit au régent pour lui demander la liberté des trois prisonniers du parlement de Paris, et à ce parlement pour lui rendre compte de cet office et approuver toute sa conduite, XVII, 40 ; vingt-six présidents ou conseillers sont supprimés et remboursés avec du papier, 420.

PARME (le duc de), pourquoi il s'intéresse au maintien d'Albéroni en Espagne, quoiqu'il ne l'aime ni ne l'estime, XIV, 85 ; sa conduite entre le régent de France et Albéroni, 151 ; il donne à ce dernier des conseils pour éviter de nouvelles plaintes de ce prince ; rappelle de Paris son envoyé Pichotti trop déclaré contre ce premier ministre et envoie à sa place l'abbé Landi, 228 ; ses conseils à Albéroni au sujet de l'empereur, XV, 75 ; il est instruit sous le dernier secret de la véritable destination de l'escadre d'Espagne, 81 ; appuie de toutes ses forces l'avis de la conquête de Naples, 81 ;

il implore vainement la protection du pape et la protection d'Espagne, 116 ; il conseille au roi d'Espagne de s'armer avec éclat pour tenir les Allemands en crainte, 183.

PARVULO DE MEUDON (les), ce que l'on entendait à la cour par ce mot; voyages secrets de Mlle Choin à Meudon; comment elle y était traitée ; noms des personnes qui furent admises peu à peu aux *parvulo*, V, 392 ; Mlle Choin était considérée auprès de Monseigneur, comme Mme de Maintenon auprès du roi, 394.

PATKUL (le général), est livré à Charles XII et a la tête tranchée ; pourquoi ; son caractère; son courage, V, 262.

PATRIARCHE des Indes; sa fonction, III, 111 ; le patriarche des Indes est arrêté pendant qu'il se rend auprès de l'archiduc, V, 191.

PAVILLON, de l'Académie des sciences et neveu de l'évêque de Pamiers, meurt à Paris vieux et fort regretté, IV, 418.

PAYEN, président, meurt d'une chute, IV, 383.

PAYS ou PROVINCES D'ÉTATS, ce que l'on appelait ainsi dans l'ancienne monarchie, XIV, 482.

PÉCOIL (la fille unique de), honnête et fameux marchand de Rouen, épouse le duc de Brissac, XVII, 200 ; fin horrible de son père, 199 ; XVIII, 81.

PECQUET, principal chef des bureaux de Torcy, est nommé secrétaire du conseil des affaires étrangères, XIII, 150.

PEDRO (don), roi de Portugal, détrône son frère comme fou et imbécile ; ne prend que le titre de régent tant qu'il vit ; perd sa seconde femme, sœur de l'impératrice, de la reine d'Espagne et de l'électeur palatin, II, 293.

PELLETIER (Le), ministre d'État, prend congé du roi et se retire dans sa maison de Villeneuve-le-Roi ; charges qu'il remplit; on lui doit le quai qui porte son nom ; il eut toute la confiance de MM. Le Tellier et Louvois, II, 44 ; son caractère ; il devient contrôleur général, 45 ; comment il se démet de cette charge, et passe ensuite à l'administration des postes, 46 ; dans sa retraite il conserve tout son crédit, et fait pour sa famille plus qu'il n'avait fait à la cour, 47 ; ses enfants, 48 ; il écrit au roi pour le prier de dispenser son fils, évêque d'Angers, de passer au siége d'Orléans auquel Sa Majesté l'a nommé, V, 118 ; sa mort, IX, 419.

PELLETIER (Le), président à mortier, est nommé premier président du parlement de Paris, par le crédit de M. l'évêque de Chartres et de M. de Maintenon, V, 76 ; effroi que lui cause la chute de son plafond, VI, 153 ; son discours au maréchal de Boufflers lors de sa réception comme duc et pair, VII, 134 ; à la mort de son père, il envoie au roi la démission de sa charge de premier président, X, 53.

PELLETIER DE SOUCY, intendant des fortifications de toutes le places, est choisi pour visiter les places et les ports de l'Océan qu'on veut mettre en état de ne rien craindre, II, 418 ; refuse une des deux places de directeur des finances ; donne sa place d'intendant à son fils, III, 191 ; est nommé conseiller au conseil royal des finances, IV, 21 ; quitte le conseil de régence et se retire à Saint-Victor, XVIII, 87 ; XIX, 313.

PELLETIER (l'abbé), conseiller d'État; habile mais rustre; meurt d'apoplexie, I, 401.

PELOT (Mme), veuve du premier président du parlement de Rouen ; ce qui lui arrive avec La Vauguyon, I, 113 ; son caractère, 113.

PELTORANO (le prince de), fils du duc de Popoli, son caractère ; son aventure avec le vieux duc de Giovenazzo, XVIII, 402 ; il épouse la fille du maréchal de Boufflers, qui devient dame du palais de la reine ; caractère de cette dame; sa retraite ; sa mort ; combien elle est regrettée de la reine, 403 ; son mari est souvent enfermé, 404.

PENAUTIER, trésorier des états de Languedoc et prodigieusement riche, meurt fort vieux ; son extérieur ; son esprit ; son caractère ; ses nombreux amis, IX, 418.

PENERANDA, *Velasco* (le comte), grand d'Espagne ; historique sur sa maison, XVIII, 462.

PENNES (le chevalier de), enseigne des gardes du corps en Espagne et très-attaché à la princesse des Ursins, reçoit ordre de revenir en France, après la disgrâce de cette dame, IV, 275.

PENSIONS de Pontoise, leur origine ; leur continuation ; à qui elles étaient accordées, XIV, 28.

PENSIONS aux gens de lettres ; dépenses faites pour cet objet par Louis XIV, jusqu'en 1690, XII, 530, 531.

PENTERRIEDER, secrétaire de la cour impériale à Paris, ne peut concilier l'alliance prête à se faire entre la France et l'Angleterre avec la ligue nouvellement signée entre l'empereur et le roi Georges, XIII, 454; son extérieur; ses talents; son caractère; sa politique, 455; il est rappelé à Vienne pour traiter la paix de l'empereur avec le roi d'Espagne, XV, 98; arrive à Londres fort content des dispositions qu'il croit avoir remarquées à la Haye, pour affermir de concert avec la France et l'Angleterre le repos de l'Europe, 173; déclare à l'envoyé de Modène que l'empereur veut avoir la Sicile de gré ou de force; il lui fait entendre que la Sardaigne sera donnée au roi de Sicile en dédommagement, 201; déclare à l'envoyé de ce roi que l'empereur veut absolument la Sicile, 420; lui inspire de grands soupçons sur la bonne foi du régent, 421; son insolence envers lui, 437; il lui laisse apercevoir des apparences nouvelles à un accommodement, 437; ses manéges à Londres, XVI, 30; ses inquiétudes au sujet de la demande faite par le roi d'Espagne de mettre des garnisons dans les places de Toscane et de Parme, 65; mauvaise opinion qu'il a de l'abbé Dubois, 92; avec quelle hauteur il s'explique contre les complaisances que les alliés montrent pour Albéroni; il insiste pour que l'escadre anglaise entre au plus tôt dans la Méditerranée, 93; est envoyé en France avec le titre de ministre plénipotentiaire, XVII, 291.

PERALADA, *Rocaberti* (le comte), grand d'Espagne, XVIII, 440.

PÉRÉGRINE, fameuse perle, appartenant au roi d'Espagne, apportée en France; sa beauté, V, 189; sa description, XIX, 197.

PERI, Italien, commandant de Haguenau, défend cette place avec courage; refuse de se rendre prisonnier; comment il sort de la place avec sa garnison et se rend à Saverne; il est fait lieutenant général, V, 40; prend Haguenau et fait 2000 hommes prisonniers de guerre, 165.

PERMANGLE, qui s'est distingué au siége de Lille, est fait maréchal de camp, VII, 2; enlève ou détruit un convoi de vivres des ennemis sur l'Escaut et défait les deux bataillons qui l'escortaient, IX, 309.

PERMILLAC, fort estimé de tous les généraux pour ses talents à la guerre; se tue d'un coup de pistolet après avoir perdu au jeu, II, 262.

PEROLLES y *Roncafulli*, grand maître de Malte, meurt en 1720, XVII, 440.

PÉROUSE (La), voy. *La Pérouse*.

PERTH, autrefois chancelier d'Écosse, accompagne le roi Jacques III dans son entreprise sur ce royaume, VI, 191; il meurt fort vieux de l'opération de la pierre, XIII, 121; sa fidélité au roi Jacques; son caractère; sa piété, 422.

PESCAIRE, *Avalos* (le marquis de), grand d'Espagne; historique sur sa maison, XVIII, 438.

PESEU (le chevalier de), neveu du maréchal de Choiseul, obtient du régent, à la recommandation de M. de Saint-Simon, des secours pécuniaires, puis de l'avancement, XIII, 438.

PESTE de Marseille en 1720; par quoi elle est causée; ravages qu'elle cause, XVIII, 46, 47.

PETERBOROUGH (le comte de), porte à l'archiduc dans le royaume de Valence un secours de 150 000 pistoles, provenant des contributions du Milanais, V, 265; est arrêté en voyageant en Italie par ordre du légat de Bologne; son caractère, XV, 66; il vient à Paris; sa conférence avec Cellamare, 397.

PETERBOROUGH (le comte de), amiral anglais, vient à Paris; est présenté au roi et lui présente l'amiral Jennings, XI, 26, revient à Paris; va dîner à Marly chez Torcy; est traité par le roi avec beaucoup de distinction, 156.

PETIT, médecin de Monseigneur, meurt fort vieux, sans jamais avoir voulu admettre la circulation du sang, IV, 21.

PETIT-PONT de Paris (incendie du), par qui il est causé; dommages qu'il occasionne; zèle que montrent dans cette occasion le duc de Tresmes, le cardinal de Noailles, les ducs de Guiche et de Chaulnes, les capucins et les cordeliers; le maréchal de Villars s'y fait moquer, XV, 331 et suiv.

PEYRE (le comte de), un des trois lieutenants généraux du Languedoc, meurt fort vieux; son extérieur; son caractère dur, XVII, 470.

PEYRE (le comte de), épouse une fille de Gassion, petite-fille du garde des sceaux Armenonville, XIX, 449.

PEYRONIE (La), grand chirurgien, achète la charge de premier chirurgien du roi; son caractère, XVII, 143; il fait au cardinal Dubois l'opération de la vessie, XX, 5.

PEZÉ, capitaine aux gardes et gentilhomme de la manche, veut acheter de Nangis le régiment du roi; son caractère; pourquoi il ne peut l'avoir, XVII, 58; est nommé gouverneur de la Muette et capitaine du bois de Boulogne, 243; Nangis lui vend enfin son régiment du roi; sa famille; ses talents, son caractère, 304 et suiv.; son élévation rapide; il meurt des blessures qu'il a reçues à la bataille de Guastalla, 307; son mariage avec une fille de Beringhen, premier écuyer du roi, XIX, 403.

PHÉLYPEAUX, maréchal de camp, est nommé ambassadeur à Cologne, II, 49; puis à Turin, 329; suit M. de Savoie à l'armée; se plaît à désespérer le maréchal de Villeroy; s'aperçoit bientôt de la perfidie de M. de Savoie, III, 214; est arrêté et traité durement par ce prince; sa conduite ferme et haute envers lui, IV, 190; revient en France; va saluer le roi et l'entretient longtemps, 287; fait le récit de sa prison; son caractère; ses mœurs privées, 287; celles de son frère évêque de Lodève, 288; Phélypeaux meurt à la Martinique, avec le titre de général des îles, XI, 24.

PHÉLYPEAUX, fils unique de Pontchartrain, trahit la confiance du duc de Saint-Simon, I, 250. Voy. *Pontchartrain fils*.

PHILIPPE III, roi d'Espagne, fatigué de l'orgueil des cardinaux qui prennent un fauteuil, devant lui, dans leurs audiences, ce prince prend une mesure singulière pour le leur ôter, XIX, 206.

PHILIPPE V, duc d'Anjou, roi d'Espagne, arrive à Fontarabie et se rend à Madrid, III, 72; envoie l'ordre à la reine d'Espagne de se retirer à Tolède; est reconnu par les Hollandais, 74; son entrée à Madrid; avec quelle joie et quelle pompe il y est reçu; son extérieur; comment il s'attache les cœurs, 86; changements qu'il fait après son arrivée, 118; il se laisse conduire par le duc d'Harcourt et par ceux qui ont eu la principale part au testament, 127; se livre plus particulièrement à Valouse et à Louville, 127; empêche l'exécution d'un arrêt rendu contre le duc de Monteléon par le conseil de Castille, 132; nomme le comte d'Estrées capitaine général de la mer, et M. de Beauvilliers grand de première classe pour lui et les siens mâles et femelles, 155; son mariage avec la seconde fille de M. de Savoie est déclaré, 155; reçoit le collier de la Toison d'or des mains du duc de Monteléon; nomme chevalier de cet ordre M. le duc de Berry et M. le duc d'Orléans, 191; est proclamé au Pérou et au Mexique; se rend dans l'Aragon; va attendre la reine sa femme à Barcelone; confirme tous les priviléges de l'Aragon et de la Catalogne, 220; va au-devant de la reine à Figuères; est marié par l'évêque diocésain; souper scandaleux, 221; le roi obtient avec peine des états de Catalogne ce qu'il leur a demandé; se prépare à passer en Italie, 401; arrive à Naples; comment il y est reçu, 402; traite avec toute sorte d'égards le cardinal de Médicis; visite le légat *a latere*; part pour Milan, 405; conspiration formée contre sa personne; par qui elle est découverte; comment elle est prévenue, 406; le roi lève un régiment de Napolitains auquel il confie la garde de sa personne; lequel est bientôt cassé et dispersé, 407; s'arrête à Livourne où il voit le grand-duc et son épouse qui lui donnent toutes les marques possibles d'amitié et de distinction, 407; se rend à Alexandrie où M. de Savoie veut le saluer, 408; averti par Louville d'une usurpation ménagée par M. de Savoie, il ordonne d'ôter les deux fauteuils préparés dans l'appartement où il doit recevoir ce prince, 409; va à Crémone où il est salué par M. de Vendôme et par MM. de Mantoue et de Parme; se rend en toute hâte à Santa-Vittoria pour y assister à un combat, 429; son sang-froid à la bataille de Luzzara, 431; va à Milan; donne à M. de Vendôme le collier de la Toison d'or; s'embarque à Gênes pour la Provence, 434; à son retour à Madrid il fait un notable changement au cérémonial du conseil d'État, IV, 62; lève deux régiments des gardes sur le modèle de ceux de France, l'un d'Espagnols, l'autre de Wallons, 63; caractère de ce prince, fruit de l'éducation qui lui a été donnée à dessein, 171; force de son tempérament; suites dangereuses qui en résultent, 172; gagné par la reine et par Mme des Ursins, il ne traite qu'avec elles des affaires de l'État, 177; nomme une nouvelle junte, 209; crée quatre compagnies de gardes du corps, 210; tutelle dans laquelle il est mis par la reine et par la princesse des Ursins, 259; se mêle peu ou point de la querelle qui s'élève entre la princesse des Ursins et l'abbé d'Estrées, 263; va se mettre à la tête de son armée en Portugal, 267, 268; envoie à Mme des Ursins disgraciée 1500 pistoles; sur le crédit de l'abbé d'Estrées il trouve 100 000 écus pour sortir de Madrid, 275; arrive devant Barcelone, V, 166; comment lui et ses troupes s'y trouvent à l'étroit, 167; décide, après un conseil, de lever le siége et de se retirer vers la frontière de France, 186; arrive à la tour de Montgris; sur l'avis du duc de Noailles il se décide à pénétrer en Espagne jusqu'à Madrid, 187; dépêche au roi de France le marquis de Brancas pour lui rendre compte de l'état de ses affaires, 187; se rend en poste à Pampelune et marche vers Madrid, 188; tourne vers Burgos avec la petite armée de Berwick, 189; est reçu à Madrid avec les plus grandes acclamations, 190; mécontent de la conduite de la reine douairière, il lui fait quitter Tolède, et consent qu'elle aille demeurer à Bayonne, 202 et suiv.; supprime tous les droits et prérogatives du royaume d'Aragon; l'assimile en tout à celui de Castille, 418; rompt tout commerce avec Rome; pourquoi, VII, 129; il convoque les cortès et leur fait prêter serment de fidélité au prince des Asturies âgé de vingt mois, 210; alarme que lui cause le parti violent du roi de France de retirer ses troupes d'Espagne, 282; il part brusquement pour son armée, 354; ne pouvant réparer ce qui a été manqué, il retourne à Madrid au bout de trois semaines, 354; part de cette ville pour s'aller mettre à la tête de son armée en Aragon, VIII, 419; passe la Sègre et s'avance pour faire le siége de Balaguer; ne pouvant le faire, il va chercher les ennemis dans le poste d'Agramont, 420; est forcé de se retirer à Saragosse; y demeure indisposé; dépêche un courrier au roi de France pour demander M. de Vendôme, 421; est témoin de la défaite complète de son armée sous les murs de Saragosse; prend diligemment le chemin de Madrid, 423; rencontre à Valladolid le duc de Noailles et M. de Vendôme, 424; à l'approche de l'armée ennemie, il quitte Madrid pour la seconde fois emmenant la reine, le prince son fils et les conseils, 426; il se retire à Valladolid; trente-trois grands lui font présenter une lettre pour l'assurer de leur fidélité, 427; dévouement de toute la nation, 427; le roi fait six capitaines généraux, 430; marche à Salamanque avec le duc de Vendôme, 431; rentre à Madrid au milieu des acclamations universelles, 431; reçoit de la ville un présent de 20 000 pistoles; va voir le marquis de Mancera chez lui; va rejoindre M. de Vendôme et son armée, 431; défait avec lui le comte de Staremberg à Villaviciosa, 435 et suiv.; marche à Siguenza où il fait prisonniers 400 ou 500 hommes; mène son armée en Aragon, 441; il envoie au roi copie de l'acte de renonciation au trône de France faite en pleines cortès, en présence de l'ambassadeur, un projet pour celles de M. le duc de Berry et une lettre de sa main à ce prince pour lui témoigner sa sincérité dans cet acte qui l'avance en sa place à la succession à la couronne de France, X, 265; il sort du palais aussitôt après la mort de la reine sa femme; va loger chez le duc de Medina-Cœli; singulière douleur de ce prince, XI, 45; il se rend accompagné de la princesse des Ursins à Guadalajara pour y épouser la princesse de Parme, 3; reçoit une lettre de la nouvelle reine; y fait une courte réponse et ne donne aucun ordre, 8; permet à Chalais et à Lanti d'aller trouver leur tante la princesse des Ursins dans l'abandon où elle est; écrit à cette princesse qu'il lui conserve ses pensions; reçoit la reine à Guadalajara; célèbre son mariage et reprend avec elle le chemin de Madrid, 8; nomme à l'évêché de Tolède un simple curé qui a rendu des services considérables dans les temps les plus calamiteux, 12; écrit au roi qu'il a reconnu l'innocence de Flotte et de Renaut et a ordonné qu'on les mit en liberté; témoigne le désir de se réconcilier avec M. le duc d'Orléans, 37 et suiv.; à quel état il est réduit dans son intérieur par Albéroni, XIII, 386 et suiv.; refuse retraite et secours au prétendant, 396; son mécontentement du traité de l'Angleterre avec l'empereur, 453; ses soupçons contre Albéroni, XIV, 59; il veut s'en prendre au cardinal del Giudice du refus qu'a fait le tribunal de l'inquisition de lui remettre le procès du dominicain Macañas, 60; il fait avertir le roi d'Angleterre de sa résolution de faire partir l'année suivante une flotte pour la Nouvelle-Espagne; répond aux Hollandais qui l'invitent à entrer dans le traité qu'ils sont disposés à conclure avec la France, qu'il veut avant de s'expliquer être informé des conditions de cette alliance, 81; il répond au régent, sous la dictée d'Albéroni, et déclare que tout ce qui a été fait à l'égard de Louville l'a été par ses ordres, 131; il se plaint à l'ambassadeur des états généraux de l'empressement que ses maîtres témoignent pour s'allier avec l'empereur, 236; consent, à la condition du secret, à ce que le marquis de Castelblanco soit fait duc par le prétendant, 239 ; l'Angleterre et la Hollande lui communiquent le traité de la triple alliance ; il feint d'y montrer la plus entière indifférence, 243; sa mauvaise santé, 244 ; uniformité de ses journées et de celles de la reine ; leur clôture, 251 et suiv. ; ses évanouissements font craindre pour les suites ; il veut aller à l'Escurial et s'y rend malgré la reine, XV, 16 ; publie un manifeste dans lequel il annonce qu'il va tourner ses armes contre la Sardaigne, 91; agitation que cause ce manifeste dans les cours de l'Europe, 92 et suiv.; mande au cardinal Acquaviva qu'il regarde le cardinal del Giudice comme livré à l'empereur ; lui défend de le voir et lui ordonne d'intimer la même défense à tous ses sujets à Rome, 93 ; comment il s'excuse auprès du régent d'avoir gardé le silence sur la destination de sa flotte, 100; son extrême mélancolie, 159 ; il tombe dangereusement malade, 175; sa vie retirée, 175 et suiv. ; scène d'éclat qui arrive dans sa chambre entre Albéroni et le marquis de Villena, 177 et suiv. ; il fait son testament qui est dicté par le cardinal et concerté avec la reine, 180; ce testament est signé par un notaire de Madrid fort obscur et par six grands qui en ignorent le contenu ; le duc de Popoli est le seul seigneur qui en a le secret, 187 ; la santé du roi se rétablit, 188; il retombe dans ses vapeurs ; sa tête est ébranlée au point de ne pouvoir mettre de suite dans ses discours, 224; il demande que l'empereur promette de ne point commettre d'hostilités, de ne lever aucune contribution et de ne faire passer aucune troupe en Italie pendant la négociation qui se fait ; réponse de l'empereur, 352; ne songe qu'à se préparer à la guerre ; exige du roi d'Angleterre une déclaration générale à l'égard de toute escadre anglaise qui pourrait être employée dans la Méditerranée, 355 ; triste état de sa santé, 370 ; il passe ses jours entouré de médecins et d'apothicaires, 405; sa hauteur et sa faiblesse à l'égard du pape, 410, 411; sa prétention à retenir la Sardaigne ; la France et l'Angleterre le secondent mal dans cette prétention, XVI, 31; ses ministres dans les cours étrangères ont ordre de se tenir sur leurs gardes et de déclarer qu'il est faux que le roi leur maître ait accepté le plan du traité de Londres, 32; il rejette avec hauteur le projet entier du traité que Nancré a ordre de lui confier, 85 ; met en séquestre les revenus des églises de Séville et de Malaga, 78 ; ordonne à Beretti de déclarer aux états généraux qu'il ne se soumettra jamais à la loi dure et inique que la France et l'Angleterre veulent lui imposer, et qu'il serait offensé si les états généraux se conduisaient dans cette occasion d'une manière contraire au bien public et à la continuation de l'amitié et de la bonne correspondance, 116, 117; il compte sur les projets du roi de Suède pour renverser ceux de la quadruple alliance ; ses promesses à ce prince, 232 ; portrait moral du roi d'Espagne, 245; sa lettre au régent tendant au rétablissement de la paix, XVII, 402; il fait auprès du pape d'inutiles démarches pour faire ôter le chapeau de cardinal à Albéroni, 437 ; son accession au traité de Londres ; il signe une alliance défensive avec la France et l'Angleterre, XVIII, 234; portrait de ce prince ; changement opéré dans sa personne depuis son entrée en Espagne, 270 et suiv. ; il reçoit en audience solennelle M. de Saint-Simon, ambassadeur extraordinaire, 280 et suiv. ; signe le contrat de mariage du prince des Asturies avec Mlle de Montpensier, 295 et suiv.; va à Lerma avec la reine pour célébrer ce mariage, 344; compose les maisons du prince et de la princesse des Asturies, 350; comment se passent les audiences publiques du roi, XIX, 69 et suiv. ; caractère de ce prince, 75; sa piété; ses scrupules, 76 ; sa défiance de lui-même, son amour pour la France ; son désir secret et continuel d'y retourner, 77; la chasse est son plaisir de tous les jours ; comment elle se fait, 87 et suiv.; son adresse au jeu du mail, 93; voy. aussi à la fin du tome III, p. 439, les portraits de Philippe V, de la reine Louise de Savoie et des principaux seigneurs du conseil de Philippe V, tracés par le duc de Grammont, alors ambassadeur.

PHILIPPE (l'infant don), reçoit le baptême ; cérémonie à cette occasion, XIX, 244; le cardinal Borgia qui le fait y prête à rire par son ignorance, 245 ; le même prince reçoit la confirmation n'ayant pas encore deux ans, 245 ; est fait chevalier de l'ordre de Saint-Jacques et commandeur d'Adelo ; détails sur cette cérémonie, 246.

PIÉMONT (le prince de), fils aîné du roi de Sicile auparavant duc de Savoie, se distingue par sa capacité et ses manières pendant la régence qui lui est confiée ; jalousie que conçoit son père contre lui, XII, 32 ; le traitement barbare qu'il éprouve cause sa mort ; il est universellement regretté, 33.

PIERRE Ier, czar de Russie, reçoit des ambassadeurs anglais à la hune d'un vaisseau, II, 92 ; passe en Angleterre ; veut voir la France et le roi ; mais Louis XIV refuse bonnêtement sa visite, 92 ; est reçu par l'empereur d'Allemagne ; passe en Pologne ; fait pendre aux grilles de ses fenêtres les principaux auteurs d'une conspiration et pardonne à sa sœur qui était à leur tête, mais la met en prison, 93 ; est battu sur le Pruth par l'armée du grand vizir ; manque d'être fait prisonnier ; à qui il doit d'échapper à ce danger ; traite avec le grand vizir ; conditions du traité, X, 2 ; comment il les remplit, 3 ; il marie son fils unique, de sa première femme, avec la sœur de l'archiduchesse depuis impératrice, 20 ; piqué contre le roi d'Angleterre, il ne se presse point de tenir la parole qu'il a donnée de faire sortir ses troupes du pays de Mecklembourg, XIV, 240 et suiv. ; il fait dire au régent par le prince Kourakin qu'il va venir voir le roi, 420 ; cause de sa haine contre le roi d'Angleterre, 421 ; comment, d'après le conseil du roi Guillaume, il se rend le véritable chef de la religion dans ses États, 422 ; son arrivée à Paris, il loge à l'hôtel de Lesdiguières ; comment il y est traité ; par quoi il se fait admirer, 425 ; ses manières, sa politesse ; sa liberté, 426 ; son extérieur ; ce qu'il buvait et mangeait en deux repas réglés, 428 ; il reçoit la visite du régent, puis celle du roi, 428 et suiv. ; rend la visite au roi ; voit les établissements publics, 429 ; journal de son séjour à Paris, 429 et suiv. ; présents que lui fait le roi ; distribution d'argent qu'il fait lui-même aux domestiques du roi qui l'ont servi ; présents au duc d'Antin et aux maréchaux d'Estrées et de Tessé, 436 ; son départ, 437 ; son désir extrême de s'unir avec la France, 438 ; attention générale sur son voyage, XV, 2 et suiv. ; liaison et traité entre lui et les Russes, 3 et suiv. ; ses mesures avec la France et le roi de Pologne, 7 ; le pape veut le lier avec l'empereur contre les Turcs, et obtenir le libre exercice de la religion catholique dans ses États, 9, 11 ; ses dispositions politiques à l'égard du Danemark, de la Suède et de l'Angleterre ; pourquoi il ne peut conclure de traité avec le régent, XV, 17 et suiv. ; son embarras avec l'empereur ; pourquoi il est obligé de le ménager, 19 ; son désir de faire sa paix particulière avec la Suède ; son projet à cet égard, 170 ; il déclare qu'il protégera le duc de Mecklembourg, son parent, si on entreprend de l'opprimer sous de vains prétextes ; écrit au roi de Prusse pour lui assurer qu'il n'a jamais pensé à faire des traités secrets, 231 ; il rassure le roi d'Angleterre sur ses négociations avec la Suède ; reproche à la czarine les embarras où le jette son ambition pour son fils ; maltraite son favori Menzikoff ; se plaint de Gœrtz ; 354 ; paraît prêt à reconnaître le roi d'Espagne pour médiateur des différends du nord et résolu d'appuyer ses intérêts, XVI, 86 ; déclaration que fait son ministre à Paris au prince de Cellamare, 130 ; dans quelles vues il prétend se lier au roi de Suède et faire valoir les droits du roi Jacques, 155 ; raisons qui portent ce prince à se rapprocher du roi Georges, 168 ; sa conduite violente envers le résident de Hollande ; sa déclaration aux Hollandais, 230 ; il découvre une grande conspiration contre lui et sa famille, XVII, 122 ; conclut avec la Suède le traité de Nystadt, qui lui assura toutes les conquêtes qu'il y avait faites, XIX, 429, 430.

PIGNATELLI (le duc de Bisaccia), pris à Gaëte avec le marquis de Villena, meurt à Paris, après une longue prison ; son caractère ; quelle était sa mère, XVII, 28.

PIMENTEL, qui a défendu Barcelone, est fait marquis de la Floride par le roi d'Espagne, II, 9.

PINTO (le comte), frère du duc d'Ossone, succède à sa grandesse et à son titre, XIII, 417.

PIO (le prince), commandant de l'armée d'Espagne, hors d'état de s'opposer à rien, se contente de faire rompre tous les chemins autour de l'abbaye de Roncevaux, XVII, 248 ; est fait grand écuyer de la princesse des Asturies ; son caractère ; il meurt dans l'inondation de l'hôtel de la Mirandole, XVIII, 429.

PIPER, ministre de Charles XII, gagné par l'empereur et l'Angleterre, entraîne son maître dans la guerre des Moscovites; il périt dans leurs cachots, V, 263.

PLANCY, le dernier des enfants des Guénégaud, secrétaire d'État, meurt à 85 ans, XIX, 324.

PLANQUE, qui apporte la nouvelle de la prise de Girone, est fait brigadier, IX, 70.

PLÉNŒUF, commis du bureau de la guerre, poursuivi par la chambre de justice, se retire à Turin; obtient quelque accès auprès des ministres; imagine de travailler au mariage d'une fille de M. le duc d'Orléans avec le prince de Piémont; son caractère; celui de sa femme, XV, 131; à quoi aboutit sa négociation, 131; il revient en France; nouveaux détails sur lui, sur sa femme et sur sa fille, XVII, 260; son extérieur; son caractère délié; son esprit financier, 261; il est éconduit avec assez peu de ménagement relativement à la négociation qu'il a entamée et suivie, 264; autres détails sur lui et sur sa femme; leur caractère, XIX, 393; jalousie de Mme Plénœuf pour sa fille; M. de Plénœuf parvient à en prévenir les éclats, 394; il marie sa fille au marquis de Prie, 875. Voy. les art. *Prie* (le marquis et la marquise de).

PLESSIS (le maréchal du), est tué devant Luxembourg, en 1684, I, 302.

PLESSIS (le comte du), fils du maréchal, premier gentilhomme de la chambre de Monsieur, est tué devant Arnheim, en 1672, I, 302.

PLESSIS (Du), écuyer de la grande écurie, le premier homme de cheval de son siècle, meurt en 1696, I, 340.

PLESSIS-BELLIÈRE (Mme du), la meilleure et la plus fidèle amie de Fouquet, meurt fort vieille chez la maréchale de Créqui sa fille, IV, 435.

PLUVEAUX, maître de la garde-robe de M. le duc d'Orléans, meurt au siège de Turin, V, 227.

POINTIS, chef d'escadre, forme une entreprise sur Carthagène, II, 28; s'en rend maître et la pille; ses démêlés avec des flibustiers qui l'ont servi; il échappe à vingt-deux vaisseaux anglais; salue le roi à Fontainebleau; lui présente une très-grosse émeraude; est nommé lieutenant général, 28; est détaché de la flotte française avec dix vaisseaux et quelques frégates pour aller servir de maréchal de camp au siége de Gibraltar, IV, 231; attaque sept frégates anglaises destinées à jeter du secours dans Gibraltar; en prend quatre, 402; est surprise dans la baie par l'arrivée d'un grand nombre de vaisseaux ennemis; combat durant cinq heures, V, 13; sauve deux équipages, 13; sa mort; quelle en est la cause, 371.

POIRIER, médecin, est nommé premier médecin du roi, XIII, 129; sa mort subite, XV, 318, 319.

POITIERS (le comte de), de la branche de Saint-Vallier, épouse une demoiselle de Malause; extraction de cette demoiselle, XII, 12.

POLASTRON, ancien lieutenant général, et grand croix de Saint-Louis; sa famille féconde en gouverneurs; sa mort, V, 148.

POLASTRON, colonel de la couronne, meurt au siége de Turin, V, 227.

POLASTRON, colonel de la couronne, est tué à la bataille d'Almanza, V, 405.

POLASTRON, colonel de la couronne, est blessé au siége de Barcelone, XI, 128.

POLIGNAC (Mme), dernière héritière de la maison de Rambures, meurt au Puy dans les terres de son mari; pourquoi elle fut chassée de la cour; comment elle y reparut; sa liaison avec Le Bordage; elle se ruine au jeu, V, 197.

POLIGNAC, est blessé à la bataille de Friedlingen, IV, 26; se marie déjà vieux à la dernière fille de la comtesse de Mailly, VII, 199.

POLIGNAC (la vicomtesse de), mère du cardinal de Polignac, meurt à 80 ans, XVIII, 209; son extérieur; son esprit; ses liaisons avec la comtesse de Soissons; son exil lors de l'affaire de la Voisin, 209.

POLIGNAC (l'abbé de), ambassadeur en Pologne, mande au roi qu'il voit jour à faire élire le prince de Conti roi de Pologne, I, 399; les avances qu'il fait aux Polonais sont désapprouvées comme téméraires, II, 3; il se brouille avec la reine de Pologne, 4; celle-ci intercepte toutes ses lettres à Dantzick et lui en envoie les enveloppes, 24; les promesses qu'il a faites aux Polonais ne peuvent être acquittées par le prince de Conti, 26; il se sauve à grand'peine de Dantzick, 27; reçoit ordre, pendant son retour, d'aller droit à son abbaye de Bonport et défense de s'approcher de la cour ni de Paris, 28; obtient la permission de revenir à Paris et à la cour, III, 156; son portrait physique et moral, V, 94; flatterie fade au roi, 95; il essaye de plaire à Mme la duchesse de Bourgogne, comme Nangis et Maulevrier; moyen qu'il emploie, 95; il recherche la faveur du duc de Chevreuse; est reçu chez lui et chez le duc de Beauvilliers, puis introduit auprès du duc de Bourgogne, 96; est nommé auditeur de rote, 114; pressé par M. de Torcy de partir, il a de la peine à s'y résoudre; il prend enfin congé; adieux que lui fait la duchesse de Bourgogne, 156; comment il obtient la nomination du roi d'Angleterre, Jacques III, pour la promotion des couronnes et devient cardinal, VI, 435 et suiv.; le ministre Torcy lui procure une permission de venir faire un tour de quelques mois à la cour; accueil qu'il y reçoit, VIII, 102; confidence de M. de Beauvilliers à M. de Saint-Simon sur cet abbé, 103; froideur marquée de Mgr le duc de Bourgogne pour lui; il est nommé avec le maréchal d'Huxelles pour aller à Gertruydemberg, 105; reçoit défense de paraître autrement qu'en habit de cavalier pendant sa négociation; pourquoi, 106; on veut l'envoyer en Espagne ambassadeur; l'Espagne ne veut point de lui, VIII, 442, 443; extrait des Mémoires d'Argenson où se trouve exprimée sur l'abbé de Polignac une opinion tout opposée à celle de Saint-Simon, 443; il part pour aller négocier la paix à Utrecht, X, 15; quitte cette ville avant la conclusion de la paix, pour venir recevoir la barette; le roi lui donne une chambre à Marly, 302; et l'abbaye de Corbie, 366; est nommé maître de la chapelle du roi par le crédit des jésuites, 392; prête serment entre les mains de M. le Duc, grand maître de la maison du roi; harangue Sa Majesté à la tête de l'Académie française, 392; présente au roi l'Évangile à baiser à la grand'messe de l'ordre, quoiqu'il n'ait point l'ordre; pourquoi, XI, 28; se mêle longtemps de l'affaire de la constitution; rompt ensuite avec éclat avec le cardinal de Rohan, 239; obtient la permission de vendre sa charge de maître de la chapelle, XIII, 184; obtient l'abbaye d'Anchin, 185; sa légèreté; il essaye en vain de se justifier auprès du régent de plusieurs choses; sa liaison intime avec M. et Mme du Maine, XV, 308; il prétend le jeudi saint à la grand'messe présenter l'Évangile à baiser au roi, 325; est exilé dans son abbaye d'Anchin, XVII, 99; revient de son exil; obtient la permission de saluer le roi et M. le duc d'Orléans, XVIII, 83.

POMEREU, agent secret du lieutenant de police, est arrêté par la chambre de justice et mis à la Conciergerie; Argenson va se plaindre au régent qui par lettre de cachet l'en fait sortir; la chambre de justice députe au régent qui se moque d'elle, XIV, 99.

POMEREU, conseiller d'État, est nommé doyen du conseil; sa capacité; ses lumières, son intégrité, sa brusquerie, 412; son intendance en Bretagne; ses talents; pourquoi il n'est pas nommé chancelier, II, 299; sa mort, IV, 21.

POMPADOUR (Mme de), sœur de Mme d'Elbœuf, accompagne cette dame et Mlle d'Elbœuf jusqu'à Nevers; s'insinue auprès de M. de Mantoue et vient à bout de la faire consentir à se marier dans l'hôtellerie où ils sont descendus, IV, 341; sa conduite avec les deux époux le soir du mariage, 342; elle quitte Mme d'Elbœuf et sa fille à Lyon, 343; son caractère, VI, 264; est nommée gouvernante des enfants du duc de Berry par le crédit de d'Antin et de Saint-Maur, ses cousins, X, 284.

POMPADOUR (l'abbé de), meurt à 85 ans, sa famille, IX, 3; son laquais presque aussi vieux que lui était payé tant par jour pour dire son bréviaire, 4.

POMPADOUR (M. de), marie sa fille unique au fils de Dangeau; sa fortune; sa famille; son extérieur, VI, 262; il épouse la troisième fille de M. de Navailles; passe au lit trois jours et trois nuits avec elle; abandonne la guerre, puis la cour, 263; après le mariage de sa fille il devient menin de Monseigneur; est initié avec sa femme à la cour, à Marly, à Meudon, chez Mme de Maintenon, 264; est nommé à l'ambassade d'Espagne; sa joie; ses grandes espérances, XI, 248; est arrêté et conduit à la Bastille comme complice de la conspiration de Cellamare; son extérieur; sa nullité, XVII, 84.

POMPONNE (M. de), fils d'Arnaud d'Andilly, est employé dans sa jeunesse en plusieurs affaires importantes; est intendant des armées; envoyé ambassadeur en Suède, en Hollande; conclut la fameuse ligue du nord; est fait ministre et secrétaire d'État, II, 322; ses grandes qualités; son extérieur; son caractère, 323; Colbert et Louvois se réunissent pour le perdre auprès du roi; comment ils y parviennent, 325; pourquoi M. de Pomponne reçoit sa démission et ordre de s'en retourner à sa terre, 326; tout le monde prend part à sa disgrâce, 327 ; le roi le voit et l'entretient quelquefois ; le rappelle dans ses conseils à la mort de M. de Louvois, 328 ; M. de Pomponne va trouver M. de Croissy qui l'a remplacé et lui demande son amitié ; loge au château ; vit avec son gendre M. de Torcy comme un vrai père ; gagne la confiance de MM. de Beauvilliers et de Chevreuse ; meurt d'indigestion à l'âge de 81 ans, 329 ; sa piété ; sa veuve ; ses enfants, 329.

POMPONNE (Mme de), veuve du ministre d'État ; sa mort ; son caractère, X, 68.

POMPONNE (l'abbé de), est nommé ambassadeur à Venise et se démet de sa place d'aumônier du roi par quartier, IV, 374 ; est nommé conseiller d'État d'Église par le crédit de Torcy, X, 18 ; achète de lui la charge de chancelier de l'ordre et obtient dessus un brevet de retenue de 300 000 livres, XIV, 49.

PONS (M. de), achète une charge de maître de la garde-robe de M. le duc de Berry, X, 438.

PONS (le prince de), fils aîné du feu comte de Marsan, épouse la seconde fille du duc de Roquelaure, laquelle lui apporte 1 000 000 de livres, XI, 41 ; son procès avec le comte de Matignon ; à quelle occasion, XVII, 465 ; il est universellement blâmé quoiqu'il gagne son procès, 466.

PONS (Mme de), est nommée dame d'atours de Mme la duchesse de Berry, XIII, 137 ; elle devient dame d'honneur de Mme la Duchesse la jeune ; son caractère et celui de son mari, XVII, 374.

PONS (Mlle de), nièce du maréchal d'Albret, épouse M. de Sublet qui devient grand louvetier, I, 368.

PONTCALLET, capitaine de dragons, a la tête coupée avec trois autres seigneurs, pour crime de conspiration, XVII, 449.

PONTCARRÉ, maître des requêtes, est rapporteur de l'affaire de l'archevêque de Rouen contre celui de Lyon ; et de celle du jésuite Aubercourt contre sa famille, III, 419.

PONTCHARTRAIN, contrôleur général des finances, s'oppose de toutes ses forces, mais inutilement, à l'établissement de la capitation, I, 228 ; veut marier son fils à Mlle de Malause, 416 ; ne peut obtenir le consentement du roi, ni cacher ce refus, 417 ; motif de ce refus, 418 ; il s'en console par une autre alliance à laquelle le roi consent volontiers, 419 ; demande à M. de Saint-Simon l'honneur de son amitié ; réponse qu'il en reçoit ; tous deux deviennent amis intimes, II, 196 ; porte à Monseigneur la nouvelle que le roi a payé ses dettes et lui fait par mois une pension de 50 000 écus ; gagne par là l'amitié de ce prince, 276 ; sa famille ; il reste longtemps conseiller aux requêtes, 301 ; comment il devient intendant de Bretagne, 304 ; il met partout le bon ordre et se fait aimer ; devient intendant, puis contrôleur général des finances, ensuite secrétaire d'État avec le département de la marine et celui de la maison du roi, 304 ; plaît à Mme de Maintenon ; son extérieur ; son esprit ; caractère de sa femme, 305 ; leur bienfaisance incroyable envers les pauvres, 306 ; Pontchartrain se roidit quelquefois contre les demandes de Mme de Maintenon ; attaque souvent M. de Beauvilliers sur ses maximes en faveur de Rome, 307 ; rejette le dixième ; ne peut éviter la capitation ; le roi lui offre la place de chancelier qu'il accepte avec reconnaissance, 308 ; Mme de Pontchartrain prend son tabouret à la toilette de Mme la duchesse de Bourgogne, ce que le roi trouve mauvais, 317 ; pourquoi ; explication historique à ce sujet, 317 ; le chancelier ouvre la porte de sa cour aux évêques, aux gens de qualité et au seul premier président, 320 ; son opinion dans le conseil du roi pour l'acceptation du testament du roi d'Espagne, III, 23 et suiv. ; sa dispute avec les évêques pour le privilége de l'impression de leurs ouvrages touchant la doctrine, IV, 64 ; comment elle finit, 66 ; le chancelier encourt par cette affaire le ressentiment de Mme de Maintenon et des jésuites, 67 ; marie un de ses beaux-frères, capitaine de vaisseau, avec la fille unique de Ducasse, aussi capitaine ; fortune de Ducasse ; M. de Pontchartrain achète avec l'argent du beau-père la charge de lieutenant général des galères pour son beau-frère, 215 ; raisons qui lui font accepter l'union avec le duc d'Harcourt aux conditions qui lui sont proposées, 409 ; son opinion au conseil du roi dans le procès entre M. de Guéméné et le duc de Rohan est vivement combattue par M. le duc de Bourgogne, V, 287 ; refuse le legs que Thevenin, riche partisan, lui a laissé par testament, VI, 203 ; le public se soulève contre lui à l'apparition de l'*Histoire de la maison d'Auvergne*, par Baluze, 284 ;

ses lettres pressantes à M. de Saint-Simon pour l'engager à empêcher que son fils n'abandonne les affaires ; sa colère contre ce fils, 292 et suiv. ; il ose représenter au roi en plein conseil combien est convenable la résolution que le parlement a prise concernant la disette des blés, VII, 124 ; combat au conseil des finances la proposition d'accepter la vaisselle d'argent de ceux qui voudront l'offrir au roi, 224 ; son opinion est fortement appuyée par Desmarets, 225 ; il reçoit ordre du roi d'examiner les formes requises pour procéder à un jugement criminel contre M. le duc d'Orléans, 320 ; son embarras dans cette affaire ; comment M. de Saint-Simon l'en fait sortir, 320 ; il consulte le même sur la conduite qu'il a à tenir dans le cas de la disgrâce qui menace son fils, 325 ; se décide à suivre son avis, 327 ; il fait sentir au duc de Bouillon, par des raisons péremptoires, qu'il n'a aucun prétexte pour se soustraire à la qualité de sujet du roi, VIII, 395 ; outré de colère de la conduite du procureur général d'Aguesseau dans l'affaire de M. le duc de Bouillon, il lui reproche son infidélité et sa prévarication, 403 ; il s'ouvre à M. de Saint-Simon sur un moyen de terminer toutes les affaires concernant les prétentions au duché-pairie ; quel est ce moyen, IX, 188 ; obtient du roi un ordre pour suspendre les plaidoiries concernant le procès de d'Antin, 206, 207 ; discussion et débat entre lui et M. de Saint-Simon sur l'ancien projet de règlement pour la transmission des duchés-pairies, 208 et suiv. ; il travaille avec le roi sur ce projet amendé, 215 ; autre discussion fort vive avec M. de Saint-Simon concernant deux articles de l'ancien projet : le premier relatif à la représentation des six anciens pairs au sacre attribuée exclusivement à tous les princes du sang et à leur défaut aux princes légitimés pairs ; le deuxième à l'attribution donnée aux princes légitimés qui auraient plusieurs duchés-pairies de les partager entre leurs enfants mâles qui deviendraient ainsi ducs et pairs, 217 et suiv. ; sa position difficile après la mort de Monseigneur, 281 ; comment s'opère sa réconciliation avec M. le duc de Beauvilliers, IX, 410 et suiv. ; événement tragique arrivé en sa présence, XI, 41 ; il va cacher à l'institution de l'Oratoire la douleur que lui cause la mort de sa femme, 74 ; il offre au roi la démission de sa charge ; cette démission n'est acceptée qu'avec beaucoup de regret, 113 et suiv. ; il rend les sceaux et se retire à Paris, 114 ; raisons qui le portent à cette retraite, 115 ; obtient du régent que son fils ne sera point chassé du ministère, XIII, 149 ; sa reconnaissance envers M. de Saint-Simon pour ce qu'il a fait en faveur de son petit-fils, M. de Maurepas, 260 et suiv. ; reçoit la visite du roi ; comment se passe cette visite, XIII, 438.

PONTCHARTRAIN, fils du précédent, secrétaire d'État de la marine, en est le fléau ; son caractère ; sa jalousie de son père ; sa dureté pour sa femme et sa mère ; il dispute tous les honneurs au comte de Toulouse et cherche à l'abreuver de dégoûts pour le faire échouer dans ses entreprises, IV, 377 ; au retour de ce prince, prévoyant le danger de sa chute, il s'abaisse à des humiliations pour la prévenir, 379 ; doit son salut à sa femme ; mais perd la marine pour que le comte de Toulouse ne puisse plus retourner à la mer, 379 ; niche qu'il fait à l'abbé d'Estrées le jour qu'il est reçu chevalier de l'ordre, 398 ; raisons qui lui font accepter l'union que le duc d'Harcourt lui propose, 409 ; se raccommode avec le maréchal de Cœuvres par l'entremise du duc de Noailles ; dans quel but il fait ce raccommodement, V, 6 et suiv. ; comment il se moque du comte de Toulouse et du maréchal de Cœuvres tous deux partis pour Toulon dans l'espoir de monter une flotte, 55 ; éclat scandaleux entre lui et le ministre Chamillart ; à quelle occasion, VI, 98 ; quoique la raison soit de son côté, il est obligé de se taire, 99 ; résolution que l'état désespéré de sa femme lui fait prendre, 289 ; après sa mort il feint de vouloir quitter les affaires ; reste longtemps à Pontchartrain malgré les instances que son père et ses amis lui font pour revenir à Fontainebleau ; détails à ce sujet, 291 et suiv. ; sa mère parvient à le ramener, 295 ; la conduite qu'il y tient achève de le démasquer et de le faire mépriser, 296 ; vendu aux Bouillon, il fait rendre au cardinal réfugié chez les ennemis la prise d'un vaisseau chargé de meubles, d'argent et de papiers appartenant à ce cardinal, VIII, 403 ; sa position difficile après la mort de Monseigneur ; il est haï des jésuites et de la Dauphine, IX, 282 ; usage qu'il fait d'un projet d'édit portant création d'officiers gardes-côtes ; comment il le grossit et l'augmente, 319; sa conduite avec M. de Saint-Simon à l'occasion de cet édit, 320 et suiv.; son extérieur; son esprit; son caractère méchant, 340 et suiv.; il est en aversion au Dauphin et à la Dauphine et à Mme de Maintenon, 345; il est averti par M. de Saint-Simon de changer de conduite et manières, 348 et suiv.; est prévenu du danger qui le menace auprès du Dauphin; comment il reçoit cet avis; travaille avec le prince, 351; sa noirceur envers M. de Saint-Simon, concernant les milices de Blaye, X, 444; il se remarie avec Mlle Verderonne, XI, 53; obtient 400 000 livres pour lui aider à acheter les terres de la maréchale de Clérembault, XI, 17; ses inquiétudes à l'occasion des établissements que fait le régent; obtient par le moyen de son père de n'être point chassé du ministère, XIII, 149; est nommé du conseil de régence, sans y avoir voix, 165; y est attaqué par le maréchal d'Estrées et par le comte de Toulouse sur son administration de la marine, 200 et suiv.; a recours à M. de Saint-Simon et lui demande conseil, 203 et suiv.; mépris dans lequel il est tombé, 260; il reçoit ordre du régent de donner la démission de sa charge de secrétaire d'État qui est donnée à son fils Maurepas; détails à ce sujet, 261 et suiv.

PONTCHARTRAIN (Mme de), femme du chancelier, donne à la chancellerie la fête la plus galante et la plus magnifique; elle en fait les honneurs avec une liberté et une politesse admirables; Mgr et Mme la duchesse de Bourgogne y assistent, II, 421; son extérieur; ses belles qualités; son esprit; son caractère, XI, 71; sa charité; ses aumônes, son hôpital de Pontchartrain, 72 et suiv.; ce qu'elle fit pour les pauvres en 1709, 73; son union et son amitié constante avec le chancelier; elle meurt d'une hydropisie de poitrine; est universellement regrettée de toute la cour, 74.

PONTCHARTRAIN (Mme de), belle-fille du chancelier, depuis longtemps malade, est à l'extrémité; son intimité avec Mme de Saint-Simon, VI, 289; son caractère; résolution que son état désespéré fait prendre à son mari, 289; sa mort, 291.

POPOLI (le duc de), retournant d'Espagne à Naples, est présenté au roi; lui demande l'ordre qui lui est promis, III, 156; est nommé capitaine de la compagnie italienne des gardes du corps d'Espagne, IV, 210; est fait capitaine général, VIII, 430; est nommé gouverneur du prince des Asturies; il se déshonore en tout, XIV, 61; est accusé d'avoir empoisonné sa femme; son extérieur; ses manières; il n'aime point Albéroni; est toujours attaché à la cabale espagnole, 61 et suiv.; est grand d'Espagne; historique sur sa maison Cantenel; son caractère, XVIII, 400 et suiv.; son avarice, 405; sa mort, XIX, 433 et suiv.

PORTAIL, avocat général, est nommé président à mortier, V, 388.

PORTE (La), voy. *La Porte*.

PORTES (le marquis de), vice-amiral, est tué au siège de Privas; sa famille I, 48.

PORTLAND (le comte de), auparavant Bentinck, s'attache personnellement au prince d'Orange, et devient son plus cher favori, II, 34; le sert dans la révolution d'Angleterre; est comblé de grâces; d'après l'ordre du prince d'Orange il a plusieurs conférences avec le maréchal de Boufflers; détails sur ces conférences, 35; qui hâtent la conclusion de la paix de Ryswick, 36; le comte est destiné à l'ambassade de France, 49; sa suite nombreuse et superbe; son éclat personnel, 94; il demande le renvoi ou du moins l'éloignement du roi Jacques et de sa famille; M. de Torcy lui conseille de renoncer à cette demande et de n'en parler ni au roi ni à aucun des ministres, 95; il va voir à Laon le prince de Vaudemont qui y passe; comment il est traité à la cour par Monseigneur et par Monsieur, 96; petites mortifications qu'il y éprouve, entre autres de M. le duc de La Rochefoucauld, 98; honneurs que le roi lui fait rendre à son départ, 99; de retour en Angleterre il trouve un compétiteur qui ne lui laisse que les restes de l'ancienne confiance du prince d'Orange, 99; fait exclure le carrosse de Mme de Verneuil lors de son entrée à Versailles comme ambassadeur, 171; remet toutes ses charges au roi d'Angleterre; se retire en Hollande; est ramené par le roi et continue d'être chargé comme auparavant de toutes les principales affaires, 283.

PORTOCARRERO (le cardinal), chef du conseil d'Espagne, entre dans le projet de Villafranca de faire passer la succession de la monarchie à un prince français, III, 10; fait renvoyer le confesseur du roi et lui en donne un à son choix, 13; travaille ensuite lui-même auprès du roi pour lui faire adopter son projet, 13 ; est nommé par le testament du roi membre de la junte qui doit gouverner en attendant le successeur, 30 ; à l'entrée de Philippe V à Madrid il veut se jeter à ses pieds pour lui baiser la main ; le roi ne le veut pas permettre ; il le relève et l'embrasse ; joie du cardinal, 86 ; se lie intimement avec le duc d'Harcourt ; fait exiler le grand inquisiteur ; pourquoi, 87 ; et le comte d'Oropesa ; sa présidence du conseil de Castille, 88 ; se décide à se porter aux dernières extrémités contre le duc de Montéléon, grand écuyer de la reine ; pourquoi, 128, 129 ; fait presser ce duc de marier sa fille avec Mortare dont il ne veut point pour gendre ; à la nouvelle que la fille du duc est mariée au marquis de Westerloo, il demande au roi la permission de le poursuivre, 130 ; fait rendre par le conseil de Castille un arrêt épouvantable contre le duc, 131 ; sur un ordre du roi il est forcé de jeter cet arrêt au feu ; son sang-froid en exécutant cet ordre, 132 ; il veut quitter la junte ; pourquoi ; accepte la charge de capitaine des gardes et se fait moquer de lui, IV, 173 ; se retire du conseil et des affaires, 179 ; continue de signaler son attachement pour Philippe V, 190 ; sa mort, ses ordres pour sa sépulture sont fidèlement exécutés, VII, 400.

PORTOCARRERO (l'abbé), et Montéléon fils, sont choisis pour porter le paquet de Cellamare, ambassadeur d'Espagne à Paris, contenant ses moyens de conspiration contre le gouvernement de M. le duc d'Orléans, XVII, 72 ; ils arrivent à Paris munis des passe-ports du roi d'Espagne, 74 ; ils sont arrêtés à Poitiers, et leur paquet est enlevé et porté à l'abbé Dubois, 75.

PORT-ROYAL DES CHAMPS (les filles de), refusent constamment de signer le formulaire que le cardinal de Noailles leur présente, VII, 419 ; elles sont privées des sacrements, 420 ; puis séparées en deux monastères ; elles se pourvoient à Rome ; elles y sont écoutées et approuvées, 420 ; l'abbaye est investie par des gardes françaises et suisses, et les religieuses sont enlevées et envoyées en divers monastères, 421 ; la maison, l'église et tous les bâtiments sont rasés ; exhumations, 422.

PORTSMOUTH (la duchesse de), ancienne maîtresse de Charles II, obtient du régent une augmentation de pension ;

sa vie retirée et pénitente à la campagne, XV, 344.

POULLETIER, riche financier, devient intendant des finances, par le crédit de Chamillart ; oppositions et remontrances inutiles du conseil ; emportement du chancelier contre cette nomination ; le duc de Saint-Simon ferme la bouche à ce dernier par deux questions, VI, 176.

POZZOBUONO, italien, colonel dans les troupes d'Espagne, est dépêché par le roi et la reine pour apporter leurs remerciments au roi de France sur la princesse des Ursins, IV, 414.

PRACONTAL, après avoir fait passer l'Adige à ses troupes, est attaqué par les Impériaux, III, 185 ; marche au-devant des ennemis qui viennent au secours de Landau, IV, 200 ; est tué au combat qui se livre devant cette place, 201.

PRADES (la comtesse de), fille du maréchal de Villeroy, meurt à Lisbonne ; extraction de la famille de Prades, X, 424.

PRAS, ministre piémontais à Vienne, parle d'un projet d'enlever le roi de France des mains du régent ; dit à l'envoyé de France à Vienne que le roi de Sicile a des liaisons très-intimes avec le cardinal Albéroni ; lui montre une lettre horrible contre le régent qu'il suppose écrite de Paris, XVI, 5.

PRASLIN (M. de), demande et obtient par Barbezieux la charge de mestre de camp du Royal-Roussillon, I, 104.

PRASLIN, brigadier de cavalerie, se distingue dans une attaque contre les Hollandais, I, 276 ; rompt le pont du Pô et empêche les ennemis de se rendre maîtres de Crémone, III, 374 ; est fait lieutenant général, 378 ; jalousie qu'excite cette nomination, 381 ; il reçoit une blessure mortelle au combat de Cassano ; meurt trois ou quatre mois après dans des sentiments de vrai chrétien, V, 43.

PREMIER MINISTRE, danger pour un en royaume d'avoir un premier ministre, XVI, 270 ; les premiers ministres inconnus dans les cours de Turin, de Londres et de Vienne ; quelles personnes ces puissances emploient dans les conseils, 275 et suiv. ; preuves historiques du danger d'avoir un premier ministre, XIX, 376 et suiv. ; ce qu'est un premier ministre, 382 et suiv. ; quel est le prince qui fait un premier ministre, 385.

PRÉSÉANCE (procès de), intenté par M. de Luxembourg contre seize ducs et pairs, ses anciens ; détails à ce sujet, I,

127 et suiv.; sommaire du procès, 149; noms des opposants, 151; les procédures tournent en procédés; aigreurs et factums des parties, 162; après la mort du maréchal, le duc de Luxembourg, son fils, reprend la poursuite du procès, 325; le roi déclare qu'il veut que l'affaire soit jugée définitivement par le parlement, 326; les opposants persuadent à quelques ducs postérieurs aux lettres d'érection nouvelle de Piney, en 1662, de se joindre à eux; noms de ces ducs; noms des avocats des parties; assiduité des opposants aux audiences, 327; arrêt du parlement qui statue ce qui n'est point en question et laisse M. de Luxembourg dans le même état qu'était son père, 330; comment les juges s'excusent sur ce jugement, 336.

PRÉSENTS d'usage envoyés par les ducs et pairs au premier président, au procureur général et au rapporteur, lors de leur réception au parlement, III, 362; Dreux, père du grand maître des cérémonies et rapporteur de M. de Saint-Simon, s'offense du présent qui lui est envoyé; pourquoi, 362.

PRÉVOST (l'abbé), fait l'oraison funèbre de M. le duc de Berry, XI, 121.

PRIE (le marquis de), est nommé ambassadeur à Turin; sommes qui lui sont données par le roi; il épouse la fille de Pléneuf, commis du ministre Voysin; esprit et beauté de cette dame qui devient plus tard maîtresse publique de M. le Duc, XI, 17; il revient de son ambassade de Turin et obtient 12 000 livres de pension et 90 000 livres de gratification, XVII, 149.

PRIE (la marquise de), maîtresse de M. le Duc, premier ministre; son portrait physique et moral; elle reçoit du gouvernement anglais les 40 000 livres sterling que touchait le cardinal Dubois, XVI, 260; elle réussit fort à Turin où son mari est envoyé en ambassade; sa beauté; son ton; ses manières; de retour à Paris, elle méprise Mme de Pléneuf, et prend des airs avec elle; guerre déclarée entre la mère et la fille, XIX, 395; Mme de Prie devient maîtresse publique de M. le Duc; son union avec son père, M. de Pléneuf, aux dépens de sa mère; son aversion pour les adorateurs de Mme de Pléneuf, 395; son projet de perdre Le Blanc et Belle-Ile, 396; elle excite M. le Duc à poursuivre le premier auprès du cardinal Dubois et du régent comme coupable du désordre où le trésorier de l'extraordinaire des guerres a mis les affaires, 399.

PRIÉ (le marquis de), est envoyé à Rome en qualité de plénipotentiaire de l'empereur, VI, 484; on ne veut pas l'y recevoir; sa naissance; son esprit; ses talents; sa fortune, VII, 42; entré dans Rome, il demeure froid et tranquille, attendant qu'on vienne à lui; sa réponse désolante aux demandes qu'on lui fait, 43; il donne un bal à Rome, malgré les remontrances du pape, 130; en passant à la Haye pour se rendre à Bruxelles, en qualité de gouverneur des Pays-Bas autrichiens, il fait tous ses efforts pour empêcher la conclusion du traité entre la France et l'Angleterre, XIV, 129; ses manèges et ses instances sont sans effet; ses menaces aux Hollandais, 130; ses procédés militaires excitent une sédition dans les Pays-Bas, XV, 345.

PRIEGO, Cordoue (le comte), grand d'Espagne; son extérieur; son esprit; comment il devient grand et trompe la princesse des Ursins, XVIII, 462 et suiv.; singulière habitude du comte; pourquoi son gendre Land obtient difficilement la grandesse, 464.

PRIMI, théatin renégat, vient à bout, avec Casado, de vaincre la répugnance que M. de Mantoue témoigne pour Mlle d'Elbœuf, IV, 339.

PRINCE (M. le), titre affecté aux princes de Condé; comment l'usage s'en établit depuis les guerres civiles des huguenots et dura jusqu'à la mort du prince de Condé, fils du grand Condé, VII, 160 et suiv.; les princes de Condé prétendent à la distinction de M. le Prince pour eux et de M. le Duc pour leurs fils aînés, comme un droit de premier prince du sang; ce droit même là leur fait perdre ensuite, 164.

PRINCE (M. le), fils du grand Condé, enlève au frère aîné du duc Claude de Saint-Simon la capitainerie des chasses de Senlis et d'Halatte, I, 48; comment il s'y prend, 49; il donne dans son appartement la fête la plus galante et la mieux ordonnée, II, 378; fait prier la mère de M. de Saint-Simon de lui faire l'honneur, en qualité de parente, d'accompagner le corps de Mlle de Condé au lieu de sa sépulture, 443; lui envoie faire des excuses des prétentions de Mme la duchesse de Châtillon, et la remercie lui-même des honneurs qu'il lui a fait, 444; ses démêlés avec Rose, secrétaire du cabinet; il fait remplir son parc de renards, III, 60; projette de marier sa fille, Mlle d'Enghien, à M. de Mantoue; explique au roi ses vues, et en obtient la permission de les suivre, IV, 334; ne pouvant les faire réussir, il se joint entre la maison de Lorraine à ceux qui favorisent la poursuite de M. de Mantoue pour la duchesse de Lesdiguières, 336; va des premiers rendre visite à la princesse des Ursins, 412; obtient Charleville, auquel M. de Lorraine prétendait, VI, 300, 301; sa mort; son extérieur; son esprit, VII, 138; son savoir; son goût exquis; ses qualités; ses défauts, 139; par quelles voies il étend Chantilly et ses autres terres; comment il était chez le roi avec M. et Mme du Maine; avec Mme la duchesse, 140; comment il esquive une alliance avec M. de Vendôme; sa conduite avec M. le prince de Conti et avec M. le Duc, 141; sa jalousie; sa brutalité pour Mme la Princesse, 142; ses prêts et ses emprunts aux gens du parlement; pourquoi, 143; son genre de vie; ses dépenses pour Chantilly; ses amusements; ses galanteries pour les dames, 143; son commerce avec la marquise de Richelieu; comment et pourquoi il rompt avec elle, 144; son inaptitude pour l'art de la guerre; dérangement de son esprit pendant les vingt dernières années de sa vie, 144; sa maladie; singularités qu'on remarque en lui, 145; le P. Latour, de l'Oratoire, devient son confesseur secret, ensuite public, 147; il refuse de voir avant de mourir le P. Lucas, jésuite, son confesseur en titre, 148; détails curieux sur ses derniers moments, 148; il est peu regretté, 149; les visites de deuil chez M. le Duc ressemblent à une mascarade; pourquoi, 152; cérémonie des funérailles, 152 et suiv.; usurpations nouvelles dans cette circonstance, 153; le cœur du prince est transporté aux jésuites de la rue Saint-Antoine, 155; le corps est porté à Valery, terre et sépulture des derniers princes de Condé, 156; service à Notre-Dame, 156; testament et succession de M. le Prince; comment son grand-père et son père avaient augmenté leur patrimoine, 157; comment son petit-fils l'augmenta encore, 158.

PRINCESSE (Mme la), sur la confidence que lui fait Mlle de Conti du projet de marier M. le prince de Conti avec une des filles du duc d'Orléans, elle pense à faire un double mariage entre ses petits-enfants; caractère de Mme la Princesse,

X, 413; elle va trouver le roi; lui fait part de son projet que le roi adopte sur-le-champ, 415; elle voit plusieurs fois le roi tête à tête pour rompre les difficultés que Mme la duchesse sa fille oppose au mariage et pour en presser la conclusion, 417; M. du Maine se sert de Mme la Princesse pour finir l'affaire du bonnet; elle va prier le roi de ne rien innover à cet égard, XI, 424; met fin à l'apparente brouillerie entre M. et Mme du Maine, XVII, 373; elle meurt à 75 ans, XIX, 435; elle était petite-fille de l'électeur palatin qui perdit ses États et mourut proscrit en Hollande, et fille de Anne de Gonzague dite de Clèves, 435; son portrait physique et moral; elle bâtit somptueusement le Petit-Luxembourg, 436; est enterrée aux Carmélites de la rue Saint-Jacques, 436.

PRIOLO, noble vénitien, s'attache au duc de Longueville; fait une histoire latine de la minorité de Louis XIV; gagne toute la confiance du parti qu'il a embrassé; son exactitude comme historien; fait merveilleux qu'il rapporte de Louis XIII mourant, I, 67.

PRIOR, fait part au roi dans une audience particulière de l'avénement de l'électeur d'Hanovre à la couronne d'Angleterre, XI, 225; il meurt en disgrâce et dans l'obscurité; pourquoi; son caractère, XVIII, 209.

PRISON DE FRANÇOIS Ier au palais de Madrid; description de ce lieu, XIX, 206 et suiv.

PROBLÈME (livre intitulé), sans nom d'auteur; M. l'archevêque de Paris contre lequel il est dirigé en accuse les jésuites; protestations de ceux-ci qu'ils n'y sont pour rien, II, 248. Voy. *Boileau* (docteur).

PROCESSION de la châsse de sainte Geneviève, citée, VII, 220; détails à ce sujet, 460.

PROTECTEUR DES COURONNES, origine de cette dénomination, VIII, 107; fonctions d'un protecteur, 107.

PROUSTIÈRE (l'abbé), cousin germain de Chamillart, supplée pour le ménage et les affaires domestiques à l'incapacité de Mme Chamillart; son caractère, II, 313.

PROVANE, ambassadeur de Sicile à Paris, voit souvent le régent, hasarde de lui faire des questions sur la négociation qui se fait entre les cours de France, d'Angleterre et de Vienne; réponse que lui fait le régent, XV, 204; il se plaint, ainsi que son maître, du mystère que leur font les médiateurs de l'état de la négociation ; proteste que le roi n'écoutera jamais aucune proposition d'échange de son royaume de Sicile, 367 ; son union avec l'ambassadeur Cellamare ; tous deux découvrent qu'il s'agit d'échanger la Sicile avec la Sardaigne, et se plaignent de la liberté que se donnent des médiateurs de disposer d'États dont ils ne sont pas maîtres, 385 ; ses menaces indirectes, 396 ; il est chargé d'une négociation secrète avec le ministre de l'empereur à Londres, 437 ; traite de faussetés et de calomnies les bruits répandus de traités et de conventions entre l'empereur et le roi de Sicile ; assure que toutes les puissances de l'Europe n'entraîneront pas son maître à s'immoler volontairement, XVI, 11 ; se lie avec Cellamare et l'assure que la répugnance qu'a son maître de souscrire au traité de Londres est invincible, 102 ; son incertitude sur les dispositions du régent, 102 ; ses défiances sur la sincérité du roi d'Espagne, 158 ; il veut effacer dans l'esprit du régent le soupçon injurieux pour son maître que ce prince lui témoigne, 159 ; n'oublie rien pour le détourner de s'unir étroitement avec les Anglais ; sa consternation en apprenant que la flotte d'Espagne fait voile vers la Sicile, 160 ; son incertitude sur l'état des négociations causée par les discours contradictoires du régent, 172.

PUCELLE (l'abbé), conseiller clerc de la grand'chambre, est nommé membre du conseil de conscience ou affaires ecclésiastiques ; sa capacité, son intégrité ; son courage dans les affaires de la constitution, XIII, 146.

PUIGUILHEM, voy. *Lauzun*.

PURNON, premier maître d'hôtel de Madame, première femme de Monsieur, est dans le secret de l'empoisonnement de cette princesse, III, 183 ; comment il en fait l'aveu au roi, 183 ; est renvoyé par Madame, seconde femme de Monsieur, 184.

PUSSORT, conseiller d'État et doyen du conseil, oncle maternel de M. Colbert ; est toute sa vie le maître de cette famille ; son caractère ; son extérieur ; il meurt à 87 ans, I, 411.

PUYGUYON, campé sous Leffingue, assiège depuis longtemps cette place, lorsque le duc de Vendôme vient l'attaquer l'épée à la main ; la place est emportée, VI, 419.

PUYSÉGUR, lieutenant-colonel, est nommé gentilhomme de la manche de Mgr le duc de Bourgogne, II, 128 ; travaille à un projet qui a pour but de déposter sans coup férir les troupes hollandaises des places fortes des Pays-Bas espagnols ; le fait approuver au maréchal de Boufflers ; va à Bruxelles se concerter avec l'électeur de Bavière, gouverneur général des Pays-Bas pour l'Espagne ; le projet s'exécute avec un plein succès, III, 68 ; est nommé par le roi pour aller servir en Espagne sous le duc de Berwick et être le directeur unique de l'infanterie, cavalerie et dragons ; ses talents militaires, sa modestie, sa franchise, sa probité, IV, 207, 208, 260 ; dans le compte qu'il rend au roi de l'état où il a trouvé en Espagne tout prêt pour la campagne, il donne de grands éloges à Orry et à la princesse des Ursins ; part pour les frontières du Portugal ; son étonnement en voyant par lui-même qu'il a été trompé en tout par Orry ; il s'en plaint à Madrid et à Versailles ; soins qu'il se donne pour faire subsister l'armée, 261 ; fait des prodiges à cet égard, 289 ; est envoyé en Flandre, V, 221 ; prédit inutilement à M. de Vendôme que l'armée ennemie va lui tomber sur les bras ; prend sur lui de faire sonner le boute-selle et sauve ainsi l'armée française, VI, 79, 80 ; écrit au duc de Beauvilliers pour lui faire part de ses craintes à l'égard de M. de Vendôme, 288 ; il revient à la cour deux mois après la fin de la campagne ; sa longue conversation avec le roi, dans laquelle il apprend les plaintes que M. de Vendôme a faites contre lui, et fait connaître au roi toutes les fautes et la conduite de ce prince en Italie et en Flandre, VII, 178 et suiv. ; il rend publiquement compte de cette conversation et brave M. de Vendôme et sa cabale, 181 ; est nommé membre du conseil de guerre, XIII, 151.

PUYSIEUX, ambassadeur en Suisse, frère du chevalier de Sillery, attaché à M. le prince de Conti, sert ce prince avec beaucoup d'ardeur dans son affaire avec Mme de Nemours, IV, 236 ; sa famille, 375 ; son extérieur ; son caractère ; ses audiences du roi en tête à tête à son retour de Suisse, 376 ; manière singulière dont il obtient le cordon bleu, 377 ; est reçu dans l'ordre, 389 ; est fait conseiller d'État d'épée, V, 343 ; se démet de son ambassade, 209 ; meurt à la suite d'un grand repas donné par les chartreux, à l'âge de 80 ans, XVII, 151, son éloge, 152.

PUYSIEUX, neveu de Puysieux, ambassadeur en Suisse, épouse une fille de Sauvré, fils de M. de Louvois, XIX, 311.

PUYSIEUX (Mme de), née à Étampes, dépense pour 50 000 écus de point de Gênes à ses manchettes et collets, II, 101; caractère de cette dame; crédit dont elle jouit auprès de la reine régente; est distinguée du roi; sa magnificence la reine elle et ses enfants, IV, 375.

PUYSIEUX, brigadier d'infanterie, est tué à la bataille d'Almanza, V, 408.

PUY-VAUBAN, gouverneur de Béthune, fait une sortie sur les ennemis, leur tua huit cents hommes; est forcé de capituler; obtient la grand'croix, VIII, 157.

Q

QUESNEL (le P.), chef du parti janséniste à Bruxelles, est vendu et découvert; ses papiers sont saisis; il se sauve en Hollande; une étroite correspondance entre Quesnel et un religieux de l'abbaye d'Auvillé en Champagne compromet l'archevêque de Reims, IV, 127; il meurt à quatre-vingts ans après avoir fait une profession de foi très-orthodoxe; combien était grande l'étendue de son savoir et de ses lumières, XVII, 204.

QUÊTE à la messe et aux vêpres devant le roi; par qui elle était faite; les princesses veulent se distinguer en ne quêtant point; suite de cette affaire par rapport à M. de Saint-Simon, IV, 222 et suiv.

QUINTIN (Mme de), épouse dans sa vieillesse M. de Mortagne également vieux; détails sur la jeunesse de cette dame, II, 86; son grand état dans le monde pendant son veuvage; ses adorateurs, 86; M. de Mortagne, après vingt ans de persévérance, obtient enfin sa main; quelle était son origine; ce mariage fait tomber la maison de Mme de Quintin, 87.

QUIROS (don François-Bernard de), négociateur, meurt fort vieux à Aix-la-Chapelle; sa conduite lors de la révolution d'Espagne nuit beaucoup à Philippe V; sa naissance, VII, 44.

QUOADT, maréchal de camp du corps commandé par le comte du Bourg et vainqueur du général Mercy, reçoit une pension de 3000 livres, VII, 369

R

RABLIÈRE (La), lieutenant général, frère de la maréchale de Créqui, meurt à Lille à 87 ans ou 88 ans, n'ayant bu toute sa vie que du lait à ses repas, IV, 347.

RABUTIN, est assiégé dans Hermannstadt par le comte Forgatz; c'est à cause de lui que la princesse de Condé fut enfermée à Châteauroux; comment il passe au service de l'empereur; il épouse une princesse fort riche et parvient aux premiers honneurs militaires, V, 15; entre en Transylvanie, fait lever aux mécontents le blocus de Deva, VI, 84.

RACINE (le poète), prête sa plume pour polir les factums de M. de Luxembourg, I, 145; son éloge; ses deux pièces d'*Esther* et d'*Athalie* sont jouées à Saint-Cyr; l'auteur est chargé d'écrire l'histoire du roi; il amuse le roi et Mme de Maintenon, II, 271; ses distractions; cause de sa disgrâce; sa mort; il se fait enterrer à Port-Royal des Champs, 272. Voyez aussi l'introduction de M. Sainte-Beuve placée en tête du t. I, p. 12.

RADZIWIL (le prince de), ramène dans son parti le palatinat de Masovie et fait reconnaître pour roi de Pologne le prince de Conti dans la cathédrale de Varsovie, 20.

RAGOTZI, (Fr.-Léopold, prince de), est arrêté et enfermé à Neustadt, par ordre de l'empereur, III, 138; se sauve déguisé en dragon; se retire en Pologne d'où il va joindre un des chefs des mécontents de Hongrie; est déclaré chef; s'empare de plusieurs places, IV, 186; est élu prince de Transylvanie; fait offrir au Grand Seigneur, pour sa protection, le même tribut que payait son bisaïeul à son grand-père, 272; demande au roi de France une augmentation de secours et moins de secret pour se donner plus de crédit, 15; menace Bude, V, 373; est proclamé prince de Transylvanie et fait une entrée magnifique dans la capitale, VI, 82; refuse les propositions d'accommodement que l'empereur lui fait faire, 84; se soutient en Hongrie; son parti perd cependant toutes ses places des montagnes, 433; il arrive à Rouen où il prend le nom de comte de Saroz; comment il y est traité par M. de Luxembourg, X, 295; son extraction; sa famille, 296; le comte de Serin, son grand-père maternel, 297; son mariage avec la fille du landgrave de Hesse-Rinfels, 301; son alliance avec Mme de Dangeau; comment il est traité à la cour de France par le crédit de cette dame et de son mari; sa conduite réservée lui attire beaucoup de considération, 301; il se concilie la faveur de MM. du Maine et de Toulouse; est bien vu du roi; son portrait physique et moral, 302; pensions qu'il obtient du roi de France et du roi d'Espagne; sa maison à Paris, 303; il reçoit 10 000 écus d'augmentation et 40 000 livres à distribuer entre les principaux de son parti, XI, 98; sa conférence avec le czar à Paris; son dessein d'aller chez les Turcs qui le pressent de se rendre auprès d'eux, XV, 10; vie retirée et pieuse qu'il mène à Paris, 25; il se rend aux sollicitations du Grand Seigneur, 61; est traité avec beaucoup de distinction à Constantinople et Andrinople; est envoyé dans une île de l'archipel où il finit ses jours, 62.

RAGOTZI (la princesse de), meurt à Paris dans un couvent, à 43 ans; ses deux fils, XIX, 309.

RAIS (le chevalier de), est envoyé au roi par Surville pour lui porter la capitulation de la ville de Tournai, VII, 356.

RAMIRES DE CARION (Emmanuel), Espagnol, enseigne à lire, à écrire et à se faire entendre, au prince Carignan et au marquis del Fresno, tous deux sourds-muets de naissance, XVIII, 462.

RANCÉ (l'abbé de), ami de tous les personnages de la Fronde, assiste à la mort de Mme de Montbazon; touché de repentir, il s'en va dans sa maison de Véret en Touraine où il commence à se séparer du monde; fausseté de l'anecdote qui concerne le motif de sa retraite à la Trappe, II, 166, 167; avec quelle patience il supporte les mauvais traitements de D. Gervaise qu'il a choisi pour abbé régulier de sa maison, 200 et suiv.; avec quelle douceur il le traite lui-même quand D. Gervaise lui est amené surpris en flagrant délit, 203; sa réponse au P. La Chaise sur la nécessité de donner un autre abbé régulier à la maison de la Trappe, 204; sa mort édifiante; son éloge, 448.

RANCÉ (le chevalier de), frère de l'ancien abbé de la Trappe, chef d'escadre et commandant du port de Marseille, vient à Paris, à 84 ans, XVII, 32; est visité par M. de Saint-Simon qui s'éprend d'amitié pour lui, et lui obtient du régent une place de second lieutenant général des galères avec 10 000 livres d'appointements, 32, 33.

RANDORE, lieutenant de vaisseau et commandant d'une frégate, est séparé par la tempête de l'escadre qui fait voile pour l'Écosse, VI, 195; il fait route pour Édimbourg; aperçoit l'escadre poursuivie par des vaisseaux ennemis, 195; ne pouvant lui porter du secours, il revient à Dunkerque, 196.

RANNES, qui s'est distingué au siège de Lille, est fait maréchal de camp, VII, 2.

RANZAU (le comte de), se bat en duel avec le duc d'Albret; à quelle occasion; il a ordre de se remettre à la Conciergerie, avec ses seconds, II, 424.

RATABON, évêque d'Ypres, est transféré à l'évêché de Villiers; pourquoi, X, 362.

RAVETOT (Mme de), meurt fort regrettée de ses amis; on l'appelait *Belle et bonne*; de qui elle était fille; quel était son mari, IX, 3; note sur ce nom, 3.

RAVIGNAN, qui s'est distingué au siège de Lille, est fait maréchal de camp, VII, 2; vient à la cour apporter de Tournai une proposition de la part des ennemis d'une suspension d'armes limitée concernant la citadelle de cette ville; est renvoyé sur-le-champ avec refus, 357; attaque un convoi à Vive-Saint-Éloi; tue ou noie ou prend treize cents hommes; détruit le village, VIII, 362; est envoyé par le maréchal de Villars pour défendre Bouchain, quoiqu'il ne pût le faire d'après la parole qu'il avait donnée au duc de Marlborough, X, 441 et suiv.; est obligé de capituler, 443.

RAZILLY, est fait premier écuyer de M. le duc de Berry; ce choix est approuvé de toute la cour, excepté de Mme la duchesse de Berry, IX, 30; sa mort subite, X, 75.

REBOURS, cousin germain de Chamillart, devient intendant des finances; paraît le véritable original du marquis de Mascarille, II, 313; son ignorance; sa présomption, IV, 299.

RECKEM (le comte de), chanoine de Strasbourg, possédant deux belles abbayes, sert longtemps à la tête d'un des régiments de Furstemberg, quoique dans les ordres; sa mort, XVII, 289.

REFUGE, ancien lieutenant général et commandant à Metz, meurt en 1712; son éloge; son savoir prodigieux en toutes sortes de généalogies, X, 223 ; sa sobriété ; ses distractions ; ses deux enfants, 223.

RÉGENT (M. le), voy. *Orléans* (le duc d').

RÉGENT (le), diamant acheté par M. le duc d'Orléans ; histoire de ce diamant, XIV, 417.

REGNIER, secrétaire perpétuel de l'Académie française, meurt à 80 ans ; son talent particulier pour les langues et la poésie, X, 427.

REINEVILLE, lieutenant des gardes du corps, ayant perdu au jeu, disparaît sans qu'on puisse le retrouver ; douze ou quinze ans après il est reconnu dans les troupes de Bavière. II, 262 ; IV, 346.

REIMS (l'archevêque de), porte ses plaintes au roi d'un écrit où il est attaqué par les jésuites ; détails sur cette affaire ; comment elle se termine par ordre du roi, II, 76 et suiv. ; il se trouve compromis dans une correspondance secrète entre le P. Quesnel et un religieux de l'abbaye d'Auvillé, en Champagne, IV, 127 ; n'ose venir à la cour pour se justifier ; obtient avec peine une audience du roi, d'où il sort disgracié ; il rentre en grâce pour avoir cédé son logement de Versailles à M. le comte d'Ayen qui le lui a demandé, 128 : gagne sa cause au conseil des dépêches contre La Reynie, au sujet du décanat du conseil, 222 ; il meurt sans laisser beaucoup de regrets ; ses abbayes, VIII, 116 ; son caractère extraordinaire ; son talent pour le gouvernement ; sa mort presque subite, 117 ; son amitié pour sa nièce va jusqu'au scandale ; son testament et le peu d'affection de cette nièce ne contribuent pas à le lever, 117.

RELINGUE, lieutenant général. a une cuisse emportée au combat naval de Malaga et meurt peu de jours après, IV, 330 ; conjure avant de mourir le comte de Toulouse d'attaquer de nouveau l'amiral Rooke, que le prince a rejoint, 330.

REMIREMONT (l'abbesse de), Mlle de Lislebonne, se retire peu à peu de Mme la Duchesse, IX, 277 ; elle reçoit la pension de 12 000 livres qu'avait Mme de Lislebonne, sa mère, XVII, 440.

RÉMOND, son esprit ; son caractère ; sa liaison avec l'abbé Dubois, XIII, 284 ; il se lie avec l'ambassadeur anglais Stairs qu'il vante à son ami Canillac, 284 ; est fait introducteur des ambassadeurs ; son portrait physique ; ses talents, XVII, 149 ; ses liaisons ; il finit par épouser une fille du joaillier Rondé, 150.

REMONTRANCES. Comment le parlement s'en était arrogé le droit, V, 442.

RENAULT (le petit), chef d'escadre, de retour du siége de Gibraltar, est renvoyé à Cadix ; pourquoi il est appelé le petit Renault ; son origine ; il est attaché fort jeune à Colbert du Terron, intendant de la marine à la Rochelle, V, 14 ; son esprit ; son application ; ses progrès dans toutes les connaissances nécessaires à la navigation ; sa modestie ; sa simplicité ; il tient une école de marine par ordre du roi ; son admiration pour le P. Malebranche ; ses protecteurs, 15 ; ses actions à la mer ; ses emplois ; ses rapports avec le roi, 15 ; son projet de taille proportionnelle (voy. *Taille proportionnelle* ; cause de sa mort, XVII, 243.

RENAUT, secrétaire de M. le duc d'Orléans, laissé en Espagne par ce prince, y est arrêté ; pourquoi, VII, 313 ; note sur son arrestation et sur celle de Flotte, 458 ; est remis en liberté, XII, 37 ; reçoit ordre de M. le duc d'Orléans d'aller à Madrid remercier le roi et la reine ; revient en France ; obtient du duc une pension, 38.

RENEPONT, mestre de camp, est tué à la bataille de Castiglione, V, 250.

RENNES (la ville de), est incendiée en 1721 ; est rebâtie avec plus d'ordre et de commodités qu'auparavant ; cailloux précieux trouvés sous l'ancien pavé, XVIII, 130.

RENONCIATIONS (affaire des), la conclusion de la paix entre la France et l'Angleterre qui se fait fort d'y faire entrer ses alliés, est arrêtée par la considération du droit du roi d'Espagne de succéder à la couronne de France et de ce qu'aucune des puissances ne voudra consentir à voir sur une même tête les deux premières couronnes de l'Europe, X, 225 ; justes alarmes des puissances alliées à ce sujet, 226 ; en quelles formes les Anglais demandent que les renonciations soient faites, 228 ; objections et répliques sur ces formes, 228 ; la difficulté est traitée entre les ducs de Chevreuse, de Beauvilliers, de Saint-Simon, d'Humières et de Noailles ; ce dernier offre de faire un mémoire qui embrasse toute la matière. 229 ; le duc de Charost est admis en sixième ; M. le duc de Berry et M. le duc d'Orléans pressent de leur côté M. de Saint-Simon de s'expliquer sur les formes nécessaires à la validité et à la solidité des renonciations, 230; M. de Saint-Simon leur expose ses moyens, 232; on découvre que M. de Noailles fait travailler à son mémoire des gens obscurs cachés au haut de son logement et qu'il refond continuellement leur ouvrage qui ne finit jamais; M. de Beauvilliers, pressé par le temps, oblige M. de Saint-Simon à faire un mémoire, 233; celui-ci y travaille en secret et au milieu de fréquentes interruptions, 234; conférence et dispute entre M. de Noailles et M. de Saint-Simon sur l'impuissance des états généraux pour donner aux renonciations la solidité qu'on exige, 235 et suiv.; M. de Noailles gagne M. de Chevreuse à son avis, 237; M. de Saint-Simon gagne au sien MM. d'Humières et de Charost, 239; l'affaire est discutée contradictoirement en présence de M. de Beauvilliers par M. de Chevreuse et M. de Saint-Simon, 239 et suiv.; M. de Beauvilliers adopte l'avis de ce dernier; MM. de Chevreuse et de Noailles finissent par s'y rendre aussi, 241; M. de Beauvilliers déclare à M. de Saint-Simon que le roi n'entrera jamais dans les formes proposées, et qu'il ne veut entendre parler que d'un simple enregistrement au parlement en présence des deux ducs intéressés et des pairs, 244; M. de Saint-Simon démontre l'insuffisance de cette forme pour les ducs de Berry et d'Orléans, 244; nouvel entretien sur ce sujet; M. de Beauvilliers presse M. de Saint-Simon de gagner les deux ducs pour consentir à l'enregistrement; raisons qu'il fait valoir, 245; résistance de M. de Saint-Simon; sur quoi elle est fondée, 246; troisième entretien sur le même sujet; M. de Saint-Simon refuse de discuter davantage et demande à M. de Beauvilliers un ordre absolu de sa part pour qu'il travaille à défaire auprès des ducs ce qu'il a fait; comment M. de Beauvilliers reçoit cette demande, 247 et suiv.; quatrième entretien dans lequel M. de Beauvilliers donne à M. de Saint-Simon l'ordre qu'il a demandé, 249; comment M. de Saint-Simon travaille à ramener les ducs de Berry et d'Orléans aux désirs de M. de Beauvilliers qui sont ceux du roi, 250 et suiv.; friponnerie de Nancré à l'égard de M. de Saint-Simon à cette occasion; caractère de Nancré, 253 et suiv.; M. de Saint-Simon s'abstient de voir M. le duc de Berry, 254; il amène les deux princes à se contenter de l'enregistrement, 255; réflexions sur l'affaire des renonciations, 339 et suiv.; le roi, pour la rendre plus solennelle, consent à faire assister les pairs au parlement; sur un avis donné par M. de Saint-Simon aux ducs de Berry et d'Orléans, ces princes insistent auprès du roi pour que les pairs soient invités de sa part par le grand maître des cérémonies, sans quoi aucun ne se présentera de lui-même; le roi donne ses ordres à cet effet, 340; embarras de M. le duc de Berry pour répondre au premier président; M. de Saint-Simon lui fait un discours qu'il est obligé d'abréger; le prince l'apprend par cœur, 341; détails sur la cérémonie de l'enregistrement au parlement, 342 et suiv.; noms des pairs présents et absents, 345, le duc de Berry voulant répondre au premier président, reste court, 347; suite de la séance, 348 et suiv.; deux aventures en égayent le sérieux, 348; grand dîner chez M. le duc d'Orléans, 353; politesse infinie de ce prince; tristesse du duc de Berry, 354; la flatterie de la princesse de Montauban le met au désespoir, 355; ses plaintes amères à Mme de Saint-Simon à ce sujet; il accuse l'éducation qu'on lui a donnée, 356.

RENTI (le marquis de), meurt dans une grande piété; son caractère; ses talents militaires, VIII, 355.

REVEL, premier lieutenant général de l'armée d'Italie, chargé par le maréchal de Villeroy d'envoyer un gros détachement à Parme, diffère fort sagement de le faire, III, 371; rallie les troupes qui sont dans Crémone et repousse les ennemis qui sont sur le point de s'en rendre maîtres, 373; pense à se retirer au château, 375; est nommé gouverneur de Condé et chevalier de l'ordre, 378; sa mort; son mariage; son peu de fortune; son frère Broglio, VI, 125.

RÉVÉRENCE EN MANTE (la), cause un schisme entre MMmes d'Elbœuf et Lislebonne, II, 82.

RÉVOCATION de l'édit de Nantes, comment et par qui le roi est engagé à la faire, XIII, 22; funestes effets qui en résultent, 23 et suiv.

REYNIE (La), voy. *La Reynie*.

REYNOLD, colonel du régiment des gardes suisses, est nommé membre du conseil de guerre, XIII, 151; est chargé des corps suisses, 253; sa mort, XIX, 401.

RHODES (M. de), ancien grand maître

des cérémonies, meurt rongé de la goutte et retiré de la cour; sa famille; son caractère, V, 194.

RIBEIRA, ambassadeur extraordinaire de Portugal, fait une entrée magnifique à Paris, jette au peuple beaucoup de médailles d'argent et même d'or, XII; 315.

RIBEIRE, conseiller d'État, meurt avec une grande réputation d'intégrité, X, 262.

RICHEBOURG, *Melun* (le marquis de), fils puîné du second prince d'Espinoy, grand d'Espagne; capitaine général, XVIII, 438.

RICHELIEU (le cardinal de), reçoit du duc de Montmorency allant à l'échafaud pour présent un Saint Sébastien percé de flèches, I, 54; reçoit du duc Claude de Saint-Simon un service important dans la journée des Dupes; confiance qu'il lui montre depuis, 54; dans le conseil tenu après la prise de Corbie par les Espagnols, il opine pour des partis faibles que le roi rejette, 55; promet au chancelier Séguier le tabouret pour sa femme; n'osant le demander lui-même au roi, il prie le duc de Saint-Simon d'en faire la demande, II, 318; jugement sur son administration comme premier ministre, XIX, 378.

RICHELIEU (le duc de), attaqué dans un factum de M. de Luxembourg, sur sa personne, sur sa conduite et sur le ministère du cardinal son oncle, répond à M. de Luxembourg par d'autres attaques personnelles; il l'apostrophe lui-même fort vivement dans la salle des gardes à Versailles, I, 162; consent à recevoir son excuse verbale; fait supprimer sa réponse après l'avoir répandue à pleines mains, 164; se marie en troisièmes noces avec la veuve du marquis de Noailles; en s'épousant, ils arrêtent et signent le mariage de leurs enfants, III, 388; reste neutre dans l'affaire d'Antin, IX, 62; se brouille avec sa femme; va loger chez Cavoye et sa femme qui prennent soin de lui, XI, 29; meurt à 86 ans, XII, 51.

RICHELIEU (le duc de), fils du précédent, se bat en duel avec le comte de Gacé; ils sont tous deux décrétés d'ajournement personnel par le parlement et envoyés à la Bastille par le régent, XIII, 644; suites de cette affaire, 345; est mis à la Bastille par suite de la détention de M. du Maine, XVII, 154; ses quatre lettres au cardinal Albéroni auquel il s'engage de livrer Bayonne, 174; il sort de la Bastille et reparaît bientôt après à la cour, 277.

RICHELIEU (la duchesse), veuve en premières noces du frère aîné du maréchal d'Albret, fait connaître Mme Scarron à Mme de Montespan, 367; devient dame d'honneur de la reine, puis de Mme la Dauphine, 366; elle meurt d'une maladie étrange, longue et cruelle, II, 247.

RICHELIEU (la duchesse de), meurt très-jeune de la petite vérole, XIV, 107.

RICOEUR, premier apothicaire du roi d'Espagne; sa capacité; il est aimé et estimé, XIX, 17; son caractère; il vient mourir en France, 18.

RICOUS, est envoyé auprès de l'électeur de Bavière; son esprit, ses amis, III, 140; sa mort; sa valeur, VII, 339.

RIEUX (le comte de), a une audience du régent pour se justifier d'avoir animé la noblesse de Bretagne; son caractère intrigant, XV, 241; il est à Paris l'homme de confiance des Bretons, 242.

RIGAULT, peintre; après trois visites, il fait de mémoire le portrait parfaitement ressemblant de M. de la Trappe; détails à ce sujet, I, 382 et suiv.; profit qu'il en retire, 386.

RIGLET (le P.), jésuite, est admis dans les repas particuliers que fait la duchesse de Berry avec Rion et des gens obscurs, XIII, 353.

RIGOVILLE, lieutenant général, homme d'honneur, de valeur et de mérite, meurt fort vieux, IV, 346.

RINSCHILD, à la tête de 12000 Suédois, défait complètement 20 000 Saxons ou Moscovites commandés par Schulembourg, V, 146.

RION, est nommé lieutenant de la compagnie des gardes de Mme la duchesse de Berry, XIII, 256; la princesse conçoit pour lui un amour effréné; portrait de Rion, son caractère doux et naturellement poli; quel empire il prend sur la duchesse; comment il la traite, XIII, 351; il fait venir de sa province une de ses sœurs pour remplir auprès de Mme de Berry la place de Mme de Brancas, 353; son amour pour Mme de Mouchy; tous les deux se moquent de la princesse, XVII, 172; il est merveilleusement secondé par Mme de Mouchy dans son projet d'épouser Mme de Berry; est poussé par son oncle M. de Lauzun à la maltraiter, 182; il reçoit ordre de partir pour l'armée, 205; son désespoir en apprenant la mort de la duchesse de Berry; il vend son régiment et son gouvernement et reste dans l'obscurité, 234.

RIPARFONDS, célèbre avocat consultant; est chef des avocats et du conseil des ducs et pairs opposants à M. de Luxembourg dans son procès de préséance, I, 152.

RIPERDA, ambassadeur de Hollande en Espagne, obtient du roi trois audiences consécutives dans lesquelles ce prince l'engage à exciter les États généraux à profiter de l'occasion qu'ils ont de se rendre maîtres des Pays-Bas; conférence avec del Maro, ambassadeur du roi de Sicile; quel en est l'objet, XIV, 455 et suiv.; il est le seul des ministres étrangers à Madrid qui illumine sa maison pour la prise de Cagliari, XV, 165; il propose à l'ambassadeur de Sicile une union avec le roi d'Espagne pour attaquer à la fois, l'un l'état de Milan, l'autre le royaume d'Espagne; lui promet l'assistance secrète de la Hollande, 190; il conseille à l'abbé del Maro d'engager le roi de Sicile à s'unir au roi d'Espagne et à attaquer le Milanais, 224; pourquoi il est suspect aux autres ministres étrangers, 224; il est rappelé par les États généraux; sa résolution de revenir s'établir en Espagne, XVI, 369.

RISBOURG (le marquis de), est nommé commandant du régiment des gardes wallones, XIV, 54.

RIVAROLES, lieutenant général, a une jambe emportée par un coup de canon à la bataille de Neerwinden; un autre coup de canon lui emporte sa jambe de bois; sa plaisanterie dans cette occasion; ses enfants; sa force; son adresse; sa mort, IV, 281.

RIVAS (le marquis de), voy. Ubilla.

ROANNAIS (le duc de), homme d'esprit et de savoir, se livre de bonne heure à une grande dévotion; vend son duché de Roannais à M. de La Feuillade; vit dans la retraite et meurt fort âgé, I, 401.

ROANNAIS (le chevalier de), prend une tartane pleine d'armes et de réfugiés; en coule une autre à fonds chargée de même; ces tartanes venaient de Nice et étaient envoyées par M. de Savoie aux fanatiques du Languedoc, IV, 264.

ROBECQUE (le comte de), grand d'Espagne, est marié à la fille du comte de Soire; sa généalogie, X, 432 et suiv.; meurt subitement, commandant du régiment des gardes wallones qu'il venait d'obtenir à la disgrâce du duc d'Havré, XIV, 54.

ROBECQUE (la princesse de) est nommée dame du palais de la reine d'Espagne, XI, 256.

ROBECQUE, grand d'Espagne, lieutenant général et fixé en France, épouse Mlle du Bellay, XIX, 429.

ROBECQUE, *Montmorency* (le prince de), grand d'Espagne, frère cadet du précédent, devient majordome-major de la veuve du roi Louis, XVIII, 418.

ROBIN, marchand qui fut envoyé avec Maulevrier en Espagne, pour le guider dans les affaires de commerce, le dirigeait en tout, XIX, 55.

ROBINET, confesseur du roi d'Espagne, ses paroles remarquables au contrôleur des bâtiments du roi, au sujet d'un corridor, XI, 65; autre mot au roi concernant la princesse des Ursins, 66; est chassé d'Espagne; pourquoi; se retire à Strasbourg, XII, 37; son éloge, 37; il fait nommer à l'évêché de Badajoz, puis à l'archevêché de Tolède don Francisco Valero y Sosa, curé d'une petite bourgade, à cause des services importants qu'il avait rendus au roi, XVIII, 194; pourquoi la princesse des Ursins le fit chasser, 195.

ROCHE (La), voy. *La Roche*.

ROCHECHOUART (Mlle de), élève de Saint-Cyr, se fait aimer de Mme de Maintenon; est mariée ensuite à Tibouville qui ne lui laisse de ressource que de se retirer chez son frère l'évêque d'Évreux, XVII, 186.

ROCHECHOUART-FAUDOAS (le marquis de), sa valeur; ses bonnes qualités; il épouse une fille du marquis de Curton; meurt peu après fort regretté de son ami M. de Saint-Simon, II, 33.

ROCHEFORT (le maréchal de), ami intime de MM. Le Tellier et Louvois, qui font sa fortune; il meurt capitaine des gardes du corps, etc., I, 28.

ROCHEFORT (la maréchale de), est nommée dame d'honneur de la duchesse de Chartres, I, 26; sa famille; son mariage, 27; sa beauté; son caractère propre à la cour, aux galanteries, aux intrigues; son intimité avec Louvois; elle est toujours la meilleure amie des maîtresses du roi; la devient de Mme de Maintenon, 28; est faite dame d'atours de la nouvelle Dauphine; se fait prier pour l'être de la duchesse de Chartres, 29; se plaint sans ménagement de ce qu'on lui a manqué de parole en donnant à une autre la place de dame d'honneur de Mme la duchesse de Bourgogne; elle est accusée par Mme de Maintenon d'avoir soutenu sa fille dans ses dérèglements, 355; elle est choisie pour confidente des amours du roi et de Mme de Soubise; embarras où elle se trouve une fois, II, 156.

ROCHEFORT (M. de), fils unique de la maréchale de ce nom, meurt déjà vieux à la fleur de son âge, III, 189.

ROCHEFORT (Mlle de), fille de la maréchale, reçoit défense de paraître à la cour; vit mal avec son premier mari; ruine son fils; devient grosse de Blansac; accouche la nuit même qu'elle se remarie, I, 356; ses qualités; ses grâces; son esprit; sa méchanceté artificieuse; sa conversation; ses amis; elle gouverne la duchesse de Chartres; est chassée une première fois; revient à la cour; amuse le roi; est chassée une seconde fois par le crédit de Mme de Maintenon, 356.

ROCHEFORT, président à mortier du parlement de Bretagne, est exilé deux fois; à quel sujet, XV, 295, 296; reçoit la permission de retourner chez lui, XVI, 286; a ordre de se défaire de sa charge, XVII, 450.

ROCHEFOUCAULD (La), voy. *La Rochefoucauld*.

ROCHEGUDE, gentilhomme du Languedoc, est arrêté et accusé par un officier hollandais comme fournissant de l'argent, des armes et des vivres aux fanatiques et à ceux qui les soutiennent, IV, 234.

ROCHEGUYON (La), voy. *La Rocheguyon*.

ROCHEPOT (La), gendre du ministre Voysin, achète la charge de chancelier de M. le duc de Berry, IX, 33.

RODES (M.), mande au ministre Chamillart qu'il a trouvé beaucoup de veines d'or dans les Pyrénées; travaux et dépenses inutiles pour les découvrir, V, 338.

ROHAN (la maison de) n'a jamais eu de prince ni de souveraineté; preuves historiques tirées de la généalogie des différentes branches de cette maison, II, 138 et suiv.; première époque des prétentions des Rohan, 147; à quelle date et à qui le rang de prince fut donné dans cette maison, 157.

ROHAN (Mlle de), nommée de La Garnache, fille de René Ier de Rohan et d'Isabelle d'Albret; son aventure avec M. de Nemours, II, 143; comment elle devient duchesse de Loudun, 144, 145.

ROHAN (Henri de), fils de René II de Rohan, est fait duc et pair en 1603 et marié à la fille de M. de Sully, II, 145; meurt de ses blessures en 1638 avec la réputation d'un grand capitaine et d'un grand homme de cabinet; ne laisse qu'une fille mariée à Henri de Chabot qui prend le nom et les armes de Rohan, 146.

ROHAN (Isaac de), seigneur du Poulduc, au diocèse de Vannes, est attaqué sur la possession de son nom et de ses armes par Mme de Soubise et sa famille, V, 293 et suiv.; il produit ses titres au parlement de Bretagne et obtient un arrêt qui le maintient dans son état, 295.

ROHAN (le prince de), fils de Mme de Soubise, à son retour de l'armée de Flandre, entretient longtemps le roi sur la bataille de Ramillies et ses suites, V, 265; il donne des fêtes à l'hôtel de Guise à Mme la Duchesse; dans quelle vue, IX, 276; ne pouvant réussir dans ses projets, il se retire d'elle peu à peu, sans cesser de la voir, 277; marie une de ses filles au fils unique du maréchal de Tallard, X, 334; les fiançailles se font dans le cabinet du roi, 335; le roi ayant fait signer la fiancée la première par pure galanterie, les Rohan débitent que c'est pour marquer leur dignité de prince, 339; il est fait duc et pair; sa joie d'avoir obtenu une dignité qu'il désirait si ardemment, XI, 246 et suiv.; il prend le nom de Rohan-Rohan, 238; et conserve le titre de prince, 238; est reçu au parlement; donne une fête dans sa superbe maison, 270; est nommé pour aller faire l'échange des princesses de France et d'Espagne sur la frontière, XVIII, 250; ses prétentions au titre d'altesse dans l'acte d'échange sont détruites par la fermeté du marquis de Santa-Cruz, XIX, 106.

ROHAN (le troisième fils du duc de), épouse sa cousine de même nom, comtesse de Jarnac; quitte le service et Paris et va vivre avec elle à Jarnac en Poitou, XII, 52.

ROHAN (le cardinal de) reste tout étourdi du compliment que lui fait le P. Tellier pour l'engager dans son parti, X, 384; son caractère; son extérieur; ses grâces, 385; ce qu'il devait au cardinal de Noailles, 386; il se laisse gagner par le maréchal de Tallard et par son frère le prince de Rohan, 388 et suiv.; il est nommé grand aumônier de France, 391; obtient l'abbaye de Saint-Waast d'Arras, XIII, 183; fait des protestations au sujet de la bénédiction de la chapelle des Tuileries faite par le cardinal Noailles, 417; il sacre l'abbé Dubois, XVII, 431; avances qu'il fait faire à M. de Saint-Simon; dans quelle vue, XIX, 112 et suiv.; pourquoi elles cessent tout à coup, 113; il porte le soin de sa beauté jusqu'à se baigner souvent dans du lait pour se rendre la peau plus douce et plus belle, 118; comment lui et toute sa famille reçoivent la déclaration qui nomme le cardinal Dubois premier ministre; leur extrême fausseté, 392.

ROHAN (Mlles de), filles de René II de Rohan et sœurs de Henri de Rohan duc et pair en 1603, obtiennent de Henri IV, par le crédit de Sully, un tabouret de grâce qui ne doit point passer au delà de ces deux filles, II, 146.

ROHAN (la duchesse de), prétend le rang sur la duchesse d'Halluyn, aux fiançailles et mariage de Gaston, frère de Louis XIII; ces deux dames se poussent, s'égratignent; la querelle est décidée contre Mme de Rohan, II, 147; explication à ce sujet, 147.

ROHAN (Mlle de), fille unique du duc Henri de Rohan, se marie malgré sa mère à Henri Chabot, seigneur de Saint-Aulaye, V, 274; par le crédit de ses protecteurs, elle obtient des lettres patentes d'érection nouvelle du duché-pairie de Rohan pour son mari et les enfants mâles qui naîtront de son mariage; le nouveau duc de Rohan est reçu au parlement en qualité de duc et pair, 275; enfants nés de son mariage, 276. Voy. *Rohan-Chabot*.

ROHAN-CHABOT (le duc de), petit-fils par les femmes du duc Henri de Rohan; dans le procès de M. de Luxembourg contre seize pairs de France, il s'engage, à la sollicitation des opposants, à intenter un procès à l'avocat général, fils du premier président, afin que celui-ci soit récusé dans leur affaire; le premier président, à force de soumissions, le fait désister de cet engagement; le duc, malgré les représentations des opposants, et contre son honneur propre, persiste dans sa défection et se retire à Moret, I, 181, 182; va se plaindre au roi du traitement fait à Mme de Rohan par la princesse d'Harcourt, II, 243; sa mésintelligence avec Mme de Soubise sa sœur; quelles en sont les causes, V, 276; sa conduite maladroite dans le procès que lui intente le prince de Guéméné, 278 et suiv.; il se fâche contre sa sœur Mme de Soubise de l'apparence de neutralité qu'elle garde quelque temps dans ce procès, 282; l'affaire est évoquée au conseil du roi, 282; éclat que font dans le public les mémoires des parties, 283; le duc de Rohan apprend de la bouche de Monseigneur le duc de Bourgogne qu'il a gagné son procès, 290; félicitations universelles qu'il en reçoit; il remercie le roi, 291; veut obliger le prince de Guéméné à lui prêter foi et hommage, 292; sur les instances du roi, il consent que l'hommage soit rendu et reçu cette fois seulement par procureurs, 293; il offre à son fils le prince de Léon d'assurer 5000 livres de pension à la comédienne Florence et d'avoir soin de ses enfants, s'il veut la quitter, VI, 152; a de longues audiences du roi au sujet de cette liaison, 153; il prend d'abord parti contre d'Antin dans l'affaire de son duché-pairie, puis reste spectateur, IX, 62.

ROMAINVILLE, est nommé inspecteur de la cavalerie; son mérite, I, 224.

ROME. Adresse hardie de Rome sur ses bulles, X, 370 et suiv.; sa politique habile à propos du cardinalat, XVII, 438; comment elle sait s'avantager de tout, 456; pour les dispenses il n'y est question que du plus ou du moins d'argent, XX, 24.

RONGÈRE (La), voy. *La Rongère*.

RONQUILLO (don Fr.), gouverneur du conseil de Castille, est nommé membre du conseil du cabinet, VII, 334; est exilé, XI, 82.

ROOKE, amiral, est battu et mis en fuite à Malaga par la flotte commandée par le comte de Toulouse, IV, 329.

ROQUE (La), voy. *La Roque*.

ROQUELAURE (le duc de), plaisant de profession, ami de M. de Vendôme, l'abandonne pour suivre le parti de M. de Luxembourg, I, 239; aventure qui lui arrive avec M. de Vendôme de qui il est fort maltraité, 240; il se laisse raccommoder par Mme d'Armagnac et se trouve partout avec lui à l'étonnement de tout le monde, 241; chargé de garder les lignes de Lawe et Heylesem, il vient trop tard pour les défendre; est en vain protégé par le maréchal de Villeroy; toute l'armée crie contre lui ; le roi ne veut plus s'en servir, V, 35 ; il revient à la cour ; obtient une petite audience pour se justifier ; bon mot de sa part à la naissance de sa fille aînée ; son fils Biran est marié par le roi à Mlle de Laval, fille d'honneur de Mme la Dauphine ; Mme de Roquelaure est toujours considérée et distinguée par le roi, 77 ; Roquelaure envoie demander à Perpignan des secours au duc de Noailles ; il marche à Cette contre les ennemis qui y sont débarqués et se sont emparés d'Agde ; les chasse avec le concours du duc de Noailles, VIII, 417 ; revient du Languedoc à Paris ; marie sa seconde fille avec le prince de Pons ; lui donne en mariage 1 600 000 livres ; d'où venait cette fortune, XI, 41.

ROQUETTE, évêque d'Autun, meurt fort vieux ; son caractère souple l'attache à tous les partis ; il est le modèle du tartufe de Molière, V, 346 ; reste à Autun, sans pouvoir arriver à une plus grande fortune ; trait de flatterie qui tourne à sa honte ; il trompe vilainement l'abbé Roquette son neveu qui prêchait et avait passé sa vie avec lui, 347.

ROSE, premier des lieutenants généraux du camp de Compiègne, commande contre le maréchal de Boufflers ; ne peut se résoudre à ployer et à faire retraite que d'après un ordre du roi, II, 193.

ROSE, secrétaire du cabinet du roi, meurt à 87 ans ; son avarice ; son esprit, ses saillies, sa mémoire ; confiance qu'avait en lui Mazarin ; il fut ménagé par tous les ministres ; il eut longtemps la plume ; ce que c'est que d'avoir la plume, III, 58 ; comment Rose faisait parler le roi pour lequel il fut toujours fidèle et secret, 59 ; ses démêlés avec M. le Prince qui fait remplir son parc de renards, 60 ; Rose obtient justice du roi, 61 ; brocard lancé par lui à M. le Prince, 61 ; il ne peut jamais pardonner à M. de Duras de l'avoir laissé dans un bourbier, 62 ; comment il fait cesser les plaintes qu'on lui fait de sa petite-fille mariée à M. Portail, 63 ; son extérieur, 63.

ROSE, colonel et petit-fils de Rose secrétaire du cabinet, meurt au siège de Turin, V, 227.

ROSE (Mlle), célèbre béate à extases, à visions, est chassée du diocèse de Paris, III, 77 ; son portrait physique et moral ; ses conversions, ses guérisons ; elle a pour elle des gens très-savants et très-pieux ; MM. du Charmel et Duguet s'éprennent d'elle, 77 ; la conduisent à la Trappe, 78 ; M. de la Trappe pendant six semaines durant se défend de la voir ; le cardinal de Noailles la fait examiner ; elle s'en va à Annecy avec le jeune Gondi qu'elle avait converti ; prétexte de son voyage à la Trappe, 80.

ROSEL (le chevalier du), avec neuf escadrons de carabiniers et quatre-vingts dragons, repousse huit mille ennemis sur les bords de l'Escaut, V, 226 ; sa mort, XIII, 421.

ROSEN, étranger, soldat de fortune, devient lieutenant général, I, 222 ; refuse d'être attaché au duc de Bourgogne comme mentor à l'armée, après avoir accepté cette commission, III, 417 ; est fait maréchal de France, IV, 79 ; noblesse de son origine, 88 ; il n'oublie jamais le maréchal ferrant de sa compagnie fait autrefois prisonnier avec lui, 88 ; son portrait ; ses qualités ; son esprit fin et défié, 89 ; est nommé chevalier de l'ordre, 391 ; il meurt à 85 ans dans sa retraite en Alsace ; ses talents ; ses manières douces et polies ; sa générosité, XII, 86 ; son extérieur ; son fils ; sa belle-fille, 86.

ROSSIGNOL, président aux requêtes du palais, habile déchiffreur, mais moins habile encore que son père, meurt fort enrichi à ce métier ; le roi laisse à sa famille une pension de 5000 livres, V, 64.

ROTE (tribunal de la). Ce que c'est, XVII, 455.

ROTHELIN (le chevalier de), a les deux cuisses percées au siège d'Aire ; VIII, 362 ; épouse avec dispense la fille de sa sœur, la comtesse de Clèves, XIV, 18.

ROTTEMBOURG, maréchal de camp en Alsace, sa mort, XIII, 421.

ROTURE, concession de terre à cens et à rentes faite par des feudataires à des serfs, XI, 275 ; différence des roturiers d'avec les seigneurs de fief ; l'orgueil a détourné ce terme de sa première signification naturelle, 275.

ROUCY (la comtesse de), est nommée dame du palais de Mme la duchesse de Bourgogne, I, 351 ; sa laideur ; son ambition ; son humeur aigre ; sa malhabileté ; sa dévotion, 361 ; XIII, 268 et suiv. ; sa rupture avec M. de Saint-Simon ; à quelle occasion, 272 et suiv. ; sa mort, 279 ; XIV, 112.

ROUCY (le comte de), demande au roi la permission de suivre Monseigneur à l'armée, et l'obtient, VII, 112 ; son caractère; il persuade à ce prince que M. l'évêque de Metz ne peut par son état succéder à son frère M. de Coislin dans la dignité de duc et pair; il veut, mais inutilement, persuader la même chose à Mgr et à Mme la duchesse de Bourgogne, VIII, 164; il perd sa fortune à la mort de Monseigneur, IX, 279; marie son fils à la fille de Huguet, conseiller au parlement, XI, 224; son portrait physique et moral, XIII, 268; sa rupture avec M. de Saint-Simon; à quelle occasion; 272 et suiv.; au lit de mort il lui fait des réparations, 279; il arrache du régent 50 000 écus en billets d'État; XV, 241; se voyant près de mourir, il envoie prier Mme de Saint-Simon de vouloir bien venir le voir et lui marque tout son regret de sa conduite avec son mari, XVIII, 335.

ROUGEAULT, intendant de Rouen, est nommé du conseil des affaires du dedans, XIII, 157.

ROUILLÉ, ambassadeur en Portugal, où il a conclu un traité qu'on n'a pu tenir, revient à la cour; y est très-bien reçu; son caractère, IV, 207; est envoyé à Bruxelles auprès de l'électeur de Bavière, sans caractère public, avec 24 000 livres d'appointements, 373; il part pour aller traiter secrètement de la paix en Hollande, VII, 112; ses qualités comme négociateur, 113; il reçoit ordre de revenir en France, 227; sa mort subite, X, 293.

ROUILLÉ, procureur général de la chambre des comptes, est nommé un des directeurs des finances; son caractère bourru; ses talents; son genre de vie; par qui il est protégé, III, 189; il fait tout au conseil des finances; sa débauche publique, XIII, 166; après le renvoi du duc de Noailles, il quitte le conseil, XV, 265; obtient une pension de 12 000 livres, 266.

ROURE (la comtesse du), autrefois Mlle d'Atigny, compagne et amie intime de Mlle de La Vallière, meurt fort vieille en Languedoc où elle était depuis longtemps exilée; son caractère; son esprit intrigant; sa liaison avec la comtesse de Soissons, XVII, 470 et suiv.

ROURE (Mme du), fille du duc de La Force, inspire de l'amour à Monseigneur; après son mariage, le marquis de Créqui continue secrètement leur intrigue; il plaît à Mme du Roure; Monseigneur se brouille avec elle, puis la revoit; elle est exilée en Normandie, I, 188.

ROUVROY, capitaine de vaisseau, essaye de se faire reconnaître de la maison de Saint-Simon, VI, 208 et suiv.; quelle est l'issue de cette tentative, 213.

ROYE (la comtesse de), ayant un grand établissement en Danemark avec son mari, s'attire la disgrâce du roi pour avoir comparé la reine à Mme Panache; portrait de cette dame, I, 420; le comte et la comtesse de Roye se retirent en Angleterre, où le mari devient comte de Lifford et pair d'Irlande; leurs enfants, 421; mort de la comtesse; son opiniâtreté pour le protestantisme, XII, 12.

ROYE (le chevalier de), est chargé par le duc de Vendôme de porter au roi la nouvelle de la prise de Leffingue; il obtient un brevet de mestre de camp, VI, 419, 420; achète une charge de capitaine des gardes de M. le duc de Berry, IX, 30; est nommé capitaine des gardes de Mme la duchesse de Berry, XIII, 255.

ROYE (Mlle de), fille du comte de Roye, grand maréchal et chevalier de l'Éléphant en Danemark, est mariée au fils de M. de Pontchartrain, I, 419.

RUBANTEL, lieutenant-colonel du régiment des gardes, fort entendu, fort brave et fort honnête homme, mais d'une humeur difficile, lasse la patience du maréchal de Boufflers son colonel; le roi lui permet de vendre sa compagnie et lui donne le gouvernement du fort Barreaux; Rubantel ne veut d'aucune grâce, se retire sans voir le roi et quitte le service, I, 403, 404; sa mort, IV, 438.

RUBI (le marquis de), chef de la révolte de Catalogne et commandant pour l'empereur dans l'île Majorque, livre Palma au lieutenant général Asfeld, est transporté avec toutes ses troupes en Sardaigne; son extraction, XII, 169.

RUE (La), voy. La Rue.

RUFFE, est nommé maréchal de camp pour l'expédition d'Écosse, VI, 193; est fait prisonnier en combat d'Audenarde, 318; devenu un des sous-gouverneurs du roi et lieutenant général, il ne jouit pas longtemps du gouvernement de Maubeuge qui lui a été donné; sa mort; il se prétendait à tort de la maison de Damas; son frère se fait hardiment appeler le chevalier de Damas, XIX, 401.

RUFFEC (le marquis de), second fils du duc de Saint-Simon, grand d'Espagne conjointement avec son père; premier exemple d'une semblable association à la grandesse, XVIII, 439.

RUPELMONDE (M. de), colonel flamand au service d'Espagne, est tué à Brihuega, IX, 71.

RUPELMONDE (Mme de), femme du précédent, hasarde de mettre la housse sur sa chaise à porteurs, IV, 419; le roi le lui fait défendre; extraction de son mari, aventure risible qui arrive à Mme Rupelmonde, 419, 420; après la mort de son mari, elle parvient à force d'intrigue et d'audace à être dame du palais de la reine et à marier sa fille avec le fils unique du comte de Grammont, 420; obtient du roi d'Espagne une pension de 10 000 livres, IX, 71.

RUVIGNY (M. de), protestant, s'acquiert une grande réputation parmi ceux de sa religion, par ses bonnes qualités et ses talents; il sert très-utilement le roi dans des négociations secrètes; lors de la révocation de l'édit de Nantes, ce prince lui offre de rester à Paris et à la cour, ce que Ruvigny refuse; il se retire en Angleterre, I, 412; a un bras emporté au siège de Badajoz, V, 70; est dangereusement blessé à la bataille d'Almanza, V, 410.

S

SABLÉ, fils de Servien, surintendant des finances, meurt après avoir vendu Meudon à Louvois et avoir tout mangé, VIII, 354.

SABRAN (Mme de), fille de Mme de Foix, se marie malgré sa mère; sa beauté; son caractère; elle devient maîtresse de M. le duc d'Orléans; obtient pour son mari la charge d'un des gardes du trésor royal; son mot au régent sur les princes et les laquais, XV, 293.

SACCADE DU VICAIRE, en Espagne; ce que c'est que cet usage, III, 129;

SACHEWERELL (le docteur), fameux par ses sermons sous la reine Anne, meurt en 1721, XVIII, 129.

SACRE DE LOUIS XV, désordre qui y règne quant aux rangs et aux préséances, XIX, 407; les princes bâtards n'y assistent point; le cardinal de Noailles n'y est point invité; le prince de Rohan y fait la charge de grand maître de France au lieu de M. le Duc; dispositions ordonnées par le cardinal Dubois pour les places des cardinaux, des archevêques et évêques, 407, 408; des conseillers d'État, des maîtres des requêtes, des secrétaires du roi, des pairs laïques, des trois maréchaux de France portant les honneurs, 408; les gens de qualité sont placés où ils peuvent; fausseté imprimée concernant le duc Claude de Saint-Simon comme portant une des quatre pièces de l'offrande au sacre de Louis XV, 409; à quel dessein, 410; indécence nouvelle à l'égard des quatre barons otages de la sainte ampoule, 410; faute essentielle concernant le peuple qui doit remplir la nef de l'église de Reims au moment où le roi y est amené, 411; autre faute à l'égard des deux couronnes, 412; et de l'*éjouissance des pairs*, 413; faute ou méprise au festin royal, 414; nouveauté à l'égard des évêques de Soissons, d'Amiens et de Senlis, 415; lourde bévue pour les tables des ambassadeurs et du grand chambellan, 416; entreprise du cardinal de Rohan vivement et promptement réprimée par le régent, 418; confusion à la cérémonie de la collation de l'ordre, et à la cavalcade, 420.

SAILLANT, colonel, est mis à la Bastille pour s'être engagé avec le duc de Richelieu de livrer Bayonne à l'Espagne, 173; sort de prison pour aller en exil en Auvergne, 196.

SAILLANT (le comte de), lieutenant général, obtient le gouvernement de Metz, X, 264; sa mort; son caractère, XX, 2.

SAILLANT (l'abbé de), sa mort; son caractère, XIV, 170.

SAINCTOT, introducteur des ambassadeurs, fait faire à la duchesse du Lude une sottise qui lui attire la censure du roi; II, 78; il en fait une autre à l'égard de la duchesse de Bourgogne, qui pense lui devenir funeste, 79; friponnerie du même lorsqu'il était maître des cérémonies; comment et par qui elle fut découverte, 80 et suiv.; il meurt subitement à 86 ans; sa famille, X, 399; ses deux fils et sa fille, laquelle épouse le comte de La Tour, 400.

SAINT-ADON, grand joueur, capitaine aux gardes, vend sa compagnie et se retire en Flandre, V, 144; l'électeur de Bavière l'emploie; il joue, perd et se tue, 144.

SAINT-AIGNAN (le duc de), conte au roi l'accouchement de l'abbesse de La Joye dans une auberge; apprend ensuite que cette abbesse est sa fille, III, 186.

SAINT-AIGNAN (M. de), frère de M. de Beauvilliers, est blessé au combat d'Audenarde, VI, 318; est reçu duc au parlement, IX, 69 ; joint la princesse de Parme à Pau et l'accompagne jusqu'à Madrid, XI, 255; est nommé ambassadeur en Espagne, XII, 11; reçoit ordre de s'expliquer avec Albéroni sur les sujets d'inquiétude de la France à l'égard d'une ligue entre l'Espagne et les États généraux, XIII, 300; est rappelé d'Espagne et nommé du conseil de régence, XVII, 59; sa situation pénible à Madrid; il demande son audience de congé, 101 ; déclare à Albéroni que si on ne veut pas la lui accorder, il saura bien s'en passer; comment il quitte Madrid et arrive à Saint-Jean Pied-de-Port, 102; vient à Bayonne, 103; arrive à Paris, entre au conseil de régence, 132.

SAINT-AIGNAN (l'abbé de), frère du duc de Beauvilliers, est nommé évêque de Beauvais; malgré son frère, X, 369; le pape lui refuse ses bulles; pourquoi, 370; au bout de 6 mois il les délivre; caractère du jeune évêque ; ses désordres éclatants et persévérants le font dans la suite enfermer dans un monastère pour le reste de ses jours, 371 ; XV, 342.

SAINT-ALBANS (le duc de), est envoyé par le roi d'Angleterre pour complimenter le roi sur le mariage de Mgr le duc de Bourgogne, II, 94.

SAINT-ALBIN (l'abbé de), bâtard non reconnu de M. le duc d'Orléans et de la comédienne Florence, est nommé coadjuteur du prieuré de Saint-Martin des Champs, près Paris, XV, 128; devient ensuite archevêque de Cambrai, après la mort de M. le duc d'Orléans; l'abbé d'Auvergne, archevêque de Vienne, lui intente un procès qu'il perd avec infamie, 128; soutient une thèse en Sorbonne à laquelle assiste Madame qui a beaucoup d'affection pour lui, 268, 269; de l'évêché de Laon il est transféré à l'archevêché de Cambrai, XX, 25.

SAINT-CHAMANT, ancien lieutenant des gardes du corps, meurt à la campagne où il s'était retiré depuis longtemps; quelle fut la cause de sa disgrâce, XI, 62.

SAINT-CONTEST, maître des requêtes et intendant à Metz, est nommé troisième plénipotentiaire à Bade, XI, 56; puis intendant des frontières pour les vivres, étapes, fourrages, etc, XIII, 152; son caractère, 152; est nommé conseiller d'État; est obligé de quitter le conseil de guerre, XIV, 110; est chargé par le régent de faire au conseil de régence le rapport sur les demandes que fait le duc de Lorraine, XV, 280; son caractère, 414; est nommé plénipotentiaire au congrès de Cambrai, XVIII, 82.

SAINTE-CROIX (l'abbé de), fils du premier président Molé, meurt à 90 ans; ses bénéfices ; son amour pour la chasse et les plaisirs, X, 200.

SAINT-HERMINE, frère de la comtesse de Mailly, maréchal de camp et inspecteur, meurt à Versailles fort regretté; V, 332.

SAINTE MAURE, perd sa fortune par la mort de Monseigneur, IX, 279; par le crédit de d'Antin, il obtient la charge de premier écuyer du duc de Berry, au préjudice du chevalier de Roye et du marquis de Lévi qui y prétendaient, X, 76; après le deuil de M. le duc de Berry il demande au roi la permission de conserver sa vie durant et à ses dépens les livrées de ce prince et ses armes à ses voitures; l'obtient, XII, 65.

SAINT-ÉVREMOND, meurt en Angleterre dans une extrême vieillesse, IV, 184; cause de sa disgrâce; sa retraite en Angleterre, 185; son amour pour Mme Mazarin l'empêche de revenir en France, où il obtient la permission de retourner; il est estimé et recherché jusqu'à la fin de sa vie, 185.

SAINT-FRÉMONT et Besons, à la tête de la cavalerie française, culbutent dans l'Orba l'arrière-garde du comte de Staremberg, IV, 245 ; Saint-Frémont meurt fort vieux; il s'était attaché à Mme de Maintenon ; ses talents à la guerre; son caractère honorable, XIX, 308.

SAINT-GENIÈS, est arrêté et conduit à la Bastille comme complice de la conspiration de Cellamare; sa naissance; ses services; son caractère, XVII, 33.

SAINT-GEORGES, archevêque de Lyon ; son éloge; son extérieur; sa mort, XI, 99.

SAINT-GEORGES (le chevalier de), voy. *Jacques III*.

SAINT-GÉRAN (le comte de), connu par un procès célèbre sur son état; reçoit une furieuse blessure au siège de Besançon ; son portrait; sa fortune ; sa femme, I, 319; celle-ci est exilée ; cause de sa disgrâce, 402; est rappelée et logée au château, II, 260.

SAINT-GERMAIN-BEAUPRÉ, marie son fils à la fille de Doublet de Persan, conseiller au parlement, IX, 75; le roi lui permet de donner à son fils le gouvernement de la Marche, 76; sa mort; son caractère, XVII, 132.

SAINT-GERMAIN EN LAYE, ce que Louis XIV a dépensé au château jusqu'en 1690, XII, 515.

SAINT-HEREM (le marquis de), épouse une cousine germaine de la maréchale de Lorges, I, 305; sa mort; traits singuliers de sa femme, III, 206, 207; à quel danger elle voit sa pudeur exposée à quatre-vingts ans, 207.

SAINT-HEREM, gouverneur et capitaine de Fontainebleau, obtient 3000 livres d'augmentation de pension, XI, 75; sa mort; son caractère, XIX, 307.

SAINT-HEREM (l'abbé de), fils et frère de deux évêques d'Aire; sa mort; son éloge, XIX, 307.

SAINT-HILAIRE, lieutenant général, est nommé membre du conseil de guerre, XIII, 151; est chargé du département de l'artillerie, 152.

SAINT-ILDEPHONSE, lieu de retraite de Philippe V après son abdication; description de son château, XIX, 276 et suiv.

SAINT-JACQUES (l'abbé de), fils et petit-fils des deux chanceliers d'Aligre; histoire de ces deux chanceliers, X, 70 et suiv.; l'abbé de Saint-Jacques est tiré de sa retraite pour présider au travail du chancelier son père; exactitude et capacité qu'il montre dans cet emploi, 73; à la mort de son père, il retourne dans sa retraite; sa régularité; ses aumônes; ses austérités; il meurt à quatre-vingt-seize ans, 74.

SAINT-JEAN, père et fils, premiers écuyers de la reine d'Espagne, fort aimés de la princesse; leur caractère prudent et réservé; le fils devient grand écuyer et grand d'Espagne, XIX, 28.

SAINT-LAURENT, sous-introducteur des ambassadeurs chez Monsieur, et dirigeant l'éducation du duc de Chartres, obtient toute confiance et toute autorité sur le jeune prince, I, 19; introduit auprès de lui Dubois, valet du curé de Saint-Eustache; lui fait prendre le petit collet, 19.

SAINT-LÉGER, un des premiers valets de chambre de M. le duc d'Orléans vient apporter au roi la nouvelle de la perte de la bataille de Turin, V, 240.

SAINT-LOUIS (M. de), gentilhomme, brigadier de cavalerie, fort estimé du roi, se retire auprès de la Trappe, y vit dans une éminente piété, II, 202; comment il sert M. de Saint-Simon dans l'affaire de D. Gervaise, abbé régulier de la Trappe, 204, 207; autres détails sur sa retraite près de la Trappe et sur son caractère, III, 78; il ne peut goûter Mlle Rose, célèbre béate qui vient y faire un voyage, 80; il meurt saintement à quatre-vingt-cinq ans; détails sur sa vie militaire, sur sa retraite et son caractère, XI, 246 et suiv.

SAINT-MEGRIN (le marquis de), est chargé par la reine et par Mazarin de porter des lettres et le bâton de maréchal de France ou le rang de prince étranger, au duc Claude de Saint-Simon pour le maintenir dans le parti de la cour, I, 75; son vrai nom; il cède les chevau-légers de la garde à son fils qui est tué au combat de Saint-Antoine; il est fait chevalier de l'ordre; meurt à quatre-vingt-trois ans, 76.

SAINT-MICHEL, Gravina, grand d'Espagne, d'une des grandes maisons de Sicile; son caractère; XVIII, 393. Voy. Gravina.

SAINT-NECTAIRE, apporte au roi la nouvelle du combat de Cassano, V, 43; est fait lieutenant général; son caractère; compagnies qu'il fréquentait, XVI, 287; est nommé ambassadeur en Angleterre et pressé de se rendre à Hanovre où est le roi George, XVII, 124.

SAINT-NECTAIRE (la marquise de), meurt à soixante et onze ans; son esprit; sa beauté; sa famille; son mari, XI, 234; sa fille; sa petite-fille devient duchesse d'Aiguillon; Mme de Saint-Nectaire laisse tout son bien à Cani, 235.

SAINT-OLON, envoyé à Maroc, en ramène un ambassadeur du roi de ce pays, II, 260; il meurt fort vieux; ses missions périlleuses; son adresse et sa fermeté à les remplir, XVIII, 53.

SAINT-PATER, maréchal de camp du lieutenant général Médavy, est nommé lieutenant général, après la bataille de Castiglione, V, 250.

SAINT-PAUL, capitaine aux gardes, est tué en duel par Sérancourt aussi capitaine aux gardes, VI, 117.

SAINT-PAUL HECOURT, prend ou coule à fond quatre vaisseaux de guerre hollandais; brûle cent soixante bateaux, IV, 133; meurt en se rendant maître de onze vaisseaux marchands et de trois gros vaisseaux anglais, V, 71.

SAINT-PIERRE, bon marin, est cassé pour n'avoir pas voulu prendre du petit Renault des leçons publiques de marine; il amène sa femme de Brest à

Paris; caractère des deux époux; celle-ci plaît à Mme la duchesse d'Orléans et s'insinue dans le monde sous sa protection, IV, 423; ils demandent la charge des Suisses de M. le duc d'Orléans; leur dépit de n'avoir pu l'obtenir cause des tracasseries entre le duc et la duchesse, 423; Saint-Pierre obtient une augmentation de pension de 4000 livres, 424; à force de sollicitations, il obtient la place de premier écuyer de la duchesse; sa conduite indécente envers le duc, V, 204; il s'efforce inutilement d'obtenir que sa femme aille à Marly et entre dans les carrosses; caractère différent de ces deux époux, 204; XII, 219 et suiv.

SAINT-PIERRE (le duc de), grand d'Espagne, se marie en secondes noces et déjà vieux, avec Mme de Rénel, sœur de M. de Torcy; sa richesse, IV, 215; sa jalousie; son avarice; il ne veut point que la jeune duchesse voie les princesses du sang; pourquoi; son esprit; son instruction, 216.

SAINT-PIERRE, *Spinola* (le duc de), d'une des quatre grandes maisons de Gênes, grand d'Espagne; historique sur sa maison, XVIII, 396; son caractère; son extérieur; caractère de sa femme, 399.

SAINT-PIERRE (le fils aîné du duc de), est arrêté pour avoir voulu livrer Tortose à l'archiduc, IX, 430.

SAINT-PIERRE (l'abbé de), publie son livre de *la Polysinodie*; bruit que fait cet ouvrage dans le monde, XV, 329; le régent, pressé par le maréchal de Villeroy, fait chasser l'abbé de Saint-Pierre de l'Académie française, 330.

SAINT-POUANGE, est nommé grand trésorier de l'ordre et vend sa charge de secrétaire du cabinet, III, 58; vend aussi celle d'intendant de l'ordre, 58; sa mort, V, 259.

SAINT-RUTH, de page devient peu à peu lieutenant général; sa brutalité à l'égard de la maréchale de La Meilleraye à laquelle il était marié secrètement; plaisante anecdote à ce sujet, VIII, 171; est tué en Irlande, 172.

SAINT-SAPHORIN, Suisse du canton de Berne, fort décrié par ses actions, sert d'agent du roi d'Angleterre à Vienne; il conseille de ne pas songer à faire entrer le roi de Prusse dans l'alliance, avant que tout ne soit réglé et d'accord, XV, 72; sa conduite dans les négociations à l'égard du régent, 98; son zèle pour l'empereur, 105.

SAINT-SIMON (Claude de), père du duc de Saint-Simon, auteur des Mémoires, I, 1; il conduit son fils à Versailles; le présente au roi; obtient qu'il entre dans la première compagnie des mousquetaires, 4; il meurt à quatre-vingt-sept ans, après avoir fait ses arrangements domestiques, 46; comment il devint premier écuyer de Louis XIII, 50; puis premier gentilhomme de la chambre, ensuite favori du roi, 50; comment il devient gouverneur de Blaye, 51; accepte le duché-pairie que le roi lui offre; est quelque temps grand louvetier; vend sa charge de premier gentilhomme, et achète de son aîné la terre de Saint-Simon qu'il fait ériger en duché-pairie, 52; suit le roi dans toutes ses expéditions; gagne l'amitié du maréchal de La Meilleraye et du duc de Weimar; son caractère modeste et désintéressé; il manque de perdre sa fortune pour avoir demandé avec trop de chaleur la grâce du duc de Montmorency; présent qu'il reçoit de ce duc allant à l'échafaud, 54; service important qu'il rend au cardinal de Richelieu dans la journée des Dupes; confiance que lui témoigne ensuite ce premier ministre, 54; assiste par ordre du roi au conseil qui a lieu après la prise de Corbie par les Espagnols, 55; reçoit deux réprimandes du roi; à quelle occasion, 56, 57; comment il contribue à la fortune de Tourville, un de ses gentilshommes, 58; pendant la maladie du cardinal de Richelieu, il propose au roi M. le Prince pour succéder à ce ministre s'il vient à mourir; reconnaissance et amitié de M. le Prince pour le duc, 59; noms de ses domestiques qui se rendirent ensuite célèbres, 60; il fait la fortune de Bontemps, chirurgien, 60; et de Nyert, 61, 63; les mauvais offices de Chavigny le portent à demander au roi la permission de se retirer à Blaye; sa correspondance secrète avec le roi pendant qu'il y est retiré, 65; il va trouver M. le Prince en Catalogne; s'y distingue par sa valeur; commande la cavalerie au siège de Fontarabie; est rappelé auprès du roi, 66; assiste aux derniers moments de ce prince, qui l'avait nommé son grand écuyer; sa douleur; sa reconnaissance, 67; comment Chavigny empêche qu'il ne soit grand écuyer, 69; le duc appelle en duel le comte d'Harcourt nommé à sa place; pourquoi le duel ne peut avoir lieu; le duc se retire à Blaye et vend sa charge de premier écuyer, 70 ; se marie avec la fille cadette de M. de Budos ; songe à se fortifier à Blaye pendant les troubles de la Fronde, 72 ; rejette avec fermeté les propositions des princes et les offres de l'Espagne ; fait fondre des canons ; reste dix-huit mois bloqué dans Blaye, 73 ; s'endette ; rend les plus importants services à la cour, 74 ; refuse le bâton de maréchal de France ou le rang de prince étranger, 75 ; reçoit magnifiquement la cour à Blaye lors du mariage du roi, 76 ; second mariage du duc ; il refuse pour sa femme la place de dame du palais auprès de la reine, 79 ; il se bat en duel avec M. de Vardes ; pourquoi ; désarme son adversaire, 80 ; paraît à la cour et y est bien reçu ; se raccommode avec M. de Vardes, 81 ; donne un démenti par écrit à M. de La Rochefoucauld à l'occasion de ses Mémoires ; détails curieux sur cette affaire, 82 ; considération dont il jouit à Paris et dans son gouvernement ; son autorité auprès des ministres, 83 ; sa vénération pour la mémoire de Louis XIII, 84.

SAINT-SIMON (le marquis de), frère aîné du duc Claude de Saint-Simon, est fait lieutenant général et chevalier de l'ordre ; époque de sa mort ; son portrait et celui de sa veuve qui fait passer la plupart de ses biens aux ducs d'Uzès, I, 49.

SAINT-SIMON (Mme de), veuve du duc Claude de Saint-Simon, est priée par M. le Prince d'accompagner le corps de Mlle de Condé au lieu de sa sépulture, II, 443 ; conduite qu'elle tient envers la duchesse de Châtillon qui veut lui disputer le rang dans cette cérémonie, 443 ; reçoit des excuses de la part de M. le Prince à cette occasion et des remercîments de lui-même de l'honneur qu'elle lui a fait, 444.

SAINT-SIMON (la marquise de), meurt à 91 ans ; sa famille ; son caractère altier et méchant, I, 256.

SAINT-SIMON (Mlle de), femme du duc de Brissac, affuble MM. de Brissac du bonnet qu'ils ont mis à leurs armes ; anecdote plaisante à ce sujet, I, 77 ; pourquoi il fut longtemps appelé parmi eux *le bonnet de ma tante*, 77 ; se sépare de son mari ; pourquoi ; sa mort, 78.

SAINT-SIMON (le duc de), sa naissance, I, 1 ; soins continuels de sa mère pour lui former le corps et l'esprit, 2 ; goût particulier du jeune Saint-Simon pour la lecture et l'histoire ; il commence ses Mémoires à l'âge de 19 ans, 3 ; ruses dont il sert pour se tirer de l'enfance ; son père le présente au roi à Versailles ; le fait recevoir dans la première compagnie des mousquetaires, 4 ; Saint-Simon accompagne le roi au siége de Namur, 6 ; le service qu'il rend au siége du château de cette ville lui attire des discours obligeants du roi, 10 ; lie une amitié intime avec le comte de Coetquen ; danger qu'il court à Marienbourg de la part de cet ami, 16 ; il danse pour la première fois chez le roi, 25 ; accepte une compagnie de cavalerie dans Royal-Roussillon, 39 ; aidé de Bontems et de M. le duc de Beauvilliers, il succède aux gouvernements de son père ; son entretien avec le roi sur sa mort, 47 ; rejoint à Mons son régiment de cavalerie, 85 ; comment il y est accueilli, 85 ; apprend de M. le prince de Conti la résolution subite du roi de quitter l'armée ; leur entretien sur ce sujet, 87 ; il va prendre congé du roi qui lui souhaite une heureuse campagne, 88 ; il fait trois charges à la bataille de Neerwinden ; conduite de son gouverneur et de ses deux gentilshommes ; son valet de chambre Bretonneau lui présente un autre cheval, 107 ; il visite le champ de bataille et les retranchements des ennemis, 96 ; il refuse les offres que lui font tous les capitaines du Royal-Roussillon, 104 ; achète un régiment de cavalerie et paye 26 000 livres au chevalier du Rosel pour droit d'avis, 108 ; demande en mariage la fille du duc de Beauvilliers ; ses deux entrevues avec lui à ce sujet, 119 et suiv. ; il en obtient une troisième ; quelle en est l'issue, 122 ; Louville lui en procure une autre avec Mme de Beauvilliers ; réponses de cette dame à ses raisonnements, 123, 124 ; autre entrevue avec le duc qui lui témoigne tous ses regrets et l'assure de son amitié et de sa protection en toute chose, 125 ; pour se consoler de l'impossibilité de l'alliance du duc de Beauvilliers, Saint-Simon va visiter la Trappe ; sa liaison avec l'abbé ; sa confiance en lui, 126 ; comment il est engagé dans le parti des ducs et pairs opposants à M. de Luxembourg ; sa démarche auprès de ce dernier, 148 ; sommaire du procès, 149 ; noms et état des opposants, 151 ; Saint-Simon se rend assidûment à leurs assemblées ; lie amitié avec plusieurs d'entre eux, 152 ; factum secret de M. de Luxembourg lu dans une de ces assemblées ; résolutions prises à cet égard par les opposants ; ils se rendent tous chez le premier président qui refuse de les recevoir, 154 ; leur embarras ; propositions faites, 155 ; Saint-Simon annonce qu'il a des lettres d'État ; joie parmi les opposants, 156 ; contre-temps singulier causé par le duc de Richelieu ; Saint-Simon produit ses lettres d'État, 157 ; elles sont signifiées au procureur de M. de Luxembourg et au suisse de son hôtel ; il écrit à Cavoye, ami particulier de M. de Luxembourg, pour se conserver dans les mesures où il s'est mis avec ce duc, 158 ; les lettres d'État sont cassées au premier conseil des dépêches comme les opposants s'y attendaient ; Saint-Simon revient à Paris ; état de la cour et de la ville au sujet de cette affaire, 159 ; sa réponse ferme à M. de Cavoye qui lui reproche de la part de M. de Luxembourg sa signification des lettres d'État ; raconte au souper du roi cette conversation ; effet qu'elle produit, 159 ; M. de Luxembourg lui refuse le salut, 160 ; les opposants gagnent du temps comme ils le désiraient, 161 ; les procédures tournent en procédés ; factum de M. de Luxembourg contre M. de Richelieu et son oncle le cardinal ; réplique de M. de Richelieu contre M. de Luxembourg, 162 ; l'honnêteté et la bienséance se rétablissent un peu entre les parties, 165 ; dans un bal donné au Palais-Royal, Saint-Simon mène au branle la princesse de Conti, douairière ; et le mardi gras, la fille unique du duc de La Trémoille, 187 ; il demande au roi et obtient que son régiment, au lieu d'aller en Flandre sous M. de Luxembourg, soit envoyé en Allemagne, 188 ; va voir à Soissons son régiment assemblé ; se rend à Strasbourg, 190 ; y retrouve le P. Wolf, jésuite, un de ses anciens amis ; va à Philippsbourg, 190 ; passe le Rhin avec la cavalerie, 191 ; état des armées en présence, 192 ; il revient à Spire avec l'armée ; désolation de cette ville brûlée par le feu qu'y avait fait mettre Louvois lors de l'embrasement du Palatinat, 194 ; sa dispute avec un mestre de camp ; à quel sujet ; comment elle se termine, 198 ; il retourne à Paris, 203 ; commence à écrire ses Mémoires au camp de Gaw-Bœcklhm, 205 ; sa réponse à ceux qui veulent le faire parler sur la mort de M. de Luxembourg, 233 ; après cette mort, les assemblées des pairs opposants se continuent ; résolutions qui y sont prises, 234 ; Saint-Simon, de concert avec MM. de La Tré-

moille et Rohan, combat vivement la proposition de se rapprocher du premier président, 234 ; scission entre les opposants, 235 ; comment la bonne intelligence se rétablit entre eux, 236 ; Saint-Simon se marie avec la fille aînée du maréchal de Lorges ; détails sur les ouvertures et la conclusion de ce mariage, 246 et suiv. ; le roi fait au duc des questions sur l'état et l'âge de la famille de Lorges ; le plaisante sur le mariage de M. de Lauzun et sur le sien, 256 ; Saint-Simon prend sur lui de donner des gouttes d'Angleterre à son beau-père le maréchal de Lorges dangereusement malade à l'armée ; effet qu'elles produisent, 257 ; il est envoyé avec Barbezières pour aller visiter les ruines de Manheim, 265 ; danger qu'il court avec le lieutenant général La Bretesche, 269 ; il va à Landau auprès du maréchal de Lorges, 270 ; va à Strasbourg auprès du même qui est retombé malade ; revient à Paris, 282 ; son mouvement de colère contre l'avocat Dumont plaidant au parlement pour M. de Luxembourg, 328 ; il fait un mémoire pour le roi contre l'arrêt du parlement ; texte de ce mémoire, 331 ; pourquoi ce mémoire ne fut pas porté au roi, 334 ; Saint-Simon va à l'armée d'Allemagne ; attentions que lui montre le maréchal de Choiseul, 339 ; il revient, après la campagne, auprès de Mme de Saint-Simon qui est accouchée d'une fille, 379 ; va saluer le roi à Fontainebleau, 380 ; sa colère au récit d'une imposture concernant la réponse qu'il a faite aux paroles flatteuses que le roi lui a adressées, 381 ; son désir d'avoir le portrait de M. de la Trappe ; mesures qu'il prend à cet égard, 382 ; il se rend à la Trappe avec le peintre Rigault ; obtient de M. de la Trappe trois visites pour ce peintre qui lui est présenté comme un gentilhomme fort désireux de le voir, 383 ; le portrait est achevé au gré de M. de Saint-Simon, 385 ; celui-ci écrit à M. de la Trappe pour lui demander pardon de la ruse qu'il avait employée pour avoir son portrait ; en envoie plusieurs copies à la Trappe, 385 ; retourne à l'armée, II, 9 ; Mme de Saint-Simon est admise chez Mme la Princesse, ce qui excite la jalousie de plusieurs familles de la cour, 56 et suiv. ; M. de Saint-Simon donne avis à M. de Louville de ce qui se trame contre MM. de Beauvilliers et de Chevreuse ; s'adresse lui-même à M. de Beauvilliers, 123 ; complaisance de MM. de

Chevreuse et de Beauvilliers pour lui à l'occasion de M. de la Trappe, 134; ses disputes avec le duc de Charost sur le même; trait singulier, 134; devient père d'un fils à qui il fait porter le nom de vidame de Chartres, 174; ce qu'étaient autrefois les vidames; comment le vidamé de Chartres tomba dans la famille de Saint-Simon, 175; M. de Pontchartrain, malgré l'inégalité d'âge et de rang, demande vivement au duc l'honneur de son amitié; réponse de M. de Saint-Simon; tous deux s'embrassent et deviennent amis intimes 196 et suiv.; sa liaison avec l'évêque de Chartres et avec du Charmel, 198; il éclaire le P. La Chaise sur la conduite de D. Gervaise, abbé régulier de la Trappe, 204; raconte à M. l'évêque de Chartres tout ce qu'il sait de secret sur la conduite de D. Gervaise et sur ses intrigues, 206; va à la Trappe porter les bulles qui nomment son successeur, 210; obtient ensuite contre lui une lettre de cachet, 211; se décide à appuyer M. de Cossé, héritier du duc de Brissac, et à soutenir son droit de succession au duché-pairie; sa conversation à ce sujet avec le duc de Rohan, 231; ses motifs désintéressés dans cette affaire, 232; refuse l'offre que lui fait M. de Cossé de le mettre hors d'intérêt sur le procès qu'il avait avec le feu duc de Brissac, 233; devient son conseil pour ce qui regarde la succession à la dignité de duc et pair, 235; va se plaindre au roi du traitement fait à Mme de Saint-Simon par Mme d'Armagnac, 242; devient père d'un second fils qui prend le nom de marquis de Ruffec, 287; comment il est indignement trompé et calomnié par le duc de Gesvres, à l'occasion de l'hommage-lige de M. de Lorraine; détails sur ce sujet, 347 et suiv.; est justifié auprès de Monsieur et Madame, par Mmes de Maré et de Beauvron, 351; conseil utile que lui donne M. de Beauvilliers, 352; chagrin qu'il éprouve de la mort de M. de la Trappe, 446; dans un voyage qu'il fait à la Trappe, il voit Mlle Rose, célèbre béate, et l'abbé Duguet; ce qu'il pense de la première; ses promenades avec le second, III, 79; ses paroles dans une compagnie chez le maréchal de Lorges, sur une attaque d'épilepsie du médecin Fagon, 83; sa promenade avec Louville autour du canal, à Paris, 333; il va voir les princes et les ducs avant de se faire recevoir au parlement; accueil qu'il en reçoit, 360; évite trois pièges que lui tend le greffier en chef, 361; son régiment et sa compagnie étant réformes, il est mis à la suite du régiment de Saint-Moris; va aux eaux de Plombières, est bien traité par le roi, 362; mortification qu'il éprouve de voir dans la promotion des brigadiers de cavalerie cinq cadets placés avant lui; on lui conseille de quitter le service, 363; il consulte deux maréchaux et trois courtisans; leur avis unanime, 364; remet au roi sa lettre de retraite, 366; comment il est ensuite traité par le roi, 367 et suiv.; se charge d'une préface pour la collection des médailles frappées en l'honneur du roi; pourquoi cette préface ne paraît point, 389; époque de son intimité avec M. le duc d'Orléans; pourquoi il se retire ensuite de ce prince, 423; sa liaison avec Mme de Fontaine-Martel; cette dame veut le rapprocher de M. le duc d'Orléans; une visite à ce prince renoue leur ancienne amitié, 425; il résiste aux avances que lui font M. et Mme du Maine pour se l'attacher, 427; comment il apprend que Mme de Maintenon ne l'aimait pas, 428; comment et pourquoi Mme de Saint-Simon se retire de chez M. et Mme du Maine, 428; M. de Saint-Simon va complimenter le ministre Chamillart sur le mariage du duc de Lorges avec la fille de ce ministre; leur entrevue à ce sujet, IV, 70; leur franchise réciproque; ils se jurent amitié, 91; avantage que M. de Saint-Simon retire pour lui-même de cette amitié, 74; sollicite les juges de l'abbé d'Auvergne dans son procès avec les moines de Cluny, 111; récit sur l'affaire de la quête à la messe et aux vêpres du roi, 222; Mme de Saint-Simon refuse de quêter, en quoi elle est soutenue par son mari, 224; le roi accuse M. de Saint-Simon de ne s'occuper qu'à étudier les rangs et à faire des procès à tout le monde, 229; M. de Saint-Simon se décide à parler au roi, 226; long entretien qu'il a avec lui; comment il se justifie, 227; le roi se radoucit et le quitte en lui disant qu'il est content, 230; étonnement que cause aux ministres et aux courtisans la hardiesse de Saint-Simon, 231; le duc revient à Versailles et en repart aussitôt en apprenant ce que M. le Grand a obtenu du roi, 249; accident qui lui arrive à la suite d'une saignée au bras, 254; le chirurgien Maréchal le guérit et le raccommode ensuite avec le roi, 255; ses regrets de la mort de son ami, M. le duc de Montfort, 327; ses instances auprès de la duchesse de Lesdiguières pour la faire consentir à épouser M. de Mantoue sont inutiles, 336; s'oppose avec fermeté à ce que M. de Soubise mène le deuil à l'enterrement du maréchal de Duras; pourquoi, 367 et suiv.; il fait un mémoire contre la prétention du marquis d'Aiguillon au titre de duc et pair de France, duquel mémoire le roi adopte les conclusions, 387; va faire visite à la princesse des Ursins, 412; y retourne une seconde et une troisième fois, sujet de leurs entretiens, 414; il va ensuite presque tous les matins chez elle; les attentions et les égards qu'elle lui montre ainsi qu'à Mme de Saint-Simon, étonnent la cour et augmentent leur considération, 426 et suiv.; services qu'elle leur rend auprès du roi, de Mme de Maintenon et de la duchesse de Bourgogne, 428 et suiv.; sa liaison avec l'abbé de Mailly, qui devient archevêque d'Arles, V, 45; et avec Gualterio, nonce du pape, 47 et suiv.; il propose aux ministres un plan pour finir la guerre; réponse que lui font le chancelier et Chamillart, 73; douleur qu'il ressent de la mort des deux fils de M. de Beauvilliers; comment il soulage celle du père, 75; refuse de passer l'acte que M. de Cossé lui propose, 82; son procès avec la duchesse d'Aumont, 85; M. de Brissac y intervient, 85; le rapporteur Méliant reconnaît la justice de la cause de M. de Saint-Simon; Mme de Saint-Simon reproche au duc de Brissac son mauvais procédé, 86; toute la cour félicite M. et Mme de Saint-Simon sur le gain de leur procès, 87; ils se rendent à Rouen où l'affaire est renvoyée, 88; état brillant qu'ils y tiennent, 88; M. de Saint-Simon y publie partout l'ingratitude de M. de Brissac, 89; il se rend secrètement à Marly; pourquoi, 90; comment il est secondé par M. de La Vrillière qui obtient pour lui un arrêt du conseil; il retourne à Rouen, 91; gagne sa cause tout d'une voix, 91; il essaye d'ouvrir les yeux du duc de Beauvilliers sur le manège de l'abbé de Polignac, 97; sa prédiction à son sujet; comment elle est reçue, 98; le nonce Gualterio lui apprend qu'il est destiné pour l'ambassade de Rome,

104; son étonnement, son irrésolution; il consulte ses amis et les ministres qui lui conseillent d'accepter, 105 et suiv.; les ministres l'engagent à se servir des avis de Mme de Saint-Simon, 108; éloge de cette dame, 109; pourquoi la déclaration de sa nomination est retardée, 110; puis annulée, 111; l'envie que cette nomination avait excitée lui devient nuisible; comment on travaille à l'éloigner du roi, 112; et de Monseigneur, 113; il fait d'inutiles instances à son ami du Charmel de voir le roi, 124; il apprend par M. Pontchartrain, par la comtesse de Mailly et par le maréchal de Noailles l'ordre d'exil donné par le roi contre du Charmel, 127, 128; sa réponse au maréchal; sa visite à Chamillart à ce sujet, 129; sa conversation avec Desmarets au sujet des papiers de Maulevrier, 154; et avec M. de Beauvilliers sur le commerce de Maulevrier avec la duchesse de Bourgogne, 155; sa conduite avec M. le duc d'Orléans depuis qu'il est rentré en commerce avec lui, 205; conseils qu'il lui donne sur la conduite qu'il doit tenir envers le ministre lorsqu'il commandera l'armée, 207; il veut le détourner d'ajouter foi et de s'amuser aux prestiges des devins; histoire singulière et prophétique à ce sujet, 209 et suiv.; sa correspondance avec M. le duc d'Orléans pendant que ce prince est en Italie; manière surprenante par laquelle il apprend à la Ferté le désastre de Turin, 247; il se rend malade à Paris, y voit Nancré dépêché au roi par M. le Duc pour apporter le détail de ces tristes nouvelles, 248; écrit au prince pour lui faire des représentations sur le voyage à Grenoble des dames d'Argenton et de Nancré, 253; ses entretiens avec lui à Versailles sur l'état de l'armée en Italie, sur les officiers généraux, notamment sur La Feuillade, 254; il instruit M. de Chamillart des discours injurieux que le maréchal de Villeroy tient sur lui, 351; M. de Chamillart lui fait lire des lettres qui prouvent l'injustice et les torts du maréchal, 352; M. de Saint-Simon essaye de rapprocher le fils du maréchal de M. de Chamillart; réponse que lui fait ce dernier, 314; ses représentations au duc de Villeroy sont inutiles, 356; il obtient de M. de Chamillart le retour de Boisguilbert, envoyé en exil, pour son ouvrage sur un nouveau système d'impôt, 369; fait des démarches pour que M. d'Aguesseau le père ou son fils soit nommé premier président du parlement, 386 et suiv.; il écrit à M. le duc d'Orléans sur les moyens de cueillir de grands fruits de la victoire, 407; apprend d'un ecclésiastique de l'église d'Osnabrück les sourdes menées du duc de Lorraine, VI, 26; son procès avec Mme de Lussan; quelle en est l'origine, 29; le premier président Harlay le lui fait perdre, 29; comment le procès est repris et porté au conseil, 32 et suiv.; M. de Saint-Simon publie un mémoire contre Mme de Lussan; précautions qu'il prend avant de le répandre, 32; il gagne au conseil, 35; pourquoi il est brouillé avec M. le Duc et Mme la Duchesse, 35; il essaye de détromper le cardinal de Fleury sur sa grande confiance dans le ministre Walpole, 89; et dans l'empereur et M. de Lorraine, 91; paraît avoir été cause que la Lorraine a été cédée en plein et pour toujours à la France, 92; va prendre les eaux de Forges; y apprend une nouvelle entreprise des princes du sang sur les ducs à l'occasion de la communion du roi, 104; écrit à ce sujet au maréchal de Boufflers; puis au duc d'Orléans en Espagne; l'usurpation est maintenue par le silence du roi; comment le duc de Saint-Simon en témoigne son mécontentement à Fontainebleau, 106; n'assiste plus depuis aux communions du roi, 107; raisons qui le portent à favoriser l'alliance de Chamillart avec les Noailles, 161; et à ne pas approuver celle du même ministre avec la duchesse de Mortemart, 165; comment il travaille à faire donner les finances à Desmarets, 169; ses entretiens avec celui-ci, avant et après sa nomination à la place de contrôleur général, 171 et suiv.; comment il découvre que le duc de Chevreuse est ministre d'État incognito, 184; il refuse de reconnaître le capitaine Rouvroy pour être de sa maison, 208 et suiv.; sa conversation avec le duc de Beauvilliers sur la destination de Mgr le duc Bourgogne nommé pour aller commander en Flandre ayant M. de Vendôme sous ses ordres; raisons qu'il fait valoir contre cette destination, tirées principalement du contraste frappant des caractères de ces deux princes, 221 et suiv.; instruit de la cabale formée contre le ministre Chamillart, il lui donne un conseil que celui-ci exécute en tout point et qui réussit, 260 et suiv.; soins que lui et Mme de Saint-Simon se donnent pour empêcher M. de Pontchartrain fils de se retirer des affaires après la mort de sa femme; lettres pressantes du chancelier à ce sujet; détails sur cette affaire, 290 et suiv.; il reprend sa correspondance en chiffres avec le duc d'Orléans; va faire un voyage sur les bords de la Loire, 297; ses entretiens avec les ducs de Beauvilliers et de Chevreuse sur les moyens d'arrêter la fureur de la cabale de M. de Vendôme contre M. le duc de Bourgogne et d'ouvrir les yeux du roi; il fait avertir la duchesse de Bourgogne de tout ce qu'il juge qu'elle doit savoir et faire, 349; il avertit et fait avertir Chamillart de la colère de la duchesse de Bourgogne contre lui, et cherche à lui faire ouvrir les yeux sur sa sottise, 355; instruit qu'il est sur les rangs pour l'ambassade de Rome, il parle au duc de Beauvilliers, au chancelier et à Chamillart, et leur renouvelle les raisons qui lui ont déjà fait refuser cette ambassade, 371; prévoit quel est le dessein du duc de Vendôme relativement au siège de Lille et au duc de Bourgogne, 386; il propose à Cani de parier quatre pistoles qu'il n'y aura point de combat et que Lille sera prise et point secourue; le pari est d'abord refusé comme une folie de la part de M. de Saint-Simon; puis, sur sa persévérance, est accepté et déposé entre les mains de Chamillart, 387; le duc donne à Chamillart des raisons qui autorisent son pari, mais lui cache les véritables; pourquoi, 387; bruit que fait ce pari à la cour; les ennemis de Saint-Simon en profitent pour le perdre dans l'esprit du roi, sans que le duc en sache rien, 388; ses entretiens avec MM. de Beauvilliers et de Chevreuse sur les funestes progrès de la cabale de M. de Vendôme; sa correspondance avec la duchesse de Bourgogne, 406; il est retenu à la cour par le duc de Beauvilliers pour l'amour du duc de Bourgogne; devient odieux à la cabale, imposture répandue contre lui; dans son dépit et son impatience il se retire à la Ferté, 420; y reçoit une lettre de l'évêque de Chartres datée de Saint-Cyr qui l'avertit qu'on lui a rendu les plus mauvais services auprès du roi et de Mme de Maintenon; demande des éclaircissements; n'en reçoit point et retourne à la cour; instruit le duc d'Orléans de tout ce qui s'est passé contre le duc de Bourgogne et le prémunit contre la cabale, VII, 11; accueil que lui fait le duc de Bourgogne à Versailles; paroles que ce prince lui adresse, 12; il apprend de Cheverny en quels termes flatteurs le duc de Bourgogne a parlé de lui, 26 ; le P. Tellier, confesseur du roi, lui est présenté par le P. Sanadon ; le duc est comme forcé de lier avec lui, 55 et suiv. ; noirceur du duc de Mortemart contre lui ; détails à ce sujet, 63 ; conduite de M. de Saint-Simon dans cette occasion, 67 ; le duc de Mortemart n'ose s'avouer coupable, 68 ; calomnie sur le compte de M. de Saint-Simon démentie par M. de La Trémoille, 93 et suiv. ; dans un entretien sur la situation des affaires, M. le duc de Chevreuse et M. de Saint-Simon sont étonnés de se rencontrer dans les moyens d'y remédier et d'y établir une même forme d'administration ; projet depuis longtemps rédigé par M. de Saint-Simon, 99 et suiv ; celui-ci avertit M. le duc de Beauvilliers du projet de faire entrer le duc d'Harcourt dans le conseil, projet qui le menace d'une disgrâce prochaine, 105 ; conseils qu'il lui donne sur la conduite qu'il a à tenir pour parer ce coup, 106 ; à la prière de M. de Boufflers, il dresse avec le secrétaire d'État, La Vrillière, ses lettres d'érection de duc et pair, 131 ; est un de ses témoins le jour de sa réception ; dicte lui-même au greffier son témoignage, et le signe, 132 ; texte de ce témoignage, 133 ; il reste à la Ferté tout le temps que durent les cérémonies des obsèques de M. le Prince ; pourquoi ; il ne peut pardonner à M. le Duc sa méchanceté contre lui, 156 ; résiste à l'usage introduit de donner le titre de Monseigneur à M. le duc d'Orléans, 172 ; parle fortement aux ducs de Chevreuse et de Beauvilliers contre la nomination du duc d'Harcourt à l'armée du Rhin, 214 ; il avertit Mme de Dreux, fille de Chamillart, des bruits qui courent que d'Antin doit remplacer son père, 214 ; garde sa vaisselle d'argent et n'en envoie que pour un millier de pistoles à la Monnaie, 226 ; il avertit les filles de Chamillart des sujets de mécontentement de Monseigneur contre leur père, 236 ; instruit de tout ce qui se trame contre Chamillart, il le presse de parler au roi ; belle réponse du ministre, 239 ; il le presse une seconde fois aussi inutilement, 243 ; comment il apprend chez le chancelier Pontchartrain la disgrâce de Chamillart ; peine qu'il en ressent ainsi que Mme de Saint-Simon, 250 ; tous deux vont à l'Étang ; spectacle qu'offre ce séjour ; sérénité de Chamillart ; M. de Saint-Simon l'assure qu'il n'oubliera point les services et les plaisirs qu'il a reçus de lui, 289 ; il pense à se retirer de la cour ; pourquoi, 268 ; en fait demander au roi la permission ; raisons qui l'empêchent d'aller dans son gouvernement de Guyenne, 269 ; il s'en va à la Ferté ; y reçoit les filles de Chamillart et Chamillart ensuite à qui il donne des fêtes et des amusements, 270 ; il essaye de raccommoder les ducs de Chevreuse et de Beauvilliers avec le maréchal de Boufflers ; son entretien avec M. de Beauvilliers sur le conseil tenu à Marly concernant le rappel des troupes d'Espagne, 288 ; conseil qu'il lui donne sur la conduite qu'il doit tenir à l'égard des cabales qui agitent la cour, 289 et suiv. ; autre entretien avec le duc de Chevreuse sur le même sujet, 295 ; position de M. de Saint-Simon à l'égard des trois cabales ; rôle qu'il joue au milieu d'elles, 297 et suiv. ; conseil qu'il donne à M. le duc d'Orléans à la suite de l'aveu que lui fait ce prince, 313 et suiv. ; son entretien avec le chancelier Pontchartrain sur les formes requises pour procéder à un jugement criminel contre M. le duc d'Orléans, 319 ; comment il tire d'embarras le chancelier, 320 ; va en instruire le duc d'Orléans, 321 ; son entretien avec le chancelier et son épouse sur la disgrâce qui menace leur fils Pontchartrain et sur la conduite qu'ils doivent tenir dans ce cas, 325 ; l'avis qu'il donne est adopté et suivi, 327 ; conversation de Mme de Saint-Simon avec Mme la duchesse de Bourgogne qui prouve la légèreté de cette princesse et l'éloignement du roi pour M. de Saint-Simon, 328 et suiv ; quels étaient les vrais motifs de cet éloignement, 332 ; quels personnages excitaient l'aversion du roi, 332 ; à qui Mme la duchesse de Bourgogne était redevable des impressions dont Mme de Saint-Simon la fait revenir, 333 ; il se rend à Courcelles avec sa belle-sœur chez Chamillart, 424 ; deux aventures dont il y est témoin, 425 et suiv ; il revient à la Ferté, se propose de renoncer tout à fait à la cour, 427; Mme de Saint-Simon combat ce projet, 430 ; ils vont à Pontchartrain, chez le chancelier ; leur entretien avec lui sur ce même projet, 430 ; état de malaise où il met M. de Saint-Simon, 432 ; il se rend à Versailles ; comment il est forcé à accepter le logement que le chancelier lui a offert ; est accueilli par ses amis, 433 ; il va trouver le chirurgien Maréchal pour le prier de lui obtenir une audience du roi, 435 ; voit le maréchal de Villars, 436 ; va chez la duchesse de Villeroy ; où le roi vient, 437 ; il entreprend de séparer M. le duc d'Orléans de sa maîtresse, 438 ; à qui il s'adresse pour en venir à bout ; 439 et suiv. ; sa mère et Mme de Saint-Simon veulent le détourner de cette entreprise, 441 ; il y renonce en partie, 442 ; il apprend de Maréchal que le roi consent à lui donner une audience, 443 ; son entretien avec M. le duc d'Orléans dans lequel il lui fait entendre qu'il doit se séparer de Mme d'Argenton, VIII, 1 et suiv. ; il lui propose de faire venir le maréchal de Besons ; à quoi le prince consent ; la présence de Mgr le duc de Bourgogne interrompt l'entretien, 5 ; il est repris ; comment il se termine, 6 ; billet de Saint-Simon au maréchal de Besons, 7 ; le chancelier Pontchartrain le loue de son entreprise ; son entrevue avec le maréchal de Besons, 8 ; leur entretien avec M. le duc d'Orléans, 9 et suiv. ; comment ils parviennent tous deux à ébranler le prince et à le faire revenir sur le compte de sa femme, 20 et suiv. ; dans quel état ils le laissent ; résolution qu'ils prennent de ne pas le quitter, 24 ; nouvel entretien qu'ils ont avec le prince, conseil que lui donne Saint-Simon ; M. d'Orléans paraît moins résolu qu'après la première conversation ; violente apostrophe de Saint-Simon sur sa conduite; effet qu'elle produit ; le prince se décide à voir Mme de Maintenon, 25 et suiv. ; tête-à-tête de Saint-Simon avec Besons sur le duc d'Orléans, 37 ; Saint-Simon apprend du prince une étrange singularité de Mme de Maintenon ; il lui jure que cette dame n'a point été et n'a pu être instruite de leurs entretiens, 40 et suiv. ; son entrevue avec Besons, 42 ; il lui confie qu'il a demandé une audience au roi pour lui-même et le consulte pour savoir s'il doit faire à M. le duc d'Orléans la même confidence, 43 ; dans un autre entretien il apprend que le prince a vu le roi ; sa surprise et sa joie ; ce qu'il augure de l'accueil froid que le roi a fait au duc d'Orléans, 44 et suiv. ; autres détails sur cet entretien, 47 et suiv. ; résolution que prennent entre eux Saint-Simon et Besons pour leur conduite relativement à la rupture qu'ils viennent d'opérer, 49 et suiv. ; Saint-Simon va annoncer cette rupture à la duchesse de Villeroy qui a peine à y croire, 52 ; ce que cette dame lui apprend des sentiments de Mme la duchesse d'Orléans pour lui, 53 ; comment il y répond, 54 ; il reçoit au dîner du roi l'heure de l'audience qu'il a demandée, 55 ; et de Besons les premiers remercîments de la duchesse d'Orléans, 56 ; son audience du roi ; détails à ce sujet, 59 et suiv. ; il sort satisfait au delà de ses espérances ; heureux résultats de cette audience pour M. de Saint-Simon, 66 et suiv. ; la rupture de M. le duc d'Orléans avec Mme d'Argenton passe publiquement pour son ouvrage ; la confidence qu'en fait le prince au maréchal de Boufflers confirme ce bruit, 72 ; Saint-Simon travaille à lier étroitement M. le duc d'Orléans à son épouse, 73 ; pressé par la duchesse de Villeroy, il rend une visite à la duchesse d'Orléans ; témoignages touchants de reconnaissance qu'il en reçoit, 74 et suiv. ; ils prennent ensemble des mesures pour remettre M. le duc d'Orléans dans le monde, 74 et suiv. ; consulté par le maréchal de Besons s'il doit accepter la place de gouverneur du duc de Chartres, il est d'avis qu'il accepte et lui en donne les raisons, 81 ; comment il répond aux avances que lui fait la duchesse d'Orléans de la part de M. et de Mme du Maine, 88 ; dans quels termes M. et Mme de Saint-Simon et Mme de Lauzun en étaient depuis longtemps avec M. et Mme du Maine ; détails particuliers à ce sujet, 90 et suiv. ; consulté par M. et Mme la duchesse d'Orléans sur le projet de finir la dispute du rang de leurs filles qui durait depuis trop longtemps, il est d'avis qu'ils doivent solliciter un jugement, 128 ; il conseille à M. le duc d'Orléans d'en parler à Mme de Maintenon pour se la concilier, 129 ; comment le roi prononce dans cette affaire, 131 ; sur les instances de M. de Beauvilliers, il va représenter à la duchesse d'Orléans combien son obstination à ne point montrer Mademoiselle nuit à son mariage avec M. le duc de Berry, 139 ; lui et Mme de Saint-Simon vont faire leur visite de deuil à Mme la Duchesse qui y paraît fort sensible, 143 ; il va, à contre-cœur, complimenter M. du Maine sur la déclaration que ce prince a obtenue en faveur de ses enfants, 150 ; sa rencontre avec M. d'O ; paroles que celui-ci lui adresse, 150 ; explication de ces paroles, 151 ; le roi et Mme de Maintenon s'autorisent de la visite que M. de Saint-Simon a faite à M. du Maine; la duchesse de Bourgogne lui envoie demander d'où vient sa liaison avec ce prince et ce qu'il pense du rang qui vient d'être donné à ses enfants; réponse de M. de Saint-Simon, 153 et suiv.; il va faire une nouvelle visite de félicitation à M. du Maine à l'occasion des charges dont ses fils viennent d'être pourvus; compliments, protestations et avances que lui fait M. du Maine; comment M. de Saint-Simon y répond, 156; mêmes politesses faites à Mme de Saint-Simon; même réponse de cette dame, 157; il assiste au parlement à la réception de M. de Villars en qualité de pair; s'excuse d'aller dîner chez lui, 158; est du voyage de Marly où le roi lui parle et le distingue plus que ceux de son âge, 172; va passer une journée à Vaucresson chez M. de Beauvilliers; leur entretien sur Mgr le duc de Bourgogne; M. de Beauvilliers le presse instamment de mettre par écrit ce qu'il lui semble de la conduite de ce prince et ce qu'il estime y devoir corriger et ajouter, 173; M. de Saint-Simon y consent; à quelle condition; dans quel sens et dans quel but cet écrit est conçu, 174; texte du discours sur Mgr le duc de Bourgogne adressé à M. le duc de Beauvilliers, 175 à 205; M. de Saint-Simon le lit à M. de Beauvilliers qui l'approuve en tout, 211; celui-ci veut le montrer au prince; M. de Saint-Simon n'y peut consentir; M. de Chevreuse est choisi pour juge, 211; Mme de Saint-Simon y résiste de toutes ses forces; le discours est lu à Cheverny qui se range à l'avis de Mme de Saint-Simon, 212; copie du discours est laissée entre les mains de MM. de Beauvilliers et de Chevreuse; à quelle condition, 213; motifs qui portent M. de Saint-Simon à souhaiter avec passion le mariage de Mademoiselle avec le duc de Berry, 215; mesures qu'il prend pour détruire ou vaincre les obstacles qui s'y opposent, 217; il commence par gagner Mme la duchesse d'Orléans et par vaincre sa paresse naturelle, 219; ses efforts pénibles et réitérés pour mettre en mouvement M. le duc d'Orléans, 219; il pense aux motifs puissants qu'avait Mme la duchesse de Bourgogne à ce mariage, 220; et il s'adresse à la duchesse de Villeroy et à Mme de Lévi pour les lui rappeler et les lui faire sentir davantage, 222; raisons qui le portent à s'adresser à ces deux dames; puis à Mme et à M. d'O, 223; il fait dire à ce dernier tout ce qu'il veut par Mme la duchesse d'Orléans et sait par elle toutes ses démarches, 224; il s'assure aussi de MM. et de Mmes de Chevreuse et de Beauvilliers; raisons qu'il emploie auprès d'eux avec succès, 226; obtient du duc et de la duchesse d'Orléans qu'ils fassent confidence de leurs désirs au père jésuite du Trévoux, 227; il s'adresse lui-même au P. Sanadon, auquel il parle franchement; crédit de ces deux jésuites auprès du P. Le Tellier, 227; pourquoi il met les jésuites en œuvre et comment ils le secondent, 228; pourquoi il cache une partie des ressorts qu'il met en jeu au duc et à la duchesse d'Orléans, 229; il se confie encore au maréchal de Boufflers; sur quoi il fonde ses espérances en lui, 230; suite de l'intrigue; conduite de Saint-Simon, 231 et suiv.; le roi ayant proposé à Mme la duchesse d'Orléans que Mademoiselle fût de tous les Marlys, la duchesse, le duc et M. de Saint-Simon sont d'accord pour refuser l'offre; pourquoi; le refus est approuvé; 236; les mesures de Mme la Duchesse le portent à presser et à faire presser la demande du mariage; longue conférence entre Mme la duchesse de Bourgogne et Mme la duchesse d'Orléans à ce sujet, 237; M. de Saint-Simon propose au duc d'Orléans de parler au roi; embarras du duc; sa réponse négative; M. de Saint-Simon lui propose d'écrire et de remettre lui-même sa lettre au roi, 238; le duc y consent; Saint-Simon fait la lettre, 240; texte de cette lettre, 240; léger changement qu'y font M. le duc et Mme la duchesse d'Orléans, 245; précautions prises pour la remise de la lettre et pour en assurer le succès, 245 et suiv.; extrême timidité de M. le duc d'Orléans, 246; son hésitation; instances de M. de Saint-Simon; il pousse le prince dans le petit salon où le roi vient d'entrer, 247; apprend ensuite que la lettre a été remise, 248; soulagement qu'éprouve M. de Saint-Simon, 249; par qui la lettre est appuyée auprès du roi; bonnes dispositions de Sa Majesté, 249 et suiv.; comment M. de Saint-Simon refuse pour sa femme la place de dame d'honneur de Mademoiselle, lorsqu'elle sera duchesse de Berry, 250 et suiv.; mesures qu'il prend auprès de M. de Beauvilliers et du chancelier pour cet effet, 252; Mme de Saint-Simon demande une audience à Mme la duchesse de Bourgogne pour lui exprimer le même refus ; longue conférence entre elles ; comment se termine l'entretien, 253 et suiv. ; le premier écuyer fait compliment à M. de Saint-Simon de ce qu'il fait le mariage de Mademoiselle avec M. le duc de Berry ; embarras qu'il en éprouve ; comment il s'en tire, 262 ; il propose à M. le duc et à Mme la duchesse d'Orléans de s'adresser à Mlle Choin pour gagner Monseigneur, 263 ; en obtient d'eux la permission ; voit à cet effet Bignon, intendant des finances, confident de Mlle Choin ; son entretien avec lui, 263 et suiv ; à quoi Bignon s'engage ; espérance de Saint-Simon et de M. le duc et de Mme la duchesse d'Orléans, 269 ; comment leur espérance est trompée, Mlle Choin ayant déclaré à Bignon qu'elle ne voulait point entrer en commerce avec M. le duc et Mme la duchesse d'Orléans, 274 et suiv. ; M. de Saint-Simon exhorte le prince et la princesse à ne point perdre courage, 276 ; et leur conseille de faire usage de ce refus pour presser le mariage, 277 ; les horreurs qu'on débite sur la tendresse de M. d'Orléans pour sa fille deviennent pour Saint-Simon un nouveau motif auprès de la duchesse pour l'exhorter à ne pas perdre de temps, 278 ; comment il apprend la déclaration du mariage ; sa joie ; il se rend à Saint-Cloud avec Mme de Saint-Simon ; accueil qu'ils y reçoivent ; transports de joie, 289 ; entretien de Mademoiselle avec M. de Saint-Simon ; étonnement de celui-ci, 290 et suiv. ; arrivée de M. le duc et de Mme la duchesse d'Orléans à Saint-Cloud, 292 ; entretien de la duchesse avec M. de Saint-Simon ; elle revient à la charge sur la place de dame d'honneur pour Mme de Saint-Simon ; même refus positif et absolu, 293 et suiv. ; comment se termine cet entretien, 295 ; réflexions qu'il fait naître à M. de Saint-Simon, 296 ; raisons de refus alléguées par Mme de Saint-Simon à Mme la duchesse de Bourgogne, 297 ; ils apprennent tous deux du chancelier Pontchartrain et de son fils ce qui s'est passé chez Mme de Maintenon entre elle, le roi et Mme la duchesse de Bourgogne au sujet du choix d'une dame d'honneur, 299 ; comment Mme la duchesse de Bourgogne a essayé inutilement de faire écarter Mme de Saint-Simon proposée et désirée par le roi, 300 ; ce que M. le duc d'Orléans avait dit au chancelier à ce sujet, 301 ; colère de M. de Saint-Simon contre M. de Pontchartrain ; pourquoi ; larmes de Mme de Saint-Simon, 302 ; sur les représentations du chancelier, ils se décident à regret à ne pas se perdre par un refus, 303 ; ils apprennent encore que M. le duc de Berry avait déclaré qu'il souhaitait et préférait Mme de Saint-Simon pour dame d'honneur, 304 ; rencontre de M. le duc d'Orléans et de M. de Saint-Simon, 305 ; entretien avec Mme de Nogaret, 306 ; avec Mme la duchesse d'Orléans ; M. de Saint-Simon lui explique franchement la véritable cause de son refus et sa résolution d'obéir pourtant à la volonté du roi, 307 ; Mme de Saint-Simon est accusée de jansénisme auprès du roi, 314 ; comment cette accusation est détruite par le P. Tellier, 315 ; M. de Saint-Simon propose pour dame d'atours de Mme la duchesse de Berry Mme de Cheverny, qui est agréée par MM. de Beauvilliers et de Chevreuse, par M. le duc et Mme la duchesse d'Orléans, par Mme la duchesse de Bourgogne et Mme de Maintenon, 317 et suiv. ; il va passer plusieurs jours à Paris, 319 ; retourne seul à Versailles ; apprend en chemin, du maréchal de Boufflers, que le roi est très en peine de savoir s'il obéira, et que dans le cas contraire il a tout à craindre, 319 ; Mme de Cheverny est rejetée par le roi ; pourquoi, 320 ; Mme de La Vieuville est nommée dame d'atours et Mme de Saint-Simon déclarée dame d'honneur ; paroles du roi sur M. de Saint-Simon, 320 ; Sa Majesté l'entretient dans son cabinet ; détails sur cet entretien qui est suivi de la déclaration, 321 ; comment Monseigneur et Mgr le duc de Bourgogne accueillent et complimentent M. de Saint-Simon, 322 ; Mme de Saint-Simon va chez Mme la duchesse de Bourgogne et chez Madame ; marques de bonté et d'amitié qu'elle en reçoit, 323 et suiv. ; elle va ensuite chez Mademoiselle, où elle trouve Mme la duchesse d'Orléans et son mari ; avec quelle joie elle en est reçue, 324 ; se rend chez le roi, chez les princes, chez Mme de Maintenon ; éloges flatteurs que tous lui donnent, 325 ; M. de Saint-Simon va chez Madame, chez Mademoiselle, chez M. le duc de Berry, chez Monseigneur ; sa première et unique visite à Mme de Maintenon, 225 ; accueil que lui fait cette dame, 327 ; Mme de Saint-Simon va à Meudon chez Monseigneur, 327 ; dîne avec ce prince et Mgr le duc de Bourgogne, 327 ; le roi fixe les appointements de Mme de Saint-Simon à 20 000 livres, 328 ; lui donne ainsi qu'à son mari un appartement complet et des cuisines au château, 328 ; du Mont, domestique de Monseigneur, lui donne secrètement avis d'une atroce calomnie qu'on a fait croire à Monseigneur contre lui, IX, 15 et suiv. ; son étonnement, 17 ; sa conduite envers le prince, 18 ; Mme de Saint-Simon obtient du roi par Mme la duchesse de Bourgogne la permission de ne point aller à Marly et de faire un voyage de quelques jours à la Ferté ; tous deux s'y rendent, 21 ; Mme de Saint-Simon raconte à Mme la duchesse de Bourgogne la calomnie dont on a noirci son mari auprès de Monseigneur, et la prie de détromper ce prince, 22 ; comment la princesse s'y prend et réussit auprès de lui, 22 et suiv. ; comment M. de Saint-Simon apprend que d'Antin, prétendant à la dignité de duc et pair d'Épernon, a obtenu du roi la permission d'intenter un procès, 48 ; plusieurs ducs le prient de se joindre à eux pour une juste et verte défense, et de leur dire ce qu'il y a à faire, 49 et suiv. ; il leur conseille de signer une opposition et de la faire signifier au procureur général et au greffier en chef du parlement ; est chargé lui-même de la rédiger ; elle est lue chez le maréchal de Boufflers ; noms des ducs qui s'y trouvent ; résolutions qui y sont prises, 51 et suiv. ; il est prié de se charger de la direction de l'affaire ; son refus ferme et constant, 52 et suiv. ; il indique les ducs de Charost et d'Humières pour gouverner l'affaire qu'il conduirait sous main par ses conseils ; l'opposition est signée ; par qui, 55 ; indiscrétion du duc de Mortemart, 56 ; à l'exemple des autres, M. de Saint-Simon fait une honnêteté à d'Antin ; compliments excessifs qu'il en reçoit, 57 ; comment il dissipe les inquiétudes de M. le duc de Beauvilliers, le jour de la réception de son frère de Saint-Aignan en qualité de duc, 66 ; raisons qui l'éloignent de la cour de Meudon, 100 et suiv. ; il va à la Ferté, où il apprend la maladie de Monseigneur, 102 ; est rappelé à Versailles ; s'y rend lentement ; apprend que Monseigneur va mieux, 106 ; sa conversation singulière avec Mme la duchesse d'Orléans sur ce sujet ; leurs doléances mutuelles, 110 ; à la nouvelle subite de la mort du prince, il se rend à l'appartement de la duchesse de Bourgogne ; spectacle curieux dont il est témoin ; ses sentiments personnels, 116 et suiv. ; ferme réponse de Mme de Saint-Simon à Mme la duchesse de Berry ; à quelle occasion, 163 et suiv. ; elle l'exhorte à se rapprocher de sa belle-sœur, 166 ; M. de Saint-Simon consulté par le chancelier sur un ancien projet de déclaration du roi concernant les transmissions contestées de la dignité de duc et pair, il est décidé entre eux que M. de Saint-Simon reverra et retouchera cet ancien projet, 188 et suiv. ; texte de ce projet accompagné des notes de M. de Saint-Simon, 190 ; son travail est approuvé par le duc d'Harcourt, le maréchal de Boufflers et le chancelier ; comment l'affaire s'entame auprès du roi, du consentement de d'Antin et du duc de Chevreuse, 199 ; comment M. de Saint-Simon résiste à ce dernier, à l'égard de ses prétentions sur le duché de Chaulnes et l'ancienneté de la pairie de Chevreuse-Lorraine, 202 et suiv. ; discussion et débats entre lui et le chancelier sur l'ancien projet de règlement concernant la transmission des duchés-pairies, 208 et suiv. ; autre discussion fort vive concernant deux articles de l'ancien projet : le premier relatif à la représentation des six anciens pairs au sacre attribuée exclusivement à tous les princes du sang et à leur défaut aux princes légitimés pairs ; le deuxième relatif à l'attribution donnée aux princes légitimés qui auraient plusieurs duchés-pairies de les partager entre leurs enfants mâles qui deviendraient ainsi ducs et pairs, 217 et suiv. ; il dresse un mémoire contre la prétention de M. de La Rochefoucauld au droit de préséance sur lui ; texte de ce mémoire, 221 ; lettres écrites au sujet du mémoire par M. de Saint-Simon et par le chancelier, 232 et suiv. ; réfutation des raisons alléguées par M. de La Rochefoucauld en faveur de son droit de préséance, 246 et suiv. ; nouvelle lettre au chancelier ; billet en réponse, 256, 257 ; son entretien avec le chancelier le satisfait sur plusieurs points, 253 ; nouvelle lettre où M. de Saint-Simon témoigne son inquiétude au chancelier ; billet en réponse qui le tranquillise, 259 et suiv. ; il va complimenter d'Antin sur sa dignité de duc et pair, et assiste à son dîner de réception, 262 ; son refroidissement avec les ducs de Villeroy et de La Rocheguyon ; à quelle occasion, 265 ; sa réponse à Mme la Dauphine qui lui demande ce qu'il pense de la nomination de Mlle de

Lislebonne à l'abbaye de Remiremont, 274 ; il fréquente le troupeau de M. de Cambrai sans être initié dans leur doctrine secrète ; tous parlent devant lui avec confiance et liberté, 295 et suiv. ; conduite qu'il tient à leur égard, après la mort de Monseigneur, 297 ; ses démêlés avec le ministre Pontchartrain concernant son droit de nomination aux offices de gardes-côtes, 320 et suiv. ; il renonce à se mêler jamais de la milice de Blaye, 327 ; consent ensuite à s'en rapporter au jugement de M. Pontchartrain père, 328 ; comment se termine cette affaire par l'intermédiaire de Mme de Saint-Simon, 330 ; son entretien avec M. de Beauvilliers sur les ministres, 338 et suiv. ; il propose Saint-Contest pour remplacer Torcy, 336 ; obtient la permission d'avertir Pontchartrain fils de dominer son humeur dans ses audiences et avec tout le monde, et de montrer moins de penchant au mal et à la sévérité, 345 ; entreprend de réconcilier le chancelier et M. de Beauvilliers, 347 ; sa conversation avec Pontchartrain fils, 348 ; et avec le Dauphin sur le jansénisme, 349 ; il disculpe Pontchartrain de jansénisme auprès de M. de Beauvilliers, 349 ; son second entretien avec Pontchartrain dans lequel il lui fait part de la disposition des jésuites à son égard, 351 ; il l'avertit du danger où il est auprès du Dauphin, 351 ; il s'adresse à Beringhen, premier écuyer, pour le prier de travailler à la réconciliation du chancelier avec le duc de Beauvilliers, 352 et suiv. ; comment il est auprès de M. le Dauphin par les soins de M. de Beauvilliers, 354 et suiv. ; intimité de M. et de Mme de Saint-Simon avec les ducs et duchesses de Chevreuse et de Beauvilliers, 356 ; ce que M. de Saint-Simon pense du jansénisme et des jansénistes, 357 et suiv ; l'estime que Mme de Saint-Simon acquiert à la cour par sa conduite et ses bonnes qualités est pour son mari d'un grand poids auprès de M. le Dauphin, 360 et suiv. ; court entretien de M. de Saint-Simon avec ce prince dans les jardins de Marly ; ses assiduités auprès de lui deviennent peu à peu plus fréquentes, 361 ; il l'entretient sur la dignité des ducs et trouve le Dauphin de même opinion que lui, 362 ; autre entretien sur le roi et sur le gouvernement de ses ministres, 363 et suiv. ; espérances de M. de Saint-Simon pour un règne prochain fondé sur l'ordre, la justice et la raison, 366 ; il rend compte à M. de Beauvilliers de l'entretien qu'il a eu avec le Dauphin, 367 ; nouvelle audience ; M. le Dauphin et M. de Saint-Simon y traitent historiquement et politiquement de l'état des ducs et des grands, 368 et suiv. ; discutent l'édit fait à l'occasion de d'Antin sur les duchés, 371 ; et sur les princes légitimés, 373 et suiv. ; dans une conférence avec M. de Beauvilliers, M. de Saint-Simon et lui se concertent sur tout ce qui aura rapport au Dauphin, 376 ; il est tout autrement regardé à la cour qu'il ne l'avait été jusqu'alors ; sa conduite mesurée, 378 ; il soutient contre l'avis de M. de Beauvilliers que M. le Dauphin doit faire présent à M. le duc de Berry de toute sa part de la succession de Monseigneur, 380 et suiv. ; ses tête-à-tête avec M. le Dauphin, 383 ; Mme la Dauphine les surprend un jour ensemble ; étonnement de tous trois ; Mme la Dauphine les laisse seuls, 384 ; sa conduite depuis ce moment avec M. de Saint-Simon ; comment celui-ci était auprès de la princesse 385 et suiv. ; combien Mme de Saint-Simon lui est utile auprès de M. le Dauphin et de Mme la Dauphine, 366 et suiv. ; éloignement de Mme de Maintenon pour lui ; quelle en était la cause, 387 et suiv. ; il projette d'unir M. le duc d'Orléans avec le Dauphin, et pour cela de le lier avec le duc de Beauvilliers ; ce qui favorisait ce projet ; ce qui y mettait obstacle, 389 ; il rend compte au duc d'Orléans des bruits odieux auxquels a donné lieu son assiduité auprès de sa fille ; apprend par Mme de Saint-Simon l'usage que le prince a fait de cet avis, 392 ; se plaint à Mme la duchesse d'Orléans du procédé de son mari et lui déclare qu'il ne le verra plus que rarement, 393 ; comment il se raccommode avec le prince, 393 ; sa conduite avec Mme la duchesse de Berry, 394 ; raisons qu'il fait valoir auprès de M. de Beauvilliers pour le rapprocher de M. d'Orléans et ce prince de M. le Dauphin, 397 et suiv. ; comment il persuade M. d'Orléans de la nécessité de s'unir au Dauphin ; moyens qu'il lui offre d'opérer cette union ; succès de son entreprise, 399 et suiv. ; il remet à M. le Dauphin deux mémoires : l'un sur les pertes de la dignité des ducs et pairs ; l'autre sur les maisons de Lorraine, de Bouillon et de Rohan, 401 et suiv. ; comment il parvient à réconcilier M. le duc de Beauvilliers avec le chancelier, 410 et suiv.; il se met sur les rangs pour la charge de capitaine des gardes; son espérance trompée, 426; le duc de Beauvilliers et M. le Dauphin veulent le faire gouverneur du duc de Bretagne, 436; il se moque des prétentions chimériques de M. de Chevreuse au duché de Chaulnes, X, 10 et suiv.; agit seul auprès du chancelier pour faire réussir le projet d'érection nouvelle de ce duché en faveur du vidame d'Amiens, 13 et suiv.; recherché par le duc de Noailles, il se laisse gagner par ses dehors et ses confidences; travaille à le rapprocher de M. le duc et de Mme la duchesse d'Orléans; y réussit, 39 et suiv.; se laisse encore gagner par lui pour travailler à le raccommoder avec les ducs de Beauvilliers et de Chevreuse, 42 et suiv.; y réussit encore, 45 et suiv.; par le moyen de M. de Beauvilliers, il obtient de plus que M. le Dauphin traite mieux M. de Noailles, 47; il va faire une visite publique au cardinal de Noailles pour lui témoigner la part qu'il prend aux peines qu'on lui fait; liaison qui se forme entre eux, 48; il reçoit ordre du Dauphin de s'instruire à fond de ce qui regarde les libertés de l'Église gallicane et de l'affaire du cardinal, 51; il va voir ce prince après la mort de la Dauphine; est épouvanté du changement qu'il remarque en lui; le presse et le force d'aller chez le roi; le quitte et ne le revoit plus, 93; son inquiétude extrême pendant la maladie du prince, 95; sa douleur à sa mort; il veut quitter la cour et n'y est retenu que par le pouvoir de Mme de Saint-Simon, 96; il expose à l'archevêque de Reims toutes les raisons qui peuvent détruire les soupçons de cet archevêque contre le duc de Noailles, concernant la mort de Mme la Dauphine, 119; son désespoir de la mort du Dauphin, 130; ses inquiétudes concernant des mémoires qu'il a remis à ce prince et qui sont restés dans sa cassette, 131; comment ses inquiétudes sont heureusement dissipées, 133; il est appelé chez M. le duc d'Orléans, 154; apprend de Mme la duchesse la démarche que son mari a faite auprès du roi; la blâme ouvertement, 156 et suiv.; il est le seul qui continue à voir ce prince, 160; service qu'il rend à La Feuillade; il résiste à tous les conseils qu'on lui donne de s'abstenir de voir si souvent le duc d'Orléans, 161; il se détermine brusquement à aller passer un mois à la Ferté; raisons qui l'y décident; M. de Beauvilliers le lui commande en quelque sorte, 193 et suiv.; à la mort du duc de Chevreuse, il songe à rendre son gouvernement de Blaye indépendant de celui de Guyenne, 437; va trouver M. du Maine pour le prier de trouver bon qu'il lui apporte un mémoire sur son droit, ses raisons et l'usage, et que le prince juge lui-même les questions et les prétentions entre son fils et lui, 438; il refuse le salut au maréchal de Montrevel qui a affecté plusieurs fois de le saluer négligemment, 438; M. du Maine s'en étant plaint pour le maréchal, M. de Saint-Simon s'en justifie par les procédés malhonnêtes de Montrevel, 438; celui-ci salue M. de Saint-Simon de la manière la plus polie et la plus marquée; la politesse se rétablit entre eux, 440; le secrétaire d'État La Vrillière dresse avec M. du Maine un règlement en vingt-cinq articles dont vingt-quatre sont en faveur de M. de Saint-Simon; le règlement est approuvé par le roi, 441 et suiv.; ce règlement met fin aux contestations entre le maréchal de Montrevel et M. de Saint-Simon, 442; ce dernier fait punir des bourgeois de Blaye pour avoir porté des plaintes au maréchal, 443; il apprend bientôt la noirceur de Pontchartrain fils à son égard, concernant les milices de Blaye; son indignation contre lui; il va trouver La Chapelle, un de ses premiers commis; lui déclare qu'il fera tout pour perdre le ministre, 444; son entretien avec le chancelier et avec la chancelière, auxquels il fait la même déclaration, 445 et suiv.; il continue de les voir l'un et l'autre; sa conduite avec leur fils, 448; se voit forcé par le chancelier d'assister aux secondes noces de Pontchartrain, XI, 53 et suiv.; fait une réponse vive à un mémoire de M. de La Rochefoucauld sur sa prétention d'ancienneté; le duc de Noailles s'entremet; le mémoire est supprimé; la réponse l'est aussi, 74; ses entretiens avec le P. Tellier sur la constitution *Unigenitus*, 82 et suiv. (voy. l'art. *Unigenitus*); sur les instances de M. et de Mme la duchesse de Berry, Mme de Saint-Simon drape en noir pour la reine d'Espagne, XI, 46; M. de Saint-Simon gagne son procès de préséance contre M. de La Rochefoucauld; détails à ce sujet, 58 et suiv.; le roi lui donne un logement à Marly, quoique Mme de Saint-Simon eût alors la rougeole, 81 ; il se montre froid d'abord aux avances que le président Maisons lui fait faire par M. le duc d'Orléans, 124 ; n'ose résister à celles qu'il lui fait faire par M. le duc de Beauvilliers ; sur de nouvelles instances du prince, il se rend ; va à Paris ; y reçoit un rendez-vous du président, 124 ; but de ce rendez-vous qui commence leur liaison, 125 ; autre rendez-vous dans lequel il apprend de Maisons et du duc de Noailles que le roi déclare ses deux bâtards vrais princes du sang et habiles à succéder à la couronne, 126 ; il rit de leur fureur subite et conserve son sang-froid à cette nouvelle, 127 ; va complimenter M. du Maine et se réjouit avec lui de ce qu'il n'y a plus de rang intermédiaire entre les princes du sang et les ducs et pairs, 128 ; va complimenter de même le comte de Toulouse, 129 ; dernière marque d'estime et de confiance que lui donne M. de Beauvilliers ; comment il y répond, 183 et suiv. ; il s'engage envers MM. de Beauvilliers et de Chevreuse à être favorable à M. de Fénelon auprès du duc d'Orléans, 201 ; sa situation à la cour après la mort de M. de Beauvilliers, 214 ; sa rupture ouverte avec le ministre Desmarest, 215 ; comment il est avec les autres ministres, 216 ; son attachement pour M. le duc d'Orléans reste toujours le même, quoi que fassent pour l'en éloigner les croupiers de M. du Maine et de Mme de Maintenon, 219 ; sa conduite réservée, 220 ; sa réponse au P. Tellier qui lui propose d'être commissaire du roi auprès du concile national, 242 et suiv. ; ne quitte pas M. le duc d'Orléans pendant son indisposition ; termes honorables dans lesquels le roi parle de lui, 252 ; ses deux conversations avec M. le duc d'Aumont sur l'affaire du bonnet, 402 ; sa visite à M. du Maine ; termes durs et fiers dans lesquels il lui reproche de l'avoir trompé lui et les autres ducs, 426 ; va prier M. le duc d'Orléans d'envoyer son médecin Chirac à Cambrai auprès de M. Fénelon malade, 436 ; obtient l'agrément de M. le duc d'Orléans pour voir à Paris Mme la princesse des Ursins ; à quelle condition ; son entrevue avec cette dame, XII, 42 ; il hérite de Mme de Coettenfao d'un legs de 500 000 livres, qu'il regarde comme un fidéi-commis ; les héritiers et la mère de la défunte se préparent à le lui disputer, 54 ; il évoque l'affaire au parlement de Rouen plutôt qu'à celui de Paris ; pourquoi, 55 ; se rend à Rouen ; entre en accommodement avec ses parties ; remet ce qui lui revient à M. de Coettenfao, 56 ; reçoit pour plus de 20 000 écus de vaisselle que M. de Coettenfao l'oblige d'accepter, 56 ; il se charge malgré lui d'une commission dont Mme la duchesse d'Orléans l'a prié ; quel en est l'étrange résultat, 58 ; il fait part à M. le duc d'Orléans de sa résolution de s'opposer au lit de justice à l'enregistrement de la constitution, 83 ; comment il éloigne le plus qu'il peut le mariage du fils de M. du Maine avec la fille de M. le duc d'Orléans ; mariage que Mme d'Orléans poursuit avec autant d'ardeur que M. du Maine lui-même, 135 et suiv.; comment il répond aux questions que Mme d'Orléans lui fait souvent sur les projets ultérieurs de son mari, à la mort du roi, 142 ; comment il reçoit les avances et répond aux questions du maréchal de Villeroy, 143 ; et à celles du P. Tellier, 153 ; et à celles du duc de Noailles, 156 ; il propose à M. le duc d'Orléans de changer la forme de l'administration du roi et d'établir divers conseils ; motifs de ce changement ; ordre à observer dans les conseils, 168 et suiv. ; M. d'Orléans adopte son plan ; ils discutent ensemble sur le choix des chefs des divers conseils, 180 et suiv. ; ce que M. de Saint-Simon propose de faire concernant la constitution *Unigenitus*, les jésuites, le P. Tellier, Rome et le nonce, les évêques et le commerce du clergé de France à Rome, 182 et suiv.; il refuse l'administration des finances, 193 ; la banqueroute lui paraît préférable à tout autre parti à prendre, 195 et suiv. ; il persiste à refuser l'administration des finances et propose le duc de Noailles que M. d'Orléans accepte enfin, 205 et suiv. ; M. de Saint-Simon accepte une place dans le conseil de régence, 208 ; ils discutent ensemble sur la formation de ce conseil ; Desmarets et Pontchartrain en doivent être exclus ; M. du Maine et M. de Toulouse y doivent entrer en attendant l'occasion de les attaquer, 209 et suiv. ; M. de Saint-Simon propose à M. d'Orléans d'assembler les états généraux à la mort du roi ; lui fait sentir que leur réunion est sans danger pour la monarchie, 219 et suiv. :

qu'elle peut servir à mettre un terme au mauvais état des finances, et qu'elle est avantageuse en particulier à M. le duc d'Orléans, 123; quel grand parti il peut en tirer pour l'affaire des renonciations, 224 et suiv.; comment il pourrait s'en servir contre M. du Maine; plan de conduite à suivre à cet égard, 230 et suiv.; discussion entre M. de Saint-Simon et M. le duc d'Orléans sur la manière d'établir et de déclarer la régence; le parlement incompétent en toutes matières de gouvernement; pourquoi cette compagnie fut appelée à prononcer sur la régence à deux époques récentes; raisons pour en revenir à l'ancien usage et se passer du parlement; mesure à observer pour prendre la régence; conduite à tenir sur les dispositions du roi; comment agir avec Mme de Maintenon; autres précautions à prendre, 243 à 260; il propose à M. le duc d'Orléans de le rendre maître de toutes les principales charges de la cour; comment, 263; de rendre les gouvernements de province et les lieutenances générales comme des moyens de récompenses militaires, 264 et suiv.; de rétablir la marine, 268; de faire réparer les chemins par les troupes, 271; autres conseils sur la conduite personnelle que devra tenir le régent, 274 et suiv.; comment il élude les questions embarrassantes que lui fait Mme d'Orléans sur les projets de son mari, à la mort prochaine du roi, 283 et suiv.; sa promesse à cette princesse, 308; il demande à M. le duc d'Orléans et obtient la conservation de la pension du roi pour Chamillart, 316; son étonnement à la proposition que lui font le duc de Noailles et le procureur général de chasser les jésuites de France; il combat vivement cette proposition, 317 et suiv.; conseille à M. le duc d'Orléans de s'amuser aux dépens de M. du Maine chargé par le roi de faire à sa place la revue de la gendarmerie, 323 et suiv.; va chez Pontchartrain pour s'amuser de ses inquiétudes et de son embarras, 326 et suiv.; refuse à Louville et à Mme de Beauvilliers de s'intéresser pour Desmarets, 329; comment il répond à la demande que lui fait le duc de Noailles d'être premier ministre, 335; scène violente à l'occasion d'une proposition du même tendant à ce que les ducs aillent saluer le nouveau roi à la suite de M. le duc d'Orléans, 337 et suiv.; bruit que fait cette proposition à la cour et à la ville, 342; M. de Saint-Simon ouvre les yeux sur la perfidie du duc de Noailles et sur son ambition, 345; répète partout ce qui s'est passé chez lui, sans ménager M. de Noailles, 348; il se lie avec M. de Luxembourg, 351; suite de son ressentiment contre M. de Noailles, 351; il marie son fils aîné avec la sœur aînée de ce duc; son raccommodement avec lui; suites de ce raccommodement, 357 et suiv.; sa visite à M. le duc d'Orléans trois jours avant la mort du roi, 379; il apprend de ce prince comment il a cédé sur l'article du chancelier qu'il a promis de garder, 379; reproches qu'il lui fait sur sa faiblesse, 380; il le conjure d'être en garde contre des ennemis de toute espèce, 381; à la nouvelle de la mort du roi, il va faire sa révérence au nouveau monarque, se rend chez M. le duc d'Orléans; le presse de nouveau et inutilement sur la convocation des états généraux; lui rappelle d'autres promesses qu'il lui a faites, XIII, 106; va chez le duc de La Trémoille où sont réunis tous les ducs; résolutions prises par eux relativement au premier président; retourne chez M. le duc d'Orléans; s'assure de l'expulsion de Pontchartrain et de Desmarets, 107; retourne chez M. le duc d'Orléans où plusieurs ducs ont été appelés, 107; son étonnement au changement de résolution du prince relativement à l'affaire du bonnet, 109; il demande qu'un des ducs soit autorisé à faire le lendemain au parlement et avant la lecture du testament et du codicille du roi, une protestation contre les usurpations et interpelle ensuite M. d'Orléans de la parole solennelle qu'il leur a donnée de leur faire rendre justice après que les affaires publiques seront réglées, 110; est autorisé par M. d'Orléans à faire lui-même cette protestation, 111; veut s'en défendre; est forcé par l'assemblée et par le prince de s'en charger, 112; son discours dans une autre assemblée des ducs, chez l'archevêque de Reims, ramène les esprits en faveur de M. le duc d'Orléans, 113 et suiv.; il fait au parlement, avant la lecture du testament et du codicille du feu roi, une protestation au nom des ducs contre les usurpations dont ils ont à se plaindre, 116; il engage M. le duc d'Orléans pendant sa dispute avec M. du Maine à passer dans la quatrième chambre des enquêtes, 121 ; le ramène ensuite à la grand'chambre et lui conseille de lever la séance, 123 ; sur l'avis que lui donne Canillac, il presse le régent de déclarer le duc de Noailles et le cardinal de Noailles, le premier, président du conseil des finances, le second, du conseil de conscience ou affaires ecclésiastiques, 141 et suiv. ; obtient avec peine du régent que d'Antin soit nommé chef du conseil des affaires du dedans, 153 ; fait nommer de ce même conseil le marquis de Brancas et Beringhen, premier écuyer, 155 ; est nommé du conseil de régence, 165 ; défend devant le régent la cause des gens de qualité non titrés conseillers d'État, 171 ; obtient pour le fils de Bontemps la survivance de la charge de son père, et depuis n'entend plus parler d'eux, 184 ; demande et obtient pour son fils aîné la survivance de son gouvernement de Blaye, et pour le cadet celle de son gouvernement de Senlis, 185 ; il se raccommode avec le maréchal de Villeroy, 188 ; se brouille avec le maréchal Besons; pourquoi, 189 et suiv. ; à sa sollicitation, l'édit sur les gardes-côtes est supprimé par le conseil de régence, 200 ; il reçoit la visite de Pontchartrain, qui vient lui demander conseil ; ses réponses, 203 ; sa conduite dans l'affaire du grand écuyer et du premier écuyer ; il plaide au conseil de régence en faveur du premier écuyer, 215 et suiv. ; refuse longtemps de recevoir la visite de Mme de Beringhen ; pourquoi, 224 ; la reçoit enfin ; comment, 225 ; ce qu'il fait pour le marquis de Sandricourt, 228 ; beau mariage qu'il projette pour lui, 230 ; comment il en est récompensé, 233 ; il veut quitter les affaires ; pourquoi, 235 ; se laisse engager par les belles promesses de M. le duc d'Orléans, 237 ; il représente en vain au régent le danger de laisser la noblesse excitée par le duc du Maine se déchaîner contre les ducs, 242 ; dans une assemblée des ducs, il s'élève contre un traître qui est parmi eux, 244 ; représente en vain au régent que le parlement se moque publiquement de son autorité dans l'affaire du bonnet, 247 ; sa conduite avec les ducs, 249 ; il refuse d'aller à une assemblée de ducs dissidents chez le maréchal d'Harcourt, 252 ; se rend malgré lui à celle qui est tenue pour la dernière fois chez l'archevêque de Mailly, 253 ; comment il fait sortir Pontchartrain du conseil et fait passer sa charge de secrétaire d'État à son fils, 269 et suiv. ; sa rupture avec le comte et la comtesse de Roucy ; à quelle occasion ; sa conduite franche et nette dans cette affaire, 272 et suiv. ; obtient du régent, pour M. d'Ancenis, fils du duc de Charost, la survivance du gouvernement de Calais et la lieutenance générale de Picardie, 305 ; gagné par Louville, il plaide auprès du régent pour Desmarets, 315 et suiv. ; obtient de lui que Desmarets ne sera point exilé ; se réconcilie avec lui ; le reçoit à la Ferté, 317 ; parle au conseil de régence contre le surhaussement des espèces proposé par le duc de Noailles, 319 ; rend à M. du Maine la visite qu'il a reçue de lui, 322 ; voit malgré lui Mme du Maine ; quel est le sujet de leur conversation, 323 et suiv. ; comment il vit avec M. le comte de Toulouse, 325 ; sa réponse à l'abbé Dubois qui vient le prier de demander pour lui au régent une place de conseiller d'État, 326 ; le félicite de l'avoir obtenue et lui donne à ce sujet un bon conseil, 326 ; demande au régent et obtient pour La Vrillière voix au conseil de régence, 339 ; et pour Armenonville la charge de secrétaire d'État des affaires étrangères, mais sans fonctions, 340 ; prend la défense d'Auneuil, maître des requêtes, et obtient du régent qu'il ne sera point inquiété, 348 ; il fait tous ses efforts auprès du régent pour le décider à aller passer les fêtes de Pâques à Villers-Cotterets, afin de prévenir un sacrilége, 359 ; croit y avoir réussi ; mais est bientôt détrompé, 361 ; s'en va à la Ferté passer la semaine sainte, 362 ; ce qu'il pense sur l'Angleterre, 371 ; dans une longue conversation avec le régent, il essaye de le détourner de se lier avec cette puissance, et lui présente pour modèle l'union de l'Autriche avec l'Espagne avant l'avénement de Philippe V ; l'engage à vivre en étroite amitié avec l'Espagne, 374 et suiv. ; le cardinal de Bissy, le prince et le cardinal de Rohan essayent de le gagner au parti de la constitution ; le duc de La Force est détaché par eux pour faire un dernier effort, 411 ; son entretien avec M. de Saint-Simon ; inutilité de ses efforts, 411 ; comment M. de Saint-Simon fait sortir un jour le duc de Noailles du conseil de régence, 413 ; un autre jour il le couvre de confusion ; à quelle occasion, 414 ; le désole de toutes manières, 416 ; comment il empêche le grand prieur d'entrer au conseil de régence, 416; reproche au régent sa conduite avec le parlement; il lui prédit qu'il se verra forcé d'abandonner à cette compagnie toute l'autorité de la régence ou d'avoir recours à des coups de force très-dangereux, 429; lui fait voir les inconvénients du projet de banque proposé par Law; combat ce projet au conseil de régence, 432; il obéit aux ordres du régent qui exige qu'il reçoive chez lui Law une fois par semaine, 433 et suiv.; ses entretiens avec lui, 433 et suiv.; il détourne le régent du projet de rappeler les huguenots en France; raisons qu'il fait valoir, XIV, 4 et suiv.; sollicité par Mme de Coigny, il obtient du régent que son mari entre au conseil de guerre, 33 et suiv.; par considération pour Mme la duchesse d'Orléans, il refuse opiniâtrement d'être un des ducs qui sont chargés de présenter au roi une requête des ducs contre les bâtards; va chez cette princesse la prévenir de la démarche des ducs et la prie de se rappeler ce qu'il lui a dit plusieurs fois à cet égard, avant et depuis la mort du roi, 36; parle fortement à M. le duc d'Orléans sur les princes du sang et sur les pairs contre les bâtards, 37; décide l'évêque-comte de Noyon à signer la requête des ducs en lui promettant de lui faire avoir une grosse abbaye; obtient avec beaucoup de peine du régent celle de Saint-Riquier, 38; comment il est sollicité par le duc de Brancas et son fils le duc de Villars pour demander au régent une nouvelle érection de duché-pairie, 46; parole qu'il reçoit d'eux à cette occasion, 47; il obtient du régent l'érection nouvelle, 48; sur la nouvelle que le duc de Chartres est atteint de la petite vérole, il vient de la Ferté à Paris; sa rencontre avec M. le duc de Noailles chez M. le duc d'Orléans, 51; son entretien avec le prince; autre rencontre avec le duc de Noailles; sa visite à Mme la duchesse d'Orléans; il lui conseille de se servir, pour traiter M. le duc de Chartres, du frère du Soleil, jésuite, apothicaire du collége, 52; il obtient pour le duc de Saint-Aignan, ambassadeur en Espagne, 30 000 livres de gratification, 111; il essaye inutilement de détourner M. le duc de La Force d'entrer au conseil des finances, 114; s'oppose au conseil de régence à ce qu'on délivre des lettres d'abolition au chevalier de Bonneval, 118; dans quels termes il vit avec M. le comte de Toulouse et M. du Maine depuis la requête des ducs, 121 et suiv.; sa dispute avec M. de Troyes au conseil de régence sur l'affaire de la constitution; la prédiction qu'il lui fait à ce sujet se vérifie bientôt à la confusion de M. de Troyes, 165 et suiv.; fait donner la petite abbaye d'Annecy à une sœur de Mme de Saint-Simon, religieuse de Conflans; comment elle reçoit cette nomination, 170; il fait aussi donner une abbaye de Senlis à l'abbé Fourilles dont il veut récompenser la piété filiale, 171; ce qu'il dit au régent sur la nomination de d'Aguesseau à la place de chancelier, 175; son entretien avec lui sur le traité conclu entre la France et l'Angleterre; convention faite entre eux, 187; son avis au conseil de régence sur ce traité; malice faite au maréchal d'Huxelles, 189 et suiv.; il s'oppose dans le même conseil à la proscription des jacobites, 190; empêche la destruction de Marly, 198; mais ne peut empêcher la vente du mobilier, 201; demande et obtient les grandes entrées chez le roi, 201; ce qu'on entend par grandes entrées, 201 et suiv.; il s'oppose à la convocation des états généraux et s'engage à donner au régent un mémoire pour lui déduire ses raisons, 347; texte de ce mémoire dans lequel l'auteur prouve l'inutilité des états généraux pour apporter des remèdes aux finances et pour décider la question relative aux princes du sang et aux bâtards; 2° les dangers de cette convocation dans l'état actuel des choses, surtout dans un temps où l'affaire de la constitution divise le clergé, les parlements, etc.; autres considérations relatives à l'autorité du régent et des trois ordres pris ensemble et séparément, 349 à 402; réflexions de M. de Saint-Simon sur les motifs qui l'ont décidé à faire ce mémoire, 402; il le lit au régent, 405; lui en donne une copie; il n'est plus question d'états-généraux, 406; M. de Saint-Simon refuse d'assister au comité où le duc de Noailles doit lire un long mémoire sur les finances, 407; est nommé malgré lui membre de ce comité, 410; décide M. le duc d'Orléans à acheter le diamant appelé *le Régent*, 417; lui conseille de choisir le maréchal de Tessé pour accompagner le czar Pierre qui vient à Paris, 424; presse le régent de s'unir avec la Russie, 438; force le duc de Noailles à faire son rapport sur l'intendant de Bordeaux; détails curieux à ce sujet, XV, 30 et suiv.; il fait obtenir au maréchal de Tallard la préséance au conseil de régence sur le maréchal d'Estrées, 38 et suiv.; appuie plusieurs fois au comité des finances les avis du duc de Noailles; sa réponse à ceux qui lui en marquent de l'étonnement, 46 et suiv.; comment il se voit entraîné à un dîner avec le duc de Noailles; comment se passe ce dîner, 47; il propose au chancelier de supprimer la gendarmerie et même les gendarmes et les chevau-légers de la garde; raisons sur lesquelles il appuie cette proposition, 48 et suiv.; la prodigieuse faiblesse du régent les fait renoncer tous deux à ce projet, 55; il présente ses fils au régent et au roi; achète pour eux deux régiments, 65; est chargé par Mme la duchesse d'Orléans de négocier avec Pléneuf le mariage d'une fille de M. le duc d'Orléans avec le prince de Piémont, 131; il s'en décharge au bout de quelque temps sur l'abbé Dubois, 132; comment il fait échouer au conseil de régence le projet du duc d'Elbœuf concernant le pays de Lallen, 141 et suiv.; son opinion dans cette affaire, 146 et suiv.; comment les habitants de ce pays lui en témoignent leur reconnaissance, 148, 149; reçoit des demi-confidences de Mme d'Alègre touchant le régent; détails à ce sujet, 154; il essaye deux fois de faire détruire les gabelles; pourquoi son projet échoue, 243 et suiv.; difficulté de faire le bien en France, 245; entretien de M. de Saint-Simon avec le régent sur les entreprises du parlement; colère singulière du prince contre lui, 250 et suiv.; pressé par Law d'achever de perdre auprès du régent le duc de Noailles auquel l'abbé Dubois a déjà porté de rudes coups, il tient à cet égard une conduite prudente et réservée, 254; comment il se comporte avec le maréchal de Villeroy qui travaille aussi à la perte du duc de Noailles, 254; le régent le consulte pour savoir à qui il donnera les finances et les sceaux, 255; il indique M. d'Argenson pour les deux, 257; prie le régent de lui permettre d'avertir et de disposer M. d'Argenson; sa conférence avec ce dernier; il le décide à accepter les deux places, 257; lui demande amitié et secours pour le cardinal de Noailles, 258; essaye de détourner le régent d'accorder au duc de Lorraine ce qu'il demande, 282; combat fortement le rapport que Saint Contest est chargé de faire sur ce sujet et qu'il vient lui communiquer par ordre du régent, 264 et suiv.; s'abstient d'assister au conseil de régence lorsque l'affaire y est présentée, 286; ce qu'il obtient du régent pour les abbayes de la Trappe et de Sept-Fonds; sa conduite avec le duc de Noailles à cette occasion; sa liaison avec l'abbé de Sept-Fonds, 298 et suiv.; il conseille au régent de donner l'archevêché de Cambrai au cardinal de La Trémoille, 302; obtient un régiment pour le marquis de Saint-Simon, son fils, 302; est nommé par le régent chef du bureau chargé d'aviser au moyen de faire sacrer les évêques nommés et de se passer de bulles; par qui il se fait instruire de la matière qu'il a à traiter, 335; il obtient pour M. de Lévi le commandement de Franche-Comté, 339; fait nommer maréchal de camp Yolet, retiré du service depuis treize ans, 343; dans quels termes il vécut avec le premier ministre Fleury, XVI, 265 et suiv.; moyen singulier qu'il emploie pour obtenir du régent une indemnité en faveur de chanoinesses de Denain; détails à ce sujet, 276 et suiv.; son entretien avec le régent sur les entreprises du parlement; conseils qu'il lui donne, 294; conférence tenue chez lui avec le duc de La Force, Law et Fagon, conseiller d'État, par ordre du régent, pour aviser ensemble sur ce qu'il y a à faire, 296; leur embarras, 297; M. de Saint-Simon conseille à Law de se retirer au Palais-Royal; il propose un lit de justice, 297; fait décider qu'il se tiendra aux Tuileries; pourquoi, 298; reçoit une visite de l'abbé Dubois qui entre dans le projet, 299; sa conférence tête à tête avec le régent, 302; il combat l'idée de frapper sur M. du Maine en même temps que sur le parlement, 303; combat aussi celle de chasser le premier président, 305; le garde des sceaux, La Vrillière et l'abbé Dubois interviennent dans la conférence, 306; M. le Duc y est présenté par le régent; le garde des sceaux lit le projet d'un arrêt du conseil de régence et de lettres patentes, en cassation des arrêts du parlement, 307; M. de Saint-Simon reçoit ordre du régent d'aller chez Fontanieu tout faire préparer pour le lit de justice, 307; il rassure Law; se rend chez Fontanieu; contretemps qu'il y éprouve, 308; son entretien avec lui, il lui explique l'objet de sa mission, 309; reçoit une lettre de M. le Duc, 311; son entrevue avec lui; longue discussion entre eux au sujet de M. du Maine, 312 et suiv.; de M. de Charolais et de la régence, en cas de mort de M. le duc d'Orléans, 323 et suiv.; il va au Palais-Royal pour rendre compte au régent de cette conversation; contre-temps qu'il y trouve, 332 et suiv.; son entretien avec le régent, 333; il combat la proposition de M. le Duc relativement à M. du Maine, 334; résolution prise à l'égard de M. de Charolais, 335; suite de l'entretien, 336 et suiv; il manque M. le Duc au rendez-vous qu'ils se sont donné aux Tuileries, 339; comment il fait admettre au conseil de régence MM. de La Force et de Guiche, 342 et suiv.; son entretien avec le régent sur les prétentions de M. le Duc, 344; son entretien avec M. le Duc aux Tuileries; quel en est le résultat, 397 et suiv.; il en rend compte au régent, 353; son inquiétude sur la volonté ferme du prince pour un lit de justice; d'où lui vient cette inquiétude, 354; espérance qu'il conçoit si l'éducation du roi est ôtée à M. du Maine, 358; conférence chez M. le duc de La Force; quel en est l'objet; sage prévoyance de Fagon et de l'abbé Dubois pour le lit de justice, 359; troisième conférence avec M. le Duc dans le jardin des Tuileries; discussion entre eux, 360 et suiv.; il obtient de M. le Duc qu'il demandera au régent la réduction des bâtards à leur rang de pairs avec la même fermeté qu'il demande l'éducation du roi pour lui-même, 371 et suiv.; lui propose une distinction en faveur du comte de Toulouse, 377; rend compte au régent de cette conversation, 385 et suiv.; obtient son approbation pour tout ce qui y a été décidé, 388; l'exhorte à la fermeté, 62; donne avis au régent par un billet d'une cabale du duc du Maine et de plusieurs membres du parlement pour déclarer le roi majeur, 391, 392; sa conférence avec Law, Fagon et l'abbé Dubois sur les mesures à prendre pour le lit de justice, 393 et suiv.; ses vives instances à Millain pour qu'il affermisse M. le Duc dans sa résolution de rendre aux pairs toutes leurs dignités, 396 et suiv.; son entretien avec le régent sur le lit de justice du lendemain, 398; M. le Duc y intervient, 399; M. de Saint-Simon les exhorte à l'union, et insiste de nouveau sur le rétablissement des pairs dans leur rang, 400; sa joie extrême en recevant de Millain l'assurance de M. le Duc que la réduction des bâtards à leur rang d'ancienneté de pairie aura lieu; nouvelle sûreté qu'il exige de M. le Duc, 402; autre conférence chez le régent avec M. le Duc et Millain sur les mesures à prendre pour le lit de justice du lendemain, 404 et suiv.; son opinion sur ceux qui ont le droit d'y délibérer, 407; il confie au duc de Chaulnes le secret du lit de justice et ce qui doit y être décidé, 410; il s'habille en manteau pour se rendre au lit de justice, 413; fait avertir M. le comte de Toulouse d'être sans inquiétude sur ce qui va se passer, 414 (voy. l'art. *Lit de justice*); rentré chez lui après le lit de justice il reçoit un message du régent qui le mande au Palais-Royal; objet de ce message, XVII, 2; il essaye en vain de se défendre d'aller à Saint-Cloud faire part à Mme la duchesse d'Orléans de ce qui s'est passé au lit de justice, 4 et suiv.; est forcé de céder, 6; sa prudence en cette occasion est confondue par celle d'un page, 7; comment il s'acquitte de sa commission auprès de Mme la duchesse d'Orléans; détails curieux à ce sujet, 8 et suiv.; il se rend ensuite chez Madame; lui fait le récit de ce qui s'est passé au lit de justice, 11 et suiv.; retourne chez Mme la duchesse d'Orléans; achève d'écrire sous sa dictée une lettre que cette princesse a commencée et par laquelle elle demande au régent la permission de s'en aller à Montmartre, 13; sa conversation avec Mme de Sforze, 15; retourne au Palais-Royal rendre compte de sa commission; exhorte le régent à traiter Mme la Duchesse avec tous les ménagements que sa douleur exige, 16; reste brouillé avec Mme d'Orléans; va à l'hôtel de Condé; accueil qu'il y reçoit; refuse de se lier avec Mme la Duchesse, 19; sa conversation avec M. de Valincourt, secrétaire général de la marine, attaché à M. le comte de Toulouse; il lui parle franchement sur le choix que le comte a à faire; le prie de parler si fortement à son maître qu'il ne se perde pas pour son frère, et qu'il se trouve le lendemain au conseil de régence, 23; pourquoi M. de Saint-Simon ne profite pas de l'occasion du lit de justice pour faire décider l'affaire du bonnet, 29; il fait part au régent des avis que lui donne Mme d'Alègre sur la cabale qui vient d'être frappée, 31; il obtient du régent la création d'un second lieutenant des galères, pour le chevalier de Rancé, frère de l'ancien abbé de la Trappe, 33; comment il empêche que la démission de la charge de premier gentilhomme de la chambre que le duc de Mortemart envoie au régent soit acceptée, et refuse cette charge qui lui est offerte, 34; il en donne avis à la duchesse de Mortemart la mère; comment il reçoit les remercîments du duc et de sa femme, 35; obtient quelque temps après du régent la survivance de cette charge pour le fils du duc de Mortemart âgé de 7 ans, 36; obtient aussi la survivance des gouvernements de Calais et de Dourlens et la lieutenance générale de Picardie pour le fils du duc de Charost, 37; ses remontrances au régent sur l'inconvénient de casser les conseils de l'administration, 44; comment il empêche au conseil de régence qu'on ne casse l'arrêt du parlement de Rouen concernant l'interdiction prononcée contre plusieurs curés de ce diocèse par l'officialité, 54 et suiv.; obtient du régent que M. de Saint-Aignan, rappelé d'Espagne, entrera au conseil de régence, 59; sa conversation avec le régent dans sa petite loge de l'Opéra sur les subsides secrets à accorder à l'Angleterre contre l'Espagne; il combat de toute sa force le projet de les accorder, 63 et suiv.; autre conversation avec le même au Palais-Royal sur la rupture prochaine avec l'Espagne; il force le régent de convenir qu'elle est impolitique et peut devenir dangereuse pour lui-même, 67 et suiv.; va pendant huit jours au Palais-Royal pour voir le régent et ne peut y parvenir; est mandé par lui quand la rupture est déclarée, 71; comment se passe leur entrevue, 71; averti de se trouver au conseil de régence, il se rend au Palais-Royal et apprend de M. le régent la découverte de la conspiration de Cellamare; se rend au conseil de régence, 82, 83; est mandé au Palais-Royal où se trouvent M. le Duc, le duc d'Antin, le garde des sceaux, Torcy et l'abbé Dubois; on y discute plusieurs choses sur Cellamare, 90; entretien particulier avec le régent, M. le Duc et M. de Saint-Simon, sur M. et Mme du Maine, principaux complices de Cellamare; résolution prise de les arrêter séparément; choix du lieu de leur détention, 91 et suiv.; M. de Saint-Simon entend dans le cabinet de M. le duc d'Orléans la lecture du manifeste contre l'Espagne; son opinion sur cette pièce; noms de ceux qui sont présents à cette lecture, 119 et suiv.; comment il empêche que le grand prieur entre au conseil de régence, 127 et suiv.; sa bienfaisance pour des jésuites maltraités par leurs confrères, 146; le maréchal de Villars le prie de parler au régent et de le faire expliquer sur son compte, 154; M. de Saint-Simon parle au régent qui lui répond tout ce qu'il fallait pour rassurer M. de Villars, 155; ses représentations au régent sur les dangers de la politique de l'abbé Dubois dans l'affaire de M. du Maine, pour son gouvernement et pour sa personne, 159 et suiv.; et sur sa faiblesse inconcevable à l'égard de M. du Maine si coupable envers lui, 162 et suiv.; il est fait chevalier de l'ordre dix ans après cette conversation, avec les deux enfants de M. du Maine, 174; conduite de Mme de Saint-Simon pendant la maladie de Mme la duchesse de Berry, 176 et suiv.; M. et Mme de Saint-Simon refusent les actions que Law leur offre sur le Mississipi, 196; M. de Saint-Simon refuse les mêmes offres du régent, 197; sur les reproches que lui fait ce prince de refuser les bienfaits du roi, il demande le remboursement des anciennes créances de son père et l'obtient, 198; fait rendre à Coettenfao une ancienne pension de 6000 livres, 211; Mme de Saint-Simon, avertie du danger de Mme la duchesse de Berry, se rend à la Muette pour y demeurer, 222; informe le duc d'Orléans du don qu'a fait la princesse de son baguier à Mme de Mouchy; conseille à cette dernière de le porter au régent, 226; fait venir à la Muette M. de Saint-Simon pour être auprès de M. le duc d'Orléans, 229; accompagne le cœur de la duchesse de Berry au Val-de-Grâce; conserve en entier ses appointements, 233; plaisir qu'elle ressent d'être délivrée de la charge qu'elle occupait auprès de Mme de Berry, est attaquée d'une fièvre maligne, 235; se rétablit entièrement à Meudon, 235; M. de Saint-Simon se rend à la Muette pour être auprès de M. le duc d'Orléans pendant les derniers moments de la duchesse de Berry; est chargé par ce prince de tout ce qui doit se faire auprès de la duchesse, 229; comment il le console et le soutient dans ces moments, et parvient à le faire partir de la Muette quand il n'y a plus d'espoir, 231; s'établit à Passy d'où il va presque tous les jours voir M. le duc d'Orléans, 232; lui demande qu'il conserve aux dames de la défunte leurs appointements, comme à Mme de Saint-Simon, 233; va lui-même annoncer cette grâce à ces dames, 233; reste 2 mois sans sortir auprès de Mme de Saint-Simon dangereusement malade, 235; obtient du régent quelques logements au château neuf de Meudon pour l'entier rétablissement de sa santé, 235; il assiste chez ce prince à la lecture d'un mémoire sur la taille proportionnelle, présenté par M. d'Allemans et le petit Renaud, 241; fait nommer Pezé gouverneur de la Muette, 243; comment il fait renoncer le régent à rembourser toutes les charges de justice avec le papier de Law, 253 et suiv.; lui envoie une seconde fois un mémoire sur ce sujet, et le projet est entièrement abandonné, 257; voyant le discrédit où est tombé le conseil de régence, il propose à M. le duc d'Orléans de se choisir un conseil de quatre personnes pour traiter et régler les affaires importantes; raisons qu'il lui donne à ce sujet; il déclare qu'il ne veut point être de ce conseil privé, s'il en choisit un, 286 et suiv.; fait obtenir la survivance de la lieutenance générale de Provence au fils du marquis de Brancas, 290; comment il se lie avec l'abbé de Fleury; genre de cette liaison, 308 et suiv.; méthode d'instruction qu'il lui propose pour le roi, 310; il s'occupe de lui faire avoir le chapeau de cardinal, 312; sa conduite avec le régent à l'occasion de la promotion de M. de Mailly au cardinalat; comment il est la dupe dans cette affaire de l'abbé Dubois et du régent lui-même, 331 et suiv.; son entretien avec le régent sur la proposition que lui fait ce prince de la place de gouverneur du roi; il combat la résolution du régent de chasser le maréchal de Villeroy et refuse l'offre qui lui est faite, 365 et suiv.; obtient 12 000 livres d'augmentation pour son gouvernement de Senlis, 384; il presse plusieurs fois et en vain le régent de nommer un conseil étroit et demande à en être; pourquoi, 384 et suiv.; son entrevue avec le duc de Noirmoutiers à la suite de laquelle il découvre une friponnerie de l'abbé d'Auvergne, 389 et suiv.; sa plaisanterie au conseil de régence au sujet d'un petit chat, 419, 420; dans quels termes il est avec l'abbé Dubois, 426; il exhorte le régent à ne pas aller au sacre de cet abbé, 427; promet au prince d'y aller quoique le seul non invité, si le prince n'y assiste pas, 427; pourquoi il n'y va point, 428; sollicite le régent, au nom des parents du comte de Horn, assassin, d'épargner le supplice de la roue au coupable et de lui faire trancher la tête; raisons qu'il lui fait valoir, 457 et suiv.; en tire la promesse du prince; Law et Dubois font changer la résolution du régent, 448; sa colère en apprenant que le duc de Lorges, son beau-frère, veut épouser la fille du premier président de Mesmes; l'éclat qu'il fait arrête le mariage pour un temps, 459; refuse les sceaux que le régent veut lui donner, XVIII, 10 et suiv.; il reçoit la visite de MM. de La Force et Canillac qui le pressent de la part du régent de les accepter; leur discussion à ce sujet, 12 et suiv.; M. de Saint-Simon persiste à refuser, 15; ses motifs, 16; il s'oppose vivement à ce que le régent renvoie le maréchal de Villeroy et Trudaine, prévôt des marchands, 24; refuse la place de gouverneur du roi, 25; tire du régent la promesse qu'il ne chassera ni M. de Villeroy ni M. de Trudaine, 26; par quoi ce dernier lui témoigne sa reconnaissance, 27; sa conférence avec le régent sur l'état des affaires, 35; il assiste à un petit conseil où la translation du parlement de Paris est résolue, 38 et suiv.; le régent le prie de ne point assister au grand conseil où il se propose de faire enregistrer la constitution *Unigenitus*, 49; M. de Saint-Simon expose en deux mots au prince l'invalidité de cet enregistrement, 50; obtient pour le cardinal de Mailly l'abbaye de Saint-Étienne de Caen, et pour le fils du duc d'Uzès la survivance des gouvernements de Saintonge et d'Angoumois, 69; sa colère en apprenant le mariage du duc de Lorges avec la fille du premier président, 77 et suiv.; il fait à la conservation de Mme de Saint-Simon le sacrifice de son ressentiment et se réconcilie peu à peu avec M. de Lorges et avec le premier président, 79 et suiv.; s'oppose de nouveau à ce que le régent ôte la place de gouverneur du roi au maréchal de Villeroy, 101 et suiv.; refuse obstinément cette place malgré les instances du régent et de M. le Duc, 102 et suiv.; ses longs entretiens avec Millain à ce sujet, 103 et suiv.; comment il met un terme à la persécution qu'il éprouve à cet égard de la part des deux princes, 104; sa conduite envers le maréchal de Villeroy qui, au lieu de lui savoir gré de lui avoir sauvé sa place, redouble de jalousie contre lui, 110; son entretien avec le régent sur l'abbé Dubois; il prouve au prince que Dubois, pour se procurer le chapeau de cardinal, a sacrifié à l'Angleterre les plus chers intérêts de la France; vive impression que produit son discours sur l'esprit du régent, 113 et suiv.; comment il répond aux singuliers reproches que lui fait le régent, 118 et suiv.; lui fait avouer que c'est l'abbé Dubois qui les lui a suggérés, 125; sa conversation avec Torcy sur l'abbé Dubois et sur le moyen à prendre pour décider le régent à l'éloigner de lui, 149; M. de Saint-Simon cède sans se rendre aux raisons de Torcy, 150; ils se rendent tous les deux chez le maréchal de Villeroy; comment ils en sont reçus, 151; M. de Saint-Simon apprend du régent la trahison du maréchal à leur égard, 151; sa réponse ferme calme M. le duc d'Orléans, 152; ce prince lui apprend que le double mariage du roi avec l'infante d'Espagne et du prince des Asturies avec Mlle d'Orléans est arrêté; leur entretien au sujet de l'éducation de l'infante jusqu'à son mariage, 163 et suiv.; M. de Saint-Simon demande l'ambassade d'Espagne pour faire grand d'Espagne son second fils le marquis de Ruffec, et l'obtient aussitôt, 167; demande le secret sur cette ambassade et de n'être chargé d'aucune affaire; pourquoi; 168; obtient pour la dernière sœur de Mme de Saint-Simon l'abbaye de Saint-Amand de Rouen, 168; il va faire visite à l'abbé Dubois lorsqu'il est nommé cardinal; détails sur cette visite, 174; accepte les conditions de raccommodement que cet abbé lui fait proposer par Belle-Ile, 179 et suiv.; comment il s'en trouve dégagé, 188; sa conversation avec M. le Duc concernant le peu de confiance que le régent montre à ce prince, 188 et suiv.; et sur le caractère du roi, 190; il conseille au régent de faire offrir par le roi, à M. de Fréjus, l'archevêché de Reims; pourquoi, 196; presse lui-même inutilement M. de Fréjus d'accepter ce siège, 198 et suiv.; conseille au régent de lui faire donner l'abbaye de Saint-Étienne de Caen, 201; ses efforts auprès du prince pour le faire consentir à donner l'archevêché de Reims à l'abbé de Castries, 203 et suiv.; son ambassade est déclarée dans le cabinet du roi malgré les efforts du cardinal Dubois pour le faire échouer, 229; noms des personnages principaux qu'il doit emmener avec lui, 230; il consulte pour son ambassade le duc de Berwick, Amelot et le duc de Saint-Aignan; lumières qu'il en tire sur l'Espagne, 233 et suiv.; obtient, après beaucoup de peine et de délais, une instruction du cardinal Dubois, 234; quel en est le contenu, 235 et suiv.; ordres qu'il reçoit concernant la préséance et les visites; piège que lui tend le cardinal, 241 et suiv.; incroyable faiblesse du régent à cet égard, 243; il refuse de demander le cordon bleu, 245; refuse aussi de mander à M. de Torcy la démission des postes de la manière dont le cardinal Dubois l'exige, 249; comment il s'y prend, 249; son départ pour Madrid; il rencontre à Vivonne l'ambassadeur d'Espagne, le duc d'Ossone; leur entretien; quel en est le sujet, 251 et suiv.; son séjour à Ruffec et à Blaye, 253; son passage à Bordeaux, 254; sa politesse aux jurats de cette ville, 255; son arrivée à Bayonne; comment il y est accueilli par le commandant Adoncourt et par l'évêque Dreuillet, 255; sa réponse à une lettre de Sartine qui le presse de la part de Leurs Majestés Catholiques de hâter son arrivée, 256; il obtient une audience de la reine douairière d'Espagne; comment elle se passe; portrait physique de cette princesse, 257 et suiv.; il traverse les Pyrénées; visite Loyola, lieu de la naissance de saint Ignace; description de ce lieu et de l'église magnifique que les jésuites y ont bâtie, 259 et suiv.; il arrive à Vittoria; présent qu'il y reçoit; courriers de Sartine pour presser son arrivée à Madrid, 260; il vient à Burgos où son fils aîné tombe malade, 261; se rend en poste à Madrid, 262; visites qu'il y reçoit, 263; il fait sa première révérence à Leurs Majestés et à leur famille; détails à ce sujet, 264 et suiv.; honneurs qu'on lui fait de la part du roi, 267; conduite opposée que tiennent avec lui le duc de Giovenazzo, auparavant Cellamare, et le duc de Popoli, 267; sa visite au marquis de Grimaldo, chargé des affaires étrangères, 268; il lui présente copie des lettres qu'il doit remettre au roi et au prince des Asturies; comment il se tire de l'embarras où le cardinal Dubois l'a voulu mettre à l'égard des lettres, 268, 269; gagne la confiance et l'amitié du marquis de Grimaldo, 272; obtient la première audience particulière du roi, de la reine et du prince des Asturies; leur remet les lettres du roi et de M. le duc d'Orléans, 272, 273; contestation au sujet de témoins que demandent les secrétaires d'État pour la signature du contrat de mariage, 273 et suiv.; comment la difficulté est levée à cet égard par le roi d'Espagne, 276; MM. de Saint-Simon et Maulevrier signent les articles du contrat, 279; bon office que M. de Saint-Simon rend à Laullez, ambassadeur d'Espagne à Paris, 280; son audience solennelle chez le roi, détails sur cette cérémonie, 280 et suiv.; son discours, 284; réponse du roi, 285; audience chez la reine, 288; détails, 289 et suiv.; audience chez le prince des Asturies, 292; par quelle ruse il parvient à précéder le nonce et le majordome, sans les blesser; à la signature solennelle du contrat, 295 et suiv.; sa conduite envers l'ambassadeur Maulevrier qui a voulu le compromettre en présence du roi et de la reine d'Espagne, 303; son étonnement à la vue de l'illumination de la place Major, 307; il va au bal que le roi a fait préparer; description de la salle du bal, 308; trois évêques y assistent en rochet et en camail, 310; M. de Saint-Simon est forcé de danser pour complaire au roi et à la reine, 312; ses dépêches au cardinal Dubois; réponse pleine de louanges mais où perce le dépit, 313 et suiv.; audience particulière qui lui est accordée chez le roi; ce qui s'y passe, 315; il s'ouvre franchement au marquis de Grimaldo et gagne son amitié et sa confiance, en suivant le conseil que le marquis lui donne, 318 et suiv.; va annoncer au roi et à la reine le départ de Mlle de Montpensier pour Madrid, 323; est introduit avec l'ambassadeur Maulevrier dans la chambre à coucher de Leurs Majestés qui les reçoivent étant au lit, 224; tous deux vont porter la même nouvelle au marquis de Grimaldo, 326; M. de Saint-Simon va présenter à l'infante la lettre du roi, 327; il prend ses précautions contre le prince de Rohan nommé pour faire l'échange des princesses de France et d'Espagne, 329; essaye de détourner La Fare de ses prétentions; ce qu'il fait à cet égard est approuvé par le régent, 335 et suiv.; sa conduite envers les Espagnols lui concilie l'estime et la considération de tous, 339 et suiv.; sa visite au P. d'Aubenton; accueil qu'il en reçoit; comment il répond à la proposition que lui fait ce jésuite au sujet d'un confesseur du roi de France, 341 et suiv.; embarras dans lequel le met le cardinal Dubois quant à ses dépenses; comment il s'en tire avec honneur, 243; il se rend à Lerma où le roi et la reine sont allés; description de ce séjour, 344; loge au bourg de Villahalmanza, 345; visite l'Escurial; courte description de ce lieu; ignorance et grossièretés des hiéronimites qui l'habitent, 351; appartement de Philippe II interdit aux curieux, 353; le pourrissoir, 354; sépultures royales, 354; petite scène entre M. de Saint-Simon et un gros moine sur la mort de don Carlos, 355; le panthéon, 355; M. de Saint-Simon retrouve à Villahalmanza son fils aîné convalescent; il est attaqué de la petite vérole et soigné par le premier médecin du roi, 356 et suiv.; sa guérison; sa convalescence, 357; après le mariage du prince des Asturies il reçoit du roi la grandesse de première classe pour lui et un de ses fils et la Toison d'or pour l'autre, III, 260; assiste à la cérémonie de couverture de son fils; description de cette cérémonie, 261 et suiv.; est grand d'Espagne conjointement avec son fils, XVIII, 406; il voit dans le plus grand secret le duc d'Ormond, malgré les ordres précis qu'il a de ne pas le voir, XIX, 16; Sartine et le chevalier Bourck le pressent de procurer la grandesse au secrétaire d'État Grimaldo; sa conduite en cette occasion, 43; il fait une visite à l'ancien ministre Ubilla, 58; sa visite à la marquise de Grimaldo; politesse et dignité des Espagnols, 95; son embarras à la lecture des lettres du régent et du cardinal Dubois qui demandent pour lui la grandesse au roi d'Espagne et au secrétaire d'État de Grimaldo, 100 et suiv.; quel parti prend ce dernier à ce sujet, 103; M. de Saint-Simon prévient le duc de Liria et le marquis de Santa-Cruz sur l'*Altesse* que le prince de Rohan veut se faire donner dans l'acte d'échange des princesses, 107; obtient pour la reine douairière d'Espagne un payement assez gros de l'arriéré qui lui est dû, 114; après sa convalescence il va faire sa révérence et ses remercîments à Leurs Majestés Catholiques; exécute auprès d'elles les ordres qu'il a reçus concernant la Toison d'or que l'empereur a donnée au fils aîné du duc de Lorraine, 115, 116; sa conversation avec Leurs Majestés; histoire que lui fait le roi sur le cardinal de Rohan, 117; sa visite au prince des Asturies, 119; il va saluer Mlle de Montpensier à Cogollos, 120; assiste à la cérémonie de son mariage dans la chapelle du roi à Lerma, 120 et suiv.; après la cérémonie, le roi le fait grand d'Espagne de première classe avec son second fils, et fait son fils aîné chevalier de la Toison d'or, 122; ses remercîments; sa joie;

comment il répond à l'empressement que lui montrent tous les grands d'Espagne, 123; ses remerciments particuliers au marquis de Grimaldo, 124; comment il persuade au roi et à la reine de faire coucher publiquement les nouveaux mariés contre l'usage reçu en Espagne, 125 et suiv.; il informe le marquis de Grimaldo et de Villena de la résolution prise à cet égard par Leurs Majestés, 130; va souper chez le duc del Arco où il mange du jambon de cochon nourri de vipères, 131; se rend au bal de la cour, y danse; des évêques y assistent en rochet et en camail, leur bonnet à la main, 132; est présent au coucher public; à la messe du mariage, 133; dîne chez le duc del Arco, 134; prend congé de Leurs Majestés et du prince des Asturies jusqu'à Madrid; ses lettres au duc d'Orléans, au cardinal Dubois, 140; et au roi, 142; il va voir par ordre réitéré du roi et de la reine d'Espagne la princesse des Asturies malade, 144; rassure Leurs Majestés sur la santé de la famille de M. le duc d'Orléans, 145; il continue à voir la princesse tous les jours; ses lettres à M. le duc d'Orléans et au cardinal Dubois à ce sujet, 146; couverture de son second fils comme grand d'Espagne; festin qui la suit, 146 et suiv.; il annonce au roi et à la reine que le duc d'Ossone a reçu à Paris le cordon bleu, 148; écrit au régent ce qu'il pense de cet envoi du cordon bleu et en quoi il s'est laissé tromper, 151; lui mande le bon effet et la joie que cette distinction accordée au duc d'Ossone a causés à toute la cour d'Espagne, 151; lui reproche la sottise que le cardinal Dubois lui a fait essuyer de la part du cardinal Albani, auquel il a envoyé l'ordre, 152; sa conversation avec le marquis de Grimaldo sur l'envoi de Chavigny en Espagne, 155; il obtient de lui avec beaucoup de peine que le marquis verra Chavigny et fera tout ce qu'il pourra pour le présenter au roi, 156; il reçoit la visite de Chavigny; son entretien avec lui, 159; seconde visite du même; projet de faire passer l'infant don Carlos en Italie avec une garde de six mille hommes, 161; M. de Saint-Simon offre à Chavigny de le présenter au marquis de Grimaldo et au roi, 163; ce qu'il pense du projet de faire passer don Carlos en Italie, 168 et suiv.; il écrit à Belle-Ile sur ce sujet et s'en entretient avec le marquis de Grimaldo, 176, 177; d'après les ordres du cardinal Dubois, il presse le marquis de Grimaldo de faire révoquer la nomination du duc de Bournonville à l'ambassade de Paris et y réussit, 179 et suiv.; ses vaines tentatives pour faire rentrer le duc de Berwick dans les bonnes grâces de Leurs Majestés Catholiques, 184 et suiv.; et pour obtenir la grandesse au duc de Saint-Aignan, 186 et suiv.; ses visites à la princesse des Asturies, 191; il la presse inutilement d'aller au grand bal préparé pour elle, 192; essaye de persuader au roi de faire donner ce bal et d'y assister, malgré la volonté prononcée de la princesse de n'y pas aller, 194 et suiv.; est invité par le roi et la reine à un petit bal particulier, 197; il assiste avec des grands d'Espagne aux premières vêpres de l'anniversaire de la feue reine d'Espagne dite la Saroyana; refuse l'honneur de préséance que les grands veulent lui faire, 203; assiste le lendemain à la messe, 203; va voir la prison de François Ier au palais de Madrid; description de ce lieu, 205 et suiv.; fait un voyage à Tolède; visite le couvent et l'église des cordeliers, 209; conte pieux que lui font les moines, 210; son indignation contre eux de ce qu'ils ont converti en cuisine l'antique salle où se tinrent les conciles de Tolède, 211; lui et sa suite logent à l'archevêché; description, 211; mauvaise nourriture pendant le carême dans les Castilles; M. de Saint-Simon visite la cathédrale de Tolède, 213; entend la messe mozarabique célébrée pour lui, 214; est complimenté par deux chanoines au nom du chapitre; répond en latin au compliment latin qui lui est fait, 216 et suiv.; est servi à ses repas par des domestiques tous vêtus en ecclésiastiques, 218; se rend à Aranjuez; description du château, des avenues et du jardin, 219; fait recevoir son fils aîné chevalier de la Toison d'or; détails à ce sujet, 224 et suiv.; se fait délivrer une expédition en forme de l'acte de célébration du mariage de la princesse des Asturies, 243; lettre que lui écrit le cardinal Dubois pour lui annoncer l'entrée du cardinal de Rohan au conseil de régence, et l'existence d'une cabale contre le régent, 250; examen de cette lettre, 257; lettre de Belle-Ile à M. de Saint-Simon, qui est la paraphrase de celle du cardinal, 260; résolution que prend M. de Saint-Simon dans cette circonstance, 265; il se rend à Balsaïm où sont Leurs Majestés Catholiques, 267; est d'abord reçu froidement; expose au roi le sujet de son voyage, 269; rend compte des fêtes qui ont eu lieu à l'arrivée de l'infante à Paris, 270; reçoit un accueil plus gracieux, se rend à Ségovie, 271; visite son aqueduc et son château, 272 et suiv; retourne à Balsaïm; dîne chez le duc del Arco, 274; accompagne le roi et la reine à la *Granja*, lieu où Philippe V a résolu de se retirer après son abdication, 275; se promène avec eux dans les jardins, 278; sa réponse au cardinal Dubois, 280; et à Belle-Ile, 281; le bruit se répand à Madrid que M. de Saint-Simon se fixe en Espagne, et va être premier ministre; comment il détruit ce bruit, 282; une nouvelle lettre du cardinal Dubois, d'un style entortillé, le confirme dans la résolution qu'il a prise de hâter son départ, 283; il prend congé de Leurs Majestés Catholiques et du prince des Asturies; marques de bonté et de regrets qu'il en reçoit; singulière audience de congé de la princesse des Asturies, 286; ses regrets en quittant l'Espagne; son commerce de lettres avec le marquis de Grimaldo; ses lettres au roi et à la reine d'Espagne en diverses occasions, 289; sa route par Pampelune, Alcala; tombeau du cardinal Ximénès, 290; citadelle de Pampelune, 291; il reçoit à Bayonne une fort belle épée d'or de la reine douairière, 292; reçoit dans cette ville des lettres du cardinal Dubois et de Belle-Ile, écrites d'un style tout différent des précédentes, 293 et suiv.; va voir le duc de Berwick à Montauban; arrive à Bordeaux; donne à souper aux jurats de la ville, 295; rencontre Mme de Saint-Simon à Chartres; y reçoit la visite de Belle-Ile, 298; comment il combat et rejette la proposition qu'il lui fait de dépouiller le duc de Noailles de sa charge de capitaine des gardes, 299 et suiv.; il arrive à Paris; va au Palais-Royal; est conduit chez le régent par le cardinal Dubois, 300; long entretien entre eux trois, 300; il se démet de sa pairie en faveur de son fils aîné et lui fait présent des pierreries qui environnaient le portrait du roi d'Espagne que le marquis de Grimaldo lui avait remis de la part de ce prince, 302; va voir le cardinal de Noailles; confidence qu'il lui fait; fait visite à tous les membres du conseil de régence qui se sont retirés depuis l'entrée des cardinaux à ce conseil; va voir à Fresnes le chancelier une seconde fois exilé, 303; marie sa fille à M. le prince de Chimay, 316; ses vains efforts auprès du régent pour empêcher l'exil du duc de Noailles, 319 et suiv.; sa présence chez M. le duc d'Orléans au moment où le cardinal Dubois vient se plaindre de la scène violente que le maréchal de Villeroy lui a faite, 331; pressé par le régent de donner son avis sur le parti à prendre contre le maréchal, il opine pour le faire arrêter, 332; son avis dans un autre entretien avec le régent et M. le Duc, 337; il est envoyé chez le cardinal Dubois pour raisonner et résoudre la manière de faire arrêter le maréchal, 340; quelle compagnie il trouve avec le cardinal, 340; discussions qui ont lieu, 342; il est mandé par le cardinal Dubois à Versailles; pourquoi, 348; ce qu'il répond à Belle-Ile chargé par le cardinal de le prier de le servir pour être déclaré premier ministre, 358 et suiv.; sa conversation avec le régent sur ce sujet; ses raisons pour détourner le prince de faire un premier ministre, 362 et suiv.; second entretien sur le même sujet, 372 et suiv.; il expose au prince le danger d'avoir un premier ministre et lui en apporte des preuves historiques, 375 et suiv.; ce qu'est un premier ministre, 382 et suiv.; quel est le prince qui fait un premier ministre, 385 et suiv.; réponse que fait M. de Saint-Simon à Belle-Ile en sortant du cabinet du régent après ce second entretien, 389; il s'en va à Meudon où il apprend le lendemain que le cardinal Dubois est déclaré premier ministre, 390; son indignation de l'effronterie du cardinal, 390; il se rend à Versailles où il est guetté par le cardinal; comment il répond aux protestations que lui fait le premier ministre, 391 et suiv.; il s'explique avec le régent et le cardinal Dubois sur le rang que les ducs doivent avoir à la cérémonie du sacre du roi; demande une convention par articles et signée double du régent et en présence de plusieurs ducs, 405; ne pouvant l'obtenir, il refuse d'aller à Reims, 406; et à Villers-Cotterets après le sacre; part pour la Ferté, 407; y reçoit la visite de La Fare et de Belle-Ile qui lui font part de leur inquiétude sur les suites de l'affaire de La Jonchère, 421; conseils qu'il donne à Belle-Ile, 421; il ne va plus chez le régent qu'avec répugnance; pourquoi, 431; il renvoie son brevet des grandes entrées sans se plaindre ni en dire un mot au cardinal Dubois ni à M. le duc d'Orléans, 444 ; le rétablissement des princes bâtards dans une partie de leurs honneurs et distinctions achève de l'éloigner du cardinal et de M. le duc d'Orléans, 446 ; ses raisons pour détourner ce prince de faire déclarer La Vrillière duc et pair, 467 ; il reçoit une visite de La Vrillière qui le prie de ne pas le desservir dans cette affaire ; comment il lui répond, 471 ; il apprend à La Ferté la mort du cardinal Dubois et celle du premier président de Mesmes ; revient à Versailles ; son entrevue avec M. le duc d'Orléans, XX, 21 ; ce prince lui rend toute son ancienne confiance, 22 ; effrayé du mauvais état de la santé de M. le duc d'Orléans et prévoyant sa mort prochaine et subite, il va trouver M. de Fréjus à qui il conseille de prendre ses mesures pour remplir la place de premier ministre à la mort de ce prince, 29 et suiv. ; leur conversation à ce sujet, 621 et suiv. ; sa douleur et son abattement à la nouvelle de la mort de M. le duc d'Orléans, 31 ; il va rendre visite à Mme la duchesse d'Orléans ; puis à M. le duc de Chartres ; comment il est reçu de ce dernier, 74 ; son entretien avec M. le Duc, premier ministre, 75 ; il se fixe à Paris, 76 ; termine ses Mémoires ; son amour pour la vérité en les composant et dans toute la conduite de sa vie, 89 ; jusqu'à quel point il a été impartial, et comment un écrivain peut l'être, 90 ; quel effet il prévoit que produira la lecture de ses Mémoires s'ils voient jamais le jour, 91, 92 ; les conversations qu'il raconte avoir tenues ne sont point factices, mais réelles et plutôt en deçà qu'au delà de la force qu'il y a mise, 92 ; ce qu'il pense de son style, 94.

SAINT-SIMON (Mme de), fille aînée du maréchal de Lorges, est déclarée dame d'honneur de Mme la duchesse de Berry, VIII, 320. Voy. l'art. précédent pour tout ce qui concerne Mme de Saint-Simon.

SAINT-SIMON (le marquis de), capitaine et brigadier dans les gardes, meurt presque subitement, X, 222 ; le duc de Saint-Simon présente au roi le fils du marquis et le roi lui donne une lieutenance aux gardes, 222.

SAINT-SIMON (l'abbé de), obtient du régent l'abbaye de Jumièges, XIII, 135.

SAINT-SULPICE-CRUSSOL (le marquis de), épouse la fille du comte d'Estaing, XII, 52.

SAINT-SYLVESTRE, est nommé directeur général des troupes en Italie, I, 225.

SAINTE-MESME, grand géomètre, profond en algèbre, connu par son livre *Des infiniment petits*, meurt en 1704, IV, 242.

SAINTRAILLES, commandant des écuries de M. le Duc, reçoit ordre du roi de demeurer auprès de son fils, comme il était auprès du père, VIII, 122 ; sa mort ; son habileté au jeu de trictrac et à tous les jeux ; son caractère, XI, 24 ; il donne tout son bien à sa nièce, 24.

SAINT-VALLERY (Mme de), est faite dame d'honneur de Mme la duchesse du Maine ; sa famille ; sa vertu ; sa piété ; elle se retire de la cour où elle est regrettée, I, 35.

SAINT-VALLIER, ancien capitaine de la porte, meurt à Grenoble où sa femme règne sur les cœurs et sur les esprits, II, 292.

SAINT-VIANCE, lieutenant général et gouverneur de Cognac, reçoit du régent 50000 livres et 2000 de pension sur son gouvernement qui est donné à Rion, amant de la duchesse de Berry, XV, 139.

SALA, évêque de Barcelone est nommé cardinal, sur les instances de l'archiduc et malgré les oppositions de Philippe V ; bassesse de sa naissance ; comment il devient évêque, X, 306 ; XII, 70 et suiv. ; sa mort, 71.

SALAZAR, major des gardes du corps et lieutenant général, en Espagne, est soupçonné dans le monde d'avoir emprisonné sa femme ; est nommé gouverneur d'un infant, XIX, 29.

SALE, ce que c'était, IX, 169, note.

SALERNE (le P.), jésuite italien, est nommé cardinal ; il fait la conversion de l'électeur de Saxe devenu roi de Pologne et celle du prince son fils ; son caractère, XVII, 323 et suiv. ; meurt à Rome chez les jésuites, 325.

SALLE (La), voy. *La Salle*.

SALM (le prince de), grand maître de la maison du roi des Romains, fait le mariage de ce prince avec la deuxième fille de la duchesse d'Hanovre, II, 274 ; meurt à Aix-la-Chapelle retiré de la cour, IX, 2.

SALVATIERRA, *Sarmiento y Sotomayor* (le comte), grand d'Espagne, XVIII, 466.

SANADON (le P.), jésuite, présente au duc de Saint-Simon le P. Tellier, confesseur du roi, VII, 55.

SANDRALKI et SEREB, colonels de hussards, sont conduits à la Bastille, comme complices de la conspiration de Cellamare, XVII, 87.

SANDRICOURT (le marquis de), élevé par le duc de Saint-Simon, lui doit une partie de son avancement, XIII, 228; sa conduite avec lui à l'occasion de son mariage, 231; son ingratitude, 233; ce qu'il devient par la suite, 233.

SAN-ESTEVAN, membre du conseil d'Espagne, persuade le cardinal Portocarrero de faire chasser le confesseur du roi qui lui a été donné par la reine, III, 13; est nommé majordome-major de la nouvelle reine d'Espagne, III, 216; sa belle action au siège de Brihuega; il prend de sa main quelques-uns des généraux ennemis qu'il échange ensuite avec son père pris à Gaëte, VIII, 437; il meurt vieux et fort considéré, XVIII, 452.

SAN-ESTEVAN DEL PUERTO, *Benavidez* (le comte), frère du précédent, grand d'Espagne; son fils est premier ambassadeur plénipotentiaire d'Espagne de Cambrai et grand écuyer du prince au congrès des Asturies, XVIII, 452.

SAN-ESTEVAN DE GORMAZ, *Acuna y Pacheco* (le comte), fils du marquis de Villena, grand d'Espagne, fort distingué par sa valeur et ses actions, XVIII, 452; voy. aussi *Villena*.

SANGUINET, exempt des gardes du corps, est tué dans une attaque, près de l'abbaye d'Heylesem, I, 90.

SANTA-CRUZ (le marquis de), est nommé majordome-major de la reine d'Espagne, XI, 255; grand d'Espagne; historique sur sa maison, XVIII, 430; ses deux procès perdus pour une cause contraire; comment il est tiré de sa solitude et produit à la cour, 434; son extérieur; son caractère, 435; par sa fermeté, il détruit les prétentions du prince de Rohan au titre d'Altesse dans l'acte d'échange des princesses futures épouses du roi de France et du prince des Asturies, XIX, 107 et suiv.

SANTEUIL, chanoine régulier de Saint-Victor, célèbre par ses poésies latines; son caractère, II, 41; comment il est traité dans la maison de Condé; sa mort causée par M. le Duc, 42.

SANTO-BUONO, *Caraccioli* (le prince de), d'une grande maison napolitaine; grand d'Espagne; historique sur cette maison, XVIII, 411; ce prince découvre au Pérou une herbe qui guérit de la goutte, 412.

SANTO-BUONO (la princesse de), est nommée dame du palais de la reine d'Espagne, XI, 256.

SARTINE, intendant général de la marine en Espagne; son origine, son extérieur, sa capacité, XVIII, 231; est persécuté par Albéroni; sort de prison après la chute de ce ministre, ses qualités; il devient intendant de Barcelone, 232.

SASSENAGE, premier gentilhomme de la chambre de Monsieur, épouse Mme de Morstein, fille du duc de Chevreuse, du petit troupeau de Mme Guyon, et de M. de Cambrai, II, 169.

SASSINET, neveu du baron de Lisola, chargé de procurations de l'empereur, fomente une révolte à Naples; est pris; ses principaux complices, le prince de Muccia et le duc de Telena, se sauvent, III, 332.

SAUMERY, gouverneur et capitaine des chasses de Chambord et de Blois, meurt à 86 ans; VII, 199; son extraction; fortune de son père; ses enfants, 200; notes de M. le marquis de Saumery, relatives à Joanne de La Carre de Saumery, son ancêtre, II, 452; VII, 448.

SAUMERY, est nommé menin de Mgr le duc de Bourgogne, II, 330; son origine; il sert quelque temps subalterne; est blessé au genou d'un coup de mousquet; son caractère bas, orgueilleux et ambitieux, 331; il parle des personnages les plus distingués comme de ses égaux et de ses amis particuliers; sa femme le gouverne et devient maîtresse publique et absolue de M. le duc de Duras, 332; il accompagne à l'armée Mgr le duc de Bourgogne, III, 412; autres traits de son caractère, VII, 200 et suiv.; il se met dans la cabale de M. de Vendôme; s'attache ensuite à M. du Maine, 203; il obtient pour son fils la survivance de sa place de sous-gouverneur du roi, XVIII, 185.

SAUMERY (Mme de), femme du gouverneur de la Bastille, succède à Mlle de Bauffremont chez le maréchal de Duras; son esprit; son effronterie; elle gouverne le maréchal et tout son domestique; à sa mort elle est chassée de l'hôtel de Duras par le curé de Saint-Paul; son extérieur, IV, 364.

SAUNIERS (faux), marchant armés par troupes sont pris en divers endroits du royaume et envoyés aux îles d'Amérique, V, 201; des cavaliers, des dragons, des soldats, par bandes de 200 ou 300, font le faux saunage à force ouverte; désordres causés par eux en divers endroits; comment ils sont réprimés, VI, 125; combat dans la forêt de Chantilly entre eux et des archers et des Suisses; ils sont battus; leur sel est pris; leurs prisonniers sont branchés, XVI, 280; leur nombre augmente et grossit et commence à donner ses inquiétudes; on soupçonne qu'ils ont des conducteurs inconnus, XVII, 56, 57; Mezières, lieutenant général est envoyé contre eux pour les dissiper, 57; ils mettent les armes après la détention de M. du Maine, 119.

SAURION et LA TOUANE, trésoriers de l'extraordinaire des guerres, font banqueroute et sont mis à la Bastille, III, 156.

SAUVEBOEUF, colonel de Blésois, est tué au siège de Barcelone, XI, 158.

SAVARY, bourgeois de Paris, frère de l'évêque de Séez, est trouvé assassiné chez lui avec un valet et une servante également assassinés; la cause de cet assassinat reste inconnue; on n'ose approfondir l'affaire, II, 278, 279.

SAVOIE (la princesse de), fille du duc Victor-Amédée, destinée en mariage au duc de Bourgogne, est amenée en France; son arrivée au pont Beauvoisin; personnes de sa suite; elle se sépare de toute sa maison italienne; incidents qui prolongent son séjour dans ce lieu, I, 388; elle vient à Montargis où le roi la reçoit et la présente à Monseigneur, à Monsieur et au duc de Chartres; ses gentillesses, ses flatteries, 389; est conduite à Fontainebleau; y reçoit toute la cour, 390; son appartement à Versailles; elle est appelée *la princesse* jusqu'à son mariage; devient la poupée du roi et de Mme de Maintenon qu'elle charme par son esprit et ses manières, 391. Voy. *Bourgogne* (duchesse de).

SAXE (le comte de), bâtard du roi de Pologne et de Mlle de Kœnigsmarck, passe au service de France et est fait maréchal de camp, XVIII, 48.

SAXE-GOTHA (le prince de), est blessé à l'attaque de Toulon, VI, 96.

SAXE-ZEITZ (le duc de), évêque de Javarin, est promu cardinal, V, 113.

SCARRON (Mme), après la mort de son mari, est introduite à l'hôtel d'Albret où elle plaît infiniment par son esprit et ses manières douces et respectueuses; elle y connaît la duchesse de Richelieu qui la présente à Mme de Montespan, I, 367; devient gouvernante des enfants que cette dame a du roi; n'oublie jamais le berceau de sa fortune et ses anciens amis de l'hôtel d'Albret, 368; sa naissance; son séjour chez Mme de Navailles; son arrivée à Paris; son mariage; ses connaissances, XIII, 7; par qui elle est entretenue après la mort de son mari; son introduction à l'hôtel d'Albret; quels personnages elle y connut, 8; elle devient gouvernante des enfants du roi et de Mme de Montespan; le roi ne peut d'abord la souffrir, 11; elle obtient de lui de quoi acheter la terre de Maintenon; anecdote à ce sujet, 12. Voy. *Maintenon*.

SCEAU. Règlement fait par Louis XIV, à la mort du chancelier Séguier, pour la tenue du sceau, X, 451.

SCHAFFIROF, vice-chancelier du czar, remet à Kniphausen, ambassadeur de Prusse à Paris, le projet d'un traité à faire entre leurs maîtres; quel en est l'objet principal, XV, 5; assurances qu'il donne aux envoyés de Pologne que le czar ne fera jamais d'accommodement avec la Suède, sans la participation de leur roi, 6; lui et le czar son maître font valoir au régent et au roi d'Angleterre l'exécution d'une résolution qu'ils ne pouvaient plus différer, 17.

SCHAUB, Suisse de nation, envoyé d'Angleterre à Vienne, est loué par les ministres anglais d'avoir fait consentir l'empereur à signer le traité de Londres, XVI, 7; il vient en France rendre compte de sa négociation et présente au régent un nouvel article que l'empereur a ajouté au traité, 206; sa liaison avec M. et Mme de La Vrillière; il devient amoureux de celle-ci; entre dans ses vues pour procurer à son mari le duché-pairie; moyens concertés entre eux pour faire réussir cette entreprise, XIX, 464; il sonde à ce sujet le cardinal Dubois, en reçoit la promesse de le favoriser, 467; l'assure que le roi d'Angleterre et ses ministres auront l'affaire très-agréable, 468.

SCHELDON, autrefois sous-gouverneur du roi Jacques III, accompagne ce prince dans son entreprise sur l'Écosse; ses qualités; sa fidélité, VI, 191; devenu aide de camp de M. de Vendôme, il fait la capitulation de la citadelle de Gand et en porte la nouvelle au roi, 208.

SCHOMBERG (le duc de), meurt des blessures qu'il a reçues à la bataille de Marsaille, I, 106, 107.

SCHOMBERG (le duc de), meurt près de Londres, à 79 ans; sa naissance, XVII, 219; ses services; son mariage, 220.

SCHOMBORN (le comte de), vice-chancelier de l'empire, se bat en duel avec le comte de Windisgratz, XIV, 192.

SCHULEMBOURG, commandant 20 000 Saxons ou Moscovites, est entièrement défait par 12 000 Suédois, commandés par Rinschild; il se sauve seul et blessé, V, 146.

SCIPION (le comte), fils du comte Bozelli, entre au service de France où il devient lieutenant général; son caractère, V, 101.

SCOTTI, chargé d'affaires du duc de Parme à Madrid, est aimé de la reine sans en être estimé; son extérieur; il devient gouverneur du dernier des infants; obtient la Toison d'or, la grandesse et l'ordre du Saint-Esprit, XIX, 79.

SEBEVILLE (le chevalier de), chef d'escadre, périt à Toulon dans un précipice, VI, 95.

SEBEVILLE, officier général, meurt fort vieux; son ambassade à Vienne; son caractère, X, 17.

SEBRET, commandant d'une brigade à la bataille de Castiglione, est fait brigadier, V, 250.

SÉCHELLES, maître des requêtes, ami intime de Le Blanc, est enveloppé dans l'affaire de La Jonchère et comparaît devant la chambre de l'Arsenal, XIX, 463.

SECRÉTAIRE des dépêches universelles en Espagne; quelles sont ses fonctions, III, 104.

SECRÉTAIRES D'ÉTAT, de leurs attributions sous l'ancienne monarchie, II, 43, note: de leur origine et de leurs départements, IX, 446.

SEDAN (princes de), historique sur l'état de ces princes jusqu'au maréchal de Bouillon, auparavant vicomte de Turenne, V, 299 et suiv.; Sedan ne fut jamais une souveraineté, 302; preuves, 302.

SÉGOVIE, son bel aqueduc, XX, 272; description de la ville et du château, 272.

SEGRAIS, poète, élevé chez Mlle de Montpensier, meurt fort vieux, III, 153.

SÉGUIER (le chancelier), par sa conduite politique, lors des intelligences de la reine, femme de Louis XIII, avec l'Espagne, s'assure pour toujours la faveur de cette princesse, I, 70.

SÉGUR, capitaine de gendarmerie, a une jambe emportée à la bataille de Marsaille, I, 107; est nommé gouverneur du pays de Foix; sa galanterie; son amour pour l'abbesse de la Joye; quel en est le résultat, III, 185; les deux fils de M. de Ségur, 186.

SÉGUR, maître de la garde-robe de M. le duc d'Orléans, épouse la bâtarde non reconnue de ce prince et de la comédienne Desmares; obtient la survivance du pays de Foix qu'avait son père, XVII, 38.

SEIGNELAY, fils du ministre et secrétaire d'État, maître de la garde-robe du roi, épouse une fille de la princesse de Fürstemberg, VI, 159; sa mort, X, 163; jalousie de Louvois contre lui, XI, 502.

SEIGNELAY (Mme de), son portrait physique et moral, I, 302; outrée d'avoir été rebutée par M. de Luxembourg, elle se marie avec M. de Marsan, 303.

SEIGNELAY (l'abbé de), troisième fils du ministre secrétaire d'État; épouse la fille de Walsassine, officier général de la maison d'Autriche, et en secondes noces une fille de Biron, XIV, 208.

SEIGNELAY-WALSASSINE (Mme de), meurt en couches; son mari vend au roi la belle bibliothèque de Colbert son grand-père, XVII, 143.

SEISSAC (M. de), grand maître de la garde-robe du roi, épouse dans sa vieillesse la jeune sœur du duc de Chevreuse; sa richesse; son adresse au jeu inspire de la défiance, II, 112; exemple de cette adresse, 112; il reçoit ordre de quitter sa charge et de s'en aller chez lui; Monseigneur et Monsieur obtiennent plus tard la permission que Seissac puisse jouer avec eux; ses singularités; son aversion pour le deuil; à sa mort personne ne le porte pour lui, 103; IV, 436.

SELVE (le chevalier de), commandant à Saint-Venant, fait des sorties sur les ennemis, VIII, 362; est forcé de capituler, 363.

SENECEY (Mme de), dame d'honneur de la reine; est exilée; pourquoi, I, 70; est ensuite rétablie; la comtesse de Fleix, sa fille, obtient sa survivance; toutes deux deviennent duchesses, 70; voir aussi IV, 195.

SÉNÉCHAL, jusqu'en 1191 le premier des grands officiers de la couronne; quand supprimés, VII, 409; note.

SENOZAN, homme de rien, mais fort riche, épouse la fille de Variville, ancien capitaine de gendarmerie, V, 55.

SÉRANCOURT, capitaine aux gardes, tue en duel Saint-Paul, aussi capitaine aux gardes; est cassé; vit près de cent ans dans une santé parfaite, VI, 117.

SÉRAPHIN, capucin, plaît extrêmement au roi par ses sermons; de lui est venu ce mot : *Sans Dieu point de cervelle*, I, 322; saillie de M. de Vendôme au roi qui lui reproche de ne pas aller aux sermons du P. Séraphin, 322.

SERCLAES (le comte de), est appelé de Flandre en Espagne par le roi pour y commander ses troupes, IV, 207; est nommé capitaine de la compagnie wallone des gardes du corps, 210; arrête le marquis de Legañez dans les jardins du Retiro, V, 24.

SÉRIGNAN, gouverneur de Ham, meurt à 94 ans, depuis longtemps retiré, XVIII, 159.

SERIN (le comte de), vice-roi ou ban de Croatie, un des principaux chefs de la révolte de Hongrie; sa fortune; sa mort, X, 296 et suiv.

SERMENTS prêtés par les différents officiers civils et militaires d'Espagne; entre les mains de qui, XIX, 28 et suiv.

SERMONETTA, *Gaetano* (le prince de), de Naples, grand d'Espagne, XVIII, 419.

SÉRON, médecin domestique du ministre Louvois, sa mort étrange prouve qu'il avait empoisonné son maître, XIII, 423 et suiv.

SERRANT, ancien maître des requêtes et surintendant de Monsieur, meurt retiré en Anjou; son extraction; sa famille, IX, 420.

SERVI (le docteur), médecin de Rome, est appelé à Madrid pour traiter le roi d'Espagne, XV, 228.

SERVIEN (l'abbé de), frère de la feue duchesse de Sully est exilé; pourquoi; est rappelé de son exil; son esprit; son caractère; ses goûts bas et obscurs; il meurt chez un danseur de l'opéra, X, 224; XI, 29.

SERVIENT (l'abbé), fils du surintendant et reste de tous les Servient, meurt subitement, XIV, 51.

SERY (Mlle de), fille d'honneur de Madame, est aimée de M. le duc d'Orléans; son extérieur; son caractère; devenue grosse, elle est renvoyée de chez Madame; se fait une petite cour au Palais-Royal; obtient du duc que son fils soit légitimé, V, 207; comment elle devient dame et comtesse d'Argenton, 208; se rend avec Mme de Nancré à Lyon, à Grenoble, 252; elles y voient secrètement le duc d'Orléans blessé à la bataille de Turin; au bout de six jours sont renvoyées par le prince, 252. Voy. *Argenton* (Mme d').

SESSA, *Folch Cardone* (le duc de), grand d'Espagne, historique sur sa maison, XVIII, 406.

SEURRE (le curé de), ami de Mme Guyon convaincu d'abominations par suite des erreurs de Molinos, est brûlé par arrêt du parlement de Dijon, II, 176.

SÉVIGNÉ (Mme de), meurt en 1696; son amabilité et ses grâces, I, 321.

SÉVIGNÉ, fils de Mme de Sévigné, meurt sans enfants, retiré dans le faubourg Saint-Jacques; sa piété; son caractère, X, 363.

SÉZANNE, frère de père du duc d'Harcourt, et de mère de la duchesse, épouse la fille de Nesmond, lieutenant général des armées navales, IV. 21; meurt d'une maladie de langueur qu'on soupçonna un poison lent; son caractère; le duc d'Harcourt lui avait fait donner en Espagne la Toison qui passe successivement aux deux fils du duc, XI, 233; XII, 51.

SFONDRAT, abbé de Saint-Gall, auteur d'un ouvrage dogmatique dénoncé à la cour de Rome, I, 438.

SFORCE (la duchesse de), possède le cœur et l'esprit de Mme la duchesse d'Orléans; de qui elle était fille; digression sur l'origine et la maison des Sforce, XII, 120; caractère de la duchesse, 121; elle recherche M. et Mme de Saint-Simon et se lie d'amitié avec eux, 122.

SHREWSBURY (le duc de), est nommé ambassadeur en France, X, 256; il arrive à la cour avec la duchesse sa femme; de qui celle-ci était fille, 315; son extérieur; elle fait changer la coiffure des dames de la cour, ce que le roi n'avait pu faire, 316; le duc et la duchesse prennent congé du roi d'une manière inusitée aux ambassadeurs, X, 428.

SILLERY (Mme de), sœur de M. de La Rochefoucauld, l'ami de Mme de Longueville, meurt à Liancourt, II, 103; ses enfants, 103.

SILLY, lieutenant général, prisonnier de guerre à la bataille d'Hochstedt, est envoyé par le maréchal Tallard, avec la permission du duc de Marlborough, pour rendre compte au roi de la perte de cette bataille; sa naissance; sa fortune; son extérieur; ses qualités; son ambition; il s'insinue dans les parties de M. le duc d'Orléans qui lui procure un rapide avancement, IV, 315; comment il est fait d'abord brigadier; il s'attache à M. le prince de Conti et à M. de Tallard, 315; avec lequel il se brouille dans la suite; comment il s'enrichit pendant le système de Law, 516; il plaît à M. de Morville, secrétaire d'État des affaires étrangères; ses espérances s'évanouissent à la chute de M. le Duc; il cherche à s'insinuer auprès du cardinal Fleury, 317; n'y peut réussir; éclate contre lui, 318; se retire dans son château; comment il termine sa vie, 319; fait une sottise qui fâche extrêmement le roi, 320; il obtient d'être mis dans le conseil des affaires du dedans, XV, 346; sa conduite impudente au Palais-Royal, XVIII, 38.

SIMIANE, premier gentilhomme de la chambre de M. le duc d'Orléans, obtient la lieutenance générale de Provence, XIII, 184; sa mort; sa charge est donnée à son frère, XV, 268.

SIMIANE, évêque de Langres; sa bonté; son amour pour le jeu; anecdote à ce sujet; il meurt fort vieux, en 1695, II, 224.

SIMIANE (Mme de), fille du comte de Grignan, est nommée pour accompagner Mlle de Valois à Modène, XVII, 409, 411.

SIMON, auteur d'une foule d'ouvrages ecclésiastiques, condamnés par des instructions pastorales du cardinal de Noailles et de M. de Meaux, donne lieu à une querelle entre le chancelier et les évêques touchant le privilége de l'impression des ouvrages de doctrine, IV, 65.

SIMONIE, note explicative, IX, 32.

SOBIESKI (les princes Alex. et Const.), ne pouvant obtenir en France les distinctions dont ils s'étaient flattés, refusent l'ordre du Saint-Esprit et s'en retournent en Pologne, II, 3.

SOBIESKI (Alexis), second fils du roi de Pologne; meurt à Rome; le pape lui fait faire de magnifiques obsèques, XI, 256.

SOBIESKI (Jean), roi de Pologne, meurt subitement, en 1696, I, 341; prétendants à sa succession; leurs noms; leurs titres, 399 et suiv.; son mariage avec Mlle d'Arquien, VI, 69; ses victoires sur les Turcs et les Tartares; il délivre Vienne; son énorme embonpoint, 71.

SOBIESKI (Jacques), gouverneur de Styrie et fils aîné du fameux Jean Sobieski, roi de Pologne, marie sa fille au prétendant Jacques III; l'empereur lui ôte la pension qu'il lui faisait et lui envoie ordre de sortir de ses États, XVII, 49; son épouse meurt à cinquante ans; sa haute naissance, XIX, 325.

SOBIESKI (la fille aînée de Jacques), arrêtée avec sa mère à Inspruck par ordre de l'empereur, se sauve de cette ville et arrive à Bologne, où elle est épousée par lord Murray, chargé de la procuration du roi Jacques; est reçue à Rome et traitée en reine, XVII, 211.

SOISSONS (le comte de), est blessé au siége de Landau et meurt peu de jours après; sa naissance; sa famille, IV, 7; il fut élevé en France avec le prince Eugène et d'autres frères, par la princesse de Carignan, sa grand'mère, 8; son caractère; son mariage avec la fille bâtarde de La Cropte - Beauvais, écuyer du grand Condé; entre au service de l'empereur; ce que devient sa femme après sa mort; ses enfants, 8; note rectificative à M. le duc de Saint-Simon par M. de Chantérac pour établir qu'Uranie de La Cropte-Beauvais était fille légitime de La Cropte-Beauvais et de Charlotte Martel, IV, 441.

SOISSONS (la comtesse de), nièce de Mazarin et mère du prince Eugène, meurt à Bruxelles dans le plus grand délaissement; splendeur dans laquelle elle vécut d'abord, VI, 441; pourquoi elle fut chassée de la cour; comment elle y revint; fut mêlée dans l'affaire de la Voisin; soupçonnée d'avoir empoisonné son mari; passa de Flandre en Espagne: son commerce avec l'ambassadeur d'Allemagne, comte de Mansfeld; son intimité avec la reine d'Espagne, 442; elle l'empoisonne dans du lait; se sauve en Allemagne; revient en Flandre, où elle meurt dans l'opprobre, 443; rectification de plusieurs passages de Saint-Simon, qui a toujours traité la comtesse de Soissons avec une sévérité excessive, VIII, 449.

SOISSONS (la comtesse de), veuve du comte de Soissons tué devant Landau, est chassée de Savoie; vient à Grenoble; demande une retraite à Saint-Cyr; arrive à Nemours, d'où elle s'en va par ordre du roi dans un couvent de Lyon, VI, 124; sa mort, XV, 139; ses enfants, 140.

SOISSONS (le chevalier de), vieux bâtard obscur du dernier comte de Soissons; appelé auprès de Mme de Nemours, qui le fait nommer prince de

Neuchâtel; est marié à la fille de M. de Luxembourg, I, 229.

SOISSONS (Mlles de), sœurs du comte de Soissons et du prince Eugène de Savoie, pour la conduite étrange qu'elles tiennent à Paris, reçoivent défense de voir la princesse de Savoie, I, 391; l'une est menée aux filles de Sainte-Marie, à Paris; l'autre dans un couvent en Bavière; leur frère aîné, le comte de Soissons, mène une vie errante, II, 100.

SOLARI, commandant l'arrière-garde du comte de Staremberg, est tué au combat de l'Orba, IV, 245.

SOLEIL (le frère du), jésuite, apothicaire du collége des jésuites, guérit M. le duc de Chartres de la petite vérole; son habileté; sa simplicité; sa douceur, XIV, 52.

SOLFERINO, Gonzague (le duc de), grand d'Espagne; sa pauvreté; son extérieur; comment il devint grand; ses deux mariages, XVIII, 406.

SOLRE (maison de), généalogie et illustration de cette maison, X, 436 et suiv.

SOLRE (la comtesse de), mène sa fille en Espagne épouser le comte de Robecque; elle profite de cette occasion pour se séparer de son mari et se soustraire à la domination de son fils, X, 439; XVII, 103.

SOLRE (le comte de), lieutenant général et gouverneur de Péronne, meurt à soixante-dix-sept ans; son caractère; sa naissance; XVII, 103.

SOPHIE (la princesse), palatine, veuve du premier électeur de Hanovre, meurt à quatre-vingts ans; c'est par elle que la maison de Hanovre est parvenue à la couronne d'Angleterre; caractère de cette princesse; ses lettres à Madame; XI, 113.

SORBONNE, traitement distingué qu'y recevaient les princes et ceux qui en avaient le rang, pendant leur licence; origine de ce traitement incertaine, II, 160 et suiv.; il paraît avoir été inventé pour M. le cardinal de Bouillon, 162 à 164; l'abbé de Soubise y obtient le même traitement par ordre du roi, 165; la Sorbonne condamne les mémoires publiés par les jésuites sur les cérémonies de Confucius, etc., 417.

SOUBISE (M. de), lieutenant général, se distingue au siége du château de Namur, I, 8; marie son fils aîné à l'héritière de Ventadour, veuve du prince de Turenne, femme riche, mais décriée pour ses mœurs, 185; mot de Mme Cornuel à M. de Soubise à l'occasion de ce mariage, 166; à la mort du maréchal de Duras, il envoie proposer à la famille de mener le deuil; sur l'opposition de M. de Saint-Simon, il est remercié et ne paraît pas même à l'enterrement, IV, 367 et suiv.; obtient 50 000 écus sur ce qui vaque dans les gens d'armes, et la charge du fils qu'il a perdu, V, 192; son caractère; sa complaisance pour la conduite de Mme de Soubise, 433; il la fait enterrer à l'église de la Merci; pourquoi, VII, 62; sa mort; sa fortune prodigieuse, X, 219; sa généalogie; son extérieur, 220 et suiv.; sa famille; ses obsèques, 220.

SOUBISE (Mme de), par le crédit de M. de Turenne et de Mmes de Rohan et de Chevreuse, est faite dame du palais; est aimée du roi, II, 156; conduite de son mari; crédit qu'elle acquiert à la cour, auprès des ministres et sur l'esprit du roi; obtient peu à peu pour M. de Soubise le rang de prince, 157; en quoi elle éprouve un refus du roi; comment elle s'en console, 158, 159; achète l'immense hôtel de Guise que le roi lui aide à payer; travaille à faire recevoir son fils chanoine de Strasbourg; difficultés pour les preuves de noblesse, la grand'mère de Mme de Soubise étant fille d'un marmiton, 387; moyen employé par Mme de Soubise, aidée du roi, 388; fait envoyer au cardinal de Bouillon un ordre, au nom du roi, de demander au pape une bulle pour faire assembler le chapitre de Strasbourg, afin d'élire un coadjuteur, et un bref d'éligibilité pour l'abbé de Soubise, 395; sa colère contre le cardinal à la nouvelle des lettres qu'il a écrites pour empêcher cette élection; elle se plaint au roi, 396; se raccommode avec le duc de Rohan, son frère, travaille à marier la fille aînée du duc avec le comte de La Marck, 399; y réussit, 400; garde quelque temps la neutralité dans le procès que le prince de Guéméné intente à son frère le duc de Rohan; lève ensuite le masque; fait cause commune avec M. de Guéméné, V, 282; par son crédit elle engage le roi à faire évoquer l'affaire à son conseil, 282; pendant l'instruction toute la faveur est pour elle, 284; elle perd son procès, 290; obtient du roi que l'arrêt soit communiqué à M. de Guéméné avant d'être signé, 291; la maison de Rohan s'échappe en plaintes amères contre M. de Beauvilliers qu'elle accuse d'avoir dicté à Mgr le duc de Bourgogne son opinion dans cette affaire; se voit forcée à des excuses et des pardons envers le prince et le gouverneur, 291; efforts de Mme de Soubise auprès du roi pour que le prince de Guéméné ne soit pas tenu de rendre foi et hommage au duc de Rohan de la manière dont celui-ci l'exige, 293; ses vaines tentatives pour faire ôter à Isaac de Rohan, seigneur du Poulduc, son nom et ses armes de Rohan, 294; en quoi elle sert Mlle de Lislebonne et Mme d'Espinoy, 431; son traité singulier avec Mme de Maintenon, 431; en quoi il lui est utile auprès du roi, 432; pourquoi elle s'unit avec Mme de Lislebonne et ses filles, 433; quoique mal avec M. le duc de Rohan, elle fait en sorte auprès du roi que Sa Majesté rompe les liens dans lesquels son neveu le prince de Léon est engagé avec une comédienne, VI, 153; sa mort; régime auquel elle s'était astreinte pour conserver sa fraîcheur et sa santé, VII, 60; maladie dont elle est attaquée; malgré son crédit elle ne peut faire entrer la dignité de duc et pair dans sa famille, 61; meurt à soixante et un ans, peu regrettée, 62.

SOUBISE, fils de M. de Soubise, officier dans les gendarmes, est tué à la bataille de Ramillies, V, 175.

SOUBISE (l'abbé de), obtient par ordre du roi d'être traité en Sorbonne comme l'a été le cardinal de Bouillon, et par l'archevêque de Reims comme ce cardinal l'a été par l'archevêque de Paris, II, 165; est admis et reçu dans le chapitre de Strasbourg; par quels moyens, 389; on veut lui assurer l'évêché de cette ville, 389; il se distingue en Sorbonne par ses manières; en est fait prieur; brille par ses discours; se fait aimer; est placé au séminaire de Saint-Magloire, 390; en sort avec une grande réputation de savoir, de piété et de pureté de mœurs, 391; comment il a été élu coadjuteur de Stasbourg par le crédit et le manége de Mme de Soubise, 392 et suiv.; est sacré évêque par le cardinal de Fürstemberg; brillante cérémonie à cette occasion, III, 187; est nommé cardinal, V, 192; pendant l'instruction du procès entre M. de Rohan et M. de Guéméné il publie un mémoire qui révolte le monde de tous états, 284; apostrophe qu'il s'attire de la part du marquis d'Ambres, 284; il reçoit du roi la calotte rouge, X, 304. Voy. Rohan (le cardinal de).

SOULIERS, chevalier d'honneur de Madame, appelé quelquefois chez Mme de Maintenon pour faire sa partie de trictrac, meurt sans avoir tiré partie de cette privance, X, 423.

SOURCHES (l'abbé de), aumônier du roi, est nommé évêque de Dol, XI, 453.

SOURDIS, chevalier de l'ordre, marie sa fille unique avec le fils de Saint-Pouange; sa vie crapuleuse lui fait ôter le gouvernement de Bordeaux; il se confine dans une de ses terres en Guyenne, III, 387; meurt fort vieux, 388.

SOURRY, qui s'est distingué au siége de Lille, est fait brigadier, VII, 2.

SOUSTERNON, lieutenant général, perd la tête et est fort blâmé de la retraite qu'il fait lors du passage de l'Escaut par les ennemis, VII, 7; il perd sa fortune et ne sert plus depuis, 9.

SOUVRÉ (M. de), maître de la garde-robe du roi, épouse la fille du marquis de Feuquières; à quelle condition, II, 112.

SPAAR (le baron), ambassadeur de Suède à Paris, reçoit ordre de cultiver les bonnes dispositions de la France et de lui persuader que le roi son maître veut la paix, XIV, 95; projet qu'il ourdit avec le baron Goertz en faveur du prétendant, afin d'empêcher le traité entre la France et l'Angleterre, 139; moyen qu'il emploie auprès de Canillac pour pénétrer la politique de la cour de France; comment il en profite, 142 et suiv.; véritable cause du zèle que lui et les autres ministres de Suède montrent pour le prétendant, 144.

SPANCKAW, général-major, assiége Schackthom où se sont retirés les comtes de Serin et de Frangipani, chefs de la révolte hongroise, se rend maître de la ville et prend la comtesse de Serin, X, 297.

SPANHEIM, si connu dans la république des lettres et par ses négociations; meurt à Londres à 84 ans, IX, 34.

SPONECK et sa femme, tous deux bâtards du prince de Montbéliard, intriguent en France pour obtenir une révision du jugement du conseil aulique qui leur fait défense de porter le nom et les armes de Würtemberg et le titre de Montbéliard; ils sont protégés par Mme de Carignan qui les fait renvoyer au parlement, XIX 455; font les dévots; sont soutenus par les Rohan; parviennent à se faire accorder des commissaires; sont condamnés comme ils l'ont été à Vienne; obtiennent une légère subsistance; Sponeck se rompt le cou en allant à Versailles; sa femme va loger chez Mme de Carignan; son audace à porter le nom de princesse de Montbéliard, 455. Voy. *Montbéliard* (les bâtards de).

STAIRS (lord), ambassadeur en France; ses airs insolents; ses propos audacieux, XII, 148; le ministre Torcy ne veut plus traiter avec lui; le roi prend le parti de ne plus l'entendre; son caractère, 147, XIII, 282; après la mort de Louis XIV, il prend le parti de s'attacher au duc d'Orléans, 282; moyens dont il se sert, 283; il obtient une longue audience sur les alarmes du roi son maître, 286; demande au régent de faire arrêter le prétendant qui a disparu de Bar, 290; envoie le colonel Douglas à sa poursuite, 291; fait grand bruit de l'aventure arrivée à Nonancourt à ceux qui ont été chargés d'arrêter le prétendant, 294; obtient du régent leur liberté, 294; ses intrigues à Paris; il s'attache l'abbé Dubois et Canillac par le moyen de Rémond, 369; se lie par eux avec le duc de Noailles, 370; gagne le régent par leur moyen, 372; d'après les ordres de sa cour il travaille auprès du ministre de Sicile à Paris à engager son maître dans une ligue contre la France, 391; n'oublie rien pour animer le roi d'Angleterre contre la France, 395; ses mensonges, 395; demande au régent de refuser tout secours et toute retraite au prétendant, 398; il mande faussement au roi son maître que la France arme puissamment pour le rétablissement du prétendant; effet que produit cette imposture, 401; il cherche toujours à inquiéter sa cour sur la France par rapport au prétendant; exprime ses craintes au régent sur des troupes que ce prince a envoyées en Guyenne; essaye d'aigrir l'Espagne contre la France, 446; traite avec le régent d'une ligue entre la France et l'Angleterre; confie au secrétaire de la cour impériale à Paris les ordres de sa cour et les réponses qu'il reçoit du régent, 454; sa conduite avec l'Espagne, 458; ses manéges et ceux du ministère anglais sur le traité qu'ils proposent à la France, 460; situation intérieure et critique de l'Angleterre, 461; mensonges et artifices de Stairs pour empêcher le traité, 463; sa malignité; ses impostures contre le régent, XIV, 82; il excite les ministres d'Angleterre à tenir ferme sur toutes leurs demandes, 82; il mande aux ministres anglais que le roi de Suède s'est engagé par un traité à secourir le prétendant; que l'empereur, très-irrité du traité conclu entre la France et l'Angleterre, écoutera les propositions du prétendant pour se venger de cette dernière, 145; il a une audience du czar à Paris; ses conférences avec le vice-chancelier Schaffirof; quel en est l'objet, XV, 17; de l'avis des ministres anglais, il conseille au régent de choisir 5 ou 6 bonnes têtes dévouées à ses intérêts et de se conduire par leurs conseils; il attribue à la cabale des jésuites d'avoir mis et de tenir en place Châteauneuf en Hollande, Rottembourg en Prusse, Poussin à Hambourg, le comte de La Marck en Suède, Bonac à Constantinople, 167; étrange hardiesse des Anglais à cet égard; nécessité où était la France d'avoir au dehors des négociateurs tels que ceux dont les Anglais se plaignaient, 168 et suiv.; Stairs fait au régent de la part des ministres anglais des propositions relativement à Pise, à Livourne et à la Toscane, 366; il appuie avec chaleur les demandes que fait l'empereur concernant les garnisons à mettre dans les places des États de Toscane et de Parme; approuve la pensée du régent de confier ces places aux Anglais, XVI, 83; combat auprès du roi d'Angleterre la nouvelle proposition du régent de les confier à des troupes suisses, 84; sa conduite insolente à l'égard de ce prince, 125; il parvient à régler les conditions du traité, 202; offre à l'envoyé de Savoie de lui remettre un ordre par écrit de Sa Majesté Britannique adressé à l'amiral Bing pour attaquer les Espagnols, sitôt que le duc de Savoie aura accepté le projet du traité, 212; fait une superbe entrée, XVII, 143; ses entreprises à l'égard des princes du sang; comment elles se terminent, 143; il pend congé du roi, XVIII, 32.

STANHOPE (lord), commandant l'armée anglaise en Espagne, auparavant lié avec le duc d'Orléans, correspond avec lui dans ce pays avec plus de facilité, soit pour les passe-ports, soit pour l'échange des prisonniers, VII, 301; dans un conseil tenu en présence de l'archiduc après la bataille de Saragosse, il opine pour aller à Madrid, VIII, 425; déclare qu'il se retirera avec ses auxiliaires, si on prend un autre parti, 425; est chargé par l'archiduc d'aller proposer au marquis de Mansera le serment de fidélité; réponse du marquis; maintient dans Madrid une discipline exacte, 428; ses paroles insolentes au comte de Staremberg; il emporte quelques tapisseries du roi qu'il ne garde pas longtemps, 429; est fait prisonnier de guerre à Brihuega avec les lieutenants généraux Carpenter et Witz, 435; est contraint de demander un congé pour s'aller défendre; est dépouillé de tout grade militaire en Angleterre et en Hollande, 441.

STANHOPE, secrétaire d'État, il reproche à d'Iberville, chargé des affaires de France à Londres, la conduite du régent en faveur du prétendant, XIII, 302; comment il essaye de rassurer l'ambassadeur d'Espagne sur les liaisons du roi d'Angleterre avec l'empereur, 383; il cherche à concilier et à attacher le roi de Sicile à l'empereur, 395; comment il cherche à s'assurer de l'Espagne, 398; et revient à souhaiter que la France se porte pour garante de la succession à la couronne de la Grande-Bretagne dans la ligue protestante, 401; il essaye de persuader à l'ambassadeur de Sicile que son maître n'a d'autre moyen de conserver la dignité royale qu'en consentant à échanger la Sicile pour la Sardaigne, 403; comment il trompe Albéroni concernant la neutralité d'Italie et une ligue défensive, 450; il demande le rappel de l'ambassadeur espagnol Montéléon, qu'il comble d'amitié et de distinctions, 451; cherche à détourner la guerre de Hongrie; fait tout pour décrier la France en Hollande; conclut un traité de ligue défensive entre l'empereur et le roi d'Angleterre, 452; conditions de ce traité; reproche à l'ambassadeur de Sicile les ménagements prétendus de sa cour pour le prétendant et sa conduite à l'égard de l'empereur; fait entendre à l'ambassadeur d'Espagne qu'il n'y a rien dans le traité de ligue qui puisse préjudicier aux intérêts de son maître, 452; son adresse pour gagner Albéroni, XIV, 63 et suiv.; il suit le roi d'Angleterre en Allemagne, 74; presse les États généraux d'entrer dans l'alliance avec l'empereur, 75; fait sentir à l'ambassadeur Beretti la nécessité de l'union de l'Espagne avec l'Angleterre; son entretien avec lui sur ce sujet, 218; il offre à Albéroni la médiation de l'Angleterre et de la Hollande et même leur garantie, dans le cas où l'Espagne voudrait traiter avec l'empereur, 235; réponse vague et générale qu'il en reçoit, 235; sa conversation avec l'ambassadeur d'Espagne pour l'engager à faire un traité d'alliance avec l'Angleterre, 252; il prie de demander de la part du roi d'Angleterre au roi d'Espagne de ne pas permettre aux Suédois de vendre dans ses ports leurs prises anglaises, 254; entreprend de négocier à Vienne entre l'empereur et le roi d'Espagne; ses lettres à Beretti à ce sujet, 255; il cherche à intimider Montéléon sur la guerre que le roi d'Espagne veut allumer en Italie, XV, 389; élude de lui donner une explication sur la destination de l'escadre anglaise, 391; sa conversation avec lui sur cet objet, 392; comment il l'amuse dans une autre conférence sur le même sujet, 423; ses manéges avec l'Espagne et l'empereur, 457; sa réponse à Montéléon sur la destination de l'escadre anglaise, XVI, 104; il la lui remet par écrit, 105; lui dit que l'amiral Bing, commandant de l'escadre, a ordre d'user d'une bonne correspondance avec l'Espagne, 107; vient à Paris; accueil que lui fait le régent, se plaint des Hollandais, 129; s'étudie à semer la division entre les cours de France et d'Espagne, 154; règle les articles du traité et aplanit les difficultés qui en suspendent l'exécution, 157; ajoute de nouvelles inquiétudes à celles que Provane, envoyé de Sicile, lui fait paraître, 158; ses propositions au régent relativement à la quadruple alliance, 160; ses offres à Provane, envoyé de Sicile; il dicte ses ordres à tous les ministres de France, 201; son peu de succès à Madrid, 234; il prend congé du roi et de la reine, 239; revient à Paris où il voit souvent le régent, XVII, 43; revient de Londres conférer avec l'abbé Dubois et le régent sur la paix avec l'Espagne, 402; sa mort; son caractère, XVIII, 128, 129.

STANHOPE (le colonel), est envoyé à Madrid pour préparer la cour d'Espagne à concourir au traité que le roi d'Angleterre se propose de faire entre l'empereur et cette couronne, XV, 108; en passant à Paris, il fait voir au régent les instructions dont il est chargé, 109; loue le zèle du duc de Noailles et du maréchal d'Huxelles pour l'Angleterre, 109; arrive à Madrid; sa conférence avec Albéroni; il s'y plaint de l'infraction de la neutralité de l'Italie, 162; propose des moyens de prévenir la guerre en Europe,

162; il reçoit ordre de faire entendre par Albéroni à la reine d'Espagne que, si Dieu dispose du roi, cet événement ne changera rien aux dispositions favorables du roi d'Angleterre pour elle et pour lui; il prépare l'ambassadeur Monteléon aux réponses hautaines de la cour de Vienne aux propositions du roi d'Espagne, 292; sa conduite franche dans l'affaire dont il est chargé; il pénètre les véritables motifs de l'opiniâtreté d'Albéroni, XVI, 46; au sortir d'une conférence très-vive avec Albéroni, il dépêche des courriers aux consuls anglais de tous les ports d'Espagne, pour leur enjoindre de mettre sous leur garde tous les effets appartenant aux marchands de leur nation, 115; reçoit ordre de sa cour de joindre aux plaintes et même aux menaces des reproches tendres de l'ingratitude de l'Espagne envers l'Angleterre, 133; de protester cependant que le roi son maître veut maintenir la paix; à quelle condition, 134; est averti de surveiller la conduite de Nancré, 135; détourne le comte de Stanhope son cousin de faire le voyage de Madrid parce qu'il prévoit que la peine en sera inutile, 212; son amour pour l'étude et les sciences; son caractère, XIX, 53; il devient vice-roi d'Irlande, 54.

STAREMBERG (le comte de) est envoyé en Espagne pour commander à la place de l'archiduc, VI, 201; forme une entreprise sur Tortose, laquelle est près de réussir, 433; enlève et bat une partie de l'armée du roi d'Espagne en Aragon, VIII, 421; défait complétement l'armée du roi sous Saragosse, 423; dans un conseil tenu en présence de l'archiduc il propose de marcher droit à la petite armée qui est sur la frontière de Portugal, etc.; combat l'avis du lord Stanhope qui veut aller à Madrid, 425; cède comme le plus faible, mais en protestant contre un parti si peu sensé, 426; quitte Madrid et se rend à Tolède qu'il quitte bientôt après avoir brûlé le superbe palais Alcazar, 431; tend des piéges à M. de Vendôme et cherche à l'attirer au milieu de son armée, 433; il est battu dans la plaine de Brihuega et obligé de se retirer, 436 et suiv.; gagne la Catalogne; ses plaintes contre Stanhope, 441; il entretient l'archiduc dans son éloignement pour le prince Eugène dont il a lui-même à se plaindre, X, 25; fait une entreprise sur Tortose; est forcé de se retirer; lève le siége de Gi-

rone et se retire vers Ostalric, 304; il insiste fortement auprès de l'empereur pour que ce prince refuse de consentir à la succession éventuelle de la Toscane en faveur du fils aîné de la reine d'Espagne, XV, 350.

STAREMBERG (le comte de), fameux par sa défense de Vienne, meurt en 1701, III, 154.

STEINBOK (le comte de), remporte une victoire complète sur les Danois: brûle la ville d'Altona; tire de grandes contributions du Holstein danois, X, 294; est forcé de se rendre prisonnier avec son armée, 373.

STIRUM (le comte de), est défait avec son armée à la bataille d'Hochstedt, IV, 187.

STOPPA, colonel des gardes suisses, immensément riche, a toute la confiance du roi sur ce qui regarde les troupes suisses et les cantons; le sert en beaucoup de choses secrètes et sa femme encore plus; il meurt à 80 ans, III, 63.

STRAHLÉNHEIM (le baron de), Suédois, se bat en duel avec le comte de Zabor; pourquoi; il est tué ou assassiné par le comte, VI, 83.

STREFF, maréchal de camp, est tué à la prise de l'île du Marquisat, V, 225.

SUBLET, parent du secrétaire d'État Desnoyers, épouse Mlle de Pons, et par le crédit du maréchal d'Albret obtient la charge de grand louvetier, I, 368.

SULLY (le duc de), est trouvé mort dans son lit à 48 ans; ses débauches, X, 282.

SULLY (le chevalier de), devenu duc et pair par la mort de son frère aîné, marié en secret depuis longtemps avec la fille de la fameuse Mme Guyon, déclare enfin son mariage, au grand regret de sa tante la duchesse de Lude, XVIII, 154; caractère des deux époux; leurs qualités, 155.

SULLY (la duchesse de), fille et nièce du duc et du cardinal de Coislin, meurt à 56 ans; sa pudeur est la cause de sa mort, XVIII, 130.

SULLY (la duchesse de), fille de Servien, surintendant des finances, meurt pauvre quoique ayant eu 800 000 livres; ses deux frères, Sablé et l'abbé Servien, III, 341.

SULMONE, *Borghèse* (le prince), de Sienne, grand d'Espagne, XVIII, 416.

SULTZBACH (le prince de), de la maison palatine, épouse l'héritière de

Berg-op-Zoom, fille du feu prince d'Auvergne, XIX, 310.

SULTZBACH (la princesse de), sœur du précédent, épouse le prince de Piémont, XIX, 310 ; elle meurt en couches à 23 ans, 449.

SURCO (le marquis del), sous-gouverneur du prince des Asturies et gentilhomme de la chambre ; Milanais d'origine ; servit autrefois le prince de Vaudemont ; fut ensuite son espion en Espagne ; son extérieur ; son esprit d'intrigue et dangereux ; extérieur et caractère de sa femme, XIX, 10.

SURINTENDANTE de la maison de la reine, à quelle occasion et pour qui cette charge fut inventée, IV, 197.

SURMIA *Odescalchi* (le prince de), grand d'Espagne ; origine de cette maison, XVIII, 420.

SURVILLE, colonel du régiment d'infanterie du roi ; maltraite cruellement de paroles La Barre, lieutenant de la compagnie colonelle du régiment des gardes ; suites de cette affaire dont le roi se mêle, V, 52 et suiv. ; Surville a la ville d'Arras pour prison, 53 ; est amené à la Bastille, 77 ; est condamné à un an de prison par le tribunal des maréchaux ; est cassé par le roi et son régiment donné à du Barail qui en était lieutenant-colonel, 100 ; sort de la Bastille, 266 ; les maréchaux de France l'accommodent avec La Barre 266 ; le maréchal de Boufflers obtient du roi qu'il aille servir avec lui à Lille, VI, 377 ; il y est blessé ; reçoit une pension de 10 000 livres, VII, 2 ; a la permission de saluer le roi ; est envoyé à Tournai avec 18 bataillons, 220 ; rend cette place au bout de vingt jours de siège, 356 ; est fort blâmé pour avoir écouté une proposition déraisonnable de la part des ennemis, 358 ; rend la citadelle de Tournai ; vient saluer le roi ; son indiscrétion et ses plaintes contre Villars le perdent une seconde fois, 358 ; il va s'enterrer chez lui en Picardie, 359 ; sa mort, XVIII, 335.

SUTTON (le chevalier), vient à Paris en qualité d'ambassadeur d'Angleterre, XVIII, 32.

T

TABARADA, évêque d'Osma et gouverneur du conseil de Castille, se rend odieux à la reine qui le force à donner la démission de sa place, il s'enfuit dans son évêché, XIII, 289.

TABLE DE MARBRE, quelles étaient les juridictions qui y siégeaient, I, 445.

TABOURETS (affaire des), voy. *Chevreuse et Guéméné* (Mmes).

TAILLE PROPORTIONNELLE (projet de), présenté au régent par M. d'Allemans et le petit Renauld, XVII, 239 et suiv. ; il est jugé bon ; pourquoi il ne peut être exécuté, 243 ; détails curieux sur cet impôt et sur la manière de le lever, XVII, 485.

TALLARD (le comte de), est destiné à l'ambassade d'Angleterre, II, 49 ; se donne l'honneur du traité de partage qu'il a seulement signé avec le roi Guillaume, III, 1 ; son dépit de voir le traité de partage renversé et Harcourt duc héréditaire, 38 ; scène de folie qu'il donne chez M. de Torcy, 39 ; à son retour d'Angleterre, il reçoit le gouvernement des pays de Foix et est déclaré chevalier de l'ordre, 153 ; est fait maréchal de France, IV, 79 ; son caractère et son genre d'esprit comparés à ceux du duc d'Harcourt, 98 ; son alliance avec la famille des Villeroy ; son portrait, 99 ; il fait le siège de Landau, 190 ; marche au-devant des ennemis qui viennent au secours de cette place ; livre bataille au prince de Hesse, 200 ; la gagne, 201 ; accorde à Landau une capitulation honorable, 202 ; vient saluer le roi, accueil qu'il en reçoit, 206, 207 ; marie son fils aîné à la fille unique de son cousin Verdun et par ce moyen met fin au procès qu'il avait avec lui ; retourne sur le Rhin, 248 ; s'avance vers les gorges des montagnes et joint l'électeur de Bavière, 291 ; quitte ce prince, repasse le Rhin, 291 ; se concerte avec le maréchal de Villeroy, passe une seconde fois le Rhin sur le pont de Strasbourg, 291 ; assiège Villingen qu'il abandonne pour marcher au secours de l'électeur, 293 ; joint l'électeur et le maréchal Marsin, 302 ; disposition de son armée dans la plaine d'Hochstedt, 304 ; elle est battue et enfoncée par le duc de Marlborough, 307 ; comment lui-même est fait prisonnier, 308 ; est envoyé à Hanau, et traité avec toutes sortes d'égards, 312 ; est nommé gouverneur de la Franche-Comté ; bon mot du duc d'Orléans à cette occasion, 370 ; il est emmené en Angleterre avec les autres prisonniers de marque, 388 ; est envoyé à Nottingham, 402 ; après sept ans de captivité, il est renvoyé sans échange et sans rançon, X, 16 ; est fait duc vérifié, 164 ; son extraction, 333 ; il marie son fils unique à une des filles du prince de Rohan, 334; les fiançailles se font dans le cabinet du roi, 335; le maréchal signe immédiatement après le duc Tallard son fils et avant le prince de Rohan; le mariage est célébré dans la chapelle par le cardinal de Rohan, 336; comment le maréchal de Tallard gagne le cardinal de Rohan au parti du P. Tellier contre le cardinal de Noailles, 386 et suiv,; est déclaré pair; sa pairie est ensuite érigée pour son fils, XII, 35; il est le seul de ceux que le roi a nommés dans son testament qui ne soit point employé par le régent; désespoir qu'il en conçoit, XIII, 165; il obtient par le crédit du maréchal de Villeroy entrée au conseil de régence, XV, 36; et par les raisons de M. de Saint-Simon la préséance sur le maréchal d'Estrées; sa joie extraordinaire, 39.

TALLEMANT (l'abbé), Tourel et Dacier, tous trois de l'Académie française, chargés de l'explication des médailles frappées depuis la mort de Louis XIII, prient M. de Saint-Simon de faire la préface de leur ouvrage qui devait regarder ce prince, III, 289; pourquoi ils ne font point usage de cette préface, après avoir essayé d'y faire des suppressions, 289; mort de l'abbé Tallemant; il est regretté de tous les gens de lettres, X, 218.

TALLEYRAND, brigadier, est tué au siège de Barcelone, XI, 227.

TALMONT (le prince de), quitte ses bénéfices et le petit collet et se marie avec la fille de Bullion, VI, 141; efforts que fait Madame pour empêcher ce mariage, 142.

TALON, colonel, meurt au siége de Turin, V, 227.

TALON, avocat général, donne des conclusions contre M. de Luxembourg, dans son procès de préséance, I, 140; il écrit ensuite des factums pour lui, 144, 145; meurt président, II, 103.

TAMBONNEAU, président à la chambre des comptes; son caractère; sa mort, XVII, 283.

TAMBONNEAU (Mme), tante maternelle de M. de Noailles, meurt à 80 ans, retirée aux Enfants trouvés, II, 369.

TARDIF, qui n'avait fait que de petits siéges en Bavière, premier ingénieur de La Feuillade devant Turin, V, 170.

TASTE (La), ancien aide-major des gardes du corps, meurt subitement à Versailles; son extérieur; le roi laisse 2000 livres de pension à sa veuve, XI, 94.

TAVARA, *Tolède* (le marquis de), grand d'Espagne, XVIII, 469.

TEKELI (Emeric), perdu de goutte, meurt jeune encore à Constantinople, V, 70; se rend fameux dans la révolte des Hongrois, X, 298 et suiv.; épouse la veuve du comte de Serin, 299; s'attache à la Porte; est fait prince de Transylvanie, 300.

TÉLIGNY (l'abbé de), frère de l'abbé d'Aubigny, fait connaissance de l'évêque de Chartres; est présenté à Mme de Maintenon; son esprit fin et délié; il gouverne son frère devenu évêque de Noyon, III, 77.

TELLIER (le P.), jésuite, est condamné par la Sorbonne pour son livre sur les cérémonies de Confucius, etc., II, 417; son dépit, 418; est nommé confesseur du roi; détails sur ce choix et sur le caractère et la vie de ce confesseur, VII, 51 et suiv.; son extérieur; son dévouement à sa compagnie, 53; sa réponse au roi lorsqu'il lui est présenté, 54; il fait visite au duc de Saint-Simon et se lie avec lui malgré ce seigneur, 55; il seconde puissamment les jésuites dans leur projet de détruire Port-Royal des Champs; travaille à compromettre le cardinal de Noailles avec le roi et avec les jansénistes, 415 et suiv.; il réveille une constitution ambiguë contre le jansénisme faite à Rome, 417; quel usage il en fait, 418; il noircit auprès du roi les filles de l'abbaye de Port-Royal des Champs qui ont refusé de signer le formulaire, et les fait passer pour des révoltées, 420; comment il travaille à leur destruction, 420; il persuade au roi que feu le cardinal Coislin, évêque d'Orléans, était janséniste et qu'il a mis en place dans son diocèse tous gens qu'il en faut chasser; ce qui est exécuté; la tombe du cardinal est enlevée, VIII, 166; son manége dans la nomination aux bénéfices, 409; il fait transférer M. de Mailly de l'archevêché d'Arles à celui de Reims; pourquoi, 409; pour se réconcilier le cardinal Janson, il fait nommer son neveu archevêque d'Arles, 411; consulté par le roi sur l'embarras où Sa Majesté se trouve par rapport aux finances et sur les scrupules qu'elle éprouve pour établir de nouveaux impôts, il lui apporte une décision de la Sorbonne qui met sa conscience fort au large, IX, 7; commence l'affaire qui produit la constitution *Unigenitus*, 44 (voy. *Unigenitus*); son étrange incognito à Meudon pendant le séjour qu'y fait le roi, durant la maladie de Monseigneur, 108; il soutient fort et ferme l'*Histoire de la compagnie de Jésus* par le P. Jouvency; va trouver M. de Saint-Simon auquel il veut en vain persuader la bonté de l'ouvrage; obtient du roi une meilleure composition, X, 319; enlève aux ducs de Nevers la nomination du petit évêché de Bethléem et fait donner cet évêché par le roi au P. Lebel, récollet, XI, 28; propose à M. de Saint Simon d'être commissaire du roi au concile national; réponse de M. de Saint-Simon, 241 et suiv.; après la mort du roi, il obtient d'aller chez l'évêque d'Amiens; ses intrigues, ses cabales; il est confiné à la Flèche, XVII, 145; comment il y est traité, 147; il y meurt au bout de six mois, 148.

TEMPÊTE en 1707, qui fait périr beaucoup de vaisseaux au Texel et submerge beaucoup de villes et de villages, VI, 85.

TEMPLE (le chevalier), sa mort; son éloge; anecdote sur une conversation entre lui et M. de Chevreuse, II, 253.

TENCIN (Mme de), d'abord religieuse professe; son caractère; son esprit, XVII, 294; elle sort de son couvent; son intimité avec son frère l'abbé Tencin, 296; elle est faite chanoinesse; devient maîtresse de l'abbé Dubois, 296.

TENCIN (l'abbé), est chargé par l'abbé Dubois de convertir Law; sa naissance, sa famille; ses deux sœurs, XVII, 294; son intimité avec sa sœur la religieuse, 296; son esprit, son caractère; il est produit par sa sœur auprès de l'abbé Dubois et choisi pour convertir Law qui l'a enrichi, 297; sur le point d'aller à Rome presser la demande du chapeau pour l'abbé Dubois, il est accusé de simonie et de friponnerie, 298; est confondu et condamné au parlement, 299; il part pour Rome, 300; lui et Lafitau tirent du cardinal Conti un billet par lequel celui-ci promet que, s'il est élu pape, il fera incontinent après l'abbé Dubois cardinal, XVIII, 142; Tencin pense au cardinalat; ses ruses pour y arriver; menace le pape, s'il ne le contente, de rendre public son billet, 145.

TÉRAT, chancelier et surintendant des affaires et finances de M. le duc d'Orléans; meurt fort vieux et fort riche; son caractère, XVII, 151.

TERMES, (M. de), cousin germain de M. de Montespan, premier valet de chambre; son caractère; sa belle voix; pourquoi il s'attira le mépris de la cour; sa mort, IV, 243; reçoit un jour une bastonnade; à quelle occasion, 244.

TESSÉ, intendant du duc de Saint-Simon, lui emporte 50 000 livres, I, 6.

TESSÉ (le comte de), est employé par le maréchal Catinat pour traiter secrètement avec le duc de Savoie; son caractère; comment il se fait un protecteur déclaré de M. de Louvois, et devient colonel général des dragons, I, 342; sa fortune; sa famille; traité qu'il négocie et conclut, 343; est nommé premier écuyer de la duchesse de Bourgogne, 351; marie sa fille aînée à La Varenne, petit-fils du porte-manteau de Henri IV; et une autre fille à Maulevrier, fils du frère de M. Colbert, II, 66; plaisante aventure qui lui arrive au camp de Compiègne pour un chapeau gris que M. de Lauzun lui a fait prendre, 188, 189; est envoyé à Milan pour concerter avec le prince de Vaudemont les choses militaires, III, 49; est auprès de M. de Savoie auquel il est fort agréable; son caractère doux et insinuant, 52; son dépit d'avoir un général; M. de Vaudemont lui avait tourné la tête, par la confiance qu'il lui avait montrée et les honneurs qu'il lui avait fait rendre, 143; il attend M. de Catinat dans le dessein de le faire chasser et dans l'espoir de lui succéder, 144; appuyé par M. de Vaudemont, il mande à la cour tout ce qu'il croit pouvoir lui nuire, 201; ses souplesses auprès du maréchal de Villeroy, 211; son débordement contre Catinat donne des soupçons et de la jalousie à ce maréchal qui le traite fort sèchement, 212; est fait maréchal de France, IV, 79; sa famille; ses alliances; son portrait; il devient l'espion de Louvois, qui l'avance promptement; son caractère fin, adroit, artificieux et ingrat, 95; comment il sait profiter du crédit de la duchesse de Bourgogne; son peu d'esprit, 96; vend au duc de Guiche sa charge de colonel général des dragons, 109; va commander en Dauphiné et de là faire la guerre contre M. de Savoie, 190; occupe presque tout son pays, 203; sa conduite adroite envers M. de Vendôme, à l'égard du commandement, 204, 244; il retourne commander en Savoie, 245; sa complaisance pour M. de La Feuillade; il fait le malade et obtient un congé, 286; est envoyé en Espagne pour remplacer le duc de Berwick, 332; il persuade à son gendre Maulevrier de le suivre en Espagne; pourquoi; comment il en obtient la permission du roi, 358; l'emmène avec lui; persuade aisément à Mme de Maintenon qu'il peut être utile de voir en chemin la princesse des Ursins; obtient du roi la permission de la voir, 359; la voit à Toulouse; en arrivant à Madrid est fait grand d'Espagne de première classe, 360; gagne la confiance de Mme des Ursins et par elle celle du roi et de la reine d'Espagne; se hâte d'aller sur la frontière, 404; reçoit du roi et de la reine d'Espagne toutes sortes de pouvoirs et de distinctions militaires, 415; mande à son gendre Maulevrier de venir le joindre à Gibraltar; pourquoi, V, 12; mauvais état des affaires devant cette place, 13; le maréchal dépêche au roi un courrier pour lui annoncer que le siége est levé, 14; marie son fils à la fille aînée de Bouchu, conseiller d'État, 78; est assiégé dans sa maison, à Saragosse; pourquoi; quitte promptement cette ville, 100; comment il trompe le roi de France et le roi d'Espagne et obtient la grandesse pour son fils, 142 et suiv.; commande, sous le roi d'Espagne, devant Barcelone, tout ce qui regarde la terre, 167; persuade au roi de faire entrer dans les délibérations qu'on va prendre sur la levée du siége et sur la retraite, le duc de Noailles, 185; obtient la permission de revenir en France, 188; est nommé pour aller commander en Italie; part avec une patente de commandant en chef dans la province du Dauphiné, 348; il perd son procès avec le parlement de Grenoble, 348; se rend en Provence; comment il travaille à fortifier Toulon, VI, 94; attaque les retranchements des ennemis et les emporte en un quart d'heure, 96; suit M. de Savoie dans sa retraite; occupe Nice de nouveau, 97; sa correspondance avec le ministre Pontchartrain étonne par la singularité du style, 101; il revient à la cour où il est médiocrement accueilli, 102; son ingratitude envers Catinat à qui il devait sa fortune, 127 et suiv.; obtient sur sa charge un brevet de retenue de 200 000 livres, 155; il remet à Torcy un mémoire de M. de Vaudemont sur la ligue de l'Italie; ce mémoire est lu au conseil et applaudi; il détermine le roi, 372; Tessé est déclaré plénipotentiaire du roi à Rome et par toute l'Italie; il part avec Montéléon, 313; il fait tout ce qu'il peut pour empêcher le marquis de Prié, plénipotentiaire de l'empereur, d'être admis à Rome, VII, 42; fait le malade et s'enferme chez lui, avant l'arrivée de Prié; écrit trois lettres au pape qu'il envoie à la cour et à Paris, 43; ne pouvant plus tenir à Rome, il revient en France, 130; trouve le moment favorable pour se venger des complaisances qu'il a eues pour Chamillart et son gendre; en profite; rapporte à Mme de Maintenon, puis au roi, le propos du nonce Cusani, concernant la femme du ministre; effet terrible qu'il produit, 242; obtient la charge de général des galères avec le brevet de retenue de M. de Vendôme et les appointements échus depuis sa mort, 329; est nommé membre du conseil de marine, XIII, 153; est choisi par le régent pour accompagner le czar qui vient à Paris, XIV, 424; il reçoit ce prince à Beaumont et l'amène le même jour à Paris, 425; obtient de se retirer du conseil de marine, mais en garde les appointements, XV, 40; comment il obtient la grandesse d'Espagne, XVIII, 465; est fait premier écuyer de la future reine, XX, 85.

TESSÉ (le chevalier de), apporte à la cour la nouvelle de la capitulation de Suse, IV, 287; et celle de la prise de Mont-Joui, V, 167; apporte à la cour, de la part de son père, la nouvelle de la retraite de M. de Savoie de la Provence; est fait maréchal de camp, VI, 96.

TESTU (l'abbé), homme fort singulier, meurt à plus de 80 ans; sa liaison avec Mmes de Montespan et de Maintenon; son caractère; il fut un des premiers qui firent connaître ce qu'on appelle des vapeurs; ami serviable, ennemi dangereux; fort considéré et recherché, V, 193, 194.

THÉSUT (l'abbé de), au nom et comme procureur de Madame, proteste à Rome contre une sentence arbitrale rendue par le pape contre cette princesse, en faveur de l'électeur palatin, IV, 52; il meurt subitement; son caractère; son honnêteté; sa place de secrétaire des commandements de M. le duc d'Orléans est donnée à l'abbé Thésut son frère, en dépit de l'abbé Dubois qui la désirait, VI, 180; il fait nommer à l'archevêché d'Embrun son ancien ami Hennin-Liétard, évêque d'Alais; réponse que lui fait le régent au sujet de la nomination de l'abbé d'Auvergne à l'archevêché de Tours, XVII, 292.

THÉSUT, secrétaire des commandements de M. le duc d'Orléans, frère du précédent, est nommé abbé de Saint-Martin de Pontoise, XIII, 328.

THIANGES (le marquis de), beau-frère de Mme de Montespan, meurt dans son château dans l'oisiveté et l'obscurité où il avait vécu depuis que sa femme s'était attachée à la faveur de sa sœur, III, 400.

THIANGES (Mme de), sœur de Mme de Montespan, meurt en 1693; son extérieur; son taffetas vert sur les yeux et sa bavette; son air, ses manières; son esprit; ses disputes avec le roi, VI, 157; comment elle traitait les enfants de sa sœur; peu de cas qu'elle fait de son fils, 159.

THIANGES (le marquis de), fils de la sœur de Mme de Montespan, lieutenant général et menin de Monseigneur, ne tire aucun parti de la faveur de sa mère et de sa tante; sa probité; son instruction; sa mort, VI, 157 et suiv.

THIANGES, volontaire, est dangereusement blessé par les siens qui le prennent pour un ennemi, I, 90.

THOUY (M. de) lieutenant général français, est fait capitaine général par le roi d'Espagne, VIII, 431; est blessé à l'attaque de Brihuega, 438; se distingue à la bataille de Villaviciosa; est fait prisonnier, puis relâché, 438.

THUN (le comte), commande le siège de Gaëte; entre dans la place par trahison, VI, 103; est fait vice-roi de Naples par intérim, 103; à la nouvelle de l'entrée de la flotte d'Espagne dans le port de Cagliari, il rassemble dans un même camp toutes les troupes qu'a l'empereur dans ce royaume; à quoi elles se montent, XVI, 152; indifférence de la noblesse du pays, 152.

THURY, frère cadet de M. de Beuvron; vieux conte sur ces deux frères; mort de Thury, II, 270.

THURY, meurt à 62 ans; son mauvais caractère, XVIII, 184.

TICQUET (Mme de), femme d'un conseiller au parlement, accusée d'avoir fait assassiner son mari, est condamnée à avoir la tête coupée et ses complices à être roués; foule immense de spectateurs à son exécution, II, 362 et suiv.

TIERS ÉTAT, de qui se composa d'abord le troisième corps de l'État, XI, 275; ce ne fut que sous Philippe le Bel qu'il commença à faire un troisième ordre de l'État; Philippe de Valois se vit dans la nécessité de le reconnaître pour tel; de combien de corps il était composé, 373; figure aux états généraux de 1302, XIV, 484.

TILLY (le comte de), est fait prisonnier par les Français en Catalogne, I, 341.

TILLY (la comtesse de), est faite prisonnière de guerre par les Français au village d'Eckeren, IV, 132.

TINGRY, sort de Valenciennes et empêche le prince Eugène de passer un pont par où il voulait marcher contre le maréchal de Montesquiou, X, 214.

TINGRY (la princesse de), de religieuse qu'elle était à l'Abbaye-aux-Bois, devient dame du palais de la reine avec le tabouret; comment et pourquoi, I, 136 et suiv.; elle vit et meurt fort délaissée, V, 195.

TINMOUTH, fils aîné du duc de Berwick, est établi en Espagne par son père qui lui cède sa grandesse; est nommé gentilhomme de la chambre; prend le nom de duc de Liria; épouse la sœur unique du duc de Veragua, XIV, 39.

TITO-LIVIO (l'abbé), prêtre italien, attaché au colonel Stanhope et son espion; son esprit; son savoir; ses débauches, XIX, 53.

TITULADOS d'Espagne; différence entre ceux qui le sont par érection ou par simple concession, XIX, 22; les titres ne donnent aucun rang, aucune distinction aux derniers, 22; les *titulados* peuvent avoir un dais chez eux, mais avec un grand portrait du roi dessous, 23.

TOISON D'OR (ordre de la), noms des chevaliers existant en 1722, XIX, 2; il n'y a dans cet ordre de rang ni de préférence que par l'ancienneté de réception, 2, 3; le fils aîné de M. de Saint-Simon est reçu chevalier; séance au chapitre de l'ordre pour la réception, 22; défaut d'uniformité dans le costume des chevaliers; manière dont le roi prend son collier, 130; les grands officiers de l'ordre n'en portent aucune marque, 227; l'ancienneté dans l'ordre en règle la préséance, 227; préliminaires de la réception, 228 et suiv.; présentation de l'épée du grand capitaine au roi avec laquelle le récipiendaire est déclaré chevalier, 231; description et poids de cette épée, 232; accolade donnée par le roi; imposition du collier, 233; révérences; embrassades, 234; visites; repas, 235; liste des chevaliers de l'ordre de la Toison-d'Or en 1722, 236; pourquoi tant de chevaliers de l'ordre étrangers et si peu d'Espagnols, 237.

TOLÈDE (cathédrale de), description, XIX, 213; chape impériale de Charles-Quint; raretés précieuses; tombeau du cardinal Portocarrero; chœur de l'église,

213; ciselure magnifique des stalles, 214; drapeau blanc au haut du superbe clocher; pourquoi, 216.

TOLOSE (le comte de), est blessé au siége de Namur, I, 8.

TONNERRE (le comte de), premier gentilhomme de la chambre de Monsieur, se voit obligé de quitter son service à cause du mépris que lui ont valu tous ses traits plaisants et satiriques, I, 220; sa mort; sa poltronnerie; son escroquerie, V, 68.

TONNERRE (le comte de), fils aîné du feu comte de Tonnerre, tue à la chasse le second fils de M. Amelot, ambassadeur en Espagne, VI, 117; il entre pour un an à la Bastille, donne 10 000 livres aux pauvres et reçoit ensuite défense de se trouver en aucun lieu où serait M. Amelot; sa vie retirée, 117; il épouse la fille de Blansac, 447.

TONNERRE (l'abbé de), neveu de l'évêque de Noyon et aumônier du roi, est nommé à l'évêché de Langres; trait de modestie de sa part, I, 296.

TORCY (M. de), fils de M. de Croissy, ministre des affaires étrangères, succède à la charge de son père sous la direction et l'inspection de M. de Pomponne dont il épouse la fille, I, 347; comment il devient ministre; son éloge, II, 261; obtient les postes à la mort de son beau-père, 329; n'ose plus aux entrées des ambassadeurs faire passer son carrosse entre le dernier des princes du sang et ceux des ambassadeurs, 403; son opinion dans le conseil du roi contre l'acceptation du testament du roi d'Espagne, III, 22 et 23; est nommé chevalier de l'ordre à la place de Barbesieux, 58; va de la part du roi faire visite à la princesse des Ursins; comment se passe cette visite, IV, 412; y retourne une seconde fois, 413; obtient une augmentation de brevet de retenue de 150 000 livres sur ses charges, V, 21; a beaucoup de peine à empêcher le roi d'éclater contre l'évêque de Fréjus, à cause des honneurs qu'il a rendus à M. de Savoie, VI, 87; sa lettre au roi pleine de plaintes et d'excuses respectueuses sur la conduite de Mme de Torcy, calme la colère de Sa Majesté, 113; anecdote curieuse concernant un traité signé entre MM. de Torcy et Chamillart; à quelle occasion, VII, 114 et suiv.; il part secrètement pour la Hollande, 197; revient à Versailles après un mois d'absence; est médiocrement reçu du roi et de Mme de Maintenon,

221; sa position à la mort de Monseigneur, IX, 283; marie son frère à une fille de Brunet, riche financier, X, 27; obtient 100 000 écus sur les postes, XI, 17; et 50 000 écus de brevet de retenue d'augmentation sur ses deux charges, 249; il marie une de ses filles à d'Ancesune, fils de Caderousse et de Mlle d'Oraison, XII, 13; est nommé membre du conseil de régence; avantages que lui fait M. le duc d'Orléans pour se l'attacher, XIII, 160 et suiv.; donne la démission de sa charge de secrétaire d'État, 185; fait au conseil de régence un rapport sur la contestation entre le grand écuyer et le premier écuyer; conclut en faveur du dernier, 217; est nommé surintendant des postes, 319; vend à son beau-frère l'abbé de Pomponne sa charge de chancelier de l'ordre avec permission de continuer à le porter, XIV, 49; obtient 150 000 livres d'augmentation de brevet de retenue, XV, 266; belle maxime de ce ministre au sujet des négociations, XVI, 206; ses Mémoires secrets ont fourni à M. de Saint-Simon un tableau de l'état politique de l'Europe, en 1718, 239 et suiv.; réflexions sur cet état, 241 et suiv.; il obtient pour sa sœur l'abbaye de Maubuisson, XVII, 313; son entretien avec M. de Saint-Simon sur l'abbé Dubois; moyen qu'il lui propose pour décider le régent à l'éloigner de lui, XVIII, 149; ils se rendent tous deux chez le maréchal de Villeroy; comment ils en sont reçus, 150, 151; se démet des postes; à quelles conditions 250; obtient pour son fils la charge de capitaine des gardes de la porte, XX, 34.

TORCY, maréchal de camp, meurt à soixante-treize ans; ses services; sa richesse; ses deux mariages, XVIII, 335.

TORRECUSA (le marquis de), grand d'Espagne, Napolitain, est arrêté pour avoir voulu livrer Tortose à l'archiduc, VIII, 431.

TORRECUSA, *Carraccioli* (le marquis de), grand d'Espagne; historique sur sa maison, XVIII, 439. Voy. aussi *Santo-Buono*.

TORRES (Las), voy. *Las Torres*.

TOSCANE (la grande duchesse de), étrange leçon qu'elle donne à Mlle de Valois partant pour Modène, XVII, 412; elle meurt à soixante-dix-sept ans; est enterrée à Picpus; détails historiques sur cette fille aînée du frère de Louis XIII; pourquoi elle revint en France; comment elle y vécut, XVIII, 186 et suiv.

TOUANE (La) et Saurion, voy. *La Touane.*

TOULON, menacé par une flotte anglaise, est fortifié avec beaucoup d'activité de la part des officiers généraux français ; à quoi cette place doit son salut, VI, 94.

TOULOUSE (le comte de), est reçu au parlement, en vertu d'une déclaration du roi, immédiatement après les princes du sang et avant les pairs de France, I, 175 ; reçoit la visite de l'ambassadeur de Venise, comme les princes du sang, 176; est reçu au parlement en qualité de duc et pair de Damville, 228 ; est installé comme amiral de France, à la table de marbre, par le premier président, 228 ; reçoit le gouvernement de Bretagne, qui est ôté à M. de Chaulnes ; détails à ce sujet, 243; fait juger par le roi un ancien procès entre l'amirauté de France et la province de Bretagne, II, 441 ; part pour se rendre à Toulon, III, 412 ; se promène sur la Méditerranée ; envoie complimenter le pape ; reçoit de grands honneurs à Palerme et à Messine ; est rappelé, 418 ; part pour Toulon, IV, 139 ; revient après avoir fait un tour à la mer où il commandait au maréchal de Cœuvres, comme amiral et non comme prince légitimé, 206 ; part avec le même maréchal pour Brest, 278 ; débarque en Catalogne ; déconcerte le projet formé de faire révolter Barcelone, 329 ; combat la flotte commandée par l'amiral Rooke ; démâte son vaisseau et le poursuit vers les côtes de la Barbarie, 329 ; sa valeur et sa présence d'esprit pendant le combat, 330 ; il veut attaquer de nouveau l'amiral Rooke qu'il a rejoint ; en est empêché par son mentor, M. d'O ; dépit qu'il en ressent ; reçoit à bord la visite de Villadarias et lui donne tout ce qu'il demande pour faire le siége de Gibraltar, 330 ; reçoit du roi d'Espagne l'ordre de la Toison d'or en diamant, 360 ; abreuvé de dégoûts par le secrétaire d'État de la marine, il est résolu de s'en venger ; mais ne peut résister à la douleur et aux prières de Mme de Pontchartrain ; il lui promet de tout oublier et tient parole, 379 ; se rend à Toulon croyant monter une flotte ; ne pouvant le faire, il visite Antibes ; revient à Fontainebleau ; achète la terre de Rambouillet qu'il fait ériger en duché-pairie, V, 55 ; retourne à Toulon pour aller de là favoriser l'entreprise de Barcelone, 141 ; y arrive assez tard et y fait peu de chose,

167 ; arrive à Versailles et rend compte au roi de l'état des affaires, 184 ; son caractère ; sa droiture ; son application à l'étude, VI, 4; sa douleur à la mort de Mme de Montespan, 48 ; contre-temps qui lui arrive à la mort de M. le Duc ; chansons faites à ce sujet, VIII, 121 ; il subit l'opération de la pierre, qui réussit parfaitement ; est souvent visité par le roi, X, 16; achète 500 000 livres comptant la charge de grand veneur du nouveau duc de La Rochefoucauld, XI, 40 ; comment il reçoit la nouvelle de la déclaration du roi qui le rend, ainsi que M. du Maine, vrai prince du sang et habile à succéder à la couronne, 120 ; sa contenance modeste au parlement le jour qu'il y est reçu en cette qualité, 155 ; est nommé par le régent chef du conseil de marine, XIII, 153 ; et membre du conseil de régence, 165 ; propose au conseil de régence de casser l'édit sur les gardes-côtes, comme inutile et préjudiciable ; l'édit est supprimé, 200 ; lit au même conseil un mémoire contre l'administration de Pontchartrain, 202 ; sa conversation avec le régent ; quel en est l'objet ; sa conduite franche et estimable, XVI, 355 et suiv. ; est averti par M. de Saint-Simon de ne rien craindre du lit de justice, 414 (voy. l'art. *Lit de justice*); est détourné par M. d'O et par le chevalier d'Hautefort de suivre la fortune de M. et de Mme du Maine, XVII, 22 ; prend le parti de conserver son rang et son état ordinaire ; va voir Mme la duchesse d'Orléans le lendemain du lit de justice, 23 ; assiste le jour suivant au conseil de régence ; comment il s'y comporte : blâme Mme la duchesse d'Orléans de ne point voir M. de Saint-Simon, 24 ; sa visite au régent après la détention de M. du Maine, 100 ; sa déclaration nette et franche, 118 ; offre ses actions de la banque de Law, XVIII, 93 ; il se marie avec Mme de Gondrin, veuve du fils du duc d'Antin, XIX, 438 ; déclare son mariage le lendemain de la mort de M. le duc d'Orléans, XX, 86.

TOUR (La), voy. *La Tour.*

TOURNEFORT, lieutenant des gardes du corps, est envoyé au roi par le maréchal de Boufflers pour lui rendre compte de sa défense et de la capitulation de Lille, VI, 418.

TOURNELI, docteur de Sorbonne, ses écrits sur la constitution, XVII, 334, 335.

TOURNON (le cardinal de), légat *a la-*

tère à la Chine et aux Indes ; sa mort fait grand bruit en Europe, IX, 422.

TOUROUVRE (l'abbé de), est nommé par le régent à l'évêché de Rodez, XIII, 435, 436.

TOUROUVRE (le chevalier), commandant de vaisseau, se distingue au combat livré par les Anglais à l'escadre française destinée pour l'Écosse; couvre le vaisseau du roi Jacques III et parvient à sauver ce prince, VI, 197.

TOURS (Mlle de), retirée auprès de la princesse de Conti, est renvoyée de chez elle par ordre du roi et par le crédit des jésuites ; pourquoi ; y rentre quelques années après et y meurt, VII, 150 et suiv.

TOURVILLE, gentilhomme du duc Claude de Saint-Simon, devient par son moyen gentilhomme du grand Condé ; fortune de son fils, I, 58.

TOURVILLE (le vice-amiral), malgré les représentations qu'il fait faire au roi, est obligé de livrer combat à la Hogue où il est battu, I, 14; est fait maréchal de France, 39 ; son respect pour le duc Claude de Saint-Simon, 58 ; défait et dissipe toute la flotte marchande de Smyrne, 103 ; meurt à soixante ans ; ses connaissances dans la marine ; son caractère, III, 114.

TOURVILLE (la maréchale de), veuve de La Poplinière, homme d'affaires et riche, meurt en laissant une fille fort belle et un fils tué à sa première campagne, VI, 125.

TRACY, gentilhomme de Bretagne, enseigne des gardes du corps, se distingue à la cour et à la guerre, IV, 345 ; sauve l'armée de M. de Luxembourg au combat de Steinkerque ; gagne la confiance de ce maréchal, et les bontés particulières de Monseigneur ; sa tête se dérange ; il meurt à Charenton, 346.

TRAPPE (abbé et abbaye de La), voy. *Rancé, Saint-Simon.*

TRÉMOILLE (La), voy. *La Trémoille.*

TRENT (Mlle), aventurière anglaise, gagne beaucoup d'actions du Mississipi ; épouse le prince d'Auvergne ; acquiert avec lui des richesses immenses, XVII, 303; après la mort de son mari, se voyant rejetée partout, elle se retranche dans la dévotion, la philosophie et la chimie, 304.

TRESMES (le duc de), est reçu en grande pompe à l'ôtel de ville comme gouverneur de Paris; grand festin donné à cette occasion, IV, 419; obtient sur sa charge un brevet de retenue de 400 000 livres, VI, 154 ; son caractère ; il demande pour M. du Maine que ses enfants soient visités, sur la mort de Monseigneur, en fils de France, IX, 175 ; en publie l'ordre aussitôt qu'il l'a obtenu, 175 ; obtient un brevet de retenue de 300 000 livres sur sa charge de premier gentilhomme de la chambre, X, 27 ; donne à ses dépens à l'hôtel de ville un superbe festin à l'occasion de la paix, 360 ; il obtient du régent 80 000 livres de dédommagement, XV, 137 ; et la survivance pour son fils du gouvernement de Paris, XIX, 423.

TRESSAN, évêque du Mans, ancien premier aumônier de Monsieur, meurt dans son diocèse, après avoir amassé beaucoup d'écus ; son esprit ; son caractère, X, 69 ; ses deux neveux, 69.

TRESSAN, évêque de Nantes et premier aumônier de M. le duc d'Orléans, donne à l'abbé Dubois tous les ordres à la fois dans une église de Pontoise, XVII, 424 ; sert d'assistant au cardinal de Rohan à la cérémonie du sacre de cet abbé, 432 ; est nommé archevêque de Rouen, XX, 27.

TRESSAN (l'abbé de), est nommé par le régent à l'évêché de Vannes, XIII, 435.

TRÈVES (l'électeur de), frère du duc de Lorraine, meurt à Vienne fort regretté, XIII, 312.

TRIBUNAL de la monarchie de Sicile; son origine ; ses attributions; son indépendance de la cour romaine, XIII, 363 et suiv.; grand démêlé entre la cour de Rome et celle de Turin sur ce tribunal à l'occasion de pois chiches, 364 et suiv.; comment il se termine, 367.

TRIVIER, ambassadeur du roi de Sicile en Angleterre, refuse de négocier avec le ministre Stanhope sur la condition que son maître consentira à échanger la Sicile pour la Sardaigne, XIV, 403 et suiv.

TROISVILLES ou TRÉVILLE, élu par l'Académie française, ne peut y être admis par ordre du roi ; son caractère ; son esprit ; ses alternatives de dévotion et de mondanité; ses jolis vers; ses dernières années; par quoi il s'était attiré le refus du roi pour la place de l'Académie, IV, 282 et suiv.; sa mort, VI, 421.

TRUDAINE, conseiller d'État et prévôt des marchands, est mandé chez le premier président pour y rendre compte de l'état de l'hôtel de ville, XVI, 287 ; son caractère dur et sans politesse, son intégrité ; son imprudence le perd dans l'esprit du régent, XVIII, 23 ; il est remplacé dans sa charge de prévôt des marchands, 26 ; sa mort ; son intégrité, 184.

TUILERIES. Mémoires des dépenses qu'y a faites Louis XIV jusqu'en 1690, XII, 520.

TURENNE (le vicomte de), voy. *la Tour* (maison de).

TURGOT, aumônier du roi, est nommé évêque de Séez, VIII, 412 ; puis premier aumônier de M. le duc de Berry, IX, 31.

TURGOT (Mme de), fille de Pelletier de Sousy, meurt laissant un fils qui acquiert dans la suite une grande réputation, IX, 183.

TURMENIES, garde du trésor royal ; son extérieur ; son esprit ; son naturel libre et gai ; il est dans la familiarité de M. le Duc et de M. le prince de Conti ; ses propos hardis, XVII, 463 ; son apophthegme à l'occasion du comte de Charolais ; son mot à M. le Duc sur les actions de Law, 464.

TURQUIE. Le Grand Seigneur envoie une ambassade pour complimenter Louis XV sur son avénement, XVIII, 81 ; détails de la réception de cet ambassadeur, 125 et suiv.

TURRIS, *Doria* (le duc de), d'une des quatre grandes maisons de Gênes ; grand d'Espagne, XVIII, 407.

U

UBILLA, commandant la flottille espagnole dans les Indes périt avec elle dans le canal de Bahama ; cette flotte était chargée de 18 000 000 écus et de presque autant en marchandises, XIII, 313.

UBILLA, ministre d'Espagne, entre dans le secret de faire un prince de la maison de France héritier de la monarchie espagnole et l'approuve, III, 15 ; dresse un testament en faveur du duc d'Anjou, 16 ; le porte au roi d'Espagne et le lui fait signer, 16 ; envoie un extrait de ce testament à M. de Blécourt, envoyé de France, 21 ; reçoit du roi le titre de marquis de Rivas, IV, 62 ; on détache de sa charge de secrétaire des dépêches universelles le département de la guerre et celui des affaires étrangères, 180 ; il est ensuite remercié et vit dans l'obscurité, 180, 425 ; à son grand étonnement il reçoit la visite de l'ambassadeur Saint-Simon ; son extérieur, son esprit, XIX, 58 ; sa simplicité ; il rend la visite à l'ambassadeur, 59.

ULRIQUE (la princesse), sœur du roi de Suède, épouse le prince héréditaire de Hesse-Cassel, XI, 435.

UNIGENITUS (constitution), commencement de l'affaire qui produisit cette constitution, IX, 84 ; politique du P. Tellier ; il veut sauver les jésuites de l'opprobre où la condamnation des cérémonies de la Chine les livre et abattre le cardinal de Noailles ; il se sert des PP. Doucin et Lallemant; leur caractère, 86 ; il a pour appuyer ses desseins les ducs de Chevreuse et de Beauvilliers, l'évêque de Chartres, le curé de Saint-Sulpice, et Bissy, évêque de Meaux, 87 ; le livre du P. Quesnel intitulé : *Réflexions morales sur le Nouveau Testament* et approuvé par M. de Noailles, alors évêque de Châlons, est choisi pour exciter l'orage, 88 ; Champflour, évêque de la Rochelle et Valderies de Lescure, évêque de Luçon, sont choisis pour l'attaquer ; Chalmet, élève de Saint-Sulpice et instruit par Fénelon est envoyé pour dresser et endoctriner ces deux évêques ; genre d'esprit et caractère de ces trois personnages, 90 ; Chalmet leur fait faire en commun un mandement portant condamnation du livre de Quesnel, lequel est publié dans leurs diocèses et envoyé et affiché tout à coup dans Paris, 91 ; le cardinal de Noailles outragé fait chasser du séminaire de Saint-Sulpice les neveux des deux évêques, 91 ; rend compte au roi de l'injure qui lui est faite et demande justice ; réponse du roi ; de leur côté le P. Tellier et Bissy, évêque de Meaux, agissent auprès du roi, l'un directement, l'autre par Mme de Maintenon, 92 ; lettre furieuse et adroite envoyée aux deux évêques de la Rochelle et de Luçon et renvoyée signée d'eux pour le roi, dans laquelle le P. Quesnel et le cardinal de Noailles sont violemment attaqués, 92 ; le cardinal porte de nouvelles plaintes au roi ; faute qu'il commet en cette occasion, 93 ; nouvelles manœuvres du P. Tellier et de l'évêque Bissy, 94 ; le roi abandonne le cardinal à lui-même et lui permet sèchement de faire tout ce qu'il jugera à propos ; le cardinal publie un mandement contre les deux évêques ; reçoit défense d'aller à la cour, sans y être mandé, 94 ; Hébert, évêque d'Agen, écrit une lettre forte et savante aux deux évêques auxquels il reproche de troubler l'Église et d'attaquer le cardinal, 95 ; Berger de Mallissoles, évêque de Gap, publie aussi un mandement contre le cardinal qui y répond par un autre et adresse ensuite une lettre à l'évêque d'Agen auquel il raconte tout ce qui s'est passé ; effet qu'elle produit dans le public en faveur du cardinal, 95 ; celui-ci obtient une audience du roi, IX, 404 ; ses ennemis font renvoyer l'affaire au Dauphin, 405 ; il a une audience du roi et du Dauphin ; interdit les PP. Lallemant, Doucin et Tournemine ; le P. Tellier fait écrire au roi, par tous les évêques qu'il peut gagner, des lettres d'effroi et de condamnation du livre du P. Quesnel, X, 7 ; jugement rendu par le Dauphin, ordonnant que les trois évêques feront en commun un nouveau mandement en réparation des précédents, 8 ; le roi reçoit une foule de lettres d'évêques contre le cardinal de Noailles lesquelles lui sont présentées par le P. Tellier, 49 ; un modèle de lettres au roi envoyé par le P. Tellier à l'évêque de Clermont tombe dans les mains du cardinal de Noailles ; faute énorme que commet celui-ci en n'allant pas sur-le-champ montrer au roi la preuve des manœuvres du P. Tellier, 49 ; comment le P. Tellier se tire de l'embarras où le met cette découverte ; le Dauphin et la Dauphine en parlent fort librement ; et disent qu'il faut chasser le P. Tellier ; mot du Dauphin sur le cardinal de Noailles, 50 ; il ordonne à M. de Saint-Simon de s'instruire à fond de ce qui regarde les libertés de l'Église gallicane et de l'affaire du cardinal ; menées sourdes et profondes du P. Tellier et de Bissy, évêque de Meaux, et cardinal, auprès du roi et de Mme de Maintenon ; le ministre Voysin est substitué à Torcy pour l'affaire du cardinal de Noailles, X, 375 et suiv. ; double projet du P. Tellier, 377 ; il fait renvoyer l'affaire du cardinal de Noailles au pape 6 ; Fabroni et Daubenton font la constitution *Unigenitus*, 382 ; le P. Tellier s'adresse au cardinal de Rohan pour l'engager dans son parti et lui fait espérer la charge de grand aumônier, 334 ; Daubenton et Fabroni achèvent la constitution *Unigenitus* ; en quoi elle est remarquable, XI, 1 ; ils la présentent au pape qui se récrie à la lecture et veut consulter les cardinaux et surtout celui de La Trémoille, suivant la parole qu'il leur a donnée ; Fabroni défend son ouvrage et malmène le pape, 2,

3 ; la constitution est affichée dans Rome ; soulèvement qu'elle y excite parmi les cardinaux et les chefs d'ordre ; le pape les paye de compliments, d'excuses et de larmes, 3 ; intrigues employées pour réduire tous les opposants au silence ; la constitution est envoyée en France ; menées du P. Tellier, 4 ; le cardinal de Rohan déclare qu'elle ne peut être reçue, le cardinal Bissy proteste contre ; le P. Tellier tient ferme et cherche à les intimider tous deux, 5 ; ses deux entretiens avec M. de Saint-Simon dans lesquels il lui dévoile avec franchise les moyens violents qu'il veut employer pour faire recevoir la constitution, et en défend les dispositions, 6 et suiv. ; troisième entretien curieux sur l'excommunication injuste et sur l'excommunication fausse ; subtilité du P. Tellier ; argument pressant de M. de Saint-Simon, fougue et violence du P. Tellier ; comment se termine l'entretien ; état dans lequel il laisse M. de Saint-Simon, 10 et suiv. ; commencement de la persécution en faveur de la constitution *Unigenitus*, 41 ; variations entre les acceptants de cette constitution ; mécontentement du pape contre eux, 239 et suiv. ; mémoire du chancelier d'Aguesseau sur la constitution, XIV, 168 ; le régent est tout entier livré aux partisans de la constitution, XIV, 260 ; leur grand nombre, 426 ; le nonce Bentivoglio veut faire passer la constitution en article de foi, 261 ; le pape exige une obéissance aveugle ; la Sorbonne et quatre évêques interjettent appel au futur concile, 262 ; Bentivoglio et tous les constitutionnaires jettent les hauts cris ; le régent sévit contre la Sorbonne et contre les évêques qu'il exile, puis renvoie dans leur diocèse ; M. de Saint-Simon exhorte le cardinal de Noailles à l'appel, 263 ; le cardinal veut différer ; prédiction que lui fait M. de Saint-Simon, 264 ; variations du maréchal d'Huxelles dans cette affaire ; le régent embarrassé consulte quelquefois M. de Saint-Simon, 265 ; leur conversation sur ce sujet à l'Opéra dans la petite loge de M. le duc d'Orléans, 267 et suiv. ; le régent arrête les appels, empêche celui du parlement, 281 ; le parlement refuse d'enregistrer la déclaration en faveur de la constitution, XVIII, 49 ; le parlement enregistre la déclaration pour recevoir la constitution et revient à Paris, 83.

URSINS (la princesse des), Anne-Marie

de La Trémoille, fille de M. de Noirmoutiers, épouse Blaise de Talleyrand, prince de Chalais; devient veuve de bonne heure; sa beauté, son esprit et ses grâces; elle connaît à Rome les cardinaux de Bouillon et d'Estrées qui la marient au duc de Bracciano, II, 107; se forme au palais des Ursins une espèce de cour où se rend la meilleure compagnie; fait deux voyages en France; pourquoi à la mort de son second mari elle prend le nom de princesse des Ursins, 108; est choisie pour camarera-mayor de la nouvelle reine d'Espagne; raisons qui déterminent ce choix, III, 216; portrait physique de cette dame; son caractère, 217; son aptitude à l'intrigue; son ambition; son genre d'esprit; sa galanterie; ses autres qualités et défauts, 218; se fait prier pour augmenter le désir qu'on a d'elle; se rend à Villefranche pour y attendre la nouvelle reine, 220; comment elle gagne sa faveur et lui inspire le goût du crédit et des affaires, 411; son projet de gouverner le roi d'Espagne en gouvernant l'esprit de la reine, IV, 167; ses moyens; comment elle inspire à la reine l'amour de l'autorité et du gouvernement; elle la rend assidue aux séances de la junte pour y être assidue elle-même, 168; sa correspondance avec Mme de Maintenon, avec le roi d'Espagne, pendant que ce prince est en Italie, et avec la duchesse de Bourgogne, 169; comment elle persuade Mme de Maintenon; leur alliance intime et secrète pour gouverner l'Espagne, 170; facilité de Mme des Ursins pour gouverner le roi d'Espagne prise dans le caractère et le tempérament de ce prince, 171; elle obtient de lui la confiance qu'elle a su inspirer à la reine, 172; sa conduite envers les cardinaux d'Estrées et Portocarrero, 65; elle fait nommer le dernier capitaine des gardes, 173; éclate ensuite contre; demande à se retirer en Italie, 174; est soutenue par Mme de Maintenon et par le roi, 175; admet Orry dans le conseil secret du roi d'Espagne, 177; comment elle est traitée un jour par son écuyer Aubigny, 177, 178; force les cardinaux d'Estrées et Portocarrero et don Manuel Arias à abandonner les affaires, 179; fait détacher de la charge du marquis de Rivas le département de la guerre et celui des affaires étrangères, 180; le fait remercier, 180; compose une nouvelle junte, mais ne la laisse s'occuper que de petits détails, 209; gouverne avec Orry toutes les affaires d'Espagne, 259; demande et obtient de la cour de France le duc de Berwick pour commander les troupes françaises en Espagne, 260; obtient de l'abbé [d']Estrées qu'il n'écrira au roi et à sa cour que de concert avec elle, et qu'il n'enverra aucune lettre sans la lui avoir montrée; fait enlever à la poste une dépêche que l'abbé lui a soufflée; singulière apostille qu'elle y met; ses plaintes contre l'abbé, 262; reçoit l'ordre de quitter Madrid et de se retirer en Italie, 268; comment elle supporte ce coup; précautions et mesures prises pour s'assurer son retour; lenteur qu'elle met à exécuter les ordres réitérés qu'elle reçoit, 268; son départ; elle se rend à petites journées à Bayonne 269; obtient comme une grâce par le crédit de Mme de Maintenon de s'arrêter à Toulouse, 274; espérance qu'elle en conçoit pour son retour en Espagne, 274; voit dans cette ville le maréchal Tessé et Maulevrier, son gendre; prend une grande confiance en eux et leur assure celle du roi et de la reine d'Espagne qu'elle continue à gouverner de loin; 403, 404; elle reçoit la permission de venir quand elle voudra à Paris et à la cour; sang-froid qu'elle montre à cette nouvelle; mesures qu'elle prend pour le succès de ses vues, 410; son arrivée à Paris; comment elle y est accueillie; elle loge d'abord chez le duc d'Albe, puis va demeurer chez la comtesse d'Egmont, 411; sa conduite; comment elle reçoit la visite de M. de Torcy; de modeste et suppliante, elle devient accusatrice, 412; se rend à Versailles, va chez le roi; l'entretient deux heures tête à tête; voit la duchesse de Bourgogne, 413; Mme de Maintenon, 413; elle évite de s'expliquer sur son retour en Espagne; sa conduite mesurée envers les princes et princesses du sang, 414; elle fait chasser Rivas, secrétaire des dépêches universelles au conseil de Madrid, 425; réduit le duc de Grammont, ambassadeur en Espagne, à demander son rappel et lui fait obtenir la Toison d'or, 425; elle est du voyage de Marly; attentions et prévenances du roi pour elle, 426; ses entretiens particuliers avec Mme de Maintenon; empressement des princesses et de la cour pour Mme des Ursins, 426; égards et préférence qu'elle montre pour M. et Mme de Saint-Simon, 427; services importants qu'elle leur rend auprès du roi, de Mme de Maintenon et de la duchesse de Bourgogne, 428 ; elle obtient pour le duc et la duchesse d'Albe qu'ils assistent à un bal à Marly ; description du salon du bal ; rang qu'ils y occupent, 429 ; comment Mme des Ursins est traitée à ces bals ; elle y paraît avec un épagneul sous le bras ; étonnement de la cour, 430 ; fait nommer ambassadeur en Espagne le sieur Amelot ; motifs de ce choix, 431 ; obtient que Orry soit renvoyé en Espagne, 432 ; et d'amener le chevalier Bourg avec caractère public d'envoyé du roi d'Angleterre, 432 ; dépêche de Louis XIV au duc de Grammont et lettre du duc de Grammont au maréchal de Noailles, relatives au retour de Mme des Ursins en Espagne, 445 ; balance un moment sur son retour en Espagne ; est tentée de rester à la cour de France, V, 9 ; l'archevêque d'Aix et son frère la dissuadent de ce projet, 9 ; elle se décide à partir, mais de se faire un peu prier et même payer, 10 ; colore ses délais du prétexte de sa santé, et de la nécessité de se donner le temps de concerter ses mesures, 22 ; promet ses bons offices au duc d'Albe pour lui faire obtenir la place de majordome-major, mais se garde bien de tenir sa promesse ; pourquoi, 23 ; on la presse de partir ; elle commence alors à s'expliquer sur le poids dont elle va être chargée et sur la nécessité de reparaître en Espagne avec toute l'autorité qu'exige sa mission ; obtient au delà de ses espérances et part avec toutes les grâces qu'elle a demandées, 24 ; traitement fait à ses deux frères, 25 ; comment elle obtient que l'abbé de La Trémoille, l'un de ses frères, soit fait cardinal, 31 et suiv. ; arrive en Espagne, trouve le roi et la reine qui sont venus au-devant d'elle à une journée de Madrid, 33 ; elle fait nommer le connétable de Castille majordome-major ; motifs qui la déterminent à ce choix, 53 ; rentre à Madrid avec la reine ; fait renvoyer du palais trois cents femmes qui avaient refusé de la suivre ou dont les parents avaient montré de l'attachement pour l'archiduc, 191 ; extrait d'une de ses lettres à Torcy où elle se plaint du rappel de Berwick, 461 ; sa colère en apprenant la santé que M. le duc d'Orléans lui a portée ainsi qu'à Mme de Maintenon ; elle en informe cette dame dans les propres termes dont le duc s'est servi, VI, 302 ; reçoit ordre du roi de France de se disposer à quitter l'Espagne, VII, 282 ; moyens dont elle se sert pour exciter les clameurs de toute l'Espagne, afin de révolter la France contre M. le duc d'Orléans, 315 ; quels changements elle fait dans les conseils d'Espagne, 334 ; elle mande à la cour de France qu'elle se dispose à quitter l'Espagne, VIII, 418 ; elle aspire à une souveraineté ; convention faite à cet égard entre le roi d'Espagne et l'électeur de Bavière, X, 4 ; vaste et superbe château qu'elle fait bâtir en Touraine, dans l'intention d'y fixer sa résidence, 5 ; ce que devient ce château, 6 ; elle écrit à Mme de Maintenon pour se plaindre du duc de Noailles qui a essayé de donner une maîtresse au roi d'Espagne, 30 ; elle obtient un ordre du roi d'Espagne pour qu'on la traite désormais d'Altesse, ainsi que le duc de Vendôme, 176 ; se console aisément de la mort de M. de Vendôme, 207 ; fait ordonner qu'il sera enterré à l'Escurial, 208 ; fait un voyage aux eaux de Bagnères, escortée par un détachement des gardes du corps du roi d'Espagne, 263 ; fait demander en France le maréchal de Tessé pour faire le siége de Barcelone ; Berwick qu'elle redoutait est préféré, XI, 62 ; raisons de cette préférence de la part du roi et de Mme de Maintenon, 64 ; dépit de Mme des Ursins de n'avoir pu obtenir de souveraineté par le traité de paix, 64 ; après la mort de la reine, elle fait retirer le roi au palais de Medina-Cœli ; pourquoi ; prend la place de la reine ; se fait nommer gouvernante de ses enfants ; cherche par tous les moyens à isoler le roi, 65 ; est soupçonnée d'aspirer à sa main, 66 ; choisit quatre ou cinq personnes qui lui sont dévouées pour l'accompagner quand il sort, 66 ; ne pouvant réussir dans son projet, elle veut s'assurer du roi en lui donnant une épouse de son choix ; jette les yeux sur la princesse de Parme ; s'ouvre à Albéroni, chargé des affaires de ce pays, 67 ; instruite que le marquis de Brancas dont elle se défie va partir pour Versailles, elle dépêche tout à coup le cardinal del Giudice pour le prévenir, 69 ; son double but en le faisant envoyer en France, 221 ; elle se repent d'avoir fait le mariage du roi et a envie de le rompre, 222 ; est nommée camarera-mayor de la reine, 256 ; accompagne le roi d'Espagne jusqu'à Guadalajara où ce prince va joindre la nouvelle reine, XII, 3 ; se rend à Quadraqué où la reine devait coucher ; se présente à elle en grand habit de cour ; avec quelle hauteur et quelle insulte elle est reçue, 4; est arrêtée par ordre de la reine, est conduite sur-le-champ tout habillée avec une de ses femmes de chambre dans un carrosse à six chevaux à Burgos et à Bayonne, 5; étourdissement, douleur et rage de la princesse; sa triste situation pendant une longue nuit d'hiver, 6; ses espérances dans le roi d'Espagne s'évanouissent; sa fermeté; elle arrive dénuée de tout à Saint-Jean de Luz où elle recouvre la liberté, 7; dépêche un courrier chargé de lettres pour le roi, pour Mme de Maintenon et pour ses amis; fait partir ensuite pour Versailles son neveu Lanti, chargé d'autres lettres; envoie à Bayonne faire des compliments à la reine douairière d'Espagne qui ne veut pas les recevoir, 8; éclaircissements sur la préméditation de cette catastrophe, 9; elle arrive à Paris, va loger chez son frère le duc de Noirmoutiers; y reçoit d'abord des visites, 41; son entrevue avec M. de Saint-Simon, 43; son voyage à Versailles; par le crédit de M. du Maine elle obtient une augmentation de rente sur l'hôtel de ville, en remettant sa pension du roi; choisit l'Italie pour sa retraite, 44; va prendre congé du roi à Marly, voit Mme de Maintenon; sa rencontre avec M. de Saint-Simon, 87; la frayeur que lui donne la santé du roi lui fait précipiter son départ, 88; son incertitude sur le lieu de sa retraite, 89; elle se décide enfin pour Gênes; comment elle y est reçue; se retire ensuite à Rome; s'y attache au roi et à la reine d'Angleterre qu'elle gouverne, 90; meurt à plus de quatre-vingts ans; son caractère, 91; vient fixer son séjour à Rome; y est accueillie par le pape et sa cour, par le roi et la reine d'Angleterre auxquels elle s'attache, XVIII, 69; sa mort, XIX, 424. Voy. encore à la fin des tomes IV, p. 445, et VI, p. 461, des documents relatifs à la princesse des Ursins et aux affaires d'Espagne.

USSON (M. d'), contribue au gain de la bataille d'Hochstedt en allant au secours de l'électeur de Bavière et du maréchal de Villars, IV, 187; meurt commandant du pays de Nice et Villefranche; son extérieur; ses talents, V, 55.

USURPATION DU *DE* et des titres de comte et de marquis par des bourgeois; à quelle époque elle eut lieu; exemple de cette usurpation, III, 399.

UZEDA (le duc d'), ambassadeur d'Espagne à Rome; se jette secrètement dans le parti de l'archiduc; sort de Rome; lève enfin le masque; renvoie au roi l'ordre du Saint-Esprit; perd ses biens en Espagne; meurt à Vienne dans l'abandon; son fils y meurt en prison, X, 22 et suiv.; XI, 28; est grand d'Espagne; historique sur sa maison, XVIII, 410.

UZÈS (le duc d'), a les deux jambes emportées à la bataille de Neerwinden, I, 99; son frère, le marquis d'Acier, succède à ses gouvernements et prend son nom, 100.

UZÈS (le duc d'), à l'âge de dix-huit ans, épouse la fille unique du prince de Monaco, âgée de trente-quatre ans, I, 304; épouse en secondes noces une fille de Bullion, V, 145; sa conduite dans l'affaire de d'Antin, IX, 64; survivances de ses gouvernements données à son fils, XVIII, 69.

UZÈS (Mme d'), meurt du mal dont M. de Vendôme ne peut guérir; son mérite; sa vertu; son mari plus heureux se tire de la maladie qu'il lui a communiquée; ses enfants périssent du même mal, II, 419.

UZÈS (la comtesse d'), meurt en couches; sa beauté; son caractère; ses enfants, X, 365.

V

VAILLAC, lieutenant général, meurt dans l'obscurité; le vin et la crapule rendent ses talents et ses services inutiles; des coquins le marient ivre mort, VI, 74; son origine; son père; chevalier de l'ordre, 75.

VAINI, gentilhomme romain, se fait faire prince par le pape; s'attache au cardinal de Bouillon qui obtient pour lui en France le collier de l'ordre du Saint-Esprit, II, 88; scandale à Rome à l'occasion de cette nomination, 89; il vient à Paris le recevoir de la main du roi; comment il est accueilli; le roi lui fait présent d'une belle croix de diamants, 283; aventure désagréable que lui attirent à Rome ses créanciers, III, 44; sa mort, XVII, 470; son fils devient aussi chevalier de l'ordre, 470.

VAL-DE-GRACE. Mémoire des dépenses qu'y a faites Louis XIV jusqu'en 1662, XII, 526.

VALBELLE meurt fort vieux et fort riche; ses actions heureuses et brillantes à la guerre, XIII, 421.

VALBELLE, évêque de Saint-Omer,

propose dans l'assemblée des suffragants de Cambrai de condamner tous les ouvrages que l'archevêque a faits pour soutenir son livre des *Maximes des saints*; réponse de l'archevêque; violents raisonnements de Valbelle qui s'attire l'indignation du public et la froideur même de la cour, II, 267.

VALDEGANAS (le marquis de) est fait capitaine général, IX, 430.

VALDERIES DE LESCURE, évêque de Luçon ; son mandement, IX, 90. Voy. *Unigenitus*.

VALENTINOIS (le duc de), fils de Matignon; ses lettres d'érection sont expédiées au parlement, XIII, 259 ; elles sont enregistrées et le duc reçu plus tard, XIV, 40 ; il est enfin reçu ; les princes du sang, d'après l'avis du régent, n'assistent point à cette réception, 117.

VALENTINOIS (Mme de), belle-fille de M. de Monaco, joue à la cour un rôle brillant ; son mari, las de ses hauteurs et de ses mépris, l'emmène à Monaco; au bout de deux ans elle obtient de revenir à la cour où elle calomnie son beau-père, I, 414; M. de Valentinois redemande sa femme; elle est forcée de rentrer sous l'autorité de son mari, 415.

VALERO (le marquis de), de retour du Mexique, est fait grand d'Espagne et nommé sommelier du corps; son caractère franchement espagnol, XII, 41; il est fait président du conseil des Indes et prend le titre de duc d'Arion, XIX, 31. Voy. *Arion* (le duc).

VALERO y Losa (don Francisco), archevêque de Tolède, meurt en 1720; pourquoi de simple curé d'une petite bourgade il devint évêque de Badajoz, puis archevêque de Tolède; sa modestie; son désintéressement, XVII, 473.

VALINCOUR, secrétaire général de la marine, est nommé, par le crédit de Mme de Maintenon, pour travailler à l'histoire du roi à la place de Racine; ses connaissances; sa vertu; sa modestie, II, 273; est mandé chez M. de Saint-Simon; pourquoi ; s'acquitte fidèlement auprès du comte de Toulouse de la commission dont il est chargé; en rend compte à M. de Saint-Simon; lui fait connaître les dispositions du comte de Toulouse, XVII, 23.

VALLEJO (don Joseph), défait la garde de tous les bestiaux amassés sur le chemin de Tortose à Tarragone, bat les miquelets et amène au duc d'Orléans 1000 bœufs et 6000 moutons, VI, 303.

VALLIÈRE (La), voy. LA VALLIÈRE.

VALOIS (le P.), jésuite, confesseur des enfants de France, meurt d'une longue maladie de poitrine; son caractère doux ; il est fort regretté, II, 425.

VALOIS (Mlle), fille de M. le duc d'Orléans, est fiancée au duc de Modène, XVII, 410 ; présent qu'elle reçoit du roi; est mariée le lendemain à la chapelle du roi ; est attaquée de la rougeole; part pour Modène; prolonge tant qu'elle peut le voyage; reçoit divers ordres du régent à ce sujet; s'embarque à Antibes, 411.

VALORI, conduit les travaux du siége du Quesnoy; est fait gouverneur de cette place après qu'elle a été prise, X, 263.

VALOUSE, est nommé écuyer du duc d'Anjou déclaré roi d'Espagne, III, 48; devient par la suite premier écuyer du roi et chevalier de la Toison d'or, IV, 180; est envoyé par Philippe V au roi, après la victoire d'Almanza, pour le remercier de ses secours et de l'envoi du duc de Berwick, V, 406; est fait premier écuyer du roi, XII, 40; comment il se soutient en Espagne; il obtient la Toison d'or, XVIII, 238; sa fortune; son caractère, XIX, 19; son désintéressement; sa mort, 20.

VALSEMÉ, maréchal de camp, est fait prisonnier à la bataille d'Hochstedt, IV, 308; meurt pauvre et estimé, VI, 146.

VANDER (le baron de), impliqué dans l'affaire du baron Gœrtz, est condamné à une prison perpétuelle, XVII, 124.

VANOLLES (M. de), fils du riche banquier hollandais Van Holl, est fait maître des requêtes par le crédit des Rohan; histoire de son père, XI, 256.

VARDES (M. de), se bat en duel avec le duc Claude de Saint-Simon; à quelle occasion; détails à ce sujet ; il est désarmé, I, 80; est conduit à la Bastille par ordre de la reine; se raccommode avec le duc, 81 ; note sur ses aventures avec Mme la Comtesse, X, 455.

VARENNES et RICOUARD, l'un capitaine général, l'autre intendant à la Martinique, sont renvoyés en France par les habitants à cause de leur tyrannie et de leurs pillages; détails curieux à ce sujet, XV, 26.

VARENNES, maréchal de camp, est blessé à la bataille de Marsailles, I, 107; est pris par un parti en allant de Metz à Marsal; M. de Lorraine le fait rendre par crainte du roi, III, 418.

VARILLAS, historien, meurt en 1696, I, 340.

VASET, valet français, apporte au roi de France les pierreries du roi et de la reine d'Espagne, V, 189.

VASÉ (l'abbé de), grand homme de bien, refuse l'évêché du Mans auquel il est nommé, X, 180; sa mort, XIII, 421.

VATTEVILLE (l'abbé de), frère du baron de Vatteville, ambassadeur d'Espagne en Angleterre, meurt à près de 90 ans; sa vie singulière; il se fait chartreux; quitte son couvent; tue son prieur, puis un voyageur; s'en va en Turquie; prend le turban; devient pacha; se sert des Vénitiens pour obtenir du pape une absolution de tous ses méfaits; se rend à Rome, puis en Franche-Comté, sa patrie; reprend son état de prêtre; possède deux bonnes abbayes; mène un grand état; se fait craindre et respecter, III, 342 et suiv.

VAUBAN, passe du service de l'Espagne à celui de la France; est nommé lieutenant général; ses talents; son extérieur, I, 7; est fait maréchal de France; son éloge; son caractère; il gagne l'amitié et la confiance de Louvois et du roi, IV, 87; fait 53 siéges en chef; reçoit le bâton de maréchal avec autant de modestie qu'il avait montré d'abord de désintéressement, 88; demande à aller au fort de Kehl; le roi, à cause de sa dignité, ne veut pas le lui permettre, 108; est nommé chevalier de l'ordre; son extraction, 391; il s'offre au roi pour aller à Turin donner ses conseils à M. de La Feuillade et de se tenir à 2 lieues de l'armée sans se mêler de rien; cette offre magnanime n'est point acceptée, V, 69; il propose devant le roi son projet d'attaque pour Turin et les raisons de son projet; demande à en être uniquement chargé; avertit le roi que Turin ne peut être pris à moins qu'on ne lui fournisse tout ce qu'il demande, 169; est envoyé à Dunkerque pour commander la Flandre maritime, 183; il travaille pendant 20 ans à un nouveau système d'impôt, 363; le perfectionne sur celui de Boisguilbert, 364; comparaison des deux systèmes, 365; défaut de celui de Vauban, 366; il présente au roi sa *Dîme royale*; comment il est accueilli; meurt de chagrin 367.

VAUBAN (l'abbé de), frère du maréchal de Vauban, meurt en 1717, XIV, 289.

VAUBECOURT, lieutenant général, est tué en allant au secours des équipages des officiers généraux français attaqués par le prince Eugène dans des villages près de Lodi, V, 18.

VAUBECOURT (Mme de), sœur de l'ambassadeur Amelot, meurt étant encore belle et sans enfants, VIII, 118.

VAUBONNE (M. de), est chassé l'épée dans les reins du côté de la montagne de Niederbühl, II, 11; meurt des blessures qu'il a reçues au siége de Gaëte, VI, 103.

VAUBOURG (Mme de), sœur du ministre Voysin, meurt et cause par sa mort une rupture entre ce ministre et Desmarets, IV, 183.

VAUBRUN (l'abbé de), lecteur du roi, est exilé en Anjou; pourquoi; sa laideur; son esprit de tracasserie et d'intrigue, II, 413; après dix ans d'exil il obtient la permission de saluer le roi; sa famille, IV, 25; son caractère; son esprit; sa hardiesse; son habileté pour l'intrigue; il s'attache à M. et à Mme du Maine, après avoir été dévoué au cardinal de Bouillon, 25.

VAUDEMONT (M. de), avec son corps d'armée met toute son industrie pour échapper au maréchal de Villeroy, I, 273; comment il y parvient par la faute de M. du Maine, 274; est nommé gouverneur général du Milanais; sa naissance; détails sur la vie et les fortunes diverses de son père Charles IV duc de Lorraine, II, 67; portrait physique et moral de M. de Vaudemont; pourquoi il s'attache à l'Espagne; ses paroles indécentes contre le roi de France, 69; sa fortune rapide, 70; des médecins malhabiles manquent de le tuer dans les grands remèdes, 72; il fait proclamer dans le Milanais le duc d'Anjou roi d'Espagne, III, 40; ses vues politiques et personnelles, 198; pourquoi il flatte Tessé et redoute Catinat, 200; comment il s'attache nos officiers généraux, 201; sa conduite à l'égard de M. de Catinat, 201; attend le roi d'Espagne à Alexandrie; est blessé du fauteuil préparé pour M. de Savoie dans l'appartement où le roi d'Espagne doit recevoir ce prince; en parle à Louville, 408; suit le roi à Milan, 410; fait battre la place de Murcé pendant qu'il se tient à San-Benedetto où il fait le malade pressé d'aller aux eaux, IV, 145; mande en France, lorsqu'on le savait déjà, que M. de Savoie se prépare à la guerre, 190; se retire à Milan; dans quel but, 203; son fils est fait par l'empereur feld-maréchal, 246; mort de ce jeune seigneur; chagrin qu'elle cause à sa famille, 286; M. de Vaudemont désigne à M. de Mantoue Mlle d'Elbœuf comme digne d'être sa seconde femme; motifs de la maison de Lorraine pour faire ce mariage, 334; il fait arrêter le comte Bozelli et lui fait couper la tête; pourquoi, V, 101; ses fanfaronnades après la bataille de Castiglione, 251; il appuie faiblement les deux propositions de Médavy sur les moyens de se maintenir en Italie; pourquoi, 421; est chargé de négocier de concert avec lui le libre retour des troupes françaises en Savoie, 422; arrive avec lui et 20 000 hommes de troupes à Suse, 423; vient à Paris; loge à l'hôtel de Mayenne, maison chère aux Lorrains; pourquoi; va saluer le roi à Marly; accueil qu'il en reçoit, 424; son intimité avec ses deux nièces Mlle de Lislebonne et Mme d'Espinoy et leur mère; appuis et protecteurs qu'ils ont tous quatre auprès du roi, 425; honneurs que le roi fait rendre à M. de Vaudemont, 426; il est initié dans les liaisons de ses deux nièces, VI, 2; sa naissance, 8; son mariage avec une fille du duc d'Elbœuf; comment il parvient en Espagne à la grandesse et à gagner la faveur de l'empereur et l'amitié du prince d'Orange, 8; il soutient hautement Colmenaro qui a rendu Alexandrie aux Impériaux, 10; dans quel état le traitement des médecins a réduit ses mains et ses pieds, 11; sommes immenses qu'il acquiert; pensions qu'il obtient des rois de France et d'Espagne; est fait prince de l'empire par l'empereur Léopold, 11; obtient une pension pour Mme de Mantoue, 12; se propose de se faire donner par le duc de Lorraine la principauté de Commercy, 13; fait demander et demande lui-même le collier de l'ordre; est refusé; pourquoi, 14; il cherche à cacher ses entreprises sous l'impotence de sa personne; se fait porter en chaise dans les petits salons du roi; comment il est traité à Marly, 15; il va à Commercy avec sa sœur, ses nièces et sa femme; à quel dessein; il revient avec ses nièces à Marly, 16; comment Mme de Vaudemont y est admise; comment elle y est vue; son caractère; son extérieur, 17; comment M. de Vaudemont usurpe peu à peu un siège à dos dans le salon de Marly, 18; il veut usurper aussi le tabouret chez Mme la duchesse de Bourgogne; dépit qu'il s'attire à cette occasion de la part du roi, 19; il reparaît à Marly, mais n'ose plus y prendre un siège à dos; comme grand d'Espagne il prend le manteau ducal partout à ses armes, 19; ses voyages à Commercy et à Lunéville; est déclaré souverain de Commercy par le duc de Lorraine et l'aîné après les enfants de ce duc, 21; va prendre possession de son rang; revient à la cour de France, 22; y est arrêté tout court dans ses prétentions par une défense du roi, 22; dissimule son dépit; renonce à ses chimères; paraît à la cour sur ses jambes comme les autres courtisans, 23; il resserre de plus en plus ses anciennes liaisons avec les ennemis de la France, 25; obtient à Versailles un logement, 157; il vient au secours de la cabale formée contre le duc de Bourgogne; fait un mémoire sur la ligue d'Italie pour en prouver l'utilité, la possibilité et l'exécution, et charge Tessé de le remettre à Torcy, 372; sous prétexte des eaux de Plombières, il part avec sa nièce Mlle de Lislebonne pour se rendre en Lorraine; reste longtemps à Lunéville; à quel dessein; reparaît à Marly au grand étonnement de tout le monde; est froidement accueilli par le roi, VII, 370; sa triste situation à la mort de Monseigneur, IX, 272; il va passer quelque temps en Lorraine, 273; vient à Paris solliciter pour le duc de Lorraine l'érection d'un évêché à Nancy; y tombe dangereusement malade, XVII, 249; y meurt à 84 ans, XIX, 433; la princesse d'Espinoy recueille son immense héritage, 433.

VAUDEMONT (Mme de), meurt d'apoplexie à Commercy, XI, 157; son caractère; l'ennui abrège ses jours, 157.

VAUDEMONT (le prince Thomas de), fils unique du prince de Vaudemont, est blessé à la bataille de Luzzara et meurt deux ans après, III, 432.

VAUDRAY, colonel du régiment de la Sarre; de chanoine il devient militaire; reçoit trente-deux blessures à l'attaque de la contrescarpe de Coni, est nommé directeur général des troupes, I, 222; est tué au combat de Cassano, V, 43.

VAUDREUIL (Mme de), est nommée sous-gouvernante des enfants de M. le duc de Berry, par le crédit de Mme de Saint-Simon, X, 285.

VAUGUÉ (Mme de), sœur du maréchal de Villars, duègne et argus de sa femme, obtient une pension, X, 304.

VAUGUYON, voy. *La Vauguyon*.

VAUREAL (l'abbé de), obtient la permission d'acheter de l'évêque de Saint-Omer la charge de maître de l'oratoire; son caractère; son extraction; son vrai nom; son premier état, XVII, 37.

VAUVINEUX (Mme de), belle et vertueuse, parente du duc de Saint-Simon et belle-mère du prince de Guéméné, meurt en 1705; son nom de famille, V, 22.

VAUVRAY et LA GRANDVILLE, sont nommés rapporteurs des prises au conseil de marine, XIII, 153.

VELLERON (le chevalier de), enseigne des gardes du corps, est envoyé à Reims pour porter défense à M. de Mailly de sortir de cette ville et de prendre ni marque ni titre de cardinal, XVII, 331; comment il s'acquitte de sa commission; il fait retourner M. de Mailly à Soissons; sur sa parole qu'il va se rendre à Reims il revient à Paris; naissance et caractère de Velleron, 338.

VELOURS, époque du velours en habits ordinaires pour les gens de robe, XVIII, 75.

VENDOME (M. de), obtient la permission du roi d'attaquer les ducs et pairs ses anciens, et leur donne la première assignation; picoterie entre lui et M. d'Elbœuf à cette occasion, I, 170; M. de Vendôme en rend compte à M. du Maine; il reçoit ordre du roi de se désister juridiquement de sa prétention, 171; est reçu au parlement, en vertu d'une déclaration du roi, immédiatement après les princes du sang et avant les pairs, 175; est nommé intendant des galères, 206; rencontre dans laquelle il maltraite le duc de Roquelaure, 240, comment il est envoyé pour commander l'armée de Catalogne, à la place de M. de Noailles, 259 et suiv.; prend Ostalric; se présente pour secourir Palamos; se retire sans rien entreprendre, 270; bat la cavalerie d'Espagne en Catalogne, 341; fait le siége de Barcelone; difficultés qu'il y rencontre, II, 6; il bat et disperse l'armée du vice-roi; pille son camp, 7; accorde à Barcelone une capitulation honorable, 8; y est reçu vice-roi en grande cérémonie, 9; revient à Paris et va à Anet se mettre entre les mains des chirurgiens, 65; met enfin ordre à ses affaires; prend publiquement congé du roi pour aller à Clichy se mettre entre les mains des chirurgiens, 277; perd dans le traitement la moitié de son nez et ses dents; reparaît à la cour, la physionomie toute changée, 278; retourne une autre fois à Anet se remettre entre les mains des chirurgiens, 419; en revient plus défiguré qu'auparavant, III, 67; n'ose se montrer aux dames ni aller à Marly; puis se montre avec audace en homme qui se sent tout permis, 67; accepte le commandement de l'armée d'Italie; reçoit en partant 4000 louis pour son équipage, 380; jalousie de M. le duc d'Orléans et des princes du sang à ce sujet; M. de Vendôme fait tout ce qu'il peut pour diminuer leur dépit, 381; découvre par des lettres interceptées que des officiers du régiment napolitain levé par le roi Philippe V, ont traité avec le prince Eugène pour lui livrer ce prince, 406; sa réponse au prince Eugène qui lui a écrit pour se justifier de ce complot, 410; il salue Philippe V à Crémone, 429; surprend Visconti à Santa-Vittoria; le culbute, le défait, 430; est déclaré ministre d'Espagne et assiste au despacho, 430; rencontre le prince Eugène à Luzzara; combat opiniâtre dont le succès est incertain, 430; prend Guastalla; reçoit du roi d'Espagne l'ordre de la Toison, 434; manque être fait prisonnier par sa faute, IV, 51, 52; est chargé par le roi de percer jusqu'à Trente pour communiquer avec l'électeur de Bavière, 442; sa marche pénible vers Trente qu'il bombarde pour retourner en Italie, 144; demande et obtient pour le prince d'Elbœuf, neveu de sa femme, le régiment d'Espinchal, 145; défait deux mille chevaux que le comte de Staremberg envoyait à M. de Savoie, 190; demande à être fait maréchal de France, est refusé par le roi, 203; fait une autre demande qui est également refusée et mécontente le roi, 203; bat une partie de l'arrière-garde du comte de Staremberg; culbute l'autre dans l'Orba, 245; lui et son frère amusent toutes les semaines le roi par des courriers qui annoncent des projets ou des espérances d'entreprises qui ne s'exécutent point; M. de Vendôme fait attaquer une arrière-garde qui fait sa retraite malgré lui, 285; comment il se fait aimer de la plupart de son armée et pourquoi le reste garde le silence sur sa paresse et sa hauteur, 285; il assiége Vercelli qu'il oblige à capituler, 294; assiége et prend Ivrée, 352; s'opiniâtre à faire le siége de Verue, 371; chasse les ennemis qui sont venus attaquer ses retranchements, 401; difficultés qu'il éprouve devant la place, V, 7; il se laisse enfin persuader de couper la communication qui existe entre la ville et un camp retranché des ennemis; attaque le fort de l'Isle et l'emporte, 7; refuse aux assiégés une capitulation honorable; les reçoit à discrétion, 8; fait raser la Mirandole, Vercelli et trois enceintes de Verue, enlève ou force quelques cassines, 18; assiége Chivas sans pouvoir l'investir, 40; son opiniâtreté pense tout perdre à la bataille de Cassano; comment il y triomphe 41; il se brouille avec son frère, 44; comment il fait sa cour au roi et plaît au ministre, à l'occasion du siége de Turin, 69; son portrait physique et moral, 132; comment il habitue toute l'armée à le traiter de Monseigneur et d'Altesse; ses goûts sodomites, sa paresse; son opiniâtreté, 132; son genre de vie; sa malpropreté, 133; il veut passer pour le premier capitaine de son siècle et parle indécemment du prince Eugène, 134; la manière dont il reçoit l'évêque de Parme dégoûte cet envoyé, 135; pourquoi il conçoit de l'attachement pour Albéroni dont il fait son principal secrétaire, 135; comment il plaît à M. du Maine, à Mme de Maintenon, au roi et à Monseigneur, 136, 137; il se rend à la cour; comment il est reçu à Marly, 137; il est fêté par les ministres et par le peuple; il va à Anet où se rendent les princes du sang, 139; il prétend commander aux maréchaux de France; il refuse une patente pareille à celle qui avait été donnée à M. de Turenne, 139; il offre à son frère, le grand prieur, de le présenter au roi et de lui faire donner une pension de 10000 écus, 140; obtient du roi un billet signé de sa main par lequel Sa Majesté promet qu'en cas que le bien de ses affaires l'exige il enverra en Italie un maréchal de France qui aura ordre de lui obéir, 161; s'embarque à Antibes avec son frère; rejoint son armée; état dans lequel il la trouve; bat les ennemis à Calcinato, 182; poursuit sa victoire; prend quatre drapeaux et douze étendards, 162; accepte la proposition que lui fait le roi de venir commander l'armée de Flandre; fait valoir ce consentement comme un sacrifice, 181; sa négligence et son incurie donnent au prince Eugène toutes les facilités de passer le Pô et de venir au secours de M. de Savoie, 215; confère avec M. le duc d'Orléans sur le Mincio; évite cependant les conférences ou les abrége, 216; revoit M. le duc d'Orléans à Mantoue; ne veut pas goûter ses avis; laisse passer le Pô aux ennemis; se montre impatient de partir, 217; part au plus vite, laissant au duc d'Orléans le soin de réparer ses propres fautes; arrive à Versailles; est reçu comme un héros; obtient une lettre de la main du roi portant ordre à tous les maréchaux de prendre l'ordre de lui et de lui obéir partout, 218; transporté d'aise, il part pour Valenciennes, 219; comment il se conduit dans ses relations avec l'électeur de Bavière, 224; remet l'armée comme avait fait le maréchal de Villeroy; se tient à Lille et à Saint-Amand, 225; revient à Versailles; comment il y est reçu, 270; est envoyé pour commander en Flandre sous l'électeur de Bavière, 348; sa mollesse et sa paresse lui attirent tout à coup l'armée ennemie sur les bras; comment il parvient à lui échapper, VI, 79; il revient à la cour et y est bien reçu, 81; obtient 3000 livres de pension pour Albéroni, 155; ses conférences devant le roi avec Bergheyck sur le projet de soulever les Pays-Bas; son ton tranchant et plein de hauteur, 187 et suiv.; est nommé pour commander en Flandre, sous les ordres de Mgr le duc de Bourgogne, 219; travaille avec le ministre Chamillart; va à la Ferté-Alais, 233; revient à Marly; travaille avec le ministre, avec Mgr le duc de Bourgogne, avec le roi, 234; comment il accueille à Clichy Bergheyck, Puységur et Chamlay qui lui sont envoyés par le roi, 238; il part pour la Flandre, 239; montre peu de complaisance pour sortir de Valenciennes, 288; après la soumission de Gand et de Bruges, il reconnaît lui-même l'avantage qu'il y a à passer l'Escaut, mais ne peut être déterminé, même par le duc de Bourgogne, à faire promptement ce passage, 309; la nouvelle de l'approche de l'ennemi ne peut hâter sa résolution, 309; sur les avis réitérés de M de Biron, il monte enfin à cheval et donne des ordres, 311; combat d'Audenarde, 311; la maison du roi y doit son salut à la méprise d'un officier ennemi; fureur de M. de Vendôme de s'être cruellement mécompté; paroles insultantes qu'il adresse à Mgr le duc de Bourgogne, 313; il veut prouver aux officiers généraux que le combat n'est point perdu; il ordonne enfin la retraite, sans indiquer les moyens de la faire, 314; s'oppose à ce que les princes soient conduits à Bruges dans leurs chaises, 315; arrive à Gand où il se repose, sans s'embarrasser davantage de l'armée, 317; ses dépêches au roi sur ce combat, 319; la cabale formée contre le duc de Bourgogne hasarde des louanges de M. de Vendôme et ose blâmer le prince touchant le combat; manifestes et impostures répandus par elle; lettre d'Albéroni, 324 et suiv.; lettres de Campistron et du comte d'Evreux écrites dans le même but, 344 et suiv.; les émissaires de sa cabale répandent partout des extraits de ces pièces; les vaudevilles, les chansons faits dans le même esprit courent tout Paris et le royaume; on n'ose plus à la cour parler pour le duc de Bourgogne, 347; M. de Vendôme reçoit du ministre Chamillart une lettre forte et ordre de la part du roi de demeurer en silence, 351; sa cabale n'en redouble pas moins d'efforts, même auprès du roi, 352; instruit de la colère de la duchesse de Bourgogne, il craint son ressentiment; il s'abaisse avec adresse devant le duc son mari; sa conduite politique en cette occasion, 355, 356; il veut faire attaquer par la moitié de ses troupes un convoi immense que le prince Eugène conduit à Marlborough, 375; il cède à l'avis contraire du duc de Bourgogne, en protestant, et laisse passer le convoi, 376; il déclare tout haut que le duc de Bourgogne a ordre de secourir à quelque prix que ce soit la place que les ennemis assiégeront, mais que pour Lille il la prend sous sa protection et qu'il répond bien que ses ennemis ne se hasarderont pas à une pareille entreprise, 379; le prince Eugène fait le siège de Lille et ouvre la tranchée, 380; M. de Vendôme reçoit un ordre positif du roi de marcher au secours de cette place; il fait des représentations; reçoit un second ordre; reste dans l'inaction, 380; sa désobéissance fâche le roi; il reçoit un troisième ordre, 381; il obéit enfin avec lenteur; décide qu'on joindra le duc de Berwick par le chemin de Tournai, 381; après beaucoup de peines et de fatigues, il arrive avec toute l'armée à Mons-en-Puelle, 384; contre l'avis de tous les généraux, il soutient qu'il faut attaquer l'ennemi; sa conduite est ici calculée, comme elle l'a été après le combat d'Audenarde, pour perdre le duc de Bourgogne, 390 et suiv.; mensonges débités par lui et sa cabale; effet qu'ils produisent à la cour et à la ville, 392 et suiv.; à l'arrivée de Chamillart en Flandre, le duc se raccommode avec Berwick et se rapproche de Mgr le duc de Bourgogne; lui et sa cabale exaltent le duc de Berry, 396; malgré l'impossibilité réelle de forcer les retranchements des ennemis, il tient toujours pour l'attaque; pourquoi, 397; fait canonner le village d'Entiers, 398; est obligé de renoncer à son entreprise, et de passer l'Escaut pour trouver des subsistances, 398; il forme des projets spécieux et hardis contre le duc de Marlborough, 407; va à Bruges prendre le commandement des troupes qu'avait M. le comte de La Mothe, 416; se dispose à empêcher les convois d'Ostende et de l'Écluse, 416; assiége Leffinghem, 417; la fait attaquer l'épée à la main, 419; l'emporte, 419; est d'avis qu'il faut garder l'Escaut pour couper la retraite aux ennemis; nouvelles altercations avec Berwick, à ce sujet; après le départ du ministre Chamillart qui a pris un parti mitoyen, Vendôme reprend son premier dessein de la garde de l'Escaut, VII, 3; fait renvoyer Berwick sur le Rhin; écrit ensuite en cour qu'il répond désormais sur sa tête que les ennemis ne passeront pas l'Escaut, 4; il apprend au roi par un courrier que Marlborough a passé l'Escaut, mais il supplie Sa Majesté de se souvenir qu'il a toujours mandé que la garde de l'Escaut était impossible; effet que produit à la cour le mensonge de M. de Vendôme, 5; il reçoit l'ordre de revenir; fait inutilement des représentations sur la nécessité de demeurer en hiver, 10; il revient à la cour; comment il y est reçu par le roi et les princes, 20 et suiv.; il s'aperçoit de quelque changement à son égard, il va à Anet, 21; la vérité se dévoile à la cour sur son compte, 26; l'air de disgrâce commence à se faire sentir, 27; il vient à Versailles où il apprend qu'il ne servira point et qu'il ne sera plus payé comme général d'armée; comment il reçoit cette nouvelle, 39, 40; il fait vendre ses équipages, 39; fait des plaintes amères au roi de M. de Puységur, 178; est perdu par lui dans l'esprit du roi; sa cabale et lui en frémissent de rage, 180; il continue d'aller à Marly et à Meudon et y reprend sa hauteur accoutumée, 182; éprouve un affront de la part de la duchesse de Bourgogne, 182; reçoit l'ordre de s'abstenir de paraître à Marly, 184; va cacher son dépit et sa honte à

Clichy; retourne quelques jours à Marly pour n'avoir pas l'air d'en être chassé; part pour Anet; continue d'aller à Meudon chez Monseigneur où il paraît braver la duchesse de Bourgogne, 184; reçoit un nouvel affront de la princesse, 185; est éconduit de Meudon par le roi et par Monseigneur, 187; s'en va passer un mois à sa terre de la Ferté-Alais, 187; sa cabale le voyant tombé cherche à se rapprocher avec art et bassesse du parti opposé, 188; le duc écrit à la princesse des Ursins pour se faire demander en Espagne; le roi s'y refuse, 189; son mariage avec Mlle d'Enghien est déclaré, VIII, 159; effet que produit cette déclaration sur Mme la Princesse et sur Mme la Duchesse; M. de Vendôme obtient à peine la permission de voir le roi; sa conversation avec lui, 160; son mariage se célèbre clandestinement à Sceaux, 160; il se fait demander une seconde fois en Espagne, 419; est appelé à la cour, 421; est amené par M. du Maine chez Mme la duchesse de Bourgogne, pendant qu'elle est à sa toilette; l'accueil qu'il y reçoit le décide à n'y plus retourner, 421; il est mieux accueilli par Mgr le duc de Bourgogne, s'entretient avec le roi dans son cabinet; va à Paris, 422; se rend à Bayonne où il a l'ordre d'aller prendre des mesures avec le duc de Noailles; apprend en chemin la déroute de Saragosse; envoie de Bayonne le mestre de camp Monteil, au roi, pour recevoir ses ordres sur sa conférence avec le duc de Noailles, 424; va avec ce duc jusqu'à Valladolid où il trouve le roi d'Espagne, 424; suit ce prince à Salamanque, 431; projette de joindre l'armée d'Estramadure que Bay tient en échec, 432; marche sur le comte de Staremberg; s'approche de Brihuega qu'il fait sommer de se rendre; attaque cette place, 433; fait livrer un troisième assaut par son infanterie et avec sa cavalerie va au-devant de Staremberg; Brihuega capitule, 434; l'armée de Staremberg est battue et lui forcé de se retirer, 435 et suiv.; M. de Vendôme manque de finir la guerre d'un seul coup, en laissant au comte le moyen de se retirer, 440; à la nouvelle de la mort de Monseigneur, il pense à se fixer en Espagne; cherche à se lier étroitement à la princesse des Ursins, IX, 272; obtient du roi d'Espagne de le traiter désormais d'Altesse, X, 176; on lui expédie une patente qui lui donne tous les rangs, honneurs et prérogatives dont avaient joui les deux ducs don Juan; consternation générale en Espagne à cette occasion; quelles en sont les raisons, 177; Vendôme vient à la cour de Madrid jouir de son triomphe; retourne promptement à la frontière; se rend à Vignarez; y tombe malade; ses valets le dépouillent avant sa mort, 203 et suiv.; il meurt à 58 ans, 207; joie en Espagne, 207; il est enterré à l'Escurial; détails sur cette sépulture, 208; ce que devient son héritage, 209.

VENDOME (le grand prieur), obtient le commandement du corps d'armée à Nice, à la place de son frère, I, 260; se dispute au jeu avec M. le prince de Conti; est envoyé à la Bastille par ordre du roi, II, 173; à la prière de Monseigneur, il en sort; à quelle condition, 173; ne peut obtenir d'aller servir sous son frère en Italie; sa vie crapuleuse, III, 381; obtient du roi par le crédit de Mme de Maintenon et de Mme du Maine une pension de 20 000 livres et d'aller servir de lieutenant général dans l'armée de Catinat, 421; par le crédit de M. du Maine, il obtient d'aller servir en Italie sous son frère, IV, 108; obtient une petite armée avec le titre de général en chef, 246; attaque les postes du général Patay, lui prend six drapeaux et lui fait 400 prisonniers, 402; ses mauvaises précautions lui font perdre quatre bataillons de ses troupes, V, 41; sa mauvaise conduite au combat de Cassano, 42; il se brouille avec son frère, 44; reçoit ordre de quitter l'armée; demande à venir se justifier; le roi ne veut pas le voir; il va à Rome; revient en France; est exilé à Chalon-sur-Saône, 44; va trouver son frère à Anet; refuse les propositions qu'il lui fait, veut retourner commander en Italie; s'en va à Clichy tout en colère; ses vices; sa poltronnerie; ses friponneries; sa figure; son esprit, 140; il se fait mépriser à Rome; se rend à Gênes, 271; obtient la permission de revenir en France; à quelles conditions; voit son frère à la Ferté-Alais, VI, 233; est arrêté par une espèce de bandit et renfermé dans un château de l'empereur, IX, 28; obtient sa liberté à condition qu'il ne sortira point de Soleure que le roi n'ait délivré le fils de celui qui l'avait arrêté; il renvoie à l'impératrice-mère la lettre qu'elle lui a écrite; pourquoi, 313; obtient enfin sa liberté entière, et du roi la permission de demeurer à Lyon, X, 19; sur l'appel fait à tous les chevaliers par le grand maître de Malte il fait demander au roi la permission de venir prendre congé de lui pour aller à Malte; cette permission lui est refusée; mais il a la liberté de se rendre dans l'île; réception qui lui est faite, XII, 18; obtient la permission de revenir à Paris et de voir le roi, XIII, 193; il veut entrer au conseil de régence, 418; M. de Saint-Simon l'en empêche, 419; il assiste en rang de prince du sang aux cérémonies des jeudi et vendredi saints chez le roi; conduite du régent en cette occasion, XIV, 210 et suiv.; l'année suivante, il sert hardiment la cène au roi, le jeudi saint, comme les princes du sang; mais le lendemain il n'ose venir à l'office pour l'adoration de la croix, XV, 325; demande au régent l'entrée au conseil de régence; pourquoi il ne peut l'obtenir, quoique M. le duc d'Orléans y eût consenti, XVII, 127 et suiv.; il obtient sur les loteries de Paris plus de 25 000 écus de rente, 149; il vend son grand prieuré au bâtard reconnu de M. le duc d'Orléans et de Mme d'Argenton, et cherche en vain à se marier, 268.

VENDOME (Mme la duchesse de), meurt à 41 ans, brûlée de liqueurs fortes; toute sa succession revient à Mme la Princesse, XV, 322; les princes du sang la font garder; sur quoi et comment ils tentent cette entreprise, 323; ils font brusquement enterrer Mme de Vendôme aux Carmélites du faubourg Saint-Jacques, 324.

VENDOME (Place), mémoire des dépenses qu'y a faites Louis XIV jusqu'en 1690, XII, 525.

VENIER, secrétaire particulier du cardinal Dubois; son esprit, son intelligence; avec quel sang-froid il apaise un jour la fureur du cardinal, XX, 17 et suiv.

VENISE, qui a tant contribué à faire chasser les Français d'Italie, est la première à exciter le pape sur le danger qui menace l'Italie de la part de l'empereur et à lui proposer une ligue; mais elle n'ose se montrer et veut paraître entraînée, VI, 370; d'où vient l'usage qu'elle a conservé d'écrire au Dauphin de France *au roi Dauphin*, XIV, 101; elle cherche à se raccommoder avec le roi d'Espagne, 259; lui fait déclarer qu'elle est obligée par son traité avec l'empereur de lui fournir 10 000 hommes, en cas d'infraction à la neutralité de l'Italie, XV, 110; se raccommode avec la France, XVII, 480; rétablit le cardinal et les Ottobon au livre d'or, 480.

VENTADOUR (la duchesse de), songe à quitter le service de Madame; pourquoi, IV, 119; se fait remplacer par la duchesse de Brancas, 121; est adjointe en survivance à la maréchale de La Mothe dans la charge de gouvernante des enfants du duc de Bourgogne, 251; joie extrême qu'elle en ressent, 252; malgré sa dévotion, elle entretient un commerce étroit avec Mlle de Sery, maîtresse du duc d'Orléans, V, 207; par la mort de sa mère elle obtient du roi 70 000 livres de rente, VII, 40; est chargée par Mme de Maintenon de faire entendre à Mme d'Argenton que M. le duc d'Orléans est dans la résolution de rompre avec elle; par ses prières et par ses larmes elle parvient à décider Mlle Chausseraye à annoncer la rupture à cette dame, VIII, 57; elle est chargée par le roi de faire baptiser les deux enfants fils de France, malades depuis quelques jours et de les faire nommer Louis l'un et l'autre; elle tient elle-même le petit Dauphin avec le comte de La Mothe, X, 126; envoie chercher à la comtesse de Verue du contre-poison qu'elle fait prendre au petit duc d'Anjou, 127; obtient la survivance de sa charge de gouvernante des enfants de France pour Mme de Soubise, femme de son petit-fils, XVIII, 185; est nommée pour aller recevoir l'infante à la frontière et l'amener à Paris, 250.

VENTADOUR (le duc de), meurt aux Incurables; sa laideur; son esprit; en lui s'éteint son duché-pairie, XV, 65.

VENTADOUR (l'héritière de), veuve du prince de Turenne tué à la bataille de Steinkerque, épouse le fils aîné de M. de Soubise; ses galanteries publiques, I, 185.

VENTADOUR LA GUICHE (la duchesse de), meurt fort âgée en Basse-Normandie, III, 189.

VERAC (le chevalier de), mestre de camp, est tué à la bataille de Castiglione, V, 250.

VERAC SAINT-GEORGES, lieutenant général de Poitou, huguenot, abjure lors de la révocation de l'édit de Nantes; exerce avec Marillac des cruautés contre les huguenots; est fait chevalier de l'ordre; sa mort; son fils devient lieutenant général et chevalier de l'ordre, IV, 297.

VERAGUA (le duc de), est nommé membre du conseil du cabinet, VII, 334;

est chargé des affaires de la marine et du commerce, XII, 36; son esprit; son caractère; sa naissance; sa malpropreté; il est d'un grand secours à M. de Saint-Simon pendant son ambassade, XVIII, 233; est grand d'Espagne; historique sur sa maison, 407 et suiv.; ses vapeurs; sa mort, 409. Voy. *La Jamaïque* (le marquis de).

VERBAUM, premier ingénieur du roi d'Espagne, est mis dans la citadelle d'Amiens, lorsqu'il allait se rendre au camp des ennemis, V, 201.

VERDERONNE, officier dans la gendarmerie, est tué dans l'église de Saint-Louis à Paris, par suite de l'ouragan, de la Chandeleur en 1701, III, 74.

VÈRE (La), voy. *La Vère*.

VERGAGNE (le prince de), gendre de Spinola, obtient la grandesse d'Espagne; par quel moyen, XIII, 258.

VERNEUIL (la duchesse de), prend place à la table du roi, après ses deux bâtards; plaisanterie du duc d'Uzès sur ce sujet, I, 31; meurt à 82 ans; devient princesse du sang longtemps après sa mère; le roi porte le deuil quinze jours, IV, 281.

VERNEUIL (Chassepoux), obtient la charge de secrétaire du cabinet, XV, 65.

VERNON, ambassadeur de M. de Savoie, est mené escorté d'un gentilhomme sur la frontière des États de Savoie pour être échangé avec Phélypeaux, IV, 253.

VERRILLON, attaché au service de M. le Prince; réponse qu'il fait à ce prince qui le presse d'acheter une maison, près de Chantilly, VII, 149.

VERSAILLES. Dépenses faites par Louis XIV pour le château et ses dépendances jusqu'en 1690, XII, 509.

VERTAMONT, premier président du grand conseil, est accusé par le cardinal de Bouillon et par son neveu l'abbé d'Auvergne d'avoir fait des changements à l'arrêt rendu contre eux, en faveur des moines de Cluny; l'arrêt est maintenu par le grand conseil et par le roi dans son conseil des dépêches, V, 20.

VERTEUIL (l'abbé de), frère du duc de La Rochefoucauld, meurt d'une indigestion d'esturgeon; son caractère, XIX, 308.

VERTON, maître d'hôtel du roi, est chargé de servir le czar Pierre à l'hôtel de Lesdiguières; son caractère; il se fait aimer de ce prince, XIV, 426.

VERUE (le comte de), s'attache au service de France et achète du maréchal de Villars sa charge de commissaire général de la cavalerie, IV, 109; est tué à la bataille d'Hochstedt, 327.

VERUE (la comtesse de), fille du duc de Luynes, inspire de l'amour à M. de Savoie; résiste à toutes ses poursuites, malgré sa belle-mère et son mari, II, 437; inspire aussi de l'amour au vieil abbé Verue qui, ne pouvant réussir à se faire écouter, n'oublie rien pour la rendre malheureuse dans sa famille; elle se jette dans les bras de M. de Savoie; domine toute sa cour; sa hauteur la fait haïr, 439; elle est empoisonnée; M. de Savoie lui donne un contre-poison; la sert ensuite dans sa maladie de la petite vérole, mais la tient presque enfermée; elle s'enfuit de Turin, avec le secours de son frère, le chevalier de Luynes; se retire en France dans un couvent, 440; reparaît peu à peu dans le monde; tient un grand état; son fils et sa fille laissés à Turin et reconnus par M. de Savoie, 441.

VERVINS, fils du dernier marquis de Vervins, est assassiné sur le quai de la Tournelle, par l'abbé de Grandpré, un de ses cousins germains; extraction de Vervins, IV, 349; son extérieur, son caractère; son genre de vie singulier, 350.

VIBRAYE, est nommé lieutenant général pour commander l'expédition d'Écosse, VI, 193.

VICTOR-AMÉDÉE II, duc de Savoie, bombarde Pignerol, I, 105; s'opiniâtre à livrer la bataille de Marsaille, qu'il perd, 105; son traité secret avec le roi de France, 443; moyens qu'il emploie pour se délivrer de ses alliés qui l'obsédaient et le soupçonnaient, 344; se met à la tête de l'armée du maréchal Catinat pour entrer dans le Milanais et fait le siège de Valence; les alliés consentent à la neutralité de l'Italie; le duc lève le siège de Valence, 387; porte ses plaintes en Angleterre contre l'acte du parlement qui règle l'ordre de la succession à la couronne, dans la ligne protestante, III, 142; joint l'armée française avec ses troupes, après des délais qui paraissent très-suspects, 212; son intelligence parfaite avec M. de Vaudemont; pourquoi il désire le rétablissement de l'empereur en Italie, 212; fait attaquer le poste de Chiari d'où il est obligé de se retirer honteusement, 213; retourne à Turin, après une campagne peu avantageuse aux Français, 215; va au-devant du roi d'Espagne, à Alexandrie, 408; gagne Marsin pour avoir un fauteuil devant le roi, 408; son dépit en voyant que le fauteuil lui est refusé; il prend congé du roi, en lui faisant des excuses de ne pouvoir faire la campagne comme il l'avait projeté et de ne pouvoir fournir autant de troupes que l'année précédente, 409; son ressentiment contre Louville, 410; son infidélité est reconnue, IV, 166; il fait prendre quinze cents fusils envoyés à l'armée d'Italie et arrêter tous les courriers de France et tous les Français qui sont dans ses États, 189; envoie des secours aux fanatiques du Languedoc, 294; attaque les retranchements des Français devant Verue; peu de succès qu'il y obtient, 401; comment il reçoit les offres de sûreté que le roi lui fait pour Mmes de Savoie; il sort de Turin, V, 213; se met à courir le parc dans le dessein de distraire La Feuillade du siége de cette ville, 214; mène une vie errante et périlleuse, 214; courage et habileté qu'il déploie, 214; il rentre dans Turin; reprend toutes les places du Piémont, 250; entre dans le comté de Nice, VI, 86; arrive à Fréjus; comment il est reçu par l'évêque de cette ville, 86; reçoit un million de la part des Anglais, 94; arrive à Valette à une lieue de Toulon, 95; attaque le fort Saint-Louis; le prend; bombarde Toulon; se retire en grand ordre, 95; repasse le Var; marche vers Coni; sa conduite en quittant la Provence, différente de celle qu'il avait tenue en y entrant, 96; il prend Suse, 102; on découvre une conspiration qu'il a tramée dans Genève pour s'en rendre maître, 103; il reste dans l'inaction jusqu'à ce qu'il obtienne de l'empereur l'investiture du Montferrat, 300; prend Exiles et Fenestrelle, 408; retenu par ses soupçons et son mécontentement contre le nouveau gouvernement de Vienne, il s'abstient d'attaquer Berwick plus faible que lui, IX, 437; en vertu de la paix d'Utrecht, il prend le titre de roi de Sicile; donne le titre d'Altesse au fils et à la fille qu'il a eus de Mme de Verue; marie sa fille au prince de Carignan; fait appeler l'aîné de ses fils légitimés duc de Savoie; l'autre, prince de Piémont, XI, 16; se rend en Sicile avec sa femme, 26; donne au prince de Piémont l'administration des affaires pendant son absence; est couronné à Palerme; lui et son épouse font de riches présents à l'amiral Jennings qui les a transportés en Sicile, 26; passe plusieurs mois à Messine et à Salerne, au milieu d'une cour nombreuse; retourne à Turin, laissant le comte Maffei vice-roi en Sicile, 238; sa jalousie contre le prince de Piémont son fils aîné, XII, 32; sa dureté envers lui cause la mort du jeune prince; ses regrets tardifs, 33; recherche l'amitié et l'alliance de l'Angleterre, XIV, 146; fait demander pour le prince de Piémont une fille du roi Georges, 146; s'excuse auprès de ce prince d'avoir reçu le roi Jacques III, à son passage à Turin, 242; ses craintes, de la part de l'empereur, pour l'Italie et la Sicile, 258; il envoie un ambassadeur à Paris et fait des dispositions pour prendre un corps de Suisses, à son service; ce qui fait soupçonner qu'il veut entrer dans une alliance avec la France et l'Espagne, XV, 195; il se plaint à l'Angleterre du mystère si long qu'on lui fait de la négociation et ne dissimule point ses craintes et ses défiances, 229; est accusé de traiter secrètement avec l'empereur, 439; sa conduite avec les princes d'Italie, en France et en Angleterre, 458; ses efforts pour se lier avec l'empereur et pour obtenir l'aînée des archiduchesses, pour le prince de Piémont, XVI, 28; demande instamment au roi d'Angleterre de lui communiquer le projet du traité de Londres, 39; sa situation embarrassante à l'égard de l'empereur et du roi d'Espagne; ses aveux; ses déclarations, 94; son empressement à s'unir à Sa Majesté Catholique; sa défiance de ses ministres, 109; propositions qu'il fait au roi d'Espagne; elles sont rejetées, 175; il travaille en même temps à la conclusion d'une ligue avec l'empereur, 176; à la nouvelle de la prise de Palerme par les Espagnols, il fait arrêter Villamayor, ambassadeur d'Espagne, et s'adresse au régent et au roi d'Angleterre pour réclamer la garantie du traité d'Utrecht, 199; il ne trouve pas plus de compassion pour son état en France qu'en Angleterre, 204; il se défie et se plaint de la France et de l'Angleterre, 230; demande au roi d'Angleterre d'ordonner à l'amiral Bing de passer à Naples; son ministre à Londres en obtient l'assurance, 237; s'apercevant que la constitution commence à exciter des disputes dans ses États, il mande les supérieurs des jésuites de Turin et des maisons les plus proches et leur déclare que, s'il entend parler davantage de cette affaire, il chassera tous les jésuites, XVII, 144; renonce malgré lui à la Sicile; reçoit la Sardaigne en compensation; en prend le titre de roi, XVIII, 2.

VIENNE (le comte de), meurt subitement; son caractère; son origine, XVII, 388.

VIENNE (la comtesse de), meurt de mort subite chez la duchesse de Nemours, XI, 234.

VIEUVILLE (La), voy. *La Vieuville*.

VIEUXBOURG, colonel d'infanterie, est tué au siége de Namur, I, 278.

VIEUX-PONT, enlève les demi-lunes de Douai; est nommé pour y commander, X. 216; il épouse en secondes noces une fille de Beringhen, premier écuyer, 306.

VIGNACOURT et HAUDION (Mmes de), chanoinesses, sont députées par le chapitre de Denain pour représenter au roi les dommages et la ruine que leurs biens et leur maison ont soufferts du combat qui s'est donné chez elles, XVI, 277; après de longues et inutiles démarches, elles obtiennent justice du régent par l'entremise de M. de Saint-Simon, 279.

VILETTE, frère de père de Mme de Caylus, se bat en duel avec Jonzac, fils d'Aubeterre; détail sur ce duel et ses suites, XIII, 29; il est tué à la bataille de Belgrade en Hongrie, XV, 63.

VILETTE, lieutenant général, commandant l'avant-garde de la flotte sous les ordres du comte de Toulouse, bat l'avant-garde de la flotte sous les ordres de l'amiral Rooke, IV, 329, sa mort, VI, 151.

VILLACERF, fils de Saint-Pouange, épouse Mlle de Brinon; est intendant des bâtiments et maître d'hôtel de la reine, I, 305; achète la charge de premier maître d'hôtel de Mme la duchesse de Bourgogne, 352; se démet des bâtiments, pourquoi; pension de 12 000 livres que le roi lui accorde, II, 248; il meurt de chagrin; sa familiarité avec le roi; saillie de sa part; confiance que lui accorde M. de Louvois; son caractère brusque et franc, 320.

VILLACERF (Mme de), veuve de l'intendant des bâtiments, meurt fort vieille d'une saignée où on lui coupe le tendon, X, 186.

VILLADARIAS, capitaine espagnol, chasse de l'île de Léon dix mille Anglais et Hollandais qui sont venus s'y établir, III, 434; inquiète les Portugais dans les Algarves, IV, 209; est choisi pour commander, sous le roi d'Espagne, l'armée en Aragon; ses talents militaires, VIII, 419; accusé d'imprudence et de négligence, il est renvoyé chez lui, 421. Voy. *Castille* (connétable de).

VILLAFRANCA (le marquis de), introducteur des ambassadeurs à la cour d'Espagne, vieux homme renfermé, glorieux et ridicule; anecdote qui le prouve; XIX, 13.

VILLAFRANCA, membre du conseil d'Espagne, pour empêcher le démembrement de la monarchie, songe à en faire tomber l'entière succession au deuxième fils du fils unique de la reine de France, sœur du roi d'Espagne; il s'en ouvre à Medina-Sidonia qui entre dans ses sentiments, III, 6; tous deux communiquent leur pensée à Villagarcias, à Villena et à San-Estevan qui les approuvent, 9; Villafranca s'assure aussi du cardinal Portocarrero, 10; difficultés qui se présentent; il ouvre un avis qui tranche celle des renonciations faites par la reine de France, 10; cet avis est approuvé, 11; il opine dans le conseil conformément à cet avis qui est soutenu et adopté, 18; est nommé par Philippe V majordome-major, 119; sa mort, V, 22.

VILLAFRANCA *Tolède* (le marquis de), petit-fils du précédent, grand d'Espagne, XVIII, 470.

VILLAGARCIAS (le marquis de), un des majordomes du roi d'Espagne; son caractère, XIX, 13.

VILLARCEAUX (M. de), riche et débauché, entretient longtemps Mme Scarron; passe plusieurs étés avec elle, chez son cousin de Montchevreuil, I, 36.

VILLAROEL, lieutenant général dans les troupes d'Espagne, est arrêté à Saragosse, VII, 315; commandant à Barcelone, il est embarqué après la prise de cette ville avec une vingtaine des principaux chefs de la rébellion et conduit au château d'Alicante, XI, 228.

VILLARS (M. de), est nommé chevalier d'honneur de la duchesse de Chartres, I, 26; son origine; son adresse aux armes; il devient gentilhomme de M. de Nemours, puis du prince de Conti; sert le cardinal Mazarin dans son projet de marier sa nièce à ce prince, 26; sa galanterie; sa discrétion; ses ambassades; il est fait conseiller d'État d'épée, puis chevalier de l'ordre, 27; meurt à quatre-vingts ans; origine de son nom d'Orondat, qu'on lui donnait toujours et qui ne lui déplaisait pas, II, 104.

VILLARS, lieutenant général et commissaire général de la cavalerie, fils du précédent, ose parler au roi contre l'établissement des directeurs généraux de ses troupes, I, 222; est nommé ambassadeur à Vienne, II, 49; reçoit une incivilité de Lichtenstein; en demande réparation; l'obtient avec peine, 275; épouse Mlle de Varangeville, belle et riche; sa naissance, III, 345; reçoit ordre de mener un fort gros détachement de l'armée de Flandre à Catinat; cherche avec lui tous les moyens possibles de pénétrer jusqu'à Landau; est envoyé vers Huningue pour entreprendre ce que l'occasion lui pourra fournir, IV, 6; accepte de tenter le passage du Rhin; ses dispositions, 23; le passage s'exécute, 24; désespoir de Villars qui croit un moment que ses troupes sont battues, 25; il reprend courage à l'arrivée de Magnac et gagne la bataille de Friedlingen, 26; trait de courtisan de sa part, 26; il est nommé maréchal de France, 27; son portrait physique; son ambition; son amour-propre; sa souplesse; sa valeur; son activité; son audace; son avarice; son avidité, 28, 29; son amour pour les romans, les comédies, les opéras; son ineptie en affaires, 29; ses Mémoires; ce qu'on doit en penser, 30; ses talents comme capitaine, 32; son dévouement à Mme de Maintenon, 33; son amour et sa jalousie pour sa femme, 106; il passe le Rhin; prend le fort de Kehl, 108; vend sa charge de commissaire général de la cavalerie au comte de Verue, 109; revenu à Strasbourg, il diffère longtemps d'aller au secours de l'électeur de Bavière; pourquoi, 114; poussé à bout par des ordres pressants, il se met en marche et tourne le prince Louis, 115; joint l'électeur de Bavière; leur joie en s'embrassant, 116; fait demander au roi par ce prince d'être fait duc; éprouve un refus; comment il s'en console; il amasse des millions, 140; écrit au prince Louis de Bade une lettre qui lui est renvoyée sans réponse; réduit l'électeur de Bavière à ne pouvoir demeurer avec lui; appuie le projet formé par ce prince de se rendre maître du Tyrol; propose au roi une communication, par Trente, avec l'électeur, 140; folie de ce projet, 141; il est approuvé par le roi et Chamillart, 142; Villars projette de surprendre le général La Tour, campé près de Minderkingen; ses dispositions; succès qu'elles obtiennent, 143; il gagne, avec l'électeur de Bavière, la bataille d'Hochstedt, 187; désunion entre eux causée par les hauteurs et les rapines de Villars qui se rend odieux, 191; il revient en France avec ses coffres pleins; va prendre la place du maréchal de Boufflers à Bruxelles, 194; vient à Marly; y est bien reçu du roi, 206; parle hardiment chez Mme de Maintenon des contributions qu'il a levées, 206; est envoyé en Languedoc contre les fanatiques, 253; mot plaisant de sa part sur cette mission, 254; il vient à bout de les dissiper, 352; est rappelé à Paris, 389; est nommé chevalier de l'ordre, 391; son extraction, 394; comment et par qui il est fait duc, 396 et suiv.; effet que cette nomination produit à la cour, 398; achète la terre de Vaux de M. de Nangis, 399; lettre du maréchal de Villars au roi, sur la prise de Neubourg, 442; va prendre le commandement de l'armée de la Moselle, V, 6; prend poste à Circk, d'où il déconcerte tous les projets des généraux ennemis; envoie un détachement nombreux au secours du maréchal de Villeroy; chasse les impériaux des lignes de Weissembourg; prend plusieurs petits châteaux et fait cinq cents prisonniers, 35; renverse les lignes de Lauterbourg, 35; passe le Rhin; fait emporter un poste de six cents hommes; est obligé de repasser le Rhin, 39; s'abouche avec Marsin à Phalsbourg, 165; se rend maître de la Lauter et de la Mutter, 165; refuse d'aller en Italie commander sous M. le duc d'Orléans, 213; prend l'île du Marquisat, 138; est destiné pour l'armée du Rhin, 270; passe ce fleuve; marche aux lignes de Bihel et de Stolthofen, VI, 81; se rend maître de tout le Palatinat; entre en Franconie; se fait rendre par la ville d'Ulm les prisonniers faits à la bataille d'Hochstedt; ses pillages; son effronterie en les annonçant au roi, 82; il regagne le Rhin, poursuivi par les ennemis qui n'osent toutefois l'attaquer, 82; est renvoyé à l'armée du Dauphiné, 221; vient à la cour fort lentement et paraît outré de dépit de changer de pays et d'armée; ce qu'il dit des puissances, 267; prend quelques petits postes retranchés qu'il fait beaucoup valoir, 408; revient à la cour après une assez triste campagne; est bien accueilli du roi, 434; est nommé pour aller commander en Flandre sous les ordres de Monseigneur, VII, 111; travaille avec ce prince; va en Flandre; revient; publie qu'il n'y a qu'une bataille qui peut sauver l'État; cherche à rassurer le roi et Mme de Maintenon; travaille plusieurs fois avec le roi et Monseigneur, 212; après un conseil de guerre orageux tenu par le roi, il part pour la Flandre, 219; dénûment de son armée, 221; comment il reçoit le maréchal de Boufflers qui lui est envoyé pour servir sous lui; union parfaite entre ces deux généraux, 363; il est blessé au genou à la bataille de Malplaquet, 378; ses fautes dans cette journée, 381 et suiv.; il est fait pair de France, 386; il cherche par ses émissaires à censurer le maréchal de Boufflers, 390, arrive triomphant à la cour; est logé dans le bel appartement du prince de Conti, à Versailles, 395; y reçoit la visite du roi, 437; de Mme de Maintenon; y tient pour ainsi dire sa cour; jeux, fêtes, festins, musique, saillies; les ministres y vont avec leur portefeuille, VIII, 97; épouvanté du bruit que fait le maréchal de Boufflers à l'occasion de ses lettres de pairie, il les lui envoie pour qu'il y biffe ce qu'il voudra, 99; reçoit sa visite et l'accueille avec des respects et des soumissions profondes, 99; adresse un mémoire au roi contre le projet du duc d'Harcourt de se faire recevoir pair avant lui; succès de ce mémoire, 99; est reçu pair au parlement sans être assisté d'aucun témoin; invite tous les pairs à dîner; presque aucun n'y va, 158; il se perd un moment dans l'esprit du roi et de Mme Maintenon, en présentant aux ministres le triste état des places, des magasins, des garnisons, des troupes et des officiers, 342; comment il se relève et reprend son crédit, 343; il se rend à l'armée de Flandre; aventure plaisante qui lui arrive en chemin et dont il sait profiter, 344; il perd en arrivant une belle occasion de battre les ennemis, 345; est nommé gouverneur de Metz, 355; aventure ridicule qui lui arrive à l'armée; propos leste qu'il tient sur les dames de la cour, 358; comment il se venge de celui qui l'a mandé à Versailles, 359; la chance tourne ensuite contre lui; il obtient la permission d'aller aux eaux, 361; laisse passer l'Escaut au prince Eugène et au duc de Marlborough, IX, 438; manque ensuite l'occasion de les battre; éclate en reproches contre les officiers généraux; donne un démenti au maréchal de Montesquiou, 439; fait quelques pas pour se raccommoder avec lui, 440; envoie Contade au roi pour lui rendre compte de ce qui se passe à l'armée; espère sauver Douchain en s'y ménageant une communication libre, 441; prend sur soi d'y envoyer Ravignan pour y commander, 442; est obligé de s'éloigner de cette place pour subsister, 442; vient à la cour où il est bien reçu, 443; reçoit des ordres réitérés de livrer bataille; recule toujours sous prétexte qu'il veut faire lever le siège de Landrecies, X, 213; dépêche ordre sur ordre au maréchal de Montesquiou de ne point attaquer Denain sans lui, 214; arrive quand Denain est pris; dépêche au roi le maréchal de camp Nangis; veut s'en tenir à cette conquête, 215; se fait moquer de lui en se vantant de la conquête de Denain et de Marchiennes, 216; fait le siège de Bouchain qui se rend en peu de jours, 263; obtient le gouvernement de Provence, 164; et une pension de 1000 écus pour sa sœur, Mme de Vaugué, 304; obtient l'ordre de la Toison d'or; passe le Rhin; investit Fribourg, XI, en fait le siège; s'en rend maître, 18; attaque le château qui capitule ainsi que les forts, 19; se rend à Rastadt pour traiter de la paix entre l'empereur, l'empire et la France avec le prince Eugène, 20; on désavoue à la cour ce qu'il a fait; il est obligé de raccommoder la sottise qu'il a faite; sa contestation avec le prince Eugène à cet égard; il se retire à Strasbourg; revient à Rastadt continuer les conférences; signe la paix, 46; revient à Versailles saluer le roi qui l'embrasse et le loue beaucoup; reçoit pour son fils la survivance de son gouvernement de Provence; obtient les entrées des premiers gentilshommes; est nommé premier plénipotentiaire à Bade, 56; reçoit le collier de la Toison des mains du duc de Berry; fait donner une pension de 1000 écus au comte de Choiseul son beau-frère, 57; il se rend à Bade où le prince Eugène et les autres plénipotentiaires de l'empereur s'acheminent aussi, 97; est nommé chef du conseil de guerre, XIII, 150; aventure plaisante qui lui arrive au conseil de régence, 176; il obtient 6000 livres de pension, pour le dédommager de ses prétentions sur la vallée de Barcelonnette, XIV, 415; sa frayeur après la détention de M. du Maine; il prie M. de Saint-Simon de parler au régent et de le faire expliquer sur son compte, XVII, 154; malgré les assurances que lui donne M. de Saint-

Simon, il maigrit d'inquiétude et languit jusqu'à l'élargissement de M. et de Mme du Maine, 155; il est couvert de huées sur la place Vendôme par la foule des agioteurs, pourquoi, XVIII, 45; marie son fils unique à une fille du duc de Noailles, 172; est grand d'Espagne, 409; au grand étonnement de tout le monde, essaye en vain d'obtenir un titre de prince de l'empire, XIX, 473; deux jours après la mort de M. le duc d'Orléans, il entre au conseil d'Etat et a le gouvernement des forts et citadelle de Marseille, XX, 83.

VILLARS (Mme de), mère du maréchal de Villars, meurt à 86 ans; son esprit, V, 195; elle s'étonne plus que personne de la fortune de son fils; conseils qu'elle lui donne; ce qu'elle pensait de lui, 195.

VILLARS, capitaine de vaisseau, frère du maréchal de ce nom, est envoyé au roi pour lui rendre compte des premières opérations de la campagne sur le Rhin, IV, 115; entre au Port-Mahon avec trois vaisseaux de guerre et neuf cents soldats; réduit toute l'île de Minorque sous la domination du roi d'Espagne, V, 341; meurt de maladie, servant de lieutenant général dans l'armée de son frère; son caractère modeste, X, 218.

VILLARS, fils aîné du duc de Brancas, est marié à Mlle de Moras; à quelle condition, VIII, 95; son caractère; sa débauche; comment il vit avec sa femme, XIV, 42; après la mort du roi, il s'attache à Mme la Duchesse, 43; se rapproche de son père avec lequel il a été souvent brouillé, le prie de demander une nouvelle érection de son duché-pairie, 43; parole qu'il donne à M. de Saint-Simon à cet égard, 47; il est reçu duc et pair au parlement, 48.

VILLARS (Mme la duchesse de), est nommée pour accompagner Mlle de Valois à Modène; il est décidé qu'elle aura partout le même traitement qu'elle, à la main près, XVII, 409; elle se plaint au régent de l'affectation de Mlle de Valois de manger souvent seule en public pendant le voyage; ordre du régent à sa fille à ce sujet, 410.

VILLE AUX CLERCS (La), conseiller au parlement, va la nuit à cheval par les rues arrachant et déchirant les affiches de l'arrêt du conseil de régence qui casse l'arrêt du parlement contre l'édit des monnaies; il est conduit en prison, XVI, 284.

VILLEFORT, fils d'une des deux sous-gouvernantes des enfants de France, est marié par Mme de Maintenon à Jeannette Pincré; détails sur Mme de Villefort et sur Jeannette, IX, 73 et suiv.

VILLENA (le marquis de), auparavant vice-roi de Catalogne, est envoyé à Naples en la même qualité, III, 333; il fait des prodiges de valeur pour défendre la ville de Gaëte contre les Impériaux, VI, 103; est fait prisonnier; conduit les fers aux pieds à Pizzighettone, 103; est nommé majordome-major du roi d'Espagne, X, 315; donne des coups de bâton à Albéroni dans la chambre même du roi; à quelle occasion, XV, 178 et suiv.; reçoit ordre de se rendre dans une de ses terres à trente lieues de Madrid cinq ou six mois après il reçoit ordre de revenir; méprise toutes les avances d'Albéroni, 179; grand d'Espagne; historique sur sa maison, XVIII, 439; nouveaux détails sur sa vie, 441; son caractère; est chef d'une académie qu'il a établie, 441; ses alliances; sa grande autorité sur sa famille, 442. Voy. aussi l'article *Ossone*.

VILLEPION-CHARTAIGNE, est nommé inspecteur général des troupes en Italie, I, 225.

VILLEQUIER, est blessé dans une attaque contre les Hollandais, I, 279; premier gentilhomme de la chambre du roi en survivance, il reçoit ordre du roi de servir le duc d'Anjou, déclaré roi d'Espagne, III, 35; obtient à la mort de son père le gouvernement de Boulogne et prend le nom de duc d'Aumont, IV, 250. Voy. *Aumont* (le duc d').

VILLEQUIER, fils unique du duc d'Aumont, épouse la fille unique de Guiscard, VI, 299; il meurt à 32 ans, avec le nom du duc d'Aumont; est fort regretté, XX, 29.

VILLERAS, sous-introducteur des ambassadeurs; sa modestie; son savoir; il meurt fort estimé, VII, 339.

VILLEROY (le duc de), est fait maréchal de France, I, 39; prend Huy avec un gros détachement de l'armée, 90; fait le siège de Charleroy, force cette place à capituler, 105; épouse la seconde fille de Mme de Louvois; mot de l'archevêque de Reims à cette demoiselle, 186; le maréchal succède à M. de Luxembourg dans la charge de capitaine des gardes et dans le commandement de l'armée de Flandre, 233; presse vivement M. de Vaudemont pour l'empêcher de joindre le prince d'Orange; donne des ordres pour l'attaquer, 273 ; M. du Maine laisse échapper l'occasion et refuse d'engager l'action, 274 ; le maréchal, malgré son dépit, s'excuse auprès du roi en courtisan, 274 ; bombarde Bruxelles ; ne peut secourir Namur, 278 ; accident terrible qui lui arrive à la chasse ; Maréchal, chirurgien fameux, lui fait une double opération qui le guérit, II, 221 ; est nommé pour aller remplacer Catinat en Italie ; surprise à la cour, III, 202 ; paroles que lui adresse M. de Duras, 203 ; il se livre entièrement à M. de Vaudemont, 212 ; reçoit un affront de M. de Savoie, 214 ; sa vanité a beaucoup à souffrir de la présence de Phélypeaux, ambassadeur auprès de M. de Savoie ; pique entre eux, 214 ; est fait prisonnier dans Crémone, 373 ; est envoyé à Gratz en Styrie, 376 ; est remis en liberté, 434 ; l'empereur lui mande qu'il ne veut pas qu'il paye sa rançon qui allait à 50 000 livres, IV, 22 ; mauvais traitements qu'il essuie des Allemands pendant sa prison ; à qui il est redevable de sa liberté sans rançon, 59 ; accueil que lui font le roi et Mme de Maintenon ; le chevalier de Lorraine lui conseille de demander à entrer dans les affaires d'État et de renoncer au commandement des armées ; le maréchal rejette ce conseil ; il est déclaré général de l'armée de Flandre, 59 ; vient à la cour ; comment il est accueilli par le roi, 246 ; retourne à Bruxelles, prend en affection le baron Pallavicin, 248 ; passe la Moselle entre Trèves et Thionville, 291 ; se concerte avec le maréchal Tallard, 291 ; ses hauteurs envers lui causent des scènes ridicules et nuisent aux affaires, 292 ; comment il se laisse tromper par le prince Eugène, 304 ; munit Landau de tout ce qui est nécessaire pour un long siége, 325 ; va commander en Flandre, V, 6 ; sa fatuité à l'égard de Mme de Vaubecourt dont il est amoureux, 18 ; il chasse les ennemis au delà de la Dyle, 36 ; revient à la cour ; accueil qu'il y reçoit, 77 ; le roi renouvelle pour lui le don qu'il lui a déjà fait de 300 000 livres à prendre sur les octrois de Lyon, 118 ; pouvoir qu'a le maréchal dans cette ville, 119 ; naïveté de Dangeau à ce sujet, 119 ; Villeroy retourne en Flandre avec ordre d'ouvrir la campagne par une bataille, mais non avant d'avoir rejoint Marsin, 171 ; nonobstant ce dernier ordre, il se décide à attaquer l'ennemi dans un poste où M. de Luxembourg n'avait jamais voulu s'exposer à combattre, 172 ;

bataille de Ramillies, 173 ; la maison du roi et les escadrons rouges y font une charge vigoureuse, 174 ; le maréchal y montre du courage ; mais il est obligé à la retraite, 175 ; Bruxelles, Anvers, Malines et Louvain tombent au pouvoir de l'ennemi, 175 ; platitude du maréchal, 176 ; il s'oppose fortement à ce que l'armée reste à Gand et garde le grand Escant, 177 ; son désespoir lui tourne la tête, 178 ; il reçoit des lettres du roi qui lui conseille de demander sa démission, 179 ; ses réponses au roi, 180 ; il est rappelé, 183 ; son retour à Versailles ; comment il y est reçu ; son abattement ; son embarras, 226 ; autre dégoût qu'il éprouve pour son ami Guiscard, 220 ; sa retraite, avant de paraître à Versailles, dans une petite maison de Paris écartée ; résolutions qu'il y forme et qu'il abandonne bientôt, 350 ; sa conduite envers M. de Chamillart aigrit de plus en plus le roi, 351 ; il défend à son fils de voir le ministre, 354 ; pourquoi il persiste dans cette défense, 356 ; travers d'esprit du maréchal, 356 ; il demande au roi à se démettre de sa charge en faveur de son fils ; l'obtient sur-le-champ, VI, 156 ; il veut s'en aller à Lyon, mais la permission lui est refusée, 157 ; entretient Mme de Maintenon chez elle et à la ville avec le plus grand mystère ; lui fait donner des mémoires par Desmarets sur la campagne de Flandre ; tombe vivement sur M. de Vendôme et Chamillart ; se flatte des plus agréables espérances ; est soutenu par la duchesse de Bourgogne, 359 ; est instruit de tout par son fils, 359 ; comment il redevient le favori du roi par le crédit de Mme de Maintenon, X, 136 et suiv. ; il se rend l'instrument et l'écho de la cabale qui accuse le duc d'Orléans d'être l'auteur de la mort de M. le Dauphin et de Mme la Dauphine, 152 ; obtient du roi la survivance de son gouvernement pour le duc son fils et la lieutenance générale pour le marquis son petit-fils, 264 ; écrit de Villeroy pour demander au roi la permission d'aller apaiser une sédition à Lyon ; en y arrivant il trouve la sédition apaisée, XI, 100 ; est nommé chef du conseil des finances ; obtient pour son fils l'archevêché de Lyon et le commandement dans tout le gouvernement, 217 ; est reçu à Fontainebleau en faveur et déclaré ministre d'État, 225 ; son ineptie au conseil d'État, 226 ; ses avances inutiles auprès de M. de Saint-Simon, XII, 143 et suiv. ; son portrait, 145; son esprit de cour et du monde; son incapacité, 146; sa bravoure; sa hauteur; son ignorance; sa dureté pour son fils, 147; sa situation à l'égard de M. le duc d'Orléans, 148; son amour pour la duchesse de Ventadour, 149; est nommé par le régent chef du conseil des finances, XIII, 148; est nommé membre du conseil de régence, 168 ; il rompt avec éclat le mariage de son petit-fils avec la fille aînée du prince de Rohan ; pourquoi, 337; il marie ensuite son petit-fils à la fille aînée du duc de Luxembourg, 337; il mène le roi voir l'Observatoire ; le conduit ensuite à l'institution voir l'ancien chancelier Pontchartrain ; comment se passe cette visite dont le maréchal est loué de tout le monde, 438 et suiv. ; il se montre un des plus ardents pour la requête des ducs contre les bâtards, XIV, 38; entreprend d'ôter leurs fonctions aux grands officiers du service du roi; échoue complètement dans cette entreprise, 119 et suiv. ; obtient pour le duc de Brissac 10 000 livres de pension, 415 ; et pour le maréchal de Tallard l'entrée au conseil de régence, XV, 36 ; étrange leçon qu'il donne au roi le jour de la Saint-Louis, 44; sa discussion avec le duc de Mortemart au sujet de l'ordre du pavillon, 132 ; pourquoi il refuse une grâce pécuniaire que le régent veut lui accorder, 134; orgueil de son caractère; son manque de sens; pourquoi il se montre en tout opposé au régent qui ne peut le gagner, 135; son autorité à Lyon, 136; excité par Law et par l'abbé Dubois, il travaille auprès du régent à perdre le duc de Noailles et le chancelier, 237; ses manéges indécents dirigés contre le régent de concert avec M. et Mme du Maine, 247; il s'ouvre entièrement à M. de Saint-Simon comme à l'ennemi du duc de Noailles qu'il ne peut souffrir dans les finances, 254; il fait danser au roi un ballet, ce qui dégoûte ce prince pour la vie de ces sortes de divertissements, 269; son inquiétude d'être arrêté, XVII, 318; son éloignement pour le régent et pour l'abbé Dubois, 359; il fait danser un ballet au roi, 383; ses efforts pendant la régence pour se rendre agréable au parlement et au peuple, XVIII, 29; son affectation à prendre garde que le roi ne soit empoisonné, 29; pendant une attaque de goutte, il reçoit une députation des dames de la halle ; les comble de caresses et de présents, 30; le duc d'Orléans veut lui ôter la place de gouverneur du roi, 101 ; sa conduite à ce sujet avec le duc de Saint-Simon, 110; persuade au régent de faire revivre l'office de colonel-général de l'infanterie en faveur de M. le duc de Chartres, 146 ; avec quelle hauteur il reçoit l'ouverture que viennent lui faire MM. de Saint-Simon et Torcy concernant l'abbé Dubois, 151; sa vile délation au régent, 151; comment il signale sa bassesse et son venin contre lui pendant la maladie du roi, 181; son affectation à faire chanter des *Te Deum* après sa guérison; quelle leçon il donne au roi le jour de la Saint-Louis, 182; trait de fatuité de sa part, XIX, 322; comment il reçoit les avances du cardinal Dubois, 323; pressé par le cardinal de Bissy de se rapprocher de Dubois, il consent à le voir; se rend chez lui avec Bissy; comment il est accueilli, 328; scène violente qu'il lui fait; injures, défis, 329 ; il se vante dans le monde de la manière dont il l'a traité, 330 ; piège qui lui est tendu ; comment il y donne ; mesures prises contre lui, 346 ; il est arrêté et conduit à Villeroy, 347 ; ses plaintes ; sa fureur pendant la route, 351; ses emportements quand il apprend que le duc de Charost le remplace, 352; il crie à l'ingratitude contre M. de Fréjus; pourquoi, 353 ; il est envoyé à Lyon avec la liberté d'exercer ses fonctions de gouverneur de la ville et de la province, 354.

VILLEROY (la maréchale de), meurt à 70 ans, VI, 426; son extérieur; son caractère; elle se fit toujours respecter; le roi et Mme de Maintenon la craignaient, 426; comment elle supporte les revers qui arrivent à son mari ; sa conversation agréable; son confesseur la condamne au silence, 427; son changement de vie en abrége le terme, 428 ; regrets que sa perte cause à ses nombreux amis, 429.

VILLEROY (le duc de), fils du maréchal de ce nom et lieutenant général, est oublié parmi les officiers généraux nommés pour les armées; pourquoi, V, 350; M. de Saint-Simon lui conseille de voir le ministre Chamillart, malgré la défense qu'il en a reçue de son père, 356; le duc ne l'ose et tente inutilement de fléchir son père à cet égard 356 ; à la mort de Mme de Nemours, il part pour Neuchâtel, dans l'espoir de recueillir cette principauté comme héritier par sa mère de la duchesse douairière de Lesdiguières, VI, 62, 63; obtient la charge de capitaine des gardes qu'occupe son père; sa joie en apprenant cette nouvelle, 156; ce qu'il perd à la mort de Monseigneur, IX, 279; le roi lui donne les 9000 livres de la ville de Lyon qu'avait le duc de Lesdiguières, 419; le mariage de son fils aîné avec la fille aînée du prince de Rohan est arrêté, mais le maréchal de Villeroy le rompt avec le plus grand éclat; pourquoi, XIII, 337.

VILLEROY (le chevalier), troisième fils du maréchal de ce nom, se noie dans la capitane de Malte en attaquant un bâtiment turc, II, 374; cet événement fait le raccommodement de la famille de Villeroy avec M. le Grand et Mme d'Armagnac, 374.

VILLEROY (la duchesse de), lie une amitié étroite avec la duchesse d'Orléans, VI, 364; est admise chez Mme de Maintenon par le moyen de son beau-père le maréchal; devient l'amie de la maréchale d'Estrées; à la faveur des Noailles, elle est initiée chez la duchesse de Bourgogne où elle est une espèce de favorite, 365; son caractère; son extérieur; elle est des fêtes et des voyages de Marly, 365; a peine à croire ce que le duc de Saint-Simon lui apprend de la rupture de M. le duc d'Orléans avec Mme d'Argenton, VIII, 52; sa surprise et sa joie; elle informe M. de Saint-Simon des sentiments de la duchesse d'Orléans pour lui, 53; sa mort; son caractère, IX, 180; cause de sa mort, 181.

VILLETANEUSE (Mme de), vieille bourgeoise fort riche et sans enfants, laisse en mourant tous ses biens aux enfants du duc de Brancas, fils de sa sœur, la duchesse de Luxembourg, VII, 32.

VILLIERS, maréchal de camp, est tué à la bataille de Turin, V, 248.

VIRIVILLE, ancien capitaine de gendarmerie, meurt de la goutte; son éloge; ses deux enfants, V, 55.

VISCONTI (le marquis de), de Milan, grand d'Espagne, XVIII, 443.

VISCONTI (le comte), Génois, grand d'Espagne, XVIII, 465.

VISITES de la reine, de la Dauphine et des princesses du sang aux dames non titrées; époque où l'usage de ces visites a cessé; comment et pourquoi, IV, 238 et suiv.

VITTEMENT (l'abbé), recteur de l'Université, est nommé sous-précepteur de Mgr le duc de Bourgogne, II, 128; harangue le roi, à la tête de l'Université, sur la paix; le roi lui fait une réponse pleine d'admiration pour son discours qui ne sort jamais de sa mémoire, X, 393; il refuse une abbaye de 12 000 livres de rente que le roi, le régent et le maréchal de Villeroy le pressent d'accepter, XVII, 201; M. de Fréjus lui conseille de se retirer; pourquoi; surprenante prophétie de cet abbé concernant M. de Fréjus, tout nouvellement cardinal, 201; sa retraite à la Doctrine chrétienne; sa mort, 202.

VIVANS, lieutenant général, se distingue au siège de Fribourg, XI, 18.

VIVONNE (Mme de), veuve du maréchal duc de Vivonne, meurt en 1709; anecdote de son mari peu honorable pour elle, VII, 79; caractère de cette dame; ses disputes avec Mmes de Montespan et de Thianges; sa fureur pour le jeu; dernières années de sa vie, 80.

VOYSIN, intendant de Saint-Cyr, brigue la place de premier président du parlement, V, 386; puis la surintendance des bâtiments, VI, 247; est nommé ministre de la guerre par le crédit de Mme de Maintenon, VII 253; sa naissance; son épouse; son intendance du Hainaut, 253; comment il devient le candidat banal de toutes les grandes places, 256; son caractère; sa sécheresse; ses qualités comme intendant; il se montre au ministère tout l'opposé de Chamillart, 257; il ne connut jamais que l'autorité, le roi et Mme de Maintenon; il va trouver le roi d'après son ordre; en est médiocrement accueilli; est installé dans l'appartement de son prédécesseur, 258; va à Meudon où il est longtemps seul avec Monseigneur; est mandé au conseil d'État et déclaré ministre; le roi lui fait entendre qu'il doit cette grâce à Mme de Maintenon, 262; réprimande qu'il reçoit du roi; à quelle occasion, 264; autre chagrin qu'il éprouve, 264; il combat au conseil de Marly l'avis de rappeler les troupes d'Espagne, 284; marie l'aînée de ses filles au fils aîné de Broglio, VIII, 113; et la seconde au comte de Châtillon, IX, 40; obtient du roi pour ce dernier le bailliage d'Haguenau appartenant au fils du duc Mazarin; scandale du public à cet égard, X, 360; fait passer sur la tête de Mme de

La Rochepot sa fille une pension de 6000 livres que lui avaient valu les voyages du roi en Flandre lorsqu'il y était intendant, 361; est nommé chancelier et garde le département de la guerre, XI, 117; paraît tour à tour au conseil sous les deux costumes de ses charges, 117; pourquoi on lui conserve sa charge de secrétaire d'État, 120; en quoi il sert de vil instrument au duc du Maine et à Mme de Maintenon, 168 et suiv.; il se rend au parlement avec une grande escorte; son discours, XII, 34; obtient du roi le revenant-bon du non-complet des troupes estimé 500 000 francs, 48; force ses troupes à prendre le pain de munition à plus haut prix qu'au marché, 85; comment il obtient de M. le duc d'Orléans de garder sa place de chancelier à quelle condition, 380 et suiv.; donne la démission de sa charge de secrétaire d'État de la guerre, XIII, 137; est nommé membre du conseil de régence, 165; meurt subitement d'apoplexie, XIV, 173.

VOYSIN (Mme), fille de Trudaine, maître des comptes, est mariée en 1683; son extérieur, VII, 254; sa douceur; sa modestie, sa retenue; son esprit; son adresse; soins qu'elle donne aux officiers de l'armée de Flandre pendant l'intendance de son mari; sa liaison avec M. de Luxembourg qui lui apprend comment elle peut plaire à Mme de Maintenon, 254; comment elle gagne en effet la faveur de cette dame; sa discrétion, sa réserve envers elle, 255; elle sait cultiver tous les personnages principaux qu'elle a vus en Flandre, jusqu'à Monseigneur, 256; comment elle devient nécessaire à son mari, 257; elle va à Marly; est présentée au roi; s'installe ensuite au ministère avec M. Voysin, 258; elle perd peu à peu son crédit auprès de Mme de Maintenon, XI, 76; la jalousie qu'elle conçoit de la faveur de Mme Desmarets altère sa santé et cause sa mort, 77.

VRILLIÈRE (La), voy. LA VRILLIÈRE.

W

WALPOLE (Horace), envoyé d'Angleterre en Hollande, y fait tous ses efforts pour traverser le traité qu'il est chargé de conclure avec la France de concert avec les Hollandais, XIV, 32; est envoyé en ambassade à Paris; son esprit et son caractère, XVI, 262; comment il gagne la confiance de l'abbé de Fleury, 264; lui et son frère Robert Walpole, ministre d'Angleterre, remplissent complètement le triple but politique qu'ils se sont proposé en persuadant à Fleury qu'ils ne se gouvernent que par ses conseils; quel est ce triple but, 267.

WALPOLE (Robert), est fait chancelier de l'échiquier, XVIII, 146.

WALSTEIN (le comte de), ambassadeur de l'empereur à Lisbonne, est pris sur un vaisseau de guerre, amené à Vincennes puis renvoyé à Bourges où il est gardé à vue, IV, 132; est remis en liberté, 253.

WARTIGNY, brigadier de dragons, présente au cardinal de Bouillon le chevalier de La Tour son cousin; le cardinal rougit de honte d'un cousin qu'il ne veut pas reconnaître, et prête à rire à tous ceux qui sont présents, X, 400 et suiv.

WELEZ, attaché à Ragotzi, et disgracié par lui, conseille à l'ambassadeur de l'empereur à Paris de faire assassiner ce prince lorsqu'il passerait dans l'État d'Avignon; il lui conseille encore de faire arrêter à Hambourg un officier que Ragotzi envoie en Pologne, XV, 96; il est chargé par l'empereur de le défaire de cet ancien chef des mécontents et de communiquer à Kœnigseck tout ce qui regarde cette importante affaire, 103; comment il exécute ce dernier ordre et croit pouvoir exécuter le premier, 104; offre à l'empereur de faire enlever l'abbé Brenner avec tous ses papiers, 126; l'assure que la France et l'Espagne sont d'intelligence pour lui susciter un ennemi qu'elles croient dangereux et redoutable, 126.

WIDISGRATZ (le comte de), président du conseil aulique, se bat en duel avec le comte de Schomborn, XIV, 191.

WIDWORD, envoyé d'Angleterre en Hollande, annonce à l'ambassadeur d'Espagne que le roi d'Angleterre a dépêché un courrier à l'empereur pour l'obliger enfin à déclarer s'il veut traiter de la paix avec le roi d'Espagne, XV, 16.

WOLFENBUTTEL (la princesse de) épouse du fils du czar, meurt d'un coup de pied que son mari lui donne dans le ventre étant grosse, XIII, 310.

WURTEMBERG (le duc de), général de l'armée de l'empereur, attaque les lignes de Weissembourg; y perd beaucoup de monde et se retire, X, 217,

WURTEMBERG (le prince de), a le bras cassé au combat de Cassano et meurt de sa blessure, V, 42.

WURTEMBERG (le prince de), est blessé à l'attaque de Toulon, VI, 96.

WURTEMBERG (le prince Alexandre de), gouverneur de Landau, se rend prisonnier de guerre avec sa garnison, X, 430.

X

XIMÉNÈS, colonel de Royal-Roussillon, est tué au combat d'Audenarde, VI, 318.

XIMÉNÈS, lieutenant général, meurt dans son gouvernement de Maubeuge; son origine; son mérite, V, 103.

Y

YOLET, mestre de camp du régiment du Berry et retiré depuis 13 ans du service, est fait maréchal de camp, par le crédit de M. de Saint-Simon, XV, 342 et suiv.

Z

ZABOR (le comte de) grand chambellan de l'empereur refuse le salut à l'envoyé de Suède, dans l'antichambre de ce prince; est destitué, arrêté et envoyé en Saxe au roi de Suède qui le met quelque temps dans une rude prison; est mis en liberté et remplacé dans sa charge; se bat en duel avec l'envoyé auquel il a refusé le salut; le tue ou l'assassine, VI, 83.

ZELL (la duchesse de), sa mort; de qui elle était fille; comment elle devient belle-mère du roi Georges d'Angleterre; sa vertu; sa conduite, XIX, 309 et suiv.

ZINZENDORF (le comte de), envoyé de l'empereur, après une partie de chasse avec Monseigneur, mange avec lui dans son appartement, II, 437; comment il apprend que le duc d'Anjou vient d'être déclaré roi d'Espagne, III, 35.

ZUMZUNGEN, général de l'empereur, se rend maître de Porto-Ercole, X, 212; entre dans la Sicile et force le marquis de Lede à l'abandonner, XVII, 217.

ZUNIGA (don Gaspard de), frère du duc de Bejar qui s'est distingué à la bataille de Villaviciosa, est envoyé par le roi d'Espagne à Versailles pour rendre compte de cette action, VIII, 44.

ZURBECK, ancien lieutenant général, colonel du régiment des gardes suisses; sa mort, XI, 77.

ZURLAUBEN, lieutenant général bavarois, est tué à la bataille d'Hochstedt, IV, 312.

FIN DE LA TABLE ANALYTIQUE.

TYPOGRAPHIE DE CH. LAHURE ET Cie
Imprimeurs du Sénat et de la Cour de Cassation
rue de Vaugirard, 9.

www.ingramcontent.com/pod-product-compliance
Lightning Source LLC
Chambersburg PA
CBHW070926230426
43666CB00011B/2321